Antony Beevor

ARNHEIM

Der Kampf um die Brücken über den Rhein 1944

Aus dem Englischen übertragen
von Helmut Ettinger

C. Bertelsmann

Die Originalausgabe ist 2018 unter dem Titel
»Arnhem. The Battle for the Bridges, 1944«
bei Viking, London, erschienen.

FSC www.fsc.org MIX Papier aus verantwortungsvollen Quellen FSC® C014496

Verlagsgruppe Random House FSC® N001967

1. Auflage

Neumarkter Straße 28, 81673 München
Umschlaggestaltung: Büro Jorge Schmidt, München
Bildredaktion: Annette Baur
Satz: Uhl + Massopust, Aalen
Druck und Bindung: GGP Media GmbH, Pößneck
Printed in Germany
ISBN 978-3-570-10373-9

www.cbertelsmann.de

ISTERDAM
N
Ijssel
Apeldoorn
Amersfoort
Utrecht
Zutphen
RLANDE
Ede
Deelen
Oosterbeek
Arnheim
Wageningen
Renkum
Elst
Pannerden
Waal
Nimwegen
Bocholt
Kleve
Maas
Grave
Groesbeek
Rhein
Mook
togenbosch
Gennep
Goch
Uden
Wesel
Vught
Schijndel
Veghel
Boxtel
rg
Son
Helmond
Maas
Best
Eindhoven
Venlo
Westwall/Siegfried-Linie
Krefeld
Valkenswaard
Düsseldorf
as-Schelde-Kanal
Neerpelt
Roermond
Geel
Leopoldsburg
Beringen
DEUTSCHLAND
Hasselt
Maastricht
Aachen
XXXX
US
1st Army
Kanal
Grenze
Straße nach Arnheim

Antony Beevor

ARNHEIM

Für Artemis

Inhalt

I

Die Jagd ist eröffnet!

Am Sonntag, dem 27. August 1944, herrschte in der Normandie perfektes Sommerwetter. Von einem Spielfeld in Saint-Symphorien-les-Bruyères südwestlich von Evreux waren die einschläfernden Geräusche eines Kricket-Matchs zu hören. In dem angrenzenden Birnengarten waren die Sherman-Panzer der britischen Sherwood Rangers Yeomanry nach der Schlacht um den Kessel von Falaise, dem Höhepunkt des Kampfes um die Normandie, gerade instand gesetzt worden. Schläger, Bälle, Beinschutz und Fanghandschuhe für das Kricket-Spiel hatte die Einheit mit dem Nachschub an Land geschmuggelt. »Niemand soll uns nachsagen können, wir seien unvorbereitet auf dem Kontinent einmarschiert«, schrieb einer der Spieler.[1]

Bis zum geplanten Abmarsch des Regiments blieben noch 24 Stunden, doch nach dem Mittagessen ging der Befehl ein, dieser habe bereits in einer Stunde zu erfolgen. Siebzig Minuten später rollten die Panzer schon in Richtung Seine, welche die erste britische Einheit, die 43. Wessex Division, bereits am Vortag bei Vernon überquert hatte. Die britischen Truppen gönnten es der 3rd US Army unter General George Patton nicht, dass diese bereits sechs Tage zuvor über den Fluss gerollt war.

Am 29. August starteten die Armeen der Alliierten, inzwischen fast eine Million Mann, von ihren Brückenköpfen östlich der Seine in Richtung Belgien und deutsche Grenze. Die Schlacht um die Normandie war endgültig gewonnen, und die Wehrmacht befand sich auf einem chaotischen Rückzug. »An den wichtigsten Nachschubwegen«, schrieb ein amerikanischer Offizier in sein Tagebuch, »kann man die Spuren unserer Schläge gegen den Feind sehen. Von Bomben und Beschuss zerfetzte LKW-Wracks rosten, wild durcheinandergeworfen an den Straßenrändern, gelegentlich eine Ladung Gastanks wie ein Haufen aufgequollener toter Kühe, schwarz und verkohlt, dazu ein Eisenbahnzug mit jeder Menge verbeulter Kessel und den verbogenen stählernen Skeletten ausgebrannter Güterwaggons.«[2]

Für die britischen Panzerregimenter hatte die Jagd begonnen. Lieutenant

General Brian Horrocks, der das britische XXX. Corps befehligte, stand im Turm des Kommandeurspanzers, weil er nicht widerstehen konnte, selbst dabei zu sein. »Das war die Art Krieg, die ich mochte«, schrieb er später. »Wer wohl nicht?« Die Guards Armoured Division, die 11th Armoured Division und die 8th Armoured Brigade mit über 600 Panzern – Shermans, Churchills und Cromwells – »gingen an einer Front von achtzig Kilometern vor und schlugen ganze Schneisen ins Hinterland des Feindes, wie wenn ein Mähdrescher durch ein Maisfeld rollt«.[3]

Die Gegend zwischen Seine und Somme war »offen und gewellt, hatte weite Felder ohne Hecken und gute Straßen«.[4] Die gefährliche *Bocage* in der Normandie mit ihren von hohen Hecken gesäumten Feldern und tiefen Hohlwegen lag weit hinter ihnen. Das Panzerregiment der Sherwood Rangers ging immer noch in seiner alten Wüstenformation aus dem Nordafrika-Feldzug vor: eine Kompanie Sherman-Panzer als Vorhut, dahinter der Regimentsstab und je eine Sabre Squadron an den Flanken. »An einem schönen Morgen mit Höchstgeschwindigkeit über festes, offenes Gelände zu fahren«, schrieb ein Truppenführer, »wissend, dass die Deutschen vor uns flüchteten, war, gelinde gesagt, ein Anlass zur Freude, und überall herrschte Hochstimmung. Wir kamen uns vor wie bei einem Autocross.«[5]

Wo sie auftauchten, läuteten die Kirchenglocken. Nahezu jedes Haus war in den französischen Nationalfarben Rot, Weiß und Blau geschmückt. Die Dorfbewohner, überglücklich, dass ihnen die Verwüstungen der Normandie erspart blieben, erwarteten die Truppen der Alliierten mit Wein und Früchten. Unrasierte Résistance-Kämpfer mit Armbinden versuchten, auf die Führungsfahrzeuge zu klettern, um ihnen den Weg zu weisen. Einem Stabsoffizier der Guards Armoured Division in einem Spähpanzer Staghound fiel auf, »welch merkwürdige Mischung von Waffen die Männer trugen und ausgelassen schwenkten, ohne auf Sicherheit zu achten«.[6]

Von Zeit zu Zeit ging einem Panzer der Treibstoff aus. Der musste dann am Straßenrand warten, bis einer der Dreitonner des Regiments neben ihm hielt. Dann wurden den Männern der Besatzung, die auf dem Fahrzeug standen, Kanister gereicht. Gelegentlich kam es zu kurzen, heftigen Scharmützeln, wenn eine Gruppe Deutscher, die bei dem Vormarsch überrollt wurden, sich nicht ergeben wollte. Die Beseitigung solcher Widerstandsnester wurde »Entlausung« genannt.[7]

Am Nachmittag des 30. August hatte Horrocks den Eindruck, dass der Vormarsch nicht schnell genug vonstattenging. Er befahl Major General »Pip« Roberts, über Nacht mit seiner 11th Armoured Division nach Amiens vorzustoßen und im Morgengrauen die Stadt samt den Brücken über die Somme einzunehmen. Obwohl den Panzerfahrern vor Erschöpfung fast die Augen zufielen, gelangten sie bis zu den Brücken. Im Morgengrauen traf eine Infanteriebrigade auf Dreitonnern ein und sicherte die Stadt. Kurz darauf folgte Horrocks, der Roberts zu dem Erfolg gratulierte. Nachdem Roberts über die Operation Meldung erstattet hatte, sagte er zu seinem Korpskommandeur: »General, ich habe eine Überraschung für Sie.« Ein deutscher Offizier in der schwarzen Uniform der Panzertruppen wurde hereingebracht. Er war unrasiert und hatte eine auffällige Narbe im Gesicht. Bei einer Verletzung im Ersten Weltkrieg hatte er fast die ganze Nase verloren. Roberts benahm sich »wie ein stolzer Bauer, der einen Prachtbullen vorführt«, schrieb Horrocks später.[8] Der Gefangene war der General der Panzertruppe Heinrich Eberbach, der Befehlshaber der 7. Armee, den man in seinem Bett schlafend überrascht hatte.

Der nächste Tag, der 1. September, war der fünfte Jahrestag der deutschen Invasion in Polen, mit welcher der Krieg in Europa begonnen hatte. Aufgrund eines merkwürdigen Zufalls saßen die Befehlshaber beider alliierten Armeegruppen des Normandie-Feldzuges in ihren Stabsquartieren Modell für ein Porträt. Im Glanz des Sieges nach General George C. Pattons triumphalem Vorstoß zur Seine ließ sich sein Vorgesetzter, General Omar N. Bradley, in der Nähe von Chartres von Cathleen Mann malen, die mit dem Marquess of Queensberry verheiratet war. An diesem schönen Tag konnten die beiden zumindest kühle Getränke genießen. Denn der Oberbefehlshaber, General Dwight D. Eisenhower, hatte Bradley kurz zuvor einen Kühlschrank mit der Botschaft geschickt: »Verdammt, ich bin es leid, jedes Mal warmen Whisky trinken zu müssen, wenn ich zu Ihrem Stab komme.«[9]

Field Marshal Sir Bernard Montgomery ließ sich in seinem gewohnten Outfit – grauer Pullover mit Polokragen, Kordhose und schwarzes Barett mit zwei Kokarden – von dem schottischen Maler James Gunn porträtieren. Sein taktisches Stabsquartier und sein Wohnwagen befanden sich im Park des Château de Dangu auf halbem Weg zwischen Rouen und Paris. Obwohl er an diesem Morgen Glückwünsche zu seiner Beförderung zum Field Marshal erhalten hatte, war Montgomery so schlechter Stimmung, dass er sich weigerte, seinen Gastgeber, den Duc de Dangu, und Kämpfer der lokalen Résistance zu empfangen. Alle Hoffnung auf eine gemeinsame Offensive in Richtung Norddeutschland unter seinem Befehl war dahin, denn Eisenhower hatte ihn als Commander-in-Chief der Landstreitkräfte der Alliierten abgelöst. Bradley war jetzt nicht mehr sein Untergebener, sondern ihm gleichgestellt. Nach Montgomerys Auffassung verspielte Eisenhower durch seine Weigerung, die alliierten Truppen zu konzentrieren, gerade deren Sieg.[10]

Hohe amerikanische Offiziere hingegen erregten sich viel mehr über Montgomerys Beförderung. Der Brite trug nun fünf Sterne, während sein Vorgesetzter Eisenhower nur Vier-Sterne-General war. Patton, dessen 3rd Army inzwischen schon in Verdun in Ostfrankreich stand, schrieb an diesem Tag an seine Frau: »Die Sache mit dem Field Marshal macht uns – Bradley und mich – krank.«[11] Selbst mehrere hohe britische Offiziere hielten diesen Versuch Winston Churchills, die britische Presse und Monty angesichts von dessen tatsächlicher Zurücksetzung zu besänftigen, für einen schweren Fehler. Admiral Sir Bertram Ramsay, der Commander-in-Chief der Marine der Alliierten, notierte in seinem Tagebuch: »Monty ist jetzt Field Marshal. Eine erstaunliche Sache, und ich bedaure das so sehr, dass mir die Worte fehlen. Ich vermute, darüber hat der Premierminister ganz allein entschieden. Das war verdammt dumm und höchst beleidigend für Eisenhower und die Amerikaner, da bin ich sicher.«[12]

Am nächsten Tag, es war Samstag, der 2. September, trafen sich Patton, Eisenhower und Lieutenant General Courtney H. Hodges, der Befehlshaber der 1st US Army, im Hauptquartier von Bradleys 12th Army Group, wo Lady Queensberry inzwischen den Pinsel beiseitegelegt hatte. Laut Bradleys Adjutant wirkte Hodges »in seinem Kampfanzug schick und elegant wie immer«, während Patton »mit Messingknöpfen und einem dicken Auto protzig wie stets« auftrat. Sie wollten über die Strategie und das große Nachschubproblem miteinander sprechen. Der unerwartet rasche Vormarsch überforderte selbst die Möglichkeiten der riesigen amerikanischen Militärtransportflotte. Patton flehte an diesem Morgen Bradley an: »Geben Sie mir 1,5 Millionen Liter Treibstoff, und ich bringe Sie in zwei Tagen nach Deutschland.«[13]

Bradley gefiel dieser Plan über alle Maßen. Er war so sehr bemüht, alle verfügbaren Flugzeuge für die Versorgung von Pattons Third Army einzusetzen, dass er es abgelehnt hatte, den Vormarsch der Alliierten durch den Abwurf von Nachschub aus der Luft zu beschleunigen. Patton, der davon träumte, »den Westwall zu durchstoßen wie die Scheiße den Arsch«[14], bestach bereits die Piloten der Transportflugzeuge mit Kisten erbeuteten Champagners, aber das reichte nicht. Eisenhower ließ sich nicht umstimmen. Er wurde bereits von Montgomery bedrängt, der den größten Teil des

Nachschubs für sich verlangte, um den Hauptstoß gegen die Deutschen im Norden zu führen.

Die Diplomatie unter den Alliierten erforderte es, dass der Oberbefehlshaber die rivalisierenden Forderungen der beiden Armeegruppen ausbalancierte, soweit das überhaupt möglich war. Er griff zu einer »Strategie der breiten Front«, mit der er keinen der beiden Befehlshaber zufriedenstellte.*[15] Eisenhowers Stabschef, Lieutenant General Walter Bedell Smith, kommentierte die Probleme zwischen Montgomery und Bradley nach dem Krieg mit den Worten: »Es ist erstaunlich, wie sehr sich gute Kommandeure selbst demontieren können, wenn sie sich ein Publikum heranzüchten, vor dem sie posieren müssen. Dann werden sie zu Primadonnen.« Selbst der anscheinend so bescheidene Bradley »hatte ein solches Publikum, was uns einige Probleme mit ihm bescherte«.[16]

Eisenhowers Unvermögen, das Problem der konkurrierenden Strategien Montgomerys und Bradleys zu klären, wirkte sich aufgrund eines Unfalls noch nachteiliger aus. An diesem Nachmittag flog der Oberbefehlshaber vom Stab der 12th Army Group bei Chartres zu seinem Befehlsstand in Granville an der Atlantikküste der Normandie zurück. Jetzt stellte es sich als großer Fehler heraus, dass er einen von den rasch vorrückenden Fronten so weit entfernten Ort gewählt hatte. Für die Kommunikation wäre es in der Tat besser gewesen, er hätte sich in London aufgehalten, meinte Bradley. Kurz vor Granville hatte sein Leichtflugzeug einen Motorschaden und musste an einem Strand landen. Eisenhower, der bereits an einem verletzten Knie litt, lädierte sich auch noch das andere, als er dabei half, die Maschine im Sand zu wenden. Zu dem Zeitpunkt, da Bradley und Montgomery sich treffen sollten, musste er mit einem Gipsbein das Bett hüten. Er fiel eine ganze Woche lang aus – in einer Phase, die sich als entscheidend erweisen sollte.

Am selben Tag, dem 2. September, traf Horrocks im Stab der britischen Guards Armoured Division in Douai ein. Er war frustriert, weil er seine Einheiten an diesem Tag hatte zurückhalten müssen, um den Amerikanern den Einsatz von Luftlandetruppen bei Tournai zu ermöglichen. Dieser

* Eisenhowers Strategie der breiten Front wurde vom Oberkommando der Wehrmacht (OKW) mit Erleichterung aufgenommen. Nach deutschen Vorstellungen, so schrieb ein Stabsoffizier, war es ein Rätsel, weshalb der Gegner nicht alle seine Truppen an einem Punkt konzentrierte und dort einen Durchbruch erzwang. Stattdessen habe er dem deutschen Oberkommando einen Gefallen getan, als er seine Kräfte fächerförmig über die ganze Front verteilte.

war aber wegen schlechten Wetters im letzten Moment gestoppt worden. Außerdem hatte das XIX. US Corps das Absprunggebiet bereits erreicht. Mit theatralischer Geste verkündete Horrocks nun den versammelten Offizieren, sie hätten am nächsten Tag bis nach Brüssel vorzustoßen, etwa 110 Kilometer entfernt. Das wurde mit freudigem Erstaunen aufgenommen. Der 11th Armoured Division von Roberts befahl Horrocks, im Rahmen von Operation Sabot unverzüglich in Richtung des großen Hafens Antwerpen vorzurücken.

Zwischen den Welsh Guards im Zentrum, dem 2nd Household Cavalry Regiment mit leichtem Vorsprung zur Rechten und den Grenadier Guards zur Linken »musste es unweigerlich zu einem Wettlauf kommen, und nichts konnte uns an diesem Tag aufhalten«, berichtete ein Offizier. Es wurde heftig gewettet, wer als Erster Brüssel erreichen werde. »Les jeux sont faits – rien ne va plus!«, soll um sechs Uhr morgens der Ruf eines Roulette-Croupiers erschallt sein, als die Konkurrenten starteten.[17] Die Irish Guards folgten ein paar Stunden später als Reserve. »Es war unsere längste Fahrt, 130 Kilometer in dreizehn Stunden«, notierte deren 2nd (Armoured) Battalion im Kriegstagebuch.[18] Doch für manche Einheiten geriet dieses überhastete Vorstürmen durchaus nicht zu einer rein sportlichen Angelegenheit. Bei einem brutalen Waffengang mit einer SS-Einheit verloren die Grenadier Guards mehr als zwanzig Mann.

Das unerwartete Auftauchen der britischen Guards Armoured Division in der belgischen Hauptstadt löste an diesem Abend noch größeren Jubel aus als bei der Befreiung von Paris. »Das Hauptproblem war die Belagerung durch die Menschenmassen«, notierte ein Offizier der Household Cavalry, deren Fahrzeuge dauernd von überglücklichen Belgiern gestoppt wurden, die dicht gedrängt an den Straßen standen, »Tipperary« sangen und die Hände mit dem Victory-Zeichen hochstreckten. »Außerdem haben die Befreiten sich angewöhnt, die Fahrzeuge, die sich nur langsam den Weg durch die Menge bahnen können, über und über mit Willkommensgrüßen zu bekritzeln«, schrieb derselbe Offizier. »Bei jedem Stopp klettern sie auf unsere Fahrzeuge und strecken uns Obst, Blumen und Wein entgegen.« Die Household Cavalry und die Welsh Guards »gewannen das Rennen mit geringem Vorsprung. Das war eine abenteuerliche Angelegenheit, denn jedes Mal, wenn sie anhielten, um nach dem Weg zu fragen, wurden sie herausgeholt und abgeküsst – von beiden Geschlechtern.«

Die deutschen Truppen hielten nach wie vor den Flughafen außerhalb der belgischen Hauptstadt besetzt, von wo sie »fünf Salven hochexplosiver

Geschosse« in den Park vor dem Königspalast feuerten, wo Major General Allan Adair gerade unter Zeltbahnen seinen Stab einrichtete. Eine große Hilfe waren den britischen Truppen die Angehörigen der Armée Blanche des belgischen Widerstands, »weil sie die vielen versprengten Deutschen festnahmen, die zu entkommen suchten«.[19] Wenn die Zivilbevölkerung nicht gerade ihre Befreier küsste, empfing sie jeden deutschen Gefangenen, den sie erblickte, mit Pfiffen, Buhrufen und Fußtritten.

Viele britische Soldaten waren erstaunt über den Unterschied zur Normandie, wo sie die Bevölkerung mitten in den furchtbar zerstörten Städten und Dörfern meist nur halbherzig begrüßt hatte. »Die Menschen hier sind besser gekleidet«, schrieb ein Offizier, »scheinen mehr anzuziehen zu haben, sehen sauber und gesund aus, während sie in Frankreich allesamt abgerissen und erschöpft wirkten.«[20] Doch der Anschein von relativem Wohlstand konnte täuschen. Die deutschen Besatzer hatten sämtliche Vorräte an Lebensmitteln, Kohle und anderen Ressourcen beschlagnahmt und über eine halbe Million Belgier zur Zwangsarbeit in deutsche Fabriken deportiert. Doch das rasche Vorrücken der Alliierten kam Belgien zugute. So blieben dem Land verheerende Gefechte, Plünderungen der Besatzer in letzter Minute und die für die Wehrmacht so typische Taktik der verbrannten Erde erspart. Im Südosten des Landes hatten unbesonnene Attacken des belgischen Widerstands gegen abziehende deutsche Einheiten allerdings heftige, ausgedehnte Vergeltungsaktionen vor allem von SS-Einheiten zur Folge.

Das Tempo des Vorrückens der Alliierten an diesem Tag war für die Deutschen ein Schock. Ein Unteroffizier beschrieb es in seinem Tagebuch als »einen Vorgang, der alle Erwartungen und Berechnungen übertraf und selbst unsere ›Blitzkriege‹ vom Sommer 1940 in den Schatten stellt«.[21] Oberstleutnant Fullriede notierte »die Besprechung der Offiziere in der Kaserne. Die Westfront ist hin; die Gegner stehen bereits in Belgien und an der deutschen Grenze. Rumänien, Bulgarien, die Slowakei und Finnland bitten um Frieden. Es ist genau wie 1918.«[22] Andere machten vor allem den engsten Verbündeten verantwortlich. »Die Hauptschuld trifft den Italiener«, schrieb Unteroffizier Oskar Siegl an seine Familie.[23] Einige verglichen Italiens »Verrat« an Deutschland mit dem Österreichs im Ersten Weltkrieg. In manchen Fällen hatte das verwundertes Selbstmitleid zur Folge: »Wir Deutschen besitzen in der ganzen Welt nur Feinde, man fragt sich, warum sind wir überall so verhasst? Es gibt keine Nation, welche von uns etwas wissen will.«[24]

Auch Generale der Alliierten zogen Parallelen zum Ende des Ersten Weltkrieges. Der Optimismus war so groß, dass der Stab von Bradleys 12th Army Group bereits 25 Tonnen Kartenmaterial »für Operationen in Deutschland« bestellt hatte.[25] Dazu bemerkte Bradleys Adjutant, Major Chester B. Hansen: »Alle waren so aufgeregt wie eine Horde Zehntklässler vor einem Tanz.«[26] Im Stab der 12th Army Group »sprechen wir jetzt über alles mit der Einschränkung ›wenn der Krieg noch so lange dauert‹«.[27]

In diesen Kreisen wurden die Folgen des versuchten Bombenanschlags Graf Schenk von Stauffenbergs gegen Hitler am 20. Juli grundlegend missverstanden. Die Befehlshaber der Alliierten gingen davon aus, dass dieser den Beginn des Zerfalls der deutschen Wehrmacht signalisiere. Tatsächlich aber bewirkten dessen Fehlschlag und die Repressalien, die danach folgten, genau das Gegenteil. Nazi-Partei und SS übten jetzt die totale Kontrolle aus, der Generalstab und alle Wehrmacht-Einheiten wurden gezwungen, bis zum letzten Atemzug des Führers zu kämpfen.

Während die Vorausabteilungen der Alliierten in Richtung Antwerpen, Brüssel und Maastricht rollten, flogen die Generale Bradley und Hodges am Morgen des 3. September zum Stab von General Miles Dempseys 2nd British Army. Dort wollten sie mit Montgomery »künftige Operationen in Richtung Ruhr« erörtern.[28] Außer Eisenhower, der mit einem verletzten Bein in Granville lag, fehlte auch General Henry Crerar, der Befehlshaber der 1st Canadian Army. Er hatte darauf bestanden, in Dieppe zu bleiben, wo er eine Gedenkparade für seine bei dem Desaster vom August 1942 getöteten Landsleute abzuhalten gedachte. Er hätte auf die Schwierigkeiten der Eroberung der Häfen an der Kanalküste und der Auseinandersetzung mit der 15. Armee der Wehrmacht hingewiesen, die sich vom Pas de Calais in einen Raum im Schelde-Mündungsgebiet westlich von Antwerpen zurückgezogen hatte. Der Hafen von Antwerpen war auch von entscheidender Bedeutung für das Vorhaben, über den Rhein nach Deutschland vorzustoßen. Doch Montgomery und Bradley waren völlig auf ihre divergierenden Pläne fixiert: Die Briten wollten nach Norden marschieren, die Amerikaner nach Osten.

Bei dieser Besprechung wurde nicht ordentlich Protokoll geführt, und später war Bradley überzeugt, dass Montgomery ihn absichtlich getäuscht habe. Bradley erklärte, der für den nächsten Tag geplante Einsatz von Luftlandetruppen bei den Brücken über die Maas bei Lüttich sollte abgesagt werden, und Montgomery habe dem zugestimmt. Der Field Marshal sagte später: »Wir beide sind der Meinung, dass alle vorhandenen Flugzeuge für Transporte genutzt werden sollen, damit wir den Schwung des Vormarsches aufrechterhalten können.«[29] Doch noch am selben Nachmittag um 16.00 Uhr befahl Montgomery seinem Stabschef, er möge die 1st Allied Airborne Army in England auffordern, einen anderen, weitaus ambitionierteren Plan auszuarbeiten. Jetzt hatte er die Idee, die Brücken »zwischen Wesel und Arnheim« zu erobern, um seine 21st Army Group nördlich des Ruhrgebiets über den Rhein marschieren zu lassen.[30] Montgomery spekulierte offenkundig darauf, dass Eisenhower, sollte ihm als Erstem der Brückenschlag über den Rhein gelingen, ihm den Löwenanteil des Nachschubs zusprechen und ihn mit amerikanischen Truppen unterstützen werde.

Dass Eisenhower bei dieser Besprechung nicht anwesend war, erwies sich als sehr bedauerlich. Als Bradley klar wurde, dass Montgomery ohne Absprache mit ihm davon abgerückt war, was beide vereinbart hatten, geriet er in hellen Zorn. Montgomery weigerte sich anzuerkennen, was fast allen anderen hohen britischen Offizieren längst klar war: Großbritannien galt im Bündnis jetzt weitgehend als Juniorpartner, denn die Amerikaner stellten den größten Teil der Truppen, der Technik und des Treibstoffs. Die Vorstellung, Großbritannien sei weiterhin eine Macht ersten Ranges, war ein Fantasiebild, das Churchill verzweifelt aufrechtzuerhalten suchte, obwohl er im Grunde wusste, dass dies nicht der Fall war. Man kann durchaus das Argument anführen, dass das verheerende Klischee, welches Großbritannien bis heute veranlasst, in einer zu hohen Gewichtsklasse zu boxen, in jenem September 1944 entstanden ist.

2

Der »verrückte Dienstag«

Am Montag, dem 4. September, dem zweiten Tag, an dem in Brüssel gefeiert wurde, sendete Königin Wilhelmina der Niederlande aus London über den Rundfunk folgende Botschaft: »Landsleute, ihr wisst, dass unsere Befreiung nahe ist. Ich teile euch mit, dass ich Prinz Bernhard zum Kommandeur der Niederländischen Truppen unter dem Oberbefehlshaber General Eisenhower ernannt habe. Prinz Bernhard wird den bewaffneten Widerstand befehligen. Bis bald. Wilhelmina.«[1]

Der Rückzug der Deutschen durch die Niederlande ins Reich hatte am 1. September eingesetzt und erreichte vier Tage später seinen Höhepunkt. Dieses Datum ist in den Niederlanden als *Dolle Dinsdag*, der »verrückte Dienstag«, berühmt geworden.[2] Gerüchte wollten wissen, Montgomerys Armeen stünden bereits an der deutschen Grenze. Am Abend des 4. September wurde in einer Reportage des niederländischen Dienstes der BBC sogar irrtümlich behauptet, die Alliierten hätten schon Breda und Roermond erreicht. Daraufhin strömten am nächsten Morgen die Menschen in Amsterdam auf die Straßen, um die Panzer der Alliierten bei ihrer Einfahrt willkommen zu heißen.

Rückzüge bieten meist einen traurigen Anblick, doch die heruntergekommene, deprimierte Masse verstreuter Wehrmacht-Soldaten aus Frankreich und Belgien löste bei der niederländischen Bevölkerung nach den Demütigungen durch die arroganten Besatzer ein ungewöhnliches Maß an Jubel, Entrüstung und höhnischem Gelächter aus. »Nie haben wir etwas so genossen wie den Anblick dieses chaotischen Rückzugs einer einst großen Armee«, schrieb eine Frau aus Eindhoven.[3] In improvisierten Einheiten hatten einige von ihnen, wie etwa Matrosen der Kriegsmarine, die in Schiffs-Stamm-Abteilungen gegliedert waren, den größten Teil der Strecke von der Atlantikküste aus zu Fuß zurückgelegt. Andere hatten sich auf jedes Fahrzeug gestürzt, dem sie unterwegs begegneten, wie uralte Citroëns mit Trittbrettern oder Holzvergasern mit Rauchabzügen.

Das Schauspiel, das die Niederländer faszinierte und begeisterte, schien den Eindruck des totalen Zusammenbruchs zu bestätigen. Sie setzten sich auf Stühlen an die Straßen, um dem Schauspiel beizuwohnen. Die einst so unbesiegbar erschienene hochtechnisierte Wehrmacht, die ihr Land im Sommer 1940 so leicht überrannt hatte, musste sich jetzt alle Arten denkbarer Fortbewegungsmittel, vor allem Fahrräder, zusammenstehlen.

Bei Kriegsbeginn hatte es im Land vier Millionen Fahrräder gegeben, halb so viele wie die Bevölkerungszahl. Anfang Juli 1942 hatte die Wehrmacht 50 000 beschlagnahmt. Jetzt waren weitere Tausende nach Deutschland unterwegs. Zumeist mit Soldatenausrüstung und Beutestücken beladen, wurden sie über die Straßen geschoben. Ohne Gummireifen war das Fahren mit den Holzrädern außerordentlich anstrengend. Doch der Verlust der Fahrräder war ein schwerer Schlag. Die Untergrundbewegung brauchte sie für ihre Kuriere, und die Familien waren darauf angewiesen, um damit auf dem Land Lebensmittel zu organisieren.

Auch die meisten Kraftfahrzeuge, die in Frankreich und Belgien erbeutet wurden, hatten keine Reifen mehr. Lediglich auf den Felgen unterwegs, machten sie beim Fahren Geräusche, bei denen jeder zusammenzuckte. Den größten Teil davon hatten sich deutsche Offiziere ergattert. Einem Bewohner von Eindhoven fiel auf, dass »in vielen Wagen junge Frauen saßen – von der Sorte, wie sie sich den Deutschen angedient hatten«.[4] Diese französischen, belgischen und niederländischen Frauen, wahrscheinlich der *collaboration horizontale* schuldig, wollten ihrem absehbaren Schicksal in der Heimat entrinnen. Auch in Arnheim sah der Neurologe Louis van Erp ein paar deutsche Offiziere »mit Frauen auf dem Schoß, teils Deutsche, teils Französinnen«.[5] Die Männer schwenkten Weinbrandflaschen und tranken daraus. In einigen Städten nannte man diesen Tag deshalb den »Cognac-Dienstag«.[6] Deutsche Soldaten versuchten einige von diesen Flaschen und andere geplünderte Waren zu verkaufen. Darunter waren Nähmaschinen, Fotoapparate, Armbanduhren, Kleidung und Vögel in Käfigen, die die Fahrt sicher nicht überlebt hätten. Nur wenige Niederländer nutzten dieses Angebot.

Einige der Autos gehörten den niederländischen Sympathisanten der Nazis von der Nationaal-Socialistische Beweging (NSB). Sie wussten, dass die Provinz Brabant im Süden des Landes ohne den Schutz der Deutschen für sie zu gefährlich war. Auf der Flucht vor Vergeltung waren auch Kollaborateure aus Frankreich und erzkatholische, pronazistische Royalisten aus Belgien. Patriotisch eingestellte Niederländer nannten die Mitglieder

der NSB »falsche« Niederländer oder »schwarze Kameraden«. Für sie waren die noch schlimmer als die Deutschen.[7] »Die Einstellung der holländischen Bevölkerung zur NSB bleibt total ablehnend«, berichtete ein deutscher Offizier aus Utrecht. »Lieber 10 Deutsche als 1 NSBer ist die Meinung, und das will bei der Ablehnung, die allem Deutschen entgegengebracht wird, schon etwas heißen.«[8]

Befremdlich wirkten Omnibusse und Krankenwagen des Roten Kreuzes, in denen sich Soldaten mit ihren Waffen drängten, was allen Regeln der Kriegführung widersprach. Soldaten saßen auf von Pferden gezogenen Bauernwagen, die mit Hühnern, Enten und Gänsen in hölzernen Verschlägen beladen waren, und auf Lastwagen mit gestohlenen Schafen und Schweinen. Jemand sah zwei Ochsen, die in einem Bus hin und her liefen; eine Nonne erblickte eine Kuh in einem Krankenwagen. Solche Szenen schamlosen Diebstahls von Nahrungsgütern in besetztem Gebiet lösten nur bitteres Lächeln aus. Auch ein Feuerwehrfahrzeug, ja sogar ein staubiger Leichenwagen, die Pferde mit Straußenfedern geschmückt, wurden gesichtet. Wehrmacht-Fahrzeugen hatte man Kiefernzweige an die Stoßstangen gebunden, um Reißzwecken und Nägel wegzufegen, die Untergrundkämpfer auf die Straßen gestreut hatten.

Die erschöpften Fußsoldaten, die »Moffen«, wie die Niederländer die deutschen Besatzer verächtlich nannten, waren abgerissen, unrasiert und vom Straßenstaub geschwärzt.* Ihr Anblick und derjenige der Offiziere, die sich in Wagen fahren ließen, erregten Aufsehen, als der trostlose Zug über die Grenze des Reichs kam. Wilde Gerüchte und zahlreiche hämische Witze machten die Runde. Ein Gefreiter hörte von seiner Familie: »Die gestern Abend kamen, erzählten, dass in Kaiserslautern der Führer selbst die Autos kontrolliert habe.« Die Zivilbevölkerung empörte sich darüber, welche Privilegien die Offiziere genossen und wie sie die einfachen Landser behandelten. »Die ›Herren‹ gingen mit ihren vollbepackten Autos durch die Latten und ließen den Landser im Stich.«[9]

In Deutschland hatte sich ein deutlicher Unterschied in der Haltung zu den Soldaten an der Ostfront im Vergleich zu deren Gegenstück, den Westfrontkämpfern, herausgebildet. Allgemein verbreitet war der Verdacht,

* Das niederländische Wort »Moffen« für die Deutschen entsprach den »Krauts« oder »Boches« im Englischen bzw. Französischen. Es stammt vom Anfang des 17. Jahrhunderts, als die deutschen Gebiete östlich der Niederlande »Muffe« genannt wurden. Die damals wesentlich reicheren und höher entwickelten Niederländer sahen auf deren Bewohner als grob und ungebildet herab. Während der deutschen Besatzung besann man sich wieder auf diese Bezeichnung.

die Wehrmacht im Westen sei in den vier Jahren bequemer Besatzungszeit in Frankreich und den Niederlanden arg verweichlicht. »Die Stimmung der Bevölkerung gegen Westfrontkämpfer ist nicht allzu gut«, schrieb eine Ehefrau an ihren Mann, »und auch ich bin der Überzeugung, wenn die Ostfrontkämpfer im Westen gestanden hätten, wäre der Durchbruch nicht gelungen.«[10]

Ein Artillerist bestätigte in einem Brief an seine Verwandten den Eindruck des Zusammenbruchs im Westen: »Ihr könnt Euch kein Bild machen, wie es dort aussieht. Das ist kein Rückzug, sondern eine Flucht.« Er bekannte aber auch, dass man sich dabei gut mit Beute eingedeckt hatte. »Schnaps, Zigaretten, Fett und Fleisch in Büchsen zu Hunderten haben die Autos geladen.«[11] Auch die deutschen Besatzungsbehörden plünderten bis zur letzten Minute. Die Kirchenglocken waren bereits eingeschmolzen, nun schaffte man eilig weitere Rohstoffe, vor allem Kohle und Eisenerz, mit allen erreichbaren Lokomotiven und Waggons ins Reich. Solche Aktionen wurden damit gerechtfertigt, dass man den Alliierten keinen »wirtschaftlichen Vorteil« verschaffen dürfe.[12] In bestimmten Fällen wurde auch die Taktik der verbrannten Erde angewandt. In Eindhoven zeugte eine Reihe gewaltiger Explosionen davon, dass die Deutschen Anlagen des Flugplatzes zerstörten und Munitionslager in die Luft sprengten. Riesige Rauchwolken verdüsterten die Sonne.[13]

Alle diese Ressourcen ins Reich zu transportieren war nicht einfach. In der ersten Septemberhälfte verübte der niederländische Untergrund zahlreiche Sabotageakte. Doch ein deutscher Offizier bemerkte: »Dass der Eisenbahnverkehr ruht, ist nun weniger eine Energiefrage, sondern mehr dem Wirken der englischen Flieger zuzuschreiben, die den größten Teil der Lokomotiven kaputt geschossen haben.«[14] Zur Entrüstung und zum großen Ärger der niederländischen Exilregierung in London konnten Piloten von RAF-Jagdbombern nicht der Versuchung widerstehen, Lokomotiven aus ihren Bordkanonen zu beschießen, weil die Detonation eine so spektakuläre Dampfwolke auslöste.[15]

Die einzige Freude der Zivilbevölkerung war es zu sehen, wie die dadurch verursachten Verzögerungen die Mitglieder der NSB und ihre Familien, die nach Deutschland zu fliehen versuchten, zur Verzweiflung brachten. In einer Stadt südwestlich von Arnheim löste deren Bedrängnis höchste Schadenfreude aus. »Es war ein herrliches Bild«, schrieb ein Bewohner namens Paul van Wely. »Der Wartesaal des Bahnhofs wirkte wie eine Ansammlung von Landstreichern. Alles heulte und ließ die Köpfe hängen.«[16]

Etwa 30 000 NSB-Mitglieder samt Familien flüchteten nach Deutschland, wo sie im Chaos der letzten Kriegsmonate weitgehend sich selbst überlassen waren. Ein Historiker formulierte es so: »Mit dem 5. September wurde ein vorläufiger Schlussstrich unter den organisierten Faschismus in den Niederlanden gezogen.«[17]

In diesen Tagen des Interregnums, als die niederländische Polizei wegen ihrer zweifelhaften Rolle während der Besatzung mehr oder weniger untergetaucht war, entführten Untergrundgruppen Mitglieder der NSB und sogar ein paar deutsche Beamte. Einige wurden später von der deutschen Polizei befreit. An diesem »verrückten Dienstag« rief Reichskommissar Dr. Arthur Seyß-Inquart den Ausnahmezustand aus.* In der Bekanntmachung hieß es, die deutschen Truppen hätten Befehl, jeden Widerstand gegen die Besatzungsmacht mit Waffengewalt zu brechen. Für die geringste Verletzung der Bestimmungen wurde die Todesstrafe angedroht.[18]

Viele deutsche Offiziere waren erbost darüber, dass die Niederländer ihre angelsächsischen Befreier offenbar mit Fahnen und Blumen empfangen wollten. Wieder einmal vertauschten die Nazis auf für sie typische Weise Ursache und Wirkung. Obwohl sie ein neutrales Land heimtückisch überfallen und besetzt hatten, erwarteten sie nach wie vor von der Bevölkerung, sich ihnen gegenüber loyal zu verhalten. »Die Holländer sind nicht nur feige, sondern auch faul und träge«, schrieb Oberleutnant Helmut Hänsel verbittert.[19]

Viele einfache Soldaten sahen das jedoch anders. Jene, die den Krieg satt hatten, meinten ironisch: »Mein Bedarf an Heldentod ist völlig erledigt.«[20] Reichsdeutsche, die in Holland wohnten oder arbeiteten, wurden, selbst wenn sie über sechzig Jahre alt waren, während dieser Krise zu ihrem Schrecken noch eingezogen. »Sie tragen Zivilkleidung unter ihren Uniformen und hoffen, flüchten zu können«, stellte ein mitfühlender Niederländer fest, »aber man lässt sie keinen Augenblick ohne Aufsicht.«[21]

»Ein sehr nasser, stürmischer Tag«, schrieb Admiral Ramsay in sein Tagebuch. »Die Briten in Brüssel und Antwerpen. Letzterer Hafen kaum beschädigt, aber nutzlos, solange die Mündung und die Zugänge noch nicht vom Feind gesäubert sind.«[22] Ramsays Sorge teilten seine Kollegen von den Bodentruppen nicht. Sie waren nach wie vor in Hochstimmung über ihren erfolgreichen Vormarsch.

* Seyß-Inquarts voller Titel, »Reichskommissar für die besetzten niederländischen Gebiete«, bezeugt, dass die Nazis geplant hatten, die Niederlande dem Reich einzuverleiben.

Das Einrücken der britischen 11th Armoured Division in Antwerpen »war äußerst schwierig wegen der großen Freude und Begeisterung der riesigen Menschenmassen«. Die Deutschen waren so überrascht, dass sich nur wenige entschlossen zur Wehr setzten. Doch am wichtigsten war, dass es der Widerstandsbewegung gelang, die Hafenanlagen zu sichern und ihre Zerstörung durch die Deutschen in letzter Minute zu verhindern. Ihre Kämpfer waren auch »sehr hilfreich bei der Ausschaltung von Scharfschützen und dem Umgang mit Gefangenen«.[23] Die sperrte man in die leeren Käfige des Antwerpener Zoos, ohne zwischen deutschen Offizieren, Unteroffizieren und Soldaten zu unterscheiden. Getrennt wurden Verräter und Kollaborateure und in einem weiteren Käfig deren Frauen und Kinder sowie junge Frauen eingeschlossen, denen man vorwarf, mit Deutschen geschlafen zu haben. Die Tiere des Zoos waren verhungert oder während der Besatzungszeit aufgegessen worden.

Um den schmalen Korridor der Alliierten nach Antwerpen zu sichern, wurden Truppen an Nebenstraßen postiert. Die Sherwood Rangers erreichten Renaix südlich von Gent nach einer Fahrt von 400 Kilometern, die sie in den acht Tagen seit ihrem Kricket-Spiel zurückgelegt hatten. Mit ihren Sherman-Panzern kesselten sie ein deutsches Regiment von 1200 Mann ein. Der deutsche Kommandeur, »ein gepflegter, untersetzter Kerl mit Stiernacken«, bestand in langen Verhandlungen darauf, seine Offiziersehre verlange von ihm, wenigstens den Eindruck von Gegenwehr zu erwecken. Das kostete Zeit, aber die Sherwood Rangers wussten, dass dies besser war als eine längere, wenn auch einseitige militärische Auseinandersetzung.

Der deutsche Kommandeur willigte schließlich ein, dass er und seine Männer an diesem Abend unter Waffen ausrücken und sich ergeben wollten, wenn kein einziger deutscher Soldat an den Widerstand ausgeliefert werde. Der Oberst bestand darauf, fünfzehn Minuten lang zu seinen Männern zu sprechen, um ihnen zu versichern, dass dies eine ehrenvolle Kapitulation sei. Dann gab er seinem Stabsfeldwebel ein Zeichen. Der brüllte einen Befehl, und alle Soldaten knallten fast gleichzeitig die Gewehrkolben auf das Pflaster. »Danach hoben sie den rechten Arm und riefen dreimal ›Sieg Heil!‹, was sich für eine Kapitulation reichlich paradox anhörte. Die Angehörigen der Untergrundbewegung, denen man die Möglichkeit genommen hatte, Rache zu üben, sahen zornig zu, wie die ehemaligen Okkupanten in ein Gefangenenlager geführt wurden.«[24]

Nachdem Horrocks' zwei Panzerdivisionen ihren dramatischen Vorsturm beendet hatten, blieben sie in Antwerpen und Brüssel, um die Fahrzeuge zu warten und ein wenig auszuruhen. Horrocks war auf dem Weg nach Brüssel von einem deutschen Panzer beschossen worden, den sie beim Vormarsch überrollt hatten. Daraufhin wurden Spähpanzer der 2nd Household Cavalry zurückgelassen, um auf der Straße zu patrouillieren, während der Corps Commander seinen Stab im Park des Königspalastes von Laeken einrichtete. Auch hier folgte ein Festtag mit Triumphzug durch die ganze Stadt. Der britischen Guards Armoured Division folgte eine Brigade belgischer Truppen, welche in die Feierlichkeiten einbezogen wurde. Ein Offizier der britischen Einheit nannte es einen außergewöhnlichen Anblick, da buchstäblich ganz Brüssel an den Straßen stand und den Truppen zujubelte. Die Armée Blanche des belgischen Widerstands führte Gruppen von Gefangenen in dem Zug mit und feuerte Freudenschüsse in die Luft.[25]

Kurz darauf verließen ein Bataillon Infanterie und eine Panzerabteilung der Grenadier Guards Brüssel in östlicher Richtung, um Löwen einzunehmen. Bei vielen Angehörigen des Regiments wurden Erinnerungen an eine Aktion während des Rückzugs nach Dünkirchen gut vier Jahre zuvor wach. Auch Field Marshal Montgomery wurde von alten Albträumen heimgesucht. Er richtete seinen Befehlsstand im Château d'Everberg fünfzehn Kilometer östlich von Brüssel an der Straße nach Löwen ein. Den Ort kannte Montgomery gut. Dieses Haus aus dem 18. Jahrhundert, das man später ausgebaut hatte, war vier Jahre zuvor, im späten Frühjahr 1940, der Befehlsstand seiner 3rd Division gewesen. Jetzt war die Schlossherrin, Prinzessin de Merode, nicht sonderlich erfreut, die Besucher wiederzusehen. Offenbar erinnerte sie sich daran, wie Montgomerys Stabsoffiziere bei der letzten Gelegenheit ihren Weinkeller geplündert hatten. Sie wurde das Gefühl nicht los, dass das Militär ihr Haus »wie ein Hotel« behandelte. Erst an diesem Vormittag waren Jagdflieger der Luftwaffeneinheit JG 51, des berühmten Jagdgeschwaders Mölders, überstürzt geflohen, und kaum drei Stunden später belegten die Briten das Haus erneut mit Beschlag.[26]

Gegen Ende der ersten Septemberwoche zeigte der Treibstoffmangel sowohl in Montgomerys 21st Army Group als auch in Bradleys 12th Army Group erste Auswirkungen. Bradleys Adjutant Hansen notierte am 6. September, dass selbst Korpskommandeure »gezwungen sind, sich kanisterweise Benzin zu leihen, um ihre Fahrzeuge am Laufen zu halten«. Da noch keiner der Häfen am Ärmelkanal geöffnet war, musste der gesamte Nachschub über den langen Weg aus der Normandie im Westen herangebracht

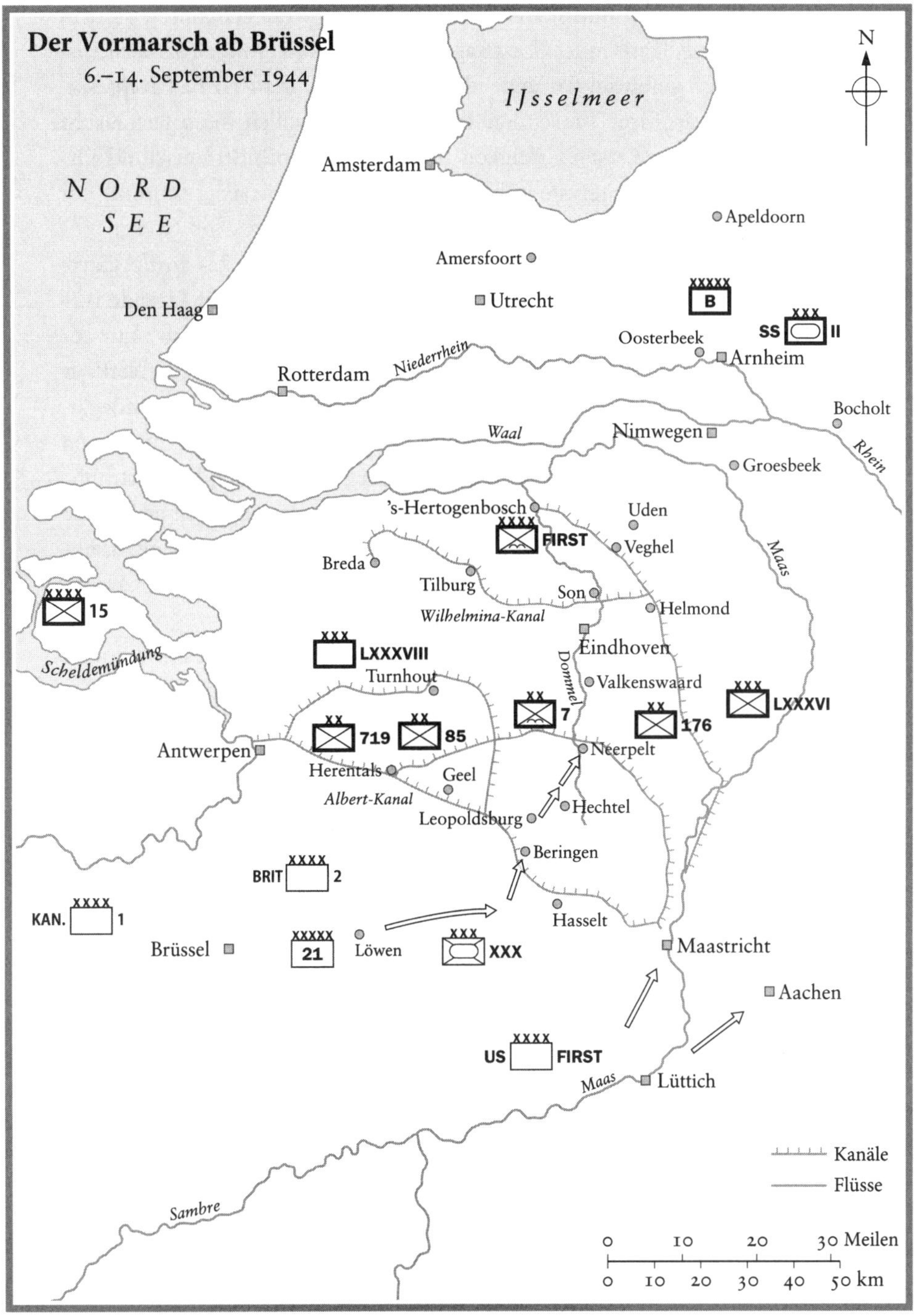
Der Vormarsch ab Brüssel
6.–14. September 1944
IJsselmeer
N
NORD SEE
Amsterdam
Apeldoorn
Amersfoort
Utrecht
Den Haag
B
SS II
Oosterbeek
Arnheim
Rotterdam
Niederrhein
Bocholt
Waal
Nimwegen
Rhein
Groesbeek
's-Hertogenbosch
Uden
FIRST
Veghel
Breda
Tilburg
Maas
Son
15
Helmond
Wilhelmina-Kanal
Eindhoven
LXXXVIII
Dommel
Scheldemündung
Turnhout
Valkenswaard
LXXXVI
7
719
85
176
Antwerpen
Neerpelt
Herentals
Geel
Albert-Kanal
Hechtel
Leopoldsburg
Beringen
BRIT 2
KAN. 1
Hasselt
Brüssel
21
Löwen
XXX
Maastricht
Aachen
US FIRST
Maas
Lüttich
Kanäle
Flüsse
Sambre
0 10 20 30 Meilen
0 10 20 30 40 50 km

werden. Das geschah mithilfe eines »Red Ball Express« genannten permanenten Konvois Tausender Lastwagen, die zumeist von afroamerikanischen Soldaten gefahren wurden. »Riesige Konvois des Red Ball Express«, ergänzte Hansen, »mit Tausenden Tonnen Benzin rollen die ganze Nacht hindurch mit einer Geschwindigkeit von 50 Meilen pro Stunde die Highways entlang und tauchen sie in helles Scheinwerferlicht.«[27]

Die Guards Armoured Division in Brüssel erhielt Befehl, bis zum Albert-Kanal, von dort nach Leopoldsburg nahe der niederländischen Grenze vorzustoßen und schließlich Eindhoven einzunehmen. Man »erwartete nur geringen Widerstand«, der höchstens »bei den Kanälen und Brücken« heftiger sein konnte.[28] Ein großes Getränkelager der Wehrmacht wurde entdeckt, die Irish Guards schickten einen LKW und beluden ihn mit 28 Kisten Champagner, dazu Schnaps und Wein, um ihren bevorstehenden Triumphzug zu befeuern. Der Guards Armoured Division gelang es, sich bei Beringen auf der gegenüberliegenden Seite des Albert-Kanals festzusetzen, obwohl die Deutschen die Brücke gesprengt hatten. Noch während der Nacht hatte ihre Pionierkompanie eine Behelfsbrücke errichtet.

Doch bereits am nächsten Mittag wurde den Guards klar, dass »wir jetzt aufhören müssen, an Blumen, Obst und Küsse zu denken, und uns wieder mit handfesteren Dingen zu beschäftigen haben«. Die Gegenwehr der Deutschen war eindeutig stärker geworden. »Einmal an diesem sehr komplizierten Tag sah es so aus, als könnten wir die Behelfsbrücke einbüßen. Ein SS-Offizier mit vierzig Mann kletterte auf Lastkähne in der Nähe, nachdem sie bereits nicht weniger als vierzig Nachschubfahrzeuge ausgeschaltet hatten.« »Für die Welsh und die Coldstream [Guards] war das ein schwerer Schlag«, hielt der Schreiber des Kriegstagebuchs fest und fügte hinzu: »SS-Truppen müssen entweder getötet oder verwundet werden, besser das Erstere.«[29]

Aufmerksame niederländische Zivilisten hatten bereits eine Veränderung im Verhalten der deutschen Truppen bemerkt. Während nach wie vor ganze Kolonnen entmutigter Soldaten durch ihre Stadt zogen, hielt eine Augenzeugin in Eindhoven fest: »Der Rückzug der Deutschen ging am Montag weiter, doch zur gleichen Zeit kam auch eine Gegenbewegung in Gang: Große Gruppen von Soldaten marschierten, stark mit Baumzweigen getarnt, durch die Stadt in Richtung belgische Grenze.«[30]

Die Einnahme von Antwerpen durch britische Truppen am 4. September hatte in der Wolfsschanze, dem Führerhauptquartier in Ostpreußen, einen Sturm ausgelöst. Als Hitler davon erfuhr, vergaß er kurzerhand die Gründe, weshalb er Generalfeldmarschall Gerd von Rundstedt Ende Juni entlassen hatte, rief ihn zurück und ernannte ihn erneut zum Oberbefehlshaber West. Generaloberst Kurt Student befand sich in Berlin auf der Insel Wannsee im Hauptquartier der Fallschirmjäger der Luftwaffe, als er aus der Wolfsschanze angerufen wurde. Student, der Architekt der Fallschirmtruppe, hatte bereits 1940 in den Niederlanden und im Jahr danach auf Kreta Luftlandeoperationen befehligt. Jetzt befahl ihm Hitler, »sofort eine neue Abwehrfront im Zuge des Albert-Kanals aufzubauen und diese Front nachhaltig zu verteidigen«.[31] Dafür erhielt Students Truppenverband den aufgeblasenen Namen 1. Fallschirm-Armee. Laut einem seiner besonders zynischen Offiziere wählte Hitler Student für diese Aufgabe aus, denn »der Führer, der größte Feldherr aller Zeiten, fragte sich: ›Wer soll Holland verteidigen? Das kann nur der machen, der Holland erobert hat.‹ So kam Student nach Holland.«[32]

Student musste jede Luftlandeeinheit einsetzen, die für ihn greifbar war, darunter das Fallschirmjäger-Regiment 6 unter dem Befehl von Oberstleutnant Friedrich Freiherr von der Heydte. Er beorderte auch neu aufgestellte Einheiten herbei, die sich noch in Ausbildung befanden, ja sogar Bodenpersonal der Luftwaffe, aus dem man Infanterie-Bataillone gebildet hatte. Heydte, ein Veteran der von der Luftwaffe getragenen Invasion auf Kreta im Jahre 1941, war angewidert von der Art, wie unausgebildete Angehörige der Luftwaffe zu Fallschirmjägern erklärt wurden. »Diese neuen Fallschirmjäger-Divisionen sind schlechtere Flak-Felddivisionen«, sagte er zu Offizierskameraden. »Ja, das ist nun eine Eitelkeit vom guten Göring. Die soll damit zusammenhängen, dass er sagt: ›Wenn der Friede ausbricht, dann sehe ich nicht ein, warum nur der Himmler seine Privatarmee haben soll.‹«[33]

Das Sicherungs-Bataillon VI der Luftwaffe (für Sondermissionen) war im Grunde ein Strafbataillon, das aus Italien herangeführt wurde. Es bestand aus Männern des Luft- und Bodenpersonals, die wegen krimineller Vergehen vorbestraft waren, und wegen Inkompetenz entlassenen Offizieren. Ihre Bewaffnung war kläglich, und sie trugen immer noch Tropenuniform. Selbst Heydtes berühmtes Regiment war nach den Kämpfen gegen die amerikanische 101st Airborne Division in der Normandie nur noch ein Schatten seiner selbst. »Die Kampfkraft des Regiments war gering«, berichtete er. »Die Truppe war noch nicht zusammengeschweißt, der junge Ersatz – 75 Prozent des Regiments – nicht oder kaum ausgebildet. Hunderte von Regimentsangehörigen hatten noch nie ein Gewehr in der Hand gehabt und feuerten den ersten Schuss ihres Lebens im ersten Gefecht ab!«[34]

Drei der neuen Regimenter wurden zur 7. Fallschirmjäger-Division zusammengefasst. Student befahl seinem Stabschef, Generalleutnant Erdmann, den Befehl zu übernehmen.[35] Außerdem erhielt Student die 719. Infanterie-Division des Küstenschutzes und die 176. Infanterie-Division. Beide bestanden in der Hauptsache aus Bataillonen von Rekonvaleszenten und chronisch Kranken. Den Befehl übergab er an den Stab des LXXXVIII. Korps unter dem General der Infanterie Hans-Wolfgang Reinhard, »einem ruhigen und erfahrenen Truppenführer«. Zwar erhielt er eine Brigade Sturmgeschütze, darunter mehrere schwere Panzerjäger vom Typ Jagdpanther, doch insgesamt hatte seine »kleine und wenig bewegliche« Armee ganze 25 Panzer an einer Front zur Verfügung, die sich fast 200 Kilometer von der Nordseeküste bis nach Maastricht erstreckte.

Students 1. Fallschirm-Armee sollte der Heeresgruppe B unterstehen. Da er über keine Artillerie verfügte, forderte er von der Luftflotte Reich Flakeinheiten an, denn deren 88-mm-Fla-Kanonen waren mit verheerender Wirkung auch gegen Panzer einzusetzen. »Und nun konnte man wieder einmal die erstaunliche Präzision deutscher Organisations- und Generalstabsarbeit bewundern«, schrieb Student mit nur wenig Übertreibung. »Alle diese Truppen, die über Deutschland weit verstreut lagen, von Güstrow in Mecklenburg bis Bitsch in Lothringen, wurden in Blitztransporten an den Albert-Kanal gefahren. Hier trafen sie bereits am 6. und 7. September ein, also 48 bis 72 Stunden nach ihrer Alarmierung. Auf den Ausladebahnhöfen – und das ist das Bemerkenswerteste – lag aber schon die Bewaffnung und Ausrüstung für die neu aufgestellten fünf Fallschirmjäger-Regimenter bereit, die aus irgendwelchen anderen Teilen Deutschlands herangebracht worden war.«[36]

Es kam auch zu einzelnen spontanen Reaktionen gegen den überstürzten Rückzug. Am 4. September erfuhr Generalleutnant Kurt Chill, der mit den Resten seiner 85. Infanterie-Division in Turnhout einen Zwischenstopp einlegte, dass die Briten in Antwerpen und Brüssel einmarschiert waren. Sofort ließ er seine Einheiten wenden und längst des Albert-Kanals Aufstellung nehmen. In der Normandie war Chills Division auf weniger als ein Regiment zusammengeschrumpft. Auf dem Rückzug über Brüssel hatte sie ein Bataillon kaum bewaffneter Ersatzleute aufgenommen. Zufällig begegnete General Reinhard dem Funkoffizier der 85. Division und hörte hocherfreut, dass Chill begonnen hatte, Versprengte und Artillerieeinheiten aufzufangen, die sich auf dem Rückzug befanden. Mit diesen baute er am Albert-Kanal zwischen Hasselt und Herentals eine Verteidigungslinie auf.[37]

So wurde die 85. Division zu einem der Grundbausteine von Students Fallschirm-Armee. Vielerorts hielten Offiziere und die verhassten Feldgendarmen, wegen des Metallschilds an einer Kette um den Hals auch »Kettenhunde« genannt, Versprengte mit vorgehaltener Waffe auf und zwangen sie in neue, bunt zusammengewürfelte Einheiten. Für den weiteren Rückzug wurde ein Kampfkommandant ernannt, der das Recht hatte, jeden Offizier bis zum Rang eines Obersten jederzeit und, wenn notwendig, auch mit vorgehaltener Waffe anzuhalten und unverzüglich zum Einsatz zu zwingen.[38]

Am Dienstag, dem 5. September, flog Student nach Verviers bei Lüttich, um dort Model zu treffen. Er erklärte, seine einzige Hoffnung, genügend Truppen konzentrieren zu können, um die Frontlinie zu halten, sei die 15. Armee unter General Gustav-Adolf von Zangen. Dank der Entscheidung der Briten, ihren Vormarsch in Antwerpen zu stoppen und die Scheldemündung nicht zu sichern, konnte Student in der Tat Verstärkung von der 15. Armee erhalten. Um Luftangriffen der Alliierten zu entgehen, brachte man die Männer und Waffen nachts mit Lastkähnen über die Schelde. Dass man es versäumte, einen so großen Verband einzukesseln, sollte gegen Ende des Monats beträchtliche Wirkung zeigen. Dieser war nun in der Lage, die westliche Flanke der amerikanischen Luftlandetruppen anzugreifen, welche die Straße nach Norden in Richtung Arnheim zu sichern suchte.

Student fuhr zu General Reinhard vom LXXXVIII. Korps. Unterwegs kam er an Wagen der 719. Division vorbei, die von Pferden gezogen wurden. Das erinnerte ihn daran, dass Deutschland jetzt einen Krieg des armen Mannes führte. Als Generalleutnant Chill am nächsten Tag, dem 6. September, endlich Gelegenheit hatte, Student Meldung zu machen, erfuhren beide, dass britische Panzer bei Beringen den Kanal überschritten hatten. Student befahl Chill, einen Gegenangriff mit Heydtes Fallschirmjäger-Regiment 6 und einem Bataillon der 2. Fallschirmjäger-Division zu koordinieren. Sie erhielten Unterstützung von einem Panzerjäger-Bataillon des Heeres. Bei Beverlo, nördlich von Beringen, kam es zu schweren Gefechten, bei denen mehrere Panzer der Guards Armoured Division von deutschen Panzerfäusten abgeschossen wurden.

Die Befehlshaber der Alliierten unterschätzten die Energie von Generalfeldmarschall Walter Model, dem Hitler gegen Ende der Normandie-

Krise die Heeresgruppe B anvertraut hatte. Model, ein untersetzter, kräftiger Mann mit Monokel, glich so gar nicht dem Typ der aristokratischen Stabsoffiziere, die Hitler zuwider waren. Aus einfachen Verhältnisse stammend und sich sehr volkstümlich gebend, war Model ein absolut treuer Anhänger Hitlers, der ihn bereits bei Krisen an der Ostfront als Feuerwehrmann eingesetzt hatte.

Bei seinen Offizieren genoss Model unterschiedliches Ansehen. Während ein Regimentskommandeur in einer SS-Panzergrenadier-Division meinte, »der Model ist der Totengräber der Westfront«[39], bewunderte ihn ein anderer aus derselben Division uneingeschränkt: »Er ist ein Improvisationskünstler ersten Ranges. Er ist ein ausgesprochen kalter Hund, der bei den Landsern außerordentlich beliebt ist, und zwar deswegen, weil er ein gewisses Herz für den Landser hat, ohne dass er sich irgendwie propagandistisch in den Vordergrund stellt, der aber bei seinem eigenen Oberkommando so verhasst ist wie nur irgendein Mann. Und zwar deswegen, weil er von denen genau dasselbe verlangt wie von sich selbst...« Er sei arrogant und hochfahrend, habe ständig neue Ideen, in jeder misslichen Lage mindestens drei Lösungen, sei aber auch ein Autokrat durch und durch. Er lasse keinen Widerspruch zu.[40] Ein anderer hoher Offizier bestätigte, dass Model keinerlei Widerworte von Untergebenen dulde[41] und »ein kleiner Hitler sei.«[42]

Die aus Frankreich zurückflutenden Versprengten waren ein Horrorbild für den General der Flieger Friedrich Christiansen, den Wehrmacht-Befehlshaber in den besetzten Niederlanden. Er war der Meinung, diese abgerissenen Gestalten demoralisierten seine eigenen Truppen. An Brücken, die über die großen Flüsse führten, besonders an der Waal, wurden diese Männer aufgehalten, um aus ihnen sogenannte Alarmeinheiten zu bilden.

Christiansen, einer von drei Männern, welche die Macht in den besetzten Niederlanden ausübten, war im Ersten Weltkrieg ein Marineflieger-Ass gewesen. Er galt als nicht besonders intelligent, jedoch als leidenschaftlicher Bewunderer des Führers und unterwürfiger Gefolgsmann von Reichsmarschall Hermann Göring. Sein Stellvertreter war Generalleutnant Heinz-Hellmuth von Wühlisch, ein altes preußisches Schlachtross, der einen Stab von Gleichgesinnten um sich versammelt hatte. Doch Christiansen war ein zutiefst misstrauischer Mann. Nach dem Bombenanschlag auf Hitler suchte er Spitzel in Wühlischs Umgebung unterzubringen, den er für einen tatsächlichen oder potenziellen Verräter hielt. Wühlisch sei schuldig gewesen, behauptete Christiansen nach dem Krieg. Er habe Selbstmord begangen, fügte er hinzu, als wäre das ein Beweis für seine Vermutung.[43]

Theoretisch lag die Leitung der deutschen Verwaltung der Niederlande in den Händen eines Österreichers, des Reichskommissars Dr. Arthur Seyß-Inquart. Der bebrillte Rechtsanwalt hatte im März 1938 den Anschluss Österreichs an Hitlerdeutschland organisiert und damit sein Vaterland zur Ostmark von Großdeutschland gemacht. Seyß-Inquart wurde deren Gouverneur und ordnete als Erstes die Beschlagnahme allen jüdischen Eigentums an. Nach der Invasion in Polen wurde er Stellvertreter von Hans Frank, dem berüchtigten Nazi an der Spitze des Generalgouvernements. Als die neutralen Niederlande im Mai 1940 erobert und besetzt wurden, initiierte dieser überzeugte Antisemit die Verfolgung aller Juden im Land. Tragischerweise versäumten es die niederländischen Beamten, alle Meldeakten zu vernichten, bevor die Wehrmacht die öffentlichen Gebäude besetzte. In den Meldeakten der großen Mehrheit der 140 000 Juden niederländischer oder anderer Staatsangehörigkeit war deren religiöses Bekenntnis vermerkt und machte sie damit leicht identifizierbar. Im September 1944 befürchtete Seyß-Inquart in beträchtlicher Überschätzung der Stärke der niederländischen Untergrundbewegung einen allgemeinen Aufstand. Daher wollte er in Rotterdam, Amsterdam und Den Haag Zentren der Gegenwehr schaffen.

Der dritte und in mancher Hinsicht mächtigste Mann des Nazi-Triumvirats in den Niederlanden war ein weiterer Österreicher, SS-Obergruppenführer Hanns Albin Rauter, der Höhere SS- und Polizeiführer des Landes. Auf dem Höhepunkt der Judenverfolgung durch die Deutschen im Juni 1942 kam es zu Streiks und Protesten, die zwar eine Demonstration großen Mutes waren, die Repressionsmaßnahmen aber nur verschärften. Von den 140 000 niederländischen Juden wurden etwa 110 000 deportiert. Nur circa 6000 von ihnen überlebten den Krieg. Die 30 000 im Lande verbliebenen Juden wurden in den meisten Fällen von einfachen niederländischen Bürgern versteckt oder ins Ausland gebracht. Mehr als 1500 der insgesamt 1700 Juden, die in Arnheim gelebt hatten, wurden in deutsche KZs deportiert und dort ermordet. Eine gewisse Zahl von ihnen wurde von der Untergrundbewegung versteckt und gerettet, vor allem durch Johannes Penseel und seine Familie.[44]

Menschen, ob Juden oder nicht, die sich vor den Deutschen verbargen, wurden *onderduiker* – »Taucher« – genannt. In manchen Gegenden gelang es Juden besser, sich zu verstecken. So tauchten zum Beispiel über die

Hälfte der 500 Juden Eindhovens unter und konnten gerettet werden.[45] Da in einem Land ohne Berge und große Wälder offene Widerstandsaktionen nahezu unmöglich waren, konzentrierte sich der niederländische Untergrund darauf, gefährdete Menschen mit falschen Ausweisen und Rationierungsbüchlein zu unterstützen, wichtige Nachrichten an die Alliierten zu übermitteln und abgeschossene Piloten über Belgien und Frankreich nach Spanien zu schmuggeln.

Polizeichef Rauter war gnadenlos. Am 2. März 1944 meldete er stolz, die Judenfrage in den Niederlanden sei im Wesentlichen gelöst. Er kündigte an, die letzten Volljuden würden in den nächsten zehn Tagen vom Lager Westerbork nach Osten gebracht.[46] Rauter ordnete auch zahlreiche Vergeltungsmaßnahmen gegen Widerstandskämpfer an, die man später als »systematischen Terrorismus gegen das niederländische Volk« bewertete. Prominente Niederländer wurden als Geiseln festgehalten und erschossen. Als der niederländische Untergrund einen Eisenbahnzug in die Luft gejagt hatte, nahmen die Deutschen Graf Otto van Limburg Stirum, einen Onkel Audrey Hepburns, der damals bei Arnheim lebte, als Geisel. Er wurde am 15. August 1942 mit vier weiteren Personen hingerichtet. Gern wurden Ärzte und Lehrer von den deutschen Behörden zu Geiseln gemacht. Als sie 1944 die Landung der Alliierten erwarteten, reagierten sie mit wachsender Nervosität und Brutalität. Vergeltungsaktionen für Sabotage oder die Tötung deutscher Besatzer waren an der Tagesordnung.

Der verrückte Dienstag hatte seine eigenen tragischen Folgen. In der allgemeinen Panik entschied die SS, die verbliebenen 3500 Häftlinge des Konzentrationslagers Vught (unter dem deutschen Namen KZ Herzogenbusch bekannt) zu evakuieren.[47] Zu jener Zeit gab es nur noch wenige Juden im Land, die meisten KZ-Häftlinge waren Nichtjuden: Niederländer, Franzosen oder Belgier. 2800 Männer wurden nach Sachsenhausen und über 650 Frauen nach Ravensbrück geschickt.[48]*

Das Besatzungsregime in den Niederlanden gilt als das brutalste in ganz Westeuropa. Die deutschen Nationalsozialisten hatten gehofft, dass sich dieses ebenfalls arische Volk ihrer Sache anschließen werde. Rauter bestand sogar darauf, die niederländische SS als »germanische SS« zu titulieren. Daher versetzte der entschlossene Widerstand der großen Mehrheit der Bevölkerung die deutschen Behörden zuerst in Erstaunen und dann in helle

* Es heißt, dass von allen Nationalitäten die Niederländer die geringste Überlebensrate in den Konzentrationslagern hatten, da sie an eine Ernährung mit einem hohen Fettanteil aus Milchprodukten gewöhnt waren. Daher wirkte sich der Wechsel zur Lagernahrung fast gänzlich ohne Fett für sie verheerend aus.

Wut. Den Studenten wurde befohlen, ihre Unterstützung für das Nazi-Regime öffentlich zu erklären. Alle, die sich weigerten, wurden bei Massenrazzien am 6. Februar 1943 festgenommen. Wer ihnen entkam, musste untertauchen. Fast 400 000 niederländische Bürger wurden zum »Arbeitseinsatz«, faktisch zur Zwangsarbeit, ins Reich geschickt.

Die Nahrungsmittelvorräte des Landes wurden systematisch geplündert. Aus den Küstengebieten wurden die Menschen zwangsweise vertrieben und große Ackerflächen durch die Zerstörung von Deichen geflutet. Mit diesen Maßnahmen, die der Durchsetzung der Pläne Hitlers von einer »Festung Europa« dienten, wurde die durch deutsche Plünderungen bereits beträchtlich reduzierte Lebensmittelversorgung weiter untergraben. Mangelernährung, besonders bei Kindern, breitete sich aus. Die Fälle von Diphtherie und sogar Typhus häuften sich.

Zu noch viel schlimmeren Brutalitäten kam es an gewissen geheimen Orten. Generalleutnant Walter Dornberger, der »Inspekteur der Fernraketentruppe«, berichtete später in einem britischen Gefangenenlager Mithäftlingen vertraulich von den Taten seines Kollegen, SS-Standartenführer Behr, was heimlich abgehört wurde. Danach ließ Behr die niederländischen Arbeiter, welche die Abschussrampen für die V2 bauten, zusammentreiben und mit Maschinengewehren niedermähen. Für seine Soldaten richtete er Bordelle mit je zwanzig niederländischen Frauen und Mädchen ein. Nach zwei Wochen wurden sie durch neue ersetzt und anschließend erschossen, damit sie nicht berichten konnten, was sie eventuell von deutschen Soldaten erfahren hatten.[49]

Leider litten die Niederländer sowohl unter ihren Verbündeten als auch unter den ihnen feindlich gesinnten Besatzern. Die unverzeihlichsten Sicherheitspannen des ganzen Krieges, die der Geheimdienst Special Operations Executive (SOE) in London zuließ, hatten zur Folge, dass niederländische Agenten, die man per Fallschirm im Land absetzte, um der Widerstandsbewegung zu helfen, reihenweise festgenommen wurden. Mit ihrer Operation *Englandspiel* täuschte die deutsche Abwehr die verantwortlichen SOE-Offiziere und setzte damit die Beziehungen zwischen Großbritannien und den Niederlanden einer schweren Belastungsprobe aus.[50] Am 22. Februar 1944 kam es zu einem weiteren verhängnisvollen Fehler. Als ein Teil des US-Bombergeschwaders, das die Messerschmitt-Werke in Gotha angreifen sollte, zurückberufen wurde, entschied man, die Bomben stattdessen über einer anderen deutschen Stadt abzuwerfen. Dabei wurde übersehen, dass die Maschinen bereits die niederländische Grenze passiert hatten. So zerstörten amerikanische Bomber einen großen Teil der Altstadt von Nimwegen, wobei über 800 Menschen ums Leben kamen.[51] Leider sollten die Schlachten zur Befreiung von Südholland der Bevölkerung des Landes noch größere Leiden bringen. Doch die Niederländer, die so sehr nach Freiheit dürsteten, erwiesen sich nicht nur als bemerkenswert tapfer, sondern auch als überaus nachsichtig.

3

Die 1st Allied Airborne Army

Während Briten und Amerikaner von der Seine her in Richtung deutsche Grenze vorstießen, war die 1st Airborne Division in Großbritannien zutiefst frustriert, da eine Operation nach der anderen abgesetzt wurde. »Samstag, 2. September«, schrieb Major J. E. Blackwood vom 11th Parachute Battalion in sein Tagebuch. »Einweisung für Absprung südöstlich von Courtrai, um Hunnen am Rückzug über Fluss Escaut zu hindern, abgesagt. Wegen Sturm. Verdammter Sturm! Sonntag, 3. September, Einweisung für Absprung bei Maastricht. Operation abgesagt, weil Yankee-Panzer zu schnell vorgegangen sind. Verdammte Yankees!«[1]

Die Angehörigen der 1st Airborne Division waren besonders verärgert, weil man sie bei Operation D-Day außen vor gelassen hatte. Als Reserve für Nachfolgeoperationen und günstige Gelegenheiten zurückgehalten, wurde für sie so viele Male Alarmbereitschaft erklärt und wieder aufgehoben, dass sich unter den Männern Zynismus breitmachte. Einige Male wurde ihr Einsatz erst abgesagt, als sie bereits auf der Startbahn in den Maschinen und den Lastenseglern saßen.

Als Erstes hatte Montgomery in der zweiten Juni-Woche geplant, die Division bei Évrecy abzusetzen, damit bei der Einnahme von Caën der Durchbruch gelang. Doch aus mehreren Gründen wandte sich der Oberbefehlshaber der Royal Air Force (RAF), Air Chief Marshal Sir Trafford Leigh-Mallory, entschieden gegen diese Idee. Damit hatte er fast sicher recht, aber da er für den Einsatz von Luftlandetruppen beim D-Day irrtümlich ein totales Desaster vorausgesagt hatte, fühlte sich Montgomery in seiner Meinung bestärkt, der Fliegermarschall sei nichts anderes als ein »feiges Arschloch«.[2]

Als General Patton im August der Ausbruch aus der Normandie gelang, hofften die Luftlandetruppen ein ums andere Mal auf ihren Einsatz, doch die Transportflugzeuge waren voll damit beschäftigt, den Treibstoff für dessen Vormarsch heranzuschaffen. Daraufhin beschwerte sich Lieutenant

General Lewis H. Brereton, der Kommandeur der Fliegerkräfte der neu gebildeten 1st Allied Airborne Army, beim Oberbefehlshaber: »Ich muss darauf hinweisen, dass ständige Einsätze für den Gütertransport das Troop Carrier Command für erfolgreiche Luftlandeaktionen untauglich machen.«[3] Da hatte er nicht unrecht. Schließlich hatte Eisenhower bei Breretons Ernennung darauf bestanden, dass für das IX. Troop Carrier Command Navigationstraining höchste Priorität haben müsse, damit die Transportflugzeuge die Luftlandetruppen nicht mehr an den falschen Orten absetzten, wie es beim Einmarsch auf Sizilien 1943 und auch soeben erst in der Normandie geschehen war.

Als Nächstes plante man, die Übergänge über die Seine zu besetzen. Aber das hatte General Patton bereits erledigt. Am 17. August sollte ein Absprung im Pas de Calais östlich von Boulogne stattfinden. Aber dann kamen Brereton und Montgomerys Stabschef, Major General Francis de Guingand (Spitzname »Freddie«), überein, diese Aktion gegen die Hauptrückzugswege des Feindes zu richten. Operation Linnet, geplant für den 3. September, sollte Tournai jenseits der belgischen Grenze zum Ziel haben, wo man auf der Gegenseite des Flusses Escaut einen Brückenkopf errichten wollte. Linnet wurde am 2. September abgesagt, dabei wurde auf die Möglichkeit hingewiesen, bei einer Operation Linnet II vor der amerikanischen 1st Army mit drei britischen Luftlandedivisionen Brückenköpfe an der Maas zu schaffen. Dieser Plan wiederum wurde bei einem Treffen von Montgomery und Bradley am nächsten Tag verworfen.[4]

Die 1st Allied Airborne Army war von General Eisenhower erst am 2. August 1944 ins Leben gerufen worden. Zwar trat der für ein ausgewogenes Verhältnis der Alliierten ein, doch der Stab von US-General Lewis Brereton bestand in der Hauptsache aus Offizieren der US Air Force. In ihrem Stabsquartier Sunninghill Park bei Ascot genossen sie an den Wochenenden in ihrem eigenen Klub Tanzabende und sahen die neuesten amerikanischen Filme wie *Kansas City Kitty* und *Louisiana Hayride* an.[5]

Der einzige hohe britische Offizier bei der 1st Allied Airborne Army war Breretons Stellvertreter Lieutenant General Frederick Browning. Die ganze Struktur, die Tatsache, dass ein General und ein Stab der USAAF zwei so bedeutende Einheiten wie das American XVIII. Airborne Corps und das britische I. Airborne Corps befehligten, musste die Prioritäten der Einsätze und die Rollen der Personen kompliziert gestalten. Hinzu kam eine starke wechselseitige Antipathie zwischen Brereton und »Boy« Browning.

Die einzige Eigenschaft, die beide Männer gemeinsam hatten, war ihre Eitelkeit. Brereton, ein kleiner, schwieriger Mann, war ein so triebhafter Frauenheld, dass er sich mit seinen Kapriolen eine strenge Zurechtweisung von General George C. Marshall holte, dem amerikanischen Generalstabschef, einem Mann von hohen moralischen Grundsätzen.

Browning, ein Offizier der Grenadier Guards mit Adlernase und dem Aussehen eines Filmstars, war mit der Schriftstellerin Daphne du Maurier verheiratet. (Sie hatte für die Barette der Paratrooper Weinrot gewählt, »eine der Lieblingsfarben des Generals«.)[6] Browning war ohne Zweifel sehr tapfer, aber auch äußerst empfindlich. Wenn er aufgeregt war, zupfte er ständig an seinem Schnurrbart. Mit kaum verhohlenem Ehrgeiz, seinem stets tadellosen Outfit und höchst kategorischen Auftreten machte er sich bei den anderen hohen Offizieren, besonders den amerikanischen Paratrooper-Kommandeuren, nicht gerade beliebt. Bei ihnen galt »der aalglatte und stets auf Hochglanz polierte Boy Browning« als herablassend und manipulativ, ein typischer Vertreter des britischen Empire.[7]

Als die Spannungen ihren Höhepunkt erreichten, wählte Browning unglücklicherweise das falsche Thema für einen Streit mit Brereton und drohte mit Rücktritt. Am 3. September wandte er sich schriftlich gegen Operation Linnet II, mit der Bradleys Vormarsch unterstützt werden sollte. »Sir, ich habe die Ehre, meinen Protest schriftlich einzureichen …«, leitete er sein Schreiben in sehr offiziellem Ton ein. Dann führte er seine Gründe dafür an, dass der Absprung von drei Luftlandedivisionen, einer britischen und zwei amerikanischen, um die Übergänge über die Maas zwischen Maastricht und Lüttich zu besetzen, aus seiner Sicht scheitern musste. Das ganze Unternehmen sollte in weniger als 36 Stunden starten. Die 1st Allied Airborne Army besaß kein Kartenmaterial von der Gegend, um die Truppen einzuweisen, keinerlei Informationen über die Aufstellung der feindlichen Truppen und deren Flak-Stellungen. Die Alliierten konnten auch nicht das gesamte Einsatzgebiet durch Jagdflugzeuge absichern.[8]

Browning hatte zweifellos recht, doch Linnet II wurde von Bradley und Montgomery bei einem Treffen noch am selben Tag aus einem ganz anderen Grund verworfen: wegen dem Erfordernis, den Nachschub von Treibstoff zu verstärken. So diente Brownings Protest nur dazu, Brereton, der offenbar viel lieber Bradleys US-Truppen als den Briten half, noch mehr gegen ihn aufzubringen. Wie dem auch sei, eine Rücktrittdrohung kann nur einmal ausgesprochen werden, wenn sie Wirkung haben soll. Browning, der unbedingt noch vor Kriegsende ein Luftlandekorps in Aktion befehligen wollte, wusste nur zu gut, dass dies für ihn immer schwieriger wurde. Sein Pendant auf der amerikanischen Seite, Major General Matthew Bunker Ridgway, der Kommandeur des XVIII. Airborne Corps, drängte ebenfalls darauf und war besser qualifiziert dafür. Ridgway hatte im Juni die US 82nd Airborne Division beim Einmarsch in Sizilien, in Italien und in der Normandie geführt. Er verfügte also über viel mehr praktische Erfahrung im Hinblick auf Luftlandetruppen. Browning war seit dem Ersten Weltkrieg nicht mehr in Aktion gewesen.

Unmittelbar nach dem Treffen mit Bradley am 3. September (wo Montgomery dem Verzicht auf den Einsatz von Luftlandetruppen nur zum Schein zugestimmt hatte) funkte er um 16.00 Uhr umgehend an seinen Stabschef Freddie de Guingand: »Luftlandeoperation einer britischen Division und der Polen am 6. September abends oder 7. September morgens fordern, um Brücken über den Rhein zwischen Wesel und Arnheim zu sichern.«[9] Dieser Einsatz sollte Operation Comet genannt werden.

De Guingand setzte sich mit Breretons Stab in Verbindung. Um 22.30 Uhr rief Breretons Stabschef, Brigadier General Floyd L. Parks, General Browning an und übermittelte ihm folgenden Befehl: »Bereiten Sie unverzüglich detaillierte Pläne für eine Luftlandeoperation am Rhein zwischen Arnheim und Wesel vor.«[10] Diesmal widersprach Browning nicht. Im Hinblick auf seine eigenen Absichten, einen Angriff mit Luftlandetruppen anzuführen, aber auch für die Moral der britischen 1st Airborne Division war ein Ende der Serie entmutigender Absagen von Aktionen in letzter Minute dringend notwendig.

Mit seinem Wunsch, Luftlandetruppen auf dramatische und entscheidende Weise einzusetzen, stand Browning nicht allein. Auch Brigadier General James M. Gavin, der Kommandeur der US 82nd Airborne Division, und Major General Maxwell D. Taylor, der die US 101st Airborne Division befehligte, waren sehr interessiert daran zu beweisen, dass Luftlandetruppen für den Sieg in einem Krieg entscheidende Bedeutung hatten. Churchill wollte diese Operation ebenfalls, um das Ansehen Großbritanniens zu stärken, das gerade im Schwinden begriffen war. Und Montgomery sah dies als eine Chance, »die Strategie der Alliierten unter seine Kontrolle zu bringen«.[11]

Amerikaner und Briten hatten wichtige Ressourcen eingesetzt, um die 1st Allied Airborne Army mit einer Stärke von sechseinhalb Divisionen aufzubauen.* Wenn auch nach konventioneller Vorstellung vom Umfang her nicht allzu groß, war dies die bei Weitem stärkste und am besten ausgerüstete Luftlandetruppe, die es je gegeben hat. General Marshall, Chef der Joint Chiefs of Staff in Washington, und General »Hap« Arnold, Chef der US Army Air Force, drängten darauf, sie bei einer großen strategischen Operation einzusetzen. Die amerikanische Presse war hell begeistert von der Vorstellung, dass Luftlandeoperationen die Zukunft der Kriegführung darstellen sollten. Das Magazin *Time* meinte sogar, dass »in einer Nachkriegswelt der Frieden aufrechterhalten werden kann, wenn eine internationale Luftlandearmee geschaffen wird«.[12] Das war ein Fantasiegebilde, das grundlegende Einschränkungen ignorierte, so die relativ kurze Reichweite voll beladener Truppentransportflugzeuge. Diesem Irrtum erlagen nicht selten auch Generale, die es hätten besser wissen müssen.

Am 4. September flogen Browning und de Guingand nach Frankreich, wo um 19.00 Uhr im Stab von General Miles Dempseys britischer 2nd Army eine Besprechung begann. »Wir haben Pläne für die Einnahme von Nimwegen und Arnheim erörtert«, schrieb Dempsey in sein Tagebuch. »Ich werde am 7. September 44 morgens mit dem XXX. Corps von Antwerpen aus starten, und das Airborne Corps wird ebenfalls am 7. September morgens zwei oder drei Airborne Brigades absetzen, um die Brücken einzunehmen.«[13]

Die britischen und polnischen Offiziere der Luftlandeeinheiten in England teilten die Begeisterung ihrer Vorgesetzten für Operation Comet nicht. Der Plan, dass eine Fallschirmbrigade 110 Kilometer hinter den deutschen Linien abspringen und eine Brücke über den Niederrhein bei Arnheim erobern sollte, dass Major General Stanisław Sosabowskis Polish 1st Independent Parachute Brigade und eine britische Fallschirmbrigade Nimwegen, die große Brücke und die Höhen im Südosten der Stadt erobern sollten, wurde mit der ironischen Bemerkung kommentiert: »Briten und Polen wollen ganz allein Holland erobern.«[14] Sosabowski, der Professor an einer polnischen Militärschule gewesen war, unterbrach Major General Roy Urquhart bei der Einweisung mit dem Zwischenruf: »Aber die Deutschen, General, … die Deutschen!«[15] Er ließ auch ein paar sarkastische Bemer-

* Die First Allied Airborne Army bestand aus dem US XVIII. Airborne Corps, dem die 82nd und die 101st Airborne Division angehörten, aus der US 17th Airborne Division, die sich noch in Ausbildung befand, und dem britischen I. Airborne Corps, zu dem die 1st und die 6th Airborne Division gehörten. Letzteren waren außerdem die Polish 1st Independent Parachute Brigade und die 52nd (Lowland) Division angeschlossen, die später als Luftlandeformation auf einem eroberten Flugfeld abgesetzt werden sollte.

kungen über diese »Planungsgenies« fallen, die auf eine solche Idee gekommen waren.[16] Brigadier John »Shan« Hackett bereitete die naive Vorstellung ebenfalls Sorge, es werde schon alles gut gehen. Lieutenant Colonel John Frost, der die Truppen an der Brücke von Arnheim zu befehligen hatte, äußerte sich gegenüber seinen Offizieren ganz offen: »Das gibt ein Blutbad, glauben Sie mir.«[17]

Von dem vollmundigen Optimismus in den Stäben auf dem europäischen Festland mitgerissen, unterschätzte man in der 1st Allied Airborne Army auch die Entschlossenheit des Gegners beträchtlich. »Wenn so starke Luftlandeeinheiten den Wagemut besitzen, bei Tageslicht abzuspringen, dann kann der Schreck darüber den Gegner durchaus in einen Zustand völliger Desorganisation stürzen«, schrieb ihr Aufklärungschef.[18] Entgegen Eisenhowers Weisung, dass die 1st Allied Airborne Army Montgomerys Truppen zu Hilfe kommen sollte, hatte für Brereton weiterhin Vorrang, sie zur Unterstützung von Bradley einzusetzen. Am 5. September, zwei Tage nach seiner Zustimmung zur Operation Comet, billigte Brereton sogar die Ausarbeitung »eines Planes, das US Airborne Corps hinter der Siegfried-Linie [Westwall] in der Nähe von Köln abspringen zu lassen«.[19] Eine solche Aktion hätte in einem furchtbaren Desaster geendet, denn die Deutschen hätten alle verfügbaren Kräfte zusammengezogen, um die Stadt und die Rheinübergänge zu verteidigen.

Eisenhower bestand darauf, es müsse etwas unternommen werden, um die Scheldemündung zu sichern, den Hafen Antwerpen zu öffnen und die deutsche 15. Armee einzukesseln. Montgomerys Stab reagierte darauf erst am 8. September. Er forderte den Einsatz von Luftlandetruppen auf der Insel Walcheren, ungeachtet der Tatsache, dass die Planung für Comet in vollem Gange war. Doch diesmal widersetzten Browning und Brereton sich gemeinsam. Browning äußerte die Meinung, »dass man mit Luftangriffen auf die Schiffe, die deutsche Truppen von Süden her aus der Scheldemündung bringen, fast ebenso viel erreichen kann«.[20] Das aber wäre schwierig geworden, da die deutschen Schiffe nur bei Nacht fuhren. Brereton lehnte das Projekt ab, da »es wegen der geringen Größe der Inseln zu außerordentlich hohen Verlusten kommen wird, weil abspringende Truppen im Wasser landen«.[21] Für Lastensegler war die Gegend ungeeignet, und Walcheren verfügte über starke Flak-Einheiten.

Die beinahe sorglose Art und Weise, mit der die 1st Allied Airborne Army und Montgomerys Stab einen Plan für Luftlandeaktionen nach dem anderen produzierten, und in letzterem Fall gar zwei zur gleichen Zeit, ist kaum zu glauben. Montgomerys Aufklärungschef, Brigadier Edgar »Bill« Williams, bekannte später: »Wir haben nicht so ernsthaft gearbeitet, wie es bei D-Day geschah. Wir standen in Brüssel, wo wir Partys veranstalteten und es uns gut gehen ließen. Jeder arbeitete, aber die Einstellung stimmte nicht.«[22] Außerdem sprach Montgomery nur mit Browning, wenn es um den Einsatz von Luftlandetruppen ging. Mit der Royal Air Force wollte er nicht kommunizieren, obwohl Kriegsministerium und Luftfahrtministerium nach dem Chaos am Himmel über Sizilien übereingekommen waren, dass die RAF bei der Planung von Operationen die Leitung haben sollte. Browning seinerseits wollte gegenüber Montgomery nicht zugeben, dass die Entscheidungen ohnehin von den USAAF-Offizieren in Breretons Stab gefällt wurden. Auf jeden Fall war die mangelnde Abstimmung zwischen Boden- und Luftstreitkräften ein Jammer, wenn nicht gar ein Skandal. Die RAF verhielt sich nicht besser. Ihr Chef Leigh-Mallory musste Brereton schriftlich darauf hinweisen, dass der es versäumt habe, die Kommandeure der 38th und 46th Group der RAF, deren Transportmaschinen integraler Bestandteil von Operation Comet sein sollten, zu den Planungsbesprechungen einzuladen.[23]

Am 9. September traf Sosabowski in Begleitung von Major General Urquhart, dem Kommandeur der britischen 1st Airborne Division, auf dem Flugfeld Cottesmore in den Midlands mit Browning zusammen, um über Operation Comet zu sprechen. »Sir«, erklärte Sosabowski gegenüber Browning ohne große Vorrede, »es tut mir sehr leid, aber diese Mission kann keinen Erfolg haben.«

»Weshalb?«, fragte Browning. Sosabowski antwortete, mit so geringen Truppen bedeute das Selbstmord. Browning versuchte es mit Schmeichelei. »Aber mein lieber Sosabowski, die Roten Teufel und die tapferen Polen schaffen alles.« Sosabowski, von dem banalen Kompliment sichtlich unbeeindruckt, beschränkte sich auf die Bemerkung: »Doch die Fähigkeiten des Menschen sind begrenzt.« Gegenüber Urquhart erklärte er, er wolle alle Befehle schriftlich haben, um nicht für dieses Desaster verantwortlich gemacht zu werden.[24] Browning wusste zwar im Grunde selbst, dass die Kräfte unter Umständen nicht ausreichen könnten, fühlte sich aber von Sosabowskis Offenheit tief gekränkt.

General Dempsey in Belgien war inzwischen zu einem ähnlichen Schluss wie Sosabowski gekommen. Am Tag zuvor hatte er General Horrocks vom britischen XXX. Corps zu einer kurzen Beratung zum Flugplatz von Brüssel gebeten. Wie erwartet musste Horrocks bestätigen, dass der Brückenkopf jenseits des Albert-Kanals »vom Feind stark angegriffen wird«. Dempsey teilte seine Besorgnis am nächsten Tag Montgomery mit und flog am Nachmittag zurück, um noch einmal mit Horrocks zu sprechen. »Es ist klar«, schrieb Dempsey danach in sein Tagebuch, »dass der Feind alle Verstärkungen zusammenzieht, die er für die Verteidigung des Albert-Kanals mobilisieren kann, und dass das Gebiet Arnheim/Nimwegen für ihn von höchster Bedeutung ist. Es sieht so aus, als würde er alles unternehmen, um es zu halten. Wenn dies zutrifft, scheint ein rasches Vorrücken in Richtung Nordosten unwahrscheinlich. Im gegenwärtigen Zustand der Instandsetzung unserer Technik werden wir wahrscheinlich noch zehn Tage oder gar zwei Wochen lang nicht zu einem wirklichen Gefecht in der Lage sein. Handeln wir richtig, wenn wir die 2nd Army nach Arnheim schicken, oder wäre es besser, wenn wir die linke Flanke am Albert-Kanal halten und im Zusammenwirken mit der 1st Army in Richtung Osten gegen Köln losschlagen?« Aber das war das Letzte, wonach Montgomery der Sinn stand. Er wollte nach Norden ziehen und die Amerikaner zwingen, ihn dabei zu unterstützen.

Am nächsten Morgen, Sonntag, dem 10. September, erschien Dempsey in aller Frühe im Stab Montgomerys und konnte diesen davon überzeugen, dass »angesichts wachsender [deutscher] Stärke an der Front der 2nd Army im Bereich Arnheim-Nimwegen der Einsatz einer einzigen Luftlandedivision nicht ausreichen wird. Ich habe die Zustimmung des Oberbefehlshabers, dort drei Luftlandedivisionen einzusetzen.«[25]

Montgomery hätte die Vorstellung schon gefallen, Operation Comet abzusagen und durch eine größere zu ersetzen, wodurch die US 82nd und 101st Airborne Division unter seinen Befehl gestellt worden wären. Doch zu Dempseys Bestürzung hielt Montgomery ihm einen Funkspruch hin, den er am Tag zuvor aus London erhalten hatte. In England waren zwei V2-Raketen niedergegangen, die man offenbar aus dem Raum Rotterdam und Amsterdam abgeschossen hatte. Die Regierung bat dringend um eine Einschätzung, wie lange Montgomerys Army Group brauche, um das Gebiet abzuriegeln. Für Montgomery, der über Arnheim nach Norden und nicht über Wesel nach Osten marschieren wollte, was Dempsey und andere in dessen Stab bevorzugten, war das die Bestätigung, die er brauchte, um seinen Entschluss zu rechtfertigen.

Eine einzige Wolke verdüsterte den Horizont des Field Marshal, allerdings aus seiner Sicht eine sehr dunkle. Er musste feststellen, dass Eisenhower es Bradley und Patton gestattete, ins Saargebiet südöstlich von Luxemburg einzurücken. Für den Oberbefehlshaber hatte also seine Armeegruppe Nord nicht die absolute Priorität, die er Montgomery nach dessen Auffassung versprochen hatte. Kommunikationspannen in Eisenhowers taktischem Hauptquartier in Granville, 650 Kilometer weiter westlich, machten die Sache nicht besser. Umgehend schrieb Montgomery einen langen Brief an Field Marshal Sir Alan Brooke, den Chef des Imperial General Staff, in dem er klagte, Eisenhower sei völlig fern der Realität und habe keinen Sinn für Operationen. Wörtlich hieß es dort: »Eisenhower selbst hat keine Ahnung, wie man gegen die Deutschen kämpfen muss, und er hat in seinem Stab auch nicht die richtigen Kerle für den Job, sodass dort niemand etwas von der Sache versteht.«[26]

Nun beorderte Dempsey Browning in seinen taktischen Stab, wo beide in den folgenden zwei Stunden einen Plan entwarfen. Die neue Operation, die »Market Garden« genannt werden sollte, bestand aus zwei Teilen. »Market« nannten sie den Einsatz der Luftlandetruppen: Die US 101st und 82nd Airborne Division sollten die Fluss- und Kanalübergänge von Eindhoven bis Nimwegen, vor allem die beiden großen Brücken über die Maas und die Waal, die größten in Europa, besetzen. Im Weiteren hatten die britische 1st Airborne Division und die polnische Brigade bei Arnheim zu landen und die große Straßenbrücke über den Niederrhein zu erobern. »Market« wurde auch als ein »Luftlande-Teppich« bezeichnet, ein Ausdruck, der Browning sehr gefiel, als ginge es lediglich darum, einen solchen vor den Bodentruppen auszurollen.

Die Operation »Garden« sollte grundsätzlich darin bestehen, dass Horrocks' XXX. Corps, von Panzern angeführt, auf einer einzigen Straße nach Norden vorstieß. Diese war auf beiden Seiten von gefluteter Polderlandschaft gesäumt, die nur von Wäldern und Feldern unterbrochen wurde. Dabei mussten sie viele Brücken passieren, die von den Paratroopern gesichert werden sollten. Nach dem Übergang über die Brücke von Arnheim hatten sie die deutsche Luftwaffenbasis bei Deelen zu besetzen. Danach sollte die britische 52nd (Airlanding) Division eingeflogen werden. Das XXX. Corps hatte weiter bis zu den Küsten des IJsselmeeres vorzustoßen, was von seinem Ausgangspunkt insgesamt über 150 Kilometer entfernt war. Das Ziel der britischen 2nd Army bestand darin, die deutsche 15. Armee und den ganzen Westen der Niederlande abzuschneiden, den Westwall zu umgehen und den Rhein zu überschreiten, um sich die Ausgangsposition zur Einkreisung des Ruhrgebiets von Norden zu schaffen oder gar weiter in Richtung Berlin vorzustürmen.

Montgomery eilte zum Flughafen von Brüssel, um Eisenhower zu treffen, der zusammen mit seinem Stellvertreter, Air Chief Marshal Sir Arthur Tedder, dort eingeflogen war. Diese Begegnung hatten sie bereits einige Tage zuvor vereinbart, und eine Debatte über die Luftlandeoperation stand nicht auf der Tagesordnung. Eisenhower, dem sein Knie noch arg zu schaffen machte, konnte nicht aussteigen, sodass die Männer an Bord der Maschine zusammenkamen. Montgomery, noch unter dem Eindruck seiner Klage in dem Brief an Brooke, war in düsterer Stimmung. Er lehnte es rundweg ab, dass Eisenhowers Chief Supply Officer, Lieutenant General Sir Humfrey Gale, an dem Gespräch teilnahm. Hingegen bestand er darauf, dass sein eigener Chief Administrative Officer, Major General Miles Graham, anwesend zu sein habe.

Montgomery zog einige Telegramme aus der Tasche. »Haben Sie mir die geschickt?«, fragte er und wedelte damit.

»Natürlich«, antwortete Eisenhower. »Warum?«

»Weil da nichts anderes drinsteht als lauter Unsinn, totaler Unsinn.« Eisenhower ließ ihn eine Weile reden, dann legte er seine Hand auf Montgomerys Knie und sagte: »Monty, so können Sie nicht mit mir sprechen. Ich bin Ihr Boss.«[27]

In seiner Tirade unterbrochen, konnte Montgomery nur eine Entschuldigung murmeln. Doch er beharrte darauf, Patton müsse gestoppt werden, seine eigene Army Group habe zwei US Corps aus Hodges' 1st Army zu erhalten und müsse beim Nachschub »absolute Priorität« genießen, »wenn nötig unter Ausschluss aller anderen Operationen«.[28] Eisenhower wies diese Interpretation des Begriffs »Priorität« zurück und hob hervor, das Ziel sei das Ruhrgebiet, nicht Berlin. Er war bereit, Montgomery Priorität zuzugestehen, aber nicht, Patton zu stoppen. Eisenhower erinnerte Montgomery daran, dass er bereits von der 1st Allied Airborne Army unterstützt werde. Daran schloss sich eine sehr kurze Diskussion über den jüngsten Plan des Einsatzes von Luftlandetruppen an.

Eisenhower folgte hier der in der US Army üblichen Praxis. Wenn die Gesamtstrategie vereinbart war, dann hielt er nichts davon, sich weiter einzumischen. Das gab Montgomery die Möglichkeit, später so zu tun, als hätte Eisenhower bei dieser Begegnung den neuen Plan Market Garden abgesegnet. In Wirklichkeit sprachen sie nur über Timing und Nachschub. Montgomery dramatisierte die Lage, um möglichst viel für sich herauszuschlagen. Eisenhower hätte vielleicht bei der Reichweite der Transportmaschinen nachfragen sollen. Dann hätte Brereton ihn darüber informiert, dass die Staffeln der Truppentransporter von Flugplätzen auf dem Kontinent hätten starten müssen, weil ansonsten Operationen jenseits des Rheins zu weit entfernt waren. »Beunruhigend erschien ihm jedoch das von Monty gezeichnete Bild der Nachschubprobleme.«[29] Er versprach zu prüfen, ob die Lieferungen an Dempseys 2nd Army erhöht werden könnten. Graham, der die Situation wohl kannte, war der Meinung, 500 Tonnen pro Tag seien mehr als ausreichend für Market Garden, aber nicht für ein tieferes Vordringen in die norddeutsche Tiefebene, wie es Montgomery vorschwebte. Sowohl Eisenhower als auch Tedder hielten es für »Fantasterei, von einem Marsch nach Berlin zu reden, solange die Armee den größten Teil ihres Nachschubs von den Stränden nördlich von Bayeux antransportieren muss«.[30] Zunächst galt es den Hafen von Antwerpen zu öffnen.

Dempsey hatte unterdessen rasch gehandelt. Als Montgomery vom Brüsseler Flughafen zu seinem taktischen Stab zurückkehrte, hatte Dempsey »mit [Browning] den Plan der Operation fertiggestellt«, hieß es in seinem Tagebuch. »Er kann frühestens am 16. September so weit sein, dies zu realisieren.« Als Nächster suchte an diesem Nachmittag Horrocks Dempsey auf. »Ich habe den Kommandeur des XXX. Corps in meinem Stab empfangen und ihm den Plan für die Operation übergeben, die vom Airborne Corps und dem XXX. Corps in Zusammenarbeit mit dem VIII. Corps zur Rechten und dem XII. Corps zur Linken durchgeführt werden soll.«[31]

Montgomery hatte beabsichtigt, die 1st Allied Airborne Army vor eine mit dem Oberbefehlshaber abgestimmte vollendete Tatsache zu stellen, was ihm nun auch gelang. Außerdem hatte er sich für Arnheim und nicht für Wesel entschieden. Bei letzterem Flussübergang hätte er fast sicher mit der American 1st Army kooperieren müssen.

Es wird vermutet, dass auch Browning Wesel bevorzugte, aber er hatte die Operation Comet stark unterstützt, bei der es um Arnheim ging. Nun konnte er am selben Ort nicht nur eineinhalb, sondern dreieinhalb Luftlandedivisionen befehligen. Daher ist nicht anzunehmen, dass er dem Field Marshal in dieser Frage widersprach. Und die Vermutung, Browning habe am 10. September zu Montgomery gesagt, Arnheim könnte »eine Brücke zu viel« sein, ist sehr unwahrscheinlich, da beide an diesem Tag wohl nicht zusammentrafen. Im Eintrag in Dempseys Tagebuch über die Besprechung mit Montgomery am frühen Morgen ist von Browning keine Rede. Er war erst gegen Mittag in Dempseys Stab eingetroffen, als Montgomery sich bei Eisenhower befand.

Brownings Begeisterung über die Aussicht, dass das Airborne Corps endlich in Aktion treten konnte, war deutlich spürbar. Von Dempseys Stab schickte er an die 1st Allied Airborne Army in Sunninghill Park nur das Schlüsselwort »Neu«.[32] Das bedeutete, dass bei seiner Rückkehr an diesem Abend eine Planungsbesprechung stattzufinden hatte.

General Brereton seinerseits muss es als großen Affront empfunden haben, dass Montgomery nicht einmal versuchte, ihn vorab zu konsultieren. Sein Ärger war absolut gerechtfertigt. Eisenhower hatte in seinem ursprünglichen Befehl auf gemeinsamer Planung bestanden.[*33] Das hatte Montgomery bewusst ignoriert. An Field Marshal Brooke schrieb er: »Der Stab der Airborne Army hat meine Forderung nach Luftlandetruppen zur Hilfe bei der Eroberung von Walcheren abgelehnt... Dort wird man jetzt von Ike Befehl erhalten, zu tun, worum ich bitte.«[34]

An diesem Abend um 18.00 Uhr versammelten sich 27 hohe Offiziere im Tagungsraum von Sunninghill Park, um Lieutenant General Brownings Bericht über die Beschlüsse zu hören, die man in Belgien gefasst hatte. Brereton war da, ebenso sein Stabschef Brigadier General Parks, Major General Paul L. Williams vom IX. Troop Carrier Command, Brigadier General James Gavin von der US 82nd Airborne Division und Brigadier General Anthony C. McAuliffe von der US 101st Airborne Division. Merkwürdigerweise waren weder Major General Urquhart von der britischen 1st Airborne Division noch der polnische Major General Sosabowski eingeladen worden. Der einzige britische Offizier außerhalb von Breretons Stab war Air Vice Marshal Hollinghurst von der 38th Group der RAF.[35] Es ist mehr als wahrscheinlich, dass Browning Urquhart nicht dabeihaben wollte, um allein die Kontrolle über seine Planung zu behalten.[36]

Browning legte vor, was er und Dempsey gemeinsam ausgearbeitet hatten. Der Zeitplan für den Truppentransport auf dem Luftweg beruhte auf Operation Linnet. Bewusst tat er so, als hätte der Plan Eisenhowers Segen, obwohl der Oberbefehlshaber ihn gar nicht gesehen hatte. Brereton und sein Stab taten ihn für sich lediglich als »ein vorläufiges Gerippe« ab.[37] Browning endete mit der Erklärung, die Operation werde in etwas über drei Tagen, vom 14. bis zum 16. September, stattfinden. Der verbleibende Zeitraum war bedrohlich kurz.

* »Der Oberkommandierende der Northern Group of Armies hat im Zusammenwirken mit dem kommandierenden General der 1st Allied Airborne Army den Einsatz aller Luftlandekräfte zu planen und zu leiten, welche der Northern Group of Armies zugewiesen werden, um ihre vorgesehenen Aufgaben zu realisieren.«

Brereton sprach das erste Schlüsselproblem an: Sollte es sich um eine Operation bei Nacht oder bei Tag handeln? Die deutschen Nachtjäger »sind wirkungsvoller als die Tagesjäger, die Flak hingegen am Tag treffsicherer als bei Nacht«. Brereton entschied sich für eine Operation bei Tageslicht »in dem Glauben, dass es durch einen wirksamen Einsatz der unterstützenden Fliegerkräfte gelingen werde, die Flak-Stellungen im Voraus auszuschalten und während der Luftlandeoperation niederzuhalten«. Sein Stab nannte dies »eine kühne Entscheidung, da die Flak im Aktionsgebiet von Market bekanntlich um 35 Prozent aufgestockt worden ist, die Truppentransporter unbewaffnet, nicht mit lecksicheren Tanks ausgestattet sind und mit einer Geschwindigkeit von 190–220 Kilometern pro Stunde fliegen«.[38] Doch Brigadier General Gavins Chief Intelligence Officer, der anwesend war, meinte, das sei übertrieben. Breretons »Einschätzung der Flak weicht weit davon ab, was mir die 2nd US Bombardment Division erst vor vier Stunden mitgeteilt hat. Die fliegt täglich Einsätze über dem Gebiet von Nimwegen.«[39]

Dann bat Brereton Major General Williams, das Wort zu ergreifen. Die Ausführungen des Kommandeurs der Truppentransporter-Einheit müssen bei Browning wie eine Bombe eingeschlagen haben. Die meisten Grundvoraussetzungen, auf die er und Dempsey sich stützten, hingen nun in der Luft. »General Williams erklärte, der Plan für das Schleppen der Lastensegler müsse wegen der Entfernung, die das Schleppen von zwei Seglern durch eine Maschine ausschließe, modifiziert werden.... Nur das Schleppen eines Seglers sei möglich.«[40] Wenn jedes Flugzeug nur einen amerikanischen Lastensegler zu ziehen vermochte, bedeutete das, dass bei jedem Flug lediglich die Hälfte der Lastensegler, die Browning und Dempsey eingeplant hatten, vor Ort gebracht werden konnte. Und da die Tage Mitte September kürzer wurden und häufiger Morgennebel auftrat, schloss Williams zwei Flüge pro Tag aus.

Daraus folgte, dass man bis zu drei Tage benötigte, um die Luftlandedivisionen an Ort und Stelle zu bringen, und das auch nur bei idealem Flugwetter. Somit standen bei Operation Market, dem Teil Luftlandungen von Market Garden, am entscheidenden ersten Tag nicht mehr Sturmtruppen zur Verfügung als bei Operation Comet, weil die Hälfte für die Sicherung der Landungs- und Absprunggebiete bei den Lufttransporten in den folgenden Tagen gebraucht wurde. Und die Deutschen, die inzwischen die Absichten der Alliierten durchschauten, wären in der Lage, in dieser Zeit Truppen und Flak-Batterien gegen diese Orte zu konzentrieren. Williams harter Auftritt kann als eine gewisse Revanche für die bewusste Weigerung gesehen werden, die Air Force im Voraus zu konsultieren. Der Fehler aber lag vor allem bei Montgomery und dessen Entschlossenheit, sich mit einem schlecht durchdachten Plan zu behaupten.

Am Vormittag des 11. September nahm Major General Urquhart an Brownings Besprechung teil. Der Stab des britischen I. Airborne Corps war in Moor Park nordwestlich von London in einem riesigen, eindrucksvollen Gebäude im palladianischen Stil mit einem großen Portikus aus korinthischen Säulen untergebracht. Auf der mit Talkum bestreuten Karte zog Browning drei große Kreise, um die Ziele der drei Divisionen zu markieren. Als er den dritten gezogen hatte, fixierte er Urquhart mit einem bewusst drohenden Blick und ließ dabei fallen: »Die Brücke von Arnheim – die müssen Sie halten.«[41]

Als man sich später eingehender mit dem Gelände beschäftigte, stellte sich heraus, dass die geplante Verteidigung wegen der Höhen nördlich des Niederrheins das gesamte Stadtgebiet von Arnheim mit einer Bevölkerung von fast 100 000 Menschen und dazu die Absprunggebiete außerhalb umfassen würde. Das bedeutete eine um ein Vielfaches längere Frontlinie als für eine Division üblich. Urquhart musste sich fragen, ob seiner 1st Airborne Division das entfernteste und gefährlichste Ziel als Kompliment für ihre Kampfkraft zugeteilt wurde oder ob die Diplomatie zwischen den Alliierten den Untergang eines amerikanischen Truppenverbandes unter britischem Befehl nicht verkraftet hätte. Er vermutete stark Letzteres, und damit hatte er recht.*[42]

Die nächste Besprechung fand im Stab des IX. Troop Carrier Command in Eastcote, ebenfalls am nordwestlichen Rand von London, statt. Dort wurde die Festlegung der Absprung- und Landegebiete von den Offizieren der US Air Force mehr oder weniger diktiert. Ihr Hauptanliegen bestand darin, bei An- und Abflug den deutschen Flak-Batterien auszuweichen. Angesichts der kurzen Vorbereitungszeit benutzten die Chefs des Lufttransports der Einfachheit halber Pläne, die man für frühere Operationen ausgearbeitet hatte. Allerdings lehnte Major General Williams es ab, dass die

* Als Eisenhowers Stabschef Lieutenant General Walter Bedell Smith nach dem Krieg gefragt wurde, ob SHAEF vorgegeben hätte, die in Arnheim eingesetzte Division müsse eine britische sein, antwortete er: »Nein, das haben wir nicht vorgegeben, aber ich bin verdammt froh, dass es so gekommen ist. Es hätte in den Vereinigten Staaten verheerende politische Folgen gehabt, wenn eine amerikanische Luftlandedivision bei einer Operation nach britischem Plan aufgerieben worden wäre.«

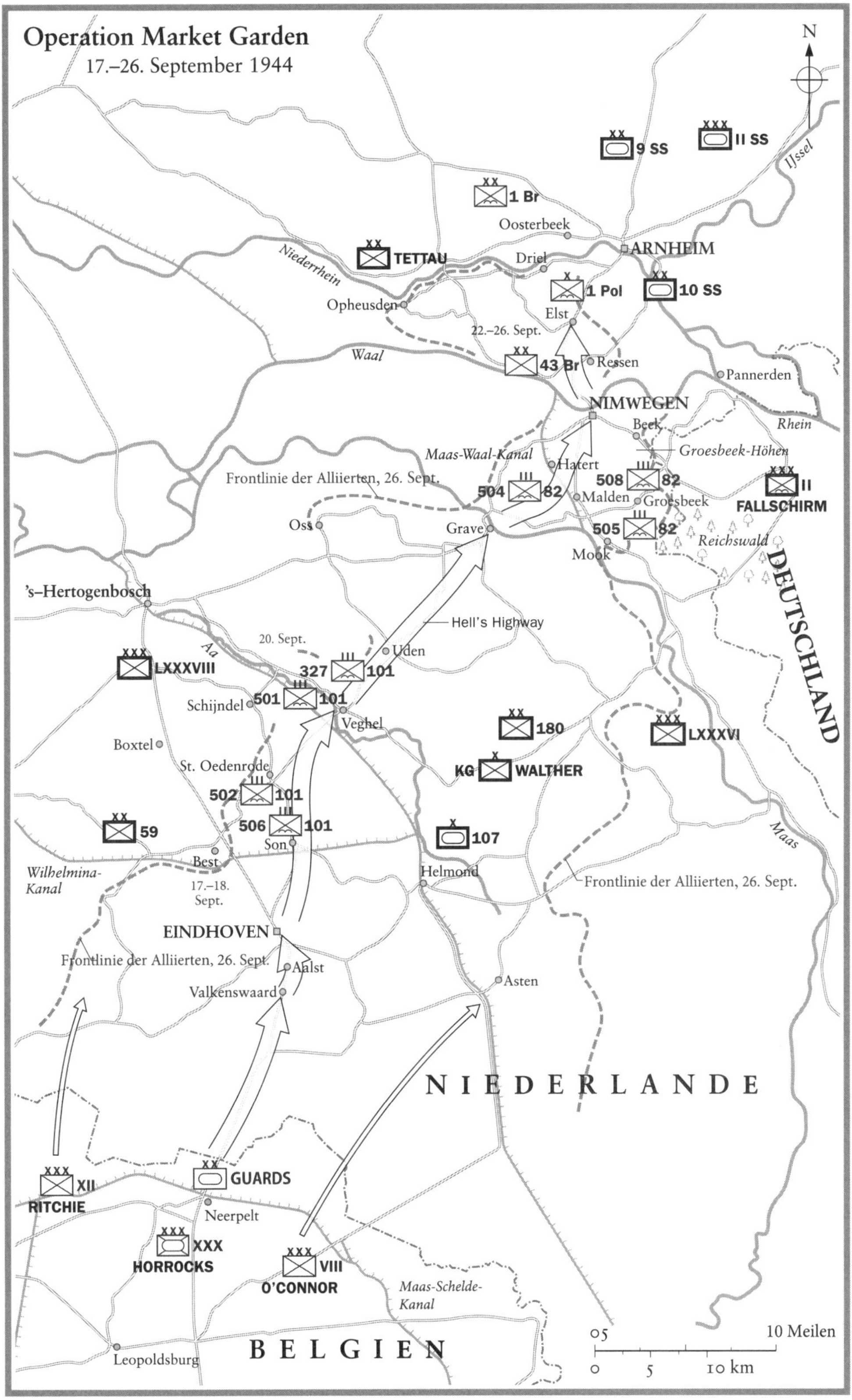

Operation Market Garden
17.–26. September 1944
N
9 SS
II SS
Ijssel
1 Br
Oosterbeek
ARNHEIM
TETTAU
Driel
Niederrhein
1 Pol
10 SS
Opheusden
Elst
22.–26. Sept.
Waal
43 Br
Ressen
Pannerden
NIMWEGEN
Rhein
Beek
Maas-Waal-Kanal
Groesbeek-Höhen
Hatert
Frontlinie der Alliierten, 26. Sept.
508
82
II
504
82
Malden
Groesbeek
FALLSCHIRM
Oss
Grave
505
82
Reichswald
Mook
DEUTSCHLAND
's-Hertogenbosch
Hell's Highway
Aa
20. Sept.
Uden
LXXXVIII
327
101
Schijndel
501
101
Veghel
180
LXXXVI
Boxtel
St. Oedenrode
KG
WALTHER
502
101
59
506
101
107
Son
Maas
Best
Wilhelmina-Kanal
17.–18. Sept.
Helmond
Frontlinie der Alliierten, 26. Sept.
EINDHOVEN
Frontlinie der Alliierten, 26. Sept.
Aalst
Asten
Valkenswaard
NIEDERLANDE
XII
RITCHIE
GUARDS
Neerpelt
XXX
HORROCKS
VIII
O'CONNOR
Maas-Schelde-Kanal
0 5 10 Meilen
0 5 10 km
Leopoldsburg
BELGIEN

ersten Seglerbesatzungen die wichtigsten Brücken per Überraschungsangriff einnehmen sollten, was ein Schlüsselelement des vorherigen Plans gewesen war. Air Vice Marshal Hollinghurst von der 38 Group der RAF war durchaus gewillt, dies beizubehalten. Doch Williams setzte sich mit der Begründung durch, dass »Überraschungstrupps von normaler Größe nicht stark genug wären, um die wichtigsten Brücken zu besetzen und zu halten«.[43] In einen Aktenvermerk schrieb Hollinghurst allerdings, der Beschluss, die ganze Operation »am helllichten Tag durchzuführen«, hänge damit zusammen, »dass die [amerikanische] 8th Air Force ihre Kampfflugzeuge nicht in der Morgen- oder Abenddämmerung einsetzen kann«. Deswegen sei der Überraschungsschlag verworfen worden.[44] Was die Sichtverhältnisse betraf, so galten bei den Amerikanern strengere Vorschriften als bei der RAF. Doch es traf zu, dass eine Kompanie, die vor dem Morgengrauen gelandet wäre, wie bei Operation Pegasusbrücke in der Normandie geschehen, eine Konzentration aller verfügbaren deutschen Truppen an der Brücke zur Folge gehabt hätte, bevor die britischen Hauptkräfte eintrafen. Und einen Überraschungsangriff bei Tageslicht zu starten schloss Browning aus.

Major General Maxwell Taylor, der Kommandeur der US 101st Airborne Division, der für die ersten sechzig Kilometer Straße zuständig war, lehnte es ab, Absprunggebiete »an sieben getrennten Orten« jeweils in der Nähe der sieben zu erobernden Brücken vorzusehen. Er fürchtete, seine Division könnte zu weit verstreut werden.[45] Schließlich einigte man sich auf zwei Gebiete, und nach einer Besprechung mit Dempsey wurde Taylors Zuständigkeit für die Verteidigung der Straße in nördlicher Richtung auf 25 Kilometer beschränkt.[46]

Auch der Kommandeur der US 82nd Airborne Division, Gavin, war mit der Streuung seiner Absprunggebiete überhaupt nicht zufrieden. Doch Williams lehnte es rundweg ab, daran etwas zu ändern. Die US 101st Airborne Division erhielt wenigstens die größte Zahl von Flugzeugen, weil ihre Landegebiete dem Operationsbereich am nächsten kamen. Danach folgte hinsichtlich der Zahl der Flugzeuge die 82nd Airborne Division. Der britischen 1st Airborne Division wurden die wenigsten Maschinen zugewiesen. Das lag zum Teil daran, dass General Browning 38 Lastensegler allein für den Stab seines Corps beanspruchte. (Als deutsche Offiziere die Operation im Nachhinein analysierten, kamen sie zu dem entgegengesetzten Schluss. Sie meinten, die am weitesten entfernte Division hätte die stärkste sein müssen.)

Die Konzentration der deutschen Flak dominierte die Planung der Flugrouten und Absprunggebiete. Das Troop Carrier Command wollte sich von den Schlüsselobjekten, den Brücken von Arnheim und Nimwegen, wegen deren Luftverteidigung möglichst fernhalten. In Arnheim stellte das Flugfeld der Luftwaffe bei Deelen am nördlichen Stadtrand eine zusätzliche Gefahr dar. Also sollte die britische Division weiter im Westen abgesetzt werden, was einen Anmarsch zu der Straßenbrücke von zehn bis dreizehn Kilometern mitten durch die Stadt bedeutete. Der Überraschungseffekt, das wichtigste Element einer Luftlandeoperation, war somit verloren, bevor die Truppen überhaupt vom Landegebiet abmarschierten.

»Eine der größten Schwierigkeiten der Operation war die unflexible Planung des Troop Carrier Command«, schrieb Gavins Chief Intelligence Officer, Colonel Norton. »Praktisch wurde der Bodenplan dem in der Luft nachgeordnet.«[47] Major General Urquhart von der britischen 1st Airborne Division hatte einfach nicht genügend Erfahrung, um mit dem US Troop Carrier Command hart zu verhandeln. Er akzeptierte die Lande- und Absprunggebiete, die man ihm zuwies. »Das letzte Wort hatten die Flieger«, schrieb Urquhart später, »und das wussten wir.«[48] Doch die Flieger waren fest überzeugt, dass es keine alternativen Landeplätze gab.

Viele Historiker mit einem »Was-wäre-wenn«-Blick auf das Desaster der Briten haben sich so sehr auf verschiedene Aspekte des Scheiterns von Operation Market Garden fokussiert, dass sie die Hauptursache übersahen. Von Anfang an und von der Spitze her war dies einfach ein sehr schlechter Plan. Alle weiteren Probleme ergaben sich daraus. Montgomery zeigte nicht das geringste Interesse an den praktischen Problemen von Luftlandeoperationen. Er hatte sich nicht die Zeit genommen, die zumeist chaotischen Erfahrungen von Nordafrika, Sizilien und dem Absprung über der Halbinsel Cotentin in der Normandie zu studieren. Brigadier Bill Williams, Montgomerys Aufklärungschef, wies auch darauf hin, wie sehr Arnheim damit zusammenhing, dass Monty keinerlei Geländestudien betrieben hatte, als er über die Operation entschied.[49] Er weigerte sich hartnäckig, auf den Oberbefehlshaber der niederländischen Truppen, Prinz Bernhard, zu hören, der ihn gewarnt hatte, es sei unmöglich, Panzerfahrzeuge abseits der einzigen höher liegenden Straße auf geflutetem Polderland einzusetzen.[50]

Williams bekannte zudem, dass die 21st Army Group über »eine äußerst schwache Einschätzung des Gegners verfügte. Wir wussten sehr wenig über die Lage.«[51] Am allerwichtigsten aber war, was nie offen zugegeben wurde: Die ganze Operation hing davon ab, dass alles ideal funktionierte. Es ist jedoch ein ungeschriebenes Gesetz der Kriegführung, dass kein Plan den Kontakt mit dem Feind überlebt. Das gilt erst recht für Luftlandeoperationen. Die Möglichkeit, dass die Deutschen die große Straßenbrücke über die Waal in Nimwegen sprengen könnten, wurde kaum erörtert. Wäre das geschehen, so hätte das britische XXX. Corps wahrscheinlich niemals zur vorgesehenen Zeit bei der 1st Airborne Division in Arnheim ankommen können. Dass die Deutschen das versäumten, war ein erstaunlicher, ganz und gar untypischer Fehler ihrerseits, auf den die Planer der Alliierten sich nie hätten verlassen dürfen.

Am 11. September flog Admiral Ramsay nach Granville, wohin Eisenhower nach der Begegnung mit Montgomery auf dem Brüsseler Flughafen zurückgekehrt war. »Habe Ike besucht und traf ihn im Pyjama mit wieder verschlimmertem Knie an«, schrieb Ramsay in sein Tagebuch. »Blieb zum Tee, und er legte los – über Monty, den Oberbefehl, seine Schwierigkeiten, die weitere Strategie usw. Er ist sehr in Sorge, und der Grund ist zweifellos Monty, der sich schlecht verhält. Ike traut ihm nicht, und wahrscheinlich mit gutem Grund. So offen ist er bisher mir gegenüber noch nie gewesen.«[52]

In den folgenden Tagen versuchte Ramsay mehrmals, mit Montgomery zusammenzutreffen, um über die Scheldemündung und die Öffnung des großen Hafens Antwerpen zu sprechen. Doch der Field Marshal wollte ihn nicht sehen. Was ihn betraf, so war Antwerpen ein Ziel der 1st Canadian Army und damit für ihn erledigt. Doch sein geradezu besessener Geist beschäftigte sich bereits mit weiteren Geländegewinnen. Die Kanadier sollten ihren Vormarsch entlang der Küste nach Norden fortsetzen und zuerst die viel kleineren und stärker zerstörten Kanalhäfen öffnen. Montgomery glaubte tatsächlich, dass man das Problem Antwerpen auch später lösen könne, wenn es ihm nur gelänge, den Rhein zu überqueren.

Zugleich versuchte Montgomery alles in die Hand zu bekommen, was nur möglich war. Am 11. September, einen Tag nach der Begegnung im Flugzeug auf dem Brüsseler Flughafen, schickte er folgendes Telegramm an Eisenhower: »Ihre Entscheidung, dass der Vorstoß nach Norden in Richtung Ruhrgebiet *keine* Priorität gegenüber anderen Operationen genießt, wird gewisse Folgen haben, die Sie kennen sollten… Die überarbeitete Operation Comet kann NICHT, ich wiederhole, NICHT vor dem 23. September stattfinden… Dieser Aufschub wird dem Gegner Zeit verschaffen, seine Verteidigung besser zu organisieren.« Außerdem behauptete Montgomery, er habe jetzt festgestellt, dass sein Nachschub nicht ausreiche.[53] Eisenhower, entsetzt darüber, dass die Alliierten weder einen Brückenkopf am anderen Rheinufer zu errichten noch Antwerpen zu sichern vermochten, setzte seinen Stabschef, General Walter Bedell Smith, in Marsch, um die Probleme zu klären.

Am nächsten Tag flog Bedell Smith zum taktischen Stabsquartier des Field Marshal. Er versprach ihm weitere 500 Tonnen Nachschub pro Tag, auch wenn das bedeutete, drei amerikanischen Divisionen die Transportmittel zu nehmen. Außerdem sicherte er Montgomery zu, dass auch die 1st US Army Priorität genießen werde, wodurch seine rechte Flanke abgesichert sei. Das hätte bedeutet, Pattons Vorstoß ins Saargebiet aufzuhalten. Montgomery glaubte, einen »großen Sieg« errungen zu haben. Gegenüber Field Marshal Brooke prahlte er, sein Telegramm an Eisenhower habe diesen »elektrisiert. Ike hat nachgegeben und heute Bedell zu mir geschickt. Der Marsch zur Saar wird gestoppt.«[54]

Als Montgomery bekommen hatte, was er wollte, sandte er Eisenhower ein weiteres Telegramm: »Dank dafür, dass Sie Bedell zu mir geschickt haben. Ausgehend von 1000 Tonnen Nachschub pro Tag und der Tatsache, dass Hodges jetzt alle Unterstützung erhält, die er braucht, habe ich mein eigenes Problem noch einmal durchdacht. Ich habe den Tag X für Operation MARKET jetzt auf Sonntag, den 17. September, festgelegt.«[55] Nun war Bradley zornig darüber, dass man ihn nicht konsultiert hatte. Als er von Montgomerys Plan erfuhr, teilte er Eisenhower mit, dass er »strikte Einwände« habe.[56] Patton war angewidert. »Monty macht, was er will«, schrieb er in sein Tagebuch, »und Ike sagt: ›Yes, Sir‹.«[57] In der Praxis erhielt Montgomery nie das, was man ihm versprochen hatte. Das nutzte er später für den Versuch, die Schuld für das Scheitern von Operation Market Garden von sich zu weisen. General Eisenhower kam bis an sein Lebensende nicht darüber hinweg, dass Montgomery es nie fertigbrachte, für einen Fehlschlag die Verantwortung zu übernehmen.

4

Zweifel in den Wind geschlagen

Als Dempsey Montgomery am 10. September vormittags überzeugt hatte, Operation Comet abzusagen, wurde dies der britischen 1st Airborne Division mitgeteilt. Laut einem Offizier von Frosts 2nd Battalion »zog die ganze Brigade nach Nottingham und Lincoln, um sich volllaufen zu lassen, wie das nur die 1st Para Brigade fertigbringt«.[1] Als die Männer in schwerer Katerstimmung zurückkehrten, hörten sie, dass man sie doch einsetzen werde, aber mit einem neuen, größeren Auftrag.

Lieutenant Colonel Charles Mackenzie, Urquharts Stabschef, war ein kleiner Mann mit korrekt getrimmtem Schnauzbart, einem spöttischen Blick und trockenem Humor. Als er und ein paar Kameraden von der Absage erfuhren, beschlossen sie, den Tag für eine Bootsfahrt auf der Themse zu nutzen. Nachmittags am Dienstort zurück, wurden sie von einem aufgeregten General Urquhart in Empfang genommen. »Jetzt aber los«, sagte er zu ihnen. »Es steht schon die nächste Sache an, und es gibt viel zu tun.«[2] Sie nahmen sich die Karten vor, um herauszufinden, was man geändert hatte. Das gelang ihnen natürlich nicht wirklich, bis am nächsten Tag zwei Besprechungen stattfanden. Mackenzie meinte, die neue Operation mit über drei Divisionen sei zumindest realistischer als die meisten bisher geplanten.

Amerikanische Luftlandetruppen, die in der Normandie genügend Kämpfe erlebt hatten, entwickelten nicht die gleiche Art von Zynismus, wie sie sich jetzt in der britischen 1st Airborne Division ausbreitete. Sie kultivierten eher das Image abgebrühter Krieger, die nichts mehr erschüttern konnte. Frank Brumbaugh von der US 82nd Airborne Division hatte aus der Normandie »einen Wäschesack voll deutscher Stahlhelme« nach Nottingham mitgebracht, die er als Souvenirs verkaufen wollte. Doch seine Kunden mochten nicht die neuen, blank geputzten, sondern solche mit Einschusslöchern. Da feuerte er kurzerhand mit einer erbeuteten Walther P-38 auf seinen Bestand, und sofort stieg der Peis von einem auf fünf Pfund pro Stück. »Wir nutzten auch jede Gelegenheit, die englischen Ehefrauen und Mädchen zufriedenzustellen, deren Männer und Freunde nach dem Fernen Osten verschwunden waren … Wenn man zur Zeit der Verdunklung im Park nach einem lauschigen Plätzchen mit der gerade aktuellen Freundin suchte, musste man mit den Füßen auf dem Boden schlurfen, um nicht auf die vielen Liebespaare zu treten, die bereits eng umschlungen auf dem Rasen lagen.«[3]

Die Verluste in der Normandie waren so schwer gewesen, dass in manchen Bataillonen Neulinge über 60 Prozent der Mannschaftsstärke ausmachten.[4] Das 508th Parachute Infantry Regiment war mit nur 918 Mann von 2055 zurückgekehrt. Die Ausbildung wurde intensiviert, um die Neuen auf den Gefechtseinsatz vorzubereiten. Doch gewitzelt wurde nach wie vor. Im Unterschied zur britischen 1st Airborne Division behaupteten amerikanische Paratrooper, sie seien nicht enttäuscht, wenn Operationen ausfielen. »Das Gefecht ist ein Ort, wo ein Kerl verletzt werden kann!«[5] »Soll doch Patton den Krieg gewinnen!« – das war bei ihnen oft zu hören, wenn Aktionen im letzten Moment abgesagt wurden, weil die 3rd US Army bei ihrem rasanten Vormarsch das Zielgebiet bereits überrannt hatte.[6]

Der größte Teil der US 101st Airborne Division war erleichtert, wenn eine Operation nicht stattfand. Anders der Kommandeur. Major General Maxwell Taylor galt als übereifrig. Er erklärte seinen Männern, »er werde nicht ruhen, bis er einen guten Auftrag für uns hat«.[7] Sie träumten von Nahkämpfen ganz anderer Art – »dass die diensthabende Militärpolizei gerade eine Auszeichnung des Präsidenten erhält, wenn die 101st Division in der Stadt Ausgang hat«.[8] Es war ein Segen, dass die 82nd Division in den östlichen Midlands und die 101st in Südengland stationiert waren, denn beide gerieten gern aneinander. Wenn die Männer der 82nd die der 101st provozieren wollten, zeigten sie auf deren Schulterstücke und brüllten mit gespieltem Entsetzen: »Hilfe! Hilfe! Die kreischenden Adler!«[9]

Nicht alle Angehörigen der beiden amerikanischen Luftlandedivisionen dachten nur an Frauen, Trinkgelage, Glücksspiel und Prügeleien. Der Dichter Louis Simpson, der im 327th Glider Infantry Regiment der 101st Division diente, reflektierte über den Charakter ihrer Gastgebernation. »Die Engländer sind ein bewundernswerter Menschenschlag, sie verstehen es, mit den Dingen locker umzugehen, ohne die Dramatisierung, die wir Amerikaner so lieben. Ein Mädchen kann dir ein Familienfoto zeigen und so ganz nebenbei erwähnen, dass sie ausgebombt wurden und ihr Bruder John letztes Jahr in Afrika gefallen ist. Manchmal lässt diese anscheinende

Kühle mich erschauern. Dann ziehe ich doch die Art und Weise vor, wie wir den Wert des Lebens übertreiben.«[10]

Da waren die polnischen Paratrooper von ganz anderem Schlag. Sie unterschieden sich von den Briten, die aus einem schlimmen Krieg das Beste machen wollten, indem sie witzelten und jedes Gefecht »eine Party« nannten. Aber sie waren auch nicht wie die Amerikaner, die danach trachteten, damit so rasch wie möglich fertig zu werden, um wieder nach Hause zu kommen. Die Polen waren im Exil und kämpften für den nackten Erhalt ihrer nationalen Identität. Ein amerikanischer Offizier, der sie im Training erlebte, beschrieb sie als »Killer mit Fallschirm«.[11] Der Patriotismus der Polen war völlig anders als sein ziemlich verschämtes britisches Gegenstück – eine lodernde spirituelle Flamme.

Zu jener Zeit erlitten ihre Landsleute im Warschauer Aufstand gerade Schreckliches unter unsäglichen Umständen. »Als Polen wissen wir, dass wir für eine verlorene Sache sterben müssen«, erklärte Corporal Wojewódka, »aber als Soldaten wollen wir kämpfen, weil wir hoffen, damit den Krieg verkürzen zu können. Manch einer von uns hat geglaubt, dass die Russen gestoppt werden könnten, bevor sie Polen besetzen. Wir waren so naiv, für ein Wunder zu beten.«[12] Die Briten konnten nicht wirklich verstehen, was der Krieg für Polen bedeutete. »Meine schottische Freundin weint«, schrieb ein Paratrooper. »Sie weiß, dass wir uns trennen müssen. Vielleicht für immer. Sie kann nicht begreifen, dass ein Soldat um Polens willen weiterkämpfen muss.«[13]

Ihr Kommandeur, Major General Stanisław Sosabowski, war ein schwieriger, anspruchsvoller Mann. Er war bei seinen Männern nicht beliebt, doch sie achteten und fürchteten ihn, vertrauten ihm aber auch, weil er an sie die gleichen Forderungen stellte wie an sich selbst. Sie nannten ihn *Stary*, den »Alten«.[14] Der robuste 52-Jährige, ein glühender Patriot, hatte tief liegende Augen und ein wettergegerbtes Gesicht. Gegenüber höheren Dienstgraden konnte er sehr beharrlich und kein bisschen ehrerbietig sein, wenn er glaubte, dass sie im Unrecht waren.

Sosabowski und seine Männer waren von einem einzigen Gedanken beseelt. Das Motto ihrer Fallschirmbrigade lautete »Der kürzeste Weg«. Sie sahen ihre Mission darin, die Befreiung ihres Vaterlandes anzuführen. Bereits im Oktober 1940 hatte der polnische Oberbefehlshaber, General Władysław Sikorski, seinen »Befehl zur Vorbereitung eines nationalen Aufstands in Polen« erlassen.[15] Das war wie viele spätere Papiere ein bemerkenswertes Dokument: weitblickend, was den möglichen Kriegsverlauf betraf, aber auch hoffnungslos optimistisch in Bezug darauf, dass die polnischen Streitkräfte in Großbritannien in der Lage seien, den Feind in ihrem Land zu besiegen. Sie fassten sogar die Möglichkeit ins Auge, Panzerdivisionen in Polen einzufliegen.

Von den britischen Hierarchien ließ Sikorski sich nicht beeindrucken. Als die 1st Polish Independent Parachute Brigade unter Sosabowski aufgebaut wurde, bestand er darauf, dass sie nicht unter dem Kommando der Alliierten eingesetzt, sondern zur Unterstützung des Aufstands in Polen zurückgehalten werden sollte. Die Briten akzeptierten das, wenn auch mit Kopfschütteln und leisem Murren über »die verrückten Polen«. Doch als man an die Ausarbeitung der Pläne für den Einmarsch in Frankreich ging, trat Browning am 17. Mai 1943 an Sosabowski heran, um über eine Änderung dieser Absprache zu reden. Laut Sosabowski erklärte Browning vier Monate später: »Wenn Sie nicht Teil der britischen Luftlandetruppen werden, entziehe ich Ihnen Ausrüstung und Übungsmöglichkeiten.«[16]

Als im Jahr darauf die Planungen für D-Day bereits weit vorangeschritten waren, betrachtete das Kriegsministerium einen Aufstand oder eine Operation in Polen lediglich als Ablenkung vom wichtigsten Vorhaben in der Normandie. Montgomery »lehnte es ab, jegliche Einschränkungen hinsichtlich des Einsatzes der Brigade zu akzeptieren«.[17] Sosabowskis Einheit wurde jetzt als Teil des britischen I. Airborne Corps behandelt.

Polens Tragödie war der unerwartet schnelle Vormarsch der Roten Armee in Operation Bagration, wodurch diese im Juli 1944 bis kurz vor die Tore Warschaus gelangte. Den großen Aufstand in Polen hatte man von Anfang an für die Zeit geplant, da »die Niederlage Deutschlands unausweichlich wird«.[18] Doch in dem verzweifelten Versuch, die Besetzung der polnischen Hauptstadt durch sowjetische Truppen noch aufzuhalten, begann die *Armia Krajowa* – die polnische Heimatarmee – den Warschauer Aufstand bereits am 1. August.

Gute zwei Wochen später – in Warschau wurde bereits erbarmungslos gekämpft – schrieb der polnische Oberbefehlshaber an Sosabowski eine halbe Entschuldigung: »Ich habe alles mir Mögliche unternommen, wovon Sie zu gegebener Zeit hören werden, damit zumindest ein Teil der Brigade dort eingesetzt wird, wo Sie in Ihren Herzen und Ihren Träumen all die Jahre bereits waren. Leider sind die Umstände stärker als mein Wille und der Ihre. Aber wir müssen die bittere Pille schlucken und unseren geraden, ehrlichen Weg weitergehen. Bleiben Sie guten Mutes und zeigen Sie der

Welt den großen soldatischen Geist Polens, der das Schicksal herausfordert und alle Hindernisse überwindet... Schlagen Sie die Deutschen und kämpfen Sie gut, womit Sie Warschau zumindest indirekt helfen. Wir unsererseits wollen nichts unversucht lassen, um ausreichend Unterstützung für Warschau in Form von Waffen und Munition zu organisieren.«[19] Aber die Versorgung aus der Luft sollte sich für die Aufständischen in Warschau als nahezu ebenso schwierig erweisen wie für die Paratrooper in Arnheim.

Auch ein Übungsunfall, bei dem 36 ihrer Kameraden starben, als zwei Dakota C-47 miteinander kollidierten, nahm Sosabowskis Männern nichts von ihrer Entschlossenheit. Nach wie vor versuchten sie sich mit der Vorstellung zu trösten, dass sie zwar nicht über Warschau abspringen durften, aber zumindest kurz davor standen, »durch die Küche in Deutschland einzudringen«.[20] Doch als der Warschauer Aufstand seinem schrecklichen Höhepunkt zustrebte, kochten sie vor Wut, dass sie nicht dort sein durften. Dort hätten sie kämpfen sollen, dafür hatten sie trainiert. Dass die C-47 einfach nicht die Reichweite hatte, um eine volle Ladung Paratrooper nach Polen zu bringen und nach Großbritannien zurückzukehren, dämpfte ihre heißen Gefühle kein bisschen.

Am 12. September hatte Sosabowski in Moor Park eine weitere Zusammenkunft mit Urquhart, der ihm mitteilte, dass man dem polnischen Verband nur 114 Flugzeuge und 45 Horsa-Segler zugeteilt habe.[21] Das gefiel Sosabowski überhaupt nicht. Es bedeutete, dass er seine Artillerie zurücklassen musste. Sein Panzerjägerkommando konnte lediglich die eigenen Geschütze und Jeeps samt einer Mannschaft von zwei Mann pro Fahrzeug mitnehmen. Es sollte mit der britischen 1st Airborne Division nördlich des Niederrheins landen, während der größte Teil der polnischen Brigade auf der Südseite niederging.

Der Plan offenbarte mit jedem Tag neue Schwachstellen. Am 14. September um 16.00 Uhr traf Sosabowski auf dem Flugfeld Wittering bei Stamford in der Grafschaft Lincolnshire mit Urquhart zusammen. Er wies darauf hin, dass seine Brigade nur dann den Niederrhein bei Arnheim überschreiten konnte, wenn die Briten zuvor die Brücken gesichert hatten. In seiner Aktennotiz von dem Gespräch formulierte der polnische Kommandeur in seiner gestelzten Sprache: »Sosabowski erlaubte sich die Freiheit darauf hinzuweisen, dass der Brückenkopf, der von der 1. Brigade der britischen 1st Airborne Division gehalten werden soll, mehr als 15 Kilometer entfernt liegt. Bevor die polnische Brigade eintrifft, wird jene möglicherweise das Gebiet noch nicht einmal erreicht haben und kann in einem kleineren Raum eingekesselt worden sein. In diesem Fall müsste die polnische Brigade auf jene warten, bis sie ihre vorgesehenen Stellungen einnehmen kann.«[22]

Weiter wies er darauf hin, dass »der Brückenkopf, der von der britischen 1st Airborne Division und der 1st Polish Parachute Brigade Group gehalten werden soll, sich in schwierigem Gelände über rund 15 Kilometer weit erstreckt. Bevor die polnische Kampfgruppe am Tag X+2 eintrifft, könnten ihre Verteidigungsstellungen vom Feind erobert und gehalten werden, da es der 1st Airborne Division möglicherweise nicht gelingt, ein so großes Gebiet zu besetzen und zu verteidigen. In diesem Fall müsste die polnische Kampfgruppe zunächst angreifen, um die ihr zugewiesenen Stellungen östlich von Arnheim einzunehmen.« Urquhart soll eingeräumt haben, dass Ähnliches passieren könnte, er aber »keine starke Gegenwehr des Feindes erwarte«.

Sosabowski betonte: »Um es der polnischen Brigade Group zu ermöglichen, den Niederrhein zu überqueren, muss die 1st Airborne Division die Brücke halten oder andere Möglichkeiten besitzen, über den Fluss zu setzen.[23] Urquhart soll ihm versichert haben, die 1st Airborne Division werde dazu in der Lage sein und das Absprunggebiet der polnischen Brigade Group schützen. Die späteren Ereignisse sollten zeigen, dass Sosabowskis Bedenken mehr als gerechtfertigt waren.

Die britischen Kommandeure sahen den Plan nicht annähernd so kritisch, in der Hauptsache deshalb, weil die 1st Airborne Division den Ausfall eines weiteren Einsatzes nicht akzeptiert hätte. Sie wollten einfach vorankommen. Und aus der Sicht von Brigadier Philip Hicks, der die 1st Airlanding Brigade befehligte, schien Market Garden zumindest eine bessere Chance auf Erfolg zu haben als mehrere der bisherigen Pläne. »Einige waren völlig irrsinnig«, sagte er.[24] Auch einen anderen Faktor konnten sie nicht ignorieren: Offiziere und Soldaten wussten, wenn sie keinen Luftlandeeinsatz bekamen, dann würde man sie entweder zwingen, als gewöhnliche Infanteriedivision am Boden zu dienen, oder der Verband würde aufgeteilt und zum Auffüllen anderer Einheiten verwendet.[25]

Brigadier General Jim Gavin von der US 82nd Airborne Division war entsetzt darüber, dass Urquhart Absprung- und Landegebiete so weit von seinem Hauptziel entfernt akzeptiert hatte. Doch Browning persönlich hatte Gavin erklärt, seine erste Priorität sei die Sicherung der Groesbeek-Höhen südöstlich von Nimwegen. Von dort überblickte man den Reichswald, ein großes Waldgebiet direkt jenseits der deutschen Grenze, wo man versteckte Panzer vermutete. Browning argumentierte, dass im Falle einer Besetzung dieser Höhen durch die Deutschen deren Artillerie das britische XXX. Corps daran hindern könnte, Nimwegen zu erreichen. Angesichts dessen kam nun der großen Straßenbrücke dieser Stadt geringeres Gewicht zu, auch weil die 1st Allied Airborne Army es abgelehnt hatte, Seglerbesatzungen für Überraschungsangriffe landen zu lassen. General Brereton hatte sich bereits beim Oberbefehlshaber der USAAF, General Arnold, in Washington darüber beschwert, dass die Planung am Boden »darauf beharrt, eine Vielzahl von Objekten anzugeben«.[26] Das konnte kaum überraschen, sah doch Montgomerys Plan vor, nicht weniger als drei große und zahllose kleinere Wasserhindernisse zu überqueren. Niemand, auch nicht Brereton, hatte gewagt darauf hinzuweisen, dass es sich um einen durch und durch schlechten Plan handelte, der allein auf der Annahme beruhte, dass die deutsche Wehrmacht gerade zusammenbrach.

Zwar hatten die Briten am 6. September bei Beringen den Albert-Kanal bezwungen, doch General Student beruhigte der Gedanke, dass sie nun auf Gelände gerieten, das alles andere als einfach zu durchqueren war. Man war sich generell einig darin, schrieb er später, dass der Gegner nun in das Gewirr des niederländischen Kanalsystems geriet, ein für die Verteidigung sehr günstiges Terrain, wo er nicht in der Lage sein werde, die Masse seiner Panzer im bisherigen Umfang einzusetzen.[27]

Am 7. September, während die Schlacht um Beringen und Hechtel noch tobte, befahl Dempsey der 50th (Northumbrian) Division, südlich von Geel über den Albert-Kanal zu setzen.[28] Dieser Bereich wurde von der Kampfgruppe Dreyer unter Generalleutnant Chills energischstem Regimentskommandeur verteidigt. Es gelang den 6th Green Howards, einen Brückenkopf zu errichten. Oberstleutnant Georg Dreyer, zweifellos voller Wut darüber, dass seine Männer sich hatten überraschen lassen, schickte sie wieder und wieder zum Gegenangriff vor. Als der Kommandeur der 50th Division erkannte, dass sich hier eine größere Schlacht entfaltete, bat er um Unterstützung durch eine weitere Brigade aus der Gegend um Brüssel. Am nächsten Morgen, dem 9. September, ratterten die Panzer der Sherwood Rangers Yeomanry über eine aus Fertigteilen bestehende Behelfsbrücke, welche die Royal Engineers in der Nacht zuvor gebaut hatten. Ihr Auftrag bestand darin, die 6th Durham Light Infantry zu unterstützen. Gemeinsam eroberten sie am 10. September die Stadt Geel. Ein Zugführer der Sherwood Rangers schrieb darüber später: »Ich sollte eigentlich die deutsche

Armee in der Normandie ausreichend kennengelernt haben, um zu wissen, dass man verwundete und in die Ecke getriebene Tiger mit höchster Vorsicht und Respekt behandeln muss. Das sollte ich in Geel bald noch einmal erleben.«[29] General Reinhard verlor keine Zeit. Er beorderte eine Kompanie der Schweren Panzerjäger-Abteilung 559 und ein Bataillon von Heydtes Fallschirmjäger-Regiment 6 herbei, die Dreyers Kampfgruppe dabei unterstützen sollten, ihre Stellungen zurückzuerobern.

Nach dem ersten Tag der Kämpfe war die C Company der Sherwood Rangers in Geel befriedigt über die Eroberung der Stadt und genoss die Freude, die dies offenbar bei vielen Bewohnern auslöste. Doch als der Tag zur Neige ging, beschlichen Sorgen die Panzerbesatzungen. Ihnen fiel auf, dass die Bewohner die Fahnen Belgiens und der Alliierten rasch wieder einzogen. Die Kompanie war inzwischen sehr knapp an Munition und die Durhams nach all den Opfern in der Normandie stark ausgedünnt. Als es dunkel wurde, schallten von den noch verbliebenen Stellungen der Deutschen rund um die Stadt Beschimpfungen herüber. Über Funk gingen Informationen ein, in der Gegend seien deutsche Panzer oder Panzerjäger gesichtet worden. Zum Glück gelang es einem couragierten britischen Sergeant der Stabskompanie, einen Lastwagen mit Munition durch die deutschen Stellungen in die Stadt zu bringen.

Die deutsche Infanterie startete Probeangriffe. Ein britischer Truppführer erhielt einen Kopfschuss, als er aus dem Turm seines Sherman lugte. Dann wurde auch der Panzer getroffen und ging in Flammen auf. Er brannte samt Besatzung aus. Stuart Hills, ein weiterer Zugführer, entdeckte einen deutschen Panzerjäger gerade noch zur rechten Zeit. Sein Schütze traf ihn, als er bereits ihren Sherman ins Visier nahm. Ein weiterer Panzer des Trupps vom Typ Firefly mit der mächtigen 17-Pfund-Kanone lauerte einem schweren Jagdpanther auf, als der in zehn Meter Entfernung um eine Ecke bog. Die Druckwelle der Explosion war weithin zu spüren.

Als der Morgen graute, bereitete es den Sherwood Rangers Sorgen, dass die Durhams, von all den Gefechten erschöpft, begannen Stellungen aufzugeben. Bald wurde den Panzerbesatzungen klar, dass sie keine Infanterie mehr vor sich hatten, die sie vor Anschlägen deutscher Landser mit Panzerfaust schützen konnte. Am späten Vormittag waren noch ganze sechs Panzer der Kompanie übrig. Als der Befehl zum Rückzug kam, waren elf Panzer der Sherwood Rangers zerstört und zwei schwer beschädigt. Dieses Gefecht hatte sich blutiger gestaltet als alles, was sie in der Normandie erlebt hatten. Ihr Gegner war keine geschlagene Armee.

5

Der Tag des Kriegsbeils

Während die britische 2nd Army mit der Aussicht, sich eine blutige Nase zu holen, von Süden her gegen die niederländische Grenze vorrückte, wurden die deutschen Besatzungstruppen zusehends nervöser, und ihre Kollaborateure von der NSB begannen erneut das Land zu verlassen.

Oberzahlmeister Heinrich Klüglein in Utrecht schilderte am 8. September eine weitere Welle chaotischer Flucht. »Auf die Nachricht vom Vorstoß englischer Panzer gegen die südholländische Grenze«, schrieb er, »setzte ein fast planloser Rückzug zahlreicher militärischer und ziviler Dienststellen ein, es kam zu vereinzelten Plünderungen. Züge und Autos, die mit Flüchtenden besetzt waren, stauten sich, wurden von Tieffliegern [der Alliierten] beschossen, brannten, kurzum, ein sehr unerfreuliches Bild, das leider auch Mängel an Führung und Disziplin zeigte. Unsere Stabshelferinnen in Rotterdam und Amsterdam haben wir nach Utrecht geholt. … Es stehen Fahrzeuge bereit, [die Leute] im Notfall schnell nach Deutschland oder Nordholland zu schaffen. Die Holländer haben sich hier verhältnismäßig ruhig verhalten.«[1]

Die hohen Nazi-Offiziere in den Niederlanden waren eindeutig in wesentlich größerer Aufregung als Oberzahlmeister Klüglein. Sie überschätzten gewaltig die Stärke des niederländischen Untergrunds, der mancherorts begann, Bäume an Straßenrändern durch Sprengung zu fällen, um die Straßen zu sperren. Sie fürchteten einen *Bijltjesdag*, den »Tag des Kriegsbeils«, da die Untergrundbewegung sich erheben und sie umbringen könnte. Seyß-Inquart hatte Angst, von der Menge buchstäblich in Stücke gerissen zu werden. Doch er wusste, dass ihm bei einer Flucht nach Deutschland auf Hitlers Befehl das Kriegsgericht und der Tod durch den Strang drohten. Daher plante er, Amsterdam, Den Haag und Rotterdam zum Zentrum der deutschen Verteidigung auszubauen und sich mit den verbleibenden Truppen dorthin zurückzuziehen. SS-Obergruppenführer Rauter lehnte eine derart defensive Einstellung wutentbrannt ab. Beide waren zwar Österreicher, kamen aber nicht gut miteinander aus. Seyß-Inquart bemerkte einmal mit erstaunlichem Understatement, der Höhere SS- und Polizeiführer sei stolz auf seinen Massenmord an den niederländischen Juden, aber im Grunde ein großes Kind mit kindlicher Grausamkeit.[2]

Um Seyß-Inquart zu beruhigen, kündigte General Wühlisch an, er wolle eine offizielle Erklärung herausgeben, dass er in Fällen von Sabotage befehlen werde, alle Häuser des jeweiligen Viertels in Brand zu setzen und die Bewohner als Geiseln zu nehmen. Solche Brutalität konnte Seyß-Inquart beeindrucken, doch Rauter, der Wühlisch verachtete und misstraute, beschloss, am nächsten Tag einen eigenen Befehl zu erlassen, der wesentlich weiter gehen sollte. So wetteiferten die Führungen von Wehrmacht und SS in den Niederlanden darum, wer mit größerer Gewalt drohte, um die Widerstandsbewegung niederzuhalten.

Am nächsten Tag gab Rauter an Gestapo und SD (Sicherheitsdienst) einen Geheimbefehl mit dem Titel »Bekämpfung von Terroristen und Saboteuren« heraus. Darin forderte er, »illegale Versammlungen rücksichtslos zu sprengen« sowie die Häuser »mit englischem Sprengstoff und Handgranaten auszuräuchern«.[*3] Drei Tage später erhielt Rauter per Fernschreiben einen Befehl des Reichsführers-SS Heinrich Himmler, in dem es hieß, Model sei in seiner Gegend und er solle umgehend Kontakt zu ihm aufnehmen.[4] Nun musste Rauter feststellen, dass der Stab von Heeresgruppe B sich bereits nach Oosterbeek zurückgezogen hatte. Er fuhr zum Hotel Tafelberg, wo er eine Unterredung mit Model und dessen Stabschef Generalleutnant Hans Krebs hatte.

Rauter behauptete später, bei dieser Begegnung habe er die Luftlandeoperation der Alliierten zur Eroberung der Brücken über Maas, Waal und Niederrhein vorausgesagt, doch Model und Krebs hätten seine Auffassung verworfen. Sie hätten argumentiert, die Brücke von Arnheim sei viel zu weit entfernt von den Truppen, die anrücken müssten, um die mit deren Eroberung beauftragte Paratrooper-Einheit zu entsetzen. Dass die Engländer bis Arnheim gelangten, sei nicht möglich, habe Model angeblich behauptet.[5] Er meinte, für einen so vorsichtigen Kommandeur wie Montgomery sei ein derartiger Plan zu waghalsig. Außerdem seien Luftlandekräfte viel zu wertvoll, um sie auf diese Weise zu verheizen. England habe nur zwei Divisionen, Amerika ebenfalls. Die Alliierten hielten sie daher bis zu

* Der Sprengstoff stammte aus Beständen, die vom SOE abgeworfen wurden. Wegen britischer Inkompetenz wurden die dabei abgesetzten niederländischen Agenten bei ihrer Ankunft gefangen genommen.

dem Zeitpunkt zurück, da sie real in der Lage seien, den Rhein zu überschreiten.[6]

General der Flieger Friedrich Christiansen, der Wehrmacht-Befehlshaber in den Niederlanden, und sein Stab erwarteten Landungen von Truppen aus der Luft, aber nur in Verbindung mit einer Invasion von See an der niederländischen Küste.[7] Bei der in Deelen nördlich von Arnheim stationierten 3. Jagd-Division war man vorausschauender. In ihrem Kriegstagebuch findet sich bereits einige Tage zuvor der Eintrag: »Man vermutet eine weitere Fallschirmlandung in unserem Raum.«[8] * [9]

Himmler hatte Rauter mitgeteilt, im Falle des Einmarsches der Alliierten in Südostholland trage er die Verantwortung für die Zerstörung der wichtigsten Brücken. Daher sprach Rauter bei der Begegnung in Oosterbeek Model auf das Problem an. Der bestand darauf, dass die Entscheidung über die Sprengung der Brücken eindeutig bei ihm liege. Später erklärte er, seine Absicht sei stets gewesen, die Brücke von Nimwegen intakt zu halten, um Vorausabteilungen des Gegners angreifen und abschneiden zu können. Er habe sogar angewiesen, bereits angebrachte Sprengladungen wieder zu entfernen, um sie nicht durch eigenen Artilleriebeschuss unbeabsichtigt zur Detonation zu bringen.

SS-Obergruppenführer Rauter, mit der Bilanz seines grausamen Vorgehens in den Niederlanden hoch zufrieden, strebte nun auch eine aktive militärische Rolle an. Die Luftlandeaktion, die eine Woche später erfolgte, gab ihm Gelegenheit, eine Einheit zu befehligen, die er Kampfgruppe Rauter nannte. Die sollte aus dem SS-Wachbataillon Nordwest vom Konzentrationslager Amersfoort, einem Regiment der Ordnungspolizei und der sogenannten 34. SS-Grenadier-Division »Landstorm Nederland« bestehen, im Grunde mehrere Bataillone niederländischer Freiwilliger, die bereits in den Gefechten um den Albert-Kanal von der Prinzessin-Irene-Brigade der

* Unmittelbar nach dem Krieg kursierte ein Mythos, wonach der Plan für Operation Market Garden von einem Verräter im niederländischen Untergrund namens Christian Antonius Lindemans an die Deutschen verraten worden sei. Wegen seines massigen Körperbaus trug er den Spitznamen King Kong. Der in Rotterdam geborene Lindemans arbeitete zunächst in der Autowerkstatt seines Vaters. Während des Krieges half er bei der Organisierung einer Fluchtroute des niederländischen Untergrunds. Im März 1944 wurde er von Major Hermann Giskes, dem Chef Abwehr in den Niederlanden, angeworben. Die Annahme, der gesamte Plan sei verraten worden, war niemals überzeugend, da alle deutschen Quellen übereinstimmend aussagen, die Aktion habe sie absolut unvorbereitet getroffen. Lindemans wurde von einem niederländischen Gericht zum Tode verurteilt und nahm sich 1946 im Gefängnis das Leben.
Laut dem Bericht des Historikers Hugh Trevor-Roper, der im Krieg Aufklärungsoffizier war, über das Kriegsende erhielt SS-Brigadeführer Walter Schellenberg, Chef des Auslandsgeheimdienstes des SD, Mitte September 1944 Informationen, wonach eine Luftlandeaktion der Alliierten in Holland zur Eroberung einer Rheinbrücke bevorstehe. Doch er unternahm nichts.

Königlichen Armee der Niederlande stark dezimiert worden waren. Bradleys Truppen berichteten jedoch von einem sehr schweren Gefecht mit niederländischer SS südöstlich davon. »Am 14. kämpfte das XIX. Corps gegen eine Brigade niederländischer SS-Truppen, die sich hartnäckig zur Wehr setzten«, schrieb Bradleys Adjutant. »Es waren Söldner, die nichts mehr zu verlieren hatten und gnadenlos vernichtet werden mussten. [Wir] verglichen ihre Art zu kämpfen mit jener der Japse, für die nicht infrage kam, sich zu ergeben.«[10]

Rauter war stolz auf seine niederländische »Germanische SS«, doch deren Männer gehörten häufig nicht einmal der NSB an. Die meisten waren einfach willensschwache oder opportunistische junge Leute, die auf diese Weise der Deportation als Zwangsarbeiter nach Deutschland entgehen wollten. Man hatte ihnen versprochen, als SS-Leute hätten sie lediglich Juden und politische Gefangene im Konzentrationslager Amersfoort zu bewachen. Damit seien sie und ihre Familien außer Gefahr, wofür sie eine Sonderversorgung mit Lebensmitteln und Benzin erhielten. Da selbst bei solchen Versprechungen nicht genügend Freiwillige zusammenkamen, rekrutierte man auch in Gefängnissen und Erziehungsanstalten. Diese »Freiwilligen« wurden gezwungen, einen auf Deutsch verfassten Vertrag zu unterschreiben, den die meisten gar nicht lesen konnten.

Die Offiziere und Unteroffiziere waren Deutsche, der Bataillonskommandeur, Sturmbannführer Paul Helle, ein Österreicher aus Tirol. Helle war ein schamloser, korrupter Opportunist. Obwohl er in Deutschland Frau und Kinder hatte, schrieb Theodor Boeree, ein niederländischer Chronist der Kämpfe, habe er in den Niederlanden eine sehr intime Freundin ausgehalten. Sie sei recht braun gewesen, denn ihre Wiege stand auf Java. Das ganze Bataillon habe nur gegrinst, wenn Helle die üblichen Tiraden von der Überlegenheit der nordischen Rasse mit blondem Haar und blauen Augen von sich gab.[11] Seine Männer mochten ihn nicht, weil er gegenüber Vorgesetzten buckelte, seine Untergebenen aber mit Arroganz behandelte. Weder Helle noch seine Truppe ahnten, dass sie einmal mehr zu tun hätten, als Gefangene zu schikanieren. Auf keinen Fall konnten sie sich vorstellen, gegen britische Paratrooper zu kämpfen.

Da war das II. SS-Panzerkorps nördlich des Niederrheins von ganz anderem Schlag. Befehligt von SS-Obergruppenführer Wilhelm Bittrich, bestand es aus der 9. SS-Panzer-Division »Hohenstaufen« und der 10. SS-Panzer-Division »Frundsberg«. Ständige Luftangriffe und Erschöpfung, dazu der Verlust fast aller ihrer Panzer beim Rückzug aus der Normandie hatten ihr Gefühl der Überlegenheit im Gefecht arg lädiert.[12] Selbst ihre Mannschaftsstärke war auf unter zwanzig Prozent zusammengeschrumpft.

Am 3. September hatte man die 10. SS-Panzer-Division »Frundsberg« nach Maastricht beordert, wo sie sich durch Beschlagnahme von Fahrzeugen und Munition aus den Beständen zurückflutender Einheiten der Luftwaffe neu ausrüsten sollte. Die 9. SS-Panzer-Division »Hohenstaufen« und die Angehörigen des Korps-Stabes wurden 35 Kilometer westlich davon ins belgische Hasselt verlegt. Bereits am nächsten Tag erhielt Bittrich Befehl, seine zwei Divisionen in das Gebiet nördlich des Niederrheins um Apeldoorn und Arnheim zurückzuziehen, wo sie sich regenerieren und zugleich in Gefechtsbereitschaft bleiben sollten. Er quartierte sich samt Stab und weiteren Einheiten des Korps 30 Kilometer östlich von Arnheim in dem Dorf Doetinchem mit einem schönen Wasserschloss ein.

Bittrich war im Grunde der einzige General der Waffen-SS, der auch bei den Partnern in der Wehrmacht Ansehen und Wertschätzung genoss. Der hochgewachsene Mann, der sich stets sehr gerade hielt, war intelligent, kultiviert, nachdenklich und besaß einen Sinn für Humor. Er hatte am Konservatorium von Leipzig studiert und eigentlich Dirigent werden wollen. Zwar formal Mitglied der NSDAP, hatte er für hohe Parteichargen und Hitlers Umgebung nur Verachtung übrig. In einer Unterredung mit Generalfeldmarschall Erwin Rommel am 16. Juli in der Normandie äußerte er so scharfe Kritik am Führerhauptquartier und dessen Weigerung, die heraufziehende Katastrophe im Westen zur Kenntnis zu nehmen, dass er Zustimmung zu Rommels Plan signalisierte, in Geheimverhandlungen mit den Alliierten zu treten. Dass Bittrich die Hinrichtung von Generaloberst Erich Hoepner durch den Strang – er war an der Verschwörung gegen Hitler vom 20. Juli beteiligt – scharf missbilligte, hatte einer seiner Offiziere nach Berlin berichtet. Daraufhin wurde ihm befohlen, von seinem Posten zurückzutreten, doch die Lage in der Normandie gestaltete sich so katastrophal, dass man auf ihn nicht verzichten konnte. Danach unterlief Generalfeldmarschall Model alle weiteren Versuche, Bittrich während des Rückzuges in die Niederlande zu disziplinieren.

Die Wiederherstellung der Kampfstärke seiner beiden Divisionen hatte für Bittrich Priorität. Abgesehen von acht erbeuteten uralten Renault-Panzern der 9. SS-Division »Hohenstaufen« besaß die 10. Panzer-Division »Frundsberg« nur drei einsetzbare Panzer V »Panther«, zwei weitere wurden gerade repariert.[13] Außerdem verfügten die beiden Divisionen über insgesamt 20 Sturmgeschütze, Selbstfahrlafetten und schwere Mörser. In diesen hoffnungslosen Tagen musste Bittrich sein Kommando noch weiter schwächen. Er erhielt Befehl, die Kampfgruppe Segler der 9. SS-Division »Hohenstaufen« und die Kampfgruppe Henke zur Verstärkung einer sehr gemischten Truppe unter Oberst Walther abzustellen, die sich mit dem neu errichteten Brückenkopf der Briten am Maas-Schelde-Kanal in der Nähe der niederländischen Grenze auseinanderzusetzen hatte.[14] Andererseits stellten das Aufklärungsbataillon der Division »Hohenstaufen« und ihre drei Panzergrenadier-Bataillone Respekt einflößende Einheiten dar.

Bei der Planung von Operation Market Garden wurde viel über die Stärke des II. SS-Panzerkorps debattiert. Dass dieses sich in der Nähe von Arnheim befand, wusste die Aufklärung der Alliierten bereits vom niederländischen Untergrund und aus dem von Ultra abgefangenen und entschlüsselten Funkverkehr der Deutschen, als Operation Comet vorbereitet wurde.[15] Doch teils in dem Glauben, dieser Verband sei während des Abzugs aus Frankreich im Wesentlichen zerschlagen worden, teils weil man die eigenen Truppen nicht schrecken wollte, wurde er bei den Einweisungen kaum erwähnt.

Als Bedell Smith am 12. September Montgomery aufsuchte, um ihm die Zusage des geforderten zusätzlichen Nachschubs zu überbringen, ließ er sich vom Chief Intelligence Officer des SHAEF, Major General Kenneth Strong, begleiten. »Die Operation war in der 21st Army Group konzipiert worden«, erklärte Bedell Smith nach dem Krieg. »Uns kam sie immer etwas zweifelhaft vor. Strong meinte, es könnten sich Teile von drei deutschen Panzerdivisionen in der Gegend, wo die 1st Airborne Division abspringen sollte, und nahebei aufhalten.« Außerdem schätzte Bedell Smith die für den Einsatz in Arnheim vorgesehenen britischen Truppen als »zu schwach« ein.[16]

Montgomerys Stab hingegen hatte der 1st Allied Airborne Army seine Auffassung mitgeteilt, dass »die einzige bekannte Verstärkung, die in Holland eintrifft, die demoralisierten und desorganisierten Reste der 15. Armee sind, die jetzt aus Belgien über die niederländischen Inseln flüchten«.[17] Montgomery weigerte sich sogar, Strong zu dem Gespräch zuzulassen. »Ich habe meine eigene Aufklärung«, behauptete er[18] und »wischte [Bedell Smiths] Einwände einfach vom Tisch«.[19]

Rivalität und gegenseitige Antipathie zwischen den Chefs der Aufklärung waren zuweilen noch größer als die zwischen ihren Kommandeuren.

Brigadier Bill Williams, Montgomerys brillanter, aber auch sprunghafter Aufklärungschef, war voller Hass auf Eisenhowers Major General Strong. »Er brachte gegen alles Bedenken vor«, erklärte Williams gegenüber Forrest Pogue, dem offiziellen amerikanischen Chronisten, nach dem Krieg. Er nannte Strong das »kopflose Grauen« und das »gesichtslose Staunen«. Er hielt ihn sogar für einen »Feigling« und behauptete, er habe sich »von der Front ferngehalten«.[20]

Wenn man den persönlichen Hickhack einmal beiseite lässt, dann irrte sich jeder auf seine Weise. Die Divisionen »Hohenstaufen« und »Frundsberg« hielten sich tatsächlich in der Gegend auf und lagen nicht so am Boden, wie sich Montgomery und Williams das vorstellten. Aber mit nur noch drei einsatzfähigen Panzern vom Typ Panther und weniger als 6000 Mann konnten sie kaum noch als echte SS-Panzer-Divisionen gelten. Im Grunde genommen, so einer ihrer Kommandeure, hätten sie höchstens noch Regimentsstärke gehabt.[21]

Was alle Beteiligten an dem Streit aufseiten der Alliierten übersahen, war die außerordentliche Fähigkeit der deutschen Kriegsmaschine, rasch und entschlossen zu handeln. Selbst in ihrem geschwächten Zustand waren die beiden Panzerdivisionen in der Lage, einen Kern zu bilden, um den andere, weniger erfahrene Einheiten gruppiert werden konnten.

Andererseits war Brownings Aufklärungsoffizier, Major Brian Urquhart, zunehmend verärgert über die Selbstgefälligkeit seines Chefs. Tief überzeugt, dass es in der Gegend von Arnheim deutsche Panzer gab, forderte er eine Luftaufklärung. Auf den Fotos konnte man Panzer III und Panzer IV des Übungs- und Ersatzbataillons der Division »Hermann Göring« beim Fahrtraining erkennen. Sie waren nicht Teil des II. SS-Panzerkorps, wie Urquhart angenommen hatte. Die Masse der Panzer, mit denen es die Truppen der Alliierten bei Operation Market Garden zu tun bekamen, waren anfangs nicht vor Ort, sondern wurden auf Blitztransport-Zügen mit erstaunlicher Geschwindigkeit aus Deutschland herangeführt.[22]

Welche Stärken oder Schwächen das II. SS-Panzerkorps auch besaß, das Überleben der britischen 1st Airborne Division hing allein davon ab, wie schnell Horrocks' XXX. Corps auf einer einzigen Straße die 103 Kilometer bis Arnheim zu bewältigen vermochte. Die ursprünglich geplante Entfernung war reduziert worden, weil die Guards Armoured Division jetzt bei Neerpelt einen Brückenkopf auf der gegenüberliegenden Seite des Maas-Schelde-Kanals besaß.

Einem Trupp des 2nd Household Cavalry Regiment unter Führung von Lieutenant Cresswell war es gelungen, die vor dem Kanal stationierten Deutschen zu umgehen. Das geschah, wie die Division berichtete, »aufgrund dessen frappierenden Geschicks, aus jeder Lage einen Ausweg zu finden«.[23] Die Männer verbargen ihre Panzer und Panzerspähfahrzeuge in einem Wald beträchtlich hinter den deutschen Linien. Cresswell und der Corporal of Horse Cutler stahlen Fahrräder für eine Erkundungsfahrt und gelangten auf ein Fabrikdach, wo sie die deutschen Stellungen von rückwärts überblicken konnten. Sie berichteten, die Brücke von De Groote Barrier sei intakt. Obwohl sie scharf bewacht war, konnten sie die Stellungen der Deutschen auf der Karte markieren.

»Wir erreichten die Gegend um die Brücke, als es langsam dunkel wurde«, heißt es im Kriegstagebuch des 3rd Battalion der Irish Guards vom 10. September. »Der kommandierende Offizier [Lieutenant Colonel J. O. E. Vandeleur] entschied nach einer kurzen Erkundung, einen Angriff zu wagen. Diese Aufgabe wurde No. 2 Company und einer Panzerkompanie zugewiesen. Die Panzer ließen einen Geschosshagel auf das Gelände vor der Brücke niedergehen und konnten dabei mehrere 88-mm-Kanonen ausschalten. Dann erstürmte ein Trupp Panzer, gefolgt von Lieutenant Stanley-Clarkes Zug, die Brücke und gelangte auf die andere Seite. Die Reste der No. 2 Company und No. 3 Company kamen rasch nach und konnten die Stellung am anderen Ufer des Kanals konsolidieren. Dem Offizier der Royal Engineers beim Bataillon konnte alle Leitungen kappen, die für die Sprengung der Brücke angebracht waren.«[24] Dieser bemerkenswerte Handstreich gelang zum Preis von nur einem Toten und fünf Verwundeten.

Die Irish Guards, außerordentlich stolz auf ihre Leistung, tauften das Objekt nach Lieutenant Colonel J. O. E. Vandeleur »Joe's Bridge«. »Unser Erfolg hat der 2nd Army mehrere Tage für den Vormarsch erspart«, rühmte man sich im Kriegstagebuch des begleitenden Panzerbataillons.[25] Am nächsten Tag um 9.00 Uhr starteten die Deutschen einen Gegenangriff mit Sturmgeschützen und Infanterie. Eines der Sturmgeschütze kam bis auf hundert Meter an den Bataillonsstab heran, doch die Deutschen wurden zurückgeschlagen und erlitten schwere Verluste. Das Infanteriebataillon der Irish Guards verlor 14 Mann. Darunter war ein Captain, der fiel, als er eine der Selbstfahrlafetten mit einem PIAT-Werfer* angriff.

* PIAT (Projector, Infantry, Anti-Tank) Britischer Infanterie-Ladungswerfer, tragbare Panzerabwehrwaffe, vergleichbar der deutschen Panzerfaust und der US-amerikanischen Bazooka, zur gleichen Zeit entwickelt – Anm. d. Übers.

Der Divisionskommandeur, Major General Allan Adair, befahl der Household Cavalry, die Straße nach Norden in Richtung Eindhoven zu erkunden. Er wollte wissen, ob die Brücke über den Fluss Dommel bei Valkenswaard für Panzer befahrbar sei. Da die Verteidigung dieses Abschnitts von der im Entstehen begriffenen Kampfgruppe Walther gerade rasch verstärkt wurde, war dies eine hochgefährliche Mission. Lieutenant Rupert Buchanan-Jardine, der deutsch sprach, machte sich mit nur zwei Panzerspähwagen auf den Weg. Bevor die Morgensonne den Nebel aufgelöst hatte, jagten sie relativ unbehelligt durch die deutschen Linien. Sie fuhren fast bis Valkenswaard, etwa zehn Kilometer hinter den deutschen Linien. Buchanan-Jardine fragte Ortsbewohner nach der Brücke aus. Nachdem er sie selbst in Augenschein genommen hatte, kehrte er zu den Fahrzeugen zurück. Sie schlossen alle Luken und rasten noch einmal, aus Maschinengewehren und Karabinern beschossen, durch die deutschen Stellungen zurück. Sie hatten großes Glück, dass den Deutschen an der Straße keine Zeit blieb, panzerbrechende Waffen gegen sie in Stellung zu bringen. Der kleine Ausbruch löste auf deutscher Seite beträchtliche Tumulte aus.[26] Die Polizei von Eindhoven befahl der Zivilbevölkerung über Lautsprecherwagen, unverzüglich die Straßen zu verlassen.[27]

Am 13. September trugen die Deutschen im ersten Morgenlicht einen kleinen Gegenangriff gegen den Brückenkopf bei Neerpelt vor. Die Guards, im Morgengrauen regelmäßig in voller Gefechtsbereitschaft, ließen sich nicht überraschen. Die unterstützende Artillerie, die auf die wahrscheinlichsten Angriffspunkte eingestellt war, reagierte unverzüglich, sodass der Angriff beendet war, kaum dass er begonnen hatte. Eine Tagebuchschreiberin in Eindhoven notierte an diesem Morgen: »Wir hören Artilleriefeuer. Laut letzten Nachrichten sind die Alliierten bis auf fünfzehn Kilometer herangerückt … Sie müssen in Valkenswaard sein. Wird Eindhoven die erste befreite Stadt Hollands werden? Wird die Befreiung ohne zu großes Blutvergießen kommen? Wir beten zu Gott, dass unserem Land eine zu lange Agonie erspart bleibt.«[28]

Am selben Tag befuhr Oberstleutnant Fullriede von der Division »Hermann Göring« die Straße, die das XXX. Corps knapp eine Woche später nehmen sollte. Er kam zu dem Schluss, dass man die großen Brücken in Nimwegen und Grave »mit völlig unzureichenden Kräften sichert. … Außerdem sind die Brücken gar nicht richtig zur Sprengung vorbereitet. Es ist ein Verbrechen«, fügte er seinem Tagebucheintrag hinzu.[29]

Die Guards Armoured Division gönnte sich eine »Atempause von mehreren Tagen«, da ihre Bataillone sich auf Operation Garden vorbereiteten und zusätzliche Panzer zur Verstärkung in Empfang nahmen. Die Männer der Irish Guards beschrieben den Befehl des XXX. Corps mit der Devise »Aufladen, aufräumen, Schwänze hoch – und kein Einsatz in diesen Tagen«.[30] Für die Offiziere hieß »Schwänze hoch« offenbar, nach Brüssel zu entschwinden, neue Freundinnen zu besuchen und sich im Restaurant »Le Filet de Sole« zu vergnügen, ohne zu bezahlen. Den einfachen Guards ging es nicht so gut. Ihre Unteroffiziere ließen sie an den Fahrzeugen hart arbeiten.

Das Verhältnis zwischen der 1st Allied Airborne Army und den britischen Kommandeuren in Belgien, die sich den Plan ausgedacht hatten, wurde nicht besser. Erst mehrere Tage nach Beginn der Planungsarbeit ging Brereton und seinem Stab auf, dass »der Vormarsch des XXX. Corps in einer Kolonne von nur knapp zehn Meter Breite und rund 110 Kilometer Länge vonstatten gehen musste«.[31] Niemand hatte genau festgelegt, wann die britische 52nd (Airlanding) Division, die wichtigste Verstärkung der Luftlandekräfte, eintreffen sollte. Ganz allgemein ging man davon aus, dass sie zum Luftwaffe-Flugfeld von Deelen geflogen werden sollte, wenn dieses erobert war.

Am 12. September fand in der 1st Allied Airborne Army eine Besprechung statt, wo über die Luftunterstützung, das heißt die Bombenziele in Gestalt deutscher Kasernen und Flak-Stellungen, debattiert wurde.[32] Darauf folgte drei Tage später eine größere Zusammenkunft von Vertretern der 8th US Air Force, der 9th US Air Force, des Bomber Command Air Defence Great Britain, das für die Begleitung durch Jagdflugzeuge der RAF sorgen sollte, des Coastal Command der RAF und der Kriegsflotten der Alliierten. Von der 2nd US Army, dem britischen XXX. Corps oder wenigstens der 2nd Tactical Air Force der RAF auf dem Kontinent war niemand anwesend. Nur die US 101st Airborne Division nahm Verbindung zum britischen XXX. Corps auf. Ihr stellvertretender Kommandeur, Brigadier General Anthony McAuliffe, flog am 12. September gemeinsam mit Lieutenant Colonel C. D. Renfro, der sein Verbindungsmann bei Horrocks' Stab werden sollte, nach Brüssel. Sie suchten Dempseys Stab auf und wurden dann auch von Horrocks im Süden von Hechtel empfangen, wo Renfro, höflich ignoriert, verblieb.[33]

Ebenfalls am 12. September, einem Dienstag, berief Major General Urquhart eine Besprechung ein, bei der er die führenden Offiziere seiner

Brigade und die Kommandeure mehrerer Einheiten ins Bild setzen wollte. Robert Urquhart, Roy genannt, war ein großer, fülliger Mann mit dickem, schwarzem Schnurrbart. In Italien ein tapferer Infanteriegeneral, hatte es ihn sehr erstaunt, dass er den Befehl über die 1st Airborne Division übernehmen sollte. »Ich hatte überhaupt keine Ahnung, wie diese Kerle funktionieren«, bekannte er.[34] Er war noch nie im Leben mit einem Fallschirm abgesprungen, wusste nichts von Luftlandeoperationen und litt heftig an Flugkrankheit. Aber eine solche Beförderung konnte er kaum ablehnen.

Anfang Januar 1944 meldete sich Urquhart noch in der karierten Uniform seines alten Regiments, der Highland Light Infantry, bei Browning. Der schnarrte nur barsch: »Gehen Sie und ziehen Sie sich erst mal korrekt an.« Urquhart regte an, bei seiner Unerfahrenheit zunächst ein Training im Fallschirmspringen zu absolvieren. Nach einem Blick auf seine massige Gestalt antwortete Browning: »Ich würde mich nicht darum kümmern, das Fallschirmspringen zu erlernen. Sie haben die Aufgabe, diese Division auf den Einmarsch in Europa vorzubereiten. Sie sind zu groß fürs Fallschirmspringen und kommen auch ohne das aus.«[35] Urquhart war 42 Jahre alt. Browning teilte ihm mit, er selbst sei zweimal gesprungen und habe sich jedes Mal verletzt. Deshalb habe er sich stattdessen zum Lastenseglerpiloten ausbilden lassen.

Urquhart war bewusst, dass er in der Gemeinschaft der Paratrooper von Offizieren und Soldaten gleichermaßen als Außenseiter oder gar als Kuriosität abschätzig betrachtet werden würde. Doch niemand hatte etwas gegen ihn, die meisten bewunderten ihn sogar für seine Tapferkeit, seine stets gute Laune und seinen Gerechtigkeitssinn. Doch der größte Nachteil seines konventionellen militärischen Hintergrundes war seine etwas simple Vorstellung, dass »eine Luftlandedivision eine Truppe bestens ausgebildeter Infanterie mit der üblichen Unterstützung durch Artillerie und Pioniere ist, die nach der Landung zum üblichen Bodenkampf übergeht«.[36] Das trifft jedoch nicht ganz zu. Sobald eine Luftlandedivision gelandet ist, muss sie sofort das Überraschungsmoment nutzen, um zu kompensieren, dass ihr die Transportmittel, die starke Artillerie und die schweren Waffen der konventionellen Infanterie fehlen.

Urquhart waren drei Brigadiers unterstellt. Der älteste, Pip Hicks, befehligte die 1st Airlanding Brigade, die aus drei Bataillonen Seglerinfanterie bestand. Hicks, ein zurückhaltender, unauffälliger Kommandeur, wäre bei einer Bruchlandung seines Seglers während der Landung auf Sizilien beinahe im Meer ertrunken. Ganz anders Gerald Lathbury, der hochgewachsene, elegante Anführer der 1st Parachute Brigade. Laut Urquhart hatte er zwar eine schleppende Redeweise, aber einen hellen Kopf. Lathbury unterstanden das 1st, 2nd und 3rd Battalion des Parachute Regiment mit zahlreichen Offizieren und Soldaten, die ihre Feuertaufe in Tunesien und Sizilien erlebt hatten. Der jüngste und intelligenteste Brigadier war Shan Hackett, ein kleiner, aber überaus selbstbewusster Kavallerist von den 8th King's Royal Irish Hussars. Hackett, der Dummköpfe nicht ertragen konnte, befehligte die 4th Parachute Brigade. Nach Erfahrung und Professionalität konnten es seine drei Bataillone jedoch nicht mit Lathburys Männern aufnehmen.

Urquhart wollte, dass ein Teil des ersten Kontingents auf dem Polderland südlich des Niederrheins abspringen sollte, doch die RAF lehnte das wegen der deutschen Flak-Stellungen in der Nähe der Brücke von Arnheim rundweg ab. Die Flugzeuge, die die 1st Airborne Division antransportieren sollten, bildeten die nördliche, linke Luftflotte, die von England startete. Nach dem Absprung der Paratrooper oder dem Ausklinken der Segler hatten sie eine Linkskurve zu ziehen, um nicht mit jenen zusammenzustoßen, welche die US 82nd Airborne Division bei Nimwegen absetzten. Sollten sie südlich des Flusses bis Arnheim fliegen, so hätten sie über den Flak-Stellungen wenden und auch noch das Flugfeld der Luftwaffe bei Deelen überfliegen müssen. Bei all den Einschränkungen, die das IX. Troop Carrier Command vorgab, hatte Urquhart keine andere Wahl, als Absprung- und Landezonen weiter entfernt von der Gegend um Arnheim und Deelen zuzustimmen. Sosabowskis Polish Parachute Brigade sollte südlich der Straßenbrücke von Arnheim abgesetzt werden, aber erst am dritten Tag der Operation. Zu diesem Zeitpunkt, so nahm man beim IX. Troop Carrier Command an, mussten die Brücke und alle Flakstellungen erobert sein.

Für jedermann mit Erfahrungen in Luftlandeoperationen war ersichtlich, dass die bis zu dreizehn Kilometer westlich von Arnheim liegenden Lande- und Absprunggebiete der Briten viel zu weit entfernt waren, um noch einen Überraschungseffekt erzielen zu können. Major General Richard Gale, der bei der D-Day-Offensive die 6th Airborne Division kommandiert hatte, warnte Browning, das Fehlen von Trupps für Handstreichaktionen werde sich verheerend auswirken. Er wäre eher zurückgetreten, als diesen Plan zu akzeptieren. Browning widersprach und bat Gale, so mit keinem anderen zu reden, um die Moral nicht zu verschlechtern.[37] Urquhart, der sich dieses grundlegenden Handicaps durchaus bewusst war, plante, einen Aufklärungstrupp in Jeeps mit Maschinengewehr vorausfahren zu lassen. Es war sicher kein gutes Omen, dass Freddie Gough, der »lustige, rotgesichtige, weißhaarige Major«, der den Aufklärungstrupp befehligte, bei der Besprechung zu spät erschien und dafür streng gerügt wurde.[38]

Auch an der zweiten grundlegenden Schwäche der bevorstehenden Operation konnte Urquhart kaum etwas ändern. Während Lathburys 1st Parachute Brigade in Richtung Brücke marschieren sollte, musste Hicks' 1st Airlanding Brigade zurückbleiben, um die Absprung- und Landegebiete für Hacketts 4th Brigade zu sichern, die am zweiten Tag nachfolgen sollte. Das bedeutete, dass Urquhart für das Erreichen seines Hauptziels nur eine einzige Brigade zur Verfügung stand. Seine Division sollte von Anfang an in zwei Hälften mit einer großen Entfernung dazwischen geteilt werden. Zu allem Ungemach äußerte einer seiner Funkoffiziere auch noch Bedenken, ob das standardmäßige 22-Set-Funkgerät über diese große Entfernung, die Stadt Arnheim und die Wälder hinweg funktionieren werde.[39]

6

Der Feinschliff

In den Niederlanden spitzten sich die Spannungen zwischen Besatzern und Bevölkerung unvermittelt zu. Am 10. September, einem Sonntag, wurden in Nimwegen alle Männer von 17 bis 55 Jahren einbestellt, um für die Verteidigung der Stadt Gräben auszuheben. Wer nicht erschien, dem wurde angedroht, dass man sein Haus niederbrennen, all sein Hab und Gut beschlagnahmen, Frau und Kinder festnehmen werde. Der von den Deutschen eingesetzte *Burgemeester*, ein verhasstes Mitglied der NSB, rief die Lehrer der Stadt zusammen, um ihnen zu befehlen, die Schüler zu überwachen. Viele Lehrer blieben fern. Am nächsten Tag schrieb eine Frau in ihr Tagebuch: »Die Häuser der Lehrer, die nicht beim Bürgermeister erschienen sind, werden zur Vergeltung von den Deutschen geplündert, Passanten werden gezwungen, dabei mitzutun.«[1] Nach einem deutschen Bericht wurden die Möbel beschlagnahmt und für ausgebombte Familien im Reich abtransportiert.[2] Die Lehrer mussten in den Untergrund gehen.[3]

Am 13. September weigerten sich körperlich gesunde junge Männer von Nimwegen nach wie vor, mit Spaten zu den Schachtarbeiten zu erscheinen. Am nächsten Tag – Radio Oranje berichtete bereits, dass Maastricht befreit worden war – tauchten schwerbewaffnete SS-Männer auf den Straßen auf. Aus Furcht, festgenommen zu werden, wagte sich kaum ein Mann aus dem Haus. Die Deutschen ließen erklären, dass jede Art von Sabotage mit Hinrichtung und dem Niederbrennen der Häuser geahndet werde.[4] General Students 1. Fallschirm-Armee berichtete, »neun Terroristen erschossen« und weitere fünf Männer wegen Spionage festgenommen zu haben.[5]

Am 15. September brachte SS-Obergruppenführer Rauter in einer Mitteilung an den Stab von Models Heeresgruppe B in Oosterbeek die Befürchtung zum Ausdruck, ein Aufstand stehe unmittelbar bevor. Alle niederländischen Polizisten sollten entwaffnet werden, falls »es sich um getarnte Terroristen handelt«.[6] An diesem Tag versuchte eine Gruppe Jungen in Molenbeke am Rand von Arnheim ein Munitionslager in Brand zu stecken. Als Vergeltung wurden drei Männer, darunter ein Schuldirektor, hingerichtet.[7] Viele ältere Jungen kappten Telefonleitungen oder schlitzten die Reifen von Wehrmacht-Fahrzeugen auf. »Wir wussten noch nicht, was Gefahr bedeutete«, erklärte einer von ihnen später.[8] Dr. van der Beek, Neurologe an der psychiatrischen Anstalt von Wolfheze westlich von Arnheim, berichtete von einer Warnung, dass weitere drei Personen erschossen werden sollten, wenn ein zwei Tage zuvor entführtes Mitglied der NSB nicht freigelassen werde. Ein anonymer Anrufer teilte mit, der Mann sei am Leben. Später wurde er heil und unverletzt gefunden.[9]

Das Dörfchen Wolfheze, wo sich ein Blindenheim und eine psychiatrische Anstalt befanden, lag im Wald in der Nähe einer kleinen Bahnstation. Damit war es für die Deutschen ein idealer Ort, um dort Truppen und Munition zu verstecken. Am 11. September trafen 40 fabrikneue 105-mm-Haubitzen per Bahn dort ein, dazu 600 Artilleristen – eine Mischung aus Halbwüchsigen und älteren Männern –, die unter den Bäumen ein Lager aufschlugen. Der Kommandeur, Hauptmann Bredemann, berichtete, es sei ihm schwergefallen, Ordnung durchzusetzen, denn in einigen der Häuser des Dorfes waren Luftwaffe-Funkerinnen, sogenannte »Blitzmädel«, untergebracht. Das Irrenhaus sei seit Längerem von vielen deutschen Huren bevölkert gewesen, erinnerte sich Bredemann. Sie hätten am Flugplatz von Deelen zum Teil auch als »Blitzmädel« in dem Sinne gearbeitet, dass sie den Soldaten, die manchmal zu diesem Zweck Schlange stehen mussten, für ein kurzes Vergnügen zu Diensten waren.[10]

Am Freitag, dem 15. September, traf Munition für die Geschütze ein, und im Wald wurde ein großes Depot angelegt. Ein Dutzend der Geschütze wurden mit beschlagnahmten Zugpferden nach Doesburg nordöstlich von Arnheim gebracht. Damit wollte man die Frontlinie am Fluss IJssel verteidigen. Rein zufällig wurde Wolfheze zwei Tage später auf Urquharts Anforderung bombardiert, weil es so nahe beim Absprung- und Sammlungsgebiet der 1st Airborne Division lag.[11] Die US Air Force soll eine Zusicherung verlangt haben, dass sich in den Gebäuden nur deutsche Truppen und keine der früheren Bewohner mehr befänden. Die lieferte Urquharts Stabschef Colonel Mackenzie, der sich dessen gar nicht sicher sein konnte. Das sollte tragische Folgen haben, weil in das geheime Munitionslager ein Volltreffer einschlug.

Das Netz der Widerstandsorganisation *Landelijke Knokploegen* (LKP oder KP) in der Gegend von Arnheim unter der Führung von Piet Kruijff war außerordentlich gut organisiert. Kruijff, ein Ingenieur in der Kunstseidenfabrik AKU, achtete auf straffe Organisation und Einhaltung der Sicherheitsregeln. Er gründete mehrere Gruppen, deren Anführer ihre Mitglieder geheim auswählten. Waffen und Sprengstoff hatte das SOE im August für sie im Veluwe, dem Höhenzug nördlich von Arnheim, per Fallschirm abgeworfen. Kruijffs wichtigste Kampfgefährten waren Albert Horstman, ein Arbeitskollege, Kapitän zur See Charles Douw van der Krap, ein mit dem Willems-Orde, dem höchsten niederländischen Tapferkeitsorden, dekorierter Marineoffizier, Harry Montfroy, der für den Sprengstoff zuständig war, und Johannes Penseel, der für die Funkverbindung sorgte. Die Gruppe hatte bereits mehrere Sabotageakte verübt, unter anderem in Elst einen Zug in die Luft gejagt.[12]

Am 15. September sprengte Kruijffs Gruppe einen Teil eines wichtigen Viadukts. Obwohl der Schaden nicht so groß war wie erhofft, erklärten die Deutschen am nächsten Tag, wenn die Täter sich nicht stellten, wollten sie am Sonntag, dem 17. September, mittags beginnen, zwölf Geiseln zu erschießen. Ärzte, Lehrer und andere prominente Bürger tauchten sofort unter, um der unausweichlichen Festnahme zu entgehen. Mehrere von Kruijffs Mitkämpfern argumentierten, sie sollten sich ergeben, statt den Tod von unschuldigen Menschen zuzulassen. Doch Kruijff blieb hart. Man befand sich im Krieg. Niemand durfte sich freiwillig ergeben. Zum Glück wurde das Dilemma durch heftige Luftangriffe der Alliierten am Sonntagvormittag gelöst. Die Deutschen hatten Dringenderes zu tun.[13]

Kruijffs Untergrundgruppe in Arnheim und andere, insbesondere in Nimwegen, hatten erkannt, wie wichtig das Telefonnetz geworden war. Entweder gewannen sie dessen Angestellte für sich, oder sie infiltrierten es mit eigenen Leuten. Nicholas de Bode, ein Ingenieur bei der niederländischen Telefongesellschaft PTT, war behilflich, ein geheimes System aufzubauen, über das der Untergrund mithilfe von 29-stelligen Sondernummern zwischen dem Nord- und dem Südteil des Landes automatisch telefonieren konnte.[14] Die Deutschen erfuhren davon nichts, obwohl sie in jeder Telefonzentrale deutsche Mitarbeiter eingesetzt hatten, die ein Auge auf verdächtige Aktivitäten haben und den Telefonverkehr der Wehrmacht realisieren sollten. Sie wussten auch nicht, dass die Elektrizitätsgesellschaft PGEM in der Region zwischen Arnheim und Nimwegen ihr eigenes Telefonnetz unterhielt, das der Untergrund nutzen konnte.[15] Leider vertraute die britische Armee keiner Widerstandsgruppe, wohl wegen einiger schlechter Erfahrungen in anderen Ländern. Major General Urquhart, den italienische Partisanen einmal mit nicht zutreffenden Informationen versorgt hatten, war nun der Meinung, dass alle derartigen Quellen »patriotische Ammenmärchen« verbreiteten.[16] Und Field Marshal Montgomery stellte gegenüber Prinz Bernhard klar, er glaube nicht, »dass die Leute vom Widerstand großen Nutzen bringen«.[17] Bei Unterrichtung durch die Geheimdienste vor Aktion Market Garden wurde gar angedeutet, die niederländische Bevölkerung im Grenzgebiet, insbesondere um Nimwegen, könnte durchaus prodeutsch eingestellt sein.

Am 14. September fiel Piet Kruijffs Kollege Wouter van de Kraats der ungewöhnlich dichte Verkehr von Militärfahrzeugen in Oosterbeek, fünf Kilometer westlich von Arnheim, auf. Das ruhige, friedliche Dorf bestand hauptsächlich aus großen Villen und Häusern mit gepflegten Gärten. Die Mischung von Baustilen dort umfasste in der Art einer niederländischen Variante von Arts and Crafts gestaltete Dächer sowie Villen, die mit ihren Stuckfassaden und rosafarbenen Dächern wie Geburtstagstorten aussahen. Oosterbeek, auf einer Anhöhe am Nordufer des Niederrheins gelegen, mit seinen Bäumen, mit dem herrlichen Blick auf den Fluss und das Polderland der Betuwe dahinter, war seit vielen Jahren für hohe Beamte und wohlhabende Händler aus Niederländisch-Ostindien ein idealer Ort, um dort ihren Alterssitz zu errichten.

Jetzt aber wurden ohne Warnung große Schilder aufgestellt, auf denen es hieß: »Deutsche Wehrmacht – Eintritt verboten!«[18] Flak und sogar eine Panzerabwehrkanone bewachten auffällig den Pietersbergseweg. Wouter van de Kraats sah, dass die Maßnahmen dem Hotel Tafelberg galten. Er gab sich als Anwohner aus und konnte damit den ersten Posten überzeugen, ihn passieren zu lassen. Doch der zweite, der näher bei dem Hotel stand, nahm das Gewehr in Anschlag und befahl ihm barsch, sofort zu verschwinden. Das ließ sich Wouter van de Kraats nicht zweimal sagen. Er hatte genug gesehen. Die Fahne mit dem Würfelmuster bedeutete, dass das Hotel zum Stabsquartier einer Heeresgruppe erklärt worden war. Das hieß, dass sich dort eine ganz bestimmte Person aufhalten musste.[19]

Der quicklebendige Model, dessen Energie nie zu versiegen schien, hielt sich nicht lange mit der Besichtigung seines neuen Hauptquartiers auf. Er brach gleich wieder auf, um den wichtigsten Truppenkommandeur in der Gegend, SS-Obergruppenführer Bittrich, aufzusuchen, der seine Befehlsstelle im Wasserschloss Slangenburg in Doetinchem, 25 Kilometer östlich von Arnheim, eingerichtet hatte.

Model erreichte Kasteel Slangenburg am 14. September lange vor der

Abenddämmerung. Diesmal ohne seinen Stabschef Generalleutnant Krebs, trat er in seinem grauen Ledermantel in das Haus und sah sich durch sein Monokel eingehend um. Bittrich überragte den kleingewachsenen Heeresgruppenchef beträchtlich. Der habe ihm nur bis zum Ohr gereicht, sagte er später. Bittrich hatte seine beiden Divisionskommandeure, Brigadeführer Heinz Harmel von der 10. SS-Panzer-Division »Frundsberg« und Standartenführer Walter Harzer von der 9. SS-Panzer-Division »Hohenstaufen«, rufen lassen.

Model nahm nicht einmal Platz, sondern bombardierte seine Untergebenen sofort mit Fragen. Er wollte von Bittrich wissen, was er noch zur Verfügung habe und wie schnell seine Einheit wieder auf die Beine komme.

Bittrich antwortete, die Gefechtsstärke an seinem Frontabschnitt betrage etwas über 1500 Mann in jeder Division. Deren Gesamtstärke sei etwa doppelt so hoch. Dann sprachen beide über die Neubewaffnung der Truppen. Der Stab der Waffen-SS im Reich hatte entschieden, eine der beiden Divisionen zurückzurufen und völlig neu auszurüsten. Die zweite sollte vor Ort bleiben und sich dort umgruppieren. Bittrich, dem seine alte Division »Hohenstaufen« am Herzen lag, hatte diese für die Rückkehr nach Deutschland ausgewählt. Model befahl, deren Offiziere sollten die Panzerfahrzeuge und schweren Waffen, dazu eine Anzahl Personal vor dem Abzug an die Schwesterdivision übergeben. Bittrichs Entschluss kann Harmel nicht gefallen haben. Er meinte, da seine Division die schwächere von beiden sei, hätte sie zur Neuausrüstung zurückgezogen werden sollen.

Ob sie noch weitere Fragen hätten, fragte Model, schon halb im Gehen, ohne jemanden direkt anzusehen. Dann fuhr er ab.[20]

Model hatte in der Normandie und auf dem Rückzug stets seine Hand über Bittrich gehalten, doch es gab Dinge, die der Kommandeur des II. SS-Panzerkorps auch vor seinem Vorgesetzten geheim hielt. Mochten zu seiner Lektüre Goethes *Faust* und Platos *Der Staat* gehören, so war sein liebster Zeitvertreib von weniger erhabener Art.[21] Er hatte eine »kleine Tänzerin« in Berlin. Sein Stabschef, Standartenführer Harzer, hielt ihm stets den Rücken frei, wenn Model anrief und wissen wollte, wo er sei.[22] Bittrich hatte Harzer vorübergehend als Kommandeur der 9. SS-Panzer-Division eingesetzt, weil deren eigentlicher Kommandeur, SS-Brigadeführer Stadler, mit einer Verletzung aus der Normandie im Lazarett lag.

Harmel, der die 10. SS-Division »Frundsberg« befehligte, neidete Harzer, dass Bittrich ihm den Vorzug gab. Hatte er doch alles in seiner Macht Stehende getan, um seiner eigenen Division wieder Leben einzuhauchen.

Während des chaotischen Rückzugs war die Division auf einen verlassenen deutschen Zug mit Feldgeschützen gestoßen. Harmel hatte seinen Männern befohlen, sich ihrer zu bemächtigen und sie mitzuführen. In den Niederlanden angekommen, hatte er ein intensives Übungsprogramm mit dem Schwerpunkt körperliche Fitness seiner Soldaten gestartet. Er hatte sogar für »Frundsberg« die Losung »Keiner über achtzehn« ausgegeben, was bedeutete, jeder Soldat müsse so agil sein wie ein unter Achtzehnjähriger.[23]

Nach Models Abfahrt bemerkte Bittrich, dass es, da Ausrüstung und Fahrzeuge zu ihrer Verstärkung vom Führungshauptamt der Waffen-SS bei Berlin verteilt würden, eventuell vorteilhaft wäre, wenn einer von ihnen den Vorgang an Ort und Stelle beschleunigen könnte. Er entschied, Harmel als den Ranghöheren zu schicken, als ob das etwas bedeutete. Der sollte zwei Tage später, am 16. September, abreisen. Model sollte das nicht erfahren.

Als Harmel sich auf den Rückweg zu seiner Division gemacht hatte, teilte Harzer Bittrich mit, als Vorsichtsmaßnahme plane er, alle Fahrzeuge des Aufklärungsbataillons der Division »Hohenstaufen« bis zum letzten Moment zurückzuhalten, indem er Ketten und Räder abmontieren lasse. So könnten sie als nicht einsatzbereit gelten. »Ich weiß davon nichts«, gab Bittrich seelenruhig zurück.[24]

Am nächsten Abend hielt Generalfeldmarschall Model im Hotel Tafelberg seine erste Besprechung mit SS-Obergruppenführer Rauter und Generalleutnant von Wühlisch ab. Zuvor war das ganze Hotel bis auf den letzten Winkel gründlich durchsucht worden, um sicherzustellen, dass darin keinerlei Mikrofone oder Sprengladungen versteckt waren. Allerdings hatte man russische Hiwis, zur Zwangsarbeit gepresste ehemalige Kriegsgefangene, zum Kartoffelschälen in der Küche eingesetzt. Zweifellos behielten die Männer von Models Schutztruppe aus 250 Feldgendarmen sie besonders im Auge.

Die glücklichsten Menschen im Hotel Tafelberg schienen Models Stabsoffiziere zu sein. Sie glaubten, endlich könnten sie sich für eine Weile an einem festen Ort niederlassen. Oberleutnant Gustav Jedelhauser schrieb in sein Tagebuch, Oosterbeek wirke wie ein Paradies. Alles sei so hübsch und sauber.[25] Außerdem bot dieser Aufenthalt die Gelegenheit, nach mehreren Wochen ständigen Umherziehens wieder einmal Wäsche waschen zu lassen. Das sollte binnen vier Tagen, am 19. September, erledigt sein. Die Stabsoffiziere beschlossen, für den Abend eine Party zu organisieren, um die seit der Normandie eingereichten Beförderungen zu feiern, deren Bestätigung endlich eingegangen war. Doch im Unterschied zu manchen seiner Stabsoffiziere konnte sich Model in der trügerischen Ruhe von Oosterbeek nicht entspannen.

»Wir erwarten täglich den feindlichen Großangriff«, notierte Oberstleutnant Fullriede am 15. September in seinem Tagebuch.[26] Models direkter Vorgesetzter, Generalfeldmarschall von Rundstedt, den Hitler wieder als Oberbefehlshaber West eingesetzt hatte, schickte an diesem Tag eine Warnung an Generaloberst Jodl im Führerhauptquartier. »Die Lage der Heeresgruppe B hat sich in der letzten Woche weiterhin verschlechtert. Sie kämpft auf einer Landfront von rund 400 km Länge mit einer Kampfkraft von etwa 12 Divisionen und zur Zeit 84 einsatzbereiten Panzern, Sturmgeschützen und leichten Panzerjägern IV gegen einen voll beweglichen Feind mit mindestens 20 Divisionen und rund 1700 einsatzbereiten Panzern.« Daran knüpfte er die Frage, ob es möglich sei, einzelne Panzerdivisionen oder zumindest mehr Einheiten mit Sturmgeschützen von der Ost- an die Westfront zu verlegen.[27]

Model und Rundstedt hatten ein waches Auge auf den Gegenangriff, der an diesem Tag gegen den Brückenkopf der Alliierten am Maas-Schelde-Kanal in Neerpelt geführt werden sollte. Die Kampfgruppe Walther mit dem Gefechtsstand in Valkenswaard unmittelbar nördlich davon war General Students 1. Fallschirm-Armee unterstellt worden. Aber Walther fehlte es an Stabsoffizieren, Funkern und sogar Personal für den Nachschub. Das deutsche Kommando war »denkbarst schlecht«, stellte Oberstleutnant von der Heydte vom Fallschirmjäger-Regiment 6 fest.[28] Heydte hielt es für lächerlich, dass die wichtigste Straße, über die der Feind eindeutig angreifen musste, an der Grenze zwischen seinem Regiment und den beiden Panzergrenadier-Bataillonen der 10. SS-Division »Frundsberg« lag. Er wies Walthers höchsten Einsatzoffizier darauf hin, dass infolgedessen niemand die direkte Verantwortung für die Verteidigung dieser Straße trage, aber es bewirkte nichts.

Wieder einmal wurde der Angriff der Deutschen, der ohne Artillerieunterstützung erfolgte, von den sehr präzise schießenden britischen Artilleristen rasch gestoppt. In der flachen ländlichen Gegend hielt Heydte viel davon, Kirchtürme mit Panzerabwehrkanonen zu beschießen, um vorgeschobene Feuerleitstellen auszuschalten.[29] Als Heydte in seinem Befehlsstand eintraf, ließen die britischen Batterien heftiges Sperrfeuer darauf niederhageln. Leutnant Volz beschrieb, was dann geschah: »Mit elegantem Satz verschwand er [Heydte] durch das zu ebener Erde liegende Fenster. Ich selbst fand mich, von Splittern umfetzt, mörtel- und staubbedeckt, unter dem Tisch wieder, wurde von dem wie irrsinnig klingelnden Telefon langsam nervös gemacht und konnte doch nicht an den Hörer, da geradezu hageldichte Splitterschwärme Selbstmord bedeutet hätten. In einer kurzen Feuerpause erklärte mir dann Major Schacht vom Stabe des Fallschirm-AOK, dass er nicht gewohnt sei, so lange warten zu müssen, ohne allerdings die näheren Umstände zu kennen.«[30]

Heydte war fuchsteufelswild. Die Verluste seines Regiments waren »erheblich«.[31] Und ein verärgerter Fullriede schrieb an diesem Abend in sein Tagebuch: »Ein Teil der wenig ausgebildeten Rekruten sind, nachdem die Offiziere ausgefallen waren, sinnlos in das Panzerfeuer gerannt. Es ist nur gut, dass die Angehörigen in Deutschland nicht wissen, auf welche sinnlose, verantwortungslose Art hier ihre Jungen geopfert werden.«[32] Students Stab befahl weitere Angriffe, aber Oberst Walther wollte nicht noch mehr Männer sinnlos verheizen. Er ließ sich nur zu einigen Scheinangriffen bewegen.

Die deutschen Soldaten an der Westfront waren häufig entsetzt über die Stärke der alliierten Luftkräfte, die alles in den Schatten stellte, was sie im Osten erlebt hatten.[33] »Die Knallerei an der Front«, bemerkte ein Soldat des Stabes eines Sicherungsbataillons, »ist nicht so gefährlich wie die Tiefflieger.«[34]

In England erhielt der Flugplan den Feinschliff, der in zwei Tagen den ersten Start von 1500 Transportmaschinen und 500 Lastenseglern auslösen sollte, von Hunderten Bombern, Kampfbombern und Jagdflugzeugen ganz zu schweigen, deren Mission es war, zuvor Flugfelder, Kasernen und Flak-Stellungen zu zerstören. In den Morgenstunden des 17. September sollten 200 Lancaster vom Bomber Command sowie 23 Mosquitos die deutschen Flugfelder in Leeuwarden, Steenwijk-Havelte, Hopsten und Salzbergen angreifen und dabei 890 Tonnen Bomben abwerfen. Bald nach der Morgendämmerung hatten dann weitere 85 Lancaster und fünfzehn Mosquitos, begleitet von 53 Spitfires, die Flak-Batterien der Küstenverteidigung auf der Insel Walcheren mit 535 Tonnen Bomben zu attackieren. (Zum Vergleich: Beim schwersten Luftangriff der Deutschen auf London während der Schlacht um England gingen nur 350 Tonnen nieder.) Fliegende Festungen der amerikanischen 8th Air Force sollten das Flugfeld von Eindhoven mit Bomben belegen, während die Hauptkräfte, begleitet von 161 Mustangs P-51, längs der Flugrouten der Truppentransporter und rund um die Absprung- und Landungsgebiete 117 Flak-Stellungen zerstören sollten.[35]

Während Breretons 1st Allied Airborne Army ihr Vertrauen in diese Pläne bekundete, beschlich einige Offiziere der Luftlandedivisionen wachsende Unruhe, als bestimmte Details bekannt wurden. Die Amerikaner hatten nur einen Piloten pro Lastensegler eingeteilt. Das bedeutete: Wenn dieser getötet oder verwundet wurde, dann musste einer der Soldaten das Steuer übernehmen, der noch nie zuvor einen Segler geflogen hatte. Den Seglern, die höhere Offiziere transportierten, wurden allerdings zwei Piloten zugestanden. Brigadier General Jim Gavin von der US 82th Airborne Division war zwar entsetzt über den Plan der britischen 1st Airborne Division bei Arnheim, widersprach aber mit keinem Wort General Brownings Argument, dass »die Höhen von Groesbeek weitaus größere Bedeutung für den Erfolg dieser und nachfolgender Operationen hätten als die Brücken von Nimwegen«.[36] Browning hatte das Gavin damit erklärt, dass deutsche Gegenangriffe aus dem Gebiet des Reichswaldes direkt hinter der Grenze südöstlich von Nimwegen zu erwarten seien. Wenn es den Deutschen gelang, die Höhen zu erobern, dann hatten sie die Möglichkeit, mehrere Brücken und die Straße zu beschießen, auf der das XXX. Corps mit dem Nachschub herangeführt werden sollte. Trotzdem kam es Gavin merkwürdig vor, dass sie nicht geradewegs auf das Hauptziel, die große Straßenbrücke von Nimwegen, zusteuerten, die vermutlich zur Sprengung vorbereitet worden war. Gavin hatte jedenfalls nicht vergessen, wie sein 505th Parachute Infantry Regiment auf Sizilien unerwartet der Panzerdivision »Hermann Göring« gegenübergestanden hatte. Diesmal wollte er seine eigene Artillerie so früh wie möglich mit Lastenseglern antransportieren lassen.[37]

Auch Major General Urquhart hatte Grund zur Sorge. Sein Wohnwagen parkte unter einer großen Ulme am Fairway des Golfplatzes von Moor Park. So leistete er sich am Freitag, dem 15. September, ein wenig Freizeit, um ein paar Löcher zu spielen. Als er aufschaute, sah er seinen Stabschef, der mit ihm reden wollte, am Rand des Platzes stehen. Colonel Mackenzie blickte ernst drein. Gerade war gemeldet worden, dass man die Zahl der Lastensegler reduziert hatte. Urquhart dachte scharf nach, bevor er fallen ließ, wenn sie schon auf etwas verzichten müssten, dann keinesfalls auf die Panzerabwehrkanonen, besonders nicht auf die 17-Pfünder.

Urquhart war in einer schwierigen Lage. Die Offiziere aller Ebenen hielten sich mit Kritik an einem Plan zurück, der von oben kam, weil Einwände sie mutlos oder feige erscheinen ließen. Natürlich glaubte auch er nicht, dass bei Operation Market alles glattgehen werde, sonst hätte er nicht so viel Wert darauf gelegt, die Panzerabwehrkanonen zu behalten. Doch seine Befürchtungen durfte er seinen Untergebenen nicht offenbaren. In keinem von Urquharts Berichten oder auch in dem Buch, das er nach dem Krieg schrieb, ist ein Hinweis darauf zu finden, dass er sich dem Plan widersetzt hätte, den auszuführen ihm befohlen war. Er war nicht auf Streit aus und wollte auf keinen Fall der späteren Version der Ereignisse widersprechen, dass die Schlacht von Arnheim ein heldenhaftes, lohnendes Wagnis gewesen sei. Laut General Brownings Adjutant, Captain Eddie Newbury, jedoch erschien Urquhart am 15. September in Brownings Arbeitszimmer in der zweiten Etage von Moor Park und stellte sich vor dessen Schreibtisch. »Sir«, sagte er, »Sie haben mir befohlen, diese Operation zu planen, und das habe ich getan. Jetzt aber möchte ich Ihnen sagen: Ich denke, dies ist ein Selbstmordkommando.«[38] Dann soll er sich brüsk umgewandt und den Raum verlassen haben.

7

Der Vorabend der Schlacht
Samstag, 16. September

Leopoldsburg war eine ziemlich trostlose Garnisonsstadt südwestlich des Brückenkopfes von Neerpelt. Am Morgen des 16. September, eines Samstags, füllten sich ihre Straßen mit Jeeps, die hohe und mittlere Kommandeure des XXX. Corps zum Filmtheater gegenüber dem Bahnhof brachten, wo Lieutenant General Brian Horrocks sie einweisen wollte. Militärpolizisten mit roten Baretten und weißen Stulpenhandschuhen versuchten den Verkehr zu regeln, aber viele hohe Offiziere ignorierten ihre Anweisungen und parkten, wo es ihnen gerade passte.

Im Foyer des Kinos wurde es laut, als über einhundert Colonels, Brigadiers und Major Generals in vielfarbigen Baretten und Schiffchen sich unterhielten und Freunde begrüßten. Nachdem sie sich gegenüber weiteren Militärpolizisten ausgewiesen hatten, strömten sie in den Saal und nahmen ihre Plätze ein. Um 11.15 Uhr hatte Horrocks seinen Auftritt. Ganz nach der in der 8th Army seit dem Wüstenkrieg verbreiteten lässigen Einstellung zur Uniform trug er einen Rollkragenpullover unter einer Kampfanzugbluse und den Kittel der Paratrooper im Tarnmuster. Horrocks, ein beliebter Befehlshaber mit viel Charme, wurde von allen Seiten bejubelt, als er auf dem Mittelgang zur Bühne schritt, wo ihn eine riesige Karte des Südwestens der Niederlande erwartete.

Das aufgeregte Stimmengewirr verstummte, als Horrocks sich dem Saal zuwandte. »Die nächste Operation«, erklärte er, »wird euch genug Stoff geben, um euren Enkeln bis zum Lebensende davon zu erzählen.«[1] Jetzt war die Spannung gelöst, und lautes Gelächter schallte durch den Saal. Dann begann Horrocks auf die übliche Weise die Lage zu schildern, die Stärke des Gegners und der eigenen Truppen darzulegen, bevor er zum Ziel von Operation Garden kam. Er beschrieb den »Luftlande-Teppich«, der vor dem XXX. Corps von Eindhoven bis Arnheim ausgerollt werden sollte. Die Guards Armoured Division hatte, unterstützt von 14 Regimentern Artillerie und Geschwadern der mit Raketen bestückten Typhoons, die Frontlinie der Deutschen im Norden zu durchbrechen. Dann sollten die Einheiten der einzigen Straße folgen, die über 103 Kilometer bis nach Arnheim führte. Horrocks nannte sie »Club-Route«, die Amerikaner tauften sie jedoch bald in *Hell's Highway*, die Straße zur Hölle, um.[2]

Sieben Wasserhindernisse waren auf dieser Strecke zu überwinden, doch auf die Guards folgte die britische 43rd Infantry Division, die mit Booten und Brückenbau-Ausrüstung ausgestattet war für den Fall, dass die Deutschen dort Zerstörungen angerichtet hatten. Da 20000 Fahrzeuge die Straße passieren mussten, waren strengste Verkehrskontrollen vorgesehen. Das tief liegende Polderland zu beiden Seiten der auf einem hohen Damm verlaufenden Straße bedeutete, dass lediglich Infanterie nach den Flanken ausschwärmen konnte, weil dort der Boden für schwere Panzerfahrzeuge zu aufgeweicht war. Jenseits von Arnheim war ihr letztes Ziel das IJsselmeer, wo sie den Resten der deutschen 15. Armee den Weg nach Westen abschneiden und danach das Ruhrgebiet mit seinen Industrien im Osten angreifen wollten. Als der ehrgeizige Umfang der Operation offenbar wurde, gab es verschiedene Reaktionen – von jenen, die sich durch solchen Wagemut inspirieren ließen, und jenen, die die Konsequenzen der Eile fürchteten, vor allem den Vormarsch mit Panzern in Einerreihe.[3]

Horrocks sprach eine ganze Stunde lang, fast ohne in seine Notizen zu schauen. Colonel Renfro, der Verbindungsoffizier der 101st US Airborne Division zum britischen XXX. Corps, war »beeindruckt von dessen Enthusiasmus und Vertrauen in die Operation«. Doch die Voraussage, dass »die Guards Armoured Division in zwei bis drei Stunden Eindhoven« und in sechzig Stunden Arnheim erreichen könnte, nahm er höchst skeptisch zur Kenntnis.[4]

Mehrere anwesende niederländische Offiziere von der Prinzessin-Irene-Brigade fanden Horrocks' launige Bemerkung, man hätte die Operation »Goldrausch« nennen sollen, weil die Niederlande ein so reiches Land seien, gar nicht lustig. Es beunruhigte sie, dass die Briten viel zu viel für selbstverständlich nahmen. »Zuerst erobern wir diese Brücke, dann jene, überqueren diesen Fluss, dann jenen usw.«[5] Das Gelände mit seinen Schwierigkeiten kannten sie nur zu gut, denn es war exakt diese Straße, die als eines der wichtigsten Themen in den Prüfungen ihrer Stabsakademie auftauchte. Jeden Prüfling, der plante, auf dieser Straße von Nimwegen geradewegs nach Arnheim zu gelangen, ließ man deshalb durchfallen. Doch genau das war der Plan der Briten. Leider hatten sie es versäumt, die Niederländer als Kenner der Materie zu konsultieren. Der ebenfalls anwesende Stabschef der Brigade erinnerte deren Kommandeur Colonel de Ruyter van Steveninck an Napoleons Maxime: Ziehe erst in den Kampf, wenn du dir des Erfolgs zu mindestens 75 Prozent sicher bist. Die übrigen 25 Prozent kannst du dem Zufall überlassen. Beide waren sich einig, dass man dieses Verhältnis in Horrocks' Plan auf den Kopf gestellt hatte.[6]

Mit dem früh ergrauten Haar und dem verführerischen Lächeln wirkte Horrocks auf manche eher wie ein Bischof als ein General. Er ließ sich nie anmerken, welche Schmerzen er oft zu ertragen hatte. Die stammten nicht von einer schweren Bauchverletzung aus dem Ersten Weltkrieg, sondern von der Geschosssalve eines deutschen Tieffliegers in Italien ein Jahr zuvor. Eine Kugel hatte sein Bein durchschlagen, eine zweite die Lunge durchbohrt und beim Austritt das Rückgrat verletzt. Er hatte großes Glück gehabt, dass er nicht tot oder gelähmt war. Operation folgte auf Operation, und die meisten Ärzte meinten, er werde nie wieder in den aktiven Dienst zurückkehren können. Doch Montgomery, der eine Schwäche für »Jorrocks« hatte, wie er ihn nannte, holte ihn im August zurück und beauftragte ihn mit dem Befehl über das XXX. Corps. Eine voreilige Entscheidung: Horrocks litt immer noch an Rückfällen mit erhöhter Temperatur und starken Schmerzen, die ihn bis zu einer Woche außer Gefecht setzen konnten. Den letzten Zusammenbruch hatte er erlebt, als seine Divisionen sich gerade anschickten, die Seine zu überschreiten. Montgomery, der ahnte, was vorging, tauchte unangemeldet an seinem Befehlsstand auf und versicherte ihm, er werde ihn nicht nach Hause schicken. Er ließ Horrocks Wohnwagen zu seinem eigenen taktischen Hauptquartier bringen, wo sich die besten Ärzte der Armee um ihn kümmerten.[7]

Niemand weiß, ob Horrocks' Urteilsvermögen von seinem Gesundheitszustand in diesem Herbst beeinträchtigt war. Hier sei nur erwähnt, dass er angesichts der Großoffensive der Deutschen in den Ardennen im Dezember 1944 die Wahnsinnsidee äußerte, man möge sie die Maas überqueren lassen und sie dann auf dem Schlachtfeld von Waterloo schlagen. Da bestand selbst Montgomery darauf, ihn zur Behandlung nach England zu schicken. Horrocks' Plan für Operation Garden jedoch ergab sich logisch aus den Befehlen, die er von Montgomery und Dempsey erhalten hatte. Kritik musste er sich allerdings für seinen Entschluss anhören, die Guards Armoured Division für den Vorstoß nach Norden einzusetzen und nicht Roberts' 11th Armoured Division. Horrocks erklärte später, er habe sie »für den Durchbruch ausgewählt, weil ich sicher war, dass sie diesen um jeden

Preis bewältigen konnten. Sie hatten die bessere Infanterie und Offiziere, die bereit waren, bedingungslos und ohne Skrupel ihr Leben zu opfern.«[8]

Die Guards Armoured Division war im Juni 1941 in England gebildet worden, um für den Fall einer deutschen Invasion den Mangel an Panzereinheiten zu beheben. Als Hitler im selben Monat die Sowjetunion überfiel, wurde ein Angriff der Deutschen über den Ärmelkanal noch unwahrscheinlicher. Doch die Transformation ging weiter, weil die Foot Guards so viele überzählige Bataillone besaßen. Die Guards verfügten aufgrund ihres engen Verhältnisses zur königlichen Familie lange Zeit über enormen Einfluss und agierten weitgehend nach eigenen Gesetzen. Sie hatten sogar ein eigenes Rekrutierungssystem, was dazu führte, dass die sogenannte Brigade of Guards auf eine Gesamtstärke von 26 Bataillonen anschwellen konnte. Doch es kam vielen Menschen seltsam vor, dass eine Truppe, die ausschließlich hochgewachsene Männer für Paradezwecke aufnahm, diese in die beengte Kabine eines Panzers zwängen wollte. Ein noch größeres Paradox war ihre starre Einhaltung der Befehlskette, die jegliche Eigeninitiative unterdrückte, ein vitales Element im Panzerkrieg mit seinen rasch wechselnden Situationen.[9]

Professor Sir Michael Howard, der selbst im Garderegiment der Coldstreamer gedient hatte, war immer der Meinung, dass die Bildung der Guards Armoured Division ein »großer Fehler« gewesen sei. Garderegimenter, so argumentierte er, waren »sehr gut in der Verteidigung, aber nie besonders gut für Angriffsoperationen«. Man hat sie »gelehrt zu sterben«, aber ihnen nie beigebracht zu töten. »Uns fehlte der Killerinstinkt.« Seiner Meinung nach besaßen den nur die Irish Guards. Horrocks oder auch der Divisionskommandeur Major General Allan Adair hatten zumindest für die Angriffsspitze das richtige Regiment gewählt.[10]

Lieutenant Colonel Vandeleur, der das 3rd (Motorized) Battalion der Irish Guards befehligte, war ein großer, kräftiger, rotgesichtiger Mann, ein echter Kämpfertyp. Seine Vorfahren hatten viele Schlachten geschlagen, darunter die von Waterloo. Als er jedoch von Horrocks erfuhr, dass die Irish Guards den Vorstoß nach Norden anführen sollten, sagte er nur: »Oje!«[11] An diesem Abend wies Brigadier General Norman Gwatkin im Befehlsstand seiner 5. Brigade die Offiziere der Irish Guards ein. »Der Befehl lautet: am nächsten Tag aus dem Brückenkopf ausbrechen und in Richtung Norden bis zum IJsselmeer vorrücken.«[12] Vandeleur kann nicht überrascht haben, dass seine Offiziere mit einem »unterdrückten Stöhnen« reagierten, als sie hörten, sie sollten schon wieder die Vorhut bilden. Sie meinten, nach der Einnahme von Joe's Bridge hätten sie eine Pause verdient.[13] »Wir haben 48 Stunden, um zur 1st Airborne Division in Arnheim zu gelangen«, fuhr Gwatkin fort.[14] Einige der Männer schüttelten ungläubig die Köpfe. Sie wussten, wie sich der Widerstand der Deutschen in den letzten Tagen verstärkt hatte. Und das IJsselmeer lag 145 Kilometer von ihnen entfernt.

Die Einweisungen, die an diesem Tag in England stattfanden, lösten verschiedene Reaktionen aus, die von übertriebener Selbstgewissheit bis zu offener Skepsis reichten. Den meisten Paratroopern wurde erklärt, Market Garden werde zu einem raschen Ende des Krieges führen. Einige Offiziere meinten sogar, wenn alles gut gehe, könnten sie Weihnachten zu Hause feiern. Bei seiner Abschlussbesprechung in Moor Park deutete Browning an, durch den Vorstoß nach Norden werde man so viele deutsche Truppen abschneiden, dass der Schock bereits nach wenigen Wochen zur Kapitulation führen werde.

Fast alle waren erleichtert, als sie hörten, dass die Operation bei Tageslicht stattfinden werde. Wer in der Normandie dabei gewesen war, konnte nicht vergessen, in welchem Chaos die Paratrooper der Alliierten bei Einbruch der Nacht weit verstreut über der Halbinsel Cotentin niedergegangen waren. Ein Platoon Commander der US 82nd Airborne Division berichtete von der Einweisung durch Offiziere des Troop Carrier Command. Als Colonel Frank Krebs von der Air Force geendet hatte, stand Lieutenant Colonel Louis G. Mendez, ein Bataillonskommandeur im 508th Parachute Infantry Regiment, auf und schaute sich lange um. In das tiefe Schweigen hinein sagte er zu den Piloten: »Gentlemen, meine Offiziere kennen diese Karte auswendig, und wir sind bereit zur Aktion. Als ich mein Bataillon vor der Normandie zur Einweisung brachte, besaß ich die beste und kampfstärkste Truppe von dieser Größe, die es je gegeben hat. Als ich sie dann am Boden in der Normandie einsammelte, waren es nur noch halb so viele.« Bei diesen Worten sollen ihm Tränen über die Wangen gerollt sein. »Ich verlange von Ihnen allen: Setzen Sie uns in Holland ab oder meinetwegen in der Hölle, aber setzen Sie uns ALLE an einem einzigen Ort ab, oder ich verfolge Sie bis in das Grab.« Damit wandte er sich um und ging.[15]

Einige Paratrooper störten sich an dem Namen – Operation Market Garden. »Das klang, als zögen wir aus, um irgendwo Äpfel zu pflücken oder zwischen Tulpenbeeten herumzuspazieren. Wir meinten, die Bezeichnung hätte etwas rauer klingen können.«[16] Teilnehmer der Kämpfe in der Normandie taten die optimistischen Geheimdienstangaben über die Stärke des

Feindes ab als »das übliche Geschwätz alter Männer vom Magengeschwür-Bataillon, die keinen Abzugshahn mehr durchziehen können«. Aber auch sie wollten lieber glauben, dass die Planer sie nicht in die Katastrophe schickten. »Wir sind verdammt sicher, General Brereton wird seine brandneue Allied Airborne Army nicht ins offene Messer laufen lassen«, berichtete ein Captain der US 82nd Airborne Division.

Bei einigen Besprechungen der Amerikaner wurden Vorbehalte gegenüber dem britischen Verbündeten laut. Colonel Reuben H. Tucker vom 504th Parachute Infantry Regiment erklärte vor seinen Offizieren: »Ich soll Ihnen mitteilen – ich zitiere –, ›bei dieser Operation werden wir über die weltweit größte Konzentration von Panzern verfügen‹.« Großes Gelächter erntete er, als er noch murmelte: »Ein leichter Bren-Gun-Panzerjäger der Briten wird schon auftauchen.«[17] Das 504th Parachute Infantry Regiment unter Colonel Tucker war über Sizilien abgesprungen, wurde dann in Italien zurückgehalten, in den Apenninen als Infanterie eingesetzt und nahm sogar an den Landungen bei Anzio teil. Nach all diesen Strapazen hatte man dem Regiment die Teilnahme bei D-Day als Bestandteil der US 82nd Airborne Division erspart. Aus irgendwelchen Gründen scheint es deswegen zwischen Tucker und Gavin, dem Befehlshaber der 82nd Airborne Division, etwas böses Blut gegeben zu haben, aber das war nicht von Dauer.

Für die Polen bestand der ganze Sinn des Krieges darin, den Deutschen auf den Pelz zu rücken und möglichst viele von ihnen zu töten. Dieser Moment war jetzt gekommen. »Jeder von uns meint es ernst, ist sich bewusst, dass es jetzt losgeht«, schrieb ein polnischer Paratrooper. »Wer genau hinschaut, sieht in den Gesichtern der Männer Rachedurst, aber auch Furcht – ein ganz natürliches Gefühl, denn wir ziehen nicht zu einer Übung aus, sondern werden dem Feind Auge in Auge gegenüberstehen. Trotz allem herrscht das Gefühl der Freude vor.«[18]

Mit »trotz allem« meinte er natürlich den Warschauer Aufstand, wo sie alle sein wollten, um an der Seite der Heimatarmee zu kämpfen. Während man ihnen Karten und Luftaufnahmen von ihren Zielen in den Niederlanden zeigte, sah Stanley Nosecki vor seinem geistigen Auge »die Poniatowski-Brücke, die Zygmunt-Säule, das Königsschloss und das Grab des Unbekannten Soldaten. Ob auf den berühmten Straßen von Nowy Swiat und Tamka in Warschau noch gekämpft wird? Ob die Heiligkreuzkirche noch steht, in der ich jeden zweiten Sonntag Ministrant war?«[19]

Bei den Briten fanden Einweisungen in der Regel am Sandkasten statt. Sergeant Robert Jones von Frosts 2nd Battalion hatte stundenlang gearbeitet, um anhand von Luftaufnahmen ein sieben Quadratmeter großes Modell der Straßenbrücke von Arnheim mit ihren Zufahrtswegen herzustellen. Der Sandkasten stand in der Bibliothek von Stoke Rochford Hall, einem viktorianischen Landhaus in der Nähe von Grantham in den östlichen Midlands.

Einige meinten, diese Einweisung erinnere auf unheilvolle Weise an jene für Operation Comet zwei Wochen vorher, obgleich die aktuelle Operation durch zwei amerikanische Luftlandedivisionen aufgewertet wurde. Sie vermuteten, auch Market Garden könnte wieder im letzten Moment abgesagt und sie könnten wieder zurückgerufen werden, wenn sie bereits eingestiegen und startklar waren. Die erfahreneren Paratrooper von der 1st Parachute Brigade, die in Nordafrika und Sizilien gekämpft hatten, ließ die Zusicherung kalt, es werde nur geringen deutschen Widerstand geben. Aber das behielten sie für sich. Ein Offizier des 1st Battalion teilte mit, er und mehrere andere seien strikt gegen ein Absetzgebiet so weit von der Brücke entfernt. Sie seien »in der Mehrzahl dafür, direkt beim Ziel oder etwas südlich davon abzuspringen. Dieses Ansinnen und die Begründung dafür wurden an die Vorgesetzten übermittelt und von ihnen abgelehnt, weil es wegen der Nähe des Flugfeldes von Deelen im Norden und des nassen Bodens der Polder im Süden zu unannehmbaren Opfern kommen könnte. Wie sich dann herausstellte, verursachte das ›sichere‹ Absetzgebiet unendlich größere Verluste.«[20]

Welche Bedenken die Offiziere auch weiterhin zu diesem Plan gehabt haben mögen, sie wussten, dass sie ihn ausführen und dabei mit gutem Beispiel vorangehen mussten. In der britischen Armee griff man auf alte Witze zurück. So pflegte bei den Fallschirmtruppen etwa der Mann, der einem Soldaten den Fallschirm herausgab, zu sagen: »Wenn er nicht funktioniert, bring ihn zurück, wir tauschen ihn um.«[21]

Die Niederländer bemühten sich, so zu tun, als wäre dies ein ganz gewöhnliches Wochenende, doch Angst und Erwartung überlagerten alles andere. Martijn Louis Deinum, der Leiter der großen Konzerthalle »De Vereeniging« in Nimwegen, schrieb in sein Tagebuch, dass man die Anspannung in der ganzen Stadt spürte. »Da braute sich etwas zusammen.«[22] In Oosterbeek bei Arnheim brachte die junge Hendrika van der Vlist ihrem Bruder, der sich verstecken musste, etwas zum Frühstück. Ihr Vater besaß das Hotel Schoonoord, das die Deutschen übernommen hatten. Sie richteten ein furchtbares Chaos an, rissen alle Blumen ab, die sie finden konnten, um ihre Zimmer zu schmücken. Die deutschen Soldaten redeten sich nach wie vor ein, sie könnten den Krieg gewinnen. Einer sagte zu ihr: »Warten Sie mal, bis die neuen Waffen kommen.«[23]

SS-Obergruppenführer Rauter gab am Morgen Befehle aus, die der Zivilbevölkerung »das Stehenbleiben auf und bei Brücken, Brückenanlagen aller Art sowie Straßenunterführungen bei allen deutschen Dienst- und Kommandostellen« verboten.[24] Doch Generalfeldmarschall von Rundstedts Stab beunruhigte zu dieser Zeit viel mehr der Vormarsch der 1st US Army in Richtung Aachen. Er forderte die 12. Infanteriedivision, die 116. Panzerdivision, die Panzerbrigade 107 und die Sturmgeschütz-Abteilung 280 aus Dänemark an.

In der Wolfsschanze in Ostpreußen sollte dies ein folgenschwerer Tag werden. Hitler, nach einem Gelbsuchtanfall gerade erst wieder auf den Beinen, setzte die versammelten Generale nach der morgendlichen Lagebesprechung in Erstaunen. Er fiel Generaloberst Jodl ins Wort, um seine Entschlossenheit zu verkünden, eine Großoffensive aus den Ardennen heraus mit dem Ziel Antwerpen zu starten. Das hatte er sich im Medikamentenrausch seiner Krankheit zusammengeträumt. Sie staunten noch mehr, als er von einer Offensive mit über dreißig Divisionen redete, während sie nicht einmal genug hatten, um Aachen zu verteidigen. Jodl versuchte ihn mit dem Hinweis auf den Boden der Tatsachen zurückzuholen, dass die Alliierten die Luftüberlegenheit besäßen und man täglich einen Angriff von Luftlandetruppen in Dänemark, Holland oder gar Norddeutschland erwarte. Zwar konnte er damit Hitlers Aufmerksamkeit wieder auf die akute Gefahr für Aachen lenken, aber der hatte nicht die Absicht, von seiner neuen Idee abzulassen.[25]

Noch am selben Abend erging ein Führerbefehl. »Der Kampf im Westen hat auf weiten Abschnitten auf deutschen Heimatboden übergegriffen, deutsche Städte und Dörfer werden Kampfgebiet. Diese Tatsache muss unsere Kampfführung fanatisieren und unter Einsatz jedes wehrfähigen Mannes in der Kampfzone zur äußersten Härte steigern, jeder Bunker, jeder Häuserblock in einer deutschen Stadt, jedes deutsche Dorf muss zu einer Festung werden, an der sich der Feind entweder verblutet oder die ihre Besatzung im Kampf Mann gegen Mann unter sich begräbt.«[26]

Eine Taktik der verbrannten Erde war bereits für die Niederlande und die eingeschlossenen Kanalhäfen verkündet worden. Der Stabschef der 15. Armee berichtete, »dass im Hafen Ostende 18 Schiffe versenkt worden sind.«[27] Man diskutierte noch über die Zerstörung der Häfen von Rotterdam und Amsterdam. Währenddessen brachte General von Zangen weiterhin nachts Truppen und Feldgeschütze über die Scheldemündung zurück.

SS-Brigadeführer Harmel von der Division »Frundsberg« fuhr an diesem Nachmittag mit dem Wagen in Richtung Berlin, um dort über die Neuausrüstung von Bittrichs Panzerkorps zu sprechen. Doch wegen des Zustands der von Bombenkratern übersäten Straßen erreichte er Berlin erst am nächsten Vormittag. Für Harmel konnte der Zeitpunkt nicht schlechter sein.[28]

Anders als Harmel in Berlin sollte sich SS-Sturmbannführer Sepp Krafft am nächsten Tag genau am richtigen Ort befinden, als die Landungen der Alliierten westlich von Arnheim einsetzten. Der 37-jährige Krafft war Offizier der Sicherheitspolizei an der Ostfront gewesen und erst im Jahr zuvor zur Waffen-SS versetzt worden. Der hochgewachsene Mann mit den dunkelblauen Augen hatte große Ambitionen, wenn er im Augenblick auch nur das SS-Panzergrenadier-Ausbildungs- und Ersatz-Bataillon 16 befehligte. Vor der Luftlandeaktion der Alliierten mag er sich nicht als Mann des Schicksals gesehen haben, bald danach aber zweifellos. Ein wenig paranoid veranlagt, behauptete er später, Obergruppenführer Bittrich habe ihn für einen Spitzel Himmlers gehalten.[29] Als die Schlacht von Arnheim vorüber war, glaubte Krafft offenbar, Bittrich hätte ihn für das Ritterkreuz des Eisernen Kreuzes vorschlagen müssen, und war verärgert, dass er es nicht erhielt. Bittrich indessen ließ ein wenig von oben herab fallen, an den Mann könne er sich einfach nicht erinnern.[30]

Kraffts Bataillon von drei Kompanien stand weit auseinandergezogen zwischen Arnheim und der Gegend von Oosterbeek. Die tausend Rekruten, die man ihm zur Ausbildung versprochen hatte, waren noch nicht eingetroffen. Nach wenigen Tagen an diesem Ort erschien ein Major aus dem Stab und teilte ihm mit, er müsse abziehen, weil Generalfeldmarschall Models Stabsquartier nach Oosterbeek verlegt werde. Daraufhin ließ Krafft einen Teil seiner Truppen im Wald nordöstlich der Stadt kampieren. Eine Einheit in der Nähe von Wolfheze lag fast am Rand der Lande- und Absetzgebiete, die man für die britische 1st Airborne Division bestimmt hatte.

Am 16. September begegnete Krafft auf dem Weg nach Arnheim General Walther Grabmann, einem ehemaligen Angehörigen der Legion Condor, des Luftwaffenverbandes, der General Franco im Spanischen Bürgerkrieg unterstützt hatte. Grabmann kommandierte jetzt die 3. Jagd-Division der Luftwaffe in Deelen. Er lud Krafft zum Abendessen in seinen neuen Stabsbunker ein. Während des Essens bemerkte Grabmann, dass er sich unwohl fühle. Das Wetter sei klar, und doch hätten die Alliierten alle Luftbewegungen eingestellt. Dabei könnten es sich die Engländer gar nicht leisten, auch nur einen Tag ungenutzt verstreichen zu lassen, jetzt weniger denn je.[31] Aus seiner Sicht konnte das nur bedeuten, dass sie etwas Großes vorbereiteten, vielleicht sogar eine Luftlandeoperation. Er sei in Models Stab gewesen und habe Stabschef Generalleutnant Hans Krebs seine Bedenken mitgeteilt. Doch der habe nur gelacht und gemeint, er würde sich doch nur lächerlich machen, wenn er solche Dinge wiederholte. Krafft entschied daraufhin, im Turm der prächtigen Villa Waldfriede, die er bewohnte, einen Wachposten aufzustellen.

An diesem Samstagabend feierten Kraffts Männer ihr Glück, in einer so angenehmen Umgebung untergebracht zu ein. »Es war dort ein Leben wie im tiefsten Frieden«, berichtete SS-Sturmmann Bangard. Jeder Mann hatte eine Flasche Danziger Goldwasser erhalten, jemand spielte Akkordeon, sie sangen ihre Lieblingsschlager, und einige feierten bis drei Uhr morgens.[32]

Am selben Abend lauschten Paratrooper der US 82nd Airborne Division dem Spiel einer Band. »Einige Männer tanzten allein vor sich hin, andere klatschten zum Takt der Musik«, berichtete Dwayne T. Burns. »Manche spielten Ball, andere lagen auf ihren Pritschen, fern von der Welt, von Sorgen und Geräuschen. Uns stand ein Absprung bei Tag bevor, und wir wussten, dass dies besser sein musste als die Landung bei Nacht in der Normandie.« Die ganz harten Glücksspieler fanden kein Ende. Manche schärften ihre Springermesser, witzelten über die »Krauts«, die an Bleivergiftung litten, oder debattierten über ihre Waffen, ein sehr persönliches, leidenschaftlich umstrittenes Thema. Manch ein Paratrooper hatte seinem Karabiner oder seiner Thompson-Maschinenpistole sogar einen Kosenamen gegeben. Vielfach wurde die Tommy-MPi persönlichen Gewohnheiten angepasst, indem man den Kolben entfernte oder andere unerlaubte Veränderungen vornahm.[33] Einigen Wenigen war die Waffe tief verhasst. »Wir waren enttäuscht von der Knarre«, erklärte Staff Sergeant Neal Boyle. »Als meine zum ersten Mal blockierte, wollte ich sie nie wieder tragen.«[34]

Lieutenant Ed Wierzbowski, ein Zugführer der US 101st Airborne Division, hatte an diesem Abend ein verstörendes Gespräch. Sein Sergeant sprach ihn zwischen den Pyramidenzelten im Bereitstellungsraum an, wo sie sich aufzuhalten hatten. »Leutnant, ich habe das Gefühl, von diesem Einsatz komme ich nicht mehr zurück«, sagte ihm Staff Sergeant

John J. White. Wierzbowski versuchte, seine Stimmung mit einem Witz aufzuhellen, doch vergebens. Der Staff Sergeant wirkte ruhig, während man an seinem Blick sah, dass er von seinem Schicksal tief überzeugt war. »Er verließ mich mit einem Lächeln und sagte: ›Wir sehen uns morgen, Lieutenant.‹« Wierzbowski fand keinen Schlaf. Whites Blick ging ihm nicht aus dem Sinn.[35]

8

Die Invasion aus der Luft
Sonntagmorgen, 17. September

Bald nach dem ersten Morgenlicht dieses Tages, an dem so viel geschehen sollte, starteten insgesamt 84 Mosquito-Jagdbomber, Boston- und Mitchell-Bomber der britischen 2nd Tactical Air Force, um deutsche Kasernen in Nimwegen, Kleve, Arnheim und Ede zu bombardieren. Ihnen waren Einsätze des Bomberkommandos der RAF und der 8th US Air Force gegen Flugfelder der Luftwaffe vorausgegangen. Gleichzeitig stiegen weitere 872 Fliegende Festungen B-17 mit Splitterbomben an Bord in Gruppen auf, um identifizierte Flak- und Truppenstellungen in den Niederlanden anzugreifen. Sie wurden von 147 Mustangs P-51 begleitet, die sie von oben und an den Flanken sicherten. Die Begleitmaschinen bekamen wenig zu tun. »Die Reaktion der Luftwaffe war zögerlich«, lautete das Urteil für diesen Tag.[1] Lediglich 15 Focke-Wulf 190 ließen sich sehen. Davon wurden sieben abgeschossen, dagegen nur ein US-Jagdflugzeug.

Während die Maschinen der Alliierten ihren Zielen zustrebten, standen die amerikanischen und britischen Paratrooper für das Frühstück an. Bei den Amerikanern gab es Pfannkuchen mit Sirup, gebratenes Huhn mit den üblichen Beilagen und Apfelkuchen. Die britischen Paratrooper von Lieutenant Colonel John Frosts 2nd Battalion luden sich die Kochgeschirre mit geräuchertem Rotbarsch voll, »von dem ein beträchtlicher Teil wieder am Boden der Flugzeugkabinen landen sollte«, wie ein Sergeant bemerkte.[2]

Frost selbst nahm Rührei mit Speck zu sich. Er war in guter Stimmung. Über die Pläne von Operation Comet war er entsetzt gewesen, aber diesmal schienen ihm die Vorkehrungen wesentlich besser zu sein. Frost, der im Februar 1942 den sehr erfolgreichen Angriff auf Bruneval in Nordfrankreich angeführt hatte, bei dem eine Radarausrüstung der Deutschen erbeutet wurde, war auch bei den Desastern in Tunesien und Sizilien dabei gewesen. Wenn er auch nicht davon ausging, dass die kommende Schlacht einfach

1. Admiral Sir Bertram Ramsay (rechts) mit Field Marshal Montgomery, der sein Drängen ignorierte, die Scheldemündung zu sichern. Damit hätte der Hafen von Antwerpen geöffnet werden können.

2. *(Nächste Doppelseite)* Die strategisch wichtige Brücke von Arnheim über den Niederrhein, fotografiert unmittelbar vor Kriegsausbruch.

3. Eine Gruppe niederländischer Nazis der Nationaal-Socialistische Beweging (NSB) in der Vorkriegszeit.

4. Halbwüchsige Rekruten der Waffen-SS.

5. »Boy« Browning (rechts) mit dem Kommandeur der polnischen Fallschirmtruppen, Generalleutnant Sosabowski, einem entschiedenen Kritiker seiner Pläne.

6. Viktor Gräbner am 17. September bei der Auszeichnung mit dem Ritterkreuz, das er nicht einmal einen Tag tragen konnte.

7. Sepp Krafft, Kommandeur von Waffen-SS-Einheiten, die den Alliierten-Vormarsch nach Arnheim verzögerten.

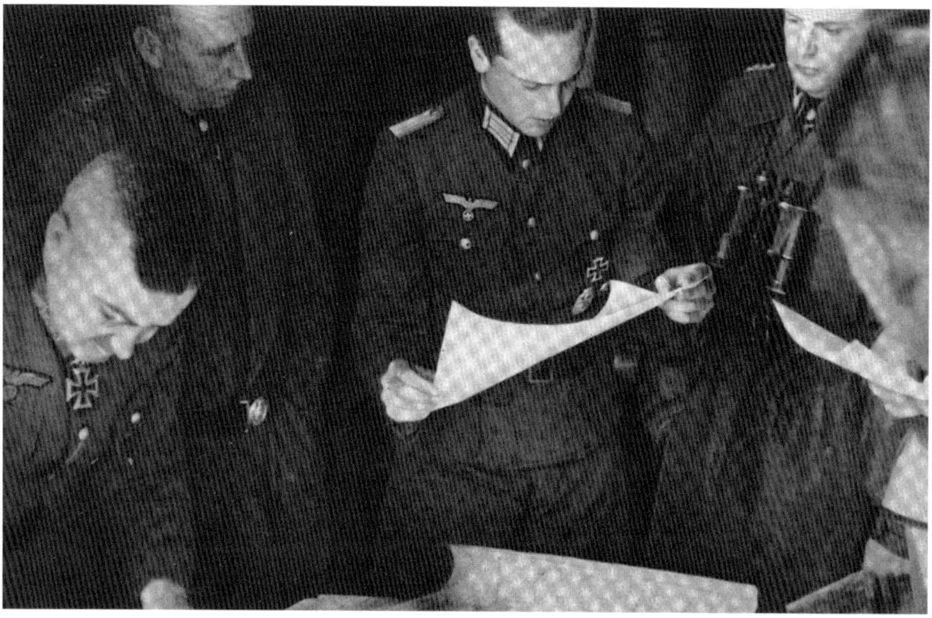

8. Das deutsche Oberkommando plant seine Reaktion. V.l.n.r.: Model, Bittrich, ein Stabsoffizier und Harmel (Kommandeur der 10. SS-Panzer-Division »Frundsberg«).

9. Walter Harzer, Kommandeur der 9. SS-Panzer-Division »Hohenstaufen«.

10. Horrocks, Montgomery und Prinz Bernhard.

11. Generalleutnant Maxwell Taylor, Kommandeur der 101st US Airborne Division.

12. Brigadier General Jim Gavin, Kommandeur der US 82nd Airborne Division.

13. Die britische 21st Independent Parachute Company of Pathfinders vor dem Einsteigen in die Stirlings, darunter etwa 20 deutsche Juden, die auf Rache aus waren.

14. Lastensegler der britischen 1st Airborne Division im Schlepp über dem Niederrhein. Im Hintergrund die Überschwemmungslandschaft der Betuwe.

sein werde, so hatte er doch seinem Burschen Wicks befohlen, den Abendanzug, die Golfschläger und die Schrotflinte mitzubringen, wenn er später mit dem Stabswagen eintraf. Dann kontrollierte er sein eigenes Gepäck, das Verpflegung für 48 Stunden, den Colt, Kaliber 45 Automatic, und das Jagdhorn enthielt, mit dem er das Bataillon zum Sammeln rief.[3] Frost, ein gläubiger Mann mit festen Grundsätzen, wurde von seinen Untergebenen bewundert. »So ist Old Johnny Frost«, sagten sie, »die Bibel in der einen Hand und den 45er-Colt in der anderen.«[4]

Während die drei Divisionen Kurs auf die verschiedenen deutschen Flugfelder hielten – acht Ziele für die Briten und siebzehn für die Amerikaner –, löste die Sonne nach und nach den Morgennebel auf. Ein herrlicher Frühherbsttag stand bevor. 1544 Transportflugzeuge und 478 Lastensegler waren bereit, um den ersten Teil der über 20000 Mann zu ihren Zielen zu bringen. Die an den Startbahnen exakt aufgereihten Schleppflugzeuge mit den angekoppelten Seglern boten ein eindrucksvolles Bild. Hinter ihnen standen die Dakota C-47 des Troop Carrier Command Spalier, um in Abständen von zwanzig Sekunden zu starten.

Auf dem Flugfeld von Swindon war General Boy Browning in Hochstimmung. Endlich war es ihm gelungen, ein so großes Luftlandekorps in die Schlacht zu führen. Sein Segler, den Colonel George Chatterton, der Kommandeur des Glider Pilot Regiment, steuerte, sollte den General samt Ordonnanz, Koch und Arzt, seinem Zelt, seinem Jeep und seinem Gepäck befördern. Sein Biograf berichtete, Browning habe auch drei Teddybären eingepackt.[5] Die Tatsache, dass er bereits von der ersten Staffel nicht weniger als 38 Segler für den Stab des Korps reserviert hatte, obwohl die Gesamtzahl für die britische 1st Airborne Division reduziert worden war, hielten viele für einen Akt reiner Eitelkeit. Die drei Divisionen sollten unabhängig voneinander handeln, daher gab es wenig, was ein Korpsstab Nützliches tun konnte, besonders am entscheidenden ersten Tag.

Auf dem Flugfeld wurde dem Kommandeur der 1st Airborne Division, Major General Urquhart, plötzlich bewusst, dass er nicht festgelegt hatte, welcher der Brigadekommandeure für ihn einspringen sollte, falls er außer Gefecht gesetzt würde. Er nahm seinen Stabschef beiseite und sagte zu ihm: »Hören Sie zu, Charles, wenn mir etwas zustößt, dann ersetzen mich Lathbury, Hicks oder Hackett – in dieser Reihenfolge.« »In Ordnung, Sir«, antwortete Mackenzie, der sich gar nicht vorstellen wollte, dass es jemals dazu kommen werde. Später sollten beide bedauern, dass Urquhart dies den drei betreffenden Brigadiers nicht selbst vorab mitgeteilt hatte.[6]

Während die Männer der 1st Airborne Division sich vor dem Einsteigen für Tee und Sandwiches anstellten, trugen manche von ihnen demonstrativ Optimismus zur Schau. Ein Sergeant hatte einen nicht aufgeblasenen Fußball dabei, um nach Eroberung der Brücke ein Spiel machen zu können. Ein anderer wurde gefragt, warum er eine Dart-Scheibe mitnehme. Worauf er antwortete, Dart sei als Zeitvertreib für öde Abende immer gut.[7] Ein Captain vom Stab der 1st Parachute Brigade bestand darauf, eine Flasche Sherry mitzunehmen, um die Eroberung der Brücke feiern zu können.[8] Jene, die in die Segler steigen sollten, kritzelten um die Wette zotige Sprüche auf deren getarnte Außenhaut. »Hoch mit den Röcken der Fräuleins«, las General Urquhart an einem Horsa-Segler.[9] Galgenhumor allenthalben. »Die Kerle sind immer gleich«, vertraute ein Seglerpilot seinem Tagebuch an. »Einer nimmt Wetten entgegen, wie viele von uns abstürzen. Ich frage mich, ob er noch dazu kommen wird, den Gewinn einzustreichen oder selber zu bezahlen.«[10]

Der Optimismus der Amerikaner schien sich vor allem in Fantasien über ein weiteres noch unbekanntes Land zu entladen. Ein junger Lieutenant erinnert sich, damals darüber nachgegrübelt zu haben, »wie all die blonden Mädchen mit Holzschuhen an den Füßen und Windmühlen in den Augen wohl aussehen«.[11] Einige Paratrooper hatten gehört, die Niederlande seien das Land der Diamanten. Nun träumten sie davon, mit ausreichend Kriegsbeute heimzukehren, um entsprechend Eindruck zu machen.

Die Möglichkeit des nahen Todes ließ manchen wieder über religiöse Dinge nachdenken. Besonders Katholiken nutzten die Gelegenheit, geistlichen Zuspruch zu suchen. In den amerikanischen Luftlandedivisionen fand sich ein buntes ethnisches Gemisch katholischer Kulturen spanischer, deutscher, polnischer, irischer und italienischer Prägung. Da für individuelle Beichten keine Zeit war, erteilte Pater Sampson von der US 101st Airborne Division einer Gruppe barhäuptiger Männer, die am Rand des Flugfeldes knieten, gemeinsam die Absolution. »Das Gewand des katholischen Priesters in Weiß und Gold wirkte angesichts des Olivgrüns, von dem wir umgeben waren, irgendwie deplatziert«, schrieb ein Augenzeuge.[12]

Bei all dem Optimismus ringsum wurden ein paar junge Paratrooper von Todesfurcht geplagt. Am Vortag hatten sich nach der Einweisung bereits zwei unerlaubt von der Truppe entfernt. Und als die 101st Airborne Division die Lastwagen bestieg, um zum Flugfeld zu fahren, hatte sich ein weiterer mit seinem M-1-Gewehr in den Fuß geschossen. An der Startbahn schlüpfte ein anderer hinter eine C-47 und tat das Gleiche. »Ein paar Männer entfernten sich unerlaubt von der Truppe, und einige Fallschirme fielen wie aus Versehen, aber eigentlich mit Vorsatz bereits im Flugzeug aus der Verpackung heraus«, bekannte der stellvertretende Divisionskommandeur, Brigadier General McAuliffe, später.[13] Ein auf diese Weise unbrauchbar gemachter Fallschirm bedeutete, dass der Mann nicht abspringen konnte. Wenn das vorsätzlich geschehen war, dann erwartete ihn das Standgericht wegen Feigheit. Viele fürchteten, in der Maschine im letzten Moment die Nerven zu verlieren und nicht springen zu können.

Die Paratrooper waren so schwer beladen, dass sie sich kaum auf den Beinen halten konnten. Sie mussten die Treppe ins Flugzeug hinaufgeschoben oder -gezogen werden. Jeder trug einen Stahlhelm mit Tarnnetz, der unter dem Kinn befestigt war, Gurte und Koppel, einen Tornister mit persönlichen Dingen wie Rasierzeug und Zigaretten, die eiserne Ration für drei Tage, zusätzliche Munition in beigefarbenen Patronengurten, Handgranaten und eine Gammon-Bombe mit Plastiksprengstoff gegen Panzer, das eigene Gewehr vom Typ M-1 oder eine Thompson-Maschinenpistole, eine Mörsergranate, MG-Patronengurte oder eine panzerbrechende Mine zum allgemeinen Gebrauch. Natürlich führte jeder auch seinen Fallschirm mit. Bazooka-Schützen, Mörserschützen, MG-Schützen und Funker mussten außerdem Teile ihrer Waffe oder ihres Geräts transportieren. Im Durchschnitt hatte jeder das Äquivalent seines eigenen Körpergewichts zu schleppen. Da kaum einer an seine Zigaretten herankam, ging ein Sergeant in der Maschine hin und her, gab Zigaretten aus und zündete sie an.

Bevor Brigadier General Jim Gavin seinen Flieger bestieg, sprach er mit dem ihm zugeteilten niederländischen Offizier, Captain Arie Bestebreurtje, der ihm eröffnete, dass er noch nie aus der Tür einer C-47 gesprungen war. Er hatte sich bisher nur aus einer Luke im Boden des britischen Flugzeugs fallen lassen. Gavin erklärte es ihm an Ort und Stelle. »Treten Sie einfach hinaus, wie wenn Sie aus einem Bus aussteigen«, sagte er.[14] Bestebreurtje, der mit seinen gut 1,90 Metern größer war als Gavin, trug ein grünes Kommandeursbarett und einen britischen Kampfanzug mit einem Aufnäher auf der Schulter, der einen orangefarbenen Löwen und darunter den Schriftzug NEDERLANDS zeigte. Er gehörte einem der Jedburgh-Teams an, von denen jeder Luftlandedivision und dem Stab des Korps jeweils ein Mitglied zugeteilt war. Diese Teams wurden von den Geheimdiensten – dem britischen Special Operations Executive (SOE) und dem amerikanischen Office of Strategic Services (OSS) – zusammengestellt. Die kleinen multinationalen Gruppen hatte man für den Absprung hinter den deutschen Linien ausgebildet, wo sie zusammen mit dem lokalen Widerstand Unruhe stiften sollten. In den Niederlanden bestand ihre Aufgabe darin, zum Untergrund Kontakt aufzunehmen und dessen Unterstützung für die Truppen der Alliierten zu organisieren.

In der ersten Maschine, die zum Start rollte, saßen die Pathfinder jeder Division. Sie hatten aus dem jeweiligen Absetz- und Landegebiet Deutsche zu vertreiben, dort Zielflugfunkfeuer aufzustellen, um die Wellen von Truppentransportern zu leiten, und bei ihrer Annäherung farbige Rauchgranaten abzuschießen. Zwölf RAF-Maschinen vom Typ Stirling starteten in Fairford in der Grafschaft Gloucestershire mit der 21st Independent Parachute Company, welche die Absetz- und Landegebiete der 1st Airborne Division zu markieren hatte. Mindestens zwanzig der Männer waren deutsche und österreichische Juden, die man aus dem Pionierkorps zu dieser Truppe versetzt hatte. Für den Fall einer Gefangennahme trugen ihre Erkennungsmarken und Identitätspapiere schottische oder englische Namen. In der Spalte Religion war »Kirche von England« eingetragen, damit man sie nicht als Juden identifizieren konnte. Sie waren harte Kämpfer und verhöhnten den Feind in seiner eigenen Sprache.

Als Nächste starteten die Schleppflugzeuge mit den 320 Seglern der 1st Airlanding Brigade, dem Divisionsstab und den Feldambulanzen. Neben Truppen, Nachschub und Munition transportierten die Horsa-Segler Jeeps, Anhänger, Motorräder und 6-Pfund-Panzerabwehrkanonen. Die größeren Hamilcar-Lastensegler nahmen die mit Bren-Gun LMG bestückten leichten britischen Panzerjäger und die 17-Pfünder-Panzerabwehrkanonen (76,2 mm) auf. Das Schleppflugzeug rollte langsam an, bis sich das Seil straffte und der Segler über die Startbahn rollte. Dann rief der Seglerpilot über die Schulter nach hinten: »Sicherheitsgurte schließen, das Schleppseil wird eingeklinkt … Es strafft sich … Festhalten!« Dann, mit einem Ruck, so berichtete ein Leutnant, »kommt das Heck hoch, der Bug geht nach unten, das Sperrholz ächzt, und wir sausen die Startbahn entlang. Schon bevor das Schleppflugzeug abhebt, treibt die Geschwindigkeit den leichteren Segler nach oben.«[15]

Schließlich waren die Truppentransporter C-47 an der Reihe. Ihre Motoren heulten ohrenbetäubend auf, der Luftzug drückte das Gras am Rande der Startbahn nieder, und die schwer beladene Maschine nahm Fahrt auf. Innerhalb des stark verstrebten Metallrumpfes saßen die Paratrooper, in ihre Aluminium-Schalensitze gezwängt, einander gegenüber und vermieden zumeist Blickkontakt, bis sie die Reisehöhe erreicht hatten.

In Belgien bat General Horrocks Colonel Renfro, den Verbindungsoffizier bei der US 101st Airborne Division, ihm noch einige Fragen zu dem Plan der Luftlandungen zu beantworten. »Wie viele Tagesrationen werden die Männer bei sich haben?«, fragte er. »Wie lange können sie durchhalten?« Diese Fragen überraschten Renfro ein wenig, hatte doch Horrocks in seiner Besprechung erklärt, die Guards Armoured Division werde nur wenige Stunden später in Eindhoven sein. Dann wollten Horrocks und sein Stabschef Brigadier General Harold Pyman Renfro wissen, was er von ihrem Plan halte. »Er ist in Ordnung«, antwortete der völlig emotionslos. Horrocks, der den Zweifel spürte, lachte. Renfro konnte nicht sagen, ob das aus Nervosität geschah oder ob er nur bluffen wollte.[16]

Während sie miteinander sprachen, fuhr die Artillerie von Korps und Division in der Nähe des Kanals fort, sich auf die Unterstützung des Angriffs der Guards Armoured Division vorzubereiten. Je ein Regiment mit schwerer, drei mit mittlerer Artillerie, dazu zehn Regimenter mit Feldgeschützen standen in ihrer Feuerlinie bereit, um eine Feuerwalze zu erzeugen, die mit einer Geschwindigkeit von 200 Metern in der Minute vorwärtsrollen sollte. Man hatte ihnen befohlen, Treffer auf der Straße mit Kraterbildungen um jeden Preis zu vermeiden. Zum Glück handelte es sich um eine schnurgerade Chaussee. Die Bewegung des riesigen Konvois von Fahrzeugen, die der Guards Armoured Division folgen sollten, musste weiter hinten von Verkehrsoffizieren und der Militärpolizei geregelt werden.[17]

Die Bomber und Jagdbomber begannen kurz vor 10.30 Uhr mit den Angriffen auf Flak-Stellungen in Nimwegen und Arnheim. In der ganzen Gegend fiel fast augenblicklich der Strom aus, weil das Kraftwerk der Gesellschaft PGEM am Ufer der Waal getroffen wurde. Vorsorgliche Bewohner ließen augenblicklich alle Wannen und Eimer voll Wasser laufen, falls die Pumpen nicht bald wieder funktionieren sollten. Wer ein Fernglas oder ein altes Fernrohr besaß, kletterte aufs Dach, um das Schauspiel mitzuerleben.[18] Dafür war nicht lange Zeit. Jagdbomber vom Typ Mosquito rasten im Tiefflug über Arnheim hinweg. Ihr Ziel war die größte Wehrmachtkaserne, die Willemskazerne. Aber auch das Restaurant Royal gegenüber wurde getroffen. Der Besitzer eines Antiquariats in der Nachbarschaft sah »Deutsche aus den Trümmern der Kaserne taumeln, denen von der Druckwelle Blut aus Nase und Ohren lief«.[19] Die Bomber der Alliierten trafen irrtümlich auch ein Altenheim, das St. Catharina Gasthuis in der Nähe eines deutschen Lagerhauses, das die Wehrmacht allerdings bereits geräumt hatte.[20] Eine Anzahl Bewohner wurde unter den Trümmern begraben. Feuernde Tiefflieger rasten über die Stadt. Schwester Christine van Dijk sah deutsche Soldaten, die hinter Bäumen vor deren MG-Feuer Deckung suchten.[21]

Bisher hatten die Niederländer gewitzelt, der sicherste Ort bei einem Luftangriff sei der Bahnhof, da es der RAF bisher nie gelungen war, ihn zu treffen.[22] Doch in Teilen von Arnheim hatten die Menschen nichts zu lachen. In der Nähe der Kaserne gerieten viele Häuser in Brand, und Hilfe war von keiner Seite zu erwarten. »Die Feuerwehren können nicht ausrücken, weil die Deutschen sie beschießen«, notierte ein anonymer Tagebuchschreiber über dieses erste Beispiel von Vergeltung an den Niederländern, weil sie den Angriff der Alliierten begrüßten, obwohl über 200 Zivilisten dabei ihr Leben ließen.[23] Hauptziele der britischen Flugzeuge waren die Flak-Batterien rund um die Straßenbrücke von Arnheim. Doch Models Stab ging instinktiv davon aus, dass die Angriffe auf die Flak-Stellungen bei Arnheim dem Versuch dienten, die Brücke zu zerstören.[24]

Ton Gieling, ein junger Wärter im Zoo von Arnheim, war an diesem Sonntagmorgen auf dem Heimweg, als die Bombenangriffe der Alliierten einsetzten. Vor einem Café in der Bloemstraat lagen tote und verwundete deutsche Soldaten. Dann »flitzte zu meiner Überraschung ein arg versengtes Kaninchen direkt vor mir über die Straße und verschwand«. Beim Weitergehen sah er einen schwer verletzten Mann, dem gerade auf eine Trage geholfen wurde. Gieling, ein kräftiger Bursche, packte mit an, und im Laufschritt brachten sie den Mann zum St.-Elisabeth-Hospital. Dort stellte man fest, dass er unterwegs gestorben war.[25] Wie viele andere blieb auch Gieling im Krankenhaus, um als Rotkreuz-Freiwilliger zu helfen. Westlich von Arnheim wurde die Stadt Ede, in der nur 180 deutsche Soldaten stationiert waren, bei dem Luftangriff in Schutt und Asche gelegt.

Auch Wolfheze wurde um 11.40 Uhr schwer getroffen. Auf General Urquharts Bitte hin war es auf die Liste der Ziele gesetzt worden. Unglücklicherweise landete eine Bombe als Volltreffer auf dem im Wald angelegten Artilleriemunitionsdepot. Die gewaltige Detonation richtete großen Schaden an und tötete mehrere Menschen. Als auch das Blindenheim getroffen wurde, organisierte die Leiterin eine disziplinierte Evakuierung zu einem Unterschlupf im Wald, den man vorbereitet hatte. Doch viele der 1100 geistig behinderten Patienten in der Anstalt nebenan wurden durch den Angriff traumatisiert. Die Schwestern gingen daran, aus Laken ein riesiges weißes Kreuz auf dem Gelände auszulegen, falls weitere Maschinen angreifen sollten. Dr. Marius van de Beek und andere Ärzte begannen, die etwa 80 Verwundeten zu operieren. Am Freitag darauf wurden 81 Tote beigesetzt.[26]

An diesem Sonntagvormittag waren weder die katholischen noch die niederländisch-reformierten Kirchen so gut gefüllt wie gewöhnlich, da die Gemeinden fast ausschließlich aus Frauen und Kindern bestanden. Die meisten Männer waren untergetaucht, um nicht als Geisel genommen und als Vergeltung für die Angriffe auf den Viadukt erschossen zu werden.[27] Von den Explosionen klirrten die Kirchenfenster, der Stromausfall ließ die Orgel stöhnend verstummen, und das Licht ging aus. In einigen Kirchen erteilten die Geistlichen der Gemeinde rasch den Segen, wonach die Gläubigen eilig das Weite suchten. Die niederländisch-reformierte Gemeinde in Oosterbeek glaubte, die Angriffe kündigten die unmittelbar bevorstehende Befreiung an. Spontan wurde die Nationalhymne »Het Wilhelmus« angestimmt, die aus dem Aufstand gegen die spanische Besatzung der Niederlande im 16. Jahrhundert stammt.

In der Betuwe, dem tief gelegenen Land zwischen Arnheim und Nimwegen, kletterten die Menschen auf die Deiche, um eine bessere Sicht auf die in Rauchwolken gehüllten beiden Städte zu haben. In Nimwegen selbst herrschte Angst, die nach dem bereits erwähnten verheerenden amerikanischen Bombenangriff vom 22. Februar verständlich war. Doch die Menschen beruhigten sich bald, als sie sahen, dass die Hauptziele der Typhoons und Mosquitos diesmal die Flak-Batterien um die Brücken im Norden und die deutschen Stellungen am Hazenkampseweg im Südwesten waren. Als das Zischen der Raketen verklungen war und die Flugzeuge sich entfernt hatten, strömten die Leute auf die Straßen. Nach all den verfrühten Gerüchten vom Vormarsch der Alliierten hing große Erwartung in der Luft.

Generaloberst Student und der Stab seiner 1. Fallschirm-Armee befanden sich südlich von Vught unweit des berüchtigten Konzentrationslagers. In einer Villa, die sein Stab beschlagnahmt hatte, kämpfte sich Student durch einen Berg von Papieren. »Der leidige Bürokratismus verfolgte uns auch hierher in den Großkampf«, beklagte er sich. »Ich hatte die Fenster meines Zimmers weit geöffnet. Am späten Vormittag wurde die feindliche Lufttätigkeit auf einmal sehr rege. Jagdfliegerketten und kleinere Bomberverbände flogen ständig vorüber; in der Ferne waren Bombenwürfe, Bordwaffenfeuer und Flakfeuer zu hören.« Zu diesem Zeitpunkt maß er dem keine besondere Bedeutung bei.[28]

Auf dem Bahnhof von Arnheim luden Panzergrenadiere der 9. SS-Panzer-Division »Hohenstaufen« weiter Waffen und Gerät in die Züge. Sie sollten nach Deutschland zurückkehren, wo man die Einheit neu aufbauen wollte. Einen Teil ihrer Ausrüstung hatten sie bereits an die 10. SS-Panzer-Division »Frundsberg« übergeben, doch obgleich ein Teil von »Hohenstaufen« bereits in den vergangenen zwei Tagen abgefahren war, befand sich noch eine beträchtliche Streitmacht vor Ort. Das waren Panzerbesatzungen des SS-Panzerregiments 9, die keine Panzer mehr hatten, zwei Bataillone Panzergrenadiere, ein Bataillon Artillerie, das Aufklärungsbataillon der 9. SS-Panzer-Division in der Nähe des Flugfeldes von Deelen, eine Kompanie Pioniere, die Begleitkompanie des Divisionsstabs und ein paar Halbpanzer mit 20-mm-Vierlingsflak.

Als um 10.30 Uhr die Bombenangriffe einsetzten, war Standartenführer Harzer in Begleitung zweier seiner Offiziere von der Division »Hohenstaufen« gerade unterwegs zum Stützpunkt des Aufklärungsbataillons in Hoenderloo am Nordrand des Flugfelds von Deelen. Das Bataillon in Stärke von 500 Mann, flankiert von mehreren vierachsigen Schützenpanzerwagen und Halbpanzern, war auf Befehl des Kommandeurs, SS-Sturmbannführer Viktor Gräbner, auf einem großen, freien Platz angetreten. Harzer hielt eine kurze Ansprache und zeichnete dann Gräbner mit dem Ritterkreuz zum Eisernen Kreuz für Tapferkeit und hervorragende Truppenführung in der Normandie aus. Danach begab sich Harzer in Begleitung von Gräbner und dessen Offizieren zum Mittagessen.

Harzer wusste, dass Gräbner seinen Männern befohlen hatte, Bewaffnung, Panzerketten und Räder von zahlreichen Fahrzeugen abzumontieren und diese für »nicht einsatzfähig« zu erklären, weil er sie nicht der 10. SS-Panzer-Division »Frundsberg« überlassen wollte.[29] Da der Feind noch mindestens neunzig Kilometer weiter südlich stand, schien es keinen Grund zu geben, weshalb die Panzerfahrzeuge kurzfristig einsatzbereit sein sollten.

Die Irish Guards Group rollte über Joe's Bridge und ging an dem Brückenkopf eintausend Meter südlich der niederländischen Grenze auf belgischer Seite in Stellung. Durch das Fernglas konnten die Männer den Grenzposten erkennen. Viele hatten ein flaues Gefühl im Magen. Joe Vandeleur, der vor seiner schweren Beinverletzung ein tapferer Reiter gewesen war, meinte, dass man sich »wie vor einem Rennen fühlte. Wir standen an der Startlinie aufgereiht, und das Ziel war das IJsselmeer, gut 140 Kilometer weiter nördlich.«[30] Ein wenig Zuversicht schöpfte er daraus, dass man ihnen eine

Feuerwalze versprochen hatte und Typhoons bereits die Artilleriestellungen des Gegners vor ihnen mit Raketen beschossen. Im Nachbarfahrzeug saß ein Feuerleitoffizier der RAF mit direkter Verbindung zur Artillerie.

Vandeleur trug den üblichen Kittel der Fallschirmspringer, das grüne Tüchlein der Irish Guards um den Hals geschlungen, und eine Kordhose. Horrocks, der kaum einen Grund hatte, ihn zu kritisieren, neckte ihn gern mit seinem wenig gardemäßigen Outfit. Vandeleur in seinem Spähwagen ordnete sich hinter der zweiten Panzerkompanie ein. Seine Infanterie war auf den Sherman-Panzern des 2nd (Armoured) Battalion der Irish Guards unter Lieutenant Colonel Giles Vandeleur aufgesessen. Die beiden Cousins standen sich näher als Brüder.

Als die Truppentransporter C-47 ihre Kreise zogen, um abzuwarten, bis der Verband vollständig war, wurden bereits mehrere Männer luftkrank. Ein Lieutenant der 82nd Airborne Division, der aus der geöffneten Tür schaute, starrte wie gebannt auf ein Kloster am Boden, wo eine Gruppe Nonnen mitten auf einem Hof stand und erstaunt auf die Flugzeuge blickte.[31] Andere Amerikaner sahen mit großen Augen auf die »winzigen Schachbrettfelder« der englischen Provinz.[32]

Weil der Segler so leicht war, schwebte er stets etwas höher als das Schleppflugzeug, was den Insassen Gelegenheit gab, den ganzen Himmel voller Flugzeuge zu überblicken. Aber die fragile Konstruktion machte das Fliegen zu einer gefährlichen Angelegenheit. Zum Entsetzen der Mannschaft einer Stirling-Maschine fielen bei dem Horsa-Segler, den sie schleppte, die Flügel ab, und der Rumpf stürzte in die Tiefe. Keiner der Insassen überlebte. In einem ganz anderen Fall geriet ein Soldat in einem der Waco-Segler der US 101st Airborne Division bereits über East Anglia in Panik. »Er sprang auf und ließ den Kontrollhebel der Kopplung des Seglers an das Schleppflugzeug los. Der Segler landete in England.« Den Mann erwarteten das Kriegsgericht und eine hohe Gefängnisstrafe.[33] Als ein britischer Seglerpilot über seine Schulter blickte, traute er seinen Augen nicht, als eine Gruppe Soldaten der King's Own Scottish Borderers auf dem Sperrholzboden in einem Kochgeschirr Tee brühten. Als er sie wegen dieses Leichtsinns wütend anschrie, fragten sie nur zurück, ob er auch einen Becher haben wolle.[34] Ein weiteres Beispiel für derartige Uneinsichtigkeit war ein frisch eingetroffener Second Lieutenant in der US 82nd Airborne Division. Er trug einen weißen Seidenschal, in dem er sich offenbar sehr schick fand. Man verlangte, er möge ihn abnehmen, weil er damit ein gutes

Ziel biete. Doch er ignorierte den Hinweis und wurde unmittelbar nach der Landung schwer am Kopf verletzt.[35]

Dreihundert Meter unter ihnen entfernte sich die Küstenlinie. Jetzt waren sie über der Nordsee, die amerikanische Piloten »Blitz Creek« getauft hatten.[36] Nach all den zuvor ausgefallenen Operationen witzelte einer: »Diesmal lassen sie sich mit der Absage aber viel Zeit.«[37] Als die Piloten die Schatten der Flugzeuge auf dem Meeresspiegel verfolgten, entdeckten sie mehrere Horsa-Segler und eine C-47, die auf dem Wasser notgelandet waren. Die Männer standen auf den Flügeln in Erwartung eines Rettungsschiffs der RAF, das bereits auf sie zufuhr. Einer der Segler »hielt sich zweieinhalb Stunden über Wasser und musste von einer Schiffskanone versenkt werden«.[38] Den Rekord stellte wenige Tage später ein verlassener Segler auf, der sich siebzehn Stunden lang an der Wasseroberfläche hielt. Von Zeit zu Zeit kam ein einzelnes Kriegsschiff in Sicht, aber das größte Schauspiel war die riesige Luft-Armada, die durch Staffeln von Thunderbolts, Mustangs, Spitfires und Typhoons begleitet wurde. »Wow«, entfuhr es einem Paratrooper aus Ohio. »Was würde Cleveland für eine solche Flugshow geben!«[39]

Während des Überflugs beobachtete ein Soldat eines Parachute Regiment, dass unter seinen Kameraden »einige Selbstsicherheit zur Schau trugen, andere still und in sich gekehrt, dritte von Angst überwältigt waren. Merkwürdigerweise fanden sich unter Letzteren viele Veteranen der schweren Kämpfe in Nordafrika. Sie wussten, was ihnen bevorstand.«[40] Einer der Paratrooper bemerkte: »Ab und zu lächelten wir einander gequält zu, aber geredet wurde nicht viel.«[41] In manchen Seglern versuchten Einzelne, meist Neulinge, ein Lied anzustimmen. Am beliebtesten war ein Text, der auf die Melodie von »John Brown's Body« gesungen wurde: »Gory, Gory, what a hell of a way to die … They picked him off the tarmac like a pot of strawberry jam [Was für eine höllische Art zu sterben … Sie kratzten ihn von der Rollbahn wie einen Topf Erdbeermarmelade].« Amerikanische Paratrooper sangen zu einer ähnlichen Melodie: »I ain't gonna jump no more, no more … [Ich springe bestimmt nie mehr, nie mehr …]«[42]

Einige schliefen oder saßen mit geschlossenen Augen da. Lieutenant Colonel Patrick Cassidy, der zusammen mit Major General Maxwell Taylor von der US 101st Airborne Division in derselben Maschine saß, berichtete, dass ihr Divisionskommandeur »den größten Teil des Fluges verschlief. Er wachte nur auf, um einen Teil der eisernen Ration zu essen, dann dämmerte er wieder ein.« Daher ist es kein Wunder, dass in seiner Maschine nicht gesungen wurde. »Die meisten Männer schliefen ebenfalls, und es gab kaum Gespräche.«[43]

Die Piloten waren nervös. Die Niederlande galten als »Flak-Allee« weil der Feind dort zahlreiche Flak-Stellungen aufgebaut hatte, welche die kürzeste Flugroute für Bomber der Alliierten in Richtung Deutschland belauerten. Seglerpiloten, die so wenig Kontrolle über ihr leichtes Fluggerät hatten, fühlten sich besonders verwundbar, wenn Leuchtspurgeschosse träge in ihre Richtung aufstiegen. Die Vorstellung, dass ein Splitter von unten einschlagen konnte, veranlasste so manchen, sich auf die Splitterschutzweste zu setzen, um den Intimbereich zu schützen. Einige Piloten hatten sich sogar einen Sandsack untergelegt. Der nutzte wahrscheinlich auch nicht viel. Ein Fallschirm war ihnen nicht gestattet, einfach weil auch ihre Passagiere keinen hatten.

Die Nähe der Gefahr war ein Nährboden für Todesahnung und Aberglauben. Einige lasen in der Bibel, um dort einen Hinweis auf das ihnen zugedachte Schicksal zu finden. Private 1st Class (Pfc) Belcher, ein Bazooka-Schütze der US 82nd Airborne Division, war überzeugt, dass er sterben werde. Er bat seinen Kameraden Patrick O'Hagan, dafür zu sorgen, dass seine Freundin seinen Ring und seine Bibel erhielt. »Er wurde während der Landung abgeschossen«, berichtete O'Hagan.[44] Andere hingegen, die ebenfalls ihren Tod vorausgesagt hatten und überlebten, dachten später überhaupt nicht mehr daran. Allerdings glaubten ältere Soldaten, die bereits in Nordafrika, Sizilien und in Italien dabei gewesen waren, an eine gewisse Logik der Dinge. Demnach musste ihre Portion Glück bald aufgebraucht sein. Ein Staff Sergeant beschrieb sich als einen, »der vor dem Gesetz des Durchschnitts auf der Flucht ist«.[45]

Als die Flugzeuge die niederländische Küste erreichten, stießen sie auf eine Kette dort verankerter Frachtkähne, auf denen Flak-Batterien montiert waren. »Wir konnten die Leuchtspurgeschosse sehen«, schrieb Kaplan Kuehl vom US 504th Parachute Infantry Regiment, »und wussten, dass jedem sichtbaren Geschoss viele weitere folgten. Wir sahen Kameraden aus einem der Flugzeuge springen und waren schockiert, weil wir unter uns nur Wasser sahen. Dann erst bemerkten wir, dass die Maschine brannte.«[46] Ein Paratrooper beschrieb die offenbar rotierenden MG-Geschosse als »feurige Golfbälle«.[47]

Den größten Teil der tiefer liegenden Gegend hinter der Küste hatten die Deutschen durch das Sprengen der Dämme geflutet. Jene, die im Juni über der Halbinsel Cotentin in der Normandie abgesprungen waren, wurden schmerzlich daran erinnert, wie ihre Kameraden dort unter ähnlichen Umständen ertrunken waren. Der Anblick überschwemmter Dörfer, von denen nur noch die Dächer, ein Kirchturm oder ein paar Bäume herausschauten, war tief deprimierend. Erst als sie wieder über festen Boden flogen, legten die Paratrooper die Schwimmwesten ab.

Captain Bestebreurtje, der niederländische Verbindungsoffizier im Stab der 82nd Airborne Division, war tief bewegt, als er nach vier Jahren das ihm so vertraute und jetzt vom Feind besetzte flache Land wiedersah. »Mir wurde ganz warm ums Herz«, erklärte er später. »Ich sah Felder und Bauernhäuser, sogar eine Windmühle, die sich drehte. Ich weiß noch genau, dass mir durch den Kopf ging: ›Du, mein armes altes Land, wir sind gekommen, dich zu befreien.‹«[48]

Die US 101st Airborne Division flog weiter südlich über belgisches Gebiet. Als eine Maschine mit einem Teil des 502nd Parachute Infantry Regiment in geringer Höhe Gent überflog, jubelten die Leute auf den Straßen und reckten die Hände mit dem Victory-Zeichen nach oben. Ein Zyniker raunte einem begeisterten Neuling zu: »Sieh mal, die wetten mit uns zwei zu eins, dass wir nicht lebend zurückkommen.«[49] Ein BBC-Korrespondent in einem Aufklärungsflugzeug über Belgien sichtete die Luft-Armada. »Der Himmel war schwarz von Transportmaschinen, die in perfekter Formation flogen«, berichtete er. »Sie waren ringsum von Typhoon-, Spitfire-, Mustang-, Thunderbolt- und Lightning-Jägern umgeben. Es war wie eine Schichttorte am Himmel ... Mein Pilot rief mir zu: ›Kein Platz hier oben für Jerry!‹«[50]

Einige Männer in dieser Armada erlebten die Flak zum ersten Mal. In der C-47 von Major General Maxwell Taylor saß ein Colonel der USAAF, der als Beobachter mitflog. »Was ist denn das?«, fragte er und zeigte auf die kleinen Rauchwölkchen. »Oberst«, antwortete ihm der Kopilot, »Bettdaunen jedenfalls nicht, da können Sie sicher sein.«[51] Die Paratrooper hassten die Flak, weil sie ihr hilflos ausgeliefert waren – »gegen die kann man sich nicht wehren«.[52] Paratrooper, die in einem Flugzeug durch Flak verletzt wurden und deshalb nicht abspringen konnten, wurden ganz nach hinten gesetzt und zur Behandlung nach England zurückgebracht. Bei Flak-Beschuss befahlen manche Offiziere ihren Soldaten, aufzustehen und die Leinen einzuklinken, damit sie sofort springen konnten, wenn die Maschine in Brand geraten sollte.

Noch verletzlicher fühlten sich jene, die in den Seglern saßen. Als eine

Gruppe des 326th Airborne Engineer Battalion die Küste überflog, durchschlugen Splitter eines Flak-Geschosses den Boden und verletzten den Seglerpiloten an Bein, Brust und Arm. Da kein Kopilot mitflog, kletterte ein Fallschirmpionier namens Melton E. Stevens auf den leeren Sitz. Der Pilot war gerade noch in der Lage, ihm »Hinweise zu geben, wie er den Apparat zu fliegen und zu landen hatte, dann verlor er das Bewusstsein«. Irgendwie erreichten sie ihr Landegebiet und überlebten sogar die Landung, obwohl der Bug des Seglers am Ende bis zur »Windschutzscheibe im Dreck steckte«. Stevens und seine Kameraden konnten den verwundeten Piloten auf den Handwagen für Munition legen und auf die Suche nach einem Sanitäter gehen.[53]

Britische Pioniere, die in einem Segler angeschnallt saßen, schielten während des Fluges meist nervös zu dem vor ihnen vertäuten Jeep hin, der mit Sprengstoff beladen war. Selbst ein Flak-Geschoss, das ihn nur streifte, konnte ihn detonieren lassen. Ein wenig Trost bot ihnen nur die Gewissheit, dass dies einen schlagartigen Tod bedeutet hätte.[54] Den Luftlandepionieren blieb nichts anderes übrig, als »die Flak auszuschwitzen«.[55] Ihre einzige Hoffnung waren die Begleitmaschinen. Sobald eine deutsche Flak-Stellung zu schießen begann, stürzten sich Spitfires, Typhoons mit ihren Raketen und Thunderbolts P-47 im Tiefflug auf sie und schossen aus allen Rohren. Plötzlich erblickten die Männer in einem Segler eine Mustang P-51 direkt neben sich. Der Pilot wackelte zum Gruß mit den Flügeln, tauchte in Richtung der sie beschießenden Flakstellung ab, vernichtete sie, stieg wieder auf, grüßte noch einmal mit den Flügeln und brauste davon.

Der gefürchtete Colonel Robert Sink, der das 506th Parachute Infantry Regiment befehligte, stand an der Tür seiner C-47 und beobachtete, wie die Flak eine andere Maschine ihres Verbandes beschoss. Plötzlich gab es einen Ruck, und er sah, dass von einem der Flügel seiner Maschine ein Stück abgeschossen war. »Da geht einer unserer Flügel dahin«, teilte er seinen Leuten mit.[56] Der Pilot muss ein Wunder vollbracht haben, denn er transportierte sie zu ihrem Absprunggebiet nordwestlich der Brücke von Son, ihrem ersten Ziel. In mehreren Fällen bewiesen die Piloten der Transportmaschinen den Mut zur Selbstaufopferung. Sie hielten ihre in Flammen stehende Maschine so lange in der Luft, bis alle Männer abgesprungen waren.

Lieutenant Colonel Cassidy sah, wie die neben ihnen fliegende Maschine von den Flammen verschlungen wurde. Deren Pilot hielt sie tapfer in der Waagerechten, damit alle Springer sie verlassen konnten, und wusste doch, dass ihm und seiner Mannschaft Absturz und Tod bevorstanden. Von dem

Drama wie gebannt, übersah der Lieutenant Colonel, dass die grüne Lampe leuchtete. »Cassidy«, sagte General Maxwell Taylor ganz ruhig zu ihm, »die grüne Lampe brennt.« »Ja, Sir«, antwortete der. Und sprang, den Blick nach wie vor auf das brennende Flugzeug gerichtet, vor seinem Divisionskommandeur in die Tiefe.[57] Nach General Taylor, der später unter Präsident Kennedy Chef der Joint Chiefs of Staff wurde, sprang noch sein persönlicher Leibwächter Stevan Dedijer, jugoslawischer Herkunft und Absolvent der Princeton University, der den bizarren Spruch »Es lebe Stalin!« gerufen haben wollte, als er sich in die Tiefe stürzte.[58]

Fast immer gerieten ein, zwei Männer in Panik. Lieutenant Colonel Hank Hannah, Operations Officer der 101st Airborne Division, berichtete, dass ein Paratrooper in seiner Maschine »plötzlich Angst bekam, die Reißleine seines Fallschirms zog und sagte: ›Sehen Sie, ich kann jetzt nicht springen.‹« Hannah brüllte ihn an, er müsse trotzdem springen. Da erhielt das Flugzeug einen Treffer, und der nervöse Mann war froh, dass er noch mit seinem Reserveschirm abspringen konnte.[59] Die Reißleine eines anderen Mannes blieb durch ein Versehen an einem Vorsprung in der Maschine hängen, und der Fallschirm ging noch in der Kabine auf. Wütend und beschämt musste er mit dem Flugzeug nach England zurückkehren.

Wenn sie sich den vereinbarten Absprunggebieten näherten, suchten die Offiziere nach Orientierungspunkten in der Landschaft. Captain Bestebreurtje entdeckte erregt den bewaldeten Höhenzug zwischen Nimwegen und Groesbeek, über dem Gavin und sein Stab abspringen sollten. Nach Colonel Mendez' berühmtem Ausspruch, man werde sie entweder nach Holland oder in die Hölle bringen, suchten einige den Piloten mit der Frage zu hänseln, wie weit entfernt vom Absprunggebiet er denn in der Normandie seine Truppen abgesetzt habe. Lieutenant Colonel Warren R. Williams vom US 504th Parachute Infantry Regiment musste sich auf die Zunge beißen. Ihr Pilot sorgte dafür, dass sie nicht einmal 200 Meter von der Schule entfernt landeten, die man von England aus als Kommandostelle des Regiments ausgewählt hatte.[60]

Der Reporter Edward R. Murrow berichtete für den Rundfunk aus einem der Truppentransporter, was er von dort aus sehen konnte: »Jetzt nähern wir uns dem Absprunggebiet, und ich sitze so, dass ich die Kabine in ihrer ganzen Länge überblicken kann. Der Chef der Mannschaft kniet ganz hinten und redet über die Wechselsprechanlage mit den Piloten … Wir sehen die ersten Flak-Geschosse. Ich denke, sie kommen aus dem kleinen Dorf am Kanal. Die Geschosse werden immer mehr, sie flitzen direkt vor unserem

Bug vorbei. Die Männer stehen an der Tür Schlange und warten auf den Absprung … Vielleicht hören Sie es jetzt klicken, sie checken die fest angehängte Reißleine. Jetzt rufen sie 3–4–5–6–7–8–9–10–11–12–13–14–15–16–17–18 – und weg sind sie, alle Mann.«[61] Zum Glück für Murrows Hörer lief bei dieser Reportage alles nach Plan, doch zwei Paratrooper des 506th Parachute Infantry Regiment mussten auf schreckliche Weise sterben. Ihre Maschine hatte alle Männer korrekt abgesetzt, aber »dann wurden sie von einem anderen abstürzenden Flugzeug, dessen Insassen alle hatten abspringen können, erfasst und von den Propellern in Stücke gerissen.«[62]

Ein Absetzer des 501st Parachute Infantry Regiment stand in der Tür seiner Maschine und winkte den Niederländern zu, die nur wenige hundert Meter unter ihm begeistert auf und ab hüpften. Manche Paratrooper waren überrascht, dass das Land unter ihnen exakt so aussah, wie sie es sich vorgestellt hatten – Deiche, Windmühlen und frisches Grün. Als Erster sprang in der Regel der höchste Offizier, während der nächste Dienstrang sich als »Schieber« betätigte. Er hatte darauf zu achten, dass alle Männer, auch der letzte Zögerer, absprangen, und sie notfalls aus dem Flugzeug zu schubsen. Captain Ferguson von der US 82nd Airborne Division stand vor der offenen Tür bereit und wartete auf die grüne Lampe. »Die Maschine sank mit gedrosselter Geschwindigkeit tiefer und tiefer. Als ich hinaus- und hinabschaute, pfiff mir der Wind ins Gesicht, dass es kribbelte.«[63] Das Flugzeug wurde von den Druckwellen der detonierenden Geschosse durchgerüttelt, sodass es eine Erleichterung war, als die grüne Lampe aufleuchtete. Begierig, endlich hinauszukommen, watschelten die Paratrooper in dichter Reihe vorwärts, so rasch sie konnten, ohne auf dem von Erbrochenem und Urin bedeckten Boden auszurutschen. Der Pilot musste auch daran denken, den Hebel zu ziehen, um die unter dem Rumpf befestigten Schwerlasten an ihren Fallschirmen auszulösen. Eine Ladung Panzerabwehrminen krachte zu Boden, weil der Fallschirm sich nicht öffnete, und löste eine mächtige Detonation aus.

»Fertigmachen, das Seil wird gelöst!«, rief der Pilot eines Waco-Seglers nach hinten, als er die Nylonverbindung zum Flugzeug ausklinkte. Er musste den Segler mehrere Runden kreisen lassen, um die Geschwindigkeit zu reduzieren. Und doch landete er mit etwa 100 Stundenkilometern in einer Wolke von Erdbrocken auf einem Acker. »Los geht's!«, wurde gerufen, als das Gerät endlich zum Halten gekommen war. Alle drängten nach draußen. Auf einem frisch gepflügten Feld zu landen war gut für die Paratrooper, wegen des weichen Untergrunds. Allerdings konnte eine solche Landung auch verhängnisvoll enden, wenn sie nicht längs der Furchen den Boden berührten. Dann konnte sich der Segler überschlagen.[64]

»Die Sanitäter«, schrieb ein Arzt der 101st Airborne Division, »hatten alle Hände voll zu tun, um die blutenden Männer mit zahlreichen Brüchen aus den zersplitterten Wracks zu ziehen.«[65] Zum schlimmsten Unfall kam es, als zwei Segler des 506th Parachute Infantry Regiment in der Luft kollidierten. Mehrere Männer an Bord wurden dabei getötet, und im Landungsgebiet fiel nur noch ein Haufen zerbrochenes Sperrholz herab. »Dabei kam ein Jeep angeflogen, und alle rannten auseinander«, erinnerte sich ein Soldat.[66] »Unter den Hunderten von Seglern in den heikelsten Situationen«, schrieb ein Offizier der 82nd Airborne Division, »war einer in eine Windmühle gestürzt, und sein Rumpf ragte in einem Winkel von 65 Grad in die Luft.«[67]

Die britische 1st Airborne Division, die die nördlichste Route geflogen war, erreichte ihr Zielgebiet über den Obstgärten und Polderfeldern der Betuwe zwischen Waal und Niederrhein. Die Spannung stieg, als sie sich dem Absprunggebiet näherte. »Wie gequält die Männer lächelten«, schrieb Lieutenant Colonel Frost, »und wie verkrampft sie in der letzten Minute an ihren Zigaretten zogen, sagte mir, dass der Flug und die Aussicht, hinter den Linien des Feindes abzuspringen, das Nervensystem der Männer auf eine nicht geringe Probe stellte.«[68]

Vom Heck angefangen, stellte sich die ganze Springergruppe im Gang auf. Jeder legte seine linke Hand auf die Schulter des Vordermanns. Die C-47, die Captain Eric Mackay und die Männer der 1st Para Squadron Royal Engineers transportierte, erhielt beim Anflug einen Treffer, wahrscheinlich von einer 20-mm-Flak, die die rote und grüne Lampe über der Tür zerstörte. Daher musste Mackay aus der offenen Tür beobachten, wann die Männer aus den Maschinen in der Nähe sprangen, und tat es ihnen dann mit seiner Gruppe einfach nach.[69]

Für einen Segler war die Chance auf Überleben gering, wenn er von einer größeren Waffe als einem Maschinengewehr getroffen wurde. In der Nähe des Landungsgebietes spürte die Besatzung eines Stirling-Schleppflugzeuges plötzlich einen Ruck. Die Flak hatte das Heck des Horsa-Seglers weggeschossen, den es zog. Danach fiel ein Flügel ab und das Schleppseil riss. Vom Piloten einer Maschine in der Nähe hörten sie später, dass der Segler auseinandergebrochen war und er die Insassen herausfallen sah.[70]

Ein Seglerpilot schilderte ihren Anflug über den Niederrhein: »Wir hatten den Punkt des Ausklinkens fast erreicht, und die Szene unter uns sah genauso aus wie auf den Fotos, die man uns bei der Einweisung am Tag zuvor gezeigt hatte. Steuerbords konnte ich den Hauptgrund für unseren Flug sehen – die Brücke über den Rhein.«[71] In der Luft herrschte Chaos, da so viele Segler zur gleichen Zeit auf dem Heideland nordwestlich von Wolfheze niedergingen. Es gab keinerlei Luftverkehrskontrolle, also musste der Kopilot, sofern es einen gab, sich ständig nach allen Seiten umschauen, um auf andere Segler zu achten, während der Pilot sich auf die Landung konzentrierte. Ein weiteres Problem waren die Kühe. Sergeant Roy Hatch verzweifelte geradezu, als eine Kuh ständig vor seinem Segler herrannte, statt zur Seite auszubrechen.[72] Auch wenn der Segler zum Stehen kam, waren die Männer noch nicht sicher. Jederzeit konnte ein anderes Fluggerät dieser Art außer Kontrolle geraten und auf sie stürzen. Da es im Freien sicherer war und die Türen oft klemmten, brachen die Soldaten buchstäblich aus dem Rumpf aus.

General Horrocks kletterte eine Metallleiter hinauf und stellte sich auf das Fabrikdach in der Nähe von Joe's Bridge. Als die Verbände der Truppentransporter und Segler der US 101st Airborne Division über ihre Köpfe hinweggezogen waren, teilte er dem Funker seinen Befehl mit, dass er die Stunde X für den Angriff auf 14.35 Uhr festsetze. Die 350 Geschütze der Royal Artillery hinter ihnen eröffneten exakt um 14.00 Uhr das Feuer, und in dessen Schutz nahm die Irish Guards Battle Group die Ausgangsstellungen ein. Während die Artilleristen fortfuhren, die vorgeschobenen Stellungen der Deutschen zu beschießen, näherte sich die Stunde X. Beim Befehl »Fahrer, vorwärts!« setzte sich der Führungspanzer unter dem Kommando von Lieutenant Keith Heathcote in Bewegung.[73]

In den ersten Minuten schien alles gut zu laufen, aber als sie den Grenzpfahl der Niederlande hinter sich hatten, wurde ein Panzer nach dem anderen getroffen. Bald standen neun der Fahrzeuge in Flammen. Vandeleur rief die RAF zu Hilfe. »Zum ersten Mal sah ich die Typhoons in Aktion«, berichtete er später, »und, bei Gott, ich staunte über die Tapferkeit der Piloten. Sie flogen in dichter Folge einer nach dem anderen durch unser eigenes Sperrfeuer. Ich sah einen, den es direkt über mir zerriss. Das Dröhnen war unbeschreiblich. Die Artillerie feuerte, über uns heulten die Flieger, Schreie und Flüche von Männern ertönten. Ich musste ins Mikrofon brüllen, um gehört zu werden.«[74] Mitten in dem Chaos meldete sich der Divisionsstab und wollte wissen, wie das Gefecht laufe. »Mein Stellvertreter Denis Fitzgerald hielt nur das Mikrofon hoch und sagte: ›Hört einfach zu!‹« Bei dieser Kakophonie von Explosionen und Geschrei empfand ein Offizier das Hintergrundrauschen in seinem Kopfhörer als vergleichsweise beruhigend.[75]

Direkt hinter Vandeleurs Spähpanzer fuhren zwei Fahrzeuge der RAF, in denen die vorgeschobenen Flugleitoffiziere, Squadron Leader Max Sutherland und Flight Lieutenant Donald Love, saßen. Love sah Kühe, wahnsinnig vor Angst, auf den Feldern beiderseits der Straße im Kreis galoppieren, während um sie herum die Schlacht tobte. Am Grenzpfosten, »einem dieser kleinen gestreiften Dinger«, entdeckte er »einen abgetrennten Menschenkopf, und ein paar Meter entfernt den kopflosen Körper eines Deutschen«. Zu seiner Entrüstung musste Love feststellen, dass einige der Typhoon-Piloten keine Karten mit dem richtigen Raster hatten, denn als Sutherland ihnen die Ziele mitteilte, konnten sie damit nichts anfangen. Nun mussten sie die längs der Front brennenden Panzer »als Orientierungspunkte für die Stellungen der eigenen vorgeschobenen Truppen nutzen«.[76]

Die Typhoons kamen so nahe an sie heran, dass Sutherland bereits gelbe Leuchtkugeln zur Markierung der eigenen Truppen abschießen wollte, aber das war gefährlich, denn sie konnten der deutschen Artillerie die Zielfindung erleichtern. Vandeleur glaubte schon, die Typhoons attackierten aus Versehen seine Irish Guards mit ihren Bordkanonen, doch dann bemerkte er seinen Irrtum. Was die Panzerbesatzungen für Geschosse gehalten hatten, die an ihren Fahrzeugen abprallten, waren die leeren Geschosshülsen gewesen, die nach dem Abfeuern von den tief fliegenden Typhoons herabfielen.

Lieutenant John Quinan, der aus seinem brennenden Sherman-Panzer herausgekommen war, stand bei einem Mann, den ein Scharfschütze ins Herz getroffen hatte. »Als er fiel, sagte er ganz deutlich ›O Gott!‹«, erinnerte sich Quinan. »Ich habe oft daran gedacht, dass es interessant wäre, darüber zu spekulieren, ob er die Worte vor oder nach seinem Tod sprach.«[77]

Als die Shermans der 2nd Company in Flammen aufgingen, befahl Major Edward Tyler seinen Panzern, die Straße zu verlassen und auf die Polder auszuweichen. Dort war es glücklicherweise trocken, und so konnten sie nach rechts ausscheren. Lance Sergeant Cowan, der für sein Adlerauge berühmt war, entdeckte ein getarntes Sturmgeschütz und schaltete es mit der 17-Pfünder-Kanone seines Sherman Firefly aus. Die Besatzung samt Kommandant ergab sich, und Cowan befahl ihnen, auf seinem Panzer aufzusitzen. Während der Fahrt tippte ihm der deutsche Kommandant auf die

Schulter und machte ihn auf ein weiteres Sturmgeschütz aufmerksam, das er übersehen hatte. Auch dieses wurde zerstört. »Danach erledigte diese außerordentliche Kombination des Kommandanten einer ehemals feindlichen Selbstfahrlafette und eines Sergeant der Irish Guards noch ein drittes Sturmgeschütz.«[78] Der Deutsche sprach passabel Englisch und war begeistert von der Zielgenauigkeit des Firefly. Sein merkwürdiges Verhalten erklärte er damit, dass er Berufssoldat sei und nicht zusehen könne, wenn jemand die falsche Taktik anwandte, wie er es bei Cowan vermutete.

Die Infanterie, die das 3rd Battalion begleitete, machte ebenfalls Gefangene. Mit Scharfschützen gingen die Guards sehr grob um. Sie zwangen sie, in Zweierreihe auf der Straße zu marschieren, während sie sie mit ihren Bajonetten vor sich her stießen. Ein Gefangener geriet offenbar in Panik und versuchte zu fliehen. »Offen gesagt, er war schon in der Sekunde tot, als ihm der Gedanke in den Sinn kam. Alle schienen auf ihn zu schießen. Er kam höchstens fünfzehn, zwanzig Meter weit, bis er von Kugeln durchsiebt war.«[79]

Als die deutschen Gefangenen mit den Händen hinter dem Kopf an der Reihe der Fahrzeuge entlanggingen, »erfasste ich aus dem Augenwinkel eine Bewegung«, berichtete Vandeleur. »Einer der Bastarde hatte nach einer versteckten Handgranate gegriffen und warf sie in eine unserer Selbstfahrlafetten … Ich sah einen unserer Sergeants mit abgerissenem Bein am Straßenrand liegen.«[80] Der Deutsche, der sofort niedergeschossen wurde, gehörte dem Fallschirmjäger-Regiment Hoffmann der Kampfgruppe Walther an. Wegen der schmutzigen Kampfmethoden von Hoffmanns Männern galt es bei den Irish Guards als selbstverständlich, so viele von ihnen wie möglich zu töten.

Bei der wilden Aufklärungsfahrt von Lieutenant Buchanan-Jardine mehrere Tage zuvor hatte sich herausgestellt, dass die Deutschen die Bevölkerung gezwungen hatten, vor Valkenswaard einen Panzerabwehrgraben auszuheben. Daraufhin befahl Vandeleur einem gepanzerten Bulldozer, direkt hinter der Spitze der Fahrzeugkolonne zu rollen. Das war eine kluge Entscheidung, denn er musste die neun abgeschlossenen eigenen Panzer von der Straße schieben, damit die Kolonne ihren Weg fortsetzen konnte. Nach dem bösen Schock des Hinterhalts, bei dem so viele seiner Panzer außer Gefecht gesetzt wurden, war Vandeleur darüber besorgt, was noch alles vor ihnen lag.

9

Die Reaktion der Deutschen
Sonntag, 17. September

An diesem Sonntagmorgen im sonnigen Frühherbst standen Angehörige von Kraffts SS-Ausbildungs- und Ersatz-Bataillon 16, die keinen Dienst hatten, spät auf, weil sie am Abend zuvor kräftig getrunken hatten. In der Ferne hörten sie die Straßenbahn von Oosterbeek nach Arnheim rumpeln, notierte SS-Sturmmann Bangard.[1]

Krafft selbst hatte in seiner Kommandostelle in der Nähe der Eisenbahnstation Oosterbeek Hoog Formalitäten zu erledigen. Dass Mosquitos Arnheim attackierten und B-17 Wolfheze mit Bomben belegten, überraschte ihn sehr. Das waren doch keine wichtigen militärischen Ziele! Als Jagdbomber etwas später gegen die Flak-Stellungen in seiner unmittelbaren Umgebung anflogen, setzte er die Besatzungen der 20-mm-Flak in Aktion. Was für ein wunderbarer Schall – wie Trommelschlag –, freute sich Krafft, als er sie schießen hörte. Es wärmte ihm das Herz.[2]

Generaloberst Student in der Nähe von Vught war bei seiner Büroarbeit gut vorangekommen. »In den Mittagsstunden«, so schrieb er, »wurde ich plötzlich von meinem Schreibtisch aufgeschreckt durch ein Brausen in der Luft, das immer stärker anschwoll. Ich trat auf den Balkon hinaus. Überall wohin ich blickte, sah ich Flugzeuge – Truppentransporter und Schleppzüge mit Lastenseglern –, die in lockeren Verbänden oder einzeln und ganz niedrig vorbeiflogen.«

Student, dem alten Schlachtross der Fallschirmtruppen, kamen nostalgische Gedanken an die Angriffe, die er 1940 in den Niederlanden und 1941 auf Kreta erlebt hatte. »Ich war tief beeindruckt von diesem gewaltigen Schauspiel, das sich mir so plötzlich darbot. In diesem Augenblick dachte ich nicht an die Gefährlichkeit unserer Lage, sondern ich dachte voller Andacht und Wehmut an unsere eigenen früheren Luftlandeunternehmen zurück. Wenn ich doch jemals solche mächtigen Mittel zu meiner Verfügung gehabt hätte!«[3] Als sein neuer Stabschef, Oberst i. G. Reinhard, zu ihm auf den Balkon kam, stiegen die beiden Männer auf das flache Hausdach. Unten liefen Kraftfahrer und Mitarbeiter des Stabes mit ihren Gewehren vor das Haus und schossen auf die Flugzeuge, die so niedrig herangebraust kamen.

Auch Generalfeldmarschall Model im Hotel Tafelberg hatte eine Weile draußen gestanden und die Fliegenden Festungen B-17 gesehen. Er vermutete, dass deren Ziel Deutschland war. Später beim Mittagessen wurde Oberst i. G. Hans Georg von Tempelhoff ans Telefon gerufen und aufgefordert, aus dem Fenster zu schauen. Dort sah er Fallschirmspringer und Lastensegler. Er rief Model und Krebs herbei, die sich neben ihn stellten. Beide Männer trugen Monokel, die offenbar herunterfielen, als sie verblüfft die Brauen hoben. Krebs konstatierte, dies sei die Entscheidungsschlacht des Krieges.

Model meinte vorwurfsvoll, Krebs solle nicht dramatisieren. Die Sache sei auch so klar. Er befahl Tempelhoff, seine Pflicht zu tun. Als Einsatzoffizier lief Tempelhoff zum Telefon zurück, um alle Einheiten in der Gegend, in erster Linie das II. SS-Panzerkorps, anzurufen. Als er so viele wie nur möglich erreicht hatte, wählte er Generalfeldmarschall von Rundstedts Hauptquartier an. Tempelhoff war bestürzt, wie gelassen, ja geradezu gleichgültig man dort die Nachricht aufnahm.[4]

Über die Abfahrt vom Hotel Tafelberg existieren verschiedene Berichte. In einigen heißt es, sie habe sich in Panik vollzogen. Laut Obergruppenführer Bittrich, der nicht vor Ort war, rannte Model auf sein Zimmer und warf seine Sachen in den Koffer. Als er nach unten hastete und zum Wagen lief, sei der Koffer aufgegangen, und alle seine Toilettenartikel hätten verstreut auf der Straße gelegen. Seine Männer halfen ihm, alles aufzusammeln und ein zweites Mal zu verstauen – und weg waren sie.[5] Ein anderer berichtete, Krebs habe Mütze, Pistolengurt und alle Einsatzkarten vergessen, auf denen die deutschen Aufmarschpläne längs der gesamten Westfront von den Niederlanden bis zur Schweiz eingezeichnet waren. Versionen, die überzeugender klingen, meinen, dass man in Eile, aber geordnet abgefahren sei.

Unannehmlichkeiten gab es natürlich. Ein Stabsoffizier, dem auffiel, dass er seine Zigarren im Hotelzimmer hatte liegen lassen, erregte sich darüber, dass die nun ein Offizier des Feindes genießen werde. Andere wie Oberleutnant Jedelhauser bedauerten den Verlust ihrer Wäsche, denn sie waren nur mit dem abgefahren, was sie auf dem Leibe trugen. In einem waren sich jedoch alle einig. Model und sein Stab waren überzeugt, dass der Angriff der Luftlandetruppen Teil eines Planes sei, des Chefs der Heeresgruppe B habhaft zu werden. Sie gingen davon aus, dass Niederländer ihre Anwesenheit in Oosterbeek verraten hatten.

Models Fahrzeugkolonne rollte in höchstem Tempo in Richtung Arnheim. Sie hielt kurz beim Stab des Stadtkommandanten, Generalmajor Kussin. Model beauftragte ihn, sich einen genauen Überblick über das Geschehen zu verschaffen. Seine Kolonne fuhr, von Feldgendarmerie auf Motorrädern mit Beiwagen begleitet, zunächst zu seinem Stabsquartier Terborg im Hinterland und dann zu Bittrichs Stab im Schloss Slangenburg bei Doetinchem, nur wenige Kilometer davon entfernt.

Nach der raschen Abfahrt des Stabes von Heeresgruppe B aus Oosterbeek spielten sich im nahe gelegenen Hotel Schoonoord wilde Szenen ab. Deutsche Offiziere rannten kopflos hin und her, warfen ihr Gepäck in Autos und auf LKWs, während deutsche weibliche Hilfskräfte, wegen der Farbe ihrer Uniformen »graue Mäuse« genannt, in ihre Unterkunft am Utrechtseweg eilten, um ihre Sachen zu holen und zu fliehen.[6]

Auch in Arnheim begann eine wilde Flucht der rückwärtigen Dienste, berichtete ein Dr. Gerhardt. Personenwagen voller Offiziere, Zahlmeister und Truppenhelferinnen, mit Koffern und anderem Gepäck hoch beladen, LKWs voller Männer, Radfahrer, Soldaten in Gruppen oder einzeln – alles verließ, so schnell es ging, die bedrohte Stadt.[7] Niederländische Zivilisten, die vor ihren Haustüren oder Gartentoren standen, wollten wissen, was passiert sei. Da es keinen Strom gab, blieb das Radio stumm.

Panik schien auch den Stab der 3. Jagddivision der Luftwaffe in Deelen erfasst zu haben. In der Erwartung, von Paratroopern der Alliierten gefangen genommen zu werden, ordnete der oberste Einsatzoffizier die Vernichtung des Kriegstagebuchs für die letzten sechs Monate an. Dann ließ er per Funk mitteilen, der Gefechtsstand werde von Jagdbombern angegriffen. Wegen »Absetzen von Fallschirmtruppen und Lastenseglern im West-, Südwest-, Süd- und Nordwest-Raum des Divisionsgefechtsstandes« sei es ihnen unmöglich, die Bunker zu verlassen. Vom Stab des I. Jagdkorps erging der »Befehl zur Verlegung der 3. Jagddivision nach Duisburg und zur Sprengung des Bunkers«. Zugleich wurde eine hastig zusammengestellte Truppe des Bodenpersonals nach Süden geschickt, um britische Paratrooper aufzuhalten, die auf dem Amsterdamseweg vorzurücken suchten.[8]

Für Kraffts Bataillon schien sich die Lage gegen Mittag wieder zu beruhigen.[9] Es war Sonntag, und man habe ein gutes Essen bekommen, notierte Bangard. »Wir empfingen pro Mann ein herrliches Kotelett und als Nachspeise eine große Portion Pudding. 13:40 Uhr: Der Ruf ›Fallschirmjäger!‹ drang an unser Ohr. Hörten wir recht: ›Fallschirmjäger‹?« Erst glaubten sie, das sei ein Irrtum. Krafft selbst habe den markerschütternden Schrei gehört. Über den Gipfeln der Bäume im Westen habe er gesehen, wie sich Segler von einem Schleppflugzeug lösten. Ihm sei ganz flau im Magen geworden, berichtete Krafft später mit der den Deutschen in solchen Dingen eigenen Unverblümtheit. Er löste sein Koppel und verschwand hinter den Büschen. Danach fühlte er sich eindeutig besser, er zog die Hose hoch, kehrte zu seinem Gefechtsstand zurück und befahl: »Bataillon, marschfertig machen!«[10]

Während Kraffts Männer seinen Erläuterungen zuhörten, luden sie zusätzliche Munition und Handgranaten in Säcke und Uniformtaschen. »Fieberhaft wurden die letzten Sachen eingepackt«, berichtete Bangard, »Stahlhelm auf, angeschnallt, Gewehr in die Hand, und raus.!«[11] Krafft war inzwischen klar geworden, dass die Operation offenbar der Straßenbrücke von Arnheim als Hauptziel galt. Für eine Attacke auf Models Hauptquartier war sie zu groß, und die Brücke stellte das einzige strategische Ziel in der Gegend dar. Es sei seine Aufgabe gewesen, den Feind aufzuhalten, schrieb er in seinem Bericht. Er entschied, eine Verteidigungslinie quer über die zwei wichtigsten Straßen nach Arnheim aus Richtung Westen und über die Eisenbahnlinie hinweg aufzubauen. Doch er habe nicht genug Truppen gehabt, um diese bis zum Rheinufer auszudehnen.[12] Kraffts Bataillon zählte 13 Offiziere, 73 Unteroffiziere und 349 Soldaten – insgesamt 435 Mann. Soweit er wusste, gab es in der Nähe nur wenige weitere militärische Einheiten außer der Heeresgruppe B, mit deren Unterstützung er nicht ernsthaft rechnen konnte. Es wäre wohl auch ein sehr ungewöhnlicher Anblick gewesen, Offiziere mit den breiten weinroten Generalstabsbiesen an den Hosen mit Stahlhelm und Maschinenpistolen ins Gefecht ziehen zu sehen, schrieb Krafft. Seine Soldaten seien jung und kaum ausgebildet, aber er habe gute Unteroffiziere und Offiziere, notierte Krafft. Nur ein Leutnant sei desertiert und später standrechtlich erschossen worden. Obwohl zu diesem Zeitpunkt von bewaffneten niederländischen Zivilisten in seiner Nähe keine Rede war, prahlte er wenig überzeugend, sie hätten Ärger mit niederländischen Terroristen gehabt, es ihnen aber ordentlich heimgezahlt.[13]

Krafft behauptet, er habe einen Motorradmelder mit Beiwagen zur schweren Maschinengewehr-Batterie und zu Kompanie 2 in der Nähe von Hotel Wolfheze mit dem Befehl geschickt, sofort anzugreifen und exakte Informationen zu den Stellungen des Feindes zu übermitteln.[14] Doch aus britischen Berichten geht nicht hervor, dass es einen sofortigen Gegenangriff der Deutschen gab. Krafft behauptet auch, er habe seine Mörserbatterie in Aktion gesetzt. Die war mit einem Mehrfach-Raketenwerfer ausgestattet, der gewaltigen Lärm machte und den Eindruck von wesentlich stärkerer Feuerkraft vermittelte, als das Bataillon in Wirklichkeit besaß. Tatsächlich begannen die Kämpfe erst über eine Stunde später, als die ersten britischen Truppen auf dem Weg nach Arnheim auf die ursprüngliche Blockadelinie stießen, die Krafft westlich des Bilderberg-Waldes aufgebaut hatte.

In seinem bombastischen Stil behauptete Krafft später, zwar werde häufig argumentiert, eine kleine Truppe sollte eine weit größere niemals angreifen, doch in diesem Existenzkampf des deutschen Volkes habe es tagtäglich Situationen gegeben, da nur mannhafte Angriffslust zum Erfolg führen konnte.[15] Seine Männer kämpften in der Tat wirkungsvoll, aber in der Verteidigung, nicht im Angriff, wie er behauptete.

Kurz nach 15.00 Uhr erschien der Stadtkommandant von Arnheim, Generalmajor Kussin, im Hotel Wolfheze und erklärte, er habe den Befehlshaber der Wehrmacht für die Niederlande, General der Flieger Christiansen, informiert. Bis zum Einbruch der Dunkelheit sei Verstärkung zu erwarten. Krafft warnte Kussin, nicht über den Utrechtseweg zurückzufahren. Doch Kussin, den zwei Offiziere und der Kraftfahrer begleiteten, war überzeugt, dass dies möglich sei. Nur Minuten später waren sie alle tot, als sie direkt in die Spitze eines Zugs britischer Paratrooper hineinfuhren.

Um 13.40 Uhr, gegen Ende des Mittagessens beim Aufklärungsbataillon der SS-Panzer-Division »Hohenstaufen«, erhielt Standartenführer Harzer einen dringenden Anruf von seiner Kommandostelle. Das Nachrichtennetz der Luftwaffe hatte Obergruppenführer Bittrich gerade über die ersten Landungen von Paratroopern und Seglern informiert. Seine Botschaft an Harzer lautete: Fallschirmjäger bei Arnheim gelandet. Sofort Alarm auslösen. Befehle folgen.[16] Harzer konnte nur noch Gräbner rasch zurufen, er möge seine Männer in Aktion setzen. Er musste wissen, wie lange es dauerte, bis sie ihre Halbpanzer zusammengeschraubt und die Waffen aufmontiert hatten. Es hatte keinen Sinn, auf ihr Pech zu fluchen. Ohne Gräbners kleinen Trick, die Fahrzeuge zeitweilig für unbrauchbar zu erklären, hätten sie jetzt überhaupt keine zur Verfügung. Nach kurzem Gespräch mit dem Chefmechaniker versprach Gräbner, sie seien binnen drei Stunden zur Abfahrt bereit.

Harzer überschlug rasch, welche Truppen ihm zur Verfügung standen. Einige waren bereits nach Siegen in Deutschland abgefahren und mussten zurückgerufen werden. Das Panzerregiment der »Hohenstaufen« hatte keinen einzigen Panzer einsatzbereit, also mussten die Besatzungen als Infanterie ins Gefecht ziehen. Jetzt bedauerte er sehr, dass man ihn gezwungen hatte, zwei Panzergrenadierbataillone an die Kampfgruppe Walther südlich von Eindhoven und das exzellente Bataillon Euling an die Schwesterdivision »Frundsberg« abzugeben. Daher hing nun viel von den anderen Elementen der Division – Pioniere, Artillerie und Flak – ab.

In Brummen, nordöstlich von Arnheim an der Straße nach Zutphen, stand SS-Hauptsturmführer Hans Möller vom Pionierbataillon der Division »Hohenstaufen« mit seinem Adjutanten, Untersturmführer Grupp, im Freien, um den schönen Tag zu genießen. Unvermittelt wurde Möller auf eine Anzahl winziger weißer Pünktchen hoch oben am Himmel aufmerksam. »Lämmerwölkchen«, vermutete er und korrigierte sich sofort: »Nein – Flak-Wolken! Nein, nicht so viele.« Ihm fiel auf, dass auch niederländische Zivilisten stehen geblieben waren und nach oben schauten. »Mensch, Grupp, das sind Fallschirme!« Beide rannten los, um Alarm zu schlagen.[17]

Anders als in der britischen Armee üblich, warteten deutsche Offiziere nicht Befehle von oben ab. Daher mobilisierte nicht nur das Bataillon Krafft auf eigene Initiative. Sowohl Möllers unterbesetztes Pionierbataillon als auch das Artillerieregiment der Division »Hohenstaufen«, das mehrere Kilometer näher bei Dieren stand, machten sich, so rasch sie konnten, in Richtung Feind auf den Weg. Als Erstes setzte Möller auf der Stelle seinen Aufklärungszug unter Oberscharführer Winnerl in Bewegung. Die übrige Einheit folgte binnen zwei Stunden. Weitere Einheiten hielten sich an den alten preußischen Grundsatz, stets in Richtung des Kanonendonners zu marschieren. Als die Nacht hereinbrach, führte der Kommandeur des Artillerieregiments, SS-Obersturmbannführer Spindler, eine gemischte Gruppe verschiedener Einheiten der Division »Hohenstaufen«, jetzt Kampfgruppe Spindler genannt, ins Gefecht.

Bald darauf war jede Einheit der rückwärtigen Dienste, die mit einer Waffe umgehen konnte, in den Niederlanden und im Wehrkreis VI, dem angrenzenden Militärbezirk des Reichs, mobilisiert. Dazu gehörten Polizeibataillone und selbst Jugendliche vom Reichsarbeitsdienst in ihren braunen Uniformen, von denen die Niederländer glaubten, es sei die Hitlerjugend. Ein Gefreiter notierte in seinem Tagebuch, als sie die Nachricht erhielten: »Wir erfahren, dass im Raum Arnheim und Nimwegen feindliche Fallschirmtruppen gelandet sind. Wir sollen zu kurzfristigem Einsatz kommen. Waffen und Munition sowie eiserne Ration werden ausgegeben. Genaueres ist nicht bekannt.«[18]

Herbert Stelzenmüller, ein Kadett der Kriegsmarine, unternahm gerade einen Sonntagsspaziergang in der Altstadt von Kleve, unmittelbar jenseits der deutschen Grenze, als er die Sirenen heulen hörte. Feldgendarmen fuhren durch die Straßen und riefen alles Dienstpersonal in die Kasernen zurück. Die Kadetten wurden mit 1940 erbeuteten niederländischen oder belgischen Gewehren ausgerüstet und nach Nimwegen gefahren. Unterwegs sahen Stelzenmüller und seine Kameraden einen Offizier des Reichsarbeitsdienstes mit zwei niederländischen Teenagern, die er mit orangefarbenen Armbinden ertappt hatte. Der RAD-Kommandeur habe die Pistole gezogen und die beiden unbewaffneten niederländischen Jungen kaltblütig erschossen. Sie fielen tot in den Straßengraben.[19]

SS-Brigadeführer Harmel von der Division »Frundsberg« erreichte Berlin erst am Sonntagvormittag. Hier musste er feststellen, dass das Führungshauptamt der Waffen-SS wegen der zunehmenden Bombenangriffe nach Bad Saarow östlich der Hauptstadt verlegt worden war. Dort traf er gegen Mittag ein. Er hatte zu warten, bis SS-Obergruppenführer Hans Jüttner ihn empfing. Der Mann mit dem weißen Haar, der weichen, blassen Haut und der randlosen Brille wirkte auf ihn eher wie ein gutsituierter Zahnarzt als der Chef der Waffen-SS. Es zeigte sich sofort, dass der Umzug und die verzweifelten Umstände des Rückzugs aus Frankreich in diesem Stab beträchtliche Verwirrung ausgelöst hatten.

Während des Gesprächs brachte ein Mitarbeiter eine Nachricht aus dem Fernschreiber herein. Jüttner las sie Harmel laut vor. Sie stammte von Bittrich. Der befahl Harmel, sofort zurückzufahren. Als Grund gab er Luftlandeaktionen der Alliierten im Raum Arnheim an. Nach äußerst kurzer Verabschiedung lief Harmel zu seinem Wagen und befahl dem Chauffeur, zu fahren wie der Teufel. Er hatte sich auf mindestens neun Stunden Fahrt einzurichten, denn das Ruhrgebiet wurde bombardiert, und sie mussten bei Nacht mit abgeblendeten Scheinwerfern fahren. Harmel wollte so schnell wie möglich bei seinen Männern sein. Er wusste, dass jetzt rasches Handeln gefragt war.[20]

SS-Obergruppenführer Hans Rauter befand sich in Den Haag, als er von der Luftlandeaktion der Alliierten erfuhr. Als Erstes rief er Sturmbannführer Helle vom niederländischen SS-Wachbataillon »Nordwest« im KZ Amersfoort an. Der war jedoch mit seiner javanischen Geliebten beschäftigt. Er hatte seinem Adjutanten, Obersturmführer Naumann, strengsten Befehl erteilt, nicht gestört zu werden. Naumann unternahm daher nichts, als der Bürgermeister der Stadt anrief und mitteilte, weiter östlich seien Paratrooper in großer Zahl gelandet. Doch als das Telefon erneut klingelte und Obergruppenführer Rauter persönlich sich meldete, sprang er auf und stand stramm. Das Bataillon habe sofort auszurücken, erklärte Rauter. Sturmbannführer Helle solle sich unverzüglich bei General von Tettau einfinden. Diesmal musste Naumann seinen Vorgesetzten stören.[21]

Das Hauptquartier von Generalleutnant Hans von Tettau befand sich in Grebbeberg bei Wageningen westlich von Arnheim. Christiansen hatte den größten Teil der entmutigten und unbewaffneten Männer, die aus der Normandie entkommen waren, am Nordufer des Niederrheins in Stellung gebracht. Da er nicht wollte, dass sie die Moral seiner eigenen Truppen verdarben, hielt er sie von diesen getrennt. Tettaus Kommando war verantwortlich dafür, die Versprengten, die über den Niederrhein kamen, aufzufangen, zu disziplinieren und in die bunt zusammengewürfelten Einheiten einzugliedern. Doch Tettau mit dem abgezehrten, müden Gesicht war kaum ein inspirierender Führungsoffizier. Wie die meisten höheren Dienstgrade ging er zunächst davon aus, dass die Briten auf dem Flugfeld von Deelen gelandet seien. »Unsere Führung ist einfach jämmerlich«, grollte Oberstleutnant Fullriede in seinem Tagebuch. »Tettau und sein Stab machen den Eindruck eines Alte-Herren-Klubs.«[22]

Danach rief Rauter General Christiansens Stellvertreter Generalleutnant von Wühlisch an. Er unterrichtete ihn über die Befehle, die er Helles Bataillon in Amersfoort erteilt hatte. Rauter behauptete, Wühlisch, voller Angst, der Tag der Abrechnung sei gekommen, habe zurückgefragt, ob er seine Stellungen denn so schwächen könne.

Im Augenblick sei Arnheim die Front, habe Rauter geantwortet. Er wolle jeden kampffähigen Soldaten dort sehen. Sollte es eine Revolte hinter der Front geben, so werde man sie mit Ordonnanzen, Angestellten und Telefonistinnen niederschlagen. Alle seine Reserven seien bereits auf dem Marsch. Wenn man bedenkt, dass Helle zu dieser Zeit wahrscheinlich noch nicht einmal angezogen war, dann mutete diese Behauptung reichlich optimistisch an.

Na dann, viel Glück, habe Wühlisch kalt erwidert und aufgelegt. Nach seinem eigenen Bericht will Rauter danach den Reichsführer-SS Heinrich Himmler in Berlin angerufen haben, um ihn über die Invasion zu informieren. Der habe gefragt, was er zu tun gedenke.

Er werde sich sofort nach Arnheim begeben, habe Rauter geantwortet. Alle seine Reserven habe er bereits dorthin geworfen. Er könne nur hoffen, dass die Widerstandsbewegung ihn in dieser kritischen Stunde nicht störe. Himmler habe ihm Kraft gewünscht. Rauter fuhr sofort ab und geriet auch nicht in einen Hinterhalt von »Terroristen«. Das Soldatenglück sei ihm hold gewesen, behauptete er.[23]

10

Die Landungen der Briten Sonntag, 17. September

Als erste Angehörige der britischen 1st Airborne Division kamen die Pathfinders der 21st Independent Parachute Company an. Pünktlich um 12.40 Uhr waren sie aus den zwölf Stirling-Bombern abgesprungen. Dabei ließ ein unglücklicher Corporal seine Sten-Maschinenpistole, eine für ihre Unzuverlässigkeit berüchtigte Waffe, bei Bodenberührung fallen, ein Schuss löste sich und tötete ihn.[1] Jeweils ein Zug sicherte die Landegebiete S und Z für die Lastensegler sowie das Absprunggebiet X für die Paratrooper. Dann stellten sie Eureka-Zielsuchgeräte auf. Ein deutscher Motorradfahrer hielt bei ihnen und fragte, ob sie Tommies gesehen hätten. Ein verhängnisvoller Fehler, dachten die Pathfinder.

Um 13.00 Uhr landeten die ersten der 300 Segler, nachdem sie sich eineinhalb Kilometer zuvor von den Schleppflugzeugen abgekoppelt hatten. Die Brigade ging nördlich der Eisenbahnlinie in Landegebiet S zu Boden. Bald waren Sanitätergruppen voll damit beschäftigt, Verletzte aus hart gelandeten Seglern zu behandeln. Sechzehn Fluggeräte der Brigade trafen nicht im Landegebiet ein, die Hälfte mit Männern des 7th Battalion der King's Own Scottish Borderers (KOSB) besetzt. Ein Dudelsackpfeifer stimmte die Weise »Blue Bonnets over the Border« an, das Signal für die Kompanien, sich zu formieren. Ein rascher Zählappell ergab, dass das Bataillon trotz der vermissten Segler immer noch 40 Offiziere und 700 Soldaten zählte.[2] Sie hatten den Auftrag, zusammen mit dem 2nd Battalion des South Staffordshire Regiment und dem 1st Battalion des Border Regiment die Absprung- und Landegebiete zu sichern.

In den darauffolgenden vierzig Minuten landeten Trupps der Division in Horsa-Seglern und einige der großen Hamilcar-Lastensegler in Landungsgebiet Z. Letztere brachten die 75-mm-Haubitzen des Light Regiment der Royal Artillery, dazu Panzerabwehrkanonen, Jeeps, mit dem Bren-LMG bestückte leichte Panzerjäger, die Fallschirmkompanie der

Royal Engineers – der Königlichen Pioniere –, Sanitätswagen und die Aufklärungskompanie. Ein Hamilcar »hatte eine schlechte Landung«, berichtete der höchste Militärarzt vor Ort. »Offenbar krachte er mit großer Geschwindigkeit auf ein Kartoffelfeld und wühlte sich tief in die Erde, worauf er sich überschlug. Der eine Pilot wurde getötet, der andere von der Fracht eingeklemmt.«[3]

Von den Lastenseglern, die nie ankamen, wurde einer, der einen leichten Panzerjäger trug, offenbar von einem Trupp abgeschossen, der einem »Mohrenbataillon des SS-Regiments Götz Berens von Rautenfeld« angehörte.* Die Einheit hatte Befehl, eine Kreuzung an der Straße Breda–Tilburg zu verteidigen. Ihnen war es gelungen, den Lastensegler mit dem Feuer von Kleinwaffen herunterzuholen. Ihr Kommandeur, ein Leutnant Martin, notierte in seinem Tagebuch, auf dem Segler habe mit Kreide geschrieben der Satz gestanden: »Ist diese Reise unbedingt notwendig?«[4] Dieses Beispiel britischen Humors, eine Abwandlung der von der Regierung ausgegebenen Losung zur Reduzierung des Binnenverkehrs im Land, scheint den jungen deutschen Offizier ziemlich irritiert zu haben.

Ein Postbote namens Jan Donderwinkel, der noch seine Uniform trug, aber einen Verbandskasten bei sich hatte, erschien im Landegebiet S, um zu helfen. Er staunte nicht schlecht, als Soldaten das Heck eines Lastenseglers öffneten und einen Jeep herausfuhren. Dann sah er einen Soldaten am Boden liegen, der sich bei der Landung eines Seglers beide Beine gebrochen hatte. »Sind Sie ein Postbote?«, fragte ihn der Soldat. »Ja«, antwortete Donderwinkel. »Haben Sie etwa einen Brief für mich?«

»Nein«, erwiderte Donderwinkel, aber haben Sie eine Zigarette für mich?« Der verletzte Soldat musste lachen und reichte ihm ein Päckchen Player's. Donderwinkel schleppte den Soldaten auf seinem Rücken in die Anstalt von Wolfheze, wo die 131st (Parachute) Field Ambulance bereits den Hauptverbandplatz eingerichtet hatte.[5] Insassen der Einrichtung, welche die Explosion des Munitionslagers nach einem Bombeneinschlag in Angst und Schrecken versetzt hatte, irrten immer noch in den Wäldern umher. Es war sehr schwierig, sie zur Rückkehr in das Heim zu bewegen.

Zunächst glaubte man, Major Freddie Goughs Reconnaissance Company hätte bei dem Überflug eine große Zahl ihrer 32 bewaffneten Jeeps verloren. In Wirklichkeit fehlten am Ende nur vier. Sechs weitere steckten

* Die Anwesenheit (bosnischer) Muslime der 13. SS-Division »Handschar«, die damals noch gegen Partisanen in Jugoslawien kämpfte, in den Niederlanden, ist überraschend, aber nicht unmöglich, da man sie dem XII. SS-Armeekorps zugeteilt haben könnte.

in Lastenseglern fest, die eine Bruchlandung hingelegt hatten. An sie kam man nur heran, wenn die Heckpartie entfernt wurde. »Unser Lastensegler ist hart gelandet«, berichtete ein junger Aufklärungsoffizier, »mit dem Heck nach oben. Wir haben viereinhalb Stunden gebraucht, um ihn zu entladen.«[6]

Die Aufklärungskompanie hatte den Auftrag, als Erste blitzartig bis zur Brücke vorzustoßen. Dabei gab es eine weitere Verzögerung, weil Gough darauf bestanden hatte, mit dem Fallschirm abzuspringen. Er hasste Segler. Den meisten seiner Männer ging es ebenso, und auch sie entschieden sich fürs Abspringen. Dadurch kamen sie nicht gleichzeitig mit ihren Jeeps an, die mit dem Zwillings-MG Vickers K bestückt waren.[7] Gough war ärgerlich, dass man ihnen nicht den gleichen Auftrag erteilt hatte wie in den Plänen für Operation Comet, die den Absprung seiner Kompanie in der Nähe von Elst, südlich des Niederrheins zwischen Arnheim und Nimwegen, vorgesehen hatten. Am Ende setzte sich die erste Gruppe der Aufklärungskompanie erst nach 15.40 Uhr in Marsch, zwei Stunden nachdem alle Segler gelandet waren.

Um 13.50 Uhr traf der Verband von 145 Dakota C-47 ein und begann etwa 2700 Mann, zumeist von der 1st Parachute Brigade unter Brigadier Gerald Lathbury, abzusetzen. Lieutenant Patrick Barnett, der den Sicherungszug für den Brigadestab befehligte, sprang als Erster aus der Maschine. Als er gelandet war, wunderte er sich, wo die Männer seines Zuges blieben. Erst später stellte sich heraus, dass sein Bursche im letzten Moment die Nerven verloren und sich niedergesetzt hatte, wodurch er die anderen am Abspringen hinderte. Der Pilot musste eine zusätzliche Schleife fliegen.[8]

Bauern aus der Umgebung und deren Frauen eilten herbei und halfen den Männern, sich aus den Fallschirmen zu befreien. Eigentlich ging es ihnen darum, an die wertvolle Seide zu kommen, aus der sie Kleidung und Unterwäsche nähten.[9] In etwas mehr als zehn Minuten waren alle Mann gelandet, zum Glück mit nur wenigen Knochenbrüchen. Corporal Terry Brace, ein Sanitäter, kämmte sich nach der Landung erst einmal das Haar. Als sein Sergeant Major das sah, brüllte er ihn an: »Brace, was kümmert Sie die Frisur, wenn Sie im nächsten Moment Ihren dämlichen Kopf verlieren können!«[10]

Als alle endlich festen Boden unter den Füßen hatten, wurden die Angehörigen des 2nd Parachute Battalion mit dem bekannten Signal von Lieutenant Colonel John Frosts Jagdhorn zusammengerufen. Frost verlor keine Zeit. Seine Bataillongruppe startete um 15.00 Uhr nach Süden in Richtung

Heelsum. Dann sollte sie nach Osten einschwenken und der Route mit dem Codenamen »Löwe« durch den Wald von Doorwerthse folgen, dem kürzesten Weg, der zum Fluss führte. Ihr Hauptziel war die große stählerne Straßenbrücke über den Rhein, die einschließlich der Auffahrten auf beiden Seiten eine Länge von 600 Metern hatte.

Am schnellsten von allen startete der aus elf Mann bestehende Trupp der Militärpolizei, der damit bewies, dass Geschwindigkeit an diesem Tag alles war. Er rollte auf direktem Wege in die Stadt Arnheim hinein und erreichte, ohne auf Widerstand zu stoßen, sein Ziel, die Polizeizentrale. Dort saß er in *splendid isolation*, bis das Gebäude etwa 48 Stunden später von der Waffen-SS gestürmt wurde.[11]

Das 3rd Parachute Battalion, dessen Ziel ebenfalls Arnheim war, schlug die zentrale Route über den Utrechtseweg mit dem Codenamen »Tiger« ein. Da der Kommandeur der Brigade, Lathbury, den Eindruck hatte, alles laufe nach Plan, befahl er dem 1st Battalion, seiner Reserve, die nördliche Route nach Arnheim über den Amsterdamseweg mit Codenamen »Leopard« zu nehmen. Als er kurz darauf die irreführende Nachricht von den Problemen bei den Jeeps des Aufklärungszugs erhielt, schickte er Frost den Befehl, so schnell wie möglich vorzustoßen. In diesem Stadium schien der Funkverkehr noch recht gut zu funktionieren, doch bald darauf erwiesen sich die Wälder und Gebäude als beträchtlicher Störfaktor. Das Gerät 22 war einfach nicht stark genug, worauf die Nachrichtenoffiziere zuvor hingewiesen hatten. Außerdem betrieben die Deutschen einen starken Störsender im Funknetz der Division. Bedauerlicherweise hatte man im Vorhinein keine klaren Festlegungen über einen Frequenzwechsel getroffen. Schließlich wurde um 17.30 Uhr ein Motorradmelder mit den neuen Frequenzen zur 1st Parachute Brigade geschickt. Er kehrte Stunden später zurück, ohne sie gefunden zu haben.

Nur wenig besser erging es in dieser Hinsicht einer großen Truppe der amerikanischen Luftunterstützung unter Führung von Lieutenant Paul B. Johnson von der US 101st Airborne Division. Sie wurde mit britischen Seglern eingeflogen. Nach einer weichen Landung hatten die Männer binnen fünf Minuten ihre Jeeps ausgeladen und fuhren zum Sammelpunkt. Lediglich einer der Segler hatte seinen Bug in den Boden gebohrt, und die Insassen hatte es »ein wenig durchgerüttelt«. Sobald Johnsons Team den Ort am Rand des Landegebiets erreicht hatte, wo der zeitweilige Befehlsstand der Division eingerichtet werden sollte, wurde das Funkgerät eingeschaltet, aber es bekam keine Verbindung. Den Partnern am anderen Ende ging es ebenso. »Während des Nachmittags hatten wir mehrfach Kontakt mit einem Sender, der nicht auf unseren Authentifikator reagierte, sondern uns nach der Stärke seines Funksignals fragte und aufforderte, ihm eine Reihe V zu schicken.« Daraus schlossen sie, dass sie an einen verkappten deutschen Störsender geraten sein könnten. Die Funker mühten sich die ganze Nacht, jedoch ohne Erfolg.[12]

So wie das 1st Battalion setzten sich um 15.30 Uhr auch die Jeeps der 1st Parachute Squadron Royal Engineers in Bewegung. Um die Stimmung zu heben, hatte jemand eine Radiostation eingestellt, die bei ihrem Aufbruch den »Tiger Rag« spielte.[13] Als die Jeeps mit den Haubitzen des Light Regiment im Schlepp anfuhren, wählte Lance Bombardier Jones wie gewohnt die linke Fahrbahn. Sein Battery Sergeant fluchte, weil er damit verriet, dass sie Briten waren.[14]

Die Dinge liefen allzu glatt. Die Paratrooper waren erstaunt, wie problemlos sich diese Landung bei Tageslicht im Vergleich zu den chaotischen Szenen auf Sizilien und beim Einsatz der 6th Airborne Division in der Normandie vollzogen hatte. »Die Verluste waren geringer als erwartet, da es während des Fluges und bei der Landung im Grunde keine Gegenwehr des Feindes gegeben hatte«, notierte Colonel Graeme Warrack, der stellvertretende Chef des medizinischen Dienstes.[15] Zunächst stießen sie nur auf einzelne deutsche Soldaten, die sich sofort ergaben. Manchen begegneten sie sogar im Wald, darunter einem mit einer niederländischen Freundin, der das Ganze wesentlich peinlicher war als ihrem Landserfreund. Der ließ sich bereitwillig gefangen nehmen.

Dann aber änderten sich die Dinge schnell. Zu den ersten Zusammenstößen mit Kraffts Männern kam es, als Lieutenant Bucknells Aufklärungskompanie bei Wolfheze die Eisenbahnlinie überquerte und auf einem Weg längs des hohen Bahndamms in Richtung Arnheim rollte. Auf einer Strecke von einem knappen Kilometer gerieten die Jeeps hier in heftiges Feuer von Kraffts Kompanie 2 aus sehr günstig positionierten Stellungen. Bucknell und sechs Mann fielen, vier weitere wurden verwundet gefangen genommen. Gough, der der Truppe folgte, hörte den Schusswechsel. Er wusste, dass seine Jeeps darin verwickelt waren, denn er konnte deutlich das Rattern ihrer Vickers-K-Maschinengewehre ausmachen. Er kehrte um, um das 1st Parachute Battalion unter Lieutenant Colonel David Dobie zu warnen, dass der Weg blockiert sei. Dobie entschied, auf der nördlichen Route über den Amsterdamseweg nach Arnheim zu fahren.[16]

Etwa um diese Zeit fuhr General Urquhart, den das Fehlen jeglicher Information über das Vorrücken seiner Truppen ungeduldig machte, zum Befehlsstand von Hicks' 1st Airlanding Brigade am Eisenbahnübergang von Wolfheze, um zu erfahren, ob der etwas wusste. Hicks' größte Sorge galt in diesem Moment der Tatsache, dass der kommandierende Offizier des Border Regiment samt Segler nicht auffindbar war. Andererseits musste er schmunzeln, denn als erste deutsche Gefangene brachte man ihm eine sehr junge Luftwaffenhelferin. Das arme Mädchen war total verängstigt und weigerte sich, eine Tasse Tee oder auch nur ein Stückchen Schokolade anzunehmen. Offenbar fürchtete sie, diese könnte mit einer gefährlichen Substanz versetzt sein.[17]

Zu diesem Zeitpunkt erreichte Urquhart der irrtümliche Bericht über die nicht eingetroffenen Jeeps der Aufklärungskompanie. Er ließ an Gough funken, der im Grunde ganz in seiner Nähe war, er möge sich so rasch wie möglich bei ihm melden. Angesichts dieser Lage wollte er den Auftrag der Aufklärungskompanie ändern: Statt die Brücke im Handstreich zu erobern, sollte sie die Hauptrouten erkunden, auf denen sich die drei Bataillone vorwärtsbewegten. Gough setzte sich sofort in Richtung Befehlsstand der Division am Rande des Landegebiets in Bewegung, aber inzwischen war Urquhart schon aufgebrochen, um Lathbury und den Stab der 1st Parachute Brigade aufzusuchen. Nun stürzte sich Gough in das aussichtslose Unterfangen, seinen Vorgesetzten zu finden, während Urquhart der große Fehler unterlief, den Kontakt zu seinem eigenen Stab zu verlieren, woran zu einem großen Teil natürlich auch der Zusammenbruch der Funkverbindung schuld war. Von nun an ging fast alles schief.

Das 1st Battalion, das durch den Wald nach Norden in Richtung Amsterdamseweg rollte, fuhr geradewegs in die bunt zusammengewürfelte Truppe vom Flugfeld Deelen hinein, was es beträchtliche Verluste kostete. Diese sogenannte Alarmeinheit der Luftwaffe wurde rasch durch die ersten Schützenpanzerwagen von Gräbners Aufklärungs-Abteilung der SS-Division »Hohenstaufen« verstärkt, welche die geplante Nordroute mit dem Codenamen »Leopard« wirkungsvoll blockierte. Als es dunkel wurde, erhielt Dobie bei einer der wenigen Gelegenheiten, da die Funkverbindung funktionierte, eine Nachricht, in der es hieß, Frosts 2nd Battalion sei dabei, sich zur Brücke durchzuschlagen. Daraufhin entschied Dobie, seinem Auftrag, Nord-Arnheim abzuriegeln, nicht mehr nachzukommen. Er ließ sein Bataillon wenden und rollte wieder nach Süden, um Frost zu unterstützen.

Das 3rd Battalion, dessen Führungszug Generalmajor Kussin niedergeschossen hatte, folgte der mittleren Route auf dem Utrechtseweg. Kurz vor Oosterbeek wurde es von einem deutschen Sturmgeschütz angegriffen, das von der Straße aus feuerte. Diesem gelang es, einen britischen Jeep und ein 6-Pfünder-Panzerabwehrgeschütz zu zerstören. Unter starkem Beschuss aus Kleinwaffen zog es sich schließlich zurück. Lieutenant Colonel John Fitch, der befürchtete, die Straße könnte blockiert sein, schickte die C Company unter Major Peter Lewis aus, um einen anderen Weg zu erkunden. Lewis und seine Männer fuhren bis zur Eisenbahnlinie und folgten dann dem Weg entlang des Schienenstrangs nach Arnheim, auf dem sie kleinere Scharmützel erfolgreich bestanden. Noch vor Mitternacht erreichten sie die Straßenbrücke – ein beeindruckender Erfolg.

Offenbar ließ eines dieser kleinen Scharmützel mit einem Teil von Kraffts Bataillon beim SS-Sturmbannführer die Überzeugung wachsen, dass er Gefahr lief, abgeschnitten zu werden. Er entschied, keine weiteren Versuche zur Behauptung seiner Stellungen zu unternehmen, und zog seine Männer bei Einbruch der Dunkelheit in nordöstlicher Richtung zurück. Dabei stießen sie auf einen Teil der Kampfgruppe Spindler, die gerade ihre eigene Sperrlinie aufbaute. Spindler, der nicht ahnen konnte, dass Kraffts Einheit so nahe war, erhielt von Bittrich Befehl, das Bataillon in seine eigene Truppe einzugliedern.

Major General Urquhart, inzwischen tief beunruhigt über das langsame Vorankommen, war immer noch auf der Suche nach Brigadier Lathbury. Dabei stieß er auf dessen Stabschef, Brigade Major Tony Hibbert. »Als der General angefahren kam«, berichtete Hibbert, »sah ich, dass er wütend war. Er sagte, wir rückten ›viel zu langsam‹ vor.«[18] Urquhart fuhr wieder ab, um weiter nach Lathbury zu suchen. Hibbert teilte Frost Urquharts Besorgnis mit.

Als der Rest von Fitchs 3rd Battalion die mit rotem Backstein gepflasterten Straßen von Oosterbeek erreichte, erlebte es verwirrende Szenen von Freude und Großzügigkeit. »Auf den Straßen riefen die Menschen und zeigten auf uns«, schrieb Jan Voskuil, »sie lachten und klatschten in die Hände. Kleine Jungen hüpften auf und ab.«[19] Da die Helme der Paratrooper rund waren und den üblichen britischen, wie ein Suppenteller geformten nicht ähnlich sahen, fragte Jan Eijkelhoff, ob sie Amerikaner seien. »Sind wir verdammt noch mal nicht!«, kam die beleidigte Antwort. »Wir sind Briten!«[20]

Hübsche niederländische Mädchen küssten die von der Hitze und dem Marsch durchgeschwitzten Soldaten ab. »Überall zeigte man Churchills Victory-Zeichen als Symbol von Freundschaft und Willkommen.« Die jubelnde Bevölkerung, Frauen und alte Männer, boten Obst und Getränke an, sogar Gin. Die Offiziere brüllten Befehle, niemand habe Alkohol zu trinken oder auch nur anzuhalten.[21] Junge Männer tauchten aus ihren Verstecken auf und flehten die Briten an, sie begleiten und mit ihnen kämpfen zu dürfen. Andere Ortsbewohner waren jedoch der Meinung, die Briten gingen übervorsichtig und zögerlich vor. »Britische Soldaten kommen«, schrieb eine Frau. »Wir winken ihnen mit weißen Taschentüchern und orangefarbenen Bändern zu, um sie zu ermutigen, näher zu kommen, weil es sicher ist.« Dann waren plötzlich deutsche Motorräder zu hören. »Wie in Zeitlupe nehmen die Briten die Waffen von den Schultern.« Die Bewohner zogen sich in ihre Häuser zurück, die ängstlicheren gleich bis in die Keller.[22]

Inzwischen war Freddie Gough zum Divisionsstab zurückgefahren, um sich bei Urquhart zu melden. Dessen Stabschef Charles Mackenzie teilte ihm mit, der General sei bei Lathbury. Also fand er schließlich den Stab der 1st Parachute Brigade in Oosterbeek , doch Tony Hibbert hatte keine Ahnung, wo Urquhart und Lathbury sich aufhielten. Er zuckte mit den Schultern. »Sie sind irgendwo beisammen, aber sie sind weggegangen.«[23] In Wirklichkeit war es noch viel schlimmer. Als Urquhart bewusst wurde, in welcher Gefahr er sich so abgeschnitten von jeglichem Kontakt befand, musste er feststellen, dass in seiner Abwesenheit eine deutsche Mörsergranate nahe bei seinem Jeep eingeschlagen war und seinen Funker schwer verwundet hatte. Private Sims, selbst Mörserschütze im 2nd Battalion, hatte großen Respekt vor der Zielgenauigkeit der Deutschen. »Nimm ein Essgeschirr in die Hand, halte es weit von dir, und die Bastarde treffen es aus einem Kilometer Entfernung mit der dritten Granate.«[24]

Auf der Südroute wurde Frosts 2nd Battalion von der A Company unter dem exzentrischen, furchtlosen Major Digby Tatham-Warter angeführt. Die Männer waren durchtrainiert, denn Frost hatte seine Paratrooper jeden Tag mit sechzig Pfund Ausrüstung auf dem Rücken fünfzig Kilometer weit marschieren lassen. Als sie Pfarrhaus und Kirche von Oosterbeek, beobachtet von Kate ter Horst und ihren fünf kleinen Kindern, passiert hatte, wandte sich die C Company unter Major Victor Dover nach rechts, um die Eisenbahnbrücke zu besetzen. Rasch rückten die Männer über Poldergelände vor, wo sie auf mehrere tote Kühe stießen. Dover befahl Lieutenant Peter Barry, mit seinem Zug die Brücke zu besetzen. Dabei wurde er von mehreren Pionieren begleitet, die eventuelle Sprengladungen zu entschärfen hatten. Als sie schon sehr nahe an der Brücke waren, erblickten sie einen deutschen Soldaten, der von der Südseite hinauflief. »Ich sah, wie er mitten auf der Brücke niederkniete und mit etwas hantierte. Ich befahl einer Gruppe, in Stellung zu gehen und das Feuer zu eröffnen. Als Entfernung gab ich dem LMG-Schützen 500 Meter an. Einer weiteren Gruppe befahl ich, auf die Brücke zu stürmen und sie zu überqueren.« Sie befanden sich bereits auf der Brücke über Wasser, als der mittlere Teil vor ihren Augen in die Luft flog.[25]

Der Rest von Frosts Bataillon rollte weiter in Richtung Arnheim. Ihm folgten ein Teil von Lathburys Brigadestab, Captain Mackay mit seinen Pionieren, die 16th (Parachute) Field Ambulance sowie ein Teil des Jedburgh-Teams Claude in Gestalt des niederländischen Captain Jacobus Groenewoud und des amerikanischen Lieutenant Harvey Todd. Sie hatten den Auftrag, mit der Spitze der 1st Parachute Brigade in Arnheim einzurücken. Dort sollten sie den niederländischen Ex-Bürgermeister und den Ex-Polizeichef aufsuchen und sie dazu bewegen, bis zum Eintreffen der Beamten der Militärregierung zusammen mit dem XXX. Corps die Verwaltung der Stadt zu übernehmen. Sofort nach der Landung hatte sich Groenewoud nach Oosterbeek begeben, um Hilfe und Transportmittel für die Bergung der militärischen Ausrüstung aus dem Landegebiet zu organisieren. Von dort kam er mit einem LKW Opel Blitz und drei Anhängern zurück. Er hatte kurzerhand die zwei deutschen Soldaten niedergeschossen, die den Lastwagen bewachten. »Die hätten sich vielleicht auch ergeben«, berichtete er Todd, »aber für Kriegsgefangene haben wir hier keine Zeit.«[26]

Einer von Tatham-Warters Zugführern hatte den Eindruck, ihr Vormarsch sei fast »wie ein Triumphzug« abgelaufen, bis sie von einem vierachsigen deutschen Panzerspähwagen überrascht wurden, der mit Maschinengewehr und 20-mm-Kanone auf sie feuerte.[27] Je näher Frosts Truppe Arnheim kam, desto stärker wurde die Gegenwehr. Tatham-Warter führte seine Männer über Gartenzäune und Mauern, um die deutschen Maschinengewehrstellungen zu umgehen. Jetzt war nicht Frosts Jagdhorn zu hören, sondern Tatham-Warters Trompeter, der zum Angriff blies. Der Major wollte sich nicht darauf verlassen, in einem Gefecht Befehle über Funk zu erteilen, sondern hatte seine Männer die alten Trompetensignale der leichten Infanterie gelehrt.

Auf den härtesten Widerstand stießen sie bald nach Unterquerung der Eisenbahnlinic aus Richtung Nimwegen. Zu ihrer Linken erhob sich eine mit Bäumen bestandene felsige Anhöhe namens Den Brink. Diesen höchsten Geländepunkt hielt ein Vortrupp der Kampfgruppe Spindler besetzt. Frost befahl der B Company unter Major Douglas Crawley, sie von dort zu vertreiben, während die A Company weiter vorrückte. Aber das kostete Zeit und brachte mehrere Verluste. Darunter war ein Sergeant, der an beiden Beinen schwer verletzt wurde. Der Sanitäter, Corporal Terry Brace, steckte ihm eine angezündete Zigarette zwischen die Lippen, um ihn ein wenig zu beruhigen. Der Sergeant hatte viel Blut verloren. Er packte Brace bei beiden Handgelenken. »Das wird doch wieder?«, fragte er.

»Na klar«, sagte Brace.

»Bitte tu etwas für mich«, flehte er. »Ich habe zwei Kinder zu Hause. Bitte.«

»Keine Sorge«, versicherte ihm Brace. »Du kommst wieder auf die Beine.« Dabei wusste er, dass der Mann nicht mehr lange zu leben hatte.[28]

Zu einer schrecklichen Szene kam es, als ein kleines niederländisches Mädchen, begeistert darüber, britische Soldaten zu sehen, auf die Straße lief und rief: »Schokolade!« Zwei Paratrooper brüllten ihr zu, es solle schnell zurücklaufen, aber da wurde es bereits vom Kreuzfeuer getroffen. Jemand stürzte aus einem Haus, hob es auf und lief mit ihm über die Straße.[29] Ungeachtet des heftigen Beschusses bargen Niederländer immer wieder Verwundete in ihren Häusern, um sie zu versorgen.

An der Straßengabelung vor dem St.-Elisabeth-Hospital bogen die Hauptkräfte nach rechts in Richtung Brücke ab. Die Ärzte und Sanitäter der 16th Parachute Field Ambulance fuhren bis vor den Eingang des Krankenhauses, wo »Verwundete beinahe schon an der Türschwelle auf sie warteten«. Drinnen stellten sie fest, dass die niederländischen Ärzte richtig gehandelt hatten, als sie die britischen Patienten auf der einen Seite des Krankenhauses und die deutschen auf der anderen unterbrachten.[30]

Die Offiziere und Soldaten der Feldambulanz, die fast ihre gesamte Ausrüstung auf dem Rücken mit sich trugen, wurden äußerst herzlich aufgenommen. Als die erste Nachricht von der Luftlandeaktion eingetroffen war, »rannten Dutzende Schwestern und Ärzte auf die Straße, fassten sich bei den Händen und tanzten im Kreis, außer sich vor Freude«. Die vierzig deutschen katholischen Nonnen, die ebenfalls dort arbeiteten, wurden angesichts dieser unerwarteten Wendung der Dinge sehr unruhig. Das gesamte niederländische medizinische Personal hingegen versammelte sich um ein Klavier und schmetterte dort die Nationalhymne »Het Wilhelmus«. Vielen liefen dabei Tränen über die Wangen. Danach sangen sie »God Save the King«.[31]

»Während sie sangen, tauchte ein britischer Soldat auf, der einen deutschen Offizier mit vorgehaltener Waffe vor sich herschob. Es stellte sich heraus, dass der Deutsche Chirurg war. Er stand stramm, bis die Hymnen gesungen waren.« Der deutsche Arzt wurde gezwungen, in dem Krankenhaus tätig zu werden.[32] Nun bestand das Personal aus niederländischen, britischen und deutschen Ärzten, deutschen Nonnen, niederländischen Krankenschwestern, britischen Sanitätern, niederländischen Freiwilligen aus dem Untergrund und Rote-Kreuz-Helfern.

Schwester van Dijk erklärte dem gefangenen deutschen Arzt stolz: »Jetzt sind wir frei.« Er schüttelte den Kopf. »Sagen Sie das nicht. Das ist erst der Anfang.« Ein verwundeter deutscher Gefangener fragte sie, ob sie wisse, wohin er gebracht werde. »Wahrscheinlich nach England«, antwortete sie überzeugt. »Gott sei Dank!«, sagte er.[33] Der Neurologe des St.-Elisabeth-Hospitals fragte einen britischen Offizier, was wohl weiter geschehen werde. »Also, es wird noch zwei Tage heftige Kämpfe geben, dann ist Monty hier.«[34] In jener Nacht trafen etwa dreißig österreichische Angehörige der Luftwaffe, die man zum Einsatz als Infanteristen gezwungen hatte, im Krankenhaus ein und machten viel Aufhebens von ihren Verletzungen, die sich als oberflächlich herausstellten. Sie waren alle bewaffnet, und das Personal des Hospitals musste ihnen die Waffen abnehmen, die in einem sicheren Raum verschlossen wurden. Die Österreicher trennten sich bereitwillig davon und stellten klar, dass sie nie für die Deutschen hatten kämpfen wollen.

Um 15.00 Uhr erreichte Generalfeldmarschall Model samt Stab Bittrichs Befehlsstand. Er suche einen anderen Standort für sein Hauptquartier, verkündete er. Sie hätten ihn beinahe erwischt.[35] Bittrich musste sich wahrscheinlich ein Schmunzeln verkneifen, als sein Vorgesetzter voller Eitelkeit verkündete, er sei das Hauptziel der Operation. Bittrich war zunächst davon ausgegangen, die Alliierten planten, General von Zangens 15. Armee abzuschneiden. Doch jetzt war das Ziel der Operation für ihn ziemlich klar. Generaloberst Student war an diesem Abend total begeistert über eine Patrouille, die in einem bei Vught abgestürzten Waco-Segler detaillierte Operationsbefehle der Alliierten gefunden hatte. Und als das deutsche Oberkommando den Angriff auf die Brücken mit dem Vorstoß des XXX. Corps in Zusammenhang zu bringen vermochte, erklärten sich die Absichten der Alliierten von selbst. Wirklich wichtig waren die Papiere jedoch deshalb, weil sie Einzelheiten der weiteren Landungen enthielten, was es den Deutschen ermöglichte, ihre Flak auf die Landegebiete zu konzentrieren.

Bittrich hatte bereits dem II. SS-Panzerkorps seine Befehle erteilt. Die Division werde Aufklärung in Richtung Arnheim und Nimwegen betreiben, instruierte er Standartenführer Harzer von der 9. Division »Hohenstaufen«. Jetzt sei schnelles Handeln gefragt. Die Besetzung und Sicherung der Brücke von Arnheim habe entscheidende Bedeutung.[36] Da Bittrich plante, die Verantwortung für die Sicherung von Nimwegen der 10. Division »Frundsberg« zu übertragen, war es ein Fehler, dass er die Stadt gegenüber Harzer erwähnte, denn der hatte seiner Aufklärungsabteilung unter Viktor Gräbner gestattet, sich sehr weit vom Hauptziel zu entfernen.

Models Vorstellungen waren wesentlich klarer. Er wollte, dass Harzers Division »Hohenstaufen« die Briten vor Arnheim zum Stehen bringe, während Harmels »Frundsberg« den Niederrhein überschreiten und sicherstellen sollte, dass die britische 2nd Army nicht zu den Luftlandetruppen durchkam. Das Polderland der Betuwe, durch das nur eine einzige Straße über Elst führte, würde der perfekte Ort sein, um sie aufzuhalten. Model schloss aus, die Straßenbrücken in Arnheim und Nimwegen zu sprengen. Sie mussten gehalten werden, um einen umfassenden Gegenangriff zu ermöglichen. Bittrich stimmte zu, was die Brücke in Arnheim betraf, aber er war bestürzt, dass die Brücke über die Waal in Nimwegen nicht angetastet werden sollte.

Obwohl Models Heeresgruppe B den direkten Kontakt zu Rundstedts Stab verloren hatte, konnte sie mit ihm noch über die Luftwaffe West kommunizieren. Nun ergoss sich ein Strom von Befehlen und Anordnungen, darunter einer mit dem Codenamen »Gneisenau«, der auf die unverzügliche Mobilmachung aller vorgesehenen Kampfgruppen drängte. Das Korps Feldt mit seiner 406. Landesschützendivision erhielt Befehl, von Kleve und Goch her die US 82nd Airborne Division südöstlich von Nimwegen anzugreifen. Das II. Fallschirmkorps unter General der Fallschirmtruppen Eugen Meindl in Köln wurde nach Kleve beordert. Es sollte jeden Mann mitbringen, der eine Waffe tragen konnte.[37] Ihr Auftrag lautete, die 82nd Airborne Division zurückzudrängen und sich mit den Truppen zu vereinigen, die Nimwegen verteidigten. Allerdings wussten weder Meindl noch Model zu diesem Zeitpunkt, um wen es sich dabei handelte.

Von Rundstedts Hauptquartier verlangte der Generalfeldmarschall schnellstmögliche Verstärkung mit mobilen schweren Panzerabwehrwaffen. Der Mangel an Panzerfäusten und Treibstoff verzögere alle Gegenmaßnahmen. Model forderte auch, die 107. Panzerbrigade und die Brigade von Sturmgeschützen, die von Dänemark nach Aachen unterwegs waren, zu ihm umzuleiten. Zusätzlich verlangte er eine Abteilung der schweren Panzer VI »Königstiger«, 88-mm-Flak-Batterien und dazu jede weitere verfügbare Einheit, um einen Durchbruch der Alliierten zu verhindern.[38]

Model übte heftige Kritik an der Luftwaffe. Der nahezu vollständige Ausfall von Gegenangriffen in der Luft und am Boden sei ein entscheidender Faktor, man müsse Tag und Nacht Jäger am Himmel haben.[39] Offenbar brüllte Model seine Klagen ins Telefon, über das er mit General Bulovius vom II. Jagdkorps verbunden wurde. Bulovius wollte ihm einreden, seine Piloten hätten neunzig Mustangs abgeschossen – eine groteske, sinnlose Lüge.

Auch für General der Flieger Werner Kreipe, den Stabschef der Luftwaffe im Führerhauptquartier in Ostpreußen, verhieß die Entwicklung nichts Gutes. Im Laufe des Nachmittags »erste Meldungen über die Anlandungen und Absprünge in Holland«, notierte er in seinem Tagebuch.[40] Die Wolfsschanze versank in »Telefonaten und Anordnungen wegen der Abwehrmaßnahmen«. In Panik geraten, teilte das Oberkommando der Wehrmacht (OKW) Rundstedts Stab sogar mit: »Eine amerikanische Luftlandedivision ... in Warschau gelandet.«[41]

Kreipe notierte »ziemliche Erregung«, als er zur Besprechung mit dem Führer und Jodl gebeten wurde. Hitler tobte, dass die Luftwaffe die Luftarmada der Alliierten nicht angegriffen habe. Er erklärte, »die gesamte Luftwaffe sei unfähig, feige und ließe ihn im Stich«. Solche Ausbrüche war Kreipe gewöhnt. Er »bat um konkrete Angaben. Darauf Hitler: ›Ich verzichte auf eine weitere Unterhaltung mit Ihnen. Morgen will ich den Reichsmarschall [Göring] sprechen. Das werden Sie wohl noch fertigbekommen.‹«[42]

Hitler war stark betroffen, als er davon erfuhr, dass Model den britischen Luftlandetruppen nur knapp entwischt war. Er entschied, dass der Schutz der Wolfsschanze massiv verstärkt werden müsse, um die Rote Armee daran zu hindern, einen ähnlichen Anschlag gegen ihn zu versuchen. Es war sein schlimmster Albtraum, von den Sowjets gefasst und als Kriegstrophäe nach Moskau gebracht zu werden. An diesem Ort befinde er sich mit seinem ganzen Oberkommando, hier säßen der Reichsmarschall, das OKW, der Reichsführer-SS und der Reichsaußenminister. Das wäre der wertvollste Fang. Er hätte keine Skrupel, zwei Fallschirmjägerdivisionen zu opfern, wenn er mit einem Schlag eine komplette Führung in die Hand bekäme.[43]

II

Die Landungen der Amerikaner
Sonntag, 17. September

Der Kommandeur des LXXXVIII. Korps, General Reinhard, kehrte gerade zur Mittagspause in sein Hauptquartier in Moergestel östlich von Tilburg zurück, als die Luft-Armada in Sicht kam. Auf dieser Fahrt war er schon fünfmal gezwungen worden, aus seinem Stabswagen zu springen und im Straßengraben vor Tieffliegern Deckung zu suchen. Um den Jagdbombern des Feindes kein zu großes Ziel zu bieten, setzte er die Fahrt im Seitenwagen eines der Motorräder seiner Eskorte fort.

Als er endlich seinen Stab in der Villa Zonnewende erreicht hatte, informierten ihn seine Mitarbeiter über die Landung von Paratroopern bei Son. Da hatte er bereits einen irrtümlichen Bericht von einer anderen Landung bei Udenhout nördlich von Tilburg erhalten. Reinhard bildete aus etwa tausend Mann zusammengewürfelte Noteinheiten, schickte eine nach Son, die andere nach Udenhout und zwei Kompanien der 245. Infanteriedivision nach Best. Als einzige Reserve verblieb ihm ein Polizeibataillon in Tilburg, das nur aus alten Männern bestand.[1]

In Eindhoven besetzte der Knokploegen, der militärische Flügel der Untergrundbewegung, die Telefonzentrale. Die Männer stellten fest, dass die Deutschen das System vor ihrem Rückzug nicht zerstört hatten, sodass sie Verbindung nach Amsterdam und Den Haag bekamen. Johannes Borghouts, Kampfname Peter Zuid, rief seine Frau in Oosterbeek an. Als er nach so langer Zeit im Untergrund, während der sie nicht miteinander gesprochen hatten, ihre Stimme hörte, brach er in Tränen aus.

Das tiefe Brummen von Flugzeugmotoren und die Masse schwarzer Silhouetten, die aus südwestlicher Richtung am Himmel auftauchten, lösten in Nimwegen große Aufregung aus. »Die Tommies kommen!«, riefen die Menschen. Einige versuchten auf Hausdächer zu klettern, um besser sehen zu können. Sie waren enttäuscht, als keine Fallschirmspringer in Sicht kamen. Einer entdeckte einen deutschen Maschinengewehrschützen mit

Stahlhelm auf dem Dach des Nachbarhauses. Er lag hinter einem MG-42, das die Alliierten »Spandau« nannten. Mit den über dem Oberkörper gekreuzten Patronengurten sah er aus »wie ein mexikanischer Bandit«.[2]

Viele deutsche Soldaten verließen Nimwegen, die meisten, um gegen die Paratrooper der Alliierten vorzugehen. Einige flüchteten über die Grenze nach Deutschland. Die Verbliebenen errichteten hektisch Maschinengewehrstellungen und blockierten die Straßen mit Spanischen Reitern aus Stacheldraht. Wenn sie Zivilisten sahen, brüllten sie: »Weg da, sonst wird geschossen!« Langsam tauchte Verstärkung auf. Eine Gruppe arroganter junger Fallschirmjäger rollte auf einem LKW heran, um den Hunner Park und den Keizer Lodewijkplein, einen großen Kreisverkehr unweit der wichtigsten Brücke, zu verteidigen. Einer von ihnen behauptete gegenüber Zivilisten: »Wissen Sie, die Fallschirmjäger haben die Amerikaner sofort zurückgetrieben!«[3]

Ladenbesitzer verbarrikadierten rasch ihre Schaufenster, was allerdings wenig nutzte, als die Kämpfe begannen. Zugleich schickte der lokale Untergrund aus dem Restaurant Bonte Os in der Molenstraat seine Anweisungen hinaus. Zur Aufrechterhaltung der Sicherheit teilte der Ordnungsdienst (OD) die Stadt in vier Bezirke ein, wenn die Männer auch nur über sieben Gewehre verfügten. Die Kampfgruppen des Knokploegen waren wesentlich besser bewaffnet.

Vor dem Gestapo-Hauptquartier ein Stück weiter die Molenstraat hinunter lud man eilig Koffer auf ein graues Militärfahrzeug. Die Leute, die hinter Fenstergardinen zusahen, waren überzeugt, dass sie Beutegut enthielten. Als der OD einen Gestapo-Mann stoppte, hatte der die Taschen voller Armbanduhren und Schmuck. Bisher kollaborierende Beamte und verbliebene Mitglieder der NSB suchten an diesem Nachmittag das Weite, in der Regel mit der Begründung, etwas von zu Hause holen zu müssen. Doch mehrere deutsche Polizisten machten keine Anstalten zu fliehen, auch nicht der verhasste Inspektor Verstappen, ein überzeugter Kollaborateur, der sich wenig später auf der Polizeistation in der Groenestraat ergab.

Von den Dörfern eilten die Menschen zu den Absprung- und Landegebieten, um zu helfen. Jeder wollte einem Befreier die Hand schütteln. Und für passionierte niederländische Raucher versprach die Aussicht, nach jahrelangem Konsum von Consi-Zigaretten, die fast nur aus Sägemehl bestanden, eine Lucky Strike angeboten zu bekommen, einen unvorstellbaren Genuss. Der Geschmack der ersten amerikanischen Zigarette war für viele das Erlebnis, das sie am tiefsten beeindruckte. Immer wieder berichteten sie davon ihren Freunden, die diesen Ritus nicht hatten auskosten dürfen.

Für die meisten amerikanischen Paratrooper gestaltete sich diese Operation völlig anders als ihre weit verstreute Landung in der Normandie. Sie kamen in so dichter Folge herunter, dass sie beinahe aufeinandersprangen. Manch einer verhedderte sich gar in den Schnüren des Fallschirms eines anderen oder wurde von Waffenkisten getroffen. Pater Sampson, ein katholischer Priester bei der US 101st Airborne Division, hätte beinahe den Schirm des Mannes unter ihm zum Absturz gebracht. Seinen nach dem Krieg erschienenen Memoiren gab er den Titel »Schau nach unten!«

Als den Männern vom Boden her Feuer entgegenschlug, hatte nahezu jeder Paratrooper am Himmel das Gefühl, die Deutschen zielten allein auf ihn. Lieutenant James Coyle schoss während des Sprungs mit seinem automatischen 45er-Colt auf weit entfernte Deutsche. Er glaubte nicht, dass er einen traf, aber er fühlte sich etwas weniger hilflos. Nach der Landung arbeiteten sich alle rasch aus dem Fallschirmgeschirr heraus. Ein Mann, der sich in den Schnüren verheddert hatte, blickte erschrocken zu einem Zivilisten auf, der sich mit einem riesigen Messer über ihn beugte. Aber der wollte nur helfen. Ein Niederländer, der in seinem Armeeumhang und Helm aus dem Jahr 1940 mit dem Fahrrad auf die Paratrooper zufuhr, um sie zu begrüßen, »wurde beinahe erschossen, weil er eine so seltsame Uniform trug«. Gerade er sollte sich als höchst nützlich erweisen, denn er sprach englisch und deutsch.[4]

Lieutenant Colonel Cassidy landete auf einem Stacheldrahtverhau und brauchte fünf Minuten, um sich daraus zu befreien. In einigen Fällen explodierte eine Gammon-Handgranate, die persönliche Panzerabwehrwaffe der Paratrooper, wenn eine Schenkeltasche sich löste und zu Boden krachte. Die erste Aufgabe bestand darin, die Gepäckstücke zu finden und zu öffnen, die aus den Flugzeugen abgeworfen wurden. Ein Sergeant der 101st Airborne Division war tief ergriffen, als er erfuhr, dass eine niederländische Frau, deren Mann zwei Tage zuvor von alliierten Flugzeugen beim Angriff auf eine Flak-Stellung getötet worden war, trotzdem half, bei Son an Fallschirmen abgeworfene Lasten zu bergen.[5] Die Männer rührte die Unterstützung, welche die Lokalbevölkerung ihnen erwies.

»Die Niederländer«, berichtete ein Corporal, »trugen unsere Fallschirme sogar zusammen und legten sie zur Bergung am Straßenrand ab. Sie suchten damit nicht das Weite, wie es die Franzosen so oft getan hatten«[6] – und wie es auch vorher bei Wolfheze geschehen war. Dagegen waren amerikanische Offiziere erneut bestürzt über die Verschwendung, die viele ihrer Soldaten betrieben. »Wenn ein Mann mit einem Einzelteil einer schweren

Ausrüstung landete«, hatte ein Angehöriger des 506th Parachute Infantry Regiment beobachtet, »und fand nicht sofort einen anderen mit den passenden Teilen, dann warf er seines in der Regel fort.«[7] In dieser Nacht musste das 2rd Battalion feststellen, dass es nur über zwei komplette Mörser verfügte.

Eiliger als die Briten im Norden machten sich die amerikanischen Paratrooper zu ihrem ersten Ziel auf den Weg. Dabei marschierten sie in einer Kolonne auf jeder Straßenseite. Niederländische Zuschauer bemerkten erstaunt, dass sie während des Marschs Kaugummi kauten. Auch der sehr praktische, aber recht lässige Schnitt ihrer Uniformen fiel ihnen auf. Als Offiziere des Nachschubs zivile Fahrzeuge suchten, um Munition und Verpflegung aus dem Absprunggebiet bringen zu können, tauchten Bauern, die sofort begriffen, was gebraucht wurde, mit Pferdegespannen auf. Die vervielfältigten Formulare, mit denen sie später die Erstattung ihrer Kosten beantragen konnten, wiesen sie zurück. Manche Paratrooper benutzten zur großen Belustigung ihrer Kameraden sogar Kühe für den Transport ihrer Munitionskisten.

Einige Lastensegler vollzogen Bruchlandungen auf feindlichem Gebiet. Die Niederländer versteckten die Insassen in Heuschobern und organisierten dann ortskundige Führer mit Fahrrädern, welche die Soldaten zu ihren Einheiten geleiteten.[8] Ein Segler geriet zwei Kilometer südöstlich von Boxtel kurz vor der Landung unter heftigen deutschen Beschuss. Niederländische Zivilisten eilten herbei, um zu helfen. Sie schleppten einen Artilleristen namens James Seabolt fort, der sich bei der Landung das Bein gebrochen hatte. Auf sie wurde ebenso wie auf die Amerikaner gefeuert. Wenig später »tauchte ein hübsches niederländisches Mädchen mit einem Schubkarren auf«. In den wurde Seabolt gesetzt und fortgebracht. Er hatte solche Schmerzen, dass seine Kameraden ihn in einer Scheune in der Obhut des Mädchens zurücklassen mussten. Sie verabreichten ihm eine Morphiumspritze und gaben ihm eine Pistole, was eine recht unsichere Kombination zu sein schien. Aber sie alle, Seabolt eingeschlossen, konnten dank ihrer Helfer nach einer Woche zu den amerikanischen Linien zurückkehren.[9]

Die US 101st Airborne Division sprang in der Nähe von Eindhoven an vier verschiedenen Orten rund um Veghel und Son ab. Angehörige ihres 401st Parachute Infantry Regiment, die auf Veghel zuhielten, fragten nach dem Weg zu einer »Doppel-A-Brücke«. Dr. Leo Schrijvers war ziemlich ratlos, bis ihm klar wurde, dass sie die Brücke über den Fluss Aa meinten.[10] Das 502nd Regiment, das weiter südlich abgesprungen war, musste seine Kräfte aufteilen. Ein Bataillon fuhr in Richtung St. Oedenrode an der Dommel, das andere nach Best südwestlich davon. Hauptziel des 506th Parachute Infantry Regiment unter Colonel Sink war hingegen die Brücke über den Wilhelmina-Kanal in Son.

Generaloberst Student behauptete, er habe bei der Schlacht gegen die 101st Airborne Division persönlich das Kommando übernommen. »Mehr als jeder andere wusste ich, dass Luftlandetruppen ihre schwache Zeit in den ersten Stunden haben und dass daher schnell und entschlossen gehandelt werden musste.«[11] Er hatte keinerlei Reserven, lediglich in 's-Hertogenbosch (auch Den Bosch genannt) standen mehrere tausend Ersatzkräfte für Fallschirmeinheiten bereit. Ein hastig zusammengestelltes Marschbataillon wurde gegen St. Oedenrode vorgeschickt, ein weiteres gegen Veghel. Student befahl der 59. Infanterie-Division unter Generalleutnant Walter Poppe, der ersten Einheit der 15. Armee, sich unverzüglich nach Boxtel zu begeben. Die Spitzenabteilungen schickte er jedoch nach Son, wo die Brücke von einem Teil des Ausbildungs-Bataillons der Division »Hermann Göring« gehalten wurde. Das hatte das Kriegshandwerk in den Kämpfen bei Beverloo wenige Tage zuvor rasch gelernt.

Als das 506th Parachute Infantry Regiment nordwestlich von Son absprang, erblickten die Männer mit Sorge fünf, nach den Aussagen anderer sechs feindliche Panzer. Sie gehörten zu Oberstleutnant Fullriedes Ausbildungs- und Ersatz-Bataillon der Division »Hermann Göring«, das bereits von Major Urquharts Luftaufklärung entdeckt worden war.[12] Zum Glück für die Paratrooper »griffen Jagdbomber an, zerstörten zwei Panzer und vertrieben den Rest.«[13] Das 506th Regiment landete auf einem weichen, frisch gepflügten Feld. Nach Sinks erstem Eindruck war es »in guter Form«.[14] Als die ersten Gruppen den Wald erreichten, wo sie sich sammeln sollten, setzte Sink einen Teil des 1st Battalion in Richtung der Brücke bei Son in Marsch. Dabei den totalen Überraschungseffekt zu erzielen war eine zu hohe Erwartung. »In Sichtweite des ersten Ziels«, berichtete ein Lieutenant, »entdeckten wir drei deutsche Offiziere in einem Volkswagen. Sie wurden sofort mit der Tommy [US-Maschinenpistole Thompson – d. Ü.] ›neutralisiert‹. Wir töteten zwei der Offiziere und verwundeten den dritten schwer.«[15] Als der Kommandeur der 101st Airborne Division, Major General Taylor, zum Ort der Schießerei vorrückte, soll er nach Aussage seines Leibwächters nur gesagt haben: »Ihr müsst jetzt immer vor mir gehen.«[16]

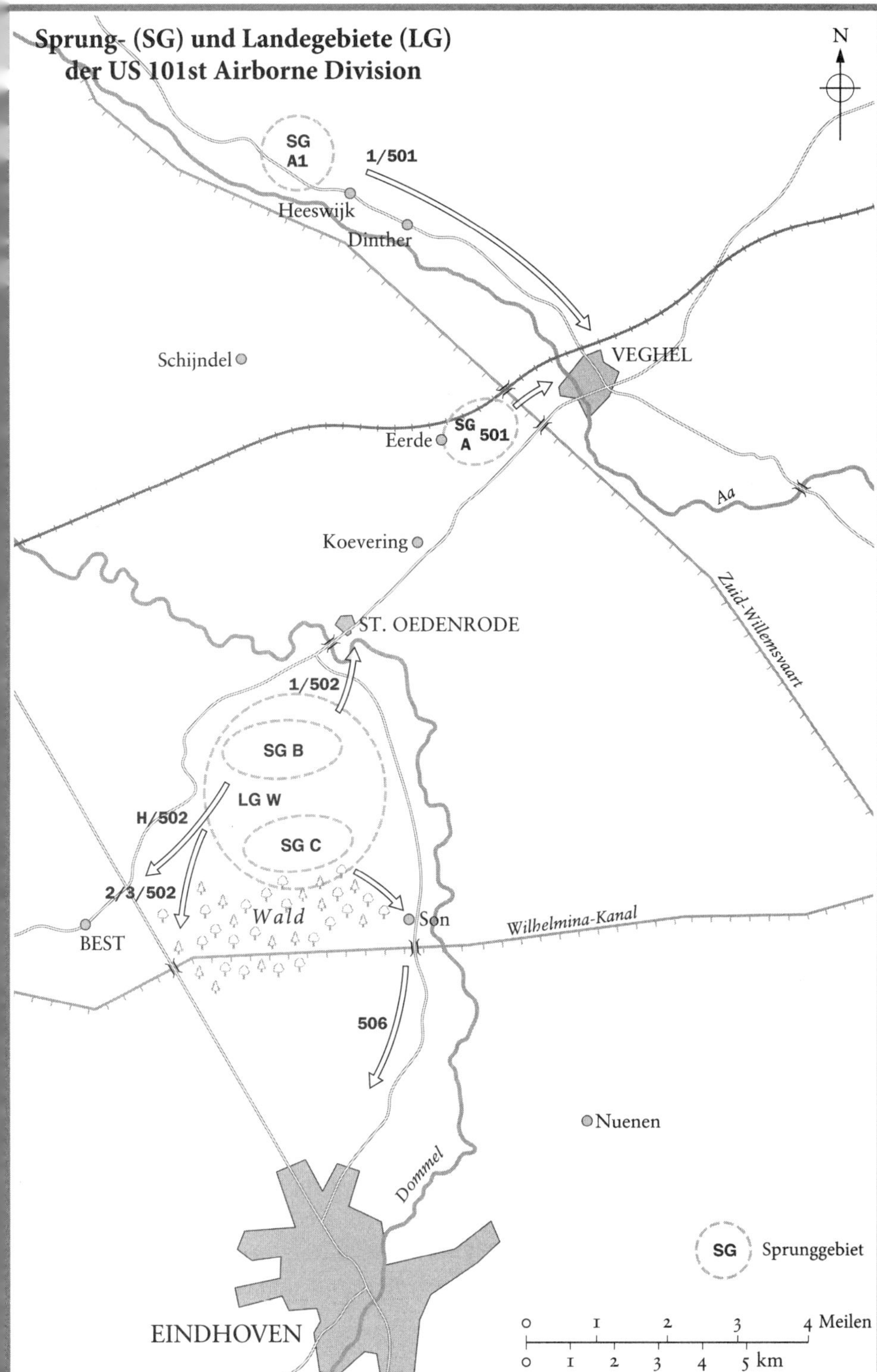

Sprung- (SG) und Landegebiete (LG)
der US 101st Airborne Division
N
SG
A1
1/501
Heeswijk
Dinther
Schijndel
VEGHEL
SG
A
501
Eerde
Aa
Koevering
Zuid-Willemsvaart
ST. OEDENRODE
1/502
SG B
LG W
H/502
SG C
2/3/502
Wald
Son
Wilhelmina-Kanal
BEST
506
Nuenen
Dommel
SG
Sprunggebiet
EINDHOVEN
0 1 2 3 4 Meilen
0 1 2 3 4 5 km

Als der Spitzenzug den Ortsrand von Son erreichte, fuhr ein ahnungsloser deutscher Soldat auf einem Fahrrad direkt auf ihn zu. Er rief noch »Kamerad!«, versuchte die Arme hochzureißen, um sich zu ergeben, und fiel dabei um. Einen Moment später eröffnete eine deutsche 88-mm-Kanone von der Hauptstraße des Ortes her das Feuer. Zum Glück für das 1st Battalion traf die Granate ein Haus, und es gab keine Opfer. Die Spitzenkompanie ging sofort in Stellung und nahm die Kanone aufs Korn. Ohne Infanterieunterstützung hatte die 88er keinen Flankenschutz. So gelang es einem Team mit Bazookas, sie zu umgehen, und Private First Class Thomas G. Lindsey schaltete sie aus. Die überlebenden deutschen Artilleristen wollten flüchten, aber Sergeant Rice legte sie mit seiner Thompson-Maschinenpistole um.[17]

Bislang war für die Amerikaner alles gut gegangen. Doch obwohl die deutschen Truppen in Son überrascht wurden, reagierten sie schnell, besonders jene des Ausbildungs-Bataillons der Division »Hermann Göring«, die man zur Verteidigung der wichtigsten Brücken aufgeteilt hatte. Sie bauten den Zünder der Sprengladung aus und installierten ihn neu im Keller von Konings Garage am Südufer des Kanals. Als die D Company gegen die Brücke vorrückte, eröffneten deutsche Soldaten aus einem Haus jenseits des Kanals mit Maschinengewehren und Karabinern das Feuer. Weitere 88-mm-Kanonen am Kanal beschossen das restliche Bataillon, das aus dem Wald heraus angriff. Die Splitter der Bäume schlugen den Männern schreckliche Wunden. Insgesamt wurde ein Dutzend Paratrooper durch umherfliegende Splitter getötet oder verletzt.

Die Deutschen legten eine Feuerpause ein, um weitere US-Paratrooper herankommen zu lassen. Die Stille war bedrückend. Dann gab es eine riesige Explosion, und die Brücke flog unmittelbar vor den US-Soldaten in die Luft. Große Steinbrocken regneten auf sie herab, und sie »waren von der überraschenden Detonation schockiert«. Major Dick Winters von der Easy Company des 506th Parachute Infantry Regiment warf sich in den Straßengraben, als die Betonklumpen niedergingen. »Was für eine schreckliche Art, im Krieg zu sterben, wenn man von so einem verdammten Brocken getroffen wird«, dachte er.[18]

Colonel Sink empfand Enttäuschung, weil es nicht gelungen war, die Brücke unversehrt zu erobern. Sein Regiment musste Eindhoven erreichen, wo es das XXX. Corps in Empfang zu nehmen hatte. Als er feststellte, dass zumindest der mittlere Pfeiler noch intakt war, meinte er, die Brücke könne repariert werden. Major James L. LaPrade und zwei weitere Männer sprangen in den Kanal und schwammen hinüber. (Winters behauptet, sie hätten irgendwo ein hölzernes Garagentor herausgerissen und in den Kanal geworfen beim Versuch, ohne nasse Füße auf die andere Seite zu gelangen.) Andere fanden Boote, und bald hatte ein Teil des Bataillons den Kanal überquert. In weniger als zwei Stunden errichteten Fallschirmpioniere einen improvisierten Fußgängerübergang.[19] Die Männer des 326th Parachute Engineer Battalion, die ihren Seglerpiloten zur Behandlung durch die Sanitäter abtransportiert hatten, erschienen jetzt und bauten »aus Fässern und Baumstämmen ein Floß, groß genug, um mithilfe eines per Hand gezogenen Kabels leichtere Lasten über den Kanal zu bugsieren«.[20]

Pioniere und Paratrooper erhielten von der lokalen Bevölkerung jede nur mögliche Unterstützung, berichtete Lieutenant Colonel Hannah. »Ganz anders als in der Normandie wurden wir mit Essen, strahlendem Lächeln, Ovationen und Jubel so herzlich und unverstellt begrüßt, dass mir beinahe Tränen in die Augen stiegen. Der ganze Ort war auf den Beinen, und der junge niederländische Offizier, der mit mir absprang, wurde mit Willkommensbekundungen überschüttet. Zweifellos war dies der größte Tag in seinem Leben.«[21] Dr. Schrijvers vom St.-Joseph-Hospital behandelte die Kiefern- und Knöchelbrüche, die bei der Landung passiert waren. Fasziniert sah er zum ersten Mal Penizillin, mit dem der amerikanische medizinische Dienst gut versorgt war .[22]

Das 502nd Parachute Infantry Regiment, das nördlich von Sinks Einheit niederging, erhielt den gefürchteten Auftrag, sich zu teilen. Das 1st Battalion wurde nach Norden in Richtung St. Oedenrode in Marsch gesetzt. »Es war schrecklich heiß, und die Männer litten sehr unter der viel zu warmen Kleidung.«[23] Sie kamen an eine alte Brücke, die auf ihren Karten nicht eingezeichnet war. Direkt dahinter lag eine Kirche. Auf deren Friedhof versteckte Deutsche belegten sie mit Mörserfeuer. Daraufhin schoss der Mörserzug des 1st Battalion mit seinen 60-mm-Mörsern zurück, doch die Deutschen hatten zwischen den Grabsteinen zu gute Deckung. Das Feuergefecht wurde erst gewonnen, als mehrere Paratrooper über die Brücke sprinteten und die Deutschen zwangen, sich zurückzuziehen. Danach stießen sie nur noch auf geringen Widerstand. Mehrere Deutsche standen mit erhobenen Händen vorsichtig im Straßengraben auf, als der Spitzenzug näher kam. In der Abenddämmerung wurde St. Oedenrode eingenommen. Das Bataillon schickte eine Patrouille auf die Straße, die in nordöstliche Richtung führte, um die Verbindung zum 501st Regiment in Veghel herzustellen.

Eine weitaus gefährlichere Aufgabe erwartete die H Company, die in die entgegengesetzte Richtung geschickt wurde, um Best und die Brücke bei dieser Ortschaft zu besetzen. General Taylor hatte erkannt, welches Risiko der Verlust der Brücke bei Son darstellte. Daher entschied er, die Brücke über den Wilhelmina-Kanal südöstlich von Best als Reserve zu sichern. Nach den vorliegenden Aufklärungsdaten schien diese Aktion nicht mehr als eine Kompanie Paratrooper und einen Zug Pioniere zu erfordern. Unter dem Kommando von Captain Robert Jones setzte sich diese kleine Truppe vom Absprunggebiet aus längs des Waldrands zwischen Son und Best in Bewegung. Auch hier stöhnten die schwer beladenen Männer unter der Hitze. Einige Neulinge entledigten sich unterwegs stillschweigend eines Teils der Maschinengewehrmunition.

Da die Pathfinder im Wald die Orientierung verloren, trat die Kompanie zu nahe am Dorf Best aus dem Schutz des Waldes heraus, rund 500 Meter südlich des Punktes, von wo aus sie die Brücke angreifen wollten. Dadurch geriet sie sofort unter Beschuss aus leichten Feuerwaffen. Lieutenant Wierzbowskis Zug schwärmte aus, um die deutschen Stellungen zu umgehen, wurde aber dann sehr treffsicher aus anderen Häusern beschossen. Wierzbowski berichtete, wie Staff Sergeant White von seinem Zug, der am Abend zuvor seinen eigenen Tod vorhergesagt hatte, »aus der Deckung hinter der Ecke eines der Häuser hervortrat und sein Gewehr auf ein Fenster in der zweiten Etage richtete. Der dort versteckte Scharfschütze schoss eher und traf ihn genau zwischen den Augen. Als er fiel, musste ich an seine Prophezeiung denken.«[24] White war ihr erster Verlust.

Bald darauf wurde die Lage von H Company noch prekärer. »Die Straße entlang kam eine motorisierte deutsche Kolonne von zwölf LKWs mit aufgesessener Infanterie« und drei Halbpanzern mit leichten 20-mm-Flak, dem deutschen Gegenstück zu dem, was die Amerikaner *Meat Chopper* (Fleischhacker) nennen. Dem Konvoi fuhr ein einsames deutsches Begleitmotorrad voraus. Captain Jones, der die Gelegenheit für einen guten Hinterhalt sah, brüllte seiner Truppe zu, nicht zu schießen. Er hoffte, die Kolonne bei der Vorbeifahrt zu durchlöchern, doch »einige Leute vom Stab, die den Befehl nicht gehört hatten, eröffneten das Feuer auf den Motorradfahrer. Dessen Körper schien in der Luft hängen zu bleiben, während das Motorrad weiterfuhr.« Die LKWs bremsten scharf, die Infanteristen sprangen ab und schwärmten zur Schützenkette aus.[25]

Bei dem fehlgeschlagenen Hinterhalt wurde diejenige Einheit in den Kampf um den Ort Best verwickelt, die General Reinhard als Verstärkung nach Son in Marsch gesetzt hatte. Jones' Kompanie war jetzt mit über tausend Mann konfrontiert, bewaffnet mit sechs 88-mm-Kanonen und den drei Halbpanzern mit 20-mm-Kanonen. Wierzbowski wollte mit seinem Zug im Schutz einer Hecke die neue Streitmacht umgehen, doch Captain Jones pfiff ihn zurück. Die Amerikaner hatten schon zu viele Männer vor allem durch die Holzsplitter verloren, die der Beschuss der 88-mm-Kanonen auslöste. Gerade hatte Jones von seinem Bataillonskommandeur Lieutenant Colonel Robert Cole Befehl erhalten, sich um jeden Preis bis zu der Brücke durchzuschlagen. Daraufhin zog sich die Kompanie in den Wald zurück, wo sie zum Kanal gelangen konnte.

Wierzbowskis Kommando, das den Auftrag hatte, die Brücke zu erobern, zählte jetzt noch 18 Mann in seinem eigenen Zug und 26 Pioniere. Sie schlichen vorsichtig durch den Wald und durch junge Kiefernschonungen, überwanden in kleinen Gruppen im Laufschritt die Feuerschneisen. Es begann zu regnen, und mit den schwarzen Wolken brach die frühe Abenddämmerung herein. Fast nur noch kriechend mit zwei Pathfindern vornweg erreichten sie unbemerkt den Kanaldeich. Ständig in Furcht, jeden Augenblick von einer Leuchtkugel verraten zu werden, hielten sie kurz vor der Brücke, die sie gegen den Nachthimmel als Silhouette vor sich sahen. Wierzbowski und einer der Aufklärer glitten bäuchlings noch ein Stück weiter nach vorn, um besser sehen zu können. Doch während sie fast vor den Füßen der Wachposten lagen, wurden die Paratrooper hinter ihnen unruhig und begannen miteinander zu tuscheln. Die deutschen Posten hörten sie und fingen an, Handgranaten in ihre Richtung zu werfen. Dann fing ein Maschinengewehr an zu schießen.

Mehrere der Paratrooper in exponierter Stellung auf der Kanalseite des Deiches gerieten in Panik und liefen davon. Wierzbowski musste zurück, um den Rest der Truppe hinter den Deich zu führen, wo er den Männern befahl, sich an dem schrägen Abhang einzugraben. Jetzt hatte er insgesamt nur noch 18 Mann. Er versuchte Captain Jones per Funk von ihrer Stellung in Kenntnis zu setzen, aber ein Geschosssplitter hatte das Gerät unbrauchbar gemacht. Die Suchtrupps, die Jones ausschickte, um die Einheit zu suchen, fanden sie nicht, obwohl das Feuergefecht während der ganzen Nacht immer wieder aufflammte. Wierzbowski wusste nicht, ob er den Tagesanbruch herbeisehnen oder fürchten sollte.[26]

Die Kleinstadt Veghel wurde von Colonel Howard Johnsons 501st Parachute Infantry Regiment eingenommen. Das 1st Battalion, angeführt von

Lieutenant Colonel Harry Kinnard, einem jungen Texaner, rückte von Nordwesten an. Der Rest des Regiments kam vom Absprunggebiet im Süden und sicherte dabei die Brücke über den Fluss Aa. Als Kinnard hörte, dass der Bürgermeister, ein NSB-Mitglied, geflohen war (andere Quellen behaupteten, er sei gelyncht worden)[27], wählte er Cornelis de Visser, einen prominenten Bürger, aus und sagte zu ihm: »Sie sind jetzt der Bürgermeister.«[28] Der katholische Pfarrer des Ortes, ein führender Mann im Untergrund, traf ein und bot seine Männer an, um als ortskundige Führer zu dienen oder Gefangene zu bewachen. Doch Kinnard sorgte sich, dass die Niederländer, wenn sie ihren Patriotismus zu offen zur Schau stellten und die Deutschen noch einmal zurückkehrten, schreckliche Vergeltung zu erwarten hätten.

Kurz nach seinem Eintreffen stand Colonel Johnson auf der Brücke und machte laut Cornelis de Visser »mit Zweigen im Tarnnetz seines Stahlhelms einen höchst martialischen Eindruck«. Ein Wagen mit zwei deutschen Soldaten rollte heran und stoppte abrupt, als der Fahrer bemerkte, dass da Amerikaner standen. Johnson brüllte auf deutsch: »Hände hoch! Raus!«[29] Die beiden Männer versuchten über die Böschung der Zufahrt zu flüchten, doch ein polnisch-amerikanischer Paratrooper schoss sie beide mit seiner Pistole nieder. Johnson richtete seinen Stab im Haus von Dr. Kerssemakers im Zentrum von Veghel ein und gab ihm den Tarnnamen Klondyke. Bald war in der ganzen Stadt nur noch die Farbe Orange zu sehen, dazu die niederländische Nationalflagge in den waagrechten Streifen Rot, Weiß und Blau. Die Ortsbewohner feierten.

Pater Sampson, der beim Absprung mit Kinnards Bataillon beinahe in den Schirm des Mannes unter ihm gefallen wäre, landete in dem breiten Wassergraben des Schlosses Kasteel Heeswijk. Zusammen mit dem Bataillonsarzt beschloss Sampson, die Erste-Hilfe-Station in dieser Burg aus dem 11. Jahrhundert einzurichten. Dann stellte der Pater fest, dass man dort ein Museum eingerichtet hatte – »mit Folterinstrumenten wie einer Streckbank, Verstümmelungswerkzeugen, Peitschen und eisernen Masken«, schrieb er. »Nicht gerade der ideale Ort, wo Patienten zu einem Militärarzt Vertrauen fassen sollten«.[30] Als die bei der Landung Verletzten eingetroffen waren, folgte Sampson Kinnard mit der Absicht, sie alle irgendwo in Veghel unterzubringen. Doch bei seiner Rückkehr hatten deutsche Truppen Schloss und Erst-Hilfe-Station besetzt. Alle ihre Verwundeten waren jetzt Gefangene.

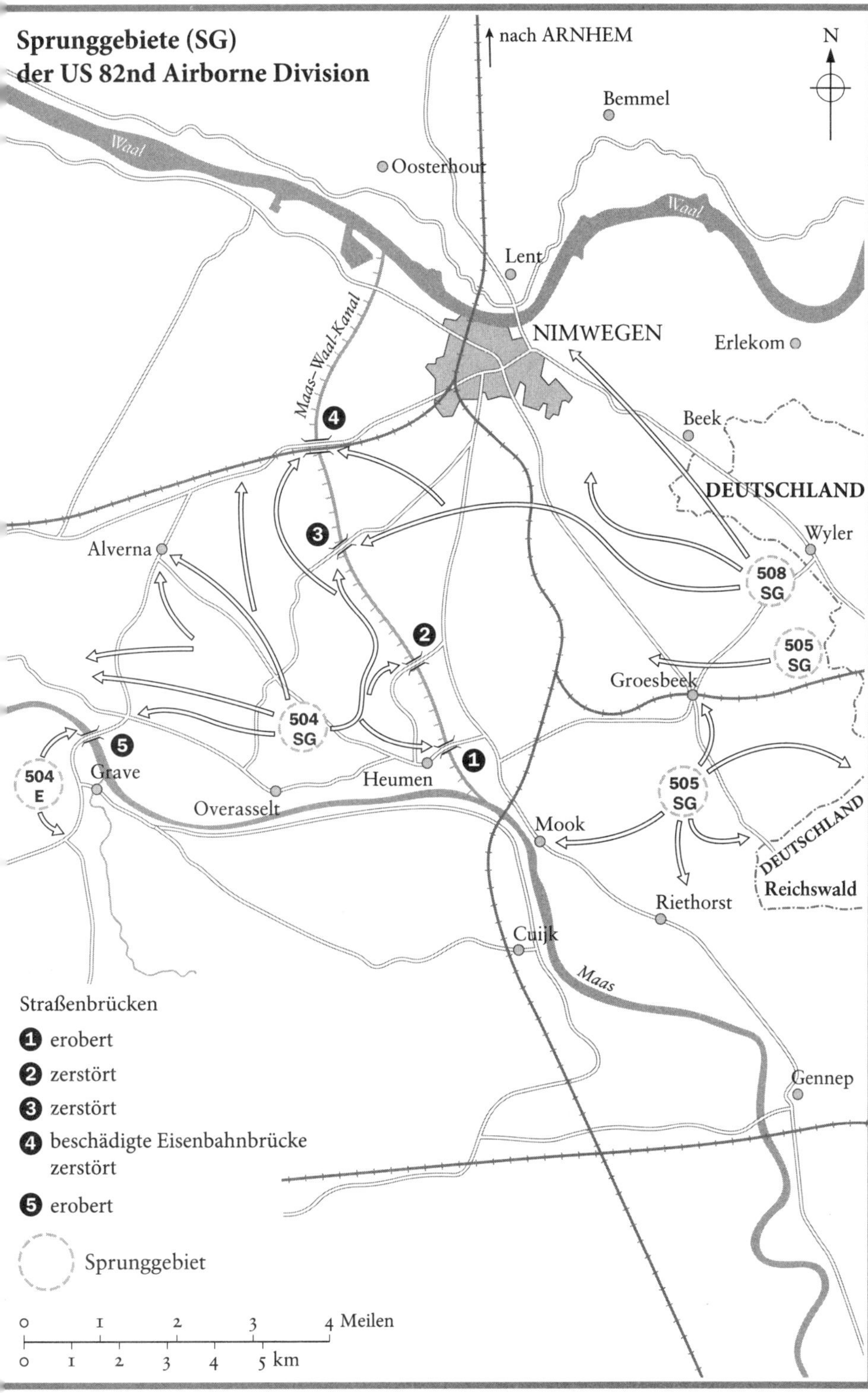

Sprunggebiete (SG)
der US 82nd Airborne Division
nach ARNHEM
N
Bemmel
Waal
Oosterhout
Waal
Lent
Maas-Waal-Kanal
NIMWEGEN
Erlekom
Beek
DEUTSCHLAND
Wyler
Alverna
508 SG
505 SG
Groesbeek
504 SG
504 E
Grave
Heumen
505 SG
Overasselt
Mook
DEUTSCHLAND
Reichswald
Riethorst
Cuijk
Maas
Gennep
Straßenbrücken
1 erobert
2 zerstört
3 zerstört
4 beschädigte Eisenbahnbrücke zerstört
5 erobert
Sprunggebiet
0 1 2 3 4 Meilen
0 1 2 3 4 5 km

Die Dakotas C-47, welche die US 82nd Airborne Division transportierten, gerieten beim Anflug auf das Absprunggebiet bei Groesbeek unter »beträchtlichen Flak-Beschuss«. Fünf Maschinen wurden getroffen. »Eine von ihnen brannte von einer Flügelspitze bis zur anderen. Die Männer sprangen aus dem brennenden Rumpf.«[31] Ein Offizier der Air Force berichtete: »Alle 18 Paratrooper sprangen. Unser Funker verließ die Maschine in 150 Meter Höhe und zerrte sich bei der Landung den Rücken. Auch der Chef unserer Crew sprang, wurde aber in der Luft von Kleinwaffen oder der Flak tödlich getroffen. Der Erste Pilot, 1st Lieutenant Robert S. Stoddard, blieb in der Maschine und verbrannte darin, als sie am Boden aufschlug. Ich sprang in etwa 70 Meter Höhe. Dabei brach ich mir den Knöchel. Niederländer schleppten mich und weitere Verwundete in ihre Häuser. Später halfen sie uns, zu einem Feldlazarett zu kommen.«[32]

Arie Bestebreurtje, der niederländische Verbindungsoffizier bei der 82nd Airborne Division, war sicher begeistert, als er die Gegend rund um Groesbeek erkannte, aber dem Piloten gelang es nicht, bei dem ansteigenden Gelände genügend Höhe zu halten. So hatte der Divisionskommandeur, Brigadier General Jim Gavin, »eine Höllenlandung« aus kaum 130 Meter Höhe zu überstehen. »Mir schien, als hätte ich gerade erst die Maschine verlassen, da war ich auch schon am Boden. Ich bin mit dem Hintern aufgeschlagen wie noch nie im Leben.« In der Tat zog er sich zwei Wirbelbrüche zu. »Ich war so erregt, weil die Deutschen uns aus dem Wald vor uns beschossen. Ich nahm meine Pistole heraus und legte sie auf den Boden, um rasch danach greifen zu können, wenn ich sie brauchte, während ich versuchte, mich aus dem Geschirr zu befreien. Und ich hatte mein Gewehr.«[33]

Gavin war bei seinen Männern dafür berühmt, dass er stets sein Gewehr M-1 bei sich trug wie ein gewöhnlicher Soldat. In Brooklyn geboren, war er als Waise zur US Army gegangen. Seine Intelligenz und sein militärisches Talent stachen so hervor, dass man ihn für die Militärakademie West Point auswählte. Er legte eine rasante Karriere hin und wurde der jüngste General seiner Generation. Mit dem Aussehen eines Filmstars, mit Geist und Charme beeindruckte er Marlene Dietrich und Martha Gellhorn. Mit beiden hatte er eine Affäre.

Unter großen Schmerzen schleppte sich Gavin zusammen mit einem Offizier der Pioniere und Bestebreurtje durch einen Hohlweg zu einer Kiefernschonung. Plötzlich eröffnete ein Maschinengewehr das Feuer auf sie, aber entweder der Pionieroffizier oder Bestebreurtje (je nach Quelle)[34] erledigte den Schützen mit einem Kopfschuss. Bald gesellte sich der Artilleriekommandeur von Gavins Division zu der kleinen Gruppe. Er hatte sich bei der Landung einen Knöchel gebrochen, und einer seiner Männer fuhr ihn in einem Schubkarren. Nun konnte er Gavin persönlich melden: »Alle Geschütze feuerbereit und erwarten Ihren Befehl.«[35] Gavin hatte darauf bestanden, dass das Bataillon der Luftlandeartillerie bereits mit der ersten Welle landen sollte. Er hatte nicht vergessen, wie sie den Tiger-Panzern der Division »Hermann Göring« nur mit einer Bazooka gegenübergestanden hatten.

Was immer die Regeln der Kriegführung forderten, amerikanische Paratrooper waren nicht nett zu Deutschen, die soeben noch versucht hatten, sie zu töten. »Als wir aus unseren Schirmen heraus waren, sind wir dorthin gestürmt, wo wir die Batterie der 20-mm-Kanonen gesehen hatten«, berichtete einer von ihnen. »Da standen vier Deutsche neben den Geschützen, hoben die Hände und riefen ›Kamerad!‹ Zur Hölle mit euch Kameraden! Sie wurden von unseren Tommy-MPs und von Gewehrkugeln in Stücke gerissen.«[36] Das spielte sich beim Hotel Berg en Dal in der Nähe von Beek dicht an der deutschen Grenze ab. Paratrooper vom 508th Parachute Infantry Regiment entdeckten in den Hotelzimmern mehrere deutsche Offiziere, die in Zivilkleidung geschlüpft waren.

Am Spätnachmittag fand Bestebreurtje einen der Anführer der lokalen Untergrundbewegung in der Nähe des Hotels Berg en Dal, etwa drei Kilometer vom Zentrum der Stadt Nimwegen entfernt. Dann richtete er seinen Stab im Hotel Sionshof an der Straße nach Groesbeek ein. Von dort erkundete er per Telefon die Stärke und die Stellungen der Deutschen in der Stadt. Gavin lehnte es ab, das Hotel Berg en Dal für seinen Stab in Anspruch zu nehmen. Er zog ein Zeltlager im Wald einige hundert Meter entfernt vor.

Auch General Browning schlug für seine Kommandostelle ein Lager im Wald in der Nähe von Gavin auf.[37] Als sein Segler gelandet war, holte Browning stolz einen Seidenwimpel mit einem Pegasus darauf hervor, der am Kühler seines Jeeps flattern sollte. (Das Symbol des geflügelten Pferdes war ebenfalls eine Idee seiner Frau Daphne du Maurier.) Dann hatten die Soldaten des Hauptquartiers seine Schlafstätte herzurichten. Das hieß, eine tiefe Grube ähnlich einem Grab auszuheben, dort hinein sein Feldbett zu stellen und darüber ein Zelt zu errichten.[38]

Zwei Flugzeugladungen Paratrooper einer Kompanie des 508th Regiment wurden, statt über den Höhen von Groesbeek abzuspringen, acht Kilometer zu weit östlich abgesetzt und landeten auf deutschem Gebiet.

»Wir witzeln und lachen, als wir uns in Marsch setzen«, berichtete Dwayne T. Burns. »Es ist kaum zu glauben, dass wir uns auf deutschem Territorium, meilenweit entfernt von unseren eigenen Frontlinien, befinden. Ich warte darauf, dass etwas passiert.«[39] Lieutenant Combs, der vor dem Absprung von einem Flak-Geschoss verletzt wurde, gelang es »mit der Hilfe eines ukrainischen Deserteurs der deutschen Armee«, die 22 Männer zurück zu seinem Bataillon zu bringen. Laut offiziellem Bericht töteten sie auf ihrem Weg zwanzig Deutsche und brachten 49 Gefangene mit.[40]

Südlich des Landegebiets von Groesbeek lag ganz in der Nähe eine deutsche Kompanie Rekonvaleszenten, die zum Ersatzbataillon 39 gehörte. Sie war von Kleve aus geschickt worden, um versprengte deutsche Soldaten aus Frankreich und Belgien aufzugreifen. Kompanieführer war ein junger Leutnant, der noch kein Gefecht erlebt hatte. Hauptfeldwebel Jakob Moll, ein Veteran des Frankreich-Feldzuges und der Ostfront, versprach dem jungen Mann, er werde das Kommando übernehmen, sollte es zum Kampf kommen. Die Kompanie befand sich auf einem Patrouillengang im Wald, als die 82nd Airborne Division zur Landung ansetzte. Am Waldrand versteckt, schauten die Deutschen zu und waren von dem Anblick fasziniert. Das Feld sei von Seglern bedeckt gewesen, Paratrooper seien umhergelaufen, hätten ihre Ausrüstung zusammengesucht und Lastensegler ausgeladen.[41] Die Deutschen waren überwältigt von der Organisation und der Fülle des Materials. Dann sahen sie holländische Zivilisten kommen und den Amerikanern helfen. Der junge Lieutenant wollte sofort angreifen, doch Moll überzeugte ihn, dass dies mit seinen schlecht bewaffneten Männern Selbstmord wäre. Die Kompanie hatte mehrere alte Maschinengewehre, aber nicht einmal Gestelle dafür. Um sie zu benutzen, hätte man den Lauf auf die Schulter eines Mannes legen müssen, wovon dieser wohl ertaubt wäre. In Breedeweg, einem Weiler südlich von Groesbeek, berichtete der Ortsgeistliche, deutsche Offiziere seien in Fahrzeuge gesprungen und geflüchtet, während ein junger Soldat von den Luftlandungen so erschreckt wurde, dass er sich selbst erschoss.[42]

In Groesbeek wurden deutsche Gefangene mit erhobenen Händen zur Schule geführt. Andere stellte man bei der örtlichen Schuhfabrik mit dem Gesicht zur Wand auf. Die Bewohner des Städtchens feierten die Amerikaner, welche die Straße entlangliefen. »Die haben uns kaum bemerkt«, schrieb eine junge Frau in ihr Tagebuch. »Mit ihren zur Tarnung geschwärzten Gesichtern, aus denen die weißen Augäpfel hervortraten, wirkten unsere Befreier seltsam und düster. Ihre Kleidung erinnerte eher an einen Overall als an eine Uniform; sie hatte an den ungewöhnlichsten Stellen Taschen.«[43] Als die Soldaten begannen, Schützenlöcher zu graben, liefen »lächelnde Kinder« herbei, weil sie die kleinen Hacken und Schaufeln haben wollten.[44]

Sofort tauchten Angehörige der Untergrundbewegung in den Straßen auf, um zu helfen. Das waren »kräftig gebaute Männer in blauen Arbeitsanzügen, die wie eine primitive Uniform wirken, und alle sind bewaffnet«, notierte dieselbe Tagebuchschreiberin. Sie nahmen Mitglieder der NSB fest und ernteten damit bei ihren Mitbürgern Bewunderung. »Die Leute, die das Dorf jahrelang terrorisiert haben, liegen jetzt als ein kläglicher kleiner Haufen am Straßenrand. Viele Passanten lassen böse Worte und Beschimpfungen fallen, in denen angestauter Hass und Furcht zum Ausdruck kommen.«[45] Die Gefangenen wurden in ein Lager beim Munitionsdepot im Wald von Wolfsberg westlich von Groesbeek gebracht.

Ein Ortsbewohner berichtete, ein deutscher Soldat sei nicht zusammen mit den anderen eingesperrt worden. »Einer der Amerikaner hatte sich bei der Landung am Knöchel verletzt. Er belegte einen deutschen Gefangenen in voller Uniform mit Beschlag, der ihn in einem Kinderwagen über die Feldwege schob. Darin lehnte er sich stolz zurück wie Madame Récamier* und rauchte grinsend eine Zigarette.«[46] In Mook, weiter südlich, hissten die Dorfbewohner die niederländische Nationalflagge auf der Schule, tanzten und sangen »Cowboy Joe«, den einzigen amerikanischen Song, den sie kannten.[47]

Während das 508th und das 505th Parachute Infantry Regiment die Höhen von Groesbeek gegenüber dem Reichswald sicherten, hatte das 504th Regiment die verzwickte Aufgabe, die große Brücke über die Maas in Grave und fünf Brücken über den Maas-Waal-Kanal zu erobern. Nur die südlichste der fünf Brücken in Heumen konnte noch völlig intakt gesichert werden. Drei hatten die Deutschen gesprengt und die vierte stark beschädigt.

Die C-47 flogen das Absprunggebiet bei der Brücke von Grave in 200 Meter Höhe an. Als eine 20-mm-Flak zu schießen begann, schüttelte Sergeant Johnson die Faust und brüllte: »Ihr dreckigen Krauts! Wartet nur, gleich sind wir unten, dann kriegen wir euch!«[48] Für Colonel Reuben Tucker, den gefürchteten Kommandeur des 504th Regiment, war dies wie

* Szene aus einem deutschen Ausstattungs- und Historienfilm aus dem Jahre 1920 über Julie Récamier, eine bedeutende Salonbetreiberin in der Frühzeit Napoleons – Anm. d. Übers.

ein »Sprung auf den Exerzierplatz«.[49] Von den 1936 Männern seines Regiments wurde ein Soldat getötet, weil sein Fallschirm sich nicht öffnete, und 44 Mann erlitten Verletzungen. Einer von ihnen, Tuckers Regimentsadjutant, krachte durch ein Ziegeldach.[50]

Während zwei Kompanien des 2nd Battalion des 504th Regiment am Nordufer der Maas bei Grave landeten, sprang die Easy Company südlich des Flusses ab. Ein Teil der Kompanie war zu früh gesprungen, aber der Zug, der ihm am nächsten kam, wartete nicht. Er sammelte sich unverzüglich auf der Straße.[51] Als sich die Männer, durch Entwässerungsgräben watend, der großen Brücke näherten, gerieten sie unter Beschuss aus Kleinwaffen. Dann eröffnete ein Maschinengewehr von einem getarnten Flak-Turm aus das Feuer. Zwei deutsche LKWs rollten an, aus denen ebenfalls auf sie geschossen wurde. Zum Glück hatten diese deutschen Soldaten keine große Lust auf ein Gefecht und machten sich bald davon. So erhielt der Zug Gelegenheit, ein Gebäude etwa 50 Meter von der Brücke entfernt zu stürmen und von dort aus die Besatzung der leichten 20-mm-Flak auf einem Bunker auszuschalten. Die Kanone blieb unbeschädigt. Sie drehten es um und nahmen damit den Bunker am nördlichen Brückenkopf unter Feuer. Damit gehörte die Brücke ihnen.

Der Rest des Bataillons, der am Nordufer der Maas abgesprungen war, nahm Kontakt zu ihnen auf. Sie bereiteten einen Nachtangriff auf das Städtchen Grave vor. »Um diese Zeit rollte ein Panzer von Süden her die Straße herauf. Etwa 25 Meter vor unseren Landminen blieb er stehen. Wir hatten drei Bazooka-Teams, um ihn zu bekämpfen, aber bevor sie das Feuer eröffnen konnten, brüllte jemand: ›Nicht schießen! Nicht schießen! Das ist ein britischer Panzer.‹ (Wir sollten die Briten binnen sechs bis vierundzwanzig Stunden erwarten.) Während der Unbekannte noch ›Britischer Panzer!‹ brüllte, feuerte der Panzer (der in Wirklichkeit ein deutscher war) seine 75-mm-Kanone auf uns ab. Nach sechs Schüssen auf und um unsere Stellung zog er sich zurück. Ein Offizier wurde getötet, und etwa fünfzehn weitere Männer wurden verwundet.«[52] Da konnte sie nur trösten, dass ein deutscher Spähwagen und zwei Seitenwagengespanne auf die von ihnen gelegten Minen fuhren und in die Luft flogen.

Als die Nacht hereinbrach, wurde die Spannung in Nimwegen unerträglich. »Die Leute waren nervös, und die Deutschen ebenfalls«, schrieb Martijn Louis Deinum, der Leiter des großen Konzertsaals, in sein Tagebuch. In der Ferne waren Schüsse zu hören. Irgendwo außerhalb der Stadt waren die

Alliierten gelandet, aber niemand wusste, was wirklich vorging. Die Deutschen, die fürchteten, die Kontrolle zu verlieren, schickten Trupps von Soldaten, »die Waffe im Anschlag, im Gänsemarsch durch die Straßen«.[53] Ein anderer Tagebuchschreiber notierte, das Klappern von beschlagenen Knobelbechern im Laufschritt war »das hässlichste Geräusch, das man sich nur vorstellen kann«.[54] Bei der Mischung von Angst, Erwartung und Aufregung dachte kaum jemand in dieser Nacht an Schlaf.

Eine Menschenmenge stürmte das Lagerhaus der Turmac-Fabrik, wo die Wehrmacht ihren gestohlenen Alkohol lagerte. Die Türen wurden aufgebrochen, und jubelnde Menschen erschienen mit Kisten oder Armen voller Flaschen. Manche waren entsetzt über das Risiko, das die Leute eingingen, die einen Güterzug auf dem Bahnhof plünderten, während in der Nähe noch schwerbewaffnete deutsche Truppen standen. »Männer, Frauen und Kinder schleppen Schachteln, Kisten und Fässer; sie scheinen gar nicht nachzuschauen, was darin ist. Ich sehe ein kleines Mädchen mit einem Bündel Holzschuhe, eine junge Frau mit einem Armvoll Besenstiele. Alle sind fürchterlich aufgeregt und zanken obendrein noch miteinander.«[55]

Bestebreurtje war frustriert darüber, dass Gavin darauf beharrte, zunächst die Höhen von Groesbeek zu sichern, bevor ernsthaft versucht wurde, die Brücke einzunehmen. »Momentan sind wir an der Brücke nicht interessiert«, erklärte ihm der Divisionskommandeur.[56] Er erwartete »eine höllische [deutsche] Reaktion vom Reichswald her«. Widerwillig gestattete Gavin Bestebreurtje, zu einem Erkundungsgang in die Stadt zu gehen. Doch er hatte bereits Colonel Roy E. Lindquist vom 508th Regiment befohlen, ein Bataillon nach Nimwegen zu schicken, um gegebenenfalls die Brücke einnehmen zu können, sobald die Gegend nördlich von Groesbeek gesichert war. Später bekannte Gavin, er habe Lindquist nicht annähernd so hoch geschätzt wie seine anderen beiden Regimentskommandeure, weil dem der »Killerinstinkt« fehlte und er »nicht aufs Ganze ging«.[57] Gavin befahl Lindquist, das Bataillon nicht mitten durch die Stadt zu schicken. Es sollte sie östlich umgehen und sich der Brücke längs des flachen Flussufers nähern.

Doch Lindquist und der Kommandeur seines 1st Battalion, Lieutenant Colonel Shields Warren, ignorierten diese Anweisung. Auf den Rat eines Kämpfers der lokalen Untergrundbewegung marschierte das 1st Battalion auf der Hauptstraße aus Richtung Groesbeek direkt nach Nimwegen hinein. Das sprach sich augenblicklich herum. Überall sammelten sich Menschen, um den Männern zuzujubeln, ihnen die Hände zu schütteln und ihre braunen Springerstiefel zu bestaunen, auf deren Gummisohlen sie so leise durch die Straßen gingen. Diese Soldaten wirkten so entspannt, ganz anders als die Deutschen, die trampelten und ständig brüllten. In der Annahme, die Stunde der Befreiung habe geschlagen – denn die deutschen Truppen hatten sich nach Norden zurückgezogen, um die Brücke zu verteidigen –, kletterten zwei junge Männer die Fassade der Infanteriekaserne hoch. Sie rüttelten so lange an dem großen, steinernen Nazi-Adler, bis der kippte und am Boden zerschellte. Die Menge stürzte herbei, um die größeren Bruchstücke weiter zu zertrümmern.[58]

Gegen 22.00 Uhr wurde geschossen, notierte der Leiter des Konzertsaals. »Wir hörten den ersten Todesschrei eines Menschen. Das war grauenhaft.« Als Paratrooper getroffen wurden, ertönten Rufe nach Sanitätern. Doch die Niederländer schafften die Verwundeten rasch in ihre Häuser, um sie dort zu versorgen.[59] Chaotische Gefechte in der Dunkelheit folgten, auch Nahkämpfe mit Grabenmessern. Zwar kämpfte sich eine Kompanie in Sichtweite der Brücke vor, aber das Bataillon als Ganzes gelangte nur bis zu dem großen Kreisverkehr, dem Keizer Karelplein, den deutsche Verstärkung zu verteidigen begann. Bestebreurtje und sein Kollege George Verhaeghe vom Jedburgh-Team Clarence gerieten in ihrem Jeep unter Beschuss. Verhaeghe wurde schwer am Schenkel verletzt, Bestebreurtje nur leicht an Hand und Arm.

Sie hatten eine große Chance verpasst. Am frühen Abend war die Straßenbrücke von Nimwegen nur von 19 SS-Leuten der Division »Frundsberg«, einem Dutzend vom Ausbildungs-Bataillon »Hermann Göring« und einer Handvoll unwilliger Männer des Landsturms verteidigt worden. Sprengstoff lag bereit – 950 Kilogramm auf der Südseite und ebenso viel am nördlichen Ende, aber es waren noch keine Leitungen gelegt. Warrens Bataillon war auf deutsche Verstärkung gestoßen, die just gerade eingetroffen war.[60]

Die Paratrooper, die ein paar Stunden zuvor in einem fremden Land hinter den feindlichen Linien gelandet waren, erlebten eine verwirrende erste Nacht. »Östlich von Groesbeek«, berichtete ein Leutnant des 505th Regiment, »befanden wir uns etwa 100 Meter von einer Bahnlinie entfernt. Während wir dasaßen und uns unterhielten, rollte ein Zug mit feindlichen Soldaten heran und passierte unsere Stellung. Wir waren so überrascht, dass wir einfach nur zusahen, wie der Zug vorbeifuhr.«[61] Brigadier General Gavin, der unter einem Baum gelegen und zu schlafen versucht hatte, fuhr bei dem Geräusch hoch und wollte wissen, warum der Zug nicht gestoppt worden war.

In dieser Nacht »an der Baumreihe«, der Frontlinie auf den Höhen von Groesbeek gegenüber dem Reichswald, schoss ein nervöser Posten im Dunkeln auf eine neugierige Kuh.[62] Im Landegebiet stahlen Angehörige mancher Bataillone unverfroren Ausrüstungsgegenstände von Seglern, die zu anderen Einheiten gehörten. Östlich von Nimwegen und westlich von Utrecht ließ das Bomberkommando der RAF Paratrooper-Attrappen abwerfen, um den Feind durcheinanderzubringen.[63] General Eisenhower forderte die Bevölkerung der Niederlande in einer Rundfunkrede auf, keinen Massenaufstand zu wagen, sondern Verkehr und Transport des Feindes durch verdeckte Aktionen zu stören.

Lieutenant Colonel Renfro, der Verbindungsoffizier der 101st Airborne Division im Stab des XXX. Corps bei Hechtel in Nordbelgien, wurde langsam unruhig. Die Schlappe, welche die Sherman-Panzer der Irish Guards an diesem Nachmittag hatten hinnehmen müssen, bedeutete, dass aus der erwarteten lockeren »Fahrt ins Blaue nichts wurde«.[64] Die Behauptung von Brigadier Pyman, Horrocks' Stabschef, die Dinge liefen doch gut, machte ihn kein bisschen sicherer.

Colonel Joe Vandeleur hatte auf Weisung von Brigadier Norman Gwatkin, dem Kommandeur der 5th Guards Brigade, seinen Irish Guards in Valkenswaard Halt befohlen. Dort trafen die beiden Kommandeure zusammen. Bei einem Glas Champagner aus Beutebeständen wies Gwatkin Vandeleur an, sich beim Anmarsch auf Eindhoven Zeit zu lassen. Das habe keine Eile, denn die Brücke bei Son sei gesprengt, und man müsse auf die Ankunft von Brückenbautechnik warten.[65] Diese Entscheidung war eindeutig von Horrocks gebilligt, der später schrieb: »Aus meiner Sicht war dies das Handeln eines erfahrenen Kommandeurs, seine Truppen halten und ausruhen zu lassen, während die Brücke repariert wurde.«[66] Aber das ergibt keinen Sinn. Son liegt nördlich von Eindhoven, und die Arbeit an der Brücke konnte erst beginnen, wenn die Pioniere, die die Guards Armoured Division begleiteten, angekommen waren, um eine Behelfsbrücke zu errichten. Wenn Horrocks ernsthaft davon ausging, dass die Pioniere der 101st Airborne Division fähig waren, eine Brücke zu bauen, über die Panzer fahren konnten, dann hätte er sich das von Colonel Renfro bestätigen lassen müssen. Dass Gwatkin, angeblich mit Horrocks' Billigung, Vandeleur befohlen haben kann, sich Zeit zu lassen, ist kaum zu glauben.

12

Nacht und Tag in Arnheim
17.–18. September

Ein niederländischer Tagebuchschreiber, von dessen Haus man die Auffahrten zur großen Straßenbrücke von Arnheim überblickte, vermutete, dass die Briten nahe sein mussten, als eine Leuchtkugel aufstieg. Er hörte einen deutschen Wachposten in Panik schreien: »Ich bin ganz allein!«[1]

Der Spitzenzug von Frosts 2nd Battalion erreichte die Straßenbrücke von Arnheim gegen 20.00 Uhr kurz nach Einbruch der Dunkelheit. Major Digby Tatham-Warter ließ seine Männer von der A Company darunter in Deckung gehen. Oben rollte der Verkehr der Deutschen weiter. Der Major schickte nach beiden Seiten je einen Zug aus, um einige der nahe gelegenen Häuser für die Verteidigung zu präparieren. Sergeants und Corporals klopften respektvoll an Türen, erklärten, wie ihr Befehl lautete, und empfahlen, die betroffene Familie sollte zeitweilig an einem anderen Ort Unterschlupf suchen, um dem bevorstehenden Gefecht zu entgehen. Es kann nicht überraschen, dass die meisten Bewohner sehr erschrocken waren. Ihre schmucken Häuser wurden rasch für den Kampf vorbereitet. In alle Wannen und Behälter ließ man Wasser einlaufen, um einen Vorrat zu haben, weil der Strom sicher bald ausfallen würde. Vorhänge, Rollos und alles Brennbare wurden herabgerissen, Möbel verrückt, um Feuerstellungen zu schaffen, Fenster eingeschlagen, um Verletzungen durch umherfliegende Glassplitter möglichst gering zu halten. Der Bataillons-Geistliche, Pater Bernard Egan, der den Paratroopern half, bekannte, »ein unheiliges Entzücken zu verspüren, wenn ich mit einem Stuhl ein Fenster einschlug und genau wusste, dass keine Polizei das je ahnden wird«.[2]

Als es völlig dunkel war, fiel Lieutenant Colonel Frost der beim deutschen Militär verbreitete Spruch ein: »Die Nacht ist niemandes Freund.« Doch in diesem Fall schien sie seinen Paratroopern zu helfen. Er gesellte sich mit dem Rest von A Company zu seinen bereits an der Uferböschung versteckt wartenden Männern. Oben fuhren immer noch Fahrzeuge der

Deutschen hinüber und herüber. Etwa eine Stunde vor Frosts Eintreffen musste der größte Teil von Gräbners Aufklärungs-Abteilung der 9. SS-Division »Hohenstaufen« auf Bittrichs Befehl über die Brücke in südlicher Richtung nach Nimwegen gerollt sein. Divisionskommandeur Harzer hatte allerdings den zweiten Teil von Bittrichs Weisung übersehen – die Brücke von Arnheim zu sichern. Nur eine Handvoll Männer des bisherigen Wachtrupps war auf der Brücke zurückgeblieben.

Frost war enttäuscht darüber, dass die Pontonbrücke, die sie einen Kilometer entfernt benutzt hatten, wieder abgebaut worden war. Nach dem Verlust der Eisenbahnbrücke durch Sprengung war es seinen Männern jetzt nur mit Booten möglich, zum südlichen Brückenkopf zu gelangen. Doch Gruppen, die er nach Wasserfahrzeugen ausgeschickt hatte, kehrten ergebnislos zurück. Tatham-Warter hatte abgewartet, bis sie von beiden Seiten zugleich angreifen konnten, aber sie konnten jetzt nicht länger zögern. Für die Aufgabe wurde Lieutenant John Grayburns Zug ausgewählt.[3] Grayburn, der für diesen Einsatz später das Victoria-Kreuz erhielt, war offenbar entschlossen, dabei besondere Tapferkeit zu demonstrieren. Er führte seine Männer die Stufen hinauf zur Fahrbahn. Sich dicht an den massiven Stahlträgern zu beiden Seiten haltend, stürmte sein Zug gegen das Feuer eines Schützenpanzerwagens und von 20-mm-Zwillingsflak vor. Als Grayburn an der Schulter getroffen und weitere Männer verwundet wurden, mussten sie sich zurückziehen.[4]

Bei diesem ersten Versuch, die Brücke einzunehmen, wurden mehr und mehr Häuser mit Ausblick auf die Zufahrten besetzt (siehe Plan). Die Jeeps und die 6-Pfünder-Panzerabwehrkanonen wurden zunächst an einem Ort geparkt, den die Häuser westlich der Brücke verdeckten. Stabsquartier und Sicherungszug der 1st Parachute Brigade (außer Brigadier Lathbury, der sich immer noch bei General Urquhart und dem 3rd Battalion auf der gegenüberliegenden Seite in Oosterbeek befand) richteten sich in Häusern westlich der Auffahrt nahe Frosts Stabsquartier ein.

Major Freddie Gough von der Aufklärungskompanie traf mit seinem Stab in drei Jeeps ein und meldete sich bei Frost, als gerade der zweite Versuch zur Eroberung der Brücke im Gange war. Um einen Bunker an einer Seite des Bauwerks auszuschalten, gingen ein weiterer Zug und ein Fallschirmpionier mit Flammenwerfer in Stellung. Doch dessen Helfer tippte ihn auf die Schulter, als er gerade feuern wollte, sodass er erschrocken zurückfuhr. Dabei verfehlte die Flamme den Bunker und traf stattdessen ein paar Holzschuppen dahinter. Dort hatte man offenbar Munition, Treibstoff und Dynamit gelagert, denn es folgte eine gewaltige Detonation mit einem riesigen Feuerball. Es sah aus, als hätten sie die ganze Brücke in Brand geschossen. Prompt fielen sarkastische Bemerkungen – sie hätten die Brücke erobern und nicht zerstören sollen. Aber einen Vorteil brachte die Sache doch: Als drei LKWs voller deutscher Soldaten über die Brücke kamen und die Fahrer dem Feuer auszuweichen suchten, wurden sie von Frosts Paratroopers beschossen. Bald standen alle drei Fahrzeuge in Flammen, ebenso mehrere der unglücklichen Soldaten, die getroffen wurden.

Frost, der noch nicht vergessen hatte, wie die Deutschen die Eisenbahnbrücke vor seinen Augen gesprengt hatten, befürchtete, dass auch die große Straßenbrücke zum Einsturz gebracht werden könnte. Doch ein Offizier der Royal Engineers versicherte ihm, das Feuer müsse alle Leitungen zu den Sprengladungen vernichtet haben. Trotzdem verbrachte Frost eine unruhige Nacht. Der Großangriff musste am Morgen folgen, aber trotz aller Bemühungen der Funker hatten sie nach wie vor keine Verbindung zum Divisionsstab oder zu den anderen Bataillonen. Die Gründe für das Kommunikationschaos bei der britischen 1st Airborne Division sind bis heute nicht völlig geklärt, und das wird vielleicht nie mehr geschehen. Es lag wohl am stark bewaldeten und dicht bebauten Gelände, nicht ausreichend starken Funkgeräten, halb leeren Batterien und bei einigen von ihnen an der Bestückung mit den falschen Detektoren.

Als Frost das Gelände abschätzte, das sie um den nördlichen Brückenkopf herum halten sollten, wünschte er auch noch die C Company unter Major Dover bei sich zu haben, aber sein Funker bekam keinen Kontakt, um sie zurückzurufen. Nachdem die Eisenbahnbrücke in die Luft geflogen war, hatte sich die C Company zu ihrem zweiten Ziel, dem Stab der Deutschen in Nieuwe Plein, auf den Weg gemacht. Als sie am St.-Elisabeth-Hospital vorüberfuhr, überraschte Dovers Kompanie 30 deutsche Soldaten, die gerade aus zwei Bussen stiegen. Bei einem einseitigen Feuergefecht wurden die meisten getötet und fünf gefangen genommen. Doch bei der Weiterfahrt stießen sie auf die Soldaten und Fahrzeuge, die auf der Basis der Aufklärungsabteilung der SS-Division »Frundsberg« kurz darauf zur Kampfgruppe Brinkmann zusammengestellt werden sollten. Zwar konnte die C Company mit dem Panzerabwehrwerfer PIAT einen Schützenpanzerwagen außer Gefecht setzen, aber dann musste sie sich zurückziehen. Sie wurde schließlich eingeschlossen, hielt aber weitere 16 Stunden durch, bis ihr die Munition ausging.[5]

Als ob der Verlust von Frosts C Company ausgeglichen werden sollte, traf

Die Brücke von Arnheim
Montag, 18. September 1944

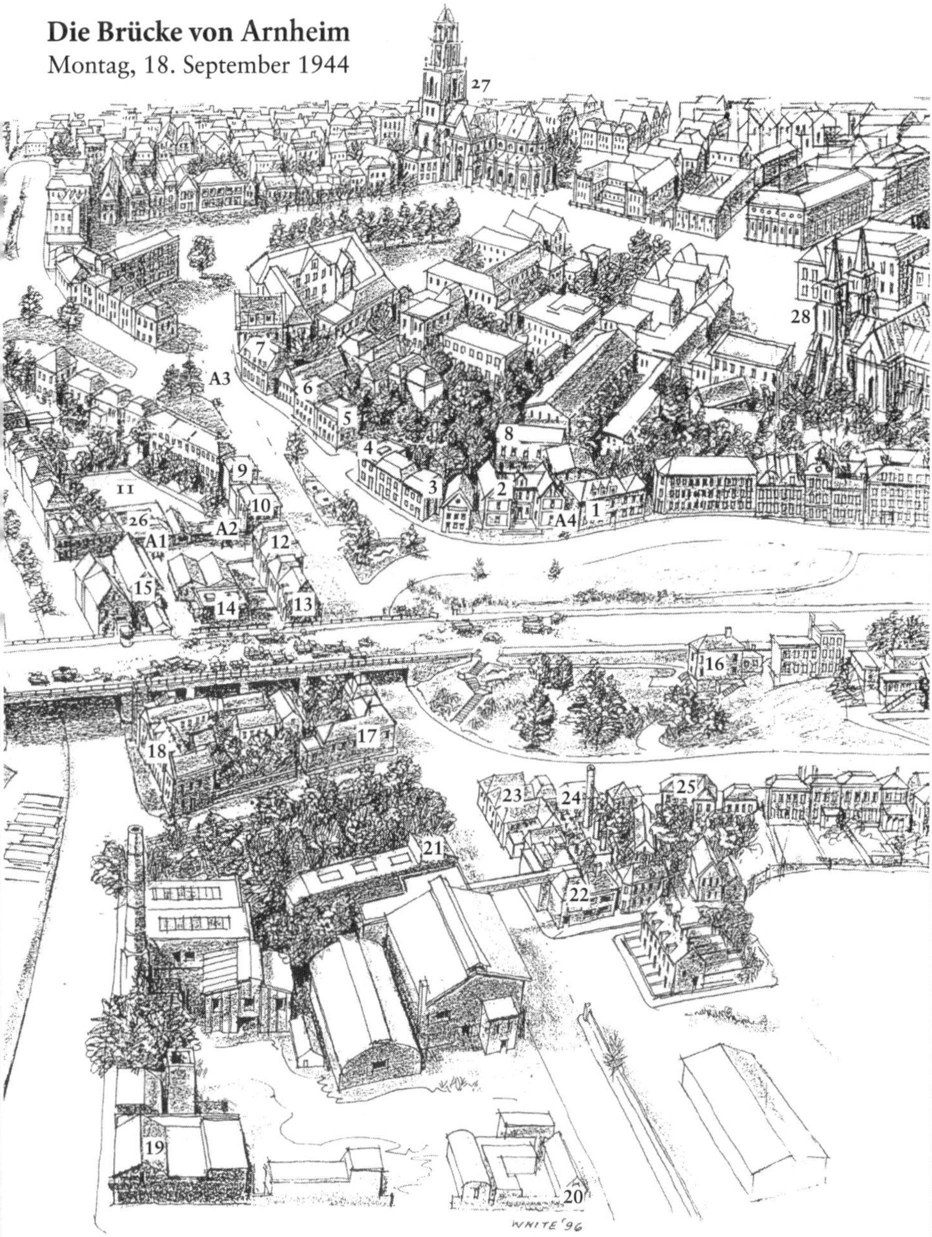

1. Bde Defence Platoon	12. A Coy HQ/Pl 2 Para Bn	22. Bde HQ Def Pl
2. HQ 1 Para Bde	13. Pl A Coy 2 Para Bn	23. Sigs/RASC/Ord
3. HQ 2 Para Bn	14. 9 Fd Coy RE (nur am 18.9.)	24. & 25. Sigs/RE
4. Mor Pl 2 Para Bn	15. Pl A Coy/MMG 2 Para Bn	26. 6 pdr Atk gun/Jeep park
5 & 6. HQ/Sp Coy 2 Para Bn	16. C Coy HQ/9 Pl 3 Para Bn	27. St.-Eusebius-Kirche
7. HQ 1 Atk Bty RA	A Tp 1 Para Sqn RE	(Grote Kerk)
8. RASC Pl	17. Pl A Coy 2 Para Bn	28. St. Walburgis
9 & 10. B Coy 2 Para Bn	18. A/B Coy 2 Para Bn	A1–A4. 6 pdr Atk guns
11. Pl A Coy 2 Para Bn	19, 20 & 21. 8 Pl C Coy 3 Para Bn	(siehe Abkürzungen S. 476 f.)

eine unerwartete Verstärkung in Gestalt von Major Lewis' C Company des 3rd Battalion ein, die längs der Bahnstrecke nach Arnheim marschiert war. Als sie sich durch das Zentrum der Stadt in Richtung Straßenbrücke vorarbeitete, hatte sie in den dunklen Straßen chaotische, mörderische Kämpfe zu bestehen.

Auf dem Bahnhof von Arnheim wartete eine Gruppe Jugendlicher des Reichsarbeitsdienstes von einer Einheit schwerer Flak auf die Rückkehr nach Deutschland. Als am späten Nachmittag die Luftlandeaktion der Alliierten bekannt wurde, hatte ihr Kommandant, Hauptmann Rudolph Mayer, das Büro des Stadtkommandanten aufgesucht, um zu erfahren, was er tun sollte. Er kehrte mit der Nachricht zurück, man werde sie bewaffnen und der SS unterstellen. Nun marschierten die Jungen zu einer Kaserne in der Nähe, wo man alte Karabiner an sie ausgab. Die Bolzen funktionierten nicht mehr richtig, und wenn man die Patronenkammer öffnen wollte, musste man die Waffe gegen etwas Hartes schlagen. Ihre Moral sei ohnehin nicht hoch gewesen, aber als sie die alten Flinten sahen, war es damit ganz aus, berichtete einer der Offiziere.[6] Am Abend gab es keinen Befehl für sie und auch nichts zu essen. Wegen der Warterei auf dem Bahnhof hatten sie seit fast 48 Stunden nichts im Magen.

Als die Dämmerung hereinbrach, erschien SS-Obersturmführer Harder und teilte den Jungen mit, sie seien jetzt Teil der Kampfgruppe Brinkmann der 10. SS-Panzer-Division »Frundsberg«. Sie sollten vom Stadtzentrum her in Richtung Rhein angreifen. Als es stockdunkel war, bemerkten sie andere Soldaten, die sie ebenfalls für einen Teil dieser Kampfgruppe hielten. Doch plötzlich brüllte ein britischer Paratrooper: »Germans!« Alle begannen wie wild um sich zu schießen. Die Szene wurde immer wieder durch Mündungsfeuer oder Explosionen erhellt. Auf kurze Distanz töteten die britischen Sten-Maschinenpistolen effizienter als die antiquierten Bolzengewehre, die man den Teenagern vom Reichsarbeitsdienst in die Hand gedrückt hatte. Fast die Hälfte von Mayers Jungen wurde getötet, und die übrigen müssen schwer traumatisiert worden sein. Doch Lewis' Kompanie verlor ebenfalls einen Zugführer und einen Sergeant. Ein Drittel seiner Männer wurde von SS-Panzergrenadieren gefangen genommen.

Die Reste dieser Kompanie des 3rd Battalion schlossen sich dem Trupp Pioniere unter Captain Mackay an, der zwei Gebäude der Van-Limburg-Stirum-Schule östlich der Brückenauffahrt besetzt hielt. Bald darauf schlichen sich Panzergrenadiere entweder von der Kampfgruppe Brinkmann oder dem SS-Bataillon Euling heran und warfen Handgranaten in die Fenster des Hauses, das am weitesten entfernt von der Brücke stand.

»Wir kämpften in den Zimmern Mann gegen Mann gegen sie«, schrieb Mackay. »Einer der Deutschen schleppte ein MG-42 Spandau an, schob die Mündung durch ein Fenster und bestrich damit den Raum. Ich stand mit meinem 45er-Colt direkt neben dem Fenster, stieß ihm die Mündung in den Mund und drückte ab. Es schoss ihm den Kopf weg oder all das, was nicht vom Kinnriemen gehalten wurde. Ich packte die Spandau und drehte sie gegen die Deutschen draußen vor dem Haus.«[7] In anderen Teilen des Gebäudes wurde mit Fäusten, Stiefeln, Gewehrkolben und Bajonetten so lange gekämpft, bis man die Deutschen vertrieben hatte. Mackay wurde klar, dass das kleinere der beiden Häuser zu gefährdet war, weil deutsche Angreifer das Gebüsch in der Nähe als Deckung nutzen konnten. Er beschloss, das Haus zu räumen. Sie holten die Verwundeten heraus, die sie über eine zwei Meter hohe Mauer hieven mussten. Mackay setzte sich rittlings darauf und half, die Männer hinüberzuheben.

Insgesamt war Frosts Truppe – sämtliche Waffenbesatzungen und Servicepersonal von den Royal Engineers bis zum Reparaturtrupp des Royal Army Ordnance Corps – über 700 Mann stark. Im Brigadestab quartierten sich seine Funker unter dem Dach ein, wo sie für ihre Antennen ein paar Ziegel entfernt hatten. Die ganze Nacht hindurch versuchten sie Kontakt zum Divisionsstab und den anderen beiden Bataillonen herzustellen. In ihren Funksprüchen teilten sie mit, dass das 2nd Battalion bei der Brücke angekommen war und dringend Verstärkung benötigte.

Major Dennis Munford vom Light Regiment Royal Artillery wusste, dass er ohne Funkverbindung den sie unterstützenden Haubitzen, die rund um die Kirche von Oosterbeek in Stellung gegangen waren, keine Feuerleitung geben konnte. Daher beschlossen er und ein weiterer Offizier, bei Nacht mit Jeeps durch die deutschen Linien in Richtung Wolfheze zu fahren. Dort stellten sie ihre Funkgeräte Nr. 22 neu ein, nahmen frische Batterien auf, berichteten über die Situation an der Brücke und fuhren durch die deutschen Linien wieder zurück. Das gelang nur Munfords Jeep. Der andere Offizier erlitt eine schwere Bauchverletzung und wurde gefangen genommen. Im Morgengrauen stellte Munford die 75-mm-Haubitzen auf die zu erwartenden Anfahrtswege des Feindes von Süden her und um den nördlichen Brückenkopf ein. Der Bewohner eines Hauses nahe der Kirche und unter der Flugbahn der Geschosse berichtete, wie ein britischer Artillerist höflich an seine Tür klopfte und ihn bat, nicht zu erschrecken, wenn die

Haubitzen zu schießen begännen. »Wenn Sie ein Bumm und ein Pfeifen hören, dann sind wir das«, erklärte er. »Wenn Sie zuerst ein Pfeifen und dann ein Peng hören, dann sind es die anderen.«[8]

Nachdem Lieutenant Dobie mit seinem 1st Battalion den Versuch, auf der Nordroute nach Arnheim zu gelangen, aufgegeben und sein Funker eine von Frosts Botschaften empfangen hatte, war er entschlossen, sich zur Brücke durchzuschlagen, um Frost zu unterstützen. In der ersten Nacht rückten sie auf der Südroute vor, dann aber entschied Dobie, die kürzere mittlere Route, den Utrechtseweg, zu nehmen. Doch als die Spitzenkompanie den Bahndamm östlich von Oosterbeek erreichte, stieß sie auf Möllers 9. SS-Pionierbataillon. Möller selbst schrieb darüber in melodramatischem Ton: »Mit der Morgendämmerung ging der Tanz los. ... Es war ein Kampf Mann gegen Mann, die ›Roten Teufel‹ gegen die ›Schwarzen Männer‹, Elite gegen Elite.«[9] Das 1st Battalion kam nicht durch. Nach dem Gefecht mit der Alarmeinheit der Luftwaffe vermisste es eine Kompanie und war jetzt durch Verluste weiter geschwächt worden. Dobies Bataillon musste sich zur Südroute nahe am Fluss durchschlagen. Seine Männer waren müde, denn sie hatten bisher so gut wie keine Ruhepause gehabt.

Lieutenant Colonel Fitchs 3rd Battalion, das den größten Teil der Nacht in der Nähe von Hotel Hartenstein am westlichen Rand von Oosterbeek gelegen hatte, brach um 4.30 Uhr wieder auf. Auch Fitch wählte die Südroute. Brigadier Lathbury und Major General Urquhart fuhren in der Spitzenkompanie – ein unkluges Verhalten für hohe Offiziere so nahe der Front. Das Bataillon musste ein Waldstück passieren, wo deutsche Schützen auf den Bäumen saßen. Mit ihren Störangriffen hielten sie die hintere Hälfte der zwei Kilometer langen Kolonne längere Zeit auf. Ein Bewohner von Oosterbeek sah erregt zu, wie ein britischer Soldat einen deutschen Scharfschützen vom Baum holte, »als hätte er eine Krähe geschossen«.[10]

Als sie sich im Morgengrauen vorsichtig durch Oosterbeek bewegten, kam es zu weiteren Verzögerungen. Bewohner rissen die Fenster auf und riefen ihnen über die Straße »Guten Morgen!« zu. »Auch Ihnen einen guten Morgen«, kam es wenig begeistert zurück, weil so ihre Ankunft verraten wurde. Bald erschienen ganze Familien auf den Straßen, manche der Leute nur mit einem Mantel über dem Pyjama oder dem Nachthemd. Sie brachten den Soldaten Tomaten, Birnen und Äpfel aus ihren Gärten und Becher mit Kaffee oder Tee.[11]

Diese Ablenkungen nach dem Feuergefecht hielten die Nachhut des

Bataillons weiter auf, sodass der Kontakt zur Vorausabteilung abriss, die inzwischen unter der Eisenbahnbrücke einen Kilometer östlich der Kirche von Oosterbeek hindurchgefahren war. Um die Verwirrung noch zu steigern, bog Dobies 1st Battalion ebenfalls auf die Südroute ein und vermischte sich dort mit der Nachhut des 3rd Battalion, die nicht ihrer Spitzenkompanie mit Lathbury und Urquhart gefolgt war. Diese hatte auf den Rest ihrer Kolonne gewartet und dabei viel Zeit verloren. Beim weiteren Vormarsch stieß sie auf das südliche Ende von Spindlers zweiter Sperrlinie in der Nähe des St.-Elisabeth-Hospitals, etwa zwei Kilometer vor der Straßenbrücke von Arnheim. Spindlers Truppe zur Blockierung der Straße war inzwischen durch selbstfahrende Sturmgeschütze verstärkt worden (die in britischen Berichten oft fälschlicherweise als Panzer beschrieben werden). Das 1st Battalion geriet inzwischen von der Anhöhe Den Brink her unter Beschuss. Diese Gefahrenstelle hatten die Planer in England auf der Karte übersehen. Die beiden Straßen von Westen erreichten den Stadtrand von Arnheim nahe der Anhöhe zwischen Eisenbahnlinie und Fluss. Ein idealer Engpass, wo man den Vormarsch der Briten verzögern oder ganz aufhalten konnte.

Auch aufseiten der Deutschen herrschte Verwirrung. Vermutlich infolge eines Funkspruchs von Gräbners Aufklärungstrupp, der am Abend zuvor in Richtung Süden gefahren war, hatte Models Heeresgruppe B um 20.00 Uhr gemeldet: »Straße Arnheim-Nimwegen feindfrei, Brücken Arnheim Nimwegen in deutscher Hand.«[12] Doch kurz darauf informierten zwei deutsche Telefonistinnen in der Telefonzentrale von Arnheim Bittrich darüber, dass britische Paratrooper den nördlichen Kopf der Straßenbrücke besetzt hatten. Sie berichteten die ganze Nacht über den Fortgang der Ereignisse. Nach der Schlacht verlieh ihnen Bittrich das Eiserne Kreuz. Am frühen Morgen tauchte er wütend in Harzers Befehlsstand auf, weil Gräbner seinen Befehl ignoriert hatte, die Brücke zu besetzen und zu halten.[13] * [14]

Auch Model traf bei Harzers Stab ein, den dieser in Generalmajor Kussins Hauptquartier im Nordteil von Arnheim eingerichtet hatte. Dabei stellte er fest, dass an diesem Tag die Wolkendecke sehr tief hing, was zumindest die Flugzeuge der Alliierten fernhalten musste. Er informierte Harzer, dass das Schwere Panzerbataillon 503 mit Panzern VI »Königs-

* Der Stab des Wehrmachtsbefehlshabers Niederlande war so fixiert auf einen Aufstand des niederländischen Untergrundes, dass er in einem Funkspruch vom 18. September morgens erklärte: »Straßenbrücke von Arnheim durch Terroristen besetzt.«

tiger« über Blitztransport von Königsbrück bei Dresden aus im Anmarsch sei. Blitztransport bedeutete, dass die Reichsbahn dafür alle Strecken freizuhalten hatte. Eine Ausnahme bildete nur der persönliche Sonderzug des Führers. Weitere 14 Panzer dieses Typs vom Schweren Panzerbataillon 506 in Paderborn waren bereits unterwegs. Die Besatzungen hatte man um 0.30 Uhr in ihrer Kaserne in Sennelager geweckt. Um 8.00 Uhr morgens waren alle Panzer auf Flachwagen der Eisenbahn verladen. Model kündigte an, er werde die Wasserversorgung von Oosterbeek stoppen, weil er die Masse der britischen Truppen zum Rückzug auf dieser Strecke zwingen wollte. Bittrichs Ansinnen, die Brücke von Nimwegen zu sprengen, lehnte Model zwar nach wie vor ab, doch an diesem Vormittag übermittelte er per Fernschreiber den Befehl: »Häfen Rotterdam und Amsterdam zur Zerstörung freigegeben.«[15] Das war einer der ersten Vergeltungsschritte der Deutschen für den Eisenbahnerstreik zur Unterstützung der Alliierten.

Während der ganzen Nacht forderte Models Stab Verstärkung für Arnheim an, wobei Bocholt als Endbahnhof angegeben wurde. Die Sturmgeschützbrigade 280, die bereits von Dänemark nach Aachen unterwegs war, wurde nach Arnheim umgeleitet. Weitere Einheiten waren drei Bataillone mit je 600 Mann, neun bunt zusammengewürfelte Alarmeinheiten von insgesamt 1400 Mann, zwei Panzerjägerkompanien mit Panzerjägern aus Herford, sechs motorisierte Luftwaffenkompanien mit insgesamt 1500 Mann sowie eine Flak-Kampfgruppe aus zehn Batterien mit insgesamt 36 88-mm- und 39 20-mm-Kanonen. Die Flak-Einheiten waren »behelfsmäßig motorisiert«, was bedeutete, dass Traktoren und LKWs aus dem zivilen Bereich für sie als Zugmaschinen genutzt wurden. Die 20-mm-Flak wurde zu den Landungsgebieten geschickt, um sie gegen weitere Luftlandeaktionen der Alliierten in Stellung zu bringen.[16]

Als diese Einheiten in der Gegend von Arnheim eintrafen, verteilte sie Bittrich auf die beiden Divisionen. Harzer wies er ein Polizeibataillon aus Apeldoorn, ein Veteranen-Reservebataillon aus Hoogeveen und eine Flak-Brigade zu, die ein wenig später eintraf.[17] Dieser Zustrom verstärkte Harzers Division »Hohenstaufen« auf fast 5000 Mann. Harmels Division »Frundsberg« erhielt die Kompanie der Königstiger-Panzer aus Paderborn, von denen allerdings wegen Ausfällen nur drei ankamen, ferner eine SS-Werferabteilung, ein Pionierbataillon mit Flammenwerfern aus Glogau und ein Ausbildungs- und Ersatz-Bataillon von Panzergrenadieren, die aus Emmerich eintrafen.[18]

Von letzterer Einheit war nicht allzu viel zu erwarten. Die Männer waren zum Teil amputiert, und der Kommandeur, Major Hans-Peter Knaust, führte das Bataillon auf Krücken an. Doch Knaust, der bei der 6. Panzerdivision in der Schlacht vor Moskau ein Bein verloren hatte, war ein hervorragender Truppenführer. Ohne Rücksicht auf die lokalen Behörden befahl er seinen Männern, die Treibstoffreserven der Stadt Bocholt für das Betanken ihrer Panzer zu nutzen. Auf dem einzigen Halbpanzer, den man seiner Kampfgruppe zugewiesen hatte, an der Spitze fahrend, traf er um 2.00 Uhr morgens in Bittrichs Stab ein. Bittrichs SS-Adjutant meldete Knaust ziemlich abschätzig als jemanden vom Heer an.[19] Doch Bittrich, der ein gutes Verhältnis zur Wehrmacht unterhielt, war erfreut, Knaust zu sehen. Er brauchte jede Einheit, und Knaust mit seinen vier Panzergrenadier-Kompanien sollte noch einen Zug mit Sturmgeschützen und eine Kompanie mit sieben Panzer III und acht Panzer IV erhalten, die von einer Panzerfahrschule in Bielefeld kamen.

Models Plan bestand nicht allein darin, den Rest der britischen 1st Airborne Division daran zu hindern, die Straßenbrücke von Arnheim zu erreichen, sondern er wollte sie zwischen zwei Kräften aufreiben. Noch während der Nacht hatte er per Fernschreiben Instruktionen an den Wehrmacht-Befehlshaber Niederlande, General Christiansen, geschickt. Dessen Truppen unter General von Tettau sollten den gelandeten Feind von Westen und Nordwesten angreifen und sich dann mit dem II. SS-Panzerkorps nördlich des Flusses vereinigen.[20] Tettau hatte am 17. September wenig unternommen. Er hatte lediglich Sturmbannführer Helle befohlen, sein SS-Wachbataillon vom KZ Amersfoort nach Ede zu führen. Helle, der zweifellos bedauerte, sich so rasch von seiner Geliebten verabschieden zu müssen, begriff immerhin, dass die Briten sich ihm von Westen näherten, wenn sie in östliche Richtung nach Arnheim stürmten. Sein Schutzbataillon, dem er versprochen hatte, es werde nie ins Gefecht ziehen müssen, schrumpfte bereits, bevor ein einziger Schuss gefallen war. Ein Drittel desertierte schon unterwegs oder kurz nach der ersten Feindberührung.[21]

Eine wesentlich verlässlichere Einheit war die SS-Unteroffiziersschule unter dem Befehl von Obersturmbannführer Hans Lippert. Während der in Grebbeberg auf das Eintreffen seiner Männer wartete, wies man ihm ein Marine-Kontingent zu, die Schiffs-Stamm-Abteilung 10, deren Kommandeur ihm mitteilte, seine Männer hätten keinerlei Infanterieausbildung. Dazu kam ein sogenanntes Fliegerhorst-Bataillon aus Bodenpersonal der Luftwaffe, deren militärische Erfahrung, wie es hieß, darauf beschränkt sei, Treibstofffässer zu rollen.[22] Lipperts wachsende, aber sehr gemischte

Truppe erhielt den Namen »Westgruppe«, wahrscheinlich als Gegenstück zu der wesentlich stärkeren »Ostgruppe«, die auf der SS-Division »Hohenstaufen« beruhte. Bittrich sagte vorschnell voraus, »dass durch eigenen Gegenangriff von Ost und West die Feindkräfte im Laufe des 19.9. zerschlagen werden«.[23]

Bittrich, der erkannt hatte, dass bisher nur ein kleiner Teil der 1st Airborne Division die Brücke erreicht hatte, wies Harzers Division »Hohenstaufen« an, alle verfügbaren Kräfte zu konzentrieren, um zwei Blockadelinien aufzubauen, die sicherstellen sollten, dass keine weiteren britischen Truppen durchkamen. Möllers Pionierbataillon der »Hohenstaufen« war bereits am östlichen Rand von Oosterbeek längs der in südlicher Richtung nach Nimwegen führenden Eisenbahnlinie in Stellung gegangen. Das war die Truppe, die Dobies 1st Battalion in der Nacht zurückgeschlagen hatte. »Auch bei uns in den Häusern blickten verängstigte Menschen mit feindlichen Blicken«, schrieb Möller. »Wir hatten uns festgebissen in dem Dschungel der Gärten und schlossartigen Villen, der Hecken und Gartenzäune, der Anlagen und Pavillons.«[24] Bald erhielt er Verstärkung durch die Flak-Abteilung der Division. Außerdem hatte Möller eine weitere Kompanie unter dem Befehl von Obersturmbannführer Voss in einem großen Haus an einer Ecke des Utrechtsewegs postiert, das sich zum Teil hinter großen Rhododendronbüschen verbarg.

Während also Harzers Division »Hohenstaufen« den weiteren Vormarsch des übrigen Teils der 1st Airborne Division von Westen her aufzuhalten hatte, erhielt der Großteil von Harmels Division »Frundsberg« den Befehl, den Widerstand an der Brücke so rasch wie möglich zu brechen, damit weitere Verstärkung zur Verteidigung von Nimwegen nach Süden gesandt werden konnte. Die einzige Alternative bestand darin, bis nach Pannerden im Osten, zwei Kilometer nördlich der Waal, auszuweichen und Truppen und Fahrzeuge mit Fähren über den Rhein zu bringen.

Bataillon 1 des SS-Panzergrenadierregiments 21 erhielt Befehl, wichtige Gebäude in der Nähe des nördlichen Brückenkopfs zu sichern. Eine Kompanie besaß einen einzigen Halbpanzer, den die Panzergrenadiere einen rollenden Sarg nannten. Eine britische panzerbrechende 6-Pfünder-Granate durchschlug eine Flanke des Fahrzeugs und trat aus der anderen aus. Dabei richtete sie, abgesehen von zwei runden Löchern, kaum Schaden an. Fassungslos über so viel Glück fuhr die Besatzung rasch zurück. Sie alle hätten voreinander die großen Helden gespielt, während sie innerlich vor Angst zitterten, bekannte ein Panzergrenadier namens Horst Weber.[25]

Seiner Kompanie wurde befohlen, das imposante Gerichtsgebäude, das »Paleis van Justitie«, zu besetzen. Überzeugt, dass dort britische Paratrooper saßen, rollten sie ihr Panzerabwehrgeschütz heran und schossen so lange aus kurzer Entfernung auf eine Seitenmauer, bis die Bresche groß genug war, um hineinzugelangen. Ein Soldat vom Panzerregiment der Kompanie, den sie nur den »Panzermann« nannten, weil er noch seine schwarze Uniform trug, stieg als Erster durch das Loch. Es war ein riesiges Gebäude mit Marmorsäulen in der Vorhalle und zahlreichen Kellern, aber kein Brite weit und breit. Sie bauten ihre Maschinengewehre auf, mit denen sie die Walburgstraat und den Marktplatz beschießen konnten.

Ein anderer Soldat des Bataillons erblickte während der Kämpfe niederländische Zivilisten. Sie liefen auf die Straße, um Verwundete zu verbinden. Sie hätten versucht, nicht direkt auf sie zu schießen, berichtete der Mann, das sei aber nicht immer möglich gewesen.[26]

Am nördlichen Brückenkopf stand Frosts Truppe an diesem Montag vor dem Morgengrauen bereit. Mit Ersatzmagazinen und scharfen Handgranaten in Reichweite warteten sie ab, was das Tageslicht bringen würde. »Ein kalter Nebel, der aus dem Rhein aufstieg, hüllte die Brücke fast vollständig ein«, schrieb ein Mann des Mörserzuges. Sein Lieutenant beschloss, den Beobachtungsposten auf dem Dach des Lagerhauses mit Blick auf die Brücke einzurichten, in dessen Räumen die Vickers-Maschinengewehre des Bataillons aufgestellt waren. »Ihre hässlichen Rüssel hatten wir ein wenig in den Schatten der Fensterhöhlen zurückgezogen, aber sie hatten nach wie vor ein ausgezeichnetes Schussfeld.«[27] Während sie auf den unausbleiblichen Gegenangriff der Deutschen warteten, beschäftigten sich die MG-Besatzungen in der gespannten Atmosphäre mit eigentlich nutzlosen kleinen Aufgaben. Doch als der Kommandeur des Mörserzuges die Leitung prüfte, die sie gerade zum Feldtelefon in einer der Mörserstellungen gelegt hatten, wurde klar, dass der Handapparat, den sie mit sich führten, nicht funktionierte. Mit einem grässlichen Fluch knallte er ihn gegen eine Wand. Nun mussten sie sich etwas anderes einfallen lassen. Ein Paratrooper sollte die Entfernung nach der Karte schätzen und sie dann von der Rückwand des Gebäudes den Männern in den Mörserstellungen zurufen, die beiderseits der Hauptstraße im Gras versteckt lagen.

Mehrere deutsche LKWs, deren Fahrer offenbar von den jüngsten Geschehnissen um die Brücke nichts wussten, wurden durch Schnellfeuer von Bren-MGs, Karabinern und Sten-Maschinenpistolen zerfetzt. Die überlebenden Soldaten wurden gefangen genommen. Mehrere gehörten einer V2-Bedienungsmannschaft an, was sie denen, die sie festnahmen, natürlich verschwiegen. Die Teams an den PIAT-Werfern und den 6-Pfünder-Panzerabwehrkanonen hielten sich zurück. Sie wussten, dass sie ihre Munition nicht gegen Fahrzeuge mit weicher Schale verschwenden durften. Wie der Offizier vom amerikanischen Geheimdienst OSS, Lieutenant Harvey Todd, in seinem Bericht nach den Kämpfen festhielt, hatte er sich mit dem Jedburgh Team auf dem Dachboden des Brigadestabs eingerichtet. »Ich hatte eine gute Stelle als Beobachter und Scharfschütze an einem kleinen Fenster zwischen den Dachsparren gefunden, von wo ich Straße und Brücke überblicken konnte. Ich erschoss drei Deutsche, als diese die Straße zu überqueren suchten.«[28] »Ein schwer verwundeter Deutscher«, notierte ein Mörserschütze, »versuchte, lediglich mithilfe der Arme an einen sicheren Ort zu robben und wurde kurz davor von einem unserer Scharfschützen erledigt, der dessen Bemühungen mit kühlem Interesse beobachtet hatte.«[29]

Gegen 9.00 Uhr formierte sich nahe dem südlichen Ende der Brücke, doch außer Sichtweite eine Kolonne von etwa zwanzig Fahrzeugen aus Sturmbannführer Gräbners Aufklärungs-Abteilung der SS-Division »Hohenstaufen«. Gräbner hatte an einer von der Brücke aus nicht einzusehenden Stelle kurz gehalten. Er trug das Ritterkreuz, das man ihm am Vortag verliehen hatte. Gräbner war dafür bekannt, dass er keine halben Sachen machte. Offenbar überzeugt, dass ein unerwarteter, in Höchstgeschwindigkeit erfolgender Angriff den Zweck erfüllen könnte, hob er den Arm. Alle Fahrer brachten ihre Motoren auf Hochtouren. Als Gräbner das Signal gab, schossen sie vorwärts. Schützenpanzerwagen vom Typ Puma, die neueste Version des Vierachsers, bildeten die Spitze, gefolgt von offenen Halbpanzern und schließlich Opel-Blitz-LKWs, auf denen die Soldaten nur durch Sandsäcke geschützt waren.

Ein Funker auf dem Dachboden brüllte: »Panzerfahrzeuge rasen auf die Brücke zu!« Frost durchfuhr die irrationale Hoffnung, es könnte die zu früh eingetroffene Vorhut des XXX. Corps sein, aber rasch erkannte er seinen Irrtum.[30] Gemeinsam mit seinen Männern beobachteter er fasziniert, wie die Kolonne ihr Tempo drosseln musste, um sich zwischen den ausgebrannten LKWs auf der nördlichen Anfahrt hindurchzuschlängeln. Die Paratrooper erwarteten, dass die Spitzenfahrzeuge von der Kette der panzerbrechenden Minen, die sie quer über die Brücke gelegt hatten, in die Luft gesprengt würden. Doch die ersten vier Pumas rasten, mit ihren

50-mm-Kanonen und Maschinengewehren um sich schießend, in Höchsttempo darüber hinweg und in die Stadt hinein.

Entschlossen, den verpassten Start wettzumachen, reagierten Frosts Paratrooper nun mit allen Gewehren, Bren-MGs und Sten-Maschinenpistolen, über die sie verfügten. Mörserzug und Vickers-MG eröffneten ebenfalls das Feuer mit verheerender Wirkung. Die Panzerabwehrschützen des Light Regiment stellten die richtige Entfernung ein und schossen die nächsten sieben Fahrzeuge in Brand. Gräbners Männer, die auf ein Gefecht auf so engem Raum nicht eingestelltt waren, versuchten zu entkommen, doch dabei krachten einige Fahrzeuge ineinander. Ein Halbpanzer stieß zurück und verkeilte sich mit dem nachfolgenden. Die offenen Halbpanzer gerieten zu Todesfallen. Aus dem Hinterhalt wurden sie beschossen und Handgranaten in die Abteile des Fahrers und der Panzergrenadiere geworfen. Einer suchte über den Rand der Abfahrt zu entkommen und krachte in das Schulgebäude. Ein anderer durchbrach das Geländer und stürzte auf die Uferstraße unter der Brücke.

Einige der Männer, die nun auf der Brücke festsaßen, sprangen vom Geländer in den Niederrhein. Gräbner soll getötet worden sein, als er seinen erbeuteten britischen Spähpanzer Humber verließ, um das Chaos zu ordnen. Der Geruch von verbranntem Fleisch, vermischt mit dem Gestank des schwarzen, öligen Rauchs der brennenden Fahrzeuge hing noch Stunden später in der Luft. Der tote Gräbner konnte unter all den verkohlten Leichen nie identifiziert werden.

Lieutenant Todd auf dem Dach rief den Besatzungen der 6-Pfünder-Panzerabwehrkanonen die Ziele zu. »Mehrere deutsche Infanteristen versuchten die Brücke zu überqueren, aber von meinem Beobachtungspunkt aus konnte ich sie gar nicht verfehlen«, berichtete er. »Habe sechs Mann getötet, als sie die blockierten Stellen längs des Brückengeländers überwinden wollten. Dann sah mich einer. Die Kugel eines Scharfschützen durchschlug das Fenster und prallte von meinem Stahlhelm ab. Aber Glas- und Holzsplitter vom Fensterrahmen sprangen mir in Augen und Gesicht.«[31] Todd wurde zur Erste-Hilfe-Station in den Keller gebracht. Der Paratrooper, der seinen Posten auf dem Dach einnahm, trug keinen Stahlhelm, sondern sein braunes Barett. Ein deutscher Scharfschütze entdeckte und erschoss ihn.

Mackays Pioniere im Schulgebäude besaßen keine Panzerabwehrwaffen. Sie konnten nur ihre persönlichen Waffen von hinten auf die Halbpanzer abfeuern und Handgranaten auf sie werfen. Einmal schlugen Mörsergranaten in der Schule ein, doch Mackay sah sofort, dass sie von einer der eigenen Besatzungen stammten. »Stellt das Feuer ein, ihr blöden Bastarde!«, schrie er. »Wir sind das hier!«[32] Major Lewis im selben Haus berichtete, sie konnten hören, wie ein schwer verwundeter deutscher Soldat, der aus einem der brennenden Halbpanzer entkommen sein musste, nach seiner Mutter rief. Sie konnten ihn nicht sehen, aber seine Schreie waren fast den ganzen Tag und die halbe Nacht zu hören, bis er schließlich verstummte. Es war »ein grausiges Gefühl«, erinnerte sich Lewis.[33]

Als das heftige Feuergefecht abgeflaut war, erklang ein trotziges »Whoa Mahomet!« Es war der Schlachtruf der 1st Parachute Brigade aus den Kämpfen in Nordafrika. »Bald hallte die ganze Gegend um die Brücke davon wider«, berichtete Mackay.[34] Von jetzt an sollte dieser Ruf am Ende jedes Gefechts erschallen, denn er war auch ein deutliches Zeichen dafür, welche Gebäude die Verteidiger noch hielten. Als der Ruf verklungen war, hörte man nur noch eine einsame Sirene heulen. »Kriegen wir ab jetzt Überstundengeld, Sir?«, fragte ein Witzbold des Zuges. »Die Schicht ist zu Ende.«[35]

Schon nach kurzer Pause starteten die Deutschen einen weiteren Angriff aus entgegengesetzter Richtung mit Infanterie, mehreren Halbpanzern und heftigem Mörserfeuer. Die Besatzungen von PIAT-Werfern und Panzerabwehrkanonen setzten weitere vier Fahrzeuge außer Gefecht, aber die verzweifelten Rufe nach Tragen zeugten auch von schweren Verlusten auf der britischen Seite. Als die Tragen ausgingen, wurden die Verwundeten auf Türen transportiert, die man im Keller unter dem Brigadestab aus den Angeln gerissen hatte. Die Kellerräume füllten sich rasch. Zwei Ärzte, Captain Logan und Captain Wright, sowie ihre Sanitäter waren bald völlig überlastet, aber es gab keinerlei Aussicht, Verwundete zur 16th (Para) Field Ambulance der Paratrooper ins St.-Elisabeth-Hospital zu bringen. Die Toten wurden auf dem Hof hinter dem Stabsgebäude abgelegt.

Lieutenant Colonel Frost fragte sich, wie um alles in der Welt sie die wachsende Zahl von Gefangenen verpflegen sollten. Einer, der im Keller des Gebäudes der Stadtverwaltung einsaß, wurde als Hauptsturmführer der 9. SS-Panzer-Division »Hohenstaufen« identifiziert. Frost stieg hinunter, um ihn auszufragen, wie SS-Panzer-Divisionen nach Arnheim gekommen seien. »Ich nahm an, nach dem Kessel von Falaise sei es aus mit Ihnen«, erklärte Frost. Der SS-Offizier antwortete, sie hätten damals eine schwere Tracht Prügel bezogen, seien aber bei Apeldoorn neu ausgerüstet worden. »Wir sind nur das erste Kontingent«, erklärte er Frost selbstsicher, »Sie können noch mehr davon erwarten.«[36]

Wenn der Beschuss auch von Zeit zu Zeit abebbte, war jede Bewegung zwischen den Häusern gefährlich, weil deutsche Scharfschützen nur auf Ziele warteten. Die britischen Paratrooper stellten fest, dass es mit der Schießkunst der Deutschen bei den ersten Kämpfen nicht weit her war, vielleicht weil die Schützen so angespannt waren.

Der Kommandant des Mörserzuges, der auf dem Dach des Hauses bei den Vickers-MGs saß, konnte die Reichweiten für seine Besatzungen leicht von der Karte ablesen. Bald gelang es ihren 3-Zoll-Mörsern unten in den Stellungen, ihre Granaten genau auf die deutschen Fahrzeuge niedergehen zu lassen, die am Südende der Brücke standen. Durch den Feldstecher konnte er mehrere Volltreffer beobachten. Solche erfolgreichen Salven erfüllten ihn mit grimmiger Genugtuung. Doch am Nachmittag hatte sich Knausts Kampfgruppe einschließlich der Panzerkompanie aus Bielefeld östlich der Brückenauffahrt in einer Molkerei am Westervoortsedijk versammelt. Auf dieser Straße und einer, die parallel dazu verlief, attackierten sie Häuser, die bisher von der A Company unter Digby Tatham-Warter gehalten wurden. Zwar gelang es ihnen, zwei Gebäude zu besetzen und unter der Brücke hindurchzukommen, doch Knaust war sichtlich erschüttert darüber, dass er in dem heftigen Gefecht drei seiner vier Kompanieführer verloren hatte.[37]

Mit den Kämpfen bei der Brücke, der Belagerung mehrerer britischer Trupps in der Nähe des Zentrums und der großen Schlacht, die sich westlich des St.-Elisabeth-Hospitals abspielte, war die Stadt Arnheim in viel größerem Maße zum Kampfgebiet geworden, als vielen Bewohnern bewusst war. Jene im Nordteil der Stadt hatten keine Ahnung, was im Zentrum und um die Brücke herum passierte. Sie glaubten, die Schlachtgeräusche, die sie hörten, kämen von südlich des Niederrheins.[38] Wer hinausging, um Brot zu kaufen, kam »wegen der Schießereien in den Straßen weiß wie die Wand zurück«.[39] Viele Gebäude, darunter die beiden Kasernen Willemskazerne und Saksen-Weimar-Kazerne sowie das große Wehrmachtsdepot, standen immer noch in Flammen.

Auch ein großer Teil des Stadtzentrums brannte. Was zunächst wie ein schwerer Regenguss klang, »erwies sich als das Prasseln der Flammen«, schrieb ein Mann. Die Deutschen, überzeugt davon, dass auf dem hohen Turm von St. Eusebius, bekannt als die Grote Kerk, feindliche Beobachter oder Scharfschützen saßen, belegten ihn mit Dauerbeschuss. Die Panzergrenadierkompanie 21 feuerte sogar ihre 75-mm-Panzerabwehrkanonen auf ihn ab. »Der Donnerschlag in den engen Straßen war ohrenbetäubend.

Das Echo rollte ohne Ende.«[40] Einige Leute sahen »die Zeiger der riesigen Uhr am Kirchturm sich wie rasend drehen, als eilte die Zeit davon«.[41]

Von Den Brink bis zur düsteren Fassade des St.-Elisabeth-Hospitals und darüber hinaus besaßen die Deutschen den Vorteil der Anhöhe. Das 1st und das 3rd Parachute Battalion mühten sich vergeblich, sie von dort zu vertreiben. Schlimmer noch: Als sie versuchten, von der Straßengabelung aus nördlicher Richtung anzugreifen, gerieten sie ins Feuer der Flak-Batterien am Südufer des Niederrheins. Vor ihnen fuhr ein deutscher Panzer VI, eine Selbstfahrlafette oder ein Schützenpanzerwagen auf, um sie zu beschießen, zog sich dann aber rasch wieder zurück, als das bereitstehende 6-Pfünder-Panzerabwehrgeschütz in Sicht kam.

Ein Zugführer des 1st Battalion war anfangs durch Fortschritte ermutigt. »Rücken gegen die Anhöhe vor«, kritzelte er in sein Tagebuch. »Habe befohlen, den Hügel vor uns mit Häusern und einer Wollfabrik mit hohen Schornsteinen zu erobern. Sind bis zu den Häusern gekommen. Wurden aus einem Haus beschossen, das noch von schreienden Niederländern besetzt ist. Was für ein Geschrei! Kleines Mädchen von etwa zehn Jahren aus anderem Haus ins Bein geschossen. Meine Sanitäter behandelten sie, aber wir mussten Mutter zurückhalten, die fast wahnsinnig wurde. Hunnen flüchteten.« Doch dann ebbte der Angriff ab, und die Deutschen kehrten mit Verstärkung zurück. »Wurde von einem Scharfschützen und dann von Maschinengewehr getroffen.«[42] Die Zugführer mussten starke Ausfälle aufgrund von Zermürbung feststellen. »Liegen unter Feuer von jenseits des Flusses«, schrieb ein anderer. »Sind abgeschnitten. Von deutscher Granate in Arm und Auge getroffen. Es war wie mit einer glühenden Nadel gestochen. Hatte große Angst, weil ich glaubte, ich sei blind.«[43]

Der grauenhaften Bilder gab es viele. »Rauch und Feuer verdüstern die Straßen. Zerbrochenes Glas und liegengebliebene Fahrzeuge, Schutt überall.« Ein Paratrooper des 1st Battalion beschrieb »den schwelenden Körper eines Lieutenant«, der vor ihnen lag. Ein Leuchtspurgeschoss hatte die Phosphorgranate in einer seiner Taschen entzündet, die ihn verbrannte. Ein trauernder Vater erschien mit einem Handwagen, auf dem sein totes Kind lag. »Ein toter Zivilist im blauen Overall lag im Rinnstein, das Wasser [aus einer geplatzten Leitung] floss sanft über den Leichnam.« Mitten im Kampfgetümmel gab es auch skurrile Momente. Ein Niederländer trat aus seinem Haus und fragte zwei britische Soldaten auf Englisch, ob sie eine Tasse Tee wünschten.[44] Längs der Straße, auf der sie gingen, lagen »überall die Leichen britischer Paratrooper, viele hinter Bäumen oder Pfählen«, erinnerte sich Albert Horstman vom Arnheimer Untergrund. Dann sah er »einen Mann mittleren Alters, der einen Hut trug. Er trat an jeden toten Soldaten heran, zog den Hut und stand ein paar Sekunden still. Die Szene erinnerte furchtbar an einen Chaplin-Film«, schloss Horstman.[45]

Das verwirrende Kampfgeschehen bedeutete, dass es viele Versprengte des 1st und des 3rd Para Battalion gab. Der Regimental Sergeant Major John C. Lord, ein imposanter, schnurrbärtiger Grenadier, den Boy Browning eingesetzt hatte (und den die Paratrooper nur »unseren Herrn Jesus Christus« nannten), versuchte, die Lage um das St.-Elisabeth-Hospital in den Griff zu bekommen, als er von einer deutschen Kugel getroffen wurde. »Es fühlte sich an, als hätte man mir mit einem Hammer auf den Arm geschlagen«, berichtete er. Der Stoß schleuderte ihn auf den Rücken. »Mein Arm war nicht zu bewegen und blutete stark, aber seltsamerweise tat er nicht weh.«[46] Lord wurde ins Hospital gebracht, wo er den Professionalismus und die menschliche Güte der Schwestern bald sehr bewunderte. Keine bat um Entlassung, auch als das Krankenhaus umkämpft war und unter schweren Flak-Beschuss von jenseits des Flusses geriet.

Eine deutsche Nonne fütterte gerade einen Neunzigjährigen, als ein Geschoß ihm buchstäblich den Kopf abriss. In entsetztem Unglauben erstarrt, »saß sie starr da, den Teller immer noch in der Hand«.[47] Wegen des starken Beschusses gingen die niederländischen Ärzte daran, ihre zivilen Patienten ins Diaconessenhuis, eine Klinik außerhalb des Kampfgeschehens, zu verlegen. Um erkennbar zu sein, hüllten sie sich in Bettlaken und setzten weiß gestrichene Helme mit einem roten Kreuz auf. Auf Schwester van Dijk wirkten sie wie Kreuzritter.[48]

Kurz nach Mittag äußerte ein optimistischer Bittrich über Frosts Truppe an der Brücke: »Stärke etwa 120 Mann.«[49] Die Briten mochten an diesem Morgen starke Verluste erlitten haben, aber die Division »Frundsberg« konnte sie nicht so rasch aufreiben, wie er gehofft hatte.

An der Straßenbrücke schlug Tony Hibbert, der Brigade Major, vor, dass in Lathburys Abwesenheit Lieutenant Colonel Frost die Führung der Brigade übernehmen sollte und sein Stellvertreter die des Bataillons. Beide hofften, das werde nur eine zeitweilige Maßnahme sein. Einer von Frosts Funkern bekam Verbindung zum Netz des XXX. Corps. Das Signal war so stark, dass sie davon ausgingen, es könne nicht mehr weit entfernt sein. Frost und seine Offiziere gingen davon aus, dass das Eintreffen ihrer Guards Armoured Division nur noch eine Sache von Stunden sei.

13

Arnheim, das zweite Kontingent
Montag, 18. September

Der Stab der britischen 1st Airborne Division hatte die Nacht in der Nähe des Landungsgebiets bei Wolfheze verbracht, ohne zu wissen, was um ihn herum vorging. Als es Tag wurde, gab es immer noch kein Lebenszeichen von General Urquhart oder eine Nachricht, wo er sich aufhalten könnte. Daher fassten Stabschef Colonel Mackenzie und die anwesenden Offiziere den Entschluss, in Richtung Arnheim zu fahren. Sie gingen davon aus, dass Urquhart die Nacht im Stabsquartier der 1st Parachute Brigade verbracht hatte. Mackenzie war nicht allzu beunruhigt, aber das Fehlen von Funkkontakt und Informationen bereitete ihm schon ein wenig Sorge.

Mackenzie und der Chief Artillery Officer, Lieutenant Colonel Robert Loder-Symonds, machten sich auf die Suche nach Brigadier General Hicks, den sie kurz nach 6.00 Uhr in einem Haus am Utrechtseweg fanden. Sie überzeugten ihn, den Befehl über die Division anzutreten, bis Urquhart oder Lathbury wieder auftauchten. Hicks stimmte auch ihrer Empfehlung zu, ein weiteres Bataillon sollte sich als Verstärkung zu Frosts 2nd Battalion an der Brücke durchschlagen. Sie schlugen vor, das 2nd Battalion des South Staffordshire Regiment zu schicken, obwohl diesem noch zwei Kompanien fehlten. Die sollten folgen, sobald sie per Lastensegler gelandet waren. Eine weitere Verstärkung bei dem Versuch, zur Brücke durchzukommen, konnte das 11th Parachute Battalion von Hacketts 4th Parachute Brigade sein, dessen Landung per Fallschirm um 10.00 Uhr erwartet wurde. Man hatte dieses Bataillon ausgewählt, weil sein Landegebiet Arnheim am nächsten lag. In Kenntnis von Brigadier General Hacketts aufbrausendem Temperament stellte sich Mackenzie vor, dass er diese Entscheidung nicht sehr gnädig aufnehmen würde, ebenso wenig die Nachricht, dass Hicks, der im Rang unter ihm stand, es übernommen hatte, die Division zu befehligen.[1]

Hicks selbst freute sich ganz und gar nicht über die zeitweilige Beförderung. Sie konnte zu keinem schlechteren Zeitpunkt kommen, denn der

Offizier, der ihn an der Spitze der 1st Airlanding Brigade hätte vertreten sollen, war »ausgefallen, er hatte einfach die Nerven verloren«. Nun musste der Divisionsstab einen anderen Colonel auftreiben. Hicks fand die Lage dort »ziemlich verworren«: Kommandeure waren verschwunden, die Kommunikation war schlecht, und es fehlte an Klarheit über die Lage. Gewiss war nur, dass die Deutschen »rasch und heftig« reagierten. »Dies war eine der schlimmsten Stunden meines Lebens«, bekannte Hicks später.[2]

Das South Staffordshire Regiment kam erst um 9.30 Uhr in Gang. Es scheint keine große Eile gehabt zu haben, denn der zu normalen Zeiten übliche Rhythmus von fünfzig Minuten Marsch und zehn Minuten Pause wurde eingehalten. Auf dem Weg durch Oosterbeek verlor die Einheit mehrere Mann durch Beschuss von Messerschmitts. Als sie den Eisenbahndamm erreichte, der von Möllers Pionierbataillon vereidigt wurde, erlitt sie weitere Verluste. Wie die Einheiten vor ihnen wurde sie gezwungen, den tiefer gelegenen Weg näher am Niederrhein zu nehmen, wo sie ebenfalls unter heftigen deutschen Beschuss von Den Brink her geriet. Kontakt zum 1st und zum 3rd Parachute Battalion in der Nähe des St.-Elisabeth-Hospitals konnte sie erst an diesem Abend gegen 19.00 Uhr herstellen.[3]

Auf dem Weg nach Oosterbeek begleitete den Stab der 1st Airborne Division an diesem Morgen auch Lieutenant Bruce E. Davis von der 306th Fighter Control Squadron der USAAF. Seine Aufgabe bestand darin, Flugzeuge der Alliierten zur Unterstützung der Bodentruppen einzusetzen. »Gegen 10.30 Uhr entdeckten wir circa 60 Maschinen, die recht hoch flogen«, berichtete er später. »Da wir annahmen, dass es Typhoons seien, versuchten wir über VHF mit ihnen in Kontakt zu treten, damit sie uns bei der Erkundung halfen. Wir fühlten uns ein wenig gedemütigt oder gar in die Knie gezwungen, als sie unvermittelt zum Tiefflug übergingen und uns beschossen. Es waren Messerschmitt 109.«[4]

Die beiden anderen Bataillone, die nach wie vor die Lande- und Absprunggebiete für das zweite Kontingent, die King's Own Scottish Borderers und das Border Regiment, abzusichern hatten, wurden bereits im Morgengrauen angegriffen. Da sie über ein großes Waldgebiet verstreut waren, hatten sie kaum eine Chance, die Gebiete wirksam zu schützen.

Eine Kompanie des Border Regiment bei Renkum musste sich in eine Ziegelei zurückziehen, als sie von der Schiffs-Stamm-Abteilung 10 eingekreist wurde. Deren Kommandeur, Fregattenkapitän Ferdinand Kaiser, klagte darüber, dass seine Männer nur mit alten Mauser-Gewehren und einem französischen Maschinengewehr Marke Hotchkiss aus dem Ersten

Weltkrieg ausgestattet seien. Ihr Kampfgruppenführer, Obersturmbannführer Lippert, war während des Gefechts gerade bei ihm, als ganz in der Nähe eine Mörsergranate explodierte. »Ich flog in ein Gebüsch und erhielt einen Splitter in den rechten Oberschenkel«, berichtete er. »Ein SS-Mann hatte den ganzen Splittersalat ins Gesicht bekommen, jedenfalls schrie er laut, er könne nichts mehr sehen. Alle anderen waren unversehrt geblieben.« Kaiser wurde ins deutsche Militärlazarett in Apeldoorn gebracht, wo Chirurgen ihn 24 Stunden lang operierten. »Es war grausig«, berichtete er später.[5]

Die Border Company, an Zahl stark unterlegen, musste nach dem Verlust von sechs Jeeps und beider Panzerabwehrkanonen den Rückzug antreten. In der Nähe der Ginkeler Heide nördlich von ihnen wurde eine Kompanie der Scottish Borderers im Morgengrauen durch eine Kompanie von Helles SS-Wachbataillon »Nordwest« angegriffen. Ein isolierter Zug ohne Funkkontakt wurde abgeschnitten und war gezwungen, sich zu ergeben. Dadurch war diese niederländische SS-Einheit in der Lage, Hacketts 4th Parachute Brigade direkt zu beschießen, als diese später landete. Eine andere Kompanie der Scottish Borderers war erfolgreicher: Mit dem ersten Schuss ihrer 6-Pfünder-Panzerabwehrkanone schaltete sie einen Halbpanzer aus.

Während des Vormittags musste selbst das Personal des Bataillonsstabs in Bajonettkämpfe eingreifen, um deutsche Marodeure zu vertreiben. Adriaan Beekmeijer, ein niederländischer Truppenoffizier, der bei der Aufklärung des Bataillons tätig war, fand sich unvermittelt in ein schweres Gefecht verwickelt. Eine seiner Aufgaben bestand darin, feindliche Gefangene zu verhören. Er »war beschämt festzustellen, dass viele Niederländer darunter waren«. Er identifizierte sie als Angehörige von Helles SS-Wachbataillon aus dem KZ Amersfoort. Einer der Gefangenen war Hauptsturmführer Fernau, der einst in Doorn in Diensten des deutschen Ex-Kaisers gestanden hatte.[6]

Gegen 11.00 Uhr überstanden beide Bataillone den Beschuss von Tieffliegern des Jagdgeschwaders 11, doch Leuchtspurgeschosse entzündeten gefährliche Feuer auf der Heide, wo Fallschirmspringer und Segler landen sollten.[7] Das verspätete Eingreifen der Luftwaffe in die Gefechte an diesem Vormittag war durch Hitlers Zorn über deren wenig beeindruckende Leistung am Vortag beschleunigt worden.[*8] Nun wurden 300 Messerschmitt

* Der Stabschef der Luftwaffe beschrieb einen weiteren Wutausbruch Hitlers an diesem Vormittag. Der Führer habe sich über das Versagen der Luftwaffe heftig erregt und wissen wollen, wie viele und welche Typen von Jägern bei der Verteidigung Hollands eingesetzt seien. Kreipes Anruf bei der Luftwaffe Reich habe ergeben, dass es sich nur um geringe Kräfte handle. Der Führer nahm seinen Bericht zum Anlass für schwerste Vorwürfe: Die ganze Luftwaffe sei verantwortungslos, feige und habe ihn im Stich gelassen.

Me 109 und Focke-Wulf 190 dafür bereitgestellt. Die meisten Maschinen wurden jedoch zurückgehalten. Die Piloten saßen angeschnallt im Cockpit und warteten auf einen Funkspruch aus der belagerten Garnison von Dünkirchen, der ihnen eine weitere Luftlande-Armada ankündigen sollte.

Der Himmel war klar, aber da Generalmajor Hicks keinen Funkkontakt zu Brownings Stab hatte, konnte er auch nicht wissen, dass schlechte Sicht über England den Abflug hinausgezögert hatte. (General Brereton hatte Eisenhower gewarnt, dass »das Wetter im Vereinigten Königreich häufig anders ist als auf dem Kontinent«.[9] Das war einer der Gründe, weshalb man die Ausgangsbasen für die Luftlandeaktionen nach Frankreich hätte verlegen sollen.) »Die Stunden zogen sich zäh hin«, berichtete Hicks.[10] Das Warten gestaltete sich noch quälender, weil klare Informationen über die Lage an der Brücke und die Kämpfe um das St.-Elisabeth-Hospital fehlten. Doch bei den chaotischen Gefechten wäre ohnehin kein eindeutiger Bericht zu erwarten gewesen. Das Krankenhaus wurde von den Deutschen erobert. Diese nahmen die meisten Soldaten der 16th (Parachute) Field Ambulance gefangen und beließen nur die Chirurgenteams an Ort und Stelle. Die Briten gewannen das Haus am Abend zurück, konnten es aber nicht lange halten.[11]

Während die Spitze des 3rd Parachute Battalion kurz vor dem St.-Elisabeth-Hospital auf das Nachrücken der restlichen Kompanien wartete, zwang der Beschuss durch Flak vom anderen Flussufer, durch Mörser und Kleinwaffen von der Anhöhe über ihnen die Männer, Deckung zu suchen. In Häusern auf der Nordseite des Utrechtseweg festsitzend, konnten sie auf die anrollenden Sturmgeschütze nur dadurch reagieren, dass sie aus den Fenstern Gammon-Handgranaten auf sie warfen. Auch Brigadier Lathbury und General Urquhart saßen fest. Sie hatten in einem Haus an der Alexanderstraat Unterschlupf gefunden, die parallel zum Utrechtseweg verläuft und vor dem St.-Elisabeth-Hospital endet.

Erst gegen 15.00 Uhr schloss der Rest des Bataillons auf und brachte einen leichten Bren-Gun-Panzerjäger voll dringend benötigter Munition mit. Major Peter Waddy wurde getötet, als er darauf bestand, beim Ausladen zu helfen. Die Verluste an Offizieren waren alarmierend und trugen wesentlich zu der späteren Konfusion bei. Colonel Fitch, immer noch entschlossen, bis zur Brücke vorzustoßen, kam zu dem Schluss, dass sie nur die Chance hätten, in Richtung Norden anzugreifen und längs der Eisenbahnlinie vorzurücken. Aber das heftige Feuer der Deutschen machte jeden derartigen Versuch zunichte.

Mit fahrlässiger Tapferkeit verließen Lathbury und Urquhart ihren Unterschlupf, um einen Ausweg aus ihrer Lage zu finden. Lathbury wurde von einer Maschinengewehrsalve am Bein getroffen. Urquhart und zwei weitere Offiziere schleppten ihn zu einem kleinen Haus, in das sie ein tapferes Ehepaar einließ. Als im nächsten Augenblick ein Deutscher in der Tür erschien, konnte Urquhart rasch seine Dienstpistole ziehen und ihn mit zwei Schüssen treffen. Sie trugen Lathbury in den Keller des Hauses, anschließend zogen sich Urquhart und die beiden anderen Offiziere durch die Hintertür zurück. Doch sie entkamen den Deutschen nicht. Im Gegenteil, ihre Flucht endete in einer Falle. Der Kommandeur der britischen 1st Airborne Division, brennend vor Ungeduld und Frustration, musste die zweite Nacht der Kämpfe auf einem Dachboden hockend verbringen.

Chirurgen der 16th (Para) Field Ambulance waren zwar noch im St.-Elisabeth-Hospital tätig, doch die Kämpfe in der Gegend machten es nahezu unmöglich, weitere Verwundete dorthin zu bringen. Es musste eine Lösung etwas weiter entfernt in Oosterbeek gefunden werden. Hendrika van der Vlist, deren Vater das Hotel Schoonoord gehörte, schilderte, wie ein britischer Arzt in einem Jeep vorfuhr. Er fragte sie auf den Kopf zu: »Können Sie dieses Hotel binnen einer Stunde in ein Lazarett umwandeln?«[12] Sie erklärte ihm, das Haus sei in einem schrecklichen Zustand, weil die Deutschen es als Unterkunft genutzt hätten. Er sagte, sie möge Leute von der Straße zu Hilfe holen, falls nötig. Als dies bekannt wurde, liefen Nachbarn herbei, um das Haus zu säubern. Eine Stunde später wurden bereits mit Tragen die ersten Patienten gebracht. Auf dem Fußboden im kleinen Salon wurden Matratzen ausgelegt und Stroh aufgeschüttet, im großen Salon Reihen von Betten aufgestellt.

Das Hotel Schoonoord war »ein lang gestrecktes niedriges Haus mit zwei Stockwerken. Zur Straße nach Arnheim hin hatte es auf beiden Seiten des Haupteingangs große verglaste Räume, die zu normalen Zeiten als Speisesaal und Lounge-Bar genutzt wurden.« Die 181st (Airlanding) Field Ambulance von Hicks' Brigade übernahm dieses Haus und das Hotel Tafelberg, aus dem Model am Tag zuvor geflohen war. Im Tafelberg wurde auf Klapptischen operiert, die man in den Büros aufstellte. Das Schoonoord war nur 300 Meter vom Divisionsstab im Hotel Hartenstein entfernt, doch seine exponierte Lage am Utrechtseweg sollte es später sehr verletzbar machen.[13] Junge niederländische Frauen halfen, wo sie konnten, obwohl manche Patienten durch ihre Verletzungen so verunstaltet waren, dass man den Anblick kaum ertragen konnte. Sie zündeten für sie Zigaretten an, nach denen sie meist zuerst verlangten. Der zweite Wunsch war fast immer, Briefe an die Familien zu schreiben, was sie taten, so gut sie es auf Englisch konnten. Die Briefeschreiberinnen weinten mit ihnen, wenn klar wurde, dass ein Schwerverletzter seinen Abschiedsbrief diktierte.[14] Zu den ersten Verletzten gehörten diejenigen von einem improvisierten Verbandsplatz in einem Lagerhaus am Flussufer, das ein Geschoss der Nebelwerfer-Batterie vom gegenüberliegenden Ufer getroffen hatte.[15]

Während Urquhart nach wie vor von seiner Division vermisst wurde, kehrte SS-Brigadeführer Harmel an diesem Morgen aus Berlin in das vorgeschobene Stabsquartier der SS-Division »Frundsberg« in Velp am östlichen Rand von Arnheim zurück. »Gott sei Dank sind Sie wieder da!« Mit diesem Ruf soll nach seiner Aussage der amtierende Stabschef ihn begrüßt haben. In Harmels Abwesenheit hatte Bittrich der Division die Befehle erteilt. Den rief Harmel zunächst an, danach suchte er Standartenführer Harzer im Stab der Division »Hohenstaufen« im Nordteil von Arnheim auf. In dem Bewusstsein, nach dem Dienstrang über Harzer zu stehen, der die Lage schilderte, warf Harmel unvermittelt ein, er habe Befehl, sich mit seiner Division nach Nimwegen zu begeben. Er fragte Harzer, ob er die Brücke wieder geöffnet habe. Er müsse diese Tommies vertreiben.[16]

Wieso ich?, behauptet Harzer geantwortet zu haben. Er müsse dafür sorgen, dass die britischen Paratrooper nicht in Arnheim einrückten. Er habe keine Zeit, sich auch noch um die Brücke zu kümmern. Harzer war sichtlich betroffen, dass Harmel offenbar keine klare Vorstellung von den aktuellen Verantwortlichkeiten hatte. Er sah sich genötigt, ihm die Situation mit klaren Worten zu erläutern.[17]

Harmel war besonders erbost über Gräbners sinnloses Umherirren mit der Aufklärungsabteilung der Division »Hohenstaufen« in Richtung Nimwegen, denn nachdem sie auf der Brücke »völlig zusammengeschossen« wurde, hatte Bittrich seiner Division »Frundsberg« befohlen, ihre Aufklärungsabteilung an die Division »Hohenstaufen« zu übergeben. Er fand Gräbners Verhalten »völlig ungeklärt«, und nun »standen die brennenden SPW [Schützenpanzerwagen] auf der ganzen Länge der Brücke verteilt und versperrten die gesamte Breite der Fahrbahn«.[18] Harmel begab sich mit einem gepanzerten Fahrzeug auf den Weg, um sich selbst ein Bild von den Kämpfen um den nördlichen Brückenkopf zu machen. Dort sah er einen toten Soldaten liegen, den man noch nicht hatte bergen können, weil er sich in der Schusslinie der Engländer befand. Sie hatten viele Scharfschützen. Die konnte man seiner Meinung nach nur ausschalten, wenn man schwere Waffen gegen die Häuser einsetzte. Also befahl er der Artillerie, sie, bei den Giebeln beginnend, Meter für Meter zu beschießen, bis sie zusammenfielen.[19]

Zu diesem Zeitpunkt besaß die deutsche Artillerie im Zentrum von Arnheim eine einzige schwere Feldhaubitze, Kaliber 15 cm. Ihre Besatzung nahm den Beschuss der Häuser auf der Westseite der breiten Straße Eusebiusbinnensingel auf, die zu der Brücke führte. Es sei das beste und effizienteste Artilleriefeuer gewesen, das er je gesehen habe, berichtete der junge Panzergrenadier Horst Weber. Das Geschütz habe das Mauerwerk, von oben beginnend, Meter für Meter bearbeitet. Die Gebäude seien zusammengeklappt wie Puppenhäuser.[20] Frost dachte darüber nach, wie man das Geschütz durch einen Überraschungsangriff ausschalten konnte, als die Besatzung von einem glücklichen Treffer einer Haubitze oder eines Mörsers getötet und das Geschütz auf diese Weise unbrauchbar gemacht wurde.

Eine weitere Gefahr stellte das Eintreffen von 4-cm-Flak bei den Deutschen am Südufer des Flusses dar. Mit diesen Kanonen wurde begonnen, die Dächer der Gebäude zu zerschießen, von wo aus die britischen Vickers-Maschinengewehre die Brücke kontrollierten. Bald standen die Häuser in Flammen, die MG-Besatzungen mussten flüchten und sich neue Stellungen suchen. Doch die 75-mm-Haubitzen des Light Regiment beschossen auch aus der Ferne ihre Ziele nach den Anweisungen von Major Munford, der als Feuerleitoffizier wirkte. Er sorgte dafür, dass sie weiterhin nur die Anfahrten ins Visier nahmen, nicht die Brücke, die für das XXX. Corps intakt bleiben musste.

Nach langem Warten bei den Landungs- und Absprunggebieten waren kurz vor 14.00 Uhr endlich Flugzeugmotoren zu hören. Ein Ruf der Erleichterung ertönte: »Sie kommen!«[21] Die 127 Dakota C-47, die Hacketts 4th Parachute Brigade brachten, hielten auf die Ginkeler Heide zu, welche die King's Own Scottish Borderers nur mit Mühe verteidigten. Zugleich schwebten 261 Lastensegler, die die Schleppseile ausgeklinkt hatten, auf die Landegebiete zu. Sie brachten weitere Einrichtungen und Personal des Divisionsstabes samt Fahrzeugen, dem Rest des Light Regiment Royal Artillery, einem Teil der polnischen Panzerabwehrkompanie und den noch fehlenden Kräften der Airlanding Brigade, darunter die letzten Kompanien der South Staffords. Den Dakotas folgten weitere 31 Stirlings der RAF, die Versorgungsgüter abwarfen.[22]

Angesichts der stark gewachsenen Präsenz der Luftwaffe gab es für die 259 Spitfires, Tempests, Mustangs und Mosquitos der RAF viel zu tun, wenn auch am zweiten Tag weniger Flak-Batterien ausgeschaltet werden mussten. Die 8th US Air Force stieß auf 90 Messerschmitt 109 und verlor dabei 18 Maschinen, die RAF sechs. Auf dem Überflug waren die Verluste relativ gering gewesen, doch bei der Absprung- und Landeoperation wurde den Alliierten »ein wesentlich heißerer Empfang bereitet als am Tag zuvor«, notierte Lieutenant Davis.[23] Sein US-Team versuchte nach wie vor, Flugzeuge der Alliierten über VHF zu erreichen, aber bislang erfolglos.

Als die Deutschen herausgefunden hatten, wo die weiteren Absprunggebiete lagen, hatten sie alle verfügbare Flak umgruppiert. Die Paratrooper, die sich auf den Sprung vorbereiteten, verspürten jedes Mal einen widerwärtigen Ruck, wenn ein Flak-Geschoss in der Nähe detonierte. Captain Frank King vom 11th Parachute Battalion schilderte, wie er beim Anflug mit einer C-47 bemerkte, dass der amerikanische Teamchef eingeschlafen war. »Zusammengesunken saß er da, das Kinn auf der Brust.« Als er zu ihm ging und ihn schüttelte, sah er, dass der Mann tot war. Hinter ihm klaffte im Rumpf ein Loch. Jetzt bemerkte King durch die offene Tür, dass die anderen Maschinen ihrer Formation an Höhe gewannen, ihre hingegen nicht. Dann entdeckte er, dass einer der Motoren brannte. Er fuhr herum und rief Sergeant Major Gatland am anderen Ende der Springergruppe zu: »Wir brennen! Schauen Sie nach dem Piloten!«[24] Als Gatland die Tür zum Cockpit öffnete, fuhr eine Flamme heraus, und er schlug die Tür gleich wieder zu. King befahl den Männern, sofort zu springen, und machte selbst den Anfang. Sie befanden sich im Sinkflug, das Flugzeug hatte höchstens noch 70 Meter Höhe, was bedeutete, dass die Fallschirme sich kaum öffnen konnten. Die meisten Männer erlitten heftige Stöße, als sie mit großer Wucht am Boden aufschlugen. Der Schirm eines Mannes öffnete sich überhaupt nicht.

Major Blackwood, ebenfalls vom 11th Battalion, schrieb ausführlich Tagebuch. »Um 13.55 Uhr schaltete der Pilot die rote Lampe ein, und ich befahl Bereitschaft zum Sprung. An der Tür hatte ich gute Sicht, aber der Anblick war nicht gerade beruhigend. Die Flak war uns jetzt gefährlich nahe. Wir flogen in etwa 500 Meter Höhe über einen Wald, dessen ganzer Rand bereits in Flammen stand. Der Flügel auf der Backbordseite bekam Löcher, doch das blieb ohne Wirkung. Zwei Maschinen unseres Bataillons waren inzwischen getroffen und stürzten brennend in die Tiefe. Obwohl unser Verband durch Sperrfeuer fliegen musste, hielten die Piloten hervorragend Kurs. Um 14.10 Uhr leuchtete die grüne Lampe auf. Ich rief meiner Gruppe das letzte »Hi-de-hi!« zu und hörte ihre Antwortschreie, als ich bereits sprang.« Doch durch den Ruck des sich öffnenden Fallschirms löste sich sein Waffenpaket, wodurch er seine Sten-Maschinenpistole, die Magazine, zwei 24-Stunden-Rationen und den Toilettenbeutel verlor.* »Ich sah es zu Boden fallen.« Dann stellte er fest, dass sein Fallschirm »ein paar kleine Einschusslöcher aufwies«. Sie wurden von einem deutschen Maschinengewehr am Waldrand beschossen, und Mörsergranaten gingen nieder. »Manche Springer landeten bereits tot, andere wurden getroffen, bevor sie sich vom Fallschirm befreien konnten.« Blackwood schickte seine Männer zum Angriff gegen die niederländische SS vor, sobald sie auf den Beinen standen. »Der junge Morris schleppte vergnügt einen gefangenen Scharfschützen an, der doppelt so groß war wie er«, notierte er.[25]

Deutscher Beschuss führte auch zu Verlusten bei Landegebiet X zwei Kilometer westlich von Wolfheze. Mehrere Segler fingen Feuer, was ihrem Spitznamen »Streichholzschachtel« alle Ehre machte. Der Geistliche der Seglerpiloten, Reverend G.A. Pare, nahm sich eine Rotkreuz-Fahne und lief damit, von Krankenträgern begleitet, ins Freie. »Fünf Segler waren völlig verbrannt, Männer lagen im Gras. Der Erste war tot. Ein anderer stöhnte dankbar. Ich trat zum Nächsten. Ich winkte, und der Jeep mit den anderen Trägern kam aus dem Wald heraus. Die Toten hatten alle Schüsse in den Rücken bekommen, als sie nach Deckung suchten. Kein einziger Segler war ausgeladen worden. Der letzte Mann, den ich erreichte, saß neben einem Leichnam. Zu meinem Erstaunen stellte ich fest, dass er nicht verletzt, sondern über den Tod seines Kameraden bestürzt war und ihn nicht verlassen wollte. Erst als ich ihn recht scharf ansprach, ließ er sich von einem Träger aufhelfen.«[26]

Auf der Heide mit ihren Sandwegen erblickte Staff Sergeant Les Frater einen ausgebrannten Jeep und daneben etwas, das aussah wie ein verkohlter Sack Mehl. Als er ihn mit dem Fuß anstieß, fuhr er erschrocken zurück, denn es war der Torso eines Menschen. Ein Segler war bei der Landung nach vorn gekippt, das darin verstaute Fahrzeug hatte den Piloten und den Kopiloten eingeklemmt, die noch lebten, aber nicht herauskonnten. Man gab ihnen Morphiumspritzen, aber später hieß es, da man ihnen nicht mehr helfen konnte, habe es keine Alternative gegeben. »Jemand hat einen oder

* Eine 24-Stunden-Ration bestand aus Rindfleischwürfeln, konzentriertem Hafermehl, Lutschbonbons, Schokolade, Zigaretten, Benzedrintabletten und einem Gemisch aus Teepulver, Zucker und Trockenmilch, das man nur noch mit heißem Wasser zu übergießen brauchte.

beide erschossen, um sie von ihren Qualen zu erlösen.«[27] Offenbar soll auch ein Major der South Staffords mit von der Landung völlig zerschmetterten Beinen dagelegen und gebeten haben, man möge ihn erschießen.[28]

Viele solcher grausigen Episoden werden von den Absprunggebieten berichtet. Ein Zugführer des 156th Battalion wurde von 20-mm-Leuchtspurgeschossen getroffen. Als seine Soldaten ihn erreichten, rauchte es aus seinen Brustwunden. Er hatte so furchtbare Schmerzen, dass er um eine Kugel bat. »Also haben wir ihm seine gespannte Pistole gereicht«, berichtete einer, »und er hat sich selbst erschossen.«[29] Die seit dem Vormittag brennende Heide und deutscher Mörserbeschuss führten dazu, dass abgeworfene Munitionskisten sofort nach der Landung explodierten. Am Treffpunkt des Bataillons meldete der Sergeant Major einer Kompanie dem Kommandeur, Major John Waddy, dass einer seiner Zugführer, Lieutenant John Davidson, nicht angekommen sei. Es stellte sich heraus, dass Davidson, der sich bei der Landung einen schweren Beinbruch zugezogen hatte und mitten in brennendem Heidekraut lag, sich selbst erschossen hatte, bevor das Feuer die Phosphorgranaten in Brand setzen konnte, die er bei sich trug.[30] Mehrere Paratrooper, deren Schirme sich in Baumwipfeln am Rand der Heide verfingen, wurden zu hilflosen Zielen für Helles niederländische SS.

Die fünf polnischen Bedienungen von Panzerabwehrkanonen, die per Segler gelandet waren, wollten so rasch wie möglich in Aktion treten. Auf dem Flugplatz von Salisbury hatten sie nicht einmal die jungen Frauen von der Women's Auxiliary Air Force (WAAF) ablenken können, die ihnen zugelächelt hatten, als sie die Rationen ausgaben. »Sie sind jung und hübsch«, schrieb ein polnischer Fallschirmspringer in sein Tagebuch. »Wir sind auch jung, aber wir müssen immer daran denken, dass wir noch nicht wissen, wie unser erstes Kontingent gelandet ist.«[31]

Die Pathfinder der 21st Independent Parachute Company blieben in den Landungsgebieten, um weitere ankommende Einheiten zu unterstützen und Deutsche zu töten. Ein britischer Angehöriger der Kompanie war betroffen »von dem Hass eines unserer deutschen Juden, der ein ganzes Magazin seiner Sten-Maschinenpistole auf einen Deutschen abfeuerte«.[32] Gründe für Härte fanden sich auf der Ginkeler Heide durchaus. Sergeant Stanley Sullivan »fand drei Jungen im Alter von zwölf bis vierzehn Jahren mit orangefarbenen Armbinden am Boden liegen«. Offenbar waren es Opfer des SS-Wachbataillons des KZ Amersfoort in ihrem eigenen Bürgerkrieg.[33]

Ein niederländischer Offizier bei Hacketts Stab wurde wütend, als er sah, wie britische Soldaten niederländischen SS-Männern – »Alles Verräter!« –, die sie bewachten, Zigaretten anboten. Einen polnischen Verbindungsoffizier irritierte das ebenfalls. Als einer der Gefangenen sich lauthals über etwas beschwerte, trat er auf ihn zu und drohte ihm, er werde ihn gleich für immer zum Schweigen bringen.[34]

Der Kommandeur der Pathfinder, der äußerst zähe Major mittleren Alters, Bob Wilson, erzählte, wie seine Männer einmal von Deutschen aus einem Waldstück angerufen wurden, sie mögen sich ergeben. »Sie antworteten, sie hätten Angst. Die Deutschen müssten sie sich schon holen. Als 60 Deutsche ins Freie traten, wurden sie aus einer Entfernung von etwa 150 Metern mit zwei Bren-LMGs niedergemäht. Sie starben schreiend.« Aus einem deutschen Lautsprecherwagen wurde Musik gespielt. Dann kündigte eine Stimme an, eine Panzerdivision sei im Anrollen, ihr kommandierender General sei bereits gefangen, und sie würden alle gut behandelt, wenn sie sich ergäben. Mit der Granate eines PIAT-Werfers wurde die Stimme zum Schweigen gebracht.[35]

Lichtere Momente gab es auch. Major John Waddy berichtete, wie sie sofort nach der Landung einen Soldaten in deutscher Uniform gefangen nahmen. »Wir befragten ihn in holprigem Schuldeutsch, doch nach fünf Minuten kam von ihm in perfektem Englisch die Gegenfrage: ›Do you speak English?‹ Es war ein Pole.«[36]

Urquharts Stabschef, Colonel Mackenzie, fand Hackett im Landungsgebiet und teilte ihm ohne Umschweife mit, dass Hicks das Kommando übernommen habe. »Sehen Sie, Charles«, gab Hackett zurück. »Ich bin der Ranghöhere und sollte daher die Division kommandieren.«

»Das verstehe ich durchaus, Sir«, antwortete Mackenzie. »Aber der General hat mir die Nachfolgeregelung vorgegeben. Außerdem ist Brigadier General Hicks bereits 24 Stunden vor Ort und kennt die Lage viel besser.«[37] Dass Urquhart es versäumt hatte, die Brigadier Generals vor dem Abflug aus England über seinen designierten Nachfolger zu informieren, führte jetzt zu einer unnötigen Ablenkung. Er hatte Hicks den Vorzug gegeben, weil der mehr Erfahrung in der Führung von Infanteriebataillonen im Gefecht besaß als Hackett, der schneidige junge Kavallerist.

Hackett war auch aufgebracht darüber, dass man ihn zur Verlegung des 11th Battalion nicht vorab konsultiert hatte. Aber er schien die Lösung zu akzeptieren. Nach diesem Gespräch kehrte Mackenzie zum Hotel Hartenstein zurück und ging nach oben, um sich ein wenig auszuruhen. Eine halbe Stunde später wurde er nach unten gerufen, weil »die beiden Brigadier Generals Hicks und Hackett sich heftig streiten«. Mackenzie stellte sich darauf ein, Hicks voll und ganz zu unterstützen, sah aber, dass sich der Sturm bereits gelegt hatte. Hackett schluckte seinen Ärger hinunter und fand sich mit dem neuen Status quo ab.[38]

Das 11th Parachute Battalion startete nicht so rasch, wie wenn es den Amsterdamseweg nach Arnheim genommen hätte. Bataillonsarzt Stuart Mawson wurde gerufen, um Major Richard Lonsdale, den stellvertretenden Kommandeur und Respekt einflößenden Kriegsmann, zu behandeln. Doch Lonsdale, der sich bereits im Flugzeug schlimm an der Hand verletzt hatte, war mehr daran interessiert, die Karte zu studieren. Mawson warnte ihn, ohne Behandlung könnte seine Hand völlig unbeweglich werden, doch Lonsdale gab zurück: »Flattern Sie hier nicht rum wie ein nasses Huhn«, und ignorierte ihn. »Ihn zu bewegen, seine Verletzung auch nur von einem Arzt anschauen zu lassen«, schrieb Mawson, »war so sinnlos wie in der Unteroffiziersmesse eine Flasche Milch anzubieten.«[39]

Laut Major Blackwood brach das 11th Battalion erst in Richtung Arnheim auf, als es dunkel wurde. »Unterwegs sammelten wir noch unsere Transportfahrzeuge und Panzerabwehrkanonen ein, die sehr erfolgreich mit Lastenseglern gelandet waren. Abgesehen von ein paar Scharfschützen stießen wir in dieser Phase auf wenig Widerstand und konnten sogar das neueste Aktfoto von Vargas im *Esquire* betrachten, das ein Witzbold mit zwei Bajonetten an einen Baum gepinnt hatte.«[40] Andere Quellen legen einen früheren Aufbruch des Bataillons bereits um 17.00 Uhr nahe, aber auch das war fast drei Stunden nach der Landung.

Der Rest von Hacketts Brigade, das 156th und das 10th Battalion, kam nicht rascher in Bewegung. Das lag zum Teil an dem Chaos im Landegebiet auf der Renkumer Heide, wo es sehr schwierig war, die Jeeps aus den zerschmetterten Seglern zu bergen. Verletzte mussten behandelt und die Feldambulanz in Richtung Osten eskortiert werden. Mawson notierte, seine Patienten seien »über ihre Wunden mehr erstaunt als erschüttert gewesen«.[41] Hackett wies darauf hin, dass er bereits in der Luft oder bei der Landung 200 Mann, ein Zehntel seiner Brigadestärke, verloren hatte, bevor er überhaupt ins Gefecht zog. Urquharts Abwesenheit und der Streit zwischen den beiden Brigadiers mögen den Start ebenfalls verzögert haben. Das 10th Battalion folgte dem 156th bald darauf längs der Eisenbahnstrecke nach Arnheim. Sie hatten vor, die Anhöhe von Koepel zwischen der Eisenbahn und dem Amsterdamseweg im Norden einzunehmen und so den Durchbruch zu erzwingen.

Weiter vorn sah es nicht besser aus. Das 1st und das 3rd Parachute Battalion hatten bedeutende Verluste erlitten und saßen westlich des St.-Elisabeth-Hospitals fest. Wer noch nicht dort gewesen war, darunter die beiden Brigadiers im Hotel Hartenstein in Oosterbeek, hatte keine Vorstellung, welch idealen Engpass diese Stelle den Deutschen bot, um die Truppen aufzuhalten, die nach Arnheim durchkommen wollten.

Südlich der Straßenbrücke von Arnheim begannen deutsche Soldaten die Häuser der Vorstadt zu durchsuchen. Sie fühlten sich in die Enge getrieben, und das machte sie gefährlich. »Die meisten deutschen Infanteristen waren nicht älter als siebzehn oder achtzehn, rauchten ständig und spielten sich auf«, berichtete ein Anwohner. »Einige schauten nervös um sich. Ein älterer Soldat kam mit etwa fünf dieser ›Kinder‹ an, die blass und eingeschüchtert wirkten. Sie tappten hinter ihm her wie junge Hunde. Man konnte genau sehen, dass sie von dem älteren Mann völlig abhängig waren. Fünf deutsche Soldaten und ein Feldwebel traten in den Garten unseres Nachbarn und befahlen mir und vier weiteren Männern, uns an die Wand zu stellen. Sie erklärten uns, wir würden erschossen, weil man aus der Richtung unserer Häuser auf sie gefeuert habe. Einer meiner Nachbarn, ziemlich deutschfreundlich, redete mit dem Feldwebel. Er hob zwei Finger und schwor, dass aus unserem Häuserblock nicht geschossen worden sei. Daraufhin gingen die Soldaten, und wir waren sehr erleichtert.«[42]

Unter den jungen deutschen Panzergrenadieren, die in der Nähe der britischen Stellungen am nördlichen Brückenkopf lagen, schien die Moral hoch zu sein, mochten sie auch heimlich Angst verspüren. Sie hätten es kaum erwarten können, endlich zu kämpfen, berichtete Horst Weber.[43] Die Panzergrenadiere trugen Stahlhelme, waren mit ihren Maschinenpistolen MP-40 und Handgranaten schwer bewaffnet. Sie hatten die Tarnkittel der Waffen-SS übergezogen (ähnlich denen der britischen Luftlandetruppen, aber »mehr im Leopardenlook«, wie es ein britischer Sergeant formulierte).[44] Die bedrückte Reaktion der Bevölkerung bei ihrem Einmarsch hatte ihre Stimmung gehoben. Kurz zuvor hätten die Niederländer die Briten noch wie Sieger bejubelt, erklärte Weber stolz. Als die Deutschen einmarschiert seien, waren sie rasch verschwunden. Doch im Nachhinein musste er einräumen, sie seien nur kleine Jungs gewesen, die Soldat gespielt hätten. Idioten. Die aber absolut überzeugt waren, dass sie gewinnen würden.[45]

Am späten Nachmittag traf die SS-Aufklärungs-Abteilung 10, eine wesentlich schwächere Truppe als Gräbners Einheit, zur Verstärkung bei der Brücke ein. Die Gefechte in diesem Teil der Stadt hätten mit jeder Stunde an Heftigkeit zugenommen, schrieb SS-Brigadeführer Harmel. Der Feind schien im Straßen- und Häuserkampf hervorragend ausgebildet zu sein und habe seine rasch eingerichteten Widerstandsnester mit großer Entschlossenheit verteidigt.[46]

Der Einbruch der Dunkelheit brachte den britischen Verteidigern nur zeitweilig Erleichterung. Auf einem Rundgang suchte Lieutenant Colonel Frost die verschiedenen besetzten Häuser auf. Er erklärte den Männern, dass sie am nächsten Tag mit dem Eintreffen des XXX. Corps rechnen könnten. Einige sprachen von ihrem »unterhaltsamsten Gefecht« und zählten einander vor, wie viele Deutsche sie an diesem Tag umgelegt hatten.[47] Doch zum Ausruhen war kaum Gelegenheit. Den Deutschen gelang es, die Schule östlich der Auffahrt zur Brücke in Brand zu stecken. Mackays Pioniere und Lewis' Männer bekämpften das Feuer mit Feuerlöschern und benutzten zu diesem Zweck sogar ihre Paratrooper-Kittel. Erst in den frühen Morgenstunden konnten sie den Brand unter Kontrolle bringen. Während der Nacht hielt das Flackern anderer Brände die Wachen ständig in Spannung.

14

Die amerikanischen Divisionen und das britische XXX. Corps Montag, 18. September

Frosts Versicherung gegenüber seinen Männern, das XXX. Corps werde bis Dienstag bei ihnen sein, war leider fern aller Realität. Die Irish Guards Group, die Brigadier Gwatkins Auffassung folgte, sie könnte sich Zeit lassen, bis die Brücke bei Son wieder errichtet sei, startete von Valkenswaard in einem Tempo, das Joe Vandeleur selbst als »gemächlich« beschrieb.[1]

Die Deutschen hingegen führten weiterhin im Eiltempo Verstärkung heran. Generaloberst Kurt Student rechnete es sich als Verdienst an, die Kräfte gegen die US 101st Airborne Division im Raum Eindhoven zusammengezogen zu haben.[2] Die erste größere Einheit, Generalleutnant Walter Poppes 59. Infanteriedivision, traf per Eisenbahn in Boxtel ein. Das war nur zehn Kilometer nordwestlich von Best, wo Lieutenant Wierzbowskis Zug am Ufer des Wilhelmina-Kanals so gefährlich isoliert ausharrte. Die 59. Division trat bei Weitem nicht in voller Stärke an. Die Vorausabteilung bestand aus fünf Bataillonen mit jeweils weniger als zweihundert Mann. Die von Pferden gezogene Artillerie folgte ihr in Nachtmärschen, um den Flugzeugen der Alliierten zu entgehen. Die Nachhut der Division wurde gerade erst über die Schelde gebracht; den größten Teil ihrer Munition hatte sie im Kessel von Breskens südlich der Scheldemündung zurücklassen müssen. Die ganze Division verfügte über nicht mehr als einhundert 105-mm-Granaten.[3] Montgomerys Versäumnis, die Nordseite der Mündung zu besetzen, hatte es den Deutschen ermöglicht, fast die gesamte 15. Armee von dort herauszuholen und gegen die linke Flanke von Operation Market Garden einzusetzen.

Während der Nacht hatte Captain Jones, der Kommandeur der H Company, mehrere Patrouillen ausgeschickt, um mit Wierzbowski in Kontakt zu kommen. Aber alle stießen auf heftigen Widerstand. Lieutenant Colonel Cole, der das 3rd Battalion befehligte, war überzeugt, dass Wierzbowskis

Zug und die Pioniere längst aufgerieben waren. »Die sind zweifellos ausgelöscht worden«, erklärte er seinem Executive Officer.[4]

Als der Morgen graute, konnte Wierzbowski einen Blick auf die Umgebung werfen. Sie lagen sehr nahe der Straßenbrücke aus Beton und konnten in etwa 300 Metern auch die Eisenbahnbrücke sehen. In der Nähe der Straßenbrücke befand sich eine deutsche Kaserne, die von Gräben und Geschützstellungen umgeben war. Wenn einer von Wierzbowskis Männern nur den Kopf hob, wurde sofort geschossen. Sie sichteten mehrere Deutsche, die versuchten, sich von einer Baumgruppe her anzuschleichen. Wierzbowski befahl seinen Männern, erst im letzten Moment zu schießen. Dann richteten sie ein Blutbad an.

Gegen 10.00 Uhr traf ein deutscher Offizier in einem Wagen ein. Er erteilte ein paar Befehle und fuhr wieder ab. Bald darauf dröhnte eine schwere Explosion. Die Deutschen hatten die Brücke in Best gesprengt. Die amerikanischen Paratrooper duckten sich in ihre Schützenlöcher, als Betonbrocken auf sie niederhagelten. Da die Funkverbindung nicht funktionierte, konnte Wierzbowski weder Captain Jones noch den Bataillonsstab informieren. Inzwischen waren viele seiner Männer verwundet. Der Sanitäter konnte sie zwar behelfsmäßig verbinden, aber es gab keine Aussicht, sie zu evakuieren. Zu allem Unglück wurden sie auch noch von eigenen Thunderbolts P-47 beschossen, deren Piloten die orangefarbene Rauchgranate ignorierten, die sie hatten aufsteigen lassen, um erkannt zu werden. Doch während des ganzen Tages fügten Wierzbowski und seine Männer den Deutschen wesentlich mehr Verluste zu, als sie selbst erlitten. Seinem Bazooka-Trupp gelang es sogar, eine der 88-mm-Kanonen am Kanal auszuschalten.

Am Nachmittag hörten sie Fahrzeugmotoren brummen und glaubten, die Deutschen erhielten erneut Verstärkung. Zu ihrer Freude erblickten sie jedoch am anderen Kanalufer einen Schützenpanzerwagen und einen Spähwagen des Household Cavalry Regiment. Diese kleine Truppe konnte die ihnen am nächsten liegenden Deutschen mit Maschinengewehrfeuer vertreiben. Wierzbowski rief den Männern über den Kanal zu, sie sollten der US 101st Airborne Division per Funk mitteilen, dass die Brücke gesprengt sei. Doch der Funker des Schützenpanzerwagens bekam keine Verbindung. Daraufhin meldete ein Corporal of Horse es seiner Einheit und bat darum, die Information an die Amerikaner weiterzugeben.

Das Household Cavalry Regiment konnte Wierzbowskis Verwundete zwar nicht evakuieren, doch der Trupp ließ Wierzbowskis Männern all seine Medikamente, sein Verbandsmaterial und seine überschüssige Munition zukommen, was man in einem klapprigen Ruderboot über den Kanal bugsierte. Später erschien ein Zug von Captain Jones' Kompanie, dessen Zugführer Lieutenant Nick Mottola einwilligte, sich an der linken Flanke von Wierzbowskis Stellung einzugraben. Der britische Aufklärungstrupp, der annahm, dass der umkämpfte Zug nun sicher sei, zog weiter. Doch Wierzbowskis Belagerung war noch lange nicht beendet. Zum Glück gelang dreien seiner Männer ein »Beutezug«, bei dem sie einen deutschen Offizier und zwei Sanitäter gefangen nahmen. Die wurden für die Betreuung der Verwundeten eingesetzt, aber nach wie vor fehlte es an Plasma für jene, die viel Blut verloren hatten.

Der Kommandeur des 502nd Parachute Infantry Regiment, Colonel John Michaelis, stieß an diesem Tag an seiner westlichen Flanke bei Best auf ein größeres Problem, das weit über die vermutete Zerschlagung von Wierzbowskis Zug hinausging. Wierzbowskis Bataillonskommandeur, Lieutenant Colonel Robert Cole, war nach den Kämpfen um die Halbinsel Carentan in der Normandie gegen die 17. SS-Panzergrenadier-Division und Oberstleutnant von der Heydtes Fallschirmjäger-Regiment 6 mit der Medal of Honor dekoriert worden. Cole, der für sein aufbrausendes Temperament, aber auch für seine Freundlichkeit und Tapferkeit berühmt war, hieß nur der »fluchende Oberst von Carentan«.[5]

Da Coles Bataillon im Wald zwischen Son und Best festsaß, schickte Michaelis ihm das 2nd Battalion unter Lieutenant Colonel Steve Chappuis, das ihm helfen sollte, sich aus der prekären Lage zu befreien. »Die Deutschen erwischten uns in offenem Gelände«, schrieb einer von Chappuis' Kompanieführern, »und vollführten einen so brillanten strategischen Zug, dass sie faktisch beide Bataillone festnagelten. Das 2nd Battalion stellte die Regimentsreserve dar, und wir versuchten, die Deutschen zu umgehen.«[6]

Doch Chappuis wurde bald klar, dass ohne Panzer- oder Artillerieunterstützung über so flaches, offenes Land vorzugehen kaum möglich war. Die Niederländer hatten Heu gemacht, und »die Wiesen vor uns waren von diesen kleinen Schobern noch nicht eingefahrenen Heus bedeckt. Das war die einzige Deckung«, hieß es in seinem Bericht.[7] Bei ihrem Angriff sprangen sie also von Schober zu Schober, was ihnen nur minimale Deckung bot. Leuchtspurgeschosse setzten das Heu in Brand, und viele Männer wurden getroffen. »Die Zugführer trieben sie weiter nach vorn. Wer ständig in

15. *(Vorherige Seite)* Die Luftarmada über den Niederlanden.

16. Landegebiet der Lastensegler nordwestlich von Arnheim, 17. September.

17. Brigadier General Anthony McAuliffe (links; er sollte später bei der Verteidigung von Bastogne während der Ardennenoffensive zu Ruhm gelangen) mit Offizieren der US 101st Airborne Division.

18. Absprung der 101st Airborne Division am 17. September nordwestlich von Son.

19. Britische Paratrooper trinken mit Anwohnern Tee.

20. Ein Sherman Firefly bahnt sich den Weg zwischen Panzern der Irish Guards hindurch, die bereits in den ersten Minuten von Operation Garden abgeschossen wurden.

21. Ein Fahrzeug des britischen XXX. Corps gerät bei Valkenswaard in einen Hinterhalt.

22. Im Rausch der Befreiung werden niederländischen Frauen, die sich mit Deutschen eingelassen haben, die Köpfe kahl geschoren. Dabei zeigen die Zuschauer nicht »die Art von abstoßender, fast animalischer Schadenfreude wie Franzosen bei ähnlichen Gelegenheiten«.

23. Stolze niederländische Untergrundkämpfer mit Waffen (hier ein MG 34), die sie den Deutschen abgenommen haben.

24. Menschenmengen begrüßen am 19. September in Eindhoven die sehr spät eintreffende britische Guards Armoured Division.

25. *(Nächste Seite)* Britische Soldaten sehen mit Staunen, wie Niederländerinnen Gruß- und Dankesbotschaften an ihre Panzer schreiben.

K ROOVERS
Breda
OKE

Bewegung war, konnte in der Regel überleben. Jene, die sich nicht aus der Deckung wagten, wurden getötet.« Chappuis musste – zumindest vorerst – die Aktion abbrechen, weil er dabei zu viele Männer verlor.

»In eineinhalb Tagen betrugen die Verluste unseres Bataillons fünfzig Prozent«, berichtete der Bataillonsarzt leicht übertrieben. Den Realitäten näher kam etwa die Hälfte davon. »Ich musste verwundete Männer in Schützengräben legen, um ihnen Blutplasma zu verabreichen. Die Kämpfe waren sehr brutal.« Er behauptete, die Deutschen hätten einen Sanitäter bei der Bergung eines Verwundeten erschossen. Und wenn sie versuchten, Kranke mit einem Jeep und vier Tragen abzutransportieren, dann wurde auch der beschossen, obwohl »das Fahrzeug unübersehbar mit dem Roten Kreuz gekennzeichnet war«.[8]

Coles Bataillon im Wald lag inzwischen unter heftigem Artilleriefeuer. Die Deutschen versuchten, in seine Stellungen einzusickern, wenn sie dabei auch riskierten, von ihren eigenen Geschossen getroffen zu werden. Cole benötigte dringend Luftunterstützung, doch »eine Granate hatte seinen Funker getroffen und ihm das Hirn aus dem Kopf geschossen. Cole trat zu dem Funkgerät, wischte Blut und Hirnmasse ab. Es funktionierte noch.« Cole forderte einen Angriff von P-47 Thunderbolts an. Deshalb wollte er die Identifikationspaneele am Waldrand kontrollieren, die ihre eigene Stellung markierten. Als er aus dem Schutz der Bäume trat, zum Himmel schaute und eine Hand hob, um seine Augen abzuschirmen, krachte ein einzelner Schuss aus einem 200 Meter entfernten Haus. Die Kugel traf ihn an der Schläfe und durchschlug den Kopf. Kurz danach kam ein Deutscher in Sicht, der von einer Ecke des Hauses fortlaufen wollte. Er wurde niedergeschossen, und Coles Männer sagten sich, dass sie zumindest seinen Mörder erledigt hatten. Sie ließen seinen Leichnam in ein Schützenloch gleiten, das sie mit einem Lastenfallschirm abdeckten.[9]

Chappuis' Männer waren gezwungen, sich einzugraben, wo sie gerade standen. »Wir lagen in einem Splittergraben in offenem Gelände, und ich bediente das Maschinengewehr, als die Deutschen uns über das Feld angriffen. Einer unserer Jungs verlor die Nerven, schlug den Kopf gegen den Grabenrand und heulte los wie ein Baby.«[10] Die Verluste stiegen wieder an. Der Bataillonsarzt richtete seinen Verbandsplatz in einer kleinen Senke ein. »Wenn wir einen Patienten hatten, der Plasma benötigte, dann legten wir ihn an die tiefste Stelle, wo man aufrecht stehen konnte [um den Plasmabeutel hochzuhalten], ohne in die Schusslinie feindlicher MGs zu geraten, deren Kugeln von Norden und Westen her durch die Bäume pfiffen.«[11]

Nach solch einem Angriff blieb den beiden Bataillonen nur, bis zum nächsten Morgen auszuhalten und zu beten, dass Hilfe kommen möge.

Das dem 502nd Regiment zugeordnete 1st Battalion in St. Oedenrode vermutete, dass deutsche Truppen sich in der Gegend von Schijndel westlich von ihnen konzentrierten und einen Angriff vorbereiteten. Daher wurde Lieutenant Colonel Cassidy an diesem Vormittag fuchsteufelswild, als eine Kolonne von sieben Jeeps wie ein geölter Blitz durch St. Oedenrode raste. Sie hielten auf Schijndel zu und dachten gar nicht daran, sich nach der Lage dort zu erkundigen.

Die Deutschen waren näher, als selbst Cassidy dachte. Nach wenigen Kilometern auf dieser Straße geriet die Kolonne geradewegs in einen Hinterhalt. Nur dem letzten Jeep dieser Kriegstouristen gelang es, noch zu wenden und zu fliehen. Darin saß Colonel Cartwright von der 1st Allied Airborne Army, der sich sofort bei Cassidy meldete und verlangte, er möge unverzüglich Hilfe schicken. Man musste die Besatzungen der anderen Jeeps retten, die in die Straßengräben gesprungen waren und jetzt dort unter Maschinengewehrbeschuss lagen. Cassidy war außer sich, dass er wegen derartiger Borniertheit seine Leute opfern sollte, um die Männer herauszuhauen. »Warum, zum Teufel, haben Sie diese Straße genommen?«, fragte er. Cartwright antwortete nur, ein ortskundiger Führer habe gemeint, der Weg sei sicher.

Zum Glück hatte einer von Cassidys Zügen unter dem Befehl von Lieutenant Mewborn die Jeeps bereits gesichtet, von denen zwei lichterloh brannten. Es gelang seinem Zug schließlich, die Deutschen aus dem Hinterhalt zu vertreiben und auch noch zwei der Jeeps zurückzufahren. Gerade war General Taylor, der zusammen mit seinem kommunistischen Leibwächter aus Princeton eine Inspektionstour unternahm, von Son kommend in St. Oedenrode eingetroffen. Als er hörte, was geschehen war, sagte er zu Cassidy: »Schicken Sie keinen einzigen Mann zu einer solchen Mission mehr aus. Ihr Auftrag lautet, die Stadt zu halten.«[12]

Ohne jede Vorstellung von den verzweifelten Kämpfen, die das 502nd Regiment rund um Best führte, hatte Colonel Sink nur einen Zug und ein Kommando Pioniere in Son zurückgelassen, während sein 506th Regiment im Eilmarsch nach Süden in Richtung Eindhoven unterwegs war. Der größte Teil des Regiments hatte die Behelfsbrücke für Fußgänger bereits überquert, und mehrere Jeeps hatte man mit einem Floß aus Ölfässern übergesetzt. Das 3rd Battalion an der Spitze der Kolonne geriet bei Woensel am nördlichen Stadtrand von Eindhoven unter das Feuer von Artillerie, Mörsern und Kleinwaffen. Captain John W. Kiley wurde von einem im Kirchturm versteckten Scharfschützen erschossen. »Daraufhin wurde der Turm von einer Bazooka-Rakete getroffen und der Scharfschütze ausgeschaltet.«[13]

Ein niederländischer Polizist bestand darauf, das 3rd Battalion in die Stadt zu begleiten. Als er sah, wie ängstlich die Menschen an der Woenselsestraat aus ihren Häusern lugten, begann er zum Entsetzen der Paratrooper zu rufen: »Diese Männer sind keine Deutschen, sondern Amerikaner – Befreier!«[14] Das Letzte, was die vorrückenden Luftlandetruppen jetzt gebrauchen konnten, waren Stadtbewohner, die aus den Häusern liefen, um sie zu begrüßen, ihnen die Hände zu schütteln und sie abzuküssen. Schließlich hatten sie nach wie vor sporadische Scharmützel mit zurückgehenden Deutschen zu bestehen. Die Straßen leerten sich erst wieder, als eine 88-mm-Kanone der Deutschen in der Kloosterdreef zu schießen begann.

Um 12.15 Uhr traf ein Trupp des Household Cavalry Regiment, der Aalst und Eindhoven umgangen hatte, mit Colonel Sink in Woensel zusammen. Um die Nachricht verdeckt per Funk weiterzugeben, dass sie auf die Screaming Eagles, die Schreienden Adler, gestoßen waren, spielte der Truppführer auf den Spitznamen des Regiments in der Guards Armoured Division an: »Stallknechte haben mit gefiederten Freunden Kontakt aufgenommen.«[15]* Ein Teil des Trupps rückte am Südufer des Wilhelmina-Kanals in Richtung Best vor. Sie waren es auch, die Wierzbowskis Zug Hilfe leisteten. Bald darauf gab ein amerikanischer Major dank des niederländischen Telefondienstes, der über die deutschen Linien hinaus funktionierte, den Royal Engineers alle nötigen Daten der Brücke durch.

Dann befahl Colonel Sink seinem 2nd Battalion, einen Bogen nach Osten zu schlagen, um so das Stadtzentrum zu erreichen und die Brücken einzunehmen. Doch eine Kompanie setzte er dafür ein, die 88-mm-Kanone auszuschalten, die ihnen so viel Ärger machte. Es stellte sich heraus, dass es zwei waren. Die Kompanie der Paratrooper wurde von einem ortskundigen Mann geführt, der genau wusste, wo die Geschütze standen. Als die Amerikaner gerade von zwei Seiten zum Sturm auf die erste Kanone vorgehen wollten, bemerkte Sergeant Taylor eine Frau, die ihm von einem Fenster im

* Britische Offiziere glaubten, eine derart verschleierte Sprechweise, bei der Spitznamen, Kricket-Ausdrücke und Jugendjargon verwendet wurden, könnte von den deutschen Abhörstationen nicht entschlüsselt werden. Doch damit irrten sie nur allzu oft

ersten Stock eines Hauses aufgeregt Zeichen gab. Sie zeigte ihnen an, dass drei Deutsche im Anmarsch waren. Sehr erleichtert, dass sie nicht zu früh gefeuert hatten, hielt Taylor seine Männer zurück, bis die Deutschen vorbei waren, und nahm sie dann von hinten gefangen. Ein Trupp mit Gewehrgranaten unter Lieutenant Hall schlich sich an die Batterie heran. Zwar hatten sie keine allzu gute Sicht, aber eine der Granaten traf. Dann schaltete ein 60-mm-Mörser, den sie ohne Grundplatte mitführten und der nur zwischen den Beinen eines Paratroopers gehalten wurde, die zweite Kanone aus.

Noch bevor die verletzten deutschen Artilleristen in einem Haus direkt hinter der Batterie gefangen genommen wurden, tanzten die Leute bereits auf dem Marktplatz von Woenselse. Ein Bewohner schilderte, dass »die Menge ganz aus dem Häuschen war und ›die Jungs‹, müde und verschwitzt, wie sie waren, kaum durchkamen. Sie mussten jedem die Hand drücken.« Einer von Sinks Offizieren schrieb: »Niederländische Zivilisten umringten die Truppe, boten Äpfel, Gläser mit Marmelade und gelegentlich auch einen Schluck Gin an. Der Empfang war gewaltig. Die Luft stank förmlich vor Hass auf die Deutschen.«[16]

Während die amerikanischen Paratrooper die Stadt weiter von den Deutschen räumten, gab es neue Scharmützel, vor denen die feiernde Bevölkerung Deckung suchen musste.[17] Jetzt erschienen auch rasch Mitglieder der PAN (Partisanen Actie Nederland), um zu helfen. Die Menschen waren erstaunt über ihr plötzliches Auftauchen. »Wohin man auch blickt, überall sieht man die Männer in den blauen Overalls mit der Armbinde ›PAN‹. Sie haben Gewehre umgehängt, fahren auf Motorrädern und in beflaggten Autos herum.«[18] Versteckte deutsche Soldaten und NSB-Männer wurden aus den Häusern gejagt und mussten sich bäuchlings auf die Straßen legen. Soldaten der Niederländischen Armee, die man 1940 zur Kapitulation gezwungen hatte, tauchten in ihren alten Uniformen auf, bereit, Gefangene zu bewachen. »Nach vier Jahren, vier Monaten und sechs Tagen sind wir befreit«, schrieb ein Bewohner voller Dankbarkeit.[19] Die Tatsache, dass sie beim Aufwachen am Morgen hatten feststellen müssen, dass es kein Gas und keinen Strom gab, schien im Vergleich dazu kaum von Bedeutung zu sein.

Colonel Sink bereitete große Sorge, dass es nicht gelingen könnte, die Stadt bis zur Ankunft der Guards Armoured Division von den Deutschen zu säubern. Um 13.00 Uhr, kurz bevor General Taylor eintraf, meldete ihm Lieutenant Colonel Robert L. Strayer vom 2nd Battalion, sie hätten alle vier Brücken über die Dommel gesichert und nach Sprengladungen abgesucht. Taylor erklomm einen Kirchturm, um sich einen Überblick über die Stadt zu verschaffen. Er sprach mit Colonel Strayer per Funk. »Wo, sagten Sie, sind Sie jetzt?«, fragte der Divisionskommandeur. Er erhielt die triumphierende Antwort: »Ich sitze auf allen Brücken, General.« Strayers Leute hatten inzwischen auch die Polizeistation erobert.[20]

»Überall ist geflaggt«, berichtete ein Tagebuchschreiber. »Eine jubelnde Mange mit orangefarbenen Schals, Papierhüten usw. tanzt auf den Straßen.« Junge Männer rissen die Wegweiser der Wehrmacht nieder und beseitigten die Straßenschilder mit den Namen, die die Besatzer geändert hatten. Es dauerte nicht lange, da hing im Hotel Royal ein riesiges Porträt von Prinzessin Juliana, und in den Fenstern erschienen Fotos der niederländischen Königsfamilie.[21]

Die eine oder andere Schrecksekunde gab es natürlich auch. Zwei Paratrooper, die die Aufmerksamkeit mehrerer Mädchen genossen, während sie die Ausgustijnerdreef weiter scharf beobachteten, fuhren zusammen, als sich ihnen eine Gestalt in schwarzer Uniform auf einem Fahrrad näherte. Dr. J. P. Boyans, der sich in der Nähe befand, sah, wie sie ihre Maschinenpistolen hochrissen, und rief: »Nicht schießen! Nicht schießen! Das ist ein niederländischer Polizist!« Die Männer schauten ihn überrascht an. »Okay«, sagte dann einer von ihnen. »Ich dachte, der sei von der SS.« Boyans fragte ihn, was passiert wäre, wenn er ihn nicht gewarnt hätte. »Oh, nicht viel. Er hätte nur ein kleines Loch zwischen den Augen gehabt.« Grinsend fügte er hinzu: »Ich bin ein sehr guter Schütze.«[22]

Nach der langen Besatzungszeit dürstete alles nach Vergeltung. Major Dick Winters hörte plötzlich Pfiffe und Buh-Rufe. Als er sich umsah, erblickte er eine Prostituierte, die sich ihnen in eindeutiger Absicht näherte. »Die Leute packten sie«, berichtete er, »und dann sahen wir nur noch, dass sie sie fortschleppten, um ihr den Kopf kahl zu scheren, denke ich.«[23] Bewohner der Stadt hörten mit Vergnügen zu, als berichtet wurde, dass der Bürgermeister von der NSB Todesangst ausstand, weil er fürchtete, gelyncht zu werden. »Zusammen mit seiner Frau bat er bei der Marechaussee-Kaserne [Polizeikaserne] um Schutz, aber unterwegs nahm ihm ein flüchtender deutscher Soldat sein Fahrrad ab.«[24]

»Um 3.00 Uhr nachmittags«, hieß es in einem anderen Tagebuch, »wurde eine ganze Gruppe NSB-Leute mit viel Getöse von der Menge umringt und in der Schule beim jüdischen Friedhof eingesperrt.«[25] Mehr und mehr junge Männer flehten die Offiziere der 101st Division an, ihnen die Waffen und Uniformen der Toten und Verwundeten zu überlassen, damit sie den Kampf fortsetzen konnten. Die Amerikaner waren in dieser Hinsicht viel weniger bürokratisch als die Briten, und obwohl das gegen alle Regeln verstieß, reihten sich mehrere Zivilisten bei ihnen ein. Einige dienten zusammen mit ihnen bis zum Ende des Krieges.

An diesem ereignisreichen Nachmittag um 15.30 Uhr erreichte das zweite Kontingent der Luftlandetruppen das Landegebiet nordöstlich von Son. Der Dichter Louis Simpson, der damals im 327th Glider Infantry Regiment diente, hat ihre Ankunft geschildert. »Über dem Landungsgebiet angekommen, betätigt der Seglerpilot den Hebel, der das Schleppseil ausklinkt. Zum ersten Mal fliegt unser Lastensegler von ganz allein. Er schwingt sich in die Höhe wie ein Vogel. Dann schwebt er in völliger Stille auf den Luftströmungen. Alles, was wir hören, ist das Knarren der Verstrebungen. Jetzt saust er, schräg nach einer Seite geneigt, in die Tiefe. Dein Leben liegt in den Händen der Piloten.« Die Erleichterung war deutlich spürbar, als das Fluggerät schließlich über ein Feld holperte und knirschend zum Stehen kam.

»Das Land ist flach und von Seglern übersät, die nach allen Richtungen zeigen«, schrieb er. Die Kompanien marschieren eilig in lockerer Ordnung davon. »Am Horizont eine Windmühle wie auf einem holländischen Gemälde. Irgendwo grollen Kanonen. Die Sonne scheint warm, unter dem Wollhemd beginnt man zu schwitzen. In der Abenddämmerung erreichten wir ein Dorf. Am Eingang stand ein gesprengter deutscher Panzer. Darauf und darunter die verkohlten Reste der Besatzung. Sie wirkten wie vulkanisiert, wie geschmolzen, und durch die schwarze Kruste glommen Streifen von rubinrotem Fleisch.«

Simpson verwirrte die Mentalität des deutschen Soldaten. »Ich ging um eine Grube herum, die wie ein Grab geformt war. Am Kopfende der Grube stand ein Kreuz, über das man einen amerikanischen Stahlhelm mit einem Einschussloch gehängt hatte. Auf das Kreuz war mit altdeutschen Buchstaben geschrieben: ›Willkommen, 101. Luftlandedivision‹. Merkwürdige Kerle sind diese Krauts. Man stelle sich vor, in der Hitze des Gefechtes sich so eine Sache auszudenken und sie auch noch auszuführen!«[26]

Von den 450 Lastenseglern, die, geschleppt von Dakotas C-47, gestartet waren, erreichten 428 das Landegebiet der 101st Division. Sie brachten nicht nur das 327th Glider Infantry Regiment, sondern auch zwei Bataillone Luftlandefeldartillerie, ein Pionierbataillon und sogar ein Chirurgenteam mit einem Röntgenapparat.[27] Leute vom 327th Regiment berichteten, dass man an mehreren Orten in Reih und Glied angetretene deutsche Soldaten sehen konnte, die auf die landenden Segler schossen. Insgesamt trafen sie schlecht, weil sie nicht weit genug vor die Flugapparate zielten, aber schließlich wies Colonel Joseph H. Harpers Segler im Heck mehrere Löcher auf, durch die Lichtstrahlen hereinfielen.[28] Der Regimentskommandeur Joseph H. Harper wollte den Beschuss des Feindes nicht widerspruchslos hinnehmen. Er und sein Jeepfahrer feuerten aus dem Segler mit ihren persönlichen Waffen zurück.

Brigadier General Anthony McAuliffe, Taylors stellvertretender Kommandeur und Chef der Artillerie der 101st Airborne Division, traf mit dem 377th Parachute Field Artillery Battalion ein. In seinem Segler saß auch der damals blutjunge Walter Cronkite von United Press. »Bei der Landung wurden die Helme wild durcheinander in die Luft geworfen«, schrieb Cronkite später ganz im Reporterstil, »sie waren gefährlicher als die Geschosse, die auf uns abgefeuert wurden. Ich griff mir einen Helm, die unvermeidliche Tasche [mit der Schreibmaschine darin] und kroch in Richtung Kanal zum Sammelpunkt. Als ich mich einmal umschaute, robbte ein halbes Dutzend Kerle mir nach. Offenbar hatte ich den Stahlhelm des Leutnants mit dem akkurat gezogenen Streifen erwischt.«[29]

Als alle Segler am Boden waren, flogen kurz darauf Liberators B-24 an und warfen über der Landungszone Nachschub ab. Das 327th Glider Infantry Regiment bedauerte, dass man in dieser Nacht an Wachsamkeit nachgelassen hatte. »75 Prozent des Nachschubs wurden von anderen Einheiten und niederländischen Zivilpersonen eingesammelt«, lautete der Bericht.[30] Von Stund an fuhren ständig bewaffnete Wachposten in Jeeps Patrouille, um weitere Diebstähle zu verhindern.

Bald wurde der 101st Airborne Division klar, dass sie großes Glück gehabt hatte. Die deutsche Garnison, die Eindhoven verteidigte, bestand aus kaum mehr als einhundert Mann. Brigadier General Jim Gavin wusste aber auch, dass die Deutschen Nimwegen verstärken würden, so rasch sie konnten. Ihre Truppen waren im Zentrum und im Norden der Stadt konzentriert. Nach der Landung am Sonntag und ersten Vorstößen von Lieutenant Colonel Warrens Bataillon von Süden her in die Stadt hatten die Deutschen in den frühen Morgenstunden ihre Munitionslager gesprengt. Die gewaltigen Detonationen rissen die Bewohner aus dem Schlaf.

Laut Brigadeführer Harmel von der 10. SS-Division »Frundsberg«, der jetzt für die Verteidigung von Nimwegen verantwortlich war, bestand die Garnison zur Zeit der Luftlandeaktion der Alliierten aus Deutschlands schlechtesten Soldaten und war weniger als 750 Mann stark.[31] Abgesehen von dem arroganten 1. Fallschirmjäger-Ausbildungsregiment unter Oberst Friedrich Henke, das später eintraf, wurde die Stadt von »Männern der Bahnhofswache, einigen Angehörigen lokaler Milizen und eines Polizeimusikkorps, ein paar versprengten Männern der Waffen-SS und anderen Einheiten« verteidigt.[32] Viele waren mit Gewehren aus dem Ersten Weltkrieg und, so behauptete Harmel, sogar aus dem Französisch-Preußischen Krieg von 1870 bewaffnet. Man gab Ladestreifen mit je fünf Patronen an sie aus, die sie sich einfach in die Jackentaschen steckten, weil sie keine Munitionstaschen besaßen. Die einzigen Panzerabwehrwaffen waren die noch vorhandenen Fla-Geschütze von der Straßenbrücke.

Um eine Vereinigung des britischen XXX. Corps mit der 1st Airborne Division in Arnheim zu verhindern, wollte Obergruppenführer Bittrich sowohl die Eisenbahnbrücke als auch die große Straßenbrücke in Nimwegen sprengen. Doch um dies zu erreichen, mussten sie zunächst verteidigt werden. Die entsprechenden Befehle hatte er kurz nach Mitternacht in den ersten Stunden des 18. September an Harmel übermittelt. »10. SS-Panzer-Division geht südostwärts Arnheim im Fährbetrieb über den Niederrhein, gewinnt Nimwegen und hält Brückenkopf auf Südufer der Waal. Die Brücken sind zur Sprengung vorzubereiten.«[33]

Am wirksamsten war die Vereinigung der alliierten Truppen durch die Sprengung der Brücke in Nimwegen zu verhindern, doch Generalfeldmarschall Model setzte sich an diesem Vormittag wieder einmal über Bittrich hinweg. Man brauche die Brücken für den Gegenangriff, beharrte er.[34] Bittrich war nicht überzeugt, denn er wusste, dass sie für einen wirksamen Gegenangriff nicht über ausreichend Kräfte verfügten. Frustriert und verärgert darüber, bezweifelte er, ob Model einen eigenen Plan hatte. Aber zumindest hatte er, Bittrich, sich nichts vorzuwerfen, denn er hatte die Sprengung offiziell gefordert.

Eine Kompanie von Harmels SS-Pionierbataillon 10 hatte sich auf beschlagnahmten Fahrrädern in den frühen Morgenstunden nach Pannerden nördlich vom Niederrhein aufgemacht, wo die Waal sich vom Rhein trennt. Ein Vorzug des Fahrrads bestand darin, dass man schnell abspringen und sich in den Straßengraben werfen konnte, wenn feindliche Tiefflieger angriffen. Diesen Trupps folgte die Spitze dessen, was die Kampfgruppe Reinhold werden sollte. Reinhold, der das Panzerregiment der

Division »Frundsberg« befehligte, führte seine abgestiegenen Panzerbesatzungen, das Panzergrenadierbataillon Euling aus nur noch 200 Mann und eine Geschützbatterie heran. SS-Hauptsturmführer Karl-Heinz Euling, Kommandeur von Bataillon 2 des SS-Panzergrenadierregiments 21, war laut Harmel ein fantastischer Kerl und guter Soldat.

Ungeachtet der Verzögerungen beim Übersetzen der Panzergrenadiere mit zusammengebundenen Schlauchbooten erreichte Eulings Bataillon die Straßenbrücke gegen Mittag. Ohne Zeit zu verlieren, übernahm Reinhold das Kommando über die Verteidigung der Stadt und bereitete seine Truppen darauf vor, jegliche Angriffe der Alliierten zurückzuschlagen.[35] Feldgeschütze und Halbpanzer über den Fluss zu bringen erwies sich jedoch als eine sehr frustrierende Angelegenheit. Wegen der Luftüberlegenheit der Alliierten konnte das nur bei Nacht und ohne jede Beleuchtung geschehen. Die Kommandeure mussten rückwärtsgehen und den Fahrern mit einem weißen Taschentuch Zeichen nach links oder rechts geben, damit diese die Fähre nicht verfehlten.

Nach seiner Ankunft befahl Reinhold sofort, alle Truppen im Norden der Stadt an den Auffahrten der beiden Brücken zu konzentrieren. Die altehrwürdige Festung Valkhof, die aus der Zeit von Karl dem Großen stammte, sollte zum Zentrum seiner Verteidigung werden.[36] Auch die Jugendlichen vom Reichsarbeitsdienst wurden in die Verteidigung einbezogen. Reinhold hatte einen Spezialauftrag für sie: Er beabsichtigte, die Brücke von Nimwegen mit Feuer zu verteidigen.

General Browning hatte gegenüber Gavin hervorgehoben, dass die größte Bedrohung von Panzern aus dem Reichswald zu erwarten sei. Das traf zwar nicht ein, doch fast alle nur denkbaren Einheiten in Nordwestdeutschland wurden mobilisiert, um die US 82nd Airborne Division an ihrer Ostflanke anzugreifen. Ein Verband unter dem sehr optimistischen Namen Korps Feldt unter General der Kavallerie Kurt Feldt sammelte sich bereits nördlich von Krefeld. Ihm gehörte die 406. Division unter Generalleutnant Gerd Scherbening an, die Feldt als ganz und gar provisorische Formation beschrieb. Sie bestand aus einer Unteroffiziersschule und Ersatzeinheiten sowie »Ohr«- und »Magen«-Bataillonen, das heißt, Rekonvaleszenten, die kaum noch etwas hörten, und Magenkranken, die eine besondere Diät benötigten.

Das war jedoch nur eine zeitweilige Lösung. Model und Student beabsichtigten, das wesentlich professionellere II. Fallschirmjägerkorps unter

General der Fallschirmtruppen Eugen Meindl heranzuführen, sobald es endgültig aufgestellt war. General Feldt bekannte, dass er kein Zutrauen zu dem Angriff hatte, weil es für die 406. Division eine fast unmögliche Aufgabe war, mit dieser zusammengewürfelten Einheit handverlesene Truppen anzugreifen. Abgesehen vom Beharren der Heeresgruppe B auf einem sofortigen Vorrücken, glaubte Feldt, die einzige Rechtfertigung für den Einsatz seiner Truppe sei es, einem Vorstoß der Amerikaner nach Osten zuvorzukommen und zumindest den Eindruck von Stärke zu erwecken.

Einheiten der 406. Division gerieten südöstlich von Mook in Panik. Feldt berichtete, er und General Scherbening hätten die Truppen nur mit größten Schwierigkeiten in ihren Stellungen halten können. Dabei entging Feldt in der Gegend des Papenberges lediglich knapp der Gefangennahme. Gegen Mittag hörte er, dass die Spitzen der 3. und 5. Fallschirmjägerdivision Emmerich erreicht hatten. Er suchte sie sofort auf, musste aber zu seiner Enttäuschung feststellen, dass es sich bei jeder Division lediglich um ein schwaches Bataillon zumeist aus Servicepersonal handelte, das die Schlacht um die Normandie überlebt hatte. Schwere Waffen waren praktisch nicht vorhanden. Als Feldt zu seinem Befehlsstand zurückkehrte, fand er dort Model und General Meindl vor. Er brachte seine Verwunderung über den Zustand der beiden Fallschirmjägerdivisionen zum Ausdruck. Nach seiner Meinung sollte man sie zu einer Kampfgruppe unter Major Karl-Heinz Becker vereinigen.[37]

Nachdem Brigadier General Gavin unter einem Baum geschlafen hatte und vom Geräusch des Eisenbahnzuges geweckt wurde, war er wegen seines verletzten Rückgrats zunächst kaum in der Lage, sich zu bewegen. Die Schmerzen ignorierend, griff er nach seinem Gewehr M-1 und schleppte sich vorwärts, um die Stellungen zu kontrollieren. Die Hauptaufgabe dieses Tages bestand darin, die Landegebiete zu räumen, da an diesem Nachmittag 454 Segler der 82nd Airborne Division erwartet wurden. Doch zunächst traf er mit Captain Bestebreurtje im Hotel Sionshof zusammen. Der hatte fast 600 Kämpfer der Widerstandsbewegung mit orangefarbenen Armbinden zusammengeholt.

Gavin warnte sie, die Deutschen könnten sie bei Gefangennahme töten. »Das ist uns egal«, antworteten sie. »Geben Sie uns die Waffen Ihrer Toten und Verwundeten, und wir kämpfen gemeinsam mit Ihnen.« Gavin stimmte zu und erklärte ihnen, sie hätten als Hauptaufgabe dafür zu sorgen, dass die Deutschen die Brücke nicht sprengten.[38]

Nach Aussage von Martijn Louis Deinum, dem Chef des Konzertsaals De Vereeniging, war eine kleine Gruppe amerikanischer Paratrooper nach dem fehlgeschlagenen Versuch, die Brücke zu erreichen, die ganze Nacht zurückgeblieben und hatte allein gegen die Deutschen gekämpft. »Drei grimmig dreinschauende, schmutzige junge Fallschirmsoldaten kamen mit ihren Maschinenpistolen in das Gebäude und begannen aus den Fenstern zu schießen. Wir zogen uns in den Keller zurück. Strom gab es nicht.« Deinum fragte sich, ob sie vielleicht betrunken wären. Einer erklärte ihm: »Die Deutschen sind so eine verkommene Bande.«[39] Was Deinum nicht wusste – Lieutenant Colonel Warrens Bataillon, das nicht bis zu der Brücke gelangt war, lieferte sich in Nimwegen nach wie vor Gefechte mit der Kampfgruppe Henke. In einem anderen Stadtteil hatten Bewohner die amerikanischen Paratrooper in ihre Häuser eingeladen, wo sie sich waschen, die Zähne putzen und sich rasieren konnten. »Manche putzen ihre Zähne dreimal am Tag«, stellte Mevrouw Wisman überrascht fest. »Sie mögen es nicht, wenn man sie mit den Tommies vergleicht«, fügte sie hinzu. »Sie meinen, die Briten seien ein bisschen langsam, und sie, die Amerikaner, müssten immer als Erste vorstürmen.«[40]

Nach der Begegnung im Sionshof begab sich Gavin zum Befehlsstand des 508th Parachute Infantry Regiment, um sich ein genaues Bild davon zu machen, wie es Warrens Bataillon ergangen war. Frühere Berichte, er habe die Brücke erfolgreich erobert, hatten sich als falsch herausgestellt. Gavin war wütend drüber, dass Warren nicht, wie befohlen, am Flussufer vorgerückt, sondern direkt in die Stadt marschiert war, weil er glaubte, »so sei es richtig«. Warrens Bataillon saß immer noch im Zentrum von Nimwegen fest, als das 508th Regiment außerhalb der Stadt von Osten her unter Druck geriet.[41]

Während des Vormittags gingen bei Gavin Nachrichten ein, dass die Deutschen sich dem Landegebiet der Segler näherten. Das war Bestandteil der Versuche des Korps Feldt, eine Gegenoffensive zu starten. Einen ersten Angriff auf Groesbeek beobachteten amerikanische Späher, die auf dem Kirchturm saßen. Der Gemeindepfarrer, Pater Hoek, bestand darauf, trotz Gewehrfeuer und gelegentlichem Artilleriebeschuss von Haus zu Haus zu gehen und nach seinen Schäfchen zu sehen. Die Paratrooper gewöhnten sich daran. Er berichtete, wenn es gefährlich wurde, reckte sich ein Kopf aus einem Schützenloch und rief »Pater, Deckung!« Dann warf er sich sofort zu Boden.[42]

In der ersten Nacht, als das 508th Parachute Infantry Regiment die

»Baumfront« aufbaute, die den Reichswald überblickte, waren die Männer sich sehr bewusst, dass sie direkt an der deutschen Grenze standen. Sie hatten Befehl, keinen Menschen, der ihnen ins Blickfeld geriet, anzurufen, sondern sofort zu schießen, »da jeder ein Feind sein musste«. Dabei waren tragische Irrtümer unvermeidlich. So wurde ein Zugführer von seinen eigenen Leuten erschossen. Ein Lieutenant des Regiments bekannte auch, dass seine Männer »nicht sehr umsichtig waren, wenn sie eine Stadt säuberten. Wenn sie zum Beispiel einen Deutschen in einem Haus entdeckten, gingen sie zur Tür und riefen: ›Kommen Sie hier!‹ Sobald sich dann im Haus etwas regte, folgte ein Feuerstoß aus ihren Thompson-Maschinenpistolen.«[43]

Die Niederländer indessen schienen ihren Befreiern fast alles nachzusehen. »Die Leute strömten aus ihren Häusern«, berichtete Dwayne Burns vom 508th Regiment in Beek. »Dabei stießen sie auf tiefe Löcher in ihren Vorgärten, aus denen nur die Köpfe von Soldaten herausschauten. Sie waren sehr froh, uns zu sehen, boten uns zu essen und zu trinken an, aber meist wollten sie nur reden und uns berichten, was sie wussten.« Einer von Burns' Trupp war in der Nacht getötet worden. »Wir begruben ihn an einem freien Platz gegenüber der Straßensperre. Ein Soldat, dessen Vater Pfarrer war, zitierte ein paar Bibelverse und sprach ein Gebet. Dann deckten wir, seine Kameraden, ihn zu, glätteten die Erde über ihm, legten seinen Stahlhelm und seine Erkennungsmarke auf sein Grab. Die Niederländer aus der Gegend schmückten es später mit Blumen aus ihren Gärten.«[44]

In Mook, etwa zehn Kilometer weiter südlich, rannte ein Paratrooper unter Beschuss von Haus zu Haus und erschrak, als sich plötzlich eine Tür öffnete. »Ich zog meinen 45er-Colt und wollte schon schießen«, schrieb er. »Da stand eine ältere Frau in der Tür, eine Tasse Kaffee und einen Teller mit Kuchen und Brot in den Händen.« Der Paratrooper, leicht verwirrt, dankte ihr für die Gastfreundlichkeit, bat sie aber, zu ihrer eigenen Sicherheit im Haus zu bleiben.[45]

Die deutschen Angriffe an diesem Vormittag gegen Straßensperren und Dörfer waren so schlecht koordiniert, wie General Feldt es beschrieben hat, aber einige stellten trotzdem eine reale Gefahr für die Landegebiete dar. Die C Company unter Captain Anthony Stefanich vom 505th Regiment, das südöstlich von Groesbeek stand, geriet unter Beschuss von Deutschen, die sich in Heuschobern versteckt hielten. Stefanich, ein gläubiger Katholik und »im Regiment eine Legende«, wurde von seinen Männern verehrt.[46] Auf seinen Befehl ging die Kompanie in breiter Front vor, um die Deutschen von dem Feld zu vertreiben, da die Segler bereits zur Landung ansetzten. »Die Soldaten von C Company schossen«, schrieb einer der Offiziere, »und die Deutschen suchten das Weite. Das Ganze sah aus wie eine Reihe Jäger bei der Hasenjagd. Plötzlich blieb ein deutscher Soldat, der gerade 75 bis 100 Meter vor uns eine kleine Bodenwelle hinablief, stehen, fuhr herum und gab einen einzigen Schuss in Richtung auf Captain Stefanich und mich ab. Die Kugel traf ›Stef‹ in der Nähe des Herzens, und er fiel mir vor die Füße.« In einem anderen Bericht heißt es, Stefanich habe versucht, unter Beschuss einen Seglerpiloten zu retten, und sei dabei getroffen worden. Das Ergebnis war das gleiche. Zwei seiner Lieutenants blieben bei ihm, als er starb. Dabei drängte sie Stefanich mehrmals, »darauf zu achten, dass die C Company ihre Sache gut macht«. Seine Soldaten beweinten ihren Anführer hemmungslos und bedeckten ihn mit einem Fallschirm als Leichentuch.[47]

Von den 454 Seglern, die gestartet waren, gelangten 385 sicher ans Ziel. Neunzehn flogen, von den Beobachtern am Boden mit Entsetzen verfolgt, über die deutsche Grenze. Mehrere Segler pflügten durch ein Rübenfeld, und die Feldfrüchte flogen hoch in die Luft. Viele gingen zu Bruch, aber Insassen und Gepäck blieben unversehrt. Gavin war sehr erleichtert, als ihm gemeldet wurde, dass das neu angekommene Artilleriebataillon nur sechs seiner 36 Haubitzen verloren hatte. Die Seglerpiloten hatten, wie erwartet, ihr Bestes getan. Aber im Unterschied zum britischen Glider Pilot Regiment, das seine Männer dafür ausbildete, nach der Ankunft an der Seite der Luftlandetruppen zu kämpfen, gehörten ihre amerikanischen Kollegen der USAAF an und hatten keine Infanterieausbildung. Sie erwarteten, geschützt zu werden, wenn sie Menschen und Lasten sicher zu Boden gebracht hatten. Laut einem Offizier der USAAF sollen deren Seglerpiloten nach dem Transport des XXX. Corps zur 101st Airborne Division über Brüssel zurückgetrampt sein.[48] »Einige der Unternehmungslustigsten zogen die Paradeuniform unter die Fliegermontur und schlugen sich auf diese Weise bis nach Paris durch, statt nach England zurückzukehren. Einer soll sogar bis an die Riviera gelangt sein.« Gavin hielt dies für nicht hinnehmbar. Er zog das britische System vor, nach dem die Piloten als Infanteristen zu kämpfen hatten. Doch derartige Kompetenzstreitigkeiten zwischen den Waffengattungen wurden auf beiden Seiten des Atlantiks mit der gleichen Heftigkeit geführt.[49]

Gavin hatte kaum eine andere Wahl, als sich den Befehlen seines unmittelbaren Vorgesetzten, Lieutenant General Browning, zu fügen. Aber er legte Wert darauf, die genauen Umstände im Kriegstagebuch festzuhalten: »Am 18. September, 15.30 Uhr, hatte General Gavin eine Besprechung mit General Browning, während der General Browning nach den Plänen für die nächsten 24 Stunden fragte. General Gavin erklärte, sein Plan für die Nacht vom 18. zum 19. September sei es, die Brücke nördlich von Nimwegen unter Einsatz eines Bataillons des 504th Regiment zu erobern und im Zusammenwirken mit dem 508th Regiment den Brückenkopf nach Osten und Westen abzusichern. General Browning billigte den Plan im Prinzip, kam aber nach längerer Überlegung zu dem Schluss, dass angesichts der Situation im XXX. Corps das Halten der Anhöhe südlich von Nimwegen größere Bedeutung habe. Daher wies er an, dass die Hauptaufgabe darin bestehen müsse, diese Anhöhe zu halten und die Stellungen westlich des Maas-Waal-Kanals zu verteidigen. Daraufhin versammelte General Gavin die Regimentskommandeure und gab den Befehl zur Verteidigung der Stellungen aus.«[50]

Da ihre Kommandostände so dicht beieinanderlagen, konnte Browning der Versuchung nicht widerstehen, Gavin über die Schulter zu schauen. Trotzdem ist es merkwürdig, dass Browning, wie Gavins Bericht zeigt, so viel Gewicht auf die Verteidigung einer Flanke und so wenig auf die Sicherung der Brücke von Nimwegen legte, denn Letzteres war absolut notwendig, wenn die britische 1st Airborne Division vor der Zerschlagung bewahrt werden sollte.

Browning war natürlich frustriert. Die meiste Zeit fuhr er in hohem Tempo die Gegend mit seinem Jeep ab, und der Pegasus-Wimpel flatterte stolz an der Antenne. Er erwartete, dass jeder seiner Mitfahrer unterwegs die Karte lesen konnte, obwohl alle kräftig durchgerüttelt wurden, während das Fahrzeug über die zerwühlten Wege holperte. »Er fuhr in wildem Tempo ohne jedes Bewusstsein für Gefahr«, berichtete sein Adjutant. »Das tat er wie selbstverständlich, denn schließlich war er der Kommandeur und hatte immer recht.«[51] Diese Selbstinszenierung ließ nur seine Verbitterung darüber erkennen, dass die einzelnen Luftlandedivisionen selbstständig handelten, bis Horrocks zurückkam und den Befehl übernahm. Browning wollte sich immer noch nicht damit abfinden, dass er und sein stark besetzter Korpsstab total überflüssig waren.

Horrocks' XXX. Corps, angeführt von den Irish Guards, lag über 24 Stunden hinter dem Plan zurück. Die wesentlichen Gründe waren der Stopp in Valkenswaard für »eine ruhige Nacht«[52] und der späte Start auf Anraten von

Brigadier Gwatkin. Sie brachen erst um 10.00 Uhr auf, allerdings nennen die Kriegstagebücher zweier Bataillone dafür unterschiedliche Gründe. Das 3rd Battalion behauptete, sie hätten darauf gewartet, von einem Infanteriebataillon der 50th Division abgelöst zu werden. Beim 2nd (Armoured) Battalion hieß es hingegen, man habe den Abmarsch »bis 10.00 Uhr aufgehalten wegen einer Meldung, dass in Aalst ein Panzerjäger Marke Panther und zwei selbstfahrende Geschütze gesichtet wurden«.[53]

Eine Gruppe Schützenpanzerwagen des Household Cavalry Regiment führte die Kolonne auf der Club Route in Richtung Aalst, sechs Kilometer südlich von Eindhoven, an. Colonel Joe Vandeleur gab dem begleitenden Flugleiter von der RAF, Flight Lieutenant Love, das vor ihnen liegende Ziel zum Angriff für eine Typhoon-Staffel frei. Nach den schweren Verlusten am Vortag – neun Sherman-Panzer, 23 Tote und 37 Verwundete – wollten die Irish Guards nicht wieder ohne Weiteres auf einer ungeschützten Straße fahren.[54]

Während sie auf die Typhoons warteten, ließ Vandeleur die Kolonne zur Mittagspause halten. Er und sein Cousin Giles fanden eine Villa an der Straße mit eigenem Swimmingpool. Sie schwammen eine Runde und stärkten sich danach mit Champagner, wobei ihnen eine junge Kriegskorrespondentin Gesellschaft leistete.[55] Erst zwei Stunden nach ihrer Anfrage erhielt Love die Meldung, dass der Luftangriff wegen schlechten Flugwetters abgesagt sei. Vandeleur war wütend. »Was ist denn los?«, fragte er sarkastisch. »Hat die RAF jetzt schon Angst vor Sonnenschein?«[56] Die einzige Unterstützung an diesem Tag war ein taktischer Aufklärungsflug, der bestätigte, dass die Brücke bei Son wirklich zerstört sei.

Ein Leitungsmitglied des großen Werkes von Philips in Eindhoven kam über die Frontlinie mit einer Karte der Stellungen aller deutschen Geschütze. Sie war sehr hilfreich, aber mehrere Geschehnisse behinderten nach wie vor das Vorankommen. Eine weitere Verzögerung bedeutete später die Nachricht, dass vier deutsche 88-mm-Panzerabwehrkanonen mit Infanterieunterstützung eine Linie nördlich von Aalst verteidigten.[57] Während No. 2 Squadron, die 2. Panzerkompanie, die deutschen Artilleriebesatzungen beschäftigte, versuchten No. 1 Squadron und eine Kompanie Infanterie deren Stellungen zu umgehen. Aber breite Gräben verhinderten das Vorankommen abseits der Straße. Nun wurde Artillerie nach vorn gebracht, die das Feuer eröffnete. Um 17.00 Uhr erschienen Major General Adair und Brigadier Gwatkin, um zu erfahren, weshalb es nicht weiterging. Bald darauf berichtete ein Trupp der Household Cavalry, die Deutschen seien abgezogen. Um 17.30 Uhr rollte die Kolonne weiter auf dem Aalsterweg vorwärts, und eine halbe Stunde später rasselten die Panzerfahrzeuge durch Eindhoven. Sie fuhren mit geschlossenen Luken, weil sie glaubten, die Stadt sei noch in der Hand der Deutschen. Damit verpassten sie jedoch den stürmischen Empfang.

Gegen 19.30 Uhr hörten die Bewohner von Eindhoven Rufe auf den Straßen: »Engländer kommen die Aalster-Straße herauf!« Alles sprang von den Abendbrottischen auf und lief hinaus. Bald waren da nur noch »Geschrei, Lachen und Freudensprünge von Jung und Alt.«[58]

Die Guards auf den Panzern und anderen Fahrzeugen antworteten den jubelnden Menschen mit dem Victory-Zeichen, während die Kolonne in der jubelnden Menge kaum noch vorankam. Wie durch ein Wunder geriet niemand unter die Panzerketten, denn Menschen jeden Alters liefen neben den rollenden Sherman-Panzern her, kritzelten Losungen und Dankesworte an die Panzerwannen. Eine Frau in Eindhoven hörte britische Soldaten sagen: »Woran es den Niederländern und Belgiern auch mangeln mag, an Kreide bestimmt nicht.«[59] Ein Offizier der Irish Guards, den das Meer der orangefarbenen Flaggen verwunderte, meinte dazu: »Mit all diesen Fahnen sieht es hier aus wie in Ulster.« Er meinte auch, die amerikanischen Paratrooper hätten bestimmt schon »alle Mädchen geküsst, die geküsst werden wollten«.[60]

Während die Irish Guards ihre Panzer durch die Menge schoben, fuhren Joe und Giles Vandeleur in einem Spähwagen durch die Stadt bis zum Kanal bei Son. Dort nahmen sie sich ein Ruderboot und setzten zum anderen Ufer über, wo sie auf ein paar Paratrooper der 101st Airborne Division stießen. »Die tranken Kaffee und rauchten Zigaretten. Man hätte nie gedacht, dass dort Krieg sei, so völlig entspannt wirkten sie«, notierte Joe Vandeleur. Wahrscheinlich hatte er bereits vergessen, dass er ja selber an diesem Tag in einem Pool geschwommen war. »Als wir Hallo sagten, schraubten sie sich mühsam in die Höhe und grüßten lässig.«[61]

Weder die Bürger von Eindhoven, die sich die Kehlen heiser schrien, noch die US 101st Airborne Division hatten eine Ahnung davon, dass die 107. deutsche Panzerbrigade ganz in der Nähe war. Unter dem Befehl von Major Berndt-Joachim Freiherr von Maltzahn hatten ihre Panzer V »Panther« auf Flachwagen der Eisenbahn an diesem Morgen Venlo erreicht. Als die beiden Vandeleurs am Kanal bei Son ankamen, hatte die deutsche Brigade an der Brücke von Soeterbeek über den Fluss Dommel am nordöstlichen Stadtrand von Eindhoven haltgemacht. Da die Deutschen über keine

Luftaufklärung verfügten, hatte Maltzahn kaum eine Vorstellung davon, wo alliierte Truppen standen. In der Bevölkerung von Eindhoven erzählte man sich, ein gewitzter Gärtner namens Willem Hikspoors habe Maltzahn gewarnt, die Brücke sei nicht stark genug, um seine Panzer zu tragen. Maltzahn wollte offenbar das Risiko nicht eingehen und kehrte mit seiner Kolonne um.[62]

Gavin war am Abend zuvor sehr aufgebracht gewesen, als ein deutscher Eisenbahnzug aus Nimwegen entkam und direkt durch die Frontlinie seiner Division dampfte. Ein solcher Trick konnte allerdings nicht wiederholt werden. »Ein Zug in Richtung Deutschland kam angefahren«, berichtete ein Paratrooper. »Ein paar Bazooka-Granaten in die Lokomotive genügten, um ihn zum Stehen zu bringen. Er bestand aus mehreren Personenwaggons, die man mit allerlei Sachen beladen hatte.«[63] Nach Aussage von Lieutenant Jack P. Carroll vom 505th Regiment »saßen nur wenige Personen in dem Zug voller Beutegut, das nach Deutschland gebracht werden sollte: Zigarren, Trikotagen und Kleidung, die man den Niederländern abgenommen hatte. Einer der Wagen war voller Wollsocken, in einem anderen stapelten sich fabrikneue Taschentücher. Wir erschossen fünf Soldaten des Zuges und nahmen 40 gefangen.«[64] Ein Paratrooper war beeindruckt von »einer Gruppe Männer in sehr gut aussehenden Uniformen – schwarz mit roter Paspel, blitzblank polierten Schuhen und Gürteln«. Er fragte einen der Amerikaner, die sie bewachten, ob das Leute vom deutschen Generalstab seien. Der musste laut lachen und antwortete: »Nein, das sind die Eisenbahner.«[65]

Ein Dutzend Kilometer weiter nördlich in Nimwegen gab es nichts zu lachen. Das Eintreffen der Kampfgruppe Reinhold war der Anfang eines erbarmungslosen Kampfes vorwiegend gegen die Bürger der Stadt. Um ihnen Angst einzujagen, vertrieben SS-Patrouillen die Menschen von den Straßen. Auf der Smidstraat blieb ein Trupp vor einem Haus stehen, in dem Kinder schrien. Einer der Männer brüllte ihnen zu, sie sollten still sein, aber der Lärm ging weiter. Da zückte er eine Handgranate, doch zum Glück hielt ihn sein Begleiter davon ab, diese in den Keller des Hauses zu werfen.[66]

Während die Kampfgruppe Reinhold sich darauf vorbereitete, den Valkhof, das Belvedere, den Keizer Lodewijkplein und den Hunner Park bei der südlichen Anfahrt zur Straßenbrücke zu verteidigen, ging deutsche

Artillerie in der Keizer Karelplein, dem großen Kreisverkehr im Zentrum der Stadt, in Stellung. Als es Abend wurde, schickte Reinhold Gruppen marodierender Soldaten und Jugendliche vom Reichsarbeitsdienst als Brandstifter durch die Stadt. Sie schlugen an Türen und riefen: »Noch jemand drin? Sofort raus aus dem Haus, gleich wird es brennen!«[67] Sie drangen auch in das Karmeliterkloster am Doddendaal ein und behaupteten, von dort sei auf sie geschossen worden. »Während der Prior sie zu überzeugen versuchte, dass sie sich irrten«, berichtete Pater Wilhelmus Peterse, »waren Soldaten schon dabei, in Benzin getränktes, brennendes Holz in die Räume zu werfen.«[68]

In mehreren Berichten heißt es, dass die Deutschen versuchten, sich mit geplündertem Gin Mut anzutrinken. Überall wurde viel gestohlen. Zwei deutsche Soldaten schlugen in der Molenstraat mit ihren Gewehrkolben ein Schaufenster ein, drangen in das Geschäft ein und nahmen sich, was sie tragen konnten. Das Durcheinander nutzte auch die Untergrundgruppe LKP aus. »In der St. Annastraat wird ein zurückgelassener deutscher LKW vom Widerstand ausgeräumt«, hielt ein Tagebuchschreiber fest. »Sie laden Gewehre, Munition und Handgranaten in beträchtlicher Menge auf einen Handwagen, den sie rasch zu ihrem Standort bringen.«[69]

Mitglieder einer Luftschutzgruppe warnten die Bewohner im Norden der Stadt, sie sollten ihre Fenster öffnen, damit sie nicht zu Bruch gingen, wenn die große Brücke über die Waal gesprengt werde. Doch als ganze Häuser in Brand gesteckt wurden, verursachten den größten Lärm Glasscheiben, die in der Hitze platzten.

»Die Brände nehmen unwahrscheinliche Ausmaße an«, hielt Albertus Uijen fest. Als der Schusswechsel von deutschen und amerikanischen Maschinengewehren in vollem Gange war, brannten ganze Häuserblöcke.

»Riesige Flammen lodern zum Himmel … Mauern stürzen ein, Balken krachen herunter, und dazwischen die Schreie fliehender Menschen, das Knattern von Gewehrschüssen und das Rattern von Maschinengewehren … Es ist eine Massenflucht. Niemand bleibt in der Gefahrenzone. Nur Wenige haben das Nötigste wie Kleidung und Decken retten können, was sie angstvoll an einen Ort schleppen, wo es sicherer ist. Mütter drücken ihre weinenden Kleinkinder an sich. Verzweifelte Väter tragen die größeren Kinder und dazu hastig gepackte Koffer. Die Furcht, die sie ausgestanden haben, steht ihnen deutlich ins Gesicht geschrieben.«

Nur den beeindruckend gut organisierten Trupps der Zivilverteidigung und dem Roten Kreuz war es zu verdanken, dass keine totale Panik ausbrach. Die Evakuierung des protestantischen Krankenhauses erfolgte rechtzeitig und ging glatt vonstatten. Mit Autos und Handwagen wurden die Patienten an andere Orte gebracht. Wenn die Feuerwehr ein Haus gelöscht hatte, fachten die Deutschen die Brände neu an. Sie sollen einen Feuerwehrmann erschossen haben, der in ihrem Stab erschien, um sich zu beklagen. Um die Feuerwehr von Nimwegen völlig auszuschalten, befahlen sie ihr, über die Grenze nach Kleve zu fahren. Die Feuerwehrmänner begaben sich in diese Richtung, aber als sie außer Sicht waren, kehrten sie um und versteckten ihre Fahrzeuge in einer Fabrik. »Es hat den Eindruck, als soll ganz Nimwegen in Schutt und Asche gelegt werden«, notierte Albertus Uijen in dieser Nacht schockiert in seinem Tagebuch.[70]

15

Arnheim
Dienstag, 19. September

Nach den chaotischen Gefechten am Montag, als das 3rd und das 1st Battalion versucht hatten, zu der Brücke vorzudringen, setzten sie ihre letzte Hoffnung auf einen weiteren Vorstoß an diesem Abend. Am Ende sollte dieser aber erst in den frühen Morgenstunden des Dienstags stattfinden. Bei einem Kriegsrat in einem zerstörten Haus bei Kerzenschein erschien kein Kommandeur der beiden Einheiten. Daher übernahm Lieutenant Colonel Dobie vom 1st Parachute Battalion das Kommando. In der Nähe stand der Rheinpavillon, ein Gebäude am Flussufer unterhalb des St.-Elisabeth-Hospitals. Eine Falschmeldung darüber, dass die Deutschen den nördlichen Brückenkopf zurückerobert hätten, veranlasste den Divisionsstab, ihnen zu befehlen, dass der Angriff nicht durchgeführt werde, aber dazu kam es dann doch.

Lieutenant Colonel Derek McCardie von den South Staffords und Lieutenant Colonel George Lea vom 11th Parachute Battalion schlossen sich Dobie an. Zu Fitch vom 3rd Parachute Battalion bestand kein Kontakt, obwohl er in der Nähe sein musste. Dobie war nach wie vor fest entschlossen, Frost an der Brücke zu unterstützen, auch wenn er seine Einheit dabei erneut Maschinengewehrfeuer von links, Sturmgeschützen von vorn und Flak-Beschuss an ihrer rechten Flanke von jenseits des Niederrheins aussetzen musste. Er hatte den Plan, bei Dunkelheit anzugreifen und sich vor dem Morgengrauen bis zur Brücke durchzukämpfen.

Die Deutschen hatten ihre Sperrlinie zurückgezogen. Das ermöglichte es den Briten, das St.-Elisabeth-Hospital wieder zu besetzen, und Major General Urquhart, sein Versteck auf dem Dachboden zu verlassen. Doch Standartenführer Harzer hatte seine Stellungen nur deshalb bis zum Rand eines freien Geländes etwa 500 Meter östlich vom Rheinpavillon und 200 Meter südöstlich von Arnheims Stadtmuseum zurückgenommen, weil er das Schussfeld verbessern wollte.

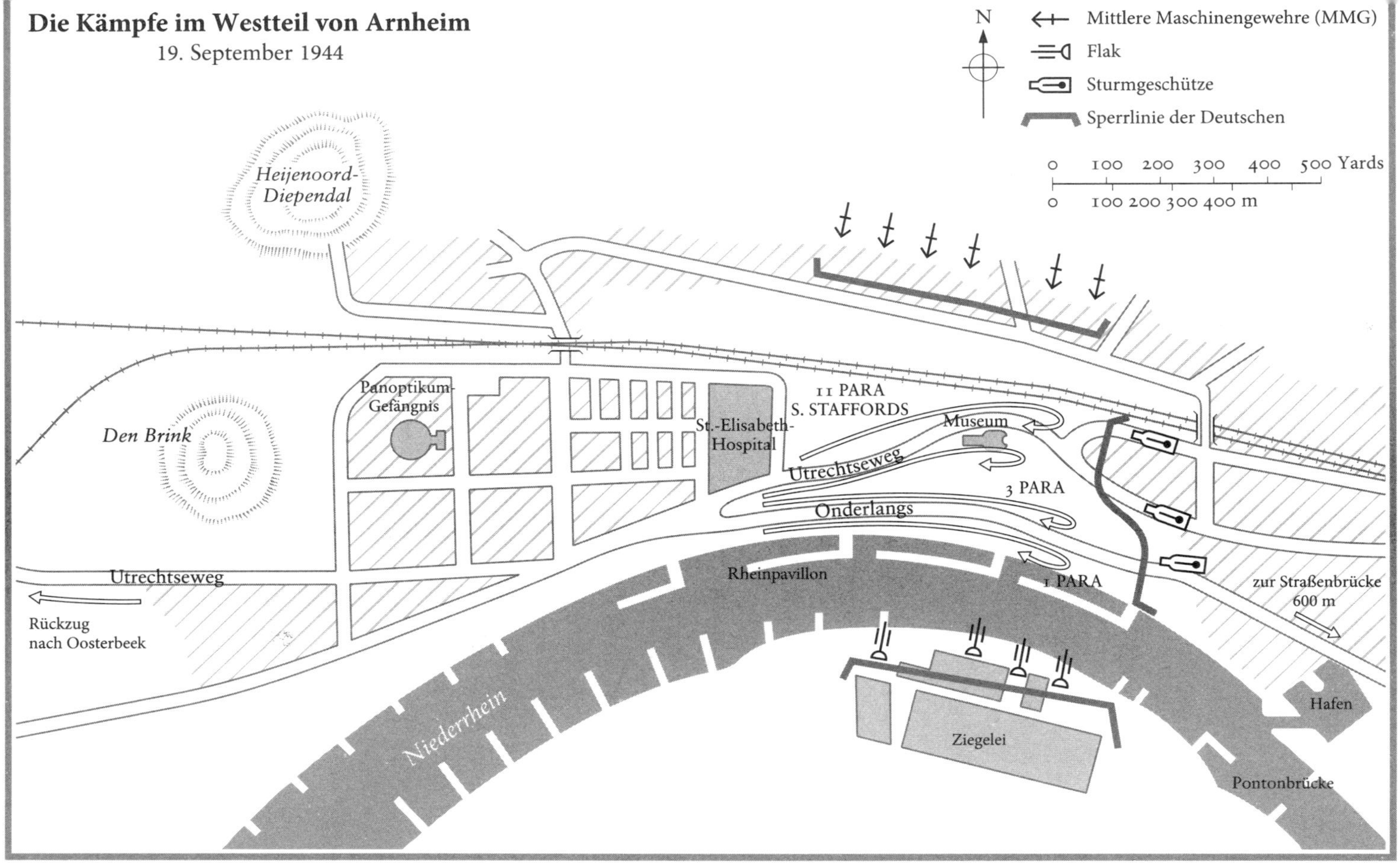
Die Kämpfe im Westteil von Arnheim
19. September 1944
N
Mittlere Maschinengewehre (MMG)
Flak
Sturmgeschütze
Sperrlinie der Deutschen
0 100 200 300 400 500 Yards
0 100 200 300 400 m
Heijenoord-
Diependal
Den Brink
Panoptikum-
Gefängnis
St.-Elisabeth-
Hospital
11 PARA
S. STAFFORDS
Museum
Utrechtseweg
3 PARA
Onderlangs
1 PARA
Rheinpavillon
Utrechtseweg
Rückzug
nach Oosterbeek
zur Straßenbrücke
600 m
Niederrhein
Ziegelei
Hafen
Pontonbrücke

Kurz nach 3.00 Uhr morgens ging Dobies Bataillon in raschem Tempo am Rheinufer vor und stieß dabei auf Fitchs 3rd Battalion, das sich nach einem vergeblichen und verlustreichen Versuch, zur Brücke durchzudringen, auf dem Rückzug befand. Von Fitchs gesamtem Bataillon waren kaum mehr als 50 Mann übrig geblieben. Dobie weigerte sich zu glauben, dass ihnen der Durchbruch nicht gelingen sollte, und marschierte weiter. Da ließ Fitch seine erschöpften Männer umkehren und stimmte zu, Dobies Angriff zu unterstützen. Auf dem Utrechtseweg über ihnen umgingen die South Staffords, gefolgt vom 11th Parachute Battalion, das Museum und gerieten direkt vor die Sturmgeschütze von Harzers Sperrlinie. Nun mussten auch sie Gewehr- und Maschinengewehrfeuer von der Anhöhe jenseits der Eisenbahnlinie zu ihrer Linken und Flak-Beschuss mit noch größerem Kaliber vom anderen Flussufer, wo die Deutschen eine Ziegelei besetzt hatten, über sich ergehen lassen. Die 88-mm-Granaten detonierten mit verheerender Wirkung, während die Geschosse der 20-mm-Zwillingsflak Gliedmaßen mit solcher Wucht wegschossen, dass allein der Schock tödlich sein konnte.

Ein Lieutenant des Parachute Regiment, der nur noch als »David« zu identifizieren ist, schrieb in einem Versteck nach diesem Gefecht einige seiner Eindrücke nieder. »Unablässig quälten mich die Bilder des Albtraums, den ich gerade erlebt hatte: Mervyn mit dem leblos herabhängenden Arm, Pete, der in verrenkter Haltung dalag und kaum noch zu erkennen war, Angus, der sich im Dunkeln in Agonie ins Gras krallte, der Soldat, der vergebens nach einem Sanitäter schrie, da es keinen mehr gab, oder der Mann, der übermütig über offenes Gelände rannte, der kurze Knall und sein überraschtes Gesicht, als er sich in den Nacken griff, und seine verkrampften Sprünge, als er von immer mehr Kugeln getroffen wurde. Was für ein Irrsinn ist doch dieses Kriegsspiel! Ich kann nur hoffen, dass durch unser Opfer in diesen Tagen etwas erreicht wird. Aber schon jetzt spüre ich, dass das nicht geschieht. Es wird eine Geste bleiben.«[1]

Möllers SS-Panzer-Pionier-Bataillon 9, das am östlichen Rand von Oosterbeek im Hinterhalt lag, lauerte britischen Truppen auf, die hier vorbeikommen mussten. »Die Pioniere feuerten«, berichtete er. »Panzerfäuste rissen eine Gruppe Fallschirmjäger buchstäblich entzwei, die Flammenwerfer sprühten Feuer in den angreifenden Gegner … Der Utrechtseweg war ein Todesstreifen.«[2]

Der Rest der Kampfgruppe Spindler im Norden zwischen Eisenbahnlinie und Amsterdamseweg kämpfte gegen das US 10th und 156th Parachute

Battalion. Diese Einheit bedrängte auch die King's Own Scottish Borderers, die sich anschickten, das Landegebiet L nördlich des Bilderberg-Waldes zu schützen, wo das dritte Kontingent der Luftlandetruppen im Laufe dieses Tages eintreffen sollte. Und da auch noch General von Tettaus Einheiten in westlicher Richtung anrückten, war die 1st Airborne Division fast völlig eingekreist.

Weiter östlich auf dem Utrechtseweg in der Nähe des Hospitals erblickte Major Robert Cain vom 2rd Battalion des South Stafford Regiment einen Mann, der ihn zu sich heranwinkte. Als Cain zu ihm trat, reichte er dem Major ein Gewehr und ein Päckchen. Er hatte einen verwundeten britischen Soldaten in seinem Haus untergebracht und wollte nicht riskieren, dass man eine Waffe bei ihm fand. »Die Deutschen«, sagte er entschuldigend. Und um zu zeigen, was er meinte, drückte er zwei Finger gegen seine Schläfe, was wohl eine Pistole darstellen sollte.[3] Bald darauf bekämpften Cain und seine Kompanie in einer anderen Stellung einen Versuch der Deutschen, aus dem Zentrum von Arnheim auszubrechen. Cain griff nach seinem Bren-LMG und feuerte ein ganzes Magazin leer. Als er entdeckte, dass er auf einem Stapel flacher Steine stand, schaute er hinunter und stellte fest, dass es Grabsteine mit hebräischen Inschriften waren. Sie befanden sich auf einem jüdischen Friedhof, der wohl von deutschen oder niederländischen Nazis verwüstet worden war.

Als bei den Deutschen Verstärkung mit weiteren schweren Waffen anrückte, blieb den Briten keine Chance gegen das intensive Feuer von drei Seiten. Nach der fast vollständigen Vernichtung von Fitchs 3rd Battalion brachen auch die selbstmörderischen Angriffe von Dobies 1st Battalion gegen die deutschen Stellungen zusammen. Fast niemand blieb unverletzt. Die Männer hatten nur noch die Möglichkeit, in den umliegenden Häusern Deckung zu suchen, doch Panzergrenadiere schlossen sie mit Unterstützung der Sturmgeschütze ein und nahmen die meisten von ihnen eine gute Stunde später gefangen.

Ein paar hundert Meter weiter nördlich ging den South Staffords allmählich die Munition für die PIAT-Werfer aus. Das Museum, das die Briten »Kloster« nannten, war ihre Erste-Hilfe-Station gewesen. Es musste evakuiert werden, doch der dort eingesetzte Arzt, »Schläger« Brownscombe, blieb bei jenen, die nicht transportfähig waren. Nur wenige Tage danach ermordete ihn im Lazarett ein dänischer SS-Mann, der später vor Gericht gestellt und für dieses Verbrechen gehängt wurde. Eine Verteidigungsstellung in der Senke hinter dem Museum musste wegen konzentrierten Mörserbeschusses ebenfalls aufgegeben werden.

Als Major Blackwood mit dem 11th Battalion eintraf, sah er die Spuren der Kämpfe vom vergangenen Tag: »Herabhängende Drähte und Kabel, einzelne Barrikaden von ausgebrannten Fahrzeugen, tote Deutsche, die auf den Straßen herumlagen. Unter Feuer besetzten wir eine Stellung auf der Anhöhe bei dem großen Hospital und gruben uns dort ein, während ein Bataillon weiter unten zum Angriff überging. Das Getöse war unheimlich, irgendwo hinter dem Hospital suchte ein großkalibriges Geschütz das Weite, aber ein Versuch, dem auf den Grund zu gehen, brachte mir nur einen Kugelhagel von Spandau-MGs [deutsches MG 42] ein. Da lagen wir nun die meiste Zeit in höchster Anspannung, vor uns die in grausigen Posen erstarrten Leichen eines Offiziers und mehrerer Männer der 1st Brigade, die den Durchgang zu unserer Linken versperrten.«[4]

Gegen 9.00 Uhr tauchten deutsche Panzer IV und Sturmgeschütze auf. Sie konnten zunächst mit den letzten PIAT-Geschossen auf Distanz gehalten werden, berichtete ein Mann der South Staffords, »aber gegen 11.00 Uhr ging die Munition aus. Die Panzer überrollten unsere Stellung, fügten uns schwere Verluste zu und rissen das Bataillon in mehrere Teile auseinander.« Panzerabwehrgeschütze standen hier nicht, weil der steile Anstieg des Geländes den Panzerfahrzeugen des Feindes auf der anderen Seite Deckung gab, bis sie am oberen Rand angekommen waren. Als die Staffords sich in Richtung St.-Elisabeth-Hospital zurückzogen, sah derselbe Soldat einen britischen Kameraden von einem Fenster im ersten Stock des Hauses auf einen Panzer springen, um eine Handgranate in den Turm zu werfen. Aber er wurde abgeschossen, bevor er Gelegenheit dazu bekam.[5]

Hinter den South Staffords versuchte das 11th Parachute Battalion auf dem Bahndamm nach links vorzustoßen, aber der Angriff kam nicht von der Stelle. Zwischen Utrechtseweg und dem Flussufer zogen sich Überlebende des 1st und des 3rd Parachute Battalion zum Rheinpavillon zurück. Colonel Fitch war nicht unter ihnen. Eine Mörsergranate hatte ihn getötet. Da kaum noch Sanitäter oder Träger am Leben waren, riet man den Verwundeten, sie sollten auf eigene Faust versuchen, bis zum St.-Elisabeth-Hospital zu kommen, auch wenn dieses nun in deutscher Hand war.

Um 10.30 Uhr gelang es Colonel Warrack, dem stellvertretenden Chef des medizinischen Dienstes, Verbindung zur 16th (Parachute) Field Ambulance im St.-Elisabeth-Hospital herzustellen. Dafür benutzte er das Telefon eines Zivilisten in Oosterbeek, dessen Sohn der niederländischen SS angehörte. So erfuhr Warrack, dass die Deutschen zwar den Leiter der 16th Field Ambulance und viele Pflegekräfte fortgebracht hätten, dass jedoch zwei Chirurgenteams nach wie vor operierten. Sie betreuten etwa 100 Verwundete, viele davon schwere Fälle. Während Warrack mit dem Zahnarzt der Feldambulanz sprach, hörte er im Hintergrund den Gefechtslärm, das ständige Rattern von Maschinengewehren und das Donnern von Sturmgeschützen. An diesem Vormittag wurde auch Brigadier Lathbury mit einer schweren Beinverletzung aus seinem Versteck ins St.-Elisabeth-Hospital gebracht. Er hatte all seine Rangabzeichen entfernt und wurde als Corporal Lathbury eingeliefert.[6]

Angesichts dieses Desasters der Briten wirkte es geradezu bizarr, dass ein deutscher SS-Panzergrenadier mit nur einer Fleischwunde lautstark weinte. Einer der britischen Ärzte sagte ihm, er solle damit aufhören, denn er werde nicht sterben. Da erklärte ihm eine niederländische Schwester, der Mann heule nicht vor Schmerz, sondern weil der Führer befohlen hatte, die Alliierten niemals über den Rhein zu lassen, und nun sei es ihnen doch gelungen.[7]

Selbst das 11th Parachute Battalion hinter den South Staffords sah sich zum Rückzug gezwungen, wie Major Blackwood berichtete: »13.00 Uhr, Meldung, dass unser Angriff auf die Brücke von Arnheim zurückgeschlagen wurde, dass deutsche Panzer uns umgangen und eingeschlossen haben … B Company hat Stellung in Häusern mit Sicht auf eine wichtige Kreuzung bezogen. Unsere Befehle waren knapp: Auf die Panzer warten, sie mit allen verfügbaren Handgranaten bewerfen und so viele Infanteristen erschießen, wie wir können, bevor wir sterben. Mit Scott trat ich in eines der Eckhäuser, sagte zu dem besorgt dreinschauenden Mieter ›Guten Morgen‹ und ging nach oben in das Zimmer mit der besten Aussicht. Es war ein bemerkenswerter schöner Raum zum Sterben. In einer Ecke ein Gipsabguss der Madonna, zwei Kruzifixe, drei gerahmte Texte und ein Bild des Papstes. Wir schoben alle Glas- und Porzellangegenstände in den hintersten Winkel, legten unsere Handgranaten, Munition und Waffen auf das Bett und tranken einen Schluck Wasser. Scott, der römisch-katholisch ist, erwies den Kultgegenständen kurz Reverenz, und auch ich fügte ein, zwei Worte hinzu.«[8]

Auf der Ostseite des St.-Elisabeth-Hospitals lag Major Cain in einem langen Luftschutzgraben in Deckung. Er befahl seinen Männern, die Köpfe unten zu halten, denn sie hörten kaum fünfzig Meter von ihnen entfernt, ein deutsches Sturmgeschütz anrollen. Als Cain über den Grabenrand lugte, sah er den Kommandanten im Fahrzeug stehen, Kopf und Schultern ragten ungeschützt heraus. Er trug schwarze Handschuhe und benutzte einen

Feldstecher. Cain, der nur noch einen Dienstrevolver besaß, hörte zu seinem Schrecken einen Feuerstoß aus dem Graben. Einer der Männer hatte es versucht, aber den Kommandanten nicht getroffen. Der tauchte ab, schloss krachend die Luke, und schon drehte das Sturmgeschütz sich ihnen zu. Drei von Cains Männern gerieten in Panik. Sie krochen aus dem Graben und wurden sofort von Maschinengewehrfeuer niedergemäht. Cain tat es ihnen nach, als das Sturmgeschütz manövrierte, und ließ sich den abschüssigen Hang dahinter hinunterrollen, der in einem steilen Abfall zum Hof des Krankenhauses endete. Hinter dem Hospital stieß er auf Männer des 11th Battalion. Er wollte an dem Sturmgeschütz Vergeltung üben, aber auch sie hatten keine Munition für den PIAT-Werfer mehr.[9]

Stattdessen erhielt Cain Befehl, alle Männer zu sammeln, deren er habhaft werden konnte, und mit ihnen die Anhöhe Den Brink einzunehmen. Die Absicht bestand darin, Cains Truppe auf Den Brink als Ausgangspunkt für einen Angriff des 11th Parachute Battalion gegen den nächsten Hügel namens Heijenoord-Diependal nördlich der Eisenbahnlinie zu nutzen. Cain und seine Männer umgingen das kreisrunde Panoptikum-Gefängnis mit seiner flachen Kuppel und griffen dann Den Brink von der Seite an. Zu Cains Erleichterung trafen sie auf wenig Widerstand und konnten die Anhöhe besetzen. Aber das Gewirr der Baumwurzeln erschwerte den Männern das Eingraben. Er trieb sie zur Eile an. Er wusste, wie schnell die Deutschen ihre Geschütze auf neue Ziele einstellten. So geschah es auch. Sie schossen in die Bäume. Nach kurzer Zeit hatten zwei Drittel seiner Truppe Verletzungen durch Holzsplitter erlitten. Kurz nach 14.00 Uhr sah Cain ein, dass er keine andere Wahl hatte, als sich zurückzuziehen. Nicht nur der Versuch, zu Frosts Truppe an der Brücke durchzukommen, war gescheitert, sondern vier Bataillone waren dabei vernichtet worden. Da die meisten Offiziere tot oder verwundet waren, hatte ein chaotischer Rückzug eingesetzt. Aus dem Gefechtsrauch tauchten Männer einzeln oder zu zweien auf und flüchteten »wie Tiere vor einem Waldbrand«.[10]

Am frühen Morgen aus ihrem Versteck befreit, fanden General Urquhart und seine zwei Begleiter einen Jeep, mit dem sie zum Hotel Hartenstein fuhren. »Als ich die Treppe hinunterging«, schrieb der Geistliche des Glider Pilot Regiment, »wen sah ich da die Stufen heraufkommen? Den General! Einige erblickten ihn, aber niemand sagte ein Wort. Uns hatte es die Sprache verschlagen. Seine Rückkehr war das Signal für ein großes Wiederaufleben von Zuversicht.«[11]

Das wurde auch dringend gebraucht, wie Urquharts Stabschef Charles Mackenzie soeben festgestellt hatte. Bei einer Inspektion des Standortes der Division war er entsetzt darüber, eine Maschinengewehrstellung und einen mit Bren-MG bestückten Panzerjäger verlassen vorzufinden. Dann stieß er auf eine Gruppe von etwa zwanzig in Panik geratenen Soldaten, die brüllten: »Die Deutschen kommen! Die Deutschen kommen!« Gemeinsam mit Loder-Symonds konnte er sie beruhigen. Anschließend fuhr Mackenzie den Panzerjäger zum Hartenstein zurück. Dort erblickte er auf der Treppe Urquhart in hellem Zorn, weil er bei seiner Rückkehr feststellen musste, dass nichts nach Plan gelaufen war. »Wir haben geglaubt, Sie hätten uns für immer verlassen, Sir«, sagte Charles Mackenzie zu ihm.[12]

Um das Hotel Hartenstein herum hatten bewaffnete Angehörige der Widerstandsgruppe LKP festgenommene Kollaborateure der NSB gezwungen, Gräben auszuheben.[13] Andere niederländische Freiwillige sammelten die Toten ein und brachten sie zu den Begräbnisorten. Der Pater der Seglerpiloten machte sich mit einem Jeep und zwei jungen Gefangenen von der SS, die noch in ihren Tarnanzügen vor ihm saßen, auf den Weg. Sie wollten General Kussin und dessen Begleiter begraben.

An diesem Morgen stellten Stabsoffiziere im Hotel Hartenstein unerwartet fest, dass »ein BBC-Funkgerät, das sie erhalten hatten, um Nachrichten nach London zu übermitteln, Verbindung zu ihrer Basisstation hatte. Wir erhielten die Erlaubnis, unsere Funksprüche über dieses Netz zu senden. In London sorgte die BBC dafür, dass Personal des SHAEF diese erhielt und an den Stab der britischen Luftlandetruppen in Moor Park weitergab.«[14] In den folgenden zwei Tagen »war dies der einzige verlässliche Funkkontakt unserer Division zur Außenwelt«.

Während die beschriebenen vier Bataillone vergeblich versucht hatten, sich zur Brücke durchzuschlagen, hatte Hacketts 4th Parachute Brigade nördlich von Oosterbeek ihr eigenes Gefecht geführt. Während der Nacht war das 156th Parachute Battalion unter Lieutenant Colonel Sir Richard Des Voeux zwischen der Eisenbahnlinie und Amsterdamseweg weiter in Richtung Arnheim vorangekommen. Hackett hatte den Plan, die Anhöhe bei Koepel jenseits einer Straße namens Dreijenseweg zu erobern, die in Nord-Süd-Richtung durch den Wald nach Oosterbeek hinunterführte. Doch hier befand sich die Sperrlinie der Kampfgruppe Spindler. Das waren stark befestigte Stellungen auf steil ansteigendem bewaldeten Gelände an der östlichen Seite der Straße. Dort hatten sich Spindlers Panzergrenadiere und

Artillerie eingegraben und wurden von vierachsigen Schützenpanzerwagen, Halbpanzern und Sturmgeschützen unterstützt. Gegen Mitternacht stieß das 156th Battalion auf die Vorposten westlich der Straße. Lieutenant Colonel Des Voeux entschied, etwas zurückzugehen und bis zum Morgengrauen abzuwarten, um eine bessere Vorstellung davon zu gewinnen, was sie da vor sich hatten.

In Erwartung eines Angriffs am frühen Morgen zogen die Deutschen ihre Vorposten zurück. Als Erste ging eine Kompanie des 156th Battalions vor, doch als sie die Straße überquert hatte, erlitt sie verheerende Verluste durch das konzentrierte Feuer der Deutschen. Die Kompanie wurde faktisch ausradiert. Dann wurde eine zweite Kompanie ausgesandt, die wahrscheinlich die Deutschen an der Flanke umgehen wollte. Aber sie hatte eine geschlossene Linie vor sich. Auch ihr gelang es nicht, die gut getarnten Gräben und Geschützstellungen im Wald auszumachen.

Major John Waddy sichtete einen deutschen Halbpanzer mit 20-mm-Zwillingsflak und verfolgte ihn. Jedoch saß hoch oben auf einem Baum ein Scharfschütze, der ihm in die Leistenbeuge schoss, bevor er die PIAT-Granate abfeuern konnte. Einer von Waddys Sergeants, ein riesiger Rhodesier, nahm ihn wie ein Kind auf die Arme und sagte: »Kommen Sie, Sir, das ist kein Ort für uns.« Er trug ihn zum Verbandsplatz des Bataillons. Doch Waddys Qualen waren damit nicht beendet. Als Patient im Hotel Tafelberg wurde er noch zweimal verwundet, zuerst durch deutschen Mörserbeschuss und gegen Ende der Schlacht durch Granatsplitter britischer Artillerie, die vom südlichen Rheinufer her schoss.[15]

Im Laufe des Vormittags verlor das 156th Battalion fast die Hälfte seiner Soldaten. Brigadier General Hackett musste es zurückziehen. Im Norden rückte das 10th Parachute Battalion unter Führung von Lieutenant Colonel Ken Smyth beim entmutigenden Anblick der vielen Verluste, die Kolonnen von Jeeps ins Hinterland brachten, weiter vor. Smyths Spitzenkompanie geriet in einen ähnlichen Feuerhagel wie das 156th Battalion und ging zu Boden. Da Smyth keine weitere Kompanie opfern wollte, bat er Hackett um die Erlaubnis, dass eine Kompanie versuchte, das Ende der Sperrlinie zu umgehen. Zu diesem Zweck wollte er sie in Richtung Norden zum Amsterdamseweg schicken. Doch kurz darauf wurde auch das 10th Bataillon von der viel stärkeren und besser mit Munition versehenen Kampfgruppe Spindler gestoppt.

Wenn auch kein weiteres Vorankommen möglich war, musste Hacketts Brigade diese Linie halten, denn kaum einen Kilometer westlich des Drei-

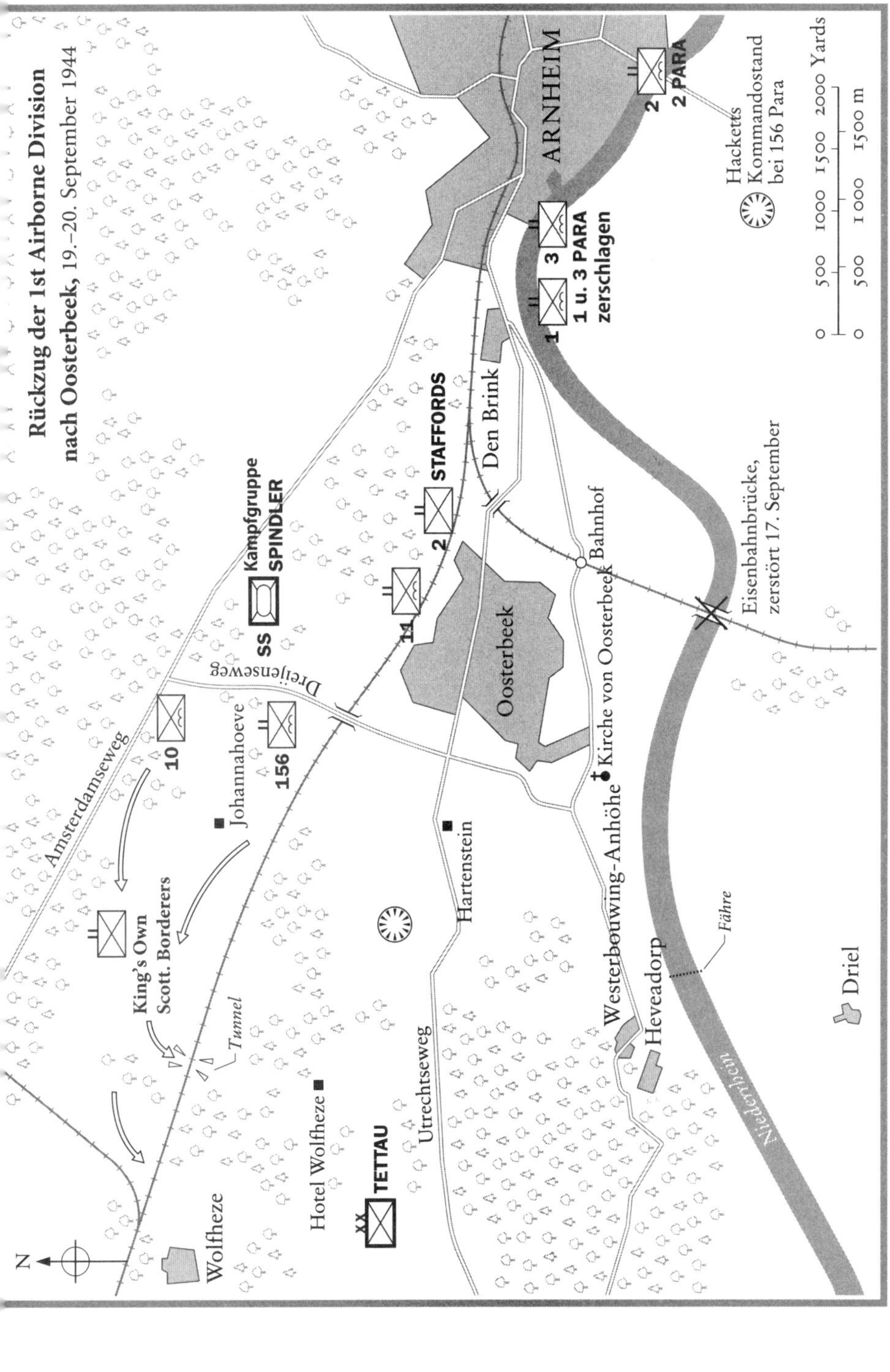
Rückzug der 1st Airborne Division
nach Oosterbeek, 19.–20. September 1944
ARNHEIM
2 PARA
Hacketts
Kommandostand
bei 156 Para
0 500 1000 1500 2000 Yards
0 500 1000 1500 m
1 u. 3 PARA
zerschlagen
STAFFORDS
Den Brink
Kampfgruppe
SPINDLER
SS
Bahnhof
Kirche von Oosterbeek
Eisenbahnbrücke,
zerstört 17. September
Oosterbeek
11
2
Dreijenseweg
156
10
Johannahoeve
Amsterdamseweg
Hartenstein
Westerbouwing-Anhöhe
Fähre
Driel
Heveadorp
Niederrhein
King's Own
Scott. Borderers
Tunnel
Hotel Wolfheze
Utrechtseweg
TETTAU
XX
Wolfheze
N

jensewegs lag Landungsgebiet L, wo das dritte Kontingent der Luftlandetruppen an diesem Nachmittag eintreffen sollte. Die King's Own Scottish Borderers hatten bereits große Mühe, das Gebiet zu verteidigen. Zudem rückten General von Tettaus Truppen in ihrem Rücken auf Wolfheze vor, und es bestand die Gefahr, dass sie angesichts des hohen Bahndamms längs ihrer Südflanke in einer sehr angreifbaren Lage eingeschlossen werden konnten. Plötzlich erkannten Urquhart und Hackett, in welch gefährlicher Lage die 4th Parachute Brigade sich befand.

Als der Rückzugsbefehl das 156th Battalion erreichte, geriet Major Geoffrey Powell außer sich vor Zorn. Man gab ihnen dafür nur fünfzehn Minuten Zeit, doch sich bei Tageslicht ganz offen zurückzuziehen, musste in einem Desaster enden. »Das war lächerlich, der reine Wahnsinn. Wir erhielten Befehl, einfach alles abzubrechen und zurückzugehen. Eine chaotische Aktion.« Permanent attackiert von den Deutschen, wurde das Bataillon aufgespalten und schließlich zersplittert.[16]

Die Führung der Kompanie des 10th Battalion nördlich des Amsterdamsewegs hatte Captain Lionel Queripel übernommen. Mit seiner merkwürdigen Ausdrucksweise machte er nicht den Eindruck eines Mannes, der sich für seine Taten bald das Victoria-Kreuz verdienen würde. Seine Männer nannten ihn Captain Q und meinten, er wirke eher wie »ein Dorfpfarrer als ein Soldat«.[17] Doch Tapferkeit sollte man niemals nach Äußerlichkeiten beurteilen. Obwohl Queripel selbst schon eine Gesichtsverletzung hatte, schleppte er als Erstes einen schwer verwundeten Sergeant aus der Gefahrenzone. Dann stürmte er eine deutsche Stellung, bewaffnet mit zwei Maschinengewehren und einem erbeuteten britischen 6-Pfünder-Panzerabwehrgeschütz, und tötete die Mannschaft. Wieder wurde er verwundet. Als die Deutschen Stielhandgranaten auf ihn warfen, hob er sie auf und warf sie zurück. »Als der deutsche Gegenangriff immer stärker wurde, befahl er seinen Männern den Rückzug, während er selbst die Deutschen mit Handgranaten und einer Sten-Maschinenpistole aufhielt.«[18] Queripels Selbstaufopferung musste mit seinem Tod enden.

Sergeant Fitzpatrick, den Queripel aus der Gefahrenzone getragen hatte, wurde vom Militärarzt Captain G. F. Drayson behandelt, der neben ihm kniete. Da schlug eine Mörsergranate ein. Sie enthauptete den Arzt beinahe, der auf Fitzpatrick fiel und den geschwächten Mann zu Boden drückte. Vor Entsetzen darüber, dass Drayson sterben musste, als er ihm helfen wollte, brach Fitzpatrick in Tränen aus.

Das geschlagene Bataillon erreichte das Landungsgebiet, als die Segler, die die polnische Panzerabwehrkompanie brachten, gerade anflogen. Im Hotel Hartenstein versuchte das amerikanische Flugleitteam unter Lieutenant Davis inzwischen, Kontakt zu den alliierten Jagdflugzeugen aufzunehmen, die zum Schutz der Landung eingesetzt waren. Es gelang ihm lediglich, kurz mit einem Spitfire-Piloten zu sprechen, der aber bald wegen der um ihn herum detonierenden Flak-Geschosse nichts mehr verstehen konnte. »Während der ganzen Operation war die Luftwaffe aktiv, aber es war eine sehr merkwürdige Aktivität«, berichtete Davis nach den Kämpfen. »Die FW 190 und Me 109 tauchten jeden Tag außer an zweien auf und verfolgten stets die gleiche Taktik. Sie flogen in etwa 1300 Meter Höhe hin und her, ließen sich auf etwa 700 Meter sinken und drehten dann ab, als hätten sie uns beschossen. Aber ich habe Zweifel, ob sie bei all diesen Flugbewegungen mehr als 500 Schuss abgegeben haben. Es sah aus, als hätten sie Angst, ihre Munition aufzubrauchen und unbewaffnet zu sein, wenn unsere Jäger sich zeigten. Im Grunde genommen sollten sie wohl nur die Moral der Deutschen stärken.«[19]

Als sich am Boden das 10th und das 156th Battalion zurückzogen, erhielten die Deutschen die Möglichkeit, das Landegebiet vom Wald her anzugreifen. Dabei gerieten die King's Own Scottish Borderers unter schweren Beschuss. »Als ich meinen ersten lebendigen Jerry zu sehen bekam, kriegte er eine Kugel von mir«, berichtete einer. »Er sank auf die Knie, ich machte Tony Morgan Platz, und der ballerte eine Salve auf ihn. Dann kamen noch mehr Jerries unter dem Feuerschutz von MG-34 und Schmeisser-Maschinenpistolen aus dem Wald. Wir erwiderten ihr Feuer. Ich landete noch einen Treffer.«[20]

Gegen vier Uhr ertönte der Ruf: »Drittes Kontingent ist da!«, berichtete der Pfarrer des Glider Pilot Regiment. »Wir konnten nur wie benommen zuschauen, wie unsere Freunde in den sicheren Tod gingen. Unter Qualen verfolgten wir das schreckliche Drama. Es war äußerster Heroismus. Wir sahen mehr als ein Flugzeug weiter Kurs halten, als es schon in Flammen stand. Erst jetzt wurde uns klar, was für ein schrecklicher Gegner uns hier erwartete.«[21]

Während der Abflug der polnischen Fallschirmbrigade von Flugplätzen in den Midlands wegen schlechter Sicht abgesagt wurde, gelang es der zweiten Gruppe, die den Rest der Panzerabwehrkompanie brachte, mit 35 Seglern von Flugfeldern der Salisbury Plain weiter südlich davon zu starten. Doch nur 26 davon erreichten zusammen mit britischen Seglern Landegebiet L. »Die Landung fand mitten in den heftigsten Kämpfen statt und forderte enorme Verluste«, heißt es in einem polnischen Bericht. »Die Segler wurden in der Luft, bei der Landung und am Boden buchstäblich in Stücke geschossen.« Viele Männer verletzten sich bei der Landung.[22] »Die Briten konnten uns nicht helfen, denn sie hatten ihre eigenen Probleme.«[23]

Die Deutschen beschossen das Landegebiet sogar mit den Raketen der schweren Nebelwerfer. Die Verwirrung war so groß, dass polnische Soldaten das Feuer auf Paratrooper des 10th Battalion eröffneten, die sich durch das Landungsgebiet zurückzogen, weil sie glaubten, es seien Deutsche. Sie töteten mehrere von ihnen, darunter Lieutenant Paddy Radcliffe, den Kommandanten des Maschinengewehrzuges. »Es war die absolute Hölle«, schrieb Major Francis Lindley vom 10th Battalion. »Die Deutschen hatten das offene Gelände mit Flak und Maschinengewehren umstellt. Überall um uns herum landeten Segler. Eine Dakota C-47 flog vorüber, aus der Flammen schlugen. Eine Stirling zerschellte nahe der Straße. Die Polen schossen auf alles.«[24] Schließlich erkannten sie an den gelben Wimpeln, mit denen ihnen zugewinkt wurde, dass sie auf Briten feuerten. Lieutenant Colonel Smyth vom 10th Battalion soll »Tränen in den Augen« gehabt haben, als er die kläglichen Reste seiner Einheit sah.[25]

»Am späten Nachmittag gerieten die Versorgungsmaschinen, die Stirlings und Dakotas, beim Anflug in heftiges Sperrfeuer der Flak«, hieß es in einem Bericht. »Zu viele von ihnen werden getroffen und stürzen brennend ab, und ein zu großer Teil des Nachschubs fällt den Deutschen in die Hände … Man hatte erwartet, dass wir das Gelände kontrollieren, wo die Versorgungsgüter abgeworfen werden. Unsere Nachrichten vom Wechsel der Landegebiete waren eindeutig nicht angekommen. Während die Maschinen über uns hinwegflogen, versuchten wir über die drei VHF-Frequenzen mit ihnen Kontakt herzustellen, erhielten aber keine Antwort. Die gelben Schilder am Boden und die Vorrichtungen für die Rauchzeichen waren aufgestellt, aber wegen der hohen Bäume und der niedrigen Flughöhe konnten nur wenige Maschinen sie erkennen.«[26]

An diesem Nachmittag wurde ein weiteres Victoria-Kreuz für Tapferkeit posthum verliehen. Flight Lieutenant David Lord hatte mit seiner Dakota C-47 nördlich von Nimwegen die tief hängende Wolkendecke durchstoßen. Eine deutsche Flak-Batterie eröffnete das Feuer und schoss den Motor an der Steuerbordseite in Brand. Lord fragte an, wie weit es noch bis zum Abwurfgebiet sei. »Drei Minuten Flugzeit«, kam die Antwort. Das Feuer breitete sich aus, und die Maschine geriet in eine Schieflage. Über den Bordfunk sagte Lord zu seiner Crew: »Sie brauchen die Sachen. Wir bringen sie hin und springen dann ab. Legt die Fallschirme an.« Er wies seinen Navigator an, zum Heck zu gehen und den vier Soldaten vom Royal Army Service Corps beim Abwerfen der Körbe zu helfen. Da die dafür vorhandene Einrichtung zerstört war, mussten sie alle Container mit Munition von Hand durch die Luke bugsieren. Das gelang nur bei sechs von insgesamt acht. Lord bestand darauf, noch eine Schleife zu ziehen, damit die letzten beiden abgeworfen werden konnten. Kaum war das geschehen, rief Lord den anderen zu: »Springt! Springt!« Er hielt die Maschine lange genug in stabiler Lage, dass sie springen konnten. Ihm war das nicht mehr möglich, er kam bei dem Absturz ums Leben.

Sein Navigator, Fliegeroffizier Henry King, wusste nach dem Absprung nicht, ob Lord abgestürzt oder ihm eine Bruchlandung gelungen war. »Lord war ein merkwürdiger Kerl«, äußerte er später. »Er studierte zunächst in einem Priesterseminar, verließ es aber 1936 und ging zur RAF. Er war ein äußerst entschlossener Mann.« King begegnete mehreren Soldaten des 10th Battalion. Sie boten ihm einen Becher Tee und etwas Schokolade an. »Das ist alles, was wir haben«, sagte einer von ihnen.

»Was soll das heißen, das ist alles, was ihr habt?«, fragte King. »Wir haben gerade Nachschub für euch abgeworfen.«

»Klar habt ihr Sardinen in Dosen für uns abgeworfen, aber die haben die Hunnen gekriegt. Wir sind leer ausgegangen.«[27]

Zur Erbitterung der Paratrooper landeten die meisten, wenn nicht alle Container über den Stellungen der Deutschen. »Nun rauchten auch wir englische Zigaretten und aßen englische Schokolade«, freute sich SS-Hauptsturmführer Möller.[28]

Möllers Divisionskommandeur, Standartenführer Harzer von der SS-Division »Hohenstaufen«, schilderte, wie Model jeden Tag seinen Befehlsstand aufsuchte. Er kam stets mit einer kleinen Begleitung und verlangte einen kurzen, präzisen Lagebericht, kaum dass er durch die Tür getreten war. Wenn es ein Problem gab, hatte der Kommandeur vor Ort drei unterschiedliche Lösungswege anzubieten. Wenn das vorüber war, durfte Harzer um mehr Truppen, Fahrzeuge, Waffen, Munition oder Nachschub bitten. Model traf dann seine Entscheidung, rief den Stabschef General Krebs an, und nur wenige Stunden später wurden Transportkolonnen und Truppen nach Arnheim umgeleitet.[29] Da es der Division »Hohenstaufen« an Transportmitteln fehlte, lieferten die LKWs der Wehrmacht die Granaten direkt bei den Geschützstellungen an. Wenn Flammenwerfer für Straßenkämpfe angefordert wurden, ließ sie Model von einem Versorgungsdepot in Mitteldeutschland für die Division einfliegen. In der deutschen Wehrmacht wurden rücksichtslos Prioritäten gesetzt. Damit konnte das britische Militär offenkundig nicht mithalten.

Wenn Model mit Harzer fertig war, ging er nach vorn und suchte den Befehlsstand jeder Kampfgruppe auf, fragte Offiziere und Soldaten, wie es vorangehe und wie die Stimmung sei. Wie bereits Möller feststellte, war die Stimmung gut, nicht nur weil die Männer sicher waren, nach der Niederlage in der Normandie diese Schlacht zu gewinnen, sondern weil sich das Füllhorn der Alliierten in Form von Containern an Fallschirmen über sie ergoss. Da sie die Befehle abgefangen hatten, in denen die Signale und die Kennzeichnung der Abwurfgebiete der Alliierten durchgegeben wurden, konnten sie mit weiteren großzügigen Lieferungen rechnen. Die Kennzeichen waren schnell hergestellt und wurden am nächsten Tag als gefälschte Markierungen benutzt.

Dazu kam, dass die Briten bei ihrem Rückzug die Kontrolle über ihre Abwurfgebiete verloren und keinen Funkkontakt hatten, um die RAF davon in Kenntnis zu setzen. Dadurch wurden die Flüge der Alliierten immer riskanter. Andererseits sollte Harzers Potenzial durch das Eintreffen einer Flak-Brigade unter Oberstleutnant Hubert von Swoboda von der Luftwaffe, einem Österreicher, noch weiter gestärkt werden. Die Truppe bestand aus fünf Flak-Bataillonen aus dem Ruhrgebiet, die über Fla-Geschütze der Kaliber 20 mm, 47 mm, 88 mm und sogar 105 mm verfügten. Die meisten Geschütze mussten von landwirtschaftlichen Traktoren oder sogar LKWs mit Holzvergaser gezogen werden, aber auf diese Weise gelang es dem II. SS-Panzerkorps, westlich von Arnheim fast 200 Fla-Geschütze zusammenzuziehen. Sie unterstützten die Bodentruppen und beschossen Flugzeuge der Alliierten. Trotz alledem war Bittrich laut Major Knaust nach wie vor besorgt darüber, wie diese Schlacht ausgehen werde. Als er Knaust in seinem Gefechtsstand östlich der Brückenzufahrt aufsuchte, fragte er Knaust, ob er sich weitere 24 Stunden halten könne. Diese Zeit werde gebraucht, um die Divisionen aus Deutschland heranzuführen.[30] Die beiden Kampfgruppen von Knaust und Heinrich Brinkmann hatten bei den Häuserkämpfen nördlich der Brücke schwere Verluste erlitten. Knausts stark lädierte Panzer versagten oder wurden von den britischen 6-Pfünder-Panzerabwehrgeschützen rasch außer Gefecht gesetzt. Harzer kommentierte später einmal, es habe auf ihn wie ein Wunder gewirkt, dass die Briten ihre schweren Geschütze in die oberen Etagen der Häuser geschafft hätten. Mit ihren schweren Infanteriewaffen hätten sie aus Kellern oder zurückgezogen durch Fenster geschossen, sodass sie nicht geortet werden konnten.[31]

In Arnheim hatten die Deutschen in der Nacht zuvor gewaltsam alle noch verbliebenen niederländischen Zivilisten aus den Häusern in der Umgebung des nördlichen Brückenkopfs evakuiert. Eines der letzten Geräusche, an die sich Coenraad Hulleman erinnern konnte, bevor er sein Heim verlassen musste, war das überirdische Klirren eines Klaviers in der oberen Etage, das von Kugeln durchlöchert wurde.[32]

Wie erwartet starteten die Deutschen ihren Angriff im Morgengrauen. Die Verteidiger an der Brücke hatten all die Feuergefechte westlich von ihnen gehört, wo die um das St.-Elisabeth-Hospital stationierten Einheiten versucht hatten, sich zu ihnen durchzuschlagen. Harmels SS-Division »Frundsberg« schien sich darauf zu konzentrieren, durch Knausts Kampfgruppe und dessen wenige verbliebene Panzer die Schule östlich der Brückenzufahrt zu zerstören. »Am Dienstagmorgen«, erinnert sich Lieutenant Donald Hindley, »kamen die Panzer zurück und fingen an, dieses Gebäude heftig zu beschießen.« Drei Pionieren von der Fallschirmtruppe gelang es, an einen der Panzer heranzukommen und ihn auszuschalten. »Die Besatzung sprang heraus, und die Männer krochen an der Hauswand entlang, bis sie genau unter dem Fenster waren, an dem ich saß. Ich warf eine Handgranate auf sie, und das war's. Ich hielt sie zwei Sekunden fest, bevor ich sie fallen ließ.«[33]

Der Pionier John Bretherton wurde an der Stirn getroffen. »Für den Bruchteil einer Sekunde schaute Bretherton verwundert drein. Dann sank er ohne einen Ton zu Boden.« Ein anderer Pionier packte plötzlich Sergeant Norman Swift beim Arm und fragte ihn, ob mit ihm alles in Ordnung sei. Swift begriff nicht, denn er fühlte sich gut. Da folgte er dem Blick des Soldaten und sah eine große Pfütze wie von Blut um seine Füße. Jetzt erst bemerkte er, dass er in rostigem Wasser stand, das aus einem angeschossenen Heizkörper ausgelaufen war.[34] Ein anderer Pionier, der an einer schweren Gefechtsneurose litt, lief einfach aus dem Gebäude. Dabei rief er: »Wir werden alle sterben!« Die anderen schrien, er solle zurückkommen, »aber er war schon zu weit weg, um uns zu hören, und lief direkt in die Feuerlinie der Deutschen«.[35]

In einem Haus gegenüber der Schule erregte sich ein Rottenführer der Panzergrenadiere, Alfred Ringsdorf, darüber, dass deren Verteidiger

»durch die Fenster in unser Treppenhaus schossen, sodass wir die Treppe nicht benutzen konnten«. Die einzige Möglichkeit, mit den Verteidigern der Schule fertig zu werden, so argumentierte er, sei eine Panzerfaust, die direkt unter einem Fensterbrett explodieren müsse. Das tötete jeden, der von dort aus schießen wollte. Wie alle in Obersturmführer Vogels Kompanie hatte er nichts mehr zu rauchen, und sie wollten unbedingt einen Gefangenen machen, um ihm die Zigaretten abzunehmen.[36]

Captain Mackay hatte den Wachmacher Benzedrin an seine Männer ausgegeben, der bei manchen Doppeltsehen und gelegentlich auch Halluzinationen auslöste. Die häufigste war die, dass man das XXX. Corps auf der anderen Seite der Brücke ankommen sah. Einige Männer waren geradezu besessen davon. Andere warteten auch ohne die Wirkung von Benzedrin sehnlichst auf den Absprung der polnischen Brigade über dem Polderland am Südende der Brücke. Frost, der wusste, dass dort den Polen ein verzweifelter Kampf auf Leben und Tod bevorstand, hatte eine »Selbstmordtruppe« unter Freddie Gough zusammengestellt, die über die Brücke stürmen und sich ihnen anschließen sollte. Er sollte nie erfahren, dass Sosabowski selber vor Wut schäumte, weil man ihm im letzten Augenblick mitgeteilt hatte, nur seine Panzerabwehrkompanie werde an diesem Tag fliegen.

Da die deutschen Scharfschützen sich auf die Fenster der Schule konzentrierten, mussten die dort verschanzten Pioniere und Paratrooper des 3rd Battalion schweigen und unsichtbar bleiben. »Wir umwickelten unsere Schuhe mit Lumpen«, schrieb Mackay, »um uns lautlos durch das Haus bewegen zu können. Die mit Steinplatten ausgelegten Fußböden waren voller Glassplitter und Gipsbrocken, sie waren spiegelglatt von vergossenem Blut, besonders die Treppen.«[37] Die Deutschen zielten inzwischen besser. »In unseren Häusern schlagen jetzt in beträchtlicher Zahl Kugeln von Scharfschützen ein«, schrieb ein anderer Paratrooper in sein Tagebuch. »Die verursachen fraglos beträchtliche Verluste, wenn es uns auch scheint, dass wir ihnen bisher mindestens doppelt so viele zugefügt haben. Wir waren immer noch nicht in der Lage, den Kontakt zum Divisionskommandeur herzustellen. Zwar haben die Funker die 2nd Army recht deutlich empfangen, aber leider hört die uns nicht.«[38]

Lieutenant Harvey Todd vom amerikanischen OSS berichtete mit Befriedigung von drei weiteren toten Deutschen während deren Angriff im Morgengrauen. Wenig später verließ er seinen Hochsitz unter dem Dach des Brigadestabs. Gegen Mittag folgte der nächste Gegenangriff des Feindes, der diesmal wesentlich ernster war. Von seiner Stellung im Dach schoss

Todd weitere fünf Deutsche ab, dann aber musste er sich rasch zurückziehen, denn ein deutscher Maschinengewehrschütze hatte ihn entdeckt. Als einer seiner Kameraden fiel, der das Bren-LMG bedient hatte, übernahm er dessen Waffe. Er entdeckte eine 20-mm-Flak, die gerade ein anderes ihrer Häuser beschoss, und es gelang ihm, die Besatzung auszuschalten.[39]

»Überall brach großer Jubel aus«, als eine Focke-Wulf 190 von Süden her über die Brücke raste, um eine Bombe abzuwerfen. Die krachte jedoch, ohne zu explodieren, auf den Eusebiusbinnensingel, die Hauptstraße, die zum Stadtzentrum führte. Pioniere in der Schule feuerten mit LMGs auf die Maschine. Der Pilot drehte ein, um ihnen zu entgehen, streifte aber mit einem Flügel den Kirchturm von Westen und stürzte ab, was eine massive Explosion zur Folge hatte. »Whoa Mahomet!« ertönte es aus allen Gebäuden rund um die Brücke.[40]

Angesichts dieser trotzigen Reaktion mochte man kaum glauben, wie sehr Frosts Truppe litt. »Wir hatten jetzt über fünfzig Mann Verlust allein in unserem Gebäude«, berichtete Lieutenant Todd.[41] Der Bataillonsarzt Captain Jimmy Logan und seine Sanitäter verdienten sich riesige Anerkennung dafür, was sie ohne fließendes Wasser, nahezu ohne saubere Binden, Morphium und andere im Krieg unabdingbare medizinische Artikel vollbrachten. Ihre Patienten mussten in leere Weinflaschen und Blechdosen urinieren. Pater Bernard Egan arbeitete seit den Kämpfen des Bataillons in Nordafrika eng mit Logan zusammen. Der Arzt wusste inzwischen, welche seiner Patienten Katholiken waren, und er rief Pater Egan herbei, wenn einer die letzten Sakramente benötigte.[42] Ein Mann sagte, bevor er an seinen Verwundungen starb: »Und ich habe vor allem befürchtet, mein Fallschirm könnte nicht aufgehen.«[43]

Captain Jacobus Groenewoud, der niederländische Chef des Jedburgh-Teams, versuchte das St.-Elisabeth-Hospital anzurufen, aber die Leitung war tot. Groenewoud und Todd beschlossen, zum Haus eines Arztes in der Nähe zu laufen und das Hospital von dort anzurufen. Als sie den Weg schon halb bewältigt hatten und sich gerade anschickten, an einer Stelle über die Straße zu huschen, wurde Captain Groenewoud von einem Scharfschützen tödlich getroffen. »Die Kugel drang an der Stirn ein und trat am Hinterkopf aus«, schrieb Todd. Er selbst duckte sich in den Eingang eines Hauses, wo er einen Mann fand, der ein bisschen Englisch sprach. Beiden gelang es, das nächste Haus zu erreichen, in dem ein funktionierendes Telefon stand. Todd rief das Hospital an, doch der dortige Arzt sagte ihm, es sei unmöglich, einen Krankenwagen zu schicken. Sie hätten es bereits probiert, doch die Deutschen erklärten, auch jeder Krankenwagen werde beschossen. Außerdem kontrollierten sie die Anfahrten zum Hospital, um die heftig gekämpft werde. Daher wünsche man, dass die britischen Verwundeten abtransportiert würden, um mehr Platz für die eigenen Kranken zu haben.[44] Als es Todd gelang, unversehrt zum Brigadestab zurückzukehren, erwarteten ihn dort keine besseren Nachrichten. Bei einer der wenigen funktionierenden Funkverbindungen hatten sie erfahren, dass das XXX. Corps die Brücke bei Nimwegen noch immer nicht eingenommen hatte, es an diesem Abend aber erneut versuchen wollte.

Am späten Vormittag beschossen die Deutschen die Schule mit Panzerfäusten. In der Annahme, sie hätten die Verteidiger zum Schweigen gebracht, umstellten sie das Haus. Mackay befahl seinen Männern, je zwei Handgranaten vorzubereiten, die sie auf sein Kommando aus den oberen Fenstern warfen. Dann griffen sie nach ihren Waffen und erschossen jene, die von den Handgranaten noch nicht erledigt waren. »Binnen weniger Minuten lag ein ganzer Teppich von Feldgrau um unser Haus.«[45] Mackay galt bei seinen Männern als einer der ganz wenigen Menschen, die keinerlei Furcht kannten.

Ein anderer war Major Digby Tatham-Warter. Er begeisterte alle, als er, den Clown spielend, mit einem Regenschirm um sich wirbelnd, den er in einem der Häuser gefunden hatte, und mit einer Melone wie Charlie Chaplin im offenen Gelände herumtanzte. Als Freddie Gough dies gegenüber Lieutenant Colonel Frost erwähnte, sagte der nur: »O ja, Digby ist ein echter Anführer.«[46] Lieutenant Patrick Barnett, der den Wachzug der Brigade kommandierte, sah, wie Tatham-Warter unter heftigem Mörserbeschuss ganz allein mit seinem Regenschirm die Straße entlangging. Barnett starrte ihn verblüfft an und rief ihm zu, wohin er wolle. »Ich dachte, ich gehe hinüber und besuche dort ein paar Kumpels.« Lachend wies Barnett dabei auf den Schirm, während der deutsche Mörserbeschuss weiterging. »Der wird dir dabei aber keine große Hilfe sein.« Tatham-Warter schaute ihn mit aufgerissenen Augen gespielt verwundert an. »So? Mein Gott, und wenn es regnet?«[47]

Manche Soldaten wurden regelrecht blutrünstig. Private Watson wurde befohlen, einen Schotten abzulösen, den alle nur bei dem für seine Landsleute typischen Spitznamen »Jock« riefen. »Der knurrte mich an, ich solle mich zum Teufel scheren. Er habe bereits zehn Kerben an seinem Gewehrkolben und wolle mindestens noch zehn von den Bastarden killen, bis sie ihn kriegten. Er wirkte auf mich wie ein Verrückter, der das tatsächlich fertigbrachte.« Als Watson ein paar Stunden später zurückkam, »lag Jock ausgestreckt am Boden. Eine Kugel hatte ihn in den Mund getroffen.«[48] Freddie Gough erinnerte sich an einen der besten Scharfschützen, Corporal Bolton, einen der wenigen schwarzen Soldaten in der Division. Bolton, »ein hochgewachsener, schlaksiger Kerl«, war sehr zufrieden mit dem, was er tat. »Er kroch überall herum und schoss, nach jedem Treffer breit grinsend.«[49]

Brigadeführer Harmel befahl seinen Männern, das Schießen einzustellen, während er einen Gefangenen mit dem Angebot zu Lieutenant Colonel Frost schickte, man sollte sich treffen, um über Kapitulation zu sprechen. Die Panzergrenadiere nutzten die Gelegenheit, um zu essen oder ein wenig zu schlafen. Horst Weber berichtete, dass die englischen Fallschirmjäger nach einer Pause plötzlich den schrecklichen Schrei »Whoa Mahomet!« ausstießen. Bei den Deutschen sei alles aufgesprungen, irritiert darüber, was passiert sei. Sie waren zunächst erschrocken über dieses furchtbare Gebrüll. Dann hätten die Briten wieder zu schießen begonnen.[50]

Frost war zum Weiterkämpfen entschlossen. Da sie aber inzwischen so knapp an Munition waren, musste er den Befehl ausgeben, nur dann zu schießen, wenn die Deutschen angriffen. Als die den nächsten derartigen Versuch unternahmen, rief plötzlich eine Stimme den Feinden zu: »Bleibt stehen, ihr Blödmänner, diese Kugeln kosten Geld!«[51]

Die Reste der vier Bataillone, die versucht hatten, sich bis zu der Brücke durchzuschlagen, waren jetzt, von ihren Verfolgern bedrängt, sämtlich auf dem Rückzug in Richtung Westen. »Bei jedem Haus, an dem wir vorüberkamen, trat ein Mann oder eine Frau mit einem Eimer Wasser und mehreren Bechern heraus. Wir mussten trinken«, schrieb Major Blackwood vom 11th Parachute Battalion. »Die Menschen umringten uns lachend, boten uns Obst und Getränke an. Aber wenn wir ihnen sagten, dass der Boche hinter uns her sei, schlug ihr Lachen in Tränen um. Während wir in ihren Gärten unsere Splittergräben aushoben, trotteten die traurigen Kolonnen in Decken gehüllter Flüchtlinge an uns vorüber.«[52]

Blackwoods Männer können nicht viel Zeit in ihren Gräben verbracht haben, denn der Rückzug wurde immer schneller und chaotischer. Die meisten Züge und Kompanien hatten ihre Offiziere bei den Kämpfen verloren. »Ein Sergeant, dem das Blut seiner Wunden aus den Schuhen lief«, berichtete ein Soldat der South Staffords, »gab uns den Befehl, sofort umzukehren und uns der ersten organisierten Einheit anzuschließen, auf die wir stießen … Alle, die noch am Leben waren, schienen entweder verletzt zu sein oder unter schwerem Schock zu stehen.«[53]

Der andere Zug nach Westen, jener der 4th Parachute Brigade, wurde auf seiner Flucht von dem steilen Bahndamm aufgehalten. Es gab nur zwei Möglichkeiten, ihn zu überwinden – den Übergang bei Wolfheze oder einen Tunnel der Kanalisation, durch den gerade ein Jeep passte, wenn die Windschutzscheibe heruntergeklappt war und der Fahrer fast im Liegen steuerte. Die 6- und 17-Pfünder-Panzerabwehrkanonen waren dafür zu groß. Mit letzter Kraft versuchten einige der Geschützbedienungen sie den schwindelerregend steilen Damm hinaufzuschieben. Die Deutschen erkannten die Gelegenheit und schickten MG-Trupps auf den Damm, die längs des Schienenstrangs feuerten.

Als dann noch deutsche Sturmgeschütze auftauchten, erschütterte das auch die tapfersten Paratrooper, die wussten, wie schlecht es um ihre eigene Bewaffnung stand. Der Chief Clerk der 4th Parachute Brigade erinnert sich, wie ein Major brüllte: »Ihr feigen Bastarde, kommt und holt sie euch!«[54] Er überlebte nicht lange, deutsche Kugeln brachten ihn beim Vorstürmen zu Fall. Ein Sergeant der Pathfinder sah in der Nähe von Wolfheze »Hunderte Luftlandesoldaten in Panik davonlaufen. Sie strömten zurück, manche ohne Waffen … Wir gingen die Bahnstrecke entlang, und ich erinnere mich, dass ich einen Polen oben auf dem Damm sah, der versuchte, mit einem 6-Pfünder-Panzerabwehrgeschütz zu schießen. Dabei brüllte er etwas auf Polnisch. Wir sahen, dass die Bodenplatte des Geschützes fehlte. Wir versuchten ihm begreiflich zu machen, dass er so nicht schießen konnte, aber vergeblich. Wir ließen ihn zurück. Er war außer sich und tat mir furchtbar leid.«[55]

Auch die King's Own Scottish Borderers gerieten in den verheerenden Rückzug vom Landegebiet und dem benachbarten Bauernhof von Johanna Hoeve. Ihr Kommandeur, Colonel Payton-Reid, berichtete, dass sein Bataillon »um 4.00 Uhr nachmittags noch seine volle Mannschaftsstärke hatte, mit allen Waffen, Transportmitteln und kompletter Organisation. Seine hohe Moral wurde weiter gestärkt durch eine erfolgreiche Aktion gegen angreifende Feinde. Es war bereit, alles auf sich zu nehmen. Binnen einer Stunde verlor das Bataillon zwei Drittel seiner Männer, die meisten Transportmittel und viele schwere Waffen. Eine Kompanie fehlte ganz, und zwei hatten nur noch die Hälfte ihrer Stärke.« Payton-Reid führte die Überlebenden auf einem weiten Umweg nach Oosterbeek im Norden zurück. Dort stießen sie auf ein kleines Hotel namens Dreijeroord, das später zum Gedenken an das Regiment nur »das Weiße Haus« genannt wurde. Payton-Reid klopfte dort um 21.00 Uhr an und wurde als Befreier willkommen geheißen. Aber er fühlte sich als großer Heuchler. Er wusste, dass er den Leuten »nur Gefahr und Zerstörung brachte. Am nächsten Abend war das Haus eine Ruine.«[56]

Die Versorgung der Verwundeten war auf einem solchen Rückzug doppelt schwer. Als General von Tettaus Truppe aus westlicher Richtung anrückte, musste Colonel Warrack die rasche Evakuierung der Verletzten von dem Verbandsplatz in Wolfheze organisieren. Die meisten wurden zum Hotel Schoonoord transportiert. Warrack suchte es um 11.00 Uhr auf und stellte fest, dass »Verletzte in rascher Folge gebracht wurden«. Inzwischen waren es bereits über dreihundert. Sie mussten die Häuser ringsum in die Unterbringung einbeziehen. Hendrika van der Vlist, die Tochter des Eigentümers, hatte ihre Pfadfinderuniform angelegt, weil die so strapazierfähig war. Zusammen mit anderen jungen weiblichen Freiwilligen begannen sie die Gesichter und Hände der Verletzten zu waschen, um die Gefahr von Infektionen zu verringern.[57]

Sie mussten auch als Übersetzerinnen arbeiten. Britische und deutsche Verletzte wurden gebracht, und anfangs war es kompliziert, sie getrennt unterzubringen. Wenn die Deutschen auch Gefangene waren, so hatte sich ihre Haltung nicht geändert. Einer versuchte zu befehlen: »Schwester, ein kaltes Handtuch! Ich habe Kopfschmerzen.« »Das Herrenvolk war so ans Befehlen gewöhnt, dass es gar nicht anders konnte«, kommentierte sie. Ein anderer Deutscher hingegen, der niemals zur Armee wollte, freundete sich rasch mit den britischen Soldaten an, die auf beiden Seiten neben ihm lagen. Sie brachten sich gegenseitig Wörter und Sätze in ihren Sprachen bei.

Dann stieß Henrika auf einen jungen Niederländer in deutscher Uniform, dessen Kiefer von einem Schuss durchschlagen war. Er war ein Verräter, aber auch er tat ihr leid. Später fand sie heraus, dass er »geistesgestört« war. Zu ihrer Überraschung gewöhnte sie sich rasch daran, schreckliche Wunden zu behandeln. »Vor einer Woche wäre ich beim Anblick eines so fruchtbar entstellten Gesichts zurückgeschreckt. Jetzt habe ich mich daran gewöhnt. Es sind alles nur Wunden, was ich hier sehe. Und der widerliche Geruch von Blut ist allgegenwärtig.«[58]

An diesem Nachmittag kam General Urquhart zum Hotel Schoonoord, um Verwundete zu besuchen. Kurz darauf traf der Rest der 131st (Parachute) Field Ambulance aus Wolfheze ein. Man war von dort aufgebrochen, kurz bevor Helles SS-Wachbataillon auftauchte. Um all die Menschen zu verpflegen, schleppten Bauern Vieh heran, das bei den Kämpfen getötet worden war, und Anwohner brachten die Früchte ihrer Gärten, besonders Tomaten, Äpfel und Birnen. Die Verwundeten waren nicht sehr hungrig, aber sie brauchten dringend Wasser. Das war das größte Problem dieses Lazaretts. Zum Glück hatte man am Sonntag kurz nach der Landung der Segler vorsichtshalber alle Badewannen des Hotels gefüllt. Jetzt begannen Freiwillige, das Zentralheizungssystem und die Heizkörper anzuzapfen, um die Badewannen wieder aufzufüllen.

Immer wieder tauchten Zivilpersonen im Schoonoord auf. Es waren zumeist Menschen, die sich bisher versteckt hatten, darunter ehemalige politische Gefangene und einige Juden. Sie kamen, weil sie glaubten, an diesem Ort sicher zu sein. Der allgemeine Eindruck, dass die Alliierten den Krieg so gut wie gewonnen hatten, erwies sich für viele im besetzten Europa als höchst gefährlich.

Während an diesem Tag die deutschen Verluste bei der Brücke anstiegen, begrüßte Brigadeführer Harmel die Ankunft der 280. Sturmgeschützbrigade aus Dänemark, die für Aachen bestimmt war, jetzt aber nach Arnheim umgeleitet wurde. Einer der Männer berichtete später, in den Kämpfen in und um Arnheim hätte seine Einheit über 80 Prozent ihrer Fahrzeuge verloren. Die Gefechte seien weitaus heftiger gewesen als alles, was er in Russland erlebt hatte. Die britischen Paratrooper ließen die Selbstfahrlafetten ungehindert passieren und beschossen sie dann von hinten, weil dort die Panzerung wesentlich dünner war. Die Gefechte auf kürzeste Entfernung seien nervtötend für die Geschützbedienungen, fügte er hinzu. Vor allem fürchteten sie, von Phosphorgranaten bei lebendigem Leibe verbrannt zu werden.[59]

Besonders dringend erwartete Harmel die Ankunft von Kompanie Hummel der schweren Panzerabteilung 506 mit ihren Tiger-Panzern. Man hatte sie am Morgen nach dem Blitztransport durch Deutschland in Bocholt, nahe der niederländischen Grenze, ausgeladen. Aber die 80-Kilometer-Fahrt auf den Straßen überstanden nur zwei der Tiger. Die übrigen fielen unterwegs aus, zumeist wegen gebrochener Ketten und Zahnräder. Die beiden intakten Panzer traten bereits an diesem Abend, begleitet von Panzergrenadieren der SS-Division »Frundsberg«, in Aktion. Ihre panzerbrechenden Granaten durchschlugen ein ganzes Haus und hinterließen in beiden Außenmauern große Löcher. »In der Dämmerung wirkten sie unerhört bedrohlich und angsteinflößend«, berichtete Lieutenant Colonel Frost, »wie prähistorische Monster, die ihre langen Rohre von einer Seite zur anderen drehten und Flammen spien.« Als hochexplosive Munition benutzt wurde, ließen die 88-mm-Kanonen die Häuser über den Verteidigern zusammenbrechen. Zeitweilig konnte man kaum noch atmen, so dick waren die Staubwolken, die von dem pulverisierten Mauerwerk aufstiegen. Auch das Haus, in dem sich der Bataillonsstab befand, wurde getroffen. Digby Tatham-Warter und Pater Egan trugen Verwundungen davon.[60]

In der Schule befahl Major Lewis seinen Männern, sich in den Keller zurückzuziehen, denn die Tiger konnten ihre Kanonenrohre nicht so stark senken, um so tief zu schießen. Als die Panzer sich zurückgezogen hatten, stiegen die Verteidiger wieder in das Erdgeschoss hinauf. Ein tapferer Panzerabwehrschütze nahm es allein mit einem Tiger auf. Er lief aus dem Haus, lud seine Kanone, feuerte und rannte hinter das Haus. Zum Glück befand er sich in Deckung, als der Panzer seine Waffe zerstörte. Doch einer der zwei Tiger wurde bereits an diesem Abend außer Gefecht gesetzt. Ein Schuss von einer anderen 6-Pfünder-Kanone traf den Turm, verwundete den Kommandanten und ein Besatzungsmitglied schwer. Ein zweiter Schuss traf die Hauptwaffe.[61] Der andere Tiger bekam dann Probleme mit dem Fahrwerk und musste zur Generalreparatur nach Doetinchem zurückgenommen werden. »So endete der erste Einsatztag mit einem Fiasko«, schrieb ein Angehöriger der Kompanie Hummel.[62]

Harmel ließ schwere Haubitzen und weitere Sturmgeschütze nach vorn bringen, welche die Aufgabe übernehmen sollten, britische Stützpunkte aus kurzer Entfernung zu vernichten. Für die britischen Verteidiger konnte das nur bedeuten: Die Deutschen hatten keine Eile, weil das XXX. Corps offenbar noch nicht über die Brücke von Nimwegen gelangt war. In Wirklichkeit stand Harmel unter großem Druck. Generalfeldmarshall Model wollte, dass die 1st Airborne Division vernichtet und die Brücke von Arnheim so rasch wie möglich geöffnete werde, damit er Verstärkung nach Nimwegen bringen konnte. Inzwischen hatte ihn die Nachricht erreicht, dass das XXX. Corps bis zum Stadtrand vorgedrungen war. An diesem Abend unterstellte Model die sogenannte Division von Tettau, die gerade Wolfheze besetzt hatte, dem II. SS-Panzerkorps »für die komplette Vernichtung des Feindes westlich von Arnheim«.[63] An diesem Tag konnten die Deutschen der Versuchung nicht widerstehen, ihre bereits beträchtlichen Erfolge noch zu übertreiben. Bittrich meldete, 1700 Briten gefangen genommen, vier britische Panzer und drei Schützenpanzerwagen ausgeschaltet zu haben. Da musste er wohl mit Bren-LMG bewaffnete leichte Panzerjäger als Panzer gezählt haben.

Der Beschuss der Häuser in der Umgebung der Brücke war viel heftiger als alles, was das 2nd Battalion in Sizilien hatte ertragen müssen. »Es schien unmöglich, dass der Mörserbeschuss noch schlimmer werden konnte, aber das war ein Irrtum«, schrieb Private James Sims. »Eine Granate nah der anderen kam geflogen, die einzelnen Explosionen verschmolzen zu einem einzigen rollenden Donner, die Erde schwankte und bebte, als sich die Detonationen überlagerten.« Er wurde am Eusebiusbinnensingel in einen Graben geschleudert. »Dort lag ich ganz allein wie in einer frisch ausgehobenen Grube und wartete darauf, lebendig begraben zu werden.« Und nicht nur die Splitter bedeuteten Lebensgefahr. Im Brigadestab wurde der Intelligence Officer Lieutenant Buchanan ohne einen einzigen Kratzer am Leib von einer Druckwelle getötet.[64]

In einer Phase des Gefechts an diesem Tag sah Lieutenant Barnett vom Defence Platoon zwei deutsche Sanitäter auf die Straße laufen, die sich um britische Verwundete kümmern wollten. Sie wurden von einem deutschen MG-34 erschossen und fielen auf jene, denen sie zuhilfe eilten. »Ihre eigenen Leute haben sie abgeknallt.«[65] Als der Feuerleitoffizier der Artillerie schwer verwundet wurde, übernahm für ihn Lieutenant Todd, der bereits in der Kanonenkompanie seiner amerikanischen Division gedient hatte. Um die Geschehnisse zu beschleunigen, schickte Harmel die frisch eingetroffenen Pioniere mit Flammenwerfern vor, um die Häuser in Brand zu stecken. Laut Harmel standen bei Einbruch der Nacht ganze Häuserreihen in Flammen. Doch die Briten gaben nicht auf. Wenn ein Haus brannte, gruben sie sich zu einem anderen durch. Wasser zum Löschen hatten sie nicht.[66]

Einige Feuer wurden entzündet, um die Straßen permanent zu beleuchten, erläuterte ein Panzergrenadier. Wenn die Briten zu fliehen suchten, boten sie gute Ziele.[67] Aber auch Harmels Panzergrenadiere hatten unter den Bränden zu leiden. Als die Häuser in Flammen standen, wurde es unerträglich heiß. Den Männern flog Asche ins Gesicht, und vom Rauch brannten die Augen. Sie mussten husten. Dazu kamen Staub und Ruß von den einstürzenden Mauern. Es war die Hölle. Alfred Ringsdorf von der 10. SS-Panzer-Division sagte später aus, er habe immer noch nicht ganz verarbeitet, dass er an diesem Tag einmal nur knapp dem Tod entronnen sei. Er hatte einen Gefangenen gemacht, einen großen, starken Mann. Er befahl ihm aufzustehen und die Hände zu heben, damit er ihn durchsuchen konnte. Als er sich dabei bückte, stöhnte der Mann auf und sackte zusammen. Eine englische Kugel, die Ringsdorf treffen sollte, hatte ihn getötet.

Für einen Moment war er wie gelähmt, kalter Schweiß brach ihm aus, und aus Gewohnheit ging er in Deckung.[68]

Ringsdorf hasste den Nahkampf Mann gegen Mann, Gesicht an Gesicht, und dazu wusste man nie, wann der Feind auftauchte. Er vermied es, sich nachts im Freien zu bewegen, weil man dabei auf einen Gegner stoßen konnte. Sein ständiger Wunsch war, den Stahlhelm abzunehmen, denn der war so schwer, und man bekam davon einen steifen Hals. Doch die Engländer waren sehr gute Schützen. Die meisten deutschen Soldaten, die fielen oder schwer verwundet wurden, waren am Kopf getroffen. Er meinte, er habe nur deshalb überlebt, weil er im Gefecht voranging. Feinde schossen selten auf den ersten Mann, sie warteten stets ab, ob noch weitere kamen. Die Ersten ließen sie ziehen und griffen erst die Nachfolgenden an.[69]

Inzwischen brannten große Teile der Stadt, darunter die Türme der beiden Kirchen St. Eusebius und St. Walburgis. Die Glocken gaben seltsame Laute von sich, wenn sie von Kugeln getroffen wurden. Wegen des Großfeuers ließ der Gefängnisdirektor von Arnheim alle Zellen bis auf jene der gefährlichsten Verbrecher öffnen. Die Freigelassenen kamen blass, mit kahl geschorenen Köpfen und in Häftlingsmontur heraus. Die Brände breiteten sich weiter aus. »Beim Licht der Flammen hätte man Zeitung lesen können«, schrieb ein unbekannter Tagebuchführer lakonisch.[70] Die Bevölkerung floh aus der brennenden Stadt, wenn es irgendwo eine Gefechtspause gab. Die Alten und Kranken wurden mit Handwagen oder gar Schubkarren fortgebracht.

Die Briten an der Brücke machten sich angesichts der Gefahr keine Illusionen. Das Krachen der brennenden Häuser und das Dröhnen, wenn Stockwerke und Fassaden einstürzten, erinnerten an die Apokalypse. Frost und Gough kletterten auf einen Dachboden, um sich einen Überblick zu verschaffen. Sollte der Wind drehen, so saßen sie in der Falle und konnten in einen Brand geraten, der sich zu einer wahren Feuersbrunst entwickelte.

16

Nimwegen und Eindhoven
Dienstag, 19. September

Nach all den Verzögerungen beim Anmarsch des XXX. Corps arbeiteten die Royal Engineers der 14th Field Squadron in Son die ganze Nacht durch. Ihnen gelang die Spitzenleistung, eine Behelfsbrücke über den Wilhelmina-Kanal in weniger als acht Stunden zu bauen. Am Dienstag um 6.15 Uhr rumpelten die Schützenpanzerwagen der Household Cavalry darüber. Um verlorene Zeit aufzuholen, hatten sie eine halbe Stunde später bereits den Fluss Aa überquert und das Städtchen Veghel hinter sich gelassen. Die Grenadier Group hatte von den Irish Guards die Spitze der Kolonne übernommen und rollte den ganzen Vormittag in stabilem Tempo auf die Brücke über die Maas in Grave zu. »Von Feinden außer Gefangenen nichts zu sehen«, schrieben die Irish Guards in ihr Kriegstagebuch.[1]

Von der riesigen Kolonne des XXX. Corps, die dann folgte, wurde eine Kompanie Cromwell-Panzer des Regiments der 15th/19th Hussars abgetrennt, um dem arg bedrängten 502nd Parachute Infantry Regiment in Best zu Hilfe zu eilen. Bei den beiden Bataillonen, die sich am Rand des Waldes von Son eingegraben hatten, wusste noch niemand, dass Wierzbowskis Zug an diesem Morgen bei der gesprengten Brücke, kaum einen Kilometer von ihnen entfernt, immer noch Widerstand leistete. Wierzbowski hatte gehofft, dass die Nachricht von ihrer verzweifelten Lage, die er mit dem Schützenpanzerwagen der Household Cavalry abgeschickt hatte, ihnen Entsatz bringen werde.

Doch die Reste seiner kleinen Truppe waren jetzt ganz auf sich allein gestellt, denn Mottolas Zug, der sich zu ihrer Linken eingegraben hatte, war zerfallen und während der Nacht verschwunden. Wierzbowski und seine Männer waren so erschöpft, dass sie sich kaum noch wach halten konnten, aber ihre verwundeten Kameraden zu verlassen kam für sie nicht infrage.[2]

Als es hell wurde, lag dichter Nebel über dem Kanal. Plötzlich tauchten von allen Seiten Gestalten aus dem Dunst auf. Wierzbowski stieß einen

Warnruf aus, doch die Deutschen warfen bereits ihre Handgranaten, Spitzname »Kartoffelstampfer«. Einige Männer reagierten schnell genug und warfen sie aus den Gräben zurück, bevor sie explodierten, aber eine detonierte direkt vor dem Gesicht eines Paratroopers und ließ ihn vollständig erblinden. Eine andere fiel neben Wierzbowski und hinter Private first class Mann in den Graben. Der saß »dort an die Wand gelehnt, beide Arme nach einer frischen Verletzung verbunden«. Mann schrie noch »Handgranate!«, und Wierzbowski sah, wie er »sich mit dem Rücken darauf sinken ließ, um sie abzudecken«. Die Granate explodierte, durch sein Opfer gedämpft. Wierzbowski packte ihn bei den Schultern. Mann schaute zu ihm auf und sagte: »Lieutenant, mein Rückgrat ist hin.« Ohne einen Laut schloss er die Augen. Wierzbowski und zwei weitere Männer im Graben hatten dank seiner Tat nur leichte Verletzungen. Mann wurde posthum die Medal of Honor verliehen.

Bald hatte Wierzbowskis Zug die letzten Patronen verschossen. Ihm blieb nichts übrig, als sich zu ergeben. Zwei deutsche Sanitäter, die sie zuvor gefangen genommen hatten, sprangen auf und beschworen ihre Kameraden, niemanden zu töten. Wierzbowski und das halbe Dutzend Überlebender wurden zu einem Feldlazarett der Deutschen gebracht. Wenig später wurden die Deutschen dort sehr nervös, als ein Donnern erscholl, das alles ringsum erbeben ließ. Die Panzer der britischen Guards Armoured Division rollten an. Über einen seiner Männer, der deutsch sprach, konnte Wierzbowski den verantwortlichen Major überzeugen, die Waffen niederzulegen, die ihnen die Amerikaner sofort abnahmen. Die Rückkehr Wierzbowskis und der wenigen Überlebenden zum 502nd Regiment löste dort ein großes Staunen aus, denn alle hatten sie für tot gehalten.[3]

Der rasche Vormarsch der Guards Armoured Division ohne großen Widerstand löste falschen Optimismus aus. »Es war eine Expressfahrt mitten durch Holland«, berichtete Frank Gillard von der BBC. »Überall gab es Kontakt zu Paratroopern und Luftlandetruppen, die den Boden bereitet hatten und den raschen Vormarsch ermöglichten, weil sie Brücken und Straßenkreuzungen besetzten. In nur fünf Stunden wurden fast dreißig Meilen zurückgelegt ... eine unglaubliche Leistung.«[4]

Als die Nachricht sich verbreitete, die Guards Armoured Division habe die Brücke von Grave erreicht, befahl Browning Colonel Chatterton, ihn dorthin zu begleiten, um die Division und Brigadier General Gavin in Overasselt zu begrüßen.[5] Browning wirkte zwar äußerlich ruhig, war aber tief besorgt darüber, dass es zur britischen 1st Airborne Division in Arnheim keinen Kontakt gab. Der Glückwunsch, den er per Funk von Montgomery erhalten hatte, war ihm bitter aufgestoßen, aber das durfte er sich nicht anmerken lassen. In Großbritannien kursierte inzwischen ein merkwürdiges Gerücht: Brownings Ehefrau, die Schriftstellerin Daphne du Maurier, wurde um drei Uhr morgens von einem Journalisten angerufen, »der fragte, ob es zutrifft, dass mein Mann gefangen genommen wurde«.[6]

Browning erkannte den Panzeroffizier nicht, der ihn begrüßte, denn dessen Gesicht war von dem Staub und Schmutz verkrustet, den die Panzer aufwirbelten. »General ›Boy‹ Browning«, schrieb er, »begleitet von einer Eskorte sehr finster dreinschauender Seglerpiloten, war wie immer makellos gekleidet – ein Kontrast zu unserem verdreckten Erscheinungsbild.«[7] Gavin strahlte beim Anblick der Panzer. »Jetzt lebte ich wieder«, sagte er später.[8] Die US 82nd Airborne Division war nicht länger isoliert. Mit den Panzern der Guards Armoured Division, das wusste er, waren sie in der Lage, die Brücke von Nimwegen einzunehmen und jeden Angriff aus dem Reichswald abzuwehren.

Gavin und Browning trafen mit dem Kommandeur der Guards Armoured Division, Major General Allan Adair, zusammen. Der nahm betroffen zur Kenntnis, dass die Amerikaner die Brücke noch nicht erobert hatten. Er war davon ausgegangen, dass dies bei der 82nd Airborne erste Priorität gehabt habe und seine Panzer einfach durch die Stadt rollen und nach Arnheim weiterfahren könnten.[9] Gavin, der sein bestes Bataillon bisher in Reserve gehalten hatte, bot an, dass es auf den Sherman-Panzern der Grenadier Guards aufsitzen könne und sie gemeinsam mit deren Infanteriebataillon die Brücke einnehmen könnten. Als Gegenleistung bat er um ein Bataillon der Coldstreams, um seine Einheit am Frontabschnitt Groesbeek abzulösen. Alle britischen Offiziere stimmten zu, denn sie wussten nichts von der Verstärkung, welche die SS-Division »Frundsberg« im Nordteil von Nimwegen inzwischen erhalten hatte. Man ging davon aus, »dass die Verteidigung der Stadt schwach sei und eine Demonstration der Stärke in Gestalt der Panzer den Feind wahrscheinlich zum Rückzug bewegen werde«.[10]

Die Grenadier Guards Group, bestehend aus der motorisierten Kompanie unter dem Kommando von Captain Duke of Rutland, die an der Spitze fuhr, und einer Panzerkompanie unter Major Alec Gregory Hood hatte inzwischen einen Umweg über Groesbeek im Osten genommen. Der Trupp der Royal Engineers, der die Brücken prüfte, war zu dem Schluss gekommen, dass nur die Brücke von Heuman stabil genug sei, um Panzer zu tragen.

Die Grenadier Guards erhielten Befehl, Captain Bestebreurtje im Nonnenkloster Marienboom, fünf Kilometer südlich von Nimwegen, zu treffen. Kaum waren die Panzer vor dem Gebäude geparkt, da wurden sie aus der Luft angegriffen. Lieutenant Colonel Rodney Moore, der sich, wie allgemein bekannt, mit Flugzeugen schlecht auskannte, war überzeugt, der Angreifer sei eine Maschine der Alliierten. Daher ließ er gelbe Rauchgranaten abschießen, um sich zu identifizieren. Die nahmen seinem eigenen Adjutanten, Captain Tony Heywood, die Sicht, der mit dem Maschinengewehr auf dem Turm seines Sherman wütend auf die heranrasende Messerschmitt schoss.

Als der Angreifer verschwunden war, führte Bestebreurtje die Offiziere zum Hotel Sionshof. Die Nachricht von der Zusammenkunft hatte schnell die Runde gemacht, daher tauchten fast alle Angehörigen der verschiedenen Widerstandsgruppen auf, wodurch ein Chaos entstand. Major Henry Stanley von den Grenadieren hat die Szene beschrieben: »Es war ein schöner, sonniger Tag, und das Café hatte ohnehin schon viele Menschen angezogen. Gruppen aufgeregter Zivilisten drängten hinein und wollten mit jedem sprechen, der zum Zuhören bereit war. Die Anhänger des Untergrunds wurden von dem niederländischen Verbindungsoffizier in einen getrennten Raum geführt, wo alle gleichzeitig reden wollten. Niederländische Wachmänner, offenbar beeindruckt von der Bedeutung des Treffens, versuchten vergeblich zu verhindern, dass hinein- oder hinausging, wer gerade wollte. Draußen feuerte eine Batterie amerikanischer 75-mm-Kanonen, was das Zeug hielt, und als unsere Panzer eintrafen, versammelten sich noch mehr aufgeregte, begeisterte Zuschauer. Die Eigner des Cafés machten ein Rekordgeschäft. Mitten in diesem Tumult versuchten wir, einen Plan zu entwerfen, wie wir zwei Brücken über einen der breitesten Ströme Europas zu erobern gedachten.«[11]

Als Gavin und sein engster Vertrauter, der Bataillonskommandeur Lieutenant Colonel Benjamin H. Vandervoort, ebenfalls eintrafen, war der Plan bald vereinbart. Angehörige des niederländischen Untergrunds behaupteten, der Zündmechanismus, mit dem die große Brücke von Nimwegen gesprengt werden könnte, stehe im Postamt, das von den Deutschen gehalten wurde. Gavin versprach einen Zug seiner Paratrooper, um bei der Einnahme des Gebäudes zu helfen. Er ging hinaus und befahl dies dem ersten Zug, der ihm begegnete. Bestebreurtje hatte inzwischen vier Untergrundkämpfer ausgewählt, die als Führer für die drei Einsatzteams und die Gruppe zur Einnahme des Postamtes dienen sollten.*[12]

Gavin fuhr weiter, um in Begleitung von General Adair in einer Schule in der Nähe von Malden General Horrocks zu treffen. Dort erklärte Gavin Horrocks, er wolle einen Angriff mit Booten auf den nördlichen Brückenkopf versuchen, falls es nicht gelingen sollte, die Brücke an diesem Abend einzunehmen. Horrocks stimmte zu, und Adair erklärte, er könne an diesem Abend etwa 28 Sturmboote zur Verfügung stellen. Im Unterschied zu dem, was damals viele glaubten, stammte der Plan, eine alternative Überquerung der Waal zu versuchen, eindeutig von Gavin.[13]

Die Grenadier Guards stiegen wieder in ihre Panzer und begannen in Nimwegen einzurücken. Ein Teil von Vandervoorts 2nd Battalion des 505th Parachute Infantry Regiment war auf den Panzern aufgesessen, die übrigen liefen zu beiden Seiten des Groesbeekseweg, einer breiten Allee, von einem Straßenbaum zum anderen. Laut einer amerikanischen Quelle kam die Kolonne der Grenadiere bei dem großen Kreisverkehr Keizer Karelplein zum Stehen. Das Donnern der deutschen 88-mm-Kanonen war zu hören, und Leuchtspurgeschosse flogen durch die Straße. Captain Robert Franco, Chirurg im 2nd Battalion, stieg aus dem Jeep und ging mit einem Helfer weiter nach vorn, um zu sehen, was dort los war. »Captain Franco, schauen Sie!«, rief sein Begleiter plötzlich und wies mit der Hand nach vorn. »Die Ursache für sein Staunen waren zwei Panzersoldaten in ihren schwarzen Baretten, die mitten auf der Straße saßen und über einer der üblichen würfelförmigen Öldosen, die sie halb mit Sand gefüllt und mit Benzin getränkt hatten, Teewasser heiß machten. Ich prüfte die Zeit. Es war 16.00 Uhr.«[14] Man kann dies auch als eine der üblichen Soldatengeschichten abtun, doch Major Dick Winters von der US 101st Airborne Division bestätigte: »Die Gewohnheit der Briten, einen Zwischenhalt zu verlangen, ja sogar darauf zu bestehen, ›damit wir einen Tee brühen können‹, verschlug uns die Sprache.« Er kam zu dem Schluss, dass es den Briten mit Ausnahme ihrer Luftlandetruppen »an Angriffslust fehlte«.[15]

* Ein Freiwilliger, der abgewiesen wurde, war Jan van Hoof, ein schlaksiger Pfadfinderjunge. Bestebreurtje wollte ihn nicht nehmen, weil »er recht jung war und mir sehr nervös erschien«. Nach dem Krieg kursierte jedoch in Nimwegen eine Legende, die ein Jesuitenpater verbreitete. Demnach hätte Jan van Hoof alle Kabel zu den Sprengladungen auf der Brücke durchgeschnitten und diese so vor der Zerstörung bewahrt. Die Geschichte ist kaum glaubhaft. Jan van Hoof wurde bald darauf bei Kämpfen getötet und hatte gar keine Chance, in die Nähe der Brücke zu kommen, die damals scharf bewacht wurde. Sollte er aber die Drähte schon zuvor durchschnitten haben, warum hatte er das Bestebreurtje nicht mitgeteilt, was unter den Umständen seine Pflicht gewesen wäre? Dass die Brücke erhalten blieb, ist damit nach wie vor auf Models strikten Befehl zurückzuführen, sie nicht zu sprengen.

Die Grenadier Group bestand aus dem 1st Motor Battalion und dem 2nd (Armoured) Battalion, die durch Vandervoorts Battalion verstärkt wurden. Außerdem erhielt sie Unterstützung von einer Batterie des 153rd Field Regiment und von Q Battery des 21st Anti-Tank Regiment. Während die britischen und amerikanischen Geschütze den nördlichen Kopf der großen Straßenbrücke beschossen, rückten die zwei Sturmkolonnen in die Stadt ein. Eine hielt auf die Eisenbahnbrücke, die andere auf die Straßenbrücke zu, doch bereits am Keizer Karelplein stießen sie auf heftigen Widerstand. Gut eingegrabene deutsche 88-mm-Kanonen konnten die Deckung brennender Häuser nutzen. Brandstiftergruppen setzten die am Vortag begonnene Zerstörung fort, und auch deutsche Artillerie feuerte von nördlich der Waal in die Stadt.

Die einzige Einheit, die bei diesem Versuch einen gewissen Erfolg erzielte, war die kleinste. Captain George Thorne, der einen Trupp Sherman-Panzer, einen Zug Grenadiere und einen Zug Paratrooper kommandierte, eilte zum Postamt, »wo laut Gerüchten ein schreckliches Männlein an einem Hebel sitzen sollte und nur darauf wartete, die Sprengladungen an der Brücke durch Fernzündung zur Detonation zu bringen«. Als sie den südlichen Teil von Nimwegen erreichten, kamen die Leute aus den Häusern gelaufen, winkten ihnen zu und begrüßten sie. Laut Major Stanley »zeigte der Führer, den sie ihnen beigegeben hatten, bemerkenswerte Fähigkeiten, die Bewunderung der Menge zu genießen, bis der erste Schuss krachte. Da tauchte er sofort auf den Grund des Panzers ab und weigerte sich, auch nur einen Zollbreit aus dem Fahrzeug zu lugen. Schließlich wurde er mit Gewalt nach oben geschoben und gezwungen, den Weg zum Postamt zu weisen. Er schaute sich um und zeigte dann auf das Gebäude, vor dem bereits ein Panzer hielt. Das Postamt wurde gestürmt, aber ein schreckliches Männlein wurde nicht gefunden.«[16] Die Grenadiere glaubten die Geschichte ohnehin nicht, denn der logische Ort für das Fernzünden einer Sprengladung wäre das Nordufer der Waal gewesen, nicht die Innenstadt. Zwar ergaben sich die Deutschen im Postamt sofort, doch acht Gardesoldaten wurden getötet, als eine Granate, von der anderen Seite des Flusses abgeschossen, direkt vor dem Haus explodierte.

Mehrere SS-Soldaten, darunter ein Obersturmführer, wurden in Geschäften auf der Van Welderenstraat völlig betrunken gefangen genommen. Man brachte sie zu den anderen Gefangenen ins Postamt. Als dem Obersturmführer klar wurde, dass Gerardus Groothuijsse dem Untergrund angehörte und sie jetzt bewachte, erklärte er ihm, sollten die Deutschen die

Stadt zurückerobern, würden er und alle seine Kameraden als Terroristen erschossen. Darauf packte ein Grenadier den Obersturmführer, zerrte ihn weg, erschoss ihn und nahm ihm die Armbanduhr ab. Stolz überreichte er sie Groothuijsse als »nettes Souvenir«.[17]

Vom Postamt stieß Thornes Truppe in Richtung Keizer Lodewijkplein, einem kleineren Kreisverkehr südlich der Straßenbrücke, vor. Doch da vor ihnen das offene Gelände des Hunner Park lag, gerieten sie ins Schussfeld der 88-mm-Kanonen und mussten sich bei weiteren Verlusten rasch zurückziehen. Das deutsche Verteidigungssystem, das vor ihnen lag, war furchteinflößend. Westlich der Brücke ganz oben auf einem Steilhang stand der Valkhof, die Festung aus der Karolingerzeit, dazu hoch über der Waal das Belvedere, ein Wachturm aus dem 16. Jahrhundert. Die Kampfgruppe Reinhold, der auch das Bataillon Euling von den SS-Panzergrenadieren angehörte, dazu eine gemischte Truppe unter Major Bodo Ahlborn, hatten keine Zeit verloren und seit ihrer Ankunft Schützenlöcher und Gräben ausgehoben. Außerdem blockierten ausgebrannte Fahrzeuge die Brückenauffahrt.[18]

»Die Stadt brannte«, berichtete einer von Vandervoorts Offizieren, »und die Flammen ließen die britischen Panzer als Silhouetten erscheinen, die für die deutschen 88-mm-Kanonen hervorragende Ziele abgaben. Sie mussten abgezogen werden. Ich saß in der Nähe der Brücke in der Falle. Bei mir waren zwei Züge, verstärkt durch 15 Tommies. Die Deutschen versuchten uns zu umgehen. Wir luden uns die Verwundeten, sechs amerikanische und britische Soldaten, auf und schleppten sie durch ein brennendes Wohnhaus auf den Hinterhof.«[19] Dort stießen sie auf eine drei Meter hohe Mauer, und es wurde sehr schwierig, die Verwundeten hinüberzubringen. Nun wurden auch deutsche Soldaten gesichtet, die am Nordufer der Waal Verteidigungsanlagen bauten. Mehrere von Vandervoorts Paratroopern stiegen auf die Dächer der Häuser gegenüber und knallten sie beim Graben ab.[20]

Wenn der Vorstoß in Richtung Brücken auch fehlschlug, so scheint das Eintreffen der Grenadiere mit ihren Panzern in Nimwegen einigen Menschen das Leben gerettet zu haben. Ein paar deutsche Soldaten jagten einen Polizisten, der im Auftrag einer Widerstandsorganisation versucht hatte, einen deutschen Lastwagen mit Munition zu entführen. Er flüchtete vor ihnen durch die Räume des Luftschutzstabs und zur Hintertür hinaus. Die Deutschen stürmten herein und zielten auf jeden, der dort arbeitete. Alle Beschäftigten, nahezu vierzig Personen, mussten sich, die Arme über dem Kopf, an die Wand stellen, während der deutsche Offizier brüllte, frische deutsche Truppen seien von allen Seiten im Anmarsch. »Die Stadt ist umzingelt!«, rief er. Er behauptete, er und seine Männer seien aus diesem Haus heraus beschossen worden. »Wir brennen die ganze Stadt bis auf die Grundmauern nieder!«[21] In diesem Moment fragte einer der Männer mit den erhobenen Händen, ob er seine Zigarette ausdrücken dürfe, die werde ihm gleich die Finger verbrennen. Das löste bei den anderen eine spontane Lachsalve aus, welche die Laune der Deutschen nicht gerade verbesserte. Der Offizier erklärte, er werde sie alle der Gestapo übergeben. Doch da ertönte das Geräusch der heranrollenden Panzer, und die Deutschen rannten um ihr Leben. »Erst wenn man dem Tod ins Auge schaut«, bemerkte einer der Männer, »erkennt man, welchen Wert das Leben hat.«[22]

Diese Einstellung war in der Bevölkerung weit verbreitet. Die Menschen reagierten mit bemerkenswerter Einsicht, wenn sie sich gezwungen sahen, Haus und Besitz den Flammen zu überlassen. Wenn sie durch den Funkenregen von den brennenden Gebäuden wegliefen, waren sie einfach dankbar, dass sie und ihre Familien wenigstens am Leben waren. Natürlich brachen manche unter dem Stress und den schrecklichen Erlebnissen zusammen. Nach der Brandstiftung durch die deutschen Soldaten und die Jugendlichen des Reichsarbeitsdienstes (RAD) am Vorabend hatten die meisten Familien ein Notgepäck mit dem Wichtigsten und Wertvollsten für eine rasche Flucht vorbereitet.

Ein Tagebuchschreiber schildert, wie seine ganze Straße, angezündet von den Deutschen, brannte und die Bewohner über Gartenmauern flüchten mussten. »Manche Deutsche werfen ihnen noch Handgranaten nach«, schrieb er, »doch ein deutscher Soldat hilft dabei, Kinder und Gepäck über die Mauern zu hieven.«[23] Eine Gruppe Deutscher entschuldigte sich gar bei den Bewohnern des Hauses, das sie gerade anzünden wollten. »Es tut uns sehr leid, dass wir das tun müssen«, sagten sie. In einem anderen Haus fuhr ein betrunkener deutscher Soldat fort, Klavier zu spielen. Südlich der Verteidigungsstellungen am Valkhof feierten SS-Leute eine wilde Party und warfen mit Bierflaschen um sich. Einige von ihnen sollen mit hölzernen Schaufensterpuppen getanzt haben, die sie aus einem Geschäft mitgenommen hatten. Die flüchtenden Bewohner schlugen einen großen Bogen um sie – aus Furcht, was den entfesselten Kerlen noch alles einfallen könnte.

Eine Frau beschrieb, wie deutsche Jugendliche vom RAD zusammen mit SS-Männern, viele von ihnen betrunken, brüllend durch die Straßen zogen: »Sie schossen nach links und rechts, begossen Häuser mit Benzin …

Sie steckten unsere ganze Stadt in Brand.«[24] Ein anderer schrieb: »Wir hören, dass ein Paar mittleren Alters von diesen Bastarden in die Flammen zurückgetrieben worden ist! Sie hießen Frederiks, und ihr Sohn war bereits im Vorjahr bei den Streiks von 1943 hingerichtet worden. Man hatte ihn beim Verteilen von Flugblättern ertappt.«[25]

In der Nacht wurden die Kämpfe zwischen den brennenden Häusern immer heftiger. Ein Lieutenant aus Vandervoorts Bataillon beschreibt sie als »heftige Handgemenge, bei denen nur noch die Grabenmesser zum Einsatz kamen«. Er fügte hinzu: »Die pausenlose Jagd auf Scharfschützen brachte uns fast um den Verstand.«[26] Der Leiter des Konzertsaals schilderte die Kämpfe um den Keizer Karelplein, wo die Deutschen so viele Feuer entzündet hatten. »Das Getöse von Gewehrschüssen, Mörsergranaten und Maschinengewehrfeuer war entsetzlich.«[27]

Inzwischen brannte rund um den Keizer Karelplein fast alles, darunter die Universität, das Amtsgericht und die Häuser um die St. Josephkerk. Bei dem Rauch konnte man kaum noch atmen. »Als es in der Stadt Abend wird, ist der Himmel von den zahllosen Bränden rot gefärbt.«[28] Über das brennende Nimwegen liegen viele ähnliche Berichte vor. »Das Zentrum der Stadt wirkt wie eine einzige Hölle. Rote Glut vor schwarzem Himmel. Das Knacken und Krachen des Feuers ist weithin zu hören.«[29] Eine wachsende Zahl von Bewohnern flüchtete in Furcht und Verzweiflung aus der Stadt.

SS-Brigadeführer Harmel von der Division »Frundsberg« weigerte sich nach dem Krieg einzugestehen, dass die Feuer von seinen Männern bewusst gelegt wurden. Er behauptete, sie seien einfach eine unglückliche Folge der Gefechte gewesen. Nach den heftigen Straßenkämpfen habe der ganze nördliche Teil von Nimwegen gebrannt.[30] Am selben Abend um 21.30 Uhr teilte Harmels Vorgesetzter, Obergruppenführer Bittrich, Models Stab per Funk mit: »Kommandierender General II. SS Panzerkorps betont, dass Besatzung Nimwegen sehr schwach ist.«[31] Relative Schwäche durch äußerste Brutalität zu kaschieren war eine gewohnte Reaktion der SS.

Die Kommandeure der Alliierten in Nimwegen mussten bald einsehen, dass der Frontalangriff auf die Brücken fehlschlagen werde. Ein anderes Vorgehen war gefragt. Sie mussten die Stadt Viertel für Viertel von den Deutschen säubern. Außerdem wurde jetzt auch Gavins Plan aktuell, die Waal per Sturmangriff zu überschreiten.

Gavin war unvermittelt im Befehlsstand des 504th Parachute Infantry Regiment aufgetaucht. Laut Captain Louis A. Hauptfleisch, Colonel Reu-

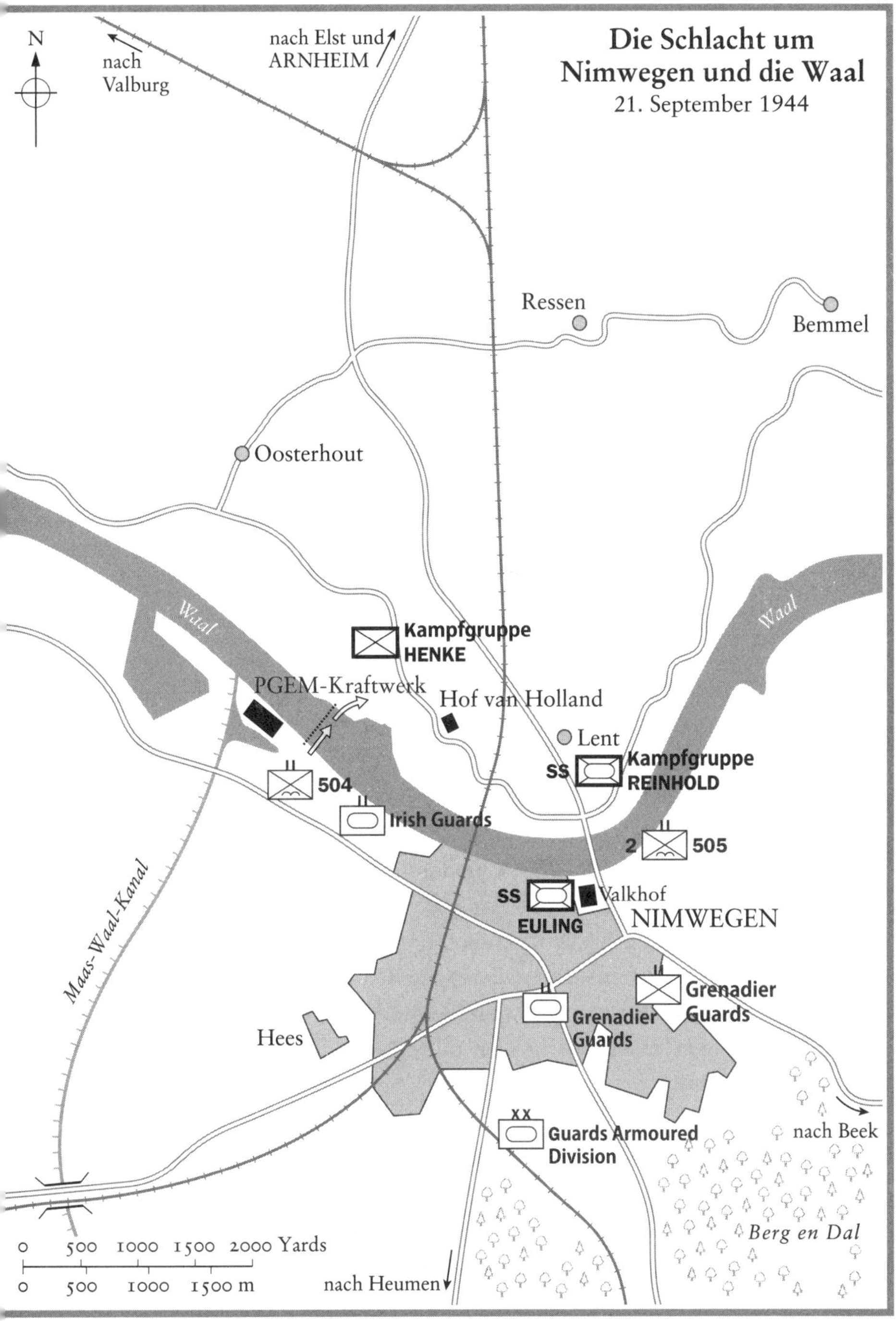
Die Schlacht um Nimwegen und die Waal
21. September 1944
N
nach Valburg
nach Elst und ARNHEIM
Ressen
Bemmel
Oosterhout
Waal
Waal
Kampfgruppe HENKE
PGEM-Kraftwerk
Hof van Holland
Lent
SS
Kampfgruppe REINHOLD
504
Irish Guards
2
505
SS
Valkhof
EULING
NIMWEGEN
Maas-Waal-Kanal
Grenadier Guards
Grenadier Guards
Hees
XX
Guards Armoured Division
nach Beek
Berg en Dal
0 500 1000 1500 2000 Yards
0 500 1000 1500 m
nach Heumen

ben Tuckers Regimentsadjutant, setzte sich Gavin heftig für seinen Plan eines Angriffs über den Fluss bei Tageslicht ein. Hauptfleisch ging davon aus, dies gehe auf einen Befehl von General Browning zurück, doch die Idee stammte allein von Gavin. Tucker nahm eine stoische Haltung ein. »Okay, wir tun, was wir können«, antwortete er. Er befahl Hauptfleisch, nach seiner Rückkehr von der Besprechung in Gavins Stab im Wald bei Berg en Dal die drei Bataillonskommandeure zum Befehlsempfang bei ihm zu bestellen.[32]

Bei der genannten Besprechung war General Browning in Begleitung von Colonel George Chatterton vom Glider Pilot Regiment anwesend, dazu hohe Offiziere des XXX. Corps. Chatterton beschrieb außerdem einen Guards Brigadier (wahrscheinlich Gwatkin), der in Kordhose und Wüstenschuhen aus Wildleder auf einem Jagdstuhl hockte. Reuben Tucker trug Stahlhelm, hatte eine große Pistole im linken Achselhalfter und ein Grabenmesser am Gürtel. Er kaute auf einer Zigarre herum, »die er nur aus dem Mund nahm, um auszuspucken. Jedes Mal, wenn er das tat, konnte ich Anzeichen von leichter Überraschung in den Gesichtern der Offiziere der Guards erkennen.«[33]

Der Plan sah Folgendes vor: Wenn die Stadt gesichert war, sollte Tuckers 3rd Battalion im Schutz eines Rauchvorhangs und mit Feuerunterstützung der Shermans des 2nd (Armoured) Battalion der Irish Guards westlich der Straßen- und Eisenbahnbrücke über die Waal paddeln. Sie sollten dann längs des Flussufers nach rechts einschwenken. Sobald sie die nördliche Auffahrt zur Straßenbrücke erreicht hatten, sollten die Panzer der Grenadiere über die Brücke vorstoßen. Das klang ziemlich simpel.

Das 3rd Battalion des 504th Parachute Infantry Regiment wurde von Major Julian Cook befehligt. Er informierte seine Offiziere an diesem Abend über die Lage der britischen 1st Airborne Division und die Notwendigkeit, die Waal zu überqueren, um die Brücke von Nimwegen einzunehmen. Die Offiziere waren einigermaßen erschüttert zu hören, wie schlecht es um Arnheim stand. Da krachte mitten in der Besprechung ein Schuss. Private Gittman, der Captain T. Moffat Burriss' Pistole reinigte, hatte ihn versehentlich ausgelöst, weil er übersehen hatte, dass noch eine Patrone im Magazin steckte. Die Kugel durchschlug seine Hand.[34] Als seine Kameraden von dem Einsatz am nächsten Tag hörten, neckten sie Gittman mit der Behauptung, er habe das absichtlich getan, um nicht dabei sein zu müssen. Gittman, über jede Andeutung von Selbstverstümmelung erbost, war entschlossen, am nächsten Tag dabei zu sein, und sei es mit verbundener Hand.

Brigadier General Gavins zur Schau getragene Selbstsicherheit, auch verursacht durch die Anwesenheit der Guards Armoured Division, sollte nicht lange anhalten. Ein Gegenangriff der Deutschen auf die Stellungen des 508th Regiment auf der bewaldeten Anhöhe Den Heuvel in dieser Nacht wurde mit Unterstützung des Panzerbataillons der Coldstream Guards zurückgeschlagen. Doch am nächsten Morgen mussten die Panzer rasch nach Süden rollen, da sich bei Mook eine wesentlich gefährlichere Situation entwickelte, welche die äußerst wichtige Brücke bei Heumel bedrohte. Angriffe, welche die Deutschen überall längs des Weges des XXX. Corps vorbereiteten, konnten die ganze Operation in Gefahr bringen. Horrocks' Wort von der gemütlichen »Club-Route« war schnell vergessen. Die amerikanische Bezeichnung *Hell's Highway* [Straße zur Hölle] traf die Situation wesentlich besser.

St. Oedenrode, das die Guards Armoured Division an diesem Vormittag passiert hatte, wurde jetzt ebenfalls angegriffen. Zum Glück für Colonel Cassidy vom 1st Battalion des 502nd Parachute Infantry Regiment hatte einer der Sherman-Panzer der Irish Guards in der kleinen Stadt mechanische Probleme und war zurückgeblieben, damit der Motor repariert werden konnte. Als die C Company berichtete, Deutsche seien im Anmarsch, rannte Captain James J. Hatch zu dem Panzer und fragte den Kommandanten Sergeant Paddy McCrory, ob er helfen könne. »Klar, verdammt noch mal!«, kam die Antwort. Langsam, mit einer Geschwindigkeit von nicht mehr als acht Kilometer pro Stunde, rasselte der Panzer eine Straße entlang, um die Verteidigung zu verstärken. Ungeachtet des Kugelhagels streckte McCrory während der Fahrt immer wieder den Kopf aus dem Turm. Da entdeckte er einen Feldweg zur Linken und folgte ihm. Zweihundert Meter weiter stieß er auf eine Batterie von drei deutschen leichten 20-mm-Fla-Kanonen, die auf die C Company schossen. Die Deutschen waren so konzentriert bei der Sache, dass sie den Panzer nicht bemerkten, bis McCrorys Schütze das Feuer eröffnete und die Batterie ausschaltete. McCrory fuhr weiter zur Straße nach Schijndel. Ein amerikanischer Paratrooper, der im Panzer aushalf, entdeckte vor ihnen ein getarntes Geschütz. Er brüllte das McCrory zu, und sofort drehte der Turm auf das Ziel. Einige Augenblicke später traf der Kanonier auch einen deutschen Lastwagen, der, nach der gewaltigen Explosion zu urteilen, Munition transportiert haben musste. Sie zählten etwa dreißig tote Deutsche und machten 53 Gefangene.

Als Colonel Cassidy Paddy McCrory später für seinen Beitrag dankte und erklärte, sein Panzer habe den Lauf des gesamten Gefechts verändert, erwiderte der Sergeant der Irish Guards nur: »Im Zweifelsfall immer zuschlagen.«[35] Cassidy beschloss, diesen Wahlspruch zu beherzigen. Zum Ausruhen kamen seine Männer kaum mehr. Am selben Nachmittag hatten sie noch nach St. Oedenrode auszurücken. Models Stab meldete: »16.00 Gegenangriff 59. Infanteriedivision gewinnt langsam Boden und steht am Westrand Oedenrode.«[36]

Britische Panzer leisteten einen wesentlichen Beitrag zu einem viel größeren Gefecht, das sich weiter südlich bei Best abspielte. Hier starteten die beiden anderen Bataillone des 502nd Regiment aus dem Wald von Son heraus mit Unterstützung von zwei Bataillonen des 327th Glider Infantry Regiment einen Gegenangriff. In einem Bericht wird dabei auch die Mitwirkung von nahezu 100 bewaffneten Kämpfern der niederländischen Widerstandsgruppe PAN erwähnt.

Die Kompanie der 15th/19th Hussars in ihren Cromwell-Panzern wurde von den Paratroopers begeistert begrüßt. Der Kompanieführer bat die Amerikaner, sich beim Aufbau der Angriffslinie am Waldrand hinter ihnen zu halten. Die Cromwells eröffneten alle auf einmal das Feuer und luden in hohem Tempo nach. »Die Panzer führten in dem Gefecht die Wende herbei«, berichtete Lieutenant John L. Cronin. »Als die Deutschen die Panzer sahen, fingen sie an, mit Taschentüchern und weißem Papier zu winken. Einige besonders erbitterte Männer schossen auf die Deutschen, die sich ergeben wollten.« Zugleich hatten offenbar deutsche Offiziere ihren Maschinengewehrschützen befohlen, jene, die aufgeben wollten, zu erschießen.

»Unsere Männer wollten Deutsche abknallen«, fuhr Cronin fort, »doch der Bataillonskommandeur erklärte, wir müssten jeden Deutschen gefangen nehmen, der kapitulieren wolle. Nun sahen wir sie da voller Angst vor unseren Waffen kauern. Sie wirkten wie gebrochene Männer. Sogar die ganz jungen. Sie wurden gefragt, warum sie nicht eher aufgegeben hätten. Das hätten ihre Offiziere nie zugelassen, war die Antwort.«[37]

Lieutenant Colonel Chappuis stimmte zu, dass »die Panzer der entscheidende Faktor waren«.[38] Die Berichte unterscheiden sich, in einigen ist von 2600 Gefangenen und 600 Toten die Rede. Captain LeGrand K. Johnson nannte es »eines der schlimmsten Massaker, das ich je gesehen habe. Der Beschuss war so schwer, dass die meisten Deutschen sich ergaben. Doch viele bekamen die Chance nicht und mussten es einfach über sich ergehen lassen.«[39] Ein anderer Offizier sagte nur: »Die Operation war kaum mehr als ein Aufräumen. Binnen zwei Stunden hatte das 2nd Battalion 700 Gefangene gemacht.« Chappuis musste über Funk mehr Militärpolizisten anfordern, weil es so viele Gefangene waren. Der Executive Officer des 3rd Battalion »holte Köche, Melder und ähnliche Leute zusammen, die unter seiner Führung die Bewachung übernahmen, bis die Militärpolizei zur Stelle war«.[40]

Um 14.15 Uhr hatte das 502nd Regiment, nach wie vor unterstützt von den Cromwell-Panzern, Best eingenommen und mit den Resten der Garnison aufgeräumt, der bereits Lieutenant Wierzbowski mit seinen Männern arg zugesetzt hatte. Am späten Nachmittag musste die Kompanie der 15th/19th Hussars eilig aufbrechen und rollte nach Osten in Richtung Son. Sie hatte gerade die Nachricht erhalten, dass das Stabsquartier der US 101st Airborne Division von Teilen der deutschen Panzerbrigade 107 unter Major von Maltzahn angegriffen wurde.

Hauptmann Wedemeyer hatte einen Weg gefunden, die Dommel zu überwinden, einen massiven Dükerbau am Flusskreuz von Dommel und Wilhelmina-Kanal. Mit einer Gruppe von Panzern des Typs Panther überraschte Wedemeyer Major General Taylor in seinem Stab in Son, wo dieser nur einen einzigen Zug zur Verfügung hatte, der die neue Behelfsbrücke schützte. Granaten explodierten in der Kleinstadt, und ein britischer LKW auf der Brücke wurde in Brand geschossen. Taylor schickte ein paar Männer mit Bazookas gegen die Panzer vor, während er selbst rasch zu dem Landeplatz in der Nähe fuhr. Dort holte er ein paar Artilleristen mit einem 57-mm-Panzerabwehrgeschütz vom 327th Glider Infantry Regiment zusammen und eilte mit ihnen zurück. Ein Treffer von einer Bazooka und ein weiterer von einem Panzerabwehrgeschütz überzeugten Wedemeyer, dass die Brücke doch stärker verteidigt wurde, als er angenommen hatte. Er zog sich zurück, unmittelbar bevor die Kompanie der 15th/19th Hussars eintraf.[41]

Jetzt war General Taylor voll bewusst, wie angreifbar Hell's Highway tatsächlich war. Er rief ein Bataillon des 506th Regiment aus Eindhoven herbei, das die Behelfsbrücke zu sichern hatte. Der Angriff der deutschen Panzerbrigade 107 aus östlicher Richtung war wahrscheinlich mit einem Angriff der 59. Division von Westen her koordiniert. Offenbar hatten die Alliierten Glück, dass dies nicht funktionierte. Doch es zeigte deutlich, dass die Deutschen in der Lage waren, fast überall längs des Anmarschweges der Alliierten zuzuschlagen und ihn zu unterbrechen. Die beiden anderen Korps von Sir Miles Dempseys 2nd Army, das VIII. und das XII. Corps, die den Vormarsch des XXX. Corps hätten flankieren sollen, hatten sich verspätet, das XII. Korps wegen starken Widerstands und das VIII. Korps zur Rechten wegen fehlenden Treibstoffnachschubs.[42]

Eindhoven feierte auch am nächsten Tag, die Leute sangen und tanzten in den Straßen. Die Mädchen trugen orangefarbene Kleider »und große orangefarbene Schleifen im Haar«. Überall flatterte die rot-weiß-blaue Nationalflagge.[43] »An einem Laternenpfahl hing eine Puppe in der Uniform der niederländischen Nazis, und die Straßen erhielten ihre alten Namen zurück.«[44]

»Gott sei Dank sind wir frei!«, war in einem anderen Tagebuch zu lesen. »Am Morgen war überall geflaggt. Die Stadt ist voller Soldaten, die meisten sind Amerikaner. Eine endlose Kolonne von Fahrzeugen (der 2nd British Army) kommt von Süden und fährt nach Norden. Die PAN (Partizanen Actie Nederland; Hunderte Bewaffnete) schützt öffentliche Gebäude und sammelt die NSB-Leute ein, die sie unter Bewachung stellt. Frauen und Mädchen, die sich mit Deutschen eingelassen haben, wird der Kopf kahl geschoren. In Strijp erledigt das ein NSB-Friseur in einem Kloster an der Bezemstraat.«[45]

Dr. Boyans erblickte am Stadtrand eine Menge, die zwei attraktive Frauen umringte. Sie sollten gerade kahl geschoren werden. Der Scherer klickte bereits mit seinem Werkzeug, da drängten sich zwei Paratrooper von der 101st Airborne Division mit Thompson-Maschinenpistolen durch die Menge. Sie richteten ihre Waffen auf die selbst ernannten Haarschneider. »Schluss mit dem Unsinn!«, befahlen sie. Dann nahm jeder eine der Frauen beim Arm und führte sie aus dem Gedränge heraus in die Stadt. Die Rächer konnten nur ärgerlich murren. Ein älterer Mann, der neben Dr. Boyans stand, bemerkte in aller Ruhe: »Nicht dumm, diese Amerikaner. Sie suchen Frauen mit Lebenserfahrung, und wenn Sie mich fragen: Sie haben die richtigen gefunden.«[46]

Sowohl General Brereton, der Kommandeur der 1st Allied Airborne Army, als auch Major General Matthew Ridgway, der das XVIII. US Airborne Corps befehligte, trafen an diesem Abend in Eindhoven ein. Brereton stieg in Dempseys Stab ab, denn er wusste, dass Browning von seiner Anwesenheit nicht begeistert sein würde. Und Ridgway ärgerte noch immer, dass seine beiden amerikanischen Luftlandedivisionen jetzt Brownings Befehl unterstanden, statt ihm selbst. Auf jeden Fall gab es für die beiden Generale keinen schlechteren Zeitpunkt, sich in Eindhoven sehen zu lassen.[47] Ridgway behauptete später, er sei stets beschossen worden »wenn er mit Brereton fuhr, wohin auch immer«.[48]

Zunächst verbreitete sich jedoch vor allem die Nachricht, dass die deutsche Panzerbrigade 107 sich der Stadt von Norden näherte. »Nie werden wir diesen Abend und diese Nacht des Schreckens vergessen«, schrieb eine Tagebuchführerin. »Gegen 19.00 Uhr hörten wir das Gerücht, die Deutschen rückten gegen Eindhoven vor, und es werde eine große Schlacht mit Panzern geben. Wir sollten uns alle rasch in die Häuser zurückziehen. Als das geschehen war, hieß es, es sollten sofort alle Fahnen abgenommen werden, die wir an diesem Morgen so voller Stolz und Hoffnung hervorgeholt hatten. Man sagte uns, dass die Deutschen auf Häuser schießen, wo sie solche sehen.«[49]

Doch die eigentliche Gefahr drohte aus der Luft. Seit Vormittag begleiteten zwei Panzerkompanien des Household Cavalry Regiment über 800 Fahrzeuge, die von Leopoldsburg herkamen und in Richtung Norden nach Nimwegen fuhren. Es war gerade dunkel geworden, als die Spitze dieser endlosen Kolonne durch Eindhoven fuhr. Da wurden Leuchtfeuer an Fallschirmen abgeworfen, die die ganze Stadt in ein fahles Licht tauchten. Das war der Anfang eines Großangriffs von Bombern der deutschen Luftwaffe. Dabei gingen achtzehn Lastwagen mit Munition und Tankwagen des Royal Army Service Corps in Flammen auf und verursachten »gewaltige Explosionen«.[50] Als das Feuer die Kleinwaffenmunition und Granaten erfasste, klang es, als wäre eine große Schlacht im Gange. Captain John Profumo, stellvertretender Kommandeur der A Squadron (und viele Jahre später britischer Kriegsminister), organisierte in Höchstgeschwindigkeit Trupps der Zivilbevölkerung, welche die Trümmer zu beseitigen hatten, damit die Kolonne weiterfahren konnte. Sollte sie in Eindhoven stecken bleiben, dann kehrten die Bomber auf jeden Fall zurück. Die Feuerwehr konnte wenig unternehmen, da die Bomben auch die Wasserreservoirs getroffen hatten. Doch britische und amerikanische Truppen taten, was sie konnten, um die Brände zu bekämpfen und Menschen zu retten.

»Eine fürchterliche Nacht«, schrieb ein Einwohner. »Ein Bombenangriff von einer halben Stunde. Sturmwinde heulen durch Souterrains und Keller, wo die Menschen Schutz gesucht haben. Einer, der zu spät kommt, wird von der Druckwelle hereingeschleudert. Nach dem Angriff hält das Getöse wie von Kanonenschüssen an, aber später hören wir, dass da brennende Munitionswagen explodiert sind.«[51] Auch die genannte Tagebuchführerin war erschüttert. »In dieser Nacht haben wir alle erfahren, was Angst bedeutet. Die Menschen wurden in ihren Kellern getötet, und wir, die wir keinen Keller hatten, standen in unserer Küche und beteten ohne Unterlass.

Man erteilte uns sogar die Absolution, denn zu dieser Zeit besuchte uns gerade ein Pater. Das beruhigte uns ein wenig. Aber das Donnern wollte nicht enden. Dachziegel fielen herunter, alle möglichen anderen Dinge, und ständig heulten Granaten über uns hinweg.«[52] Insgesamt wurden 227 Zivilpersonen getötet und weitere 800 verletzt.[53] Dass Arnheim und Nimwegen in Flammen standen, dass das Zentrum von Eindhoven von Explosionen erschüttert wurde, ließ die Freude der Befreiung abrupt enden.

17

Nimwegen – Der Übergang über die Waal
Mittwoch, 20. September

Nach dem Scheitern des Versuchs am Abend zuvor, an die Straßenbrücke von Nimwegen heranzukommen, waren sich die zwei sehr unterschiedlichen Divisionskommandeure, der schlaksige Jim Gavin und der Major General der Guards, Allan Adair mit dem Schnurrbart aus dem Ersten Weltkrieg, absolut einig: Als einzige Hoffnung blieb ihnen nur, den nördlichen Teil der Stadt Häuserblock für Häuserblock vom Feind zu säubern. Jede Kompanie der Infanterie, ob nun Vandervoorts Paratrooper oder Grenadiere, sollte dabei von einer Panzergruppe unterstützt werden.

Major Stanley mit seiner Kompanie von Grenadieren wartete im Juliana-Park auf die Morgendämmerung, während große Teile der Innenstadt um ihn herum in Flammen standen. »Es war eine harte Sache«, schrieb er, »vor brennenden Häusern zu stehen, einfach nur abzuwarten und zuzusehen, wie das Feuer näher kam und Gruppen von obdachlosen Einwohnern vor sich hertrieb. Es brach uns das Herz, die Hilflosigkeit der Menschen zu sehen.«[1] Die meisten derer, die jetzt kein Dach mehr über dem Kopf hatten, sammelten sich im St.-Canisius-Hospital, das seit der irrtümlichen Bombardierung der Stadt durch amerikanische Flugzeuge sieben Monate zuvor Erfahrungen mit Katastrophen hatte. Damals hatten die Mitarbeiter bis zu 4000 Menschen täglich verpflegen müssen.[2]

Die Aufgabe der betroffenen Kampfverbände wurde doppelt gefährlich dadurch, dass deutsche Sturmgeschütze auftauchten und unerwartet das Feuer eröffneten. General Adair befahl daher, dass jede gesäuberte Straße durch einen Jagdpanzer M-10 Achilles der Q Battery des 21st Anti-Tank Regiment zu blockieren war. Seine mächtige 17-Pfünder-Kanone konnte selbst einen deutschen Tiger ausschalten.[3] Da aber inzwischen die meisten Häuser brannten, gestaltete sich die Säuberung Block für Block äußerst schwierig, wenn man auf entschlossene SS-Panzergrenadiere stieß. Und während sich die Deutschen nach und nach in Richtung Valkhof zurückzogen, steckten sie immer neue Häuser in Brand. Pioniere mit Flammenwerfern schlugen Fenster ein und bliesen dann einen Strahl brennenden Treibstoffs in die Räume.

»Von den ersten fünf Minuten an liefen die Kämpfe überhaupt nicht nach meinem ursprünglichen Plan«, bekannte Major Stanley. Da seine Männer auf offener Straße schwere Verluste hinnehmen mussten, hatten sie sich durch Häuser und über Gartenmauern vorwärtszubewegen, obwohl sich die Brände rasch ausbreiteten. Stanley sah einen Deutschen eine Stabhandgranate werfen, die direkt vor den Füßen eines Offizierskameraden und von Sergeant Partridge explodierte. »Es krachte fürchterlich, aber das Erstaunliche war, dass nur Partridge etwas abbekam. Sein Gesicht traf die volle Wucht der Druckwelle, doch er war lediglich ein paar Minuten benommen. Danach wurde er richtig wütend und stellte dem Hunnen nach.« Sie hatten ein sehr großes Haus vor sich und »nicht genug Männer, um dort aufzuräumen«, fuhr Stanley fort. »Als die drinnen allmählich dreist wurden, entschieden wir, die Ausgänge mit Bren-MGs abzudecken und sie weichzukochen. Phosphorgranaten und ein von den Amerikanern ausgeliehener Brandbeschleuniger taten das Übrige.« Das Haus fing Feuer und flog später in die Luft. »Frundsberg« hatte dort ein Munitionslager. Gefangene, die befragt wurden, sagten aus, es seien noch viele SS-Leute drinnen gewesen.[4]

Schließlich konnte Stanley melden, dass sein Bereich geräumt war. »Dann wurde Charlie Rutland losgelassen. Als ich sah, dass die 2nd Company unterwegs war, suchte ich den Kommandeur auf, der seinen Stab im Postamt eingerichtet hatte.« Nach der langen Nacht genehmigte sich Stanley ein kurzes Schläfchen. »Aber mein Seelenfrieden«, schrieb er später mit der etwas frivolen Hochnäsigkeit eines Angehörigen der Foot Guards, »wurde von einem riesigen, zunehmend ungehobelten Feindgeschütz, entweder 150-mm oder 210-mm, immer wieder grob gestört. In bestimmten Abständen beschoss es die ganze Gegend und haute alles kurz und klein, was es traf.«[5]

Die dritte Phase stellte sich als die schlimmste heraus. Bei dem dichten Rauch mussten die Panzerkommandanten den Kopf aus der Turmluke strecken, wenn sie überhaupt etwas erkennen wollten. So gelang es deutschen Scharfschützen und MG-Besatzungen in den obersten Stockwerken, vier Panzerkommandanten allein in Major James Bowes-Lyons Kompanie zu töten oder schwer zu verwunden. Major Gregory Hoods Kompanie, die sich zusammen mit Vandervoorts Paratroopern von Osten her vorarbeitete, geriet in ein schweres Gefecht mit SS-Panzergrenadieren, die aus dem Hunner Park heraus den Kreisverkehr am Keizer Lodewijkplein verteidigten.

Weiter westlich säuberten Colonel Reuben Tuckers Paratrooper und Lieutenant Colonel Giles Vandeleurs Sherman-Panzer die Gegend hinter dem riesigen PGEM-Kraftwerk am Südufer der Waal. Die beiden Männer hatten sich am frühen Morgen beim Gefechtsstand des XXX. Corps getroffen und waren von dort gemeinsam mit einem Spähwagen abgefahren. Das Kraftwerk lag in der Nähe der Stelle, von wo aus Major Julian Cooks Bataillon mit Booten abstoßen sollte. Doch die LKWs, die die Boote bringen sollten, saßen in Son fest, wo die deutsche Panzerbrigade 107 wieder angriff. Eine deutsche Granate reduzierte die Zahl der einsetzbaren Boote von 32 auf 26.

Eine nicht beneidenswerte Aufgabe fiel später der King's Company der Grenadier Guards zu. Ihr Ziel war der Valkhof, die alte Festung aus der Karolingerzeit. Als Erstes nahm die King's Company die Polizeistation ein, von der man die Gegend überblickte. Der MG-Zug, welcher der Kompanie beigegeben war, lobte das »hervorragende Schussfeld«. Dann besetzte die Kompanie den Hafen, wo sie den Valkhof von der Flanke her unter Feuer nehmen konnte. »Wir wussten nur, dass wir alles ins Feld führen mussten, was wir hatten, um näher an die verdammte Brücke heranzukommen.«[6] Während seine Division gemeinsam mit Gavins Paratroopern darum kämpfte, das Vorfeld des südlichen Brückenkopfs freizubekommen, wartete Major General Allan Adair jeden Moment darauf, dass die Deutschen das ganze Bauwerk in die Luft sprengten. »Ich konnte nur dasitzen und zähneknirschend auf den großen Knall warten.«[7]

Eine Gruppe Panzer der Grenadiers hatte man bisher nicht ins Gefecht geschickt. Ihr Anführer, Sergeant Peter Robinson, ein harter, erfahrener Berufssoldat, wusste, dass man eine Ruhepause während eines Gefechts nie geschenkt bekam. Er fragte sich, was wohl ihr Auftrag sein werde. Kurz nach Mittag erreichte ihn der Befehl von Squadron Commander Major John Trotter, mit ihm in einem Spähwagen nach vorn zu fahren und die Lage an der Straßenbrücke zu erkunden. Trotter wies ihn an, mit seiner Gruppe Shermans für den Angriff auf die Brücke bereitzustehen, sobald er das Signal dafür erhalte. »Sie müssen hinüberkommen, koste es, was es wolle.« Dann schob Trotter ein paar beruhigende Worte von der Art nach, er werde mit Robinsons Frau persönlich in Kontakt treten, »sollte Ihnen etwas zustoßen«.[8]

Als am späten Vormittag der nordwestliche Teil der Stadt gesäubert war, fuhr Major Cook mit seinen Kompanieführern und Captain Henry Keep, dem Operations Officer des Bataillons, in Jeeps zum Kraftwerk am Waal-Ufer, nahe der Stelle, wo sie zum Angriff übersetzen sollten. Sie stiegen in die neunte Etage hinauf, wo sie klare Sicht über den Fluss bis hin zu den deutschen Stellungen auf der anderen Seite hatten. Dort stießen Regimentskommandeur Colonel Tucker und Giles Vandeleur zu ihnen, schließlich auch noch Browning, Horrocks und Gavin.

Durch Feldstecher studierten sie das andere Ufer der Waal, die hier circa 300 Meter breit war. »Etwa einen Kilometer weit sahen wir nur grünes, mit Gras bewachsenes flaches Land«, schrieb Henry Keep. »Dieses stieg in der Ferne zu einer Art Deich an, der eine zweispurige Straße trug. Das war der Weg, den wir in Richtung Eisenbahn- und Fernstraßenbrücke nehmen wollten ... Wir konnten die Maschinengewehrstellungen des Feindes längs des Deiches und auch in dem ebenen Gelände erkennen. Wir sahen Mörser- und Artillerieeinheiten hinter dem Deich und 20-mm-Kanonen auf der Eisenbahnbrücke ... Mir war seltsam zumute. Ich denke, den anderen ging es ebenso, aber keiner sagte ein Wort. Alle schauten nur.«[9] Während sie noch die Gegend besahen, stießen Versorgungsflugzeuge der Alliierten, die in Richtung Norden auf Arnheim zuhielten, »auf eine regelrechte Wand aus Kleinwaffen und Flak« in den Stellungen am anderen Ufer.[10] Horrocks meinte zu Gavin, er sei tief beeindruckt, dass seine Paratrooper vor so einer Feuerprobe schlafen konnten. »Zum Glück hat keiner von ihnen das hier gesehen«, kommentierte Henry Keep.[11]

Ursprünglich sollten die Trupps für den Angriff im Maas-Waal-Kanal westlich vom Kraftwerksgebäude in die Boote steigen, weil man sie dort nicht sehen konnte. Doch »die Strömung an der Mündung des Kanals in den Fluss war zu stark«, sodass sie direkt vom Flussufer etwas oberhalb des Kraftwerks starten mussten.[12]

Vandeleur, dessen Panzer beim Übersetzen Feuerschutz geben sollten, hatte auch Major Edward Tyler mitgebracht, der mit Colonel Tucker über Einzelheiten sprechen wollte. Der Plan, über den Fluss zu setzen, »hat mich Gottesfurcht gelehrt«, sagte Tyler. Er fragte Tucker, ob seine Paratrooper den Angriff aus Booten heraus trainiert hätten. Tucker antwortete, dies sei ein Fall von Learning by Doing. Dann fügte er hinzu: »Sorgen Sie dafür, dass die Krauts nicht auf uns schießen, den Rest erledigen wir schon.«[13] Tyler hatte Sorge, dass seine Panzer auch die Paratrooper treffen könnten, aber Tucker erklärte ihm, er habe zu feuern. Sollte es für seine Männer eng werden, dann gäben sie Signale mit Leuchtkugeln oder Flaggen.

Außerdem bereitete Tyler Sorge, dass seine 16 Panzer als Silhouetten vor dem Horizont sehr angreifbar sein könnten. Daher befahl er ihnen, weit auseinander zu fahren und zwanzig Meter Abstand voneinander zu halten. Bei der Anfahrt hatten sie einen hohen Drahtzaun zu überwinden, den sie niederwalzen konnten, wenn sie langsam fuhren. Zu seiner Bestürzung musste Tyler feststellen, dass die gut getarnten deutschen Geschützstellungen, die man von der Höhe des Kraftwerksgebäudes so gut sah, am Boden unmöglich zu erkennen waren. Auch Tuckers 2nd Battalion sollte mit allen zur Verfügung stehenden Maschinengewehren in Stellung gehen, um die Dichte des Feuers zu erhöhen. Weiter hinter ihnen sollten die Artilleristen der Leicestershire Yeomanry mit ihren 25-Pfünder-Kanonen auf Sexton-Selbstfahrlafetten den nötigen Rauchvorhang erzeugen.

Die Verspätung der LKWs, die die Boote antransportieren sollten, brachte Cooks Bataillon nicht mehr Ruhe. »Als es auf drei Uhr nachmittags zuging«, bemerkte Lieutenant Virgil F. Carmichael, »wurden die Männer immer nervöser und angespannter. Ich erinnere mich noch genau, wie ein Mann eine Camel-Zigarette herausnahm, sie mit einem wertvollen Zippo-Feuerzeug anzündete und dann die ganze Schachtel samt Feuerzeug wegwarf. Die werde er ohnehin nicht mehr brauchen, meinte er. Und er sollte recht behalten.« Um die Atmosphäre etwas zu lockern, kündigte Major Cook an, er werde es machen wie George Washington auf dem berühmten Bild von der Überquerung des Delaware-Flusses. Er werde aufrecht im Boot stehen, die geballte Faust nach vorn strecken und rufen: »Vorwärts, Männer, vorwärts!«[14] Nur weil ein anderer Offizier als neuer Bataillonskommandeur erwartet worden war, hatte man Cook bei seinem Amtsantritt nicht besonders gut aufgenommen. Aber bei der Tapferkeit und Führungsstärke, die er an diesem Tag bewies, sollte sich das gründlich ändern.

Hinter dem Damm und den Panzern teilten Cooks Offiziere ihre Züge in Gruppen von 13 Mann je Boot auf. Als die LKWs kurz vor 15.00 Uhr endlich kamen, sahen die Paratrooper mit Entsetzen, dass die 26 Boote lediglich aus Zeltbahnen bestanden, die man über einen Holzrahmen mit flachem Boden gespannt hatte. Zwei Kompanien, H und I, sollten die erste Welle bilden. Die G Company sollte folgen, sobald die drei Männer vom 307th Airborne Engineers Battalion, von denen je einer in einem Boot saß, diese zurückgebracht hatten. Vielen war klar, dass die Pioniere den schlimmsten Job zu erledigen hatten.

Um Punkt 15.00 Uhr eröffneten die Leicestershire Yeomanry das Feuer mit Rauchgranaten. Als um 15.15 Uhr der Befehl erging, »schulterten Paratrooper und Pioniere die Boote wie Särge und liefen, die Waffe in der freien Hand, über den Deich und die Böschung hinab. Rutschend und im Uferschlamm ausgleitend, hatten sie Mühe, die Boote zu Wasser zu lassen und zu besteigen.[15]

Als die Boote auf dem Fluss waren, eröffneten die Irish Guards in den Shermans mit ihren 32 Browning-Maschinengewehren das Feuer, ebenso Tuckers 2nd Battalion mit seinen Geschützen. Das 376th Parachute Field Artillery Battalion nahm Ziele weiter im Hinterland ins Visier. Anfangs funktionierte der Rauchvorhang der Leicestershire Yeomanry recht gut, doch bald taten sich große Lücken auf. Tucker fragte Giles Vandeleur, ob seine Panzer helfen könnten. Doch jeder Sherman hatte nur ein Dutzend Rauchgranaten geladen, die nicht allzu lange reichten.[16] Die Irish Guards mussten feststellen, dass ihre Browning-MGs bei längerem Schießen so heiß wurden, dass sie sich verselbstständigten. Das hieß, auch wenn der Schütze den Abzugshahn losließ, feuerte die Waffe weiter, bis der Patronengurt leer war.[17]

Lieutenant Carmichael, der zusammen mit Major Cook, einem gläubigen Katholiken, im ersten Boot saß, hörte, wie dieser »den Rosenkranz betete. Bei jedem Paddelschlag hörte man ihn sagen: ›Gegrüßet seist du, Maria, voll der Gnade‹. Er wiederholte es immer wieder, während er mit aller Kraft paddelte, um das Ufer rasch zu erreichen.«[18] Jetzt dachte er wohl nicht mehr daran, am Bug zu stehen wie George Washington. Alle paddelten wie wild, manche gar mit Gewehrkolben oder Händen. Henry Keep, der in Princeton gerudert hatte, zählte »eins, zwei, drei, vier«, aber ein Rhythmus kam nicht zustande.[19] Keep kam sich wohl ziemlich unpassend so vor, »als wäre er unser Steuermann, der auf dem Lake Carnegie in Princeton rhythmisch gegen die Bugwand des leichten Bootes klopft, und wir hätten unsere Ruderschläge danach zu richten«.[20] Dann begannen die Deutschen aus allen Rohren zu schießen – mit Kleinwaffen und Maschinengewehren aus den vorderen Stellungen, mit Maschinengewehren und 20-mm-Geschützen von der kleinen Festung Hof van Holland aus dem 19. Jahrhundert etwas rechts von ihnen und sogar von der über einen Kilometer entfernten Eisenbahnbrücke dahinter.

Zunächst wurde ziemlich unkontrolliert geballert, aber bald hatten sich die Deutschen auf die Entfernung eingestellt, und die Intensität des Beschusses wuchs. »Jetzt sah man Rauch auf dem Wasser«, bemerkte Lieutenant John Gorman von den Irish Guards. »Man konnte sehen, wie es bei den Einschlägen spritzte und wie Amerikaner in den Booten plötzlich zusammensackten.«[21] Einige erinnerten die auf der Wasseroberfläche einschlagenden Geschosse an Hagelschlag. »Es war ein schrecklicher, schrecklicher Anblick«, berichtete Giles Vandeleur. »Die Boote wurden buchstäblich aus dem Wasser hochgeschleudert. Ich konnte riesige Fontänen sehen, wenn Geschosse einschlugen, und der Beschuss aus Kleinwaffen vom Nordufer her verwandelte den Fluss in eine Art brodelnden Kessel.«[22] Wenn einer der Pioniere getroffen wurde, der ein Boot steuerte, trieb es eine Weile ziellos herum, bis ein anderer übernahm.

»In aller Ohren«, schrieb Henry Keep, »war das permanente Dröhnen detonierender Artilleriegranaten, das eintönige Rattern der 20-mm-Flak, das beängstigende Schwirren von Gewehrkugeln.«[23] Dazu der unverkennbare Schlag, wenn eine Kugel einen Körper traf. Ein Boot hatte inzwischen so viele Löcher, dass die Männer mit den Stahlhelmen Wasser schöpfen mussten. Die Armmuskeln der Paddler brannten vor Anstrengung. Der Assistenzarzt Lieutenant Hyman D. Shapiro musste sich eingestehen, dass er in einem solchen Gefecht nur noch Verbandsmaterial und Morphium heranschaffen konnte. »Ärzte waren wenig mehr als bessere Sanitäter«, sagte er. »Ich schaute zu meinem Nebenmann und sah, wie sein Kopf wegflog«, wahrscheinlich vom Volltreffer einer 20-mm-Kanone abgerissen. Wie der protestantische Kaplan, der hinter ihm saß, hatte Shapiro in der Hauptsache moralischen Halt zu geben. Der Geistliche, Captain Delbert Kuehl, »ein harter Kerl aus Alaska von der Goldgräber-Sorte, der das Licht sah … es wirklich sah«, wie Shapiro es ausdrückte, war vom Paddeln erschöpft. Shapiro bemerkte nicht, dass er sein Paddel an einen anderen weitergegeben hatte. Als er daher hinter sich Kuehls leere Hand sah, gab er ihm seines.[24]

Bei dieser Überfahrt fühlte sich jeder Mann als absolut verletzlich. »Ich kam mir nackt wie ein Neugeborenes vor«, schrieb Henry Keep. »Wir waren klatschnass, völlig atemlos, zu Tode erschöpft und in ständiger Erwartung des sengenden Gefühls, von einer Kugel zerfetzt zu werden. Ich wollte mich übergeben, viele taten es. Irgendwie bewältigten wir drei Viertel der Strecke. Alle schrien, um das Letzte aus sich herauszuholen, aber da war nicht mehr viel … Irgendwie erreichten wir die andere Seite. Wir kletterten über unsere Toten und Verletzten aus dem Boot. Bis zu den Knien im Wasser, wateten wir an Land, wo wir hinter einer kleinen Böschung zu Boden fielen, nach Luft schnappend und für einen Moment geschützt vor dem unablässigen Beschuss.«[25]

Von den 26 Booten, die als Erste fuhren, kehrten nur elf zurück, um die zweite Welle aufzunehmen. Einige waren gesunken, andere in der starken Strömung samt der Last von Toten und so schwer Verwundeten abgetrieben, sodass sie nichts dagegen tun konnten. Niederländische Zivilisten flussabwärts, die gesehen hatten, was passiert war, gingen ins Wasser und brachten die Betroffenen an Land.

Lieutenant Gorman von den Irish Guards beobachtete, wie die erste Welle das andere Ufer erreichte. »Ich war entsetzt über die geringe Zahl. Ich konnte mir nicht vorstellen, wie wir mit so wenigen Männern dort Fuß fassen wollten.«[26] Neben Browning, Horrocks und Tucker hatte auch Giles Vandeleur von der obersten Etage des Kraftwerks einen Blick wie von einer Gästetribüne. »Mein Gott! Was für ein Bild von Tapferkeit! Sie rückten in dem Gelände ständig weiter vor. Ich sah keinen einzigen Mann zu Boden gehen, wenn er nicht getroffen wurde.«[27] Aufgrund der großen Entfernung jenseits des breiten Flusses sah es so aus, als streiften die Paratrooper nur müßig umher. Als die erste Welle das Ufer erreicht hatte, befahl Major Tyler seinen 16 Panzern, mit dem Maschinengewehr höher zu schießen und das Fort Hof van Holland mit den Granaten der 75-mm-Kanonen zu belegen. Sie starteten mit panzerbrechender Munition und gingen dann zu Sprenggranaten über. Sofort richteten die Besatzungen der zwei 20-mm-Zwillingsflak in der Festung ihr Feuer auf die Shermans, wobei einer von Tylers Panzerkommandanten getötet wurde.

Da sah Tyler, wie ein graues Pferd ganz allein eine Panzerabwehrkanone in Richtung Eisenbahnbrücke zog. Sicher war die Bedienung getötet worden. Er gab Befehl, es zu erschießen. Einer der Panzerschützen, ein früherer Stallbursche, der Pferde liebte, traf die Kanone präzise mit einem panzerbrechenden Geschoss, ohne den Grauen zu verletzen. Die Entfernung betrug etwa einen Kilometer. Das Pferd ging »so ungerührt weiter, als fahre es wie jeden Morgen die Milch aus«.[28]

Den Panzern wurde die Munition langsam knapp, und bei dem Gefechtsrauch fiel es immer schwerer, amerikanische Soldaten von deutschen zu unterscheiden. Doch inzwischen gab es keinen Zweifel mehr, wer gewinnen würde. »Längs der ganzen Uferlinie lagen unsere Truppen in Scharfschützenposition«, fuhr Keep in seinem Bericht fort. »800 Meter vom Ufer entfernt rannten sie nach wie vor gegen mörderisches Feuer an, doch sie rückten dabei in einer mehrere hundert Meter breiten Reihe Mann neben Mann immer weiter vor. Sie fluchten und schrien einander an, Unteroffiziere und Offiziere gaben Befehle, die Soldaten feuerten aus der Hüfte mit ihren BARs [Schnellfeuergewehre Marke Browning], mit Maschinenpistolen und Karabinern. Die Reihe kämpfte sich immer weiter voran. Die ganze Zeit gaben uns das 2nd Battalion und die Panzer vom anderen Flussufer hervorragende Unterstützung.

Viele Male habe ich Truppen gesehen, die wie im Fieberwahn vorgingen, in einer kurzen Phase des Gefechts über sich hinauswuchsen, zu Fanatikern wurden, die, von rasender Wut und Mordlust getrieben, eine Zeit lang jedes Gefühl von Furcht verloren. So entstehen die großen militärischen Heldentaten der Geschichte, deren Ruhm in unseren Lehrbüchern festgehalten ist. Ein Ehrfurcht gebietender Anblick, aber schön ist er nicht.«[29] Staff Sergeant Clark Fuller beschrieb, wie er diesen plötzlichen Wechsel von Furcht zu Furchtlosigkeit bei sich selbst erlebte: »Als wir endlich das Ufer erreicht hatten, durchströmte mich ein Gefühl, das ich noch nie erlebt hatte. Alle Angst der vergangenen fünfzehn, zwanzig Minuten schien verflogen, fortgespült von einer Welle absoluter Hemmungslosigkeit, die jede Vorsicht in den Wind schlug. Ich glaubte, ich könnte es mit der ganzen deutschen Armee aufnehmen.«[30] Der Wagemut und die Angriffslust der amerikanischen Paratrooper entlockte einem Offizier der Guards die Bemerkung: »Diese Paratrooper müssen mit Dynamit oder rohem Fleisch gefüttert worden sein.«[31]

In dem Chaos wusste keiner mehr, zu welchem Zug oder welcher Kompanie er gehörte. Offiziere sammelten die Männer ein, die in ihrer Nähe waren, und schickten sie in kleinen Gruppen gegen die verstreuten Stützpunkte des Gegners auf dem Weg zur Brücke vor. Die meisten Deutschen, die diesen Abschnitt des Waal-Ufers verteidigten, kamen von einem Ersatzbataillon, das erst am Vortag aus Herford eingetroffen war. Reinholds Adjutant, SS-Untersturmführer Gernot Traupel, war erschüttert, als er sie bei der Ankunft sah. »Die Soldaten waren sehr jung, um die siebzehn Jahre alt. Doch sie kamen mir vor wie Kinder, obwohl ich selbst damals erst einundzwanzig war.«[32] Wenn Paratrooper sie in ihren Schützenlöchern erledigt hatten, holten sie die Toten heraus und benutzten sie wie Sandsäcke, aus deren Deckung sie weiterschossen, bis sie etwas zu Atem gekommen waren. Colonel Tucker, der zu seinen Männern aufschloss, zog einen der Jungen am Kragen aus dem Schützengraben. Wie alle zitterte der vor Angst. Tucker erklärte ihm auf Deutsch, sie seien Kriegsgefangene und würden nicht erschossen. Als Tucker den Griff löste, plumpste der Junge in das Loch zurück und ging wieder in Deckung.

Als Cooks Männer sich das Ufer entlang in Richtung Osten zur Eisenbahnbrücke vorkämpften, mussten sie zunächst das Fort Hof van Holland überwinden, das von einem Wassergraben umgeben war. Laut Lieutenant Carmichael gelang es einem Mann, »mit einem Kraftakt [er schwamm durch den Graben und kletterte über die Mauer] auf das Dach des Forts zu gelangen. Unsere Männer warfen ihm Handgranaten zu, er entsicherte sie und schleuderte sie aus seiner Deckung in die Schießscharten.«[33] Zur gleichen Zeit stürmte eine kleine Gruppe über die Holzbrücke in den Torgang, der zum Innenhof führte. Die Besatzung ergab sich rasch. Bill Downs von CBS berichtete, dass in den mit Entengrütze bedeckten Gräben 75 Leichen von Deutschen entsorgt wurden.[34]

Beim Vorrücken zur Eisenbahnbrücke, so berichtete Lieutenant Richard G. La Riviere, Spitzname »Rivers«, stießen sie auf eine Gruppe deutscher Soldaten, die sich ergeben wollten. Er schätzte sie auf 30 bis 40 Mann, »ganz normale Soldaten«. Da sie selbst aber nur 15 bis 20 Paratrooper waren, erschossen sie die Deutschen an Ort und Stelle.[35] Im Chaos des Gefechts fanden sie längs der Straße verstreute Banknoten. Ein deutscher Zahlmeister hatte auf der Flucht wohl seine Kasse verloren. Sie nahmen sich ein paar Scheine zur Erinnerung, ohne daran zu denken, dass es sich um gültige Währung handelte.[36]

Inzwischen war es fast dunkel. Wer sich jetzt zum Fluss umschaute, dem bot sich der schaurige Anblick des brennenden Nimwegen, das sich im Wasser spiegelte. Als Captain Carl W. Kappels Gruppe die Eisenbahnbrücke erreichte, sahen sie, wie Deutsche in Panik aus etwa dreißig Meter Höhe von der Brücke in den Fluss sprangen. Einige hatten solche Angst, dass sie sprangen, obwohl unter ihnen noch der feste Boden des Flussufers war.[37] In manchen Berichten heißt es, als sie sich ergeben wollten, hätte man ihnen erklärt, das müssten sie gegenüber den Paratroopern am Südufer tun. »Es gab Verwirrung«, berichtete ein Captain. »Da begannen ein paar Deutsche, Handgranaten auf unsere Männer zu werfen. Die eröffneten das Feuer mit Karabinern und Maschinengewehren.«[38] Wenn einmal geschossen wurde, gab es kein Halten mehr. Einige Paratrooper versuchten Deutsche beim Springen von der Brücke in der Luft zu treffen. Kappel verbot es ihnen, weil allmählich die Munition knapp wurde. Da packten sie sich deutsche Maschinengewehre, drehten sie zur Brücke hin und feuerten damit.

Durch das 2nd Battalion vom Südufer her eingeschlossen, gerieten die Deutschen in ein fürchterliches Gemetzel. »Ich sah, wie deutsche alte Männer nach unseren Maschinenpistolen griffen und um Gnade flehten«, berichtete Corporal Jack Bommer. »Sie wurden aus nächster Nähe erschossen. So ist der Krieg.« Er erinnerte sich, dass ein Offizier ihnen vor dem Einsteigen ins Boot befahl: »Keine Gefangenen, erschießt sie. Für Gefangene ist keine Zeit.«[39] Captain Kappel sprach mit dem Kompanieführer des 1st Battalion, das nach ihnen kam. Der Offizier prahlte damit, dass sie viel mehr Gefangene gemacht hätten als Cooks Bataillon. »Sie haben Ihre gefangen genommen«, gab Kappel zurück. »Wir haben unsere erschossen.«[40]

Die von der Brücke Gesprungenen nicht gezählt, wurden allein bei der Eisenbahnbrücke 267 Tote geborgen. In einem anderen Bericht heißt es allerdings auch, dass man 175 Gefangene machte.[41] Es soll vorgekommen sein, dass Paratrooper toten Deutschen die Eheringe abzogen. Das bedeutete in der Regel, den Finger abzuschneiden.[42] Ein paar Kameraden missbilligten das sehr, doch in dem wilden Siegesrausch zeigte das kaum Wirkung. Die Nachricht von dem Massaker verbreitete sich unter den deutschen Truppen. Eine Woche später schrieb Oberstleutnant Fullriede in sein Tagebuch: »Die Amerikaner benahmen sich – wie immer – gemein, warfen unsere Verwundeten von der Brücke in die Waal und erschossen die wenigen Gefangenen der Landesschützen.«[43] Dass Verwundete in den Fluss geworfen wurden, war ziemlich sicher die Unwahrheit, aber es zeigt die Furcht und den Hass der deutschen Soldaten gegenüber den amerikanischen Paratroopern. Immerhin hatte die Nazi-Propaganda verbreitet, diese seien in den schlimmsten Gefängnissen rekrutiert worden.

Die Irish Guards meldeten in einem Funkspruch, das 3rd Battalion habe die Eisenbahnbrücke erreicht. Bei der Guards Armoured Divsion verstand man jedoch, sie seien bis zur großen Straßenbrücke, einen Kilometer weiter entfernt, vorgedrungen.[44] Major Trotter befahl Sergeant Robinson, sich zur Aktion fertig zu machen. Doch die Grenadiers kämpften am südlichen Flussufer noch gegen Eulings Bataillon von SS-Panzergrenadieren in und um den Valkhof. Trotters verbliebene Shermans gaben ihnen rasch Feuerunterstützung. Eulings Befehlsstand befand sich im Belvedere, einem Backsteinturm aus dem 16. Jahrhundert zwischen Valkhof und Brücke. Einem deutschen Feuerleitoffizier, dessen Funkgerät zerstört war, war es gelungen, ebenfalls Feuerunterstützung von der nördlichen Seite des Flusses zu erhalten. Er hatte das beabsichtigte Ziel mit Leuchtkugeln markiert.

»Die King's Company der Grenadiers, die größten Männer im Regiment«, schrieb Major Stanley, »erstürmten das Fort, nachdem sie über einen ungeschützten Zugang eingedrungen waren.«[45] Ihr Kommandeur fiel durch Kopfschuss. Eulings Panzergrenadiere behaupteten, achtzehn britische Grenadiere der Guards auf diese Weise getötet zu haben. Captain Bestebreurtje sah später die Parolen, die Eulings Männer im Valkhof an die Wände geschrieben hatten: »Wir Schwarzen vertrauen auf den Führer.« »Unsere Ehre heißt Treue« (der Wahlspruch der SS). »Lieber Tod als Tyrannei«. »Der Feigling ist ein Schurke«. »Tod den Mördern des Vaterlandes«. »Wir glauben an Adolf Hitler und an unseren Sieg«.[46]

Robinson befehligte seinen Trupp aus einem Sherman Firefly mit der mächtigen 17-Pfünder-Kanone. Er genoss absolute Funkpriorität, sodass er permanenten Kontakt zum Divisionsstab hatte. »Die ganze Stadt schien zu brennen«, erinnerte sich Robinson, während die vier Panzer in Richtung Brücke rasten.[47] Dort angekommen, erhielt sein Panzer einen Treffer. Da auch sein Funkgerät nicht mehr funktionierte, übernahm er den nächsten Sherman sehr zum Ärger des Sergeant, der ihn bisher befehligt hatte.

Captain Lord Carrington, stellvertretender Kommandeur der No. 1 Squadron (viele Jahre später Außenminister unter Margaret Thatcher), stand im Turm seines Panzers und wusste, dass er als Nächster an die Reihe kam. Dicht neben ihm war Lieutenant Tony Jones von den 14th Field Squadron Royal Engineers ebenfalls bereit. Er sollte sich um die Leitungen und die Sprengladungen kümmern, sobald die Panzer die Brücke passiert hatten. »Als ich die Leuchtspurgeschosse beobachtete, die bis über die Mitte der großen Straßenbrücke flogen, spürte ich, dass es eine Chance gab, diese intakt zu erobern«, berichtete er. »Ich sehe noch Peter Carringtons Gesicht, als er aus dem Turm seines Panzers herausschaute, bevor er zum Übersetzen startete. Er wirkte, gelinde gesagt, nachdenklich.«[48]

Colonel Vandervoort erinnerte sich später: »Es war spektakulär. Als der Führungspanzer die Mitte der Brücke erreicht hatte, geriet er unter den Beschuss einer 88-mm-Kanone, die etwa 100 Meter hinter dem nördlichen Brückenkopf am Straßenrand hinter Sandsäcken stand. Panzer und Kanone wechselten etwa sechs Salven, wobei das Panzer-MG pausenlos mit 0,30 Zoll-Leuchtspurgeschossen feuerte. Bei dem Dämmerlicht eine tolle Show. Der Panzer wurde nicht getroffen, doch die 88-mm-Kanone verstummte.«[49] Sergeant Robinson war der Meinung, sein Panzer habe sie mit einem Volltreffer der Hauptwaffe außer Gefecht gesetzt.

Während des kühnen Vorstoßes über die Brücke hatte Robinson nicht bemerkt, dass ein deutscher Schütze hoch oben in der Brückenkonstruktion auf ihn schoss. Er war viel zu sehr damit beschäftigt, das Feuer der Panzerkanone zu lenken und selbst mit dem auf dem Turm montierten Browning-MG flüchtende deutsche Infanteristen niederzumähen. Robinson und die

Besatzung spürten, wie der Panzer über die Toten holperte. Später stellten sie fest, dass er stark mit Blut verschmiert war. Von dem Dorf Lent her beobachtete auch SS-Brigadeführer Harmel die Szene. Er erklärte, er habe stets eine Zigarre im Mund gehabt, die er in kritischen Momenten anzündete. Das habe er getan, als die britischen Panzer auftauchten.[50]

Robinson und seine Panzer fuhren noch ein Stück durch Lent bis zu der Stelle, wo die Straße unter der Eisenbahnlinie hindurchführt. Paratrooper der US 82nd Airborne Division feuerten auf sie, und sie schossen zurück, aber zum Glück bemerkten beide Seiten den Irrtum, bevor jemand zu Schaden kam. Voller Erleichterung sprangen die Paratrooper auf den Panzer, küssten ihn und offenbar auch den Kommandanten. Von da an gehen die Berichte jedoch weit auseinander: Die britischen Guards weigerten sich, ohne Befehl weiterzufahren. Doch die amerikanischen Paratrooper warfen ihnen vor, sie seien feige und ließen ihre Kameraden der Luftlandetruppe im Stich. Als Carrington wenig später eintraf, wurde aus den vier Panzern mit nach außen gerichteten Kanonenrohren eine Verteidigungslinie gebildet. Robinson, Carrington und ihre Männer hielten sich dadurch wach, dass sie umhergingen oder sich hinsetzten, den Rücken an einen Panzer gelehnt. Sie tranken eine Flasche Whisky, die Carrington mitgebracht hatte, während sie auf eine Kompanie der Irish Guards warteten.

In einigen stark gefärbten amerikanischen Schilderungen heißt es, Offiziere der 82nd Airborne hätten Carrington beschimpft, weil er sich weigerte, gegen seinen Befehl, wonach er auf Infanterieunterstützung warten sollte, weiter vorzurücken. Einer behauptete gar, er habe Carrington die Mündung seiner Thompson-Maschinenpistole an den Kopf gehalten.[51] Die wahrscheinlichere Variante: Die berechtigte Empörung der Amerikaner war so groß, dass sie sich im Nachhinein einredeten, sie hätten den Briten tatsächlich offen gesagt, was sie von ihnen hielten.*[52] [53]

Unmittelbar hinter Robinsons Panzern hatte Lieutenant Jones von der 14th Field Squadron sofort nach Eintreffen auf der Brücke damit begonnen, die Zündkabel zu kappen. Sogleich war auch ein Trupp der Royal Engineers zur Stelle und begann mit dem Abbau der Sprengladungen. Das erwies sich als gefahrvoll, wie Offiziere von Cooks Bataillon ebenfalls feststellen mussten. »Zahllose Krauts, die mitten auf der Brücke in die Falle

* Eisenhowers Stabschef General Walter Bedell Smith sagte nach dem Krieg: »Ich hatte meine Zweifel, dass die britischen Panzer bis dorthin [nach Arnheim] gelangten. Unsere hätten das gekonnt.« SS-Brigadeführer Harmel beharrte seinerseits darauf, dass sie keine Chance gehabt hätten, auch wenn sie Arnheim erreichten, denn damals sei die Stadt in deutscher Hand gewesen.

geraten waren, als beide Brückenköpfe von den Alliierten besetzt wurden, hatten sich nach oben in die Stahlträger geflüchtet. Von ihren Hochsitzen mit hervorragender Sicht schossen sie weiter auf uns und auf die Fahrzeuge, die unter ihnen vorbeifuhren. Trotz der Dunkelheit belegten wir sie mit Dauerfeuer. Beim ersten Morgenlicht bot sich uns ein grauenhaftes Bild. Überall zwischen den massiven Stahlträgern hingen in grotesken Stellungen die Leichen toter Krauts, die wirkten wie eine Vielzahl von Wasserspeierfiguren, die die Vorübergehenden weit unter sich heimtückisch anstarrten.«[54]

Sowohl die Grenadier Guards als auch Cooks Paratrooper waren überzeugt, dass sie die Straßenbrücke von Nimwegen als Erste eingenommen hatten. Vielleicht liegt es an den Umständen, dass kaum zwei Berichte völlig übereinstimmen, selbst wenn sie von derselben Seite kommen. Mehrere amerikanische Versionen gehen davon aus, dass die britischen Panzer als Erste über die Brücke fuhren. In einigen britischen Schilderungen heißt es hingegen, dass die amerikanischen Paratrooper sie bereits vor ihnen erreicht hatten. Doch das ist eine sinnlose Debatte. Viel wichtiger ist es, die Gründe nachzuvollziehen, weshalb die Briten in dieser Nacht nicht weiter in Richtung Arnheim vorstießen. Dass Tucker und seine Paratrooper zornig waren, ist zu verstehen. Cooks Bataillon und die Pioniere auf den Booten hatten 89 Tote und 151 Verwundete zu beklagen. Sie glaubten natürlich, ihre schier selbstmörderische Fahrt über die Waal bei Tageslicht sei notwendig gewesen, weil jede Stunde zählte, wenn das XXX. Corps die Angehörigen der britischen 1st Airborne Division in Arnheim noch retten sollte. Sonst hätte man mit dem Angriff über den Fluss durchaus bis zum Einbruch der Dunkelheit warten können.

Der größte Teil der Schuld für den Schaden, den dies in den anglo-amerikanischen Beziehungen anrichtete, fällt auf Horrocks zurück. Er hatte Gavins Plan eines Angriffs über die Waal unterstützt. Um die Dringlichkeit hervorzuheben, hatte er gegenüber Tuckers Offizieren die verzweifelte Lage der britischen 1st Airborne Division geschildert. Amerikanische Paratrooper konnten sich am besten vorstellen, was dies für ihre britischen Partner bedeutete. Als sie aber unter schwersten Verlusten und mit fast unvorstellbarem Mut ihr Ziel erreicht hatten, geschah nichts. Horrocks schrieb gar in seinen Memoiren: »Eine weitere Hürde war genommen, und ich ging als glücklicher Mann zu Bett.«[55]

Dabei gab es viele gute Gründe, weshalb die britische Guards Armoured Division und besonders die Grenadier Guards in dieser Nacht nicht weiter vorstoßen konnten. Zuallererst: Die Grenadiers hatten in Nimwegen schwere Verluste erlitten und bis nach 22.00 Uhr ohne Unterlass gegen Eulings SS-Panzergrenadiere kämpfen müssen. Sie konnten diese Stellung auch nicht verlassen. Und abgesehen von Robinsons kleiner Panzergruppe waren alle übrigen Panzer sehr knapp an Munition und Treibstoff. Daher hatten Brigadier General Gwatkin und Major General Adair entschieden, die Irish Guards an die Spitze der Kolonne zu setzen. Doch wegen des Chaos im brennenden Nimwegen hatten die Panzer der Irish Guards nach der massiven Feuerunterstützung bei der Flussüberquerung noch nicht wieder aufmunitioniert werden können.

Horrocks seinerseits hätte diese Probleme voraussehen und sicherstellen müssen, dass eine gut vorbereitete Gefechtsgruppe nur darauf wartete, in dieser Nacht im Eiltempo nach Arnheim vorzurücken. Er gehörte auch nicht zu denen, die darauf beharrten, dass Panzer nur bei Tageslicht operieren sollten. »Ich war ein großer Anhänger des Einsatzes von Panzern bei Nacht«, schrieb er. »Ich habe es bei drei Gelegenheiten ausprobiert und war jedes Mal erfolgreich. Es wirkte verheerend auf die Moral des Gegners.« Horrocks mag wegen seiner Verletzung erschöpft gewesen sein, aber das war nicht der richtige Moment, als »glücklicher Mann zu Bett« zu gehen.[56]

Ob der Weg nach Arnheim in dieser Nacht weit offen stand oder nicht, ist ebenfalls umstritten. Doch selbst die stärkste, frischeste Kampfgruppe mit einem Führer wie General George Patton hätte großes Glück haben müssen, um durchzukommen. An diesem Nachmittag hatten die Deutschen die Straßenbrücke von Arnheim zurückerobert und schickten SS-Panzergrenadiere und Tiger-Panzer nach Süden in Richtung Nimwegen. Die einfache Wahrheit ist, dass das XXX. Corps zu spät kam und auch die Eroberung der Brücke von Nimwegen zu spät erfolgte – beides eine Folge der Verteidigung der Höhen von Groesbeek.

Aufseiten der Deutschen herrschten Zorn, Frustration und Fassungslosigkeit. Als Robinsons Panzer die Brücke überquert hatten, ging SS-Brigadeführer Harmel, der das vom Dorf Lent her beobachtet hatte, sofort zu Reinholds Führungspanzer. Von dort meldete er Bittrich, die Alliierten hätten die Waal überschritten. In verschiedenen Stäben kam es zu lauten Wortwechseln, Fernschreiber ratterten und Telefone klingelten. Models Stabschef Generalleutnant Hans Krebs hatte zahlreiche schwierige Anrufe aufzufangen, zuweilen mit der Behauptung, es habe sich nichts geändert. 18.35 Uhr: »Auf Anfrage Chef Generalstabs Wehrmachtbefehlshaber Niederlande nach Sprengung der Brücken über die Waal erklärt Chef Generalstab Heeresgruppe, dass die Brücken in Nimwegen vorläufig nicht gesprengt werden sollen.«[57] Bei einer anderen Verbindung zur selben Zeit erläuterte er: »Mit rasch herangeführten Kräften (zwei Bataillone, einige Tiger und Sturmgeschütze) wird der Einbruch auf dem Nordufer der Waal abgeriegelt werden.«[58] Knapp eine Stunde später rief der Einsatzoffizier des II. SS-Panzerkorps in Models Stab an und meldete, der Gegner habe sich jetzt definitiv diesseits der Waal festgesetzt. »Die Lage ist außerordentlich gespannt.«[59]

Einige deutsche Offiziere, darunter Brigadeführer Harmel von der SS-Division »Frundsberg«, versuchten zu behaupten, dass entgegen Models Befehl, die Brücke nicht zu sprengen, der Zünder betätigt worden sei, aber nichts sei geschehen. Harmel erklärte sogar, er habe das befohlen, als die Panzer der Grenadier Guards über die Brücke gefahren seien. Diese Version war sicher die Reaktion eines Offiziers, der auf solche Weise Hitlers Zorn entgehen wollte.[60] Andere behaupten noch weniger überzeugend, dass man die Sprengung der Brücke verzögert habe, damit die Reste von Eulings Bataillon sich retten konnten.

Model war wütend und beschämt. Erst an diesem Morgen hatte er Bittrichs Antrag zurückgewiesen, die beiden Brücken zu sprengen und sich auf das Nordufer der Waal zurückzuziehen. Er hatte darauf bestanden, »dass der Brückenkopf behauptet würde«.[61] Man hatte ihn überzeugt, dass Reinholds und Eulings SS-Panzergrenadiere in der Lage seien, durchzuhalten. Als er nun davon erfuhr, dass die Alliierten die Brücke überquert hatten, ließ er vernehmen, er werde beide Männer vor ein Kriegsgericht stellen. (Tatsächlich wurde Reinhold und Euling jedoch für Führungsstärke und Tapferkeit das Ritterkreuz verliehen.) Model konnte die Existenz seines Befehls kaum bestreiten. SS-Obergruppenführer Rauter sagte aus: »Der Oberbefehlshaber der Heeresgruppe, Generalfeldmarschall Model, hat mir persönlich mitgeteilt, dass er sich die Sprengung der Brücke in Nimwegen vorbehält. Er wolle die Brücke unter allen Umständen unversehrt lassen.«[62] Model mag ein brutaler Oberbefehlshaber gewesen sein, aber er war keiner, der Verantwortung auf einen Untergebenen abwälzte. Als hektische Anrufe aus der Wolfsschanze in Ostpreußen eingingen, beschrieb Bittrichs Stab das Ergebnis mit den einfachen Worten: »Die Rückfrage des Wehrmachtführungsstabes nach dem für die Unterlassung der Brückensprengung Verantwortlichen wurde von der Heeresgruppe beantwortet.«[63] In dieser Phase des Krieges war allein Model in der Lage, sich Hitlers Zorn zu stellen und ihn zu überstehen.

Brigadier General Gavin hatte nicht die Möglichkeit, die Heldentaten seiner Männer bei der Überquerung der Waal zu erleben. Um 13.30 Uhr, als sie noch in dem Kraftwerk standen, hatte ihn über Funk eine dringende Nachricht seines Stabschefs erreicht, der ihn bereits seit fast eineinhalb Stunden vergeblich suchte. »General, kommen Sie so schnell wie möglich her, oder Sie haben bald keine Division mehr.« Schwere Angriffe entfalteten sich auf Wyler und Beek im Norden, Groesbeek in der Mitte und Mook im Süden. Sie wurden vorgetragen von der Kampfgruppe Becker im Norden, der Kampfgruppe Greschick in der Mitte und der 406. Division sowie der Kampfgruppe Hermann im Süden, dazu von den ersten sechs Bataillonen des II. Fallschirmjäger-Korps unter der Führung von Meindl, die durch mehrere Panzer V »Panther« unterstützt wurden.[64]

Gavin fuhr, so schnell er konnte, mit seinem Jeep zum Divisionsstab zurück. Es war bitter für ihn, dass man die Ankunft des 325th Glider Infantry Regiment wegen schlechten Wetters in England und dem Mangel an Flugzeugen ein weiteres Mal verschoben hatte. Seine Truppen waren für die Verteidigung eines Frontabschnitts von etwa 50 Kilometern viel zu weit auseinandergezogen. Die größte Gefahr bestand im Süden, wo der Angriff auf Mook die Brücke in Heumen und den Nachschubweg des XXX. Corps bedrohte. Gavins Beharren darauf, Luftlandeartillerie einzusetzen, hatte sich bereits ausgezahlt, als es dem 456th Parachute Field Artillery Battalion gelungen war, mit Unterstützung einer Kompanie Panzer der Coldstream Guards den deutschen Vormarsch zu verzögern. Es kam zu Gefechten in den Straßen und Häusern von Mook.

Als Gavin seinen Stab erreichte, war er überrascht zu sehen, dass der Kommandeur des XVIII. Airborne Corps, Major General Matthew Ridgway, mit Mitarbeitern seines Stabs sprach. Gavin konzentrierte sich lieber darauf, die Lagekarte zu studieren, statt mit seinem Vorgesetzten Höflichkeiten auszutauschen und ihn auf den aktuellen Stand zu bringen. Die Lage sah in seinen Augen so schlimm aus, dass er am liebsten sofort nach Mook gefahren wäre. Das tat er dann auch, ohne Ridgways Anwesenheit zur Kenntnis zu nehmen. Der trug ihm dieses Verhalten eine ganze Weile nach. Er war bereits in schlechter Stimmung nach dem Beschuss von Eindhoven, wo er von General Brereton getrennt worden war, vor allem aber, weil Browning das Korps ins Gefecht geführt hatte und nicht er. Die schlechte Planung der Briten und ihr fehlender Elan brachten ihn in Rage und schienen seine größten Vorbehalte zu bestätigen.

Als Gavin am Rand von Mook ankam, stieß er auf einen Paratrooper mit Bazooka, der »sichtbar zitterte«, und auf einen brennenden Panzer der Coldstream Guards, der auf eine amerikanische Mine gefahren war. Er befahl dem Sergeant und dem Lieutenant seiner Begleitung, so rasch sie nur konnten mit ihren Gewehren den Damm hinaufzulaufen und zu schießen, um den Eindruck einer starken Verteidigung zu erwecken. Dann tauchte ein Paratrooper des 505th Battalion mit einem Gefangenen auf, »einem halben Kind mit roten Wangen, etwa achtzehn Jahre und schon recht kräftig«. Er trug eine Fallschirmjäger-Uniform. Gavin robbte über die Straße und dann zu den Schützenlöchern in der vordersten Linie, um seinen Männern zu versichern, dass Verstärkung im Anmarsch sei. Das war doppelt eindrucksvoll, denn der junge Kommandeur hatte solche Rückenschmerzen, dass er spürte, wie ihm die Hände langsam taub wurden. Während einer kurzen Verschnaufpause einige Tage später suchte er einen Arzt auf, der von seinem angebrochenen Rückgrat nichts wusste und daher meinte, Gavins Nervensystem reagiere in dieser Weise auf den Gefechtsstress. Und Gavin machte weiter. »Im Gefecht bedeuten körperliche Schmerzen nicht viel, wenn du wirklich im Gefecht bist«, sagte er später einmal. »Wenn man so erregt und mitgerissen wird, spürt man so etwas gar nicht. Man kann sogar von einem Schuss getroffen werden, ohne es zu bemerken.«[65] Bei Gavin war man derartiges Understatement gewöhnt. Horrocks amüsierte es, wenn er wie nebenbei fallen ließ: »Wir fahren nur mal ein bisschen Patrouille«, und sich seine Männer gerade anschickten, zu einem größeren Angriff vorzugehen.[66]

Mook wurde mit einem Gegenangriff zurückerobert, aber da war Gavin schon wieder nach Norden unterwegs. Die Kampfgruppe Becker war über Wyler nach Beek gestürmt und hielt jetzt auf Berg en Dal zu. Als Brigadier Gwatkin von der Gefahr hörte, schickte er einen Trupp der Q Battery des 21st Anti-Tank Regiment in ihren Panzerjägern M-10 Achilles nach Beek, was sicher eine Hilfe war. Wiederum ging Gavin bis in die vorderste Linie, um den Männern Mut zu machen. Zu seiner Erleichterung stellte er fest, dass der Kommandeur, Lieutenant Colonel Louis Mendez, die Lage unter Kontrolle hatte.

Die Kampfgruppe Greschick, die Groesbeek angriff, war Gavins geringste Sorge. Deutsche Schützen waren in der Nacht zuvor durch einen Tunnel unter dem Bahndamm in das Städtchen eingesickert und bis zum Zentrum gelangt. Aber gegen die besser ausgebildeten und bewaffneten amerikanischen Paratrooper hatten sie keine Chance. Pater Hoek berichtete, dass sie an diesem Tag für sieben deutsche Soldaten ein großes Grab ausgehoben, aber offen gelassen hätten, falls noch mehr Tote anfallen sollten, was dann auch passierte.[67] Die Einwohner von Groesbeek bewunderten sehr die entspannte Art, mit der die amerikanischen Paratrooper ins Gefecht zogen, die Waffe in der einen Hand und einen Apfel in der anderen.[68]

Weiter südlich stand auch die US 101st Airborne Division wieder unter Druck, da die Deutschen versuchten, Hell's Highway an zwei Stellen zu unterbrechen. Im Morgengrauen ging die deutsche Panzerbrigade 107 zusammen mit einem Bataillon motorisierter Fallschirmjäger erneut gegen Son zum Angriff vor. »Mit ihren Panzern fuhren sie bis ans Kanalufer heran«, berichtete Lieutenant Colonel Hannah, »und banden damit eines unserer Bataillone fast in seiner gesamten Stärke.«[69] Selbst Major General Taylors Gefechtsstand in einer Schule geriet unter direkten Beschuss. Ein Konvoi des XXX. Corps, der nach Norden unterwegs war, kam in Gefahr, aber zum Glück waren die 15th/19th Hussars noch in der Nähe und gingen zusammen mit dem 1st Battalion des US 506th Infantry Regiment zum Gegenangriff vor. Dann erhielt der Konvoi auch noch Unterstützung von Teilen des 44th Royal Tank Regiment, dessen 2nd Battalion gerade nach Helmond unterwegs war. Kritische Momente hatte der US 101st Airborne Division Military Police Platoon zu überstehen, der kaum 400 Meter von den Panthern entfernt 2000 Gefangene in einem Käfig bewachte. »Unser eigener Befehlsstand und die uns unterstützenden Truppen zogen ab und ließen uns praktisch an der Frontlinie sitzen«, schrieb ein Sergeant. »Über die Dolmetscher befahlen wir den Gefangenen, sich hinzulegen und nicht zu mucksen.«[70] Dann folgte auch noch ein Angriff der Luftwaffe, aber zum Glück wurde kein Gefangener getroffen.

Die deutsche Panzerbrigade 107 musste sich, durch die britischen Panzerkompanien beträchtlich angeschlagen, schließlich zurückziehen. An diesem Abend meldete sie den Verlust von sieben Panzern und zwölf Halbpanzern. Trotzdem war Lieutenant Colonel Hannah tief betroffen, wie sehr die Aufklärung der Alliierten »von Beginn der Operation an die Stärke und den Organisationsgrad des Gegners unterschätzt hatte. Jedenfalls übertrafen die Deutschen das erwartete Maß an Reorganisation bei Weitem und waren so in der Lage, am Tag X plus 2 [dem 19. September] einen koordinierten Angriff mit Infanterie und Panzern zu starten, der völlig unerwartet kam.«[71]

Da wegen der Staus auf Hell's Highway keiner der Nachschub-LKWs der 101st Airborne Division durchkam, ging den Paratroopern allmählich die Verpflegung aus. Nachdem sie die Rationen für die ersten drei Tage verbraucht hatten, mussten sie nun von Rüben und dem Essbaren leben, das sie den Deutschen abgenommen hatten oder das ihnen die unverändert großzügige niederländische Bevölkerung spendete.[72] Zum Glück für die Alliierten entdeckte die B Squadron des Household Cavalry Regiment in diesen Tagen in Oss ein großes deutsches Lebensmittellager. (Zusätzlich brachte die Einheit auf der Waal einen Schlepper mit drei Lastkähnen unter deutscher Flagge auf, was den Regimentsstab veranlasste, auf die Meldung prompt zu antworten: »Glückwunsch zu der brillanten Marineaktion. Splice Mainbrace – Alkohol für alle!«)[73]

General Taylor verstärkte den Übergang von Son mit einem Bataillon und entschied, seinen Stab ins Kasteel Henkenshage am westlichen Rand von St. Oedenrode zu verlegen. Nach einer Weile kam die Vorausabteilung zurück und meldete, deutsche Panzer griffen den neuen Kommandostand an. Taylor rief Lieutenant Colonel Cassidy in St. Oedenrode an und fragte ihn: »Können Sie die vertreiben? Ich mag keine Panzer um mich herum.«[74] Cassidy, dessen Bataillon sechs Panzer des 44th Royal Tank Regiment angeschlossen waren, fuhr mit ihnen los, um die Situation zu klären.

Nach einem Waffengang an diesem Tag nahm einer von Cassidys Zügen einen Mann von Heydtes Fallschirmjäger-Regiment 6 gefangen. Der sagte aus, sein Trupp sei eigens mit dem Auftrag ausgeschickt worden, Sergeant McCrorys Panzer zu vernichten. Den Sergeant der Irish Guards hatte Cassidy gerade gebeten nachzuschauen, ob er bei der Evakuierung von Überlebenden zweier britischer Panzer helfen könnte, die auf der Straße nach Koevering von Panzerfäusten getroffen worden waren. »Wenn die dort wenigstens noch eine Bazooka haben«, antwortete McCrory, »knallen wir die anderen ab.«[75] Der Amerikaner, der den Bericht für Breretons Stab schrieb, war wohl von dem legendären McCrory total fasziniert.

Als sie bei den zwei beschädigten Shermans ankamen, kletterte McCrory als Erster aus seinem Panzer und trat an das eine der beiden Fahrzeuge heran. Der Kommandant war sehr schwer verwundet. »Er sah, dass der Mann noch atmete, aber er hatte den Schädel zurückgeneigt, und das Hirn hing heraus. Ein weiterer Splitter hatte ihm den Bauch aufgerissen und die Eingeweide freigelegt. Ihm war nicht mehr zu helfen. Ein amerikanischer Soldat sah dann, wie McCrory plötzlich von dem Panzer heruntersprang, blitzschnell etwa zwanzig Meter zum rechten Straßengraben rannte und dabei seinen Revolver zog. Dort angekommen, schoss er vier- oder fünfmal hinunter und etwas nach vorn.« Dann kam McCrory mit einem toten Ferkel im Arm zurück. Das warf er den Amerikanern mit den Worten zu: »Etwas zu essen für heute Abend.«[76]

Danach setzte McCrory anstelle der zwei ausgeschalteten Panzer den Vorstoß fort. Er blieb mit seinem langsam kriechenden Fahrzeug auch nicht stehen, als er unter den Beschuss einer 88-mm-Kanone geriet, die in einem Haus versteckt war. Er schoss drei 75-mm-Granaten hinein, »dann noch drei in den Garten, womit die 88er erledigt war«. Drinnen wurden sechs tote Deutsche gefunden. Jetzt hatte sein Sherman fast ein Kloster erreicht. »McCrory, der sich denken konnte, dass der Turm [als Beobachtungsposten] genutzt wurde, befahl seinem Schützen: ›Ziele genau auf das Kreuz.‹ Der Schütze zögerte. McCrory wiederholte: ›Ich habe gesagt, ziele auf das Kreuz.‹ Jetzt schoss er, und damit hatte der Turm jegliche Verwendbarkeit verloren, für welchen Zweck auch immer.« Als ein deutscher Spähpanzer auftauchte, erledigte der Schütze auch ihn mit der ersten Granate.[77]

Die Behelfsbrücke bei Son war ein offensichtlicher Engpass auf dem Nachschubweg, den das XXX. Corps nehmen musste. Doch für Generaloberst Student war »die empfindlichste Stelle Veghel, die ›Wespentaille‹ des feindlichen Korridors.«[78]

Veghel war, in den Worten von Captain Laurence Critchell, »ein sauberes, fröhliches, anheimelndes Nest … mit Platanen und einem Dorfplatz«. Zwar war er enttäuscht, keine Tulpen oder Windmühlen zu finden, doch der Captain war froh, dass »Colonel Johnson in eine Umgebung kam, die ihm am meisten zusagte. Eine Atmosphäre von Operetten-Krieg.« So viele Menschen wollten Informationen über die Deutschen loswerden, dass Johnsons Stab zuverlässige Mitglieder des Untergrunds vor die Tür stellen musste, um alle zu begutachten, die um eine Audienz baten. »Die Kollaborateure wurden für die lang ersehnte Vergeltung aus ihren Häusern geholt. Die Mädchen, meist ziemlich jung und sinnlich, ließen sich widerstandslos die Köpfe kahl scheren. Sie schienen das als ein erwartetes Schicksal hinzunehmen … Die Niederländer, die diesem haarigen Akt der Gerechtigkeit in großer Zahl zuschauten, zeigten dabei nicht die Art von abstoßender, fast animalischer Schadenfreude wie Franzosen bei ähnlichen Gelegenheiten. Sie waren einfach nur amüsiert.«[79]

Die Fröhlichkeit der jungen Leute auf den Straßen wirkte ansteckend, wenn sie in das symbolische Orange gekleidet und mit Schals aus Fallschirmseide sangen und tanzten. Und die Älteren beklagten sich nie, wenn Soldaten auf ihren Rasenflächen und in ihren Rosenbeeten Schützenlöcher und Gräben aushoben. Doch am Dienstag, dem 19. September, fand die Idylle der Befreiung nachmittags ein jähes Ende, als deutsche Artillerie den Ort unter Beschuss nahm. Die Paratrooper verschwanden »wie Präriehunde« in ihren Schützenlöchern.[80]

Die deutsche 59. Infanterie-Division griff Veghel von Schijndel her an. General Student erschien persönlich, um sich das anzuschauen. »An einem dieser Tage konnte ich einen zugeteilten Flak-Zug des Reichsarbeitsdienstes beobachten, der mit seinen beiden großen 88-mm-Geschützen auf einzelne amerikanische Paratrooper schoss, die als Scharfschützen auf hohen Bäumen saßen und unseren Angriff von der Flanke her behinderten. Währenddessen führte das Fallschirm-Marsch-Bataillon unter Major Jungwirth ostwärts des Kanals bei Dinther in dem dortigen versumpften und unübersichtlichen Wald- und Buschgelände seinen eigenen Kleinkrieg … Sie konnten es aber mit ihren leichten Waffen auch nicht verhindern, dass das verstärkte 1st Battalion des US 501st Parachute Infantry Regiment am 20. September Dinther und Heeswijk nahm.«[81]

Das Bataillon war kaum verstärkt worden. Es wurde nur hervorragend geführt und vollzog ein brillantes Einkreisungsmanöver. Colonel Johnson hatte endlich dem dringenden Wunsch von Lieutenant Colonel Harry Kinnard zugestimmt, der längs des Kanals in nordwestlicher Richtung bis Heeswijk vorstoßen wollte, wo die Deutschen in dem dortigen Schloss alle bei der Landung Verletzten gefangen hielten. Kinnard argumentierte, da ihr Korridor so eng sei, könnten die Deutschen nur durch offensives Handeln zurückgehalten werden. Kinnards Operation an diesem Tag war ein voller Erfolg. Er befreite 480 Gefangene um den Preis von zwei eigenen Verwundeten. Manche der Gefangenen waren so jung, dass sie sich noch nicht einmal rasierten. Wenn Kinnards Bataillon überhaupt verstärkt worden war, wie Student behauptet hatte, dann waren es seine Hilfskräfte, niederländische Freiwillige auf Fahrrädern, die als unbewaffnete Aufklärer dienten, indem sie an den Flanken seiner Truppe hin und her fuhren. Johnson, von Kinnards Erfolg beeindruckt, entschied, das Gleiche am nächsten Tag mit zwei Bataillonen zu wiederholen. Sie sollten westlich von Schijndel zu einem Nachtangriff vorgehen. Damit strebte der Kampf um Hell's Highway einer raschen Eskalation zu.

Nun endlich frei von deutscher Besatzung, waren die Bürger von Nimwegen keineswegs in Feierlaune. Das Blutbad der Schlacht um die Brücke hatte alle schockiert, die es erlebten. »Hier habe ich genau sehen können, was Krieg wirklich bedeutet«, schrieb Pater Wilhelmus Peterse, den die Amerikaner für sein Handeln während der schweren Kämpfe den »Priester der Brücke« nannten. »Zerfetzte Körper, schwer Verwundete, sterbende Soldaten. Die Straße übersät von Handgranaten.« Die Opfer waren durchweg Deutsche, doch das hinderte Pater Peterse nicht daran niederzuknien, um die Sterbenden zu trösten und den Verletzten zu helfen, während gefangene deutsche Sanitäter ihre Landsleute unter Aufsicht eines amerikanischen Offiziers versorgten.

Deutsche Soldaten kamen aus ihren Verstecken unter der Brücke hervor, um sich zu ergeben. Lieutenant Jones von den Royal Engineers ließ sich von einem Gefangenen mit exzellentem Englisch, aber ohne Schuhe helfen, der ihm zeigte, wo die Sprengladungen angebracht waren. Die Gefangenen, zu denen auch ein paar Marinesoldaten und russische »Hiwis« in Wehrmacht-Uniform gehörten, wurden ans Südufer geführt. Plötzlich krachte ein Schuss, und ein amerikanischer Offizier der Luftlandetruppen fiel tot um. Der SS-Offizier, der sich hinter Brückenbalken versteckt hatte, wurde von Kugeln durchsiebt.

Als die deutschen Gefangenen von der Brücke in die Stadt geführt wurden, »war ihr Empfang durch die Zivilbevölkerung nicht sehr freundlich«, beobachtete Pater Peterse, »aber so werden keine Kriege gewonnen«.[82] Auch Albertus Uijen erlebte solche Szenen. »Die deutschen Kriegsgefangenen werden ausgepfiffen und verhöhnt … Sie kommen mit erhobenen Armen daher. Einem Mann gelingt das nicht mehr. Seine Hand ist praktisch verloren, nur noch ein Klumpen rohes Fleisch. Er blutet stark. Ein schrecklicher Anblick. Die Männer sind rußgeschwärzt oder kreidebleich, verschwitzt, die Uniformen zerrissen, ohne Helme und Gürtel, ohne Abzeichen, sogar ohne Knöpfe. Ein jammervolles Bild. Wieder einmal sehe ich so unverhüllt, wie bestialisch, wie absurd Krieg ist. Die amerikanischen Paratrooper, welche die Gefangenen begleiten, ermahnen die Niederländer, die pfeifen und johlen, damit aufzuhören.«[83]

»Die Innenstadt war ein einziger riesiger Trümmerhaufen«, berichtete Pater Peterse. »In der Burchtstraat hatten zusammenbrechende Häuser einen riesigen Panzer unter sich begraben. Zwischen den Ruinen hörte man einzelne Schüsse. Zweifellos ein paar törichte Deutsche, die ihre Wut auslassen wollten.«[84] Freiwillige in Overalls und Handschuhen luden in den Straßen bereits die Toten auf Pferdewagen und registrierten nicht explodierte Granaten für die spätere Bergung. Im weniger verwüsteten südlichen Teil von Nimwegen bemerkte ein amerikanischer Paratrooper, »dass der schmale Rasenstreifen zwischen Straße und Fußweg von Erdhügeln übersät war, in denen Holzkreuze steckten. Die Anwohner hatten offenbar die toten Deutschen geborgen und dort begraben.[85] Doch die Kämpfe und die schrecklichen Brände waren für viele Menschen, nicht nur für die Obdachlosen, einfach zu viel. Sie schleppten sich in benachbarte Dörfer, wo sie gerührt erlebten, mit welcher Großzügigkeit die ihnen fremden Bewohner sie bei sich aufnahmen. Das Feuer und der Rauch in der Stadt waren weithin zu sehen gewesen.

In jener Nacht schickte Generalfeldmarschall Montgomery General Eisenhower einen für ihn typischen selbstsicheren Funkspruch, in dem es hieß: »Meine Einschätzung der Lage im Bereich von MARKET lautet, dass die Dinge gut zu laufen beginnen … Die britische Luftlandedivision in Arnheim hat eine schwere Zeit erlebt, aber ihre Lage sollte sich verbessern, da wir jetzt imstande sind, zu ihrer Unterstützung von Nimwegen nordwärts vorzurücken. Wir haben die reale Chance, die Brücke von Arnheim zu erobern, die intakt ist und gegenwärtig von den Deutschen gehalten wird.«[86]

18

Die Brücke von Arnheim und Oosterbeek Mittwoch, 20. September

Als am Mittwoch der Morgen graute, fiel leichter Regen. Den Bränden am nördlichen Kopf der Brücke von Arnheim und im Zentrum der Stadt konnte er kaum etwas anhaben. Einer der wenigen Zivilisten, die noch in der Gegend geblieben waren, starrte entsetzt auf die Kirche St. Walburgis. »Die Türme wirkten wie riesige Feuersäulen«, schrieb er.[1]

Frosts Truppe vermutete, sie würde wohl nicht, wie Monty meinte, »die reale Chance« haben, die Brücke noch zu halten. Doch die Männer glaubten, den Deutschen mit ihrer Anwesenheit »mehr als nur Unannehmlichkeiten« bereitet zu haben. Während SS-Brigadeführer Harmel vom Nordufer der Waal das Gefecht in Nimwegen befehligte, wartete er sehnlichst auf die Nachricht, dass die britische 1st Airborne Division geschlagen sei. Er verfluchte deren Sturheit.[2] Für ihn war die Öffnung der Straßenbrücke von Arnheim dringend notwendig, denn mit dem improvisierten System der Fähren in Pannerden konnten Verstärkung und Nachschub einfach nicht im erforderlichen Umfang herangeführt werden. Bittrichs Stab sah sich genötigt, den höheren Stäben zu erklären, dass sich die Liquidierung von Frosts Bataillon so hinzog, liege ausschließlich an dessen »fanatischer Zähigkeit«.[3] Das Wort »fanatisch« hätten Frost und seine Männer nie akzeptiert, eine typisch britische Starrköpfigkeit hingegen schon.

Ihre Munitionsvorräte waren fast erschöpft. Die PIAT-Werfer standen den Panzerfahrzeugen ohne eine einzige Granate gegenüber. Zwar sah Frost ihre Chancen nicht mehr optimistisch, aber unter den Männern hatte sich die Überzeugung ausgebreitet: »Das ist unsere Brücke, und ihr werdet keinen Fuß darauf setzen!«[4] Ein Funker meldete Kontakt zum Divisionsstab. Zum ersten Mal hatte Frost Gelegenheit, mit Urquhart zu sprechen. Der erklärte ihm, ihre Lage sei ebenfalls sehr schwierig. Frost versicherte, sie wollten so lange wie möglich durchhalten, aber Munition sei ein Problem, außerdem medizinische Versorgung und Wasser. Dann erkundigte er sich nach dem XXX. Corps. Darüber wusste Urquhart kaum mehr als er selbst. Frost beschlich das Gefühl, er und seine Männer konnten wohl nicht mehr damit rechnen, dass man sie hier herausholte. Die Witze über die Guards Armoured Division, die nur ihre blütenweißen Koppel und blank geputzten Stiefel im Sinn habe, klangen nicht mehr lustig. Am Tag zuvor hatte er mit Freddie Gough von der Aufklärungskompanie darüber beraten, was zu tun wäre, wenn sie allein den Ausbruch wagen müssten. Als Erstes bot sich die Straße nach Westen in Richtung Oosterbeek an, doch Frost meinte, es wäre besser, sich in kleinen Gruppen durch Hinterhöfe und Gärten nach Norden durchzuschlagen.

Der Wunsch zu erfahren, was mit dem XXX. Corps geschehen war, hatte alle erfasst. Captain Bill Marquand vom Brigadestab schickte den Funker mit einem 38er-Gerät auf den Dachboden. Der tat alles, um Verbindung zu bekommen, sendete im Klartext wieder und wieder: »1st Para Brigade ruft 2nd Army.«[5] Doch er erhielt nach wie vor keine Antwort.

Inzwischen waren mehr und mehr Häuser von Feuer oder Beschuss zerstört. Häufig fiel beides zusammen, denn die Deutschen setzten Phosphorgranaten ein, um die Sache zu beschleunigen. Nachdem sie das vorletzte Haus auf der Ostseite erobert hatten, schickten sie Pioniere vor, die unter der Brücke Sprengladungen anbringen sollten, damit man sie in die Luft jagen konnte, falls britische Panzer von Nimwegen her durchbrechen sollten. Ein Gegenangriff unter Führung von Lieutenant Jack Grayburn zwang sie zum Rückzug, und britische Pioniere bauten die Ladungen wieder ab. Erneut griffen die Deutschen an, und Grayburn, der bereits zweimal verletzt war, wurde von der Maschinengewehrsalve eines Panzers getötet. Posthum verlieh man ihm das Victoria-Kreuz.

Von Panzergrenadieren in ihren Tarnumhängen begleitet, traf an diesem Morgen eine Abteilung Königstiger in Arnheim ein. Der Lärm war ohrenbetäubend, als sie aus Richtung Velp über die Willemsplein fuhren. »Die 60 Tonnen schweren Panzerkolosse«, räumte Generaloberst Student ein, »konnten sich allerdings in den engen Straßen und im Häuserkampf nur wenig auswirken.«[6] Zumindest bestand bei ihnen nicht das Risiko, die Schützen zu zerquetschen. Wenn hingegen ein Artilleriegeschütz auf einer weichen Asphaltdecke abgefeuert wurde, konnte es bei jedem Schuss bis zu zehn Meter rückwärtsrollen, und für die Bedienung war es gar nicht leicht, rechtzeitig zur Seite zu springen. Die Kampfgruppe Brinkmann war inzwischen jedoch, wie Brigadeführer Harmel später schrieb, von den barbarischen Nachtgefechten dazu übergegangen, einzelne Widerstandsnester mit Panzerfaust und Flammenwerfern auszuräuchern. Wenn den Briten dann von dem Rauch jede Sicht versperrt war, rückte Brinkmanns Gruppe vor. Dabei machte sie eine Menge Gefangene, zumeist Verwundete.[7]

In der Schule gab Captain Eric Mackay an jeden seiner Pioniere zwei Pillen Benzedrin aus, nahm selbst aber keine. »Die Männer waren erschöpft und verdreckt«, berichtete Mackay. »Mir drehte sich jedes Mal der Magen um, wenn ich sie anschaute. Abgemagert und schmutzig, mit blutunterlaufenen, rot geränderten Augen. Fast alle steckten in speckigen Kampfanzügen, die voller Blutflecken waren.«[8] Ihre Gesichter, seit drei Tagen unrasiert, waren von den Feuern des Gefechts geschwärzt. Wo nötig, hatten Sanitäter Springerkittel und Hosenbeine gekürzt, um Wunden zu verbinden. Alle litten schrecklichen Durst. Sie hatten das rostige Wasser aus den nicht von Schüssen durchlöcherten Heizkörpern getrunken.

Die Van Limburg Stirum-Schule sah aus wie ein Sieb. »Wohin man schaute, überall sickerte durch die Mauern Tageslicht herein.«[9] Weil sie den letzten Zufluchtsort der Briten darstellte, die noch auf der Ostseite der Brücke aushielten, konzentrierten die Deutschen so große Feuerkraft auf sie. Mackay befürchtete, das Haus könnte über ihnen zusammenbrechen. Genau das war Harmels Ziel, als er begann, es systematisch von oben her zu zerschießen. Granaten von einem der neu angekommenen Panzer VI »Tiger« setzten es am frühen Nachmittag erneut in Brand.

Mackay war sich bewusst, dass sie für die 35 verwundeten Männer in den Kellern dringend etwas tun mussten. Soeben hatte auch Major Lewis bei einer Explosion eine Verletzung erlitten. Inzwischen war die kleine Schar von Männern, die noch bei Kräften waren, auf 14 geschrumpft. Sollte sich das Feuer im Gebäude weiter ausbreiten oder sollten die oberen Stockwerke anfangen einzustürzen, so hatten sie nicht mehr genügend Zeit, alle Verletzten hinauszubringen. Daher entschieden sie, einen Ausbruch zu wagen, die Schule aufzugeben und die Verwundeten der Obhut der Deutschen zu überlassen. Mit sechs Männern, die mit den verbliebenen Bren-LMG bewaffnet waren, als Vorhut und den acht übrigen als Träger für vier Verwundete starteten sie ihre Aktion. Aber der Versuch, in die Freiheit zu gelangen, war nur von kurzer Dauer. Fast alle wurden gefangen genommen.

Alfred Ringsdorf von der Kampfgruppe Brinkmann sah einen Mann aus einer Kellerluke schauen. Instinktiv wollte er eine Handgranate hineinwerfen. Da hörte er drinnen ein Stöhnen und jemanden »Nein! Nein!« rufen. Da er den Splint bereits gezogen hatte, warf er sie in Richtung eines anderen Hauses. Dann stieg er in den Keller, vorsichtig, um nicht in eine Falle zu tappen, und immer wieder »Hände hoch!« rufend. Der Keller war voller verwundeter englischer Soldaten. Da sie alle große Angst hatten, suchte er sie zu beruhigen. Er nahm sie gefangen und ließ sie zur Behandlung abholen. Die verwundeten Männer waren völlig hilflos, die meisten mussten getragen werden. Sie sahen furchtbar aus.[10] Ringsdorf bewies beeindruckende Zurückhaltung, noch dazu, da sein Kompanieführer Obersturmführer Vogel, den er sehr gemocht hatte, gerade von einem britischen Maschinengewehr förmlich zerrissen worden war.

Frost erörterte die Situation mit Major Douglas Crawley, einem seiner Kompanieführer, als sie beide von einer Mörsergranate schwer verletzt wurden. Captain Jimmy Logan, der Militärarzt, bot ihnen Morphium an, aber Frost lehnte ab, weil er einen klaren Kopf behalten wollte. Solange er konnte, wehrte er sich gegen Schmerz und Übelkeit. Nicht einmal einen Schluck Whisky konnte er zu sich nehmen. Er befahl Major Freddie Gough, das Kommando zu übernehmen, aber alle wichtigen Entscheidungen zuerst mit ihm zu besprechen. Schließlich akzeptierte er das Morphium und wurde mit einer Trage in den Keller des Brigadestabs gebracht.

Wenn Frost auch alles daransetzte, ihre Stellungen zu halten, hatten sie doch die Häuser in nächster Nähe der Brücke verloren. Jetzt konnten die Deutschen die Auffahrt benutzen. Mit Panzern schoben sie die ausgebrannten Reste von Gräbners Aufklärungsfahrzeugen zur Seite. Bevor also Tuckers Paratrooper und die Grenadiers die Straßenbrücke in Nimwegen gesichert hatten, setzte die SS-Panzer-Division »Frundsberg« in Arnheim bereits eine erste Verstärkung aus Panzergrenadieren und Tiger-Panzern nach Süden in Marsch.

Als Frost an diesem Abend wieder zu sich kam, war es dunkel. Er hörte »ein paar Fälle von Gefechtsneurose leise miteinander reden«.[11] Viele andere gerieten bei jeder Explosion in heftiges, unkontrolliertes Zittern. Unter ihnen soll ein Soldat gewesen sein, dessen schwarzes Haar in weniger als einer Woche von dem Stress schlohweiß wurde. Als der Arzt, Captain Logan, Frost darauf hinwies, dass das Haus bereits brenne, ließ Frost Gough kommen und befahl ihm, das Kommando ganz und gar zu übernehmen. Zunächst sollten die noch Kampfestüchtigen und die gehfähigen Verletzten – insgesamt nur ein knappes Hundert – abziehen. Dann sollte Gough eine Feuerpause zu erreichen versuchen und die Verletzten an die Deutschen übergeben. Dazu schrieb ein Paratrooper: »Das war zweifellos ein richtiger Entschluss, doch einige Männer, denen es besonders schlecht ging, waren gekränkt, dass man sie verlassen wollte, obwohl der Bataillonsarzt und die Sanitäter bei ihnen bleiben sollten.«[12]

Als die Feuerpause begann, zogen die Deutschen sofort den Ring enger. Dann bestanden sie darauf, die Jeeps der Briten zu benutzen, um die Verwundeten befördern zu können. Inzwischen sah Gough keine Möglichkeit mehr, diese Bedingung abzulehnen. Als der Abtransport der Verwundeten begann, riss sich Lieutenant Colonel Frost die Rangabzeichen ab. Captain Logan ging mit einer Rot-Kreuz-Fahne vor das Haus. Als ein Schuss krachte, rief er laut: »Waffenruhe!« »Hier sind nur noch Verwundete«, fügte er hinzu. Das Schießen wurde eingestellt. Draußen erklärte er einem deutschen Offizier, dass alle rasch evakuiert werden müssten, bevor das Haus endgültig niederbrannte oder zusammenbrach. Der Offizier stimmte zu und erteilte seine Befehle. Als deutsche Soldaten die Treppen herunterkamen, »zog ein schwer verletzter Paratrooper eine Maschinenpistole unter seinen Sachen hervor. Das Magazin war voll und er finster entschlossen, den Deutschen einen gebührenden Empfang zu bereiten. Zum Glück wurde er überwältigt und ihm die Waffe abgenommen.«[13]

Jetzt trat ein deutscher Offizier in Mantel und Stahlhelm mit umgehängter Maschinenpistole MP-40 in den Keller. Als er das jämmerliche Bild sah, befahl er den nachfolgenden Männern sofort, die Verwundeten abzutransportieren. Deutsche und Briten schleppten sie hinaus, so rasch es ging, damit sie nicht bei lebendigem Leibe verbrannten. Frost wurde auf einer Trage fortgebracht und am Ufer nahe der Brücke abgelegt. Erneut lag er neben Crawley, mit dem zusammen er verwundet worden war. »Also«, ließ er fallen, »es sieht so aus, als wäre es uns diesmal nicht gelungen.«

»Nein«, gab Crawley zurück, »aber wir haben ihnen ein tolles Rennen geliefert für ihr Geld.« Frost bedrückte der Gedanke sehr, sein Bataillon in dieser Lage im Stich zu lassen. »Ich war seit drei Jahren beim 2nd Battalion. Ich habe es in allen Gefechten geführt, und es tat ungeheuer weh, mich jetzt von ihm trennen zu müssen.«[14]

Als Lance Bombardier John Crook befohlen wurde, sich zu ergeben, kam es ihm wie ein schlechter Witz vor, dass ihn jetzt die deutschen Gefangenen umstellten, die er gerade noch bewacht hatte. Er zerschmetterte sein Gewehr, »eine hilflose Geste unter diesen Umständen«. »Ein riesiger SS-Panzergrenadier« hielt seine Maschinenpistole auf ihn und brüllte »Hände hoch!« Mehrere seiner deutschen Ex-Gefangenen suchten ihn und andere zu beruhigen, indem sie ihnen auf den Rücken klopften und »Kamerad« sagten. Die deutschen Ex-Gefangenen waren etwa 150 Mann, viele von ihnen verwundet.[15]

Auf dem Hof bot sich den verletzten britischen Paratroopern der Anblick einer umgestürzten 6-Pfünder-Panzerabwehrkanone, deren Reifen noch brannten, daneben die tote Bedienung. Einige ihrer Bewacher von der Wehrmacht, nicht der Waffen-SS, gaben ihnen etwas zu essen und zu trinken, bevor der Abtransport begann. Die Paratrooper waren erschüttert und heimlich befriedigt zugleich angesichts der vielen toten Deutschen, die überall herumlagen. Doch derselbe Anblick verdüsterte die Stimmung einiger SS-Panzergrenadiere.

Nach gründlicher Durchsuchung, ob sie irgendwo noch Waffen versteckt hatten, wurde ein halbes Dutzend Paratrooper und Pioniere gezwungen, sich an die Wand zu stellen. Die SS-Panzergrenadiere bauten sich im Halbkreis vor ihnen auf, in die Mitte trat ein sehr junger Soldat mit einem Flammenwerfer. Einer gab den Befehl, die Waffe fertig zu machen. »Betet jetzt, Jungs«, sagte einer der Paratrooper und begann selbst laut auf Englisch zu beten: »Der Herr ist mein Hirte, mir wird nichts mangeln.« Da lief ein SS-Offizier herbei und brüllte: »Das ist verboten! Nein! Nein! Nein!« Sichtlich widerwillig ließen die Panzergrenadiere die Waffen sinken.[16]

Ein Angehöriger der Untergrundbewegung, der mit den Paratroopern gekämpft hatte, wurde von den Deutschen dadurch identifiziert, dass seine beiden Hände wegen schwerer Verbrennungen dick verbunden waren. Er hatte versucht, eine Phosphorbombe aufzuheben und fortzuwerfen. »Er musste niederknien, und ein deutscher Offizier schoss ihm in den Hinterkopf.«[17]

Als die Waffenruhe beendet war, übernahm Major Digby Tatham-Warter einige der Überlebenden, welche die Gebäude verlassen hatten, bevor die Verwundeten von dort evakuiert worden waren. Sie bezogen in einem Gartengebiet hinter dem Brigadestab, zwischen den Ruinen mehrerer Häuser neue Stellungen. Aber das war ein enges Gelände, und die meisten Häuser brannten. Andere versuchten in der Nacht durch die deutschen Linien zu schlüpfen, um die 1st Division in Oosterbeek zu erreichen. Das gelang nur sehr wenigen.

Die meisten Verwundeten wurden in den erbeuteten Jeeps zu einer Kirche gebracht, wo ein britischer Arzt ihre Verletzungen versorgte. Die ernsteren Fälle fuhr man direkt ins St.-Elisabeth-Hospital. Der dortige Chirurg Dr. Pieter de Graaf, der angeordnet hatte, dass die Verletzten sich bei all der Schießerei um das Haus von den Fenstern fernzuhalten hatten, wunderte sich, wie wenig in der britischen Armee gebrüllt wurde. Als ein Trupp

SS-Leute in das Haus kam, um unter den deutschen Patienten Simulanten zu ermitteln, brüllte der SS-Arzt Befehle nach allen Richtungen. »Doch kaum einer nahm Notiz davon«, bemerkte de Graaf. »Der Mann schrie, weil er nichts anderes tun konnte. Die britischen und niederländischen Ärzte gingen einfach ihrer Arbeit nach, als ob er Luft für sie wäre.«[18] In den zurückliegenden zwei Tagen war nur ein einziger verletzter Zivilist eingeliefert worden. Ein älterer Patient hatte den Kopf aus einer Dachluke gesteckt, um zu sehen, was draußen vorging, und wurde dabei von einem Scharfschützen getroffen. Man begrub ihn zusammen mit britischen Soldaten auf dem Gelände des Hospitals.

Wenn die Kämpfe um das Hospital auch abgeflaut waren, blieben die Deutschen doch nervös. Ein Panzer rollte mit laut rasselnden Ketten die Straße entlang auf das Hospital zu. Er drehte den Turm nach rechts, sodass die Kanone direkt auf die Eingangstür zielte. Die Luke wurde geöffnet, und ein deutscher Offizier in der schwarzen Uniform der Panzertruppen erschien. Er rief, er wolle den Leiter des Hospitals sprechen, weil er aus diesem Haus beschossen worden sei. Wenn er nicht sofort erscheine, werde der Panzer das Feuer eröffnen. Da trat der deutsche Chirurg heraus. Ursprünglich von den Briten gefangen genommen, hatte er das Haus nach der Rückeroberung durch die Deutschen im Grunde geleitet, doch mit den niederländischen und britischen Ärzten zusammengearbeitet wie bisher. Er erklärte dem Panzeroffizier, man habe ihn sehr gut behandelt und er sei sicher, aus dem Krankenhaus habe niemand geschossen. Der Panzerkommandant beruhigte sich und fuhr weiter in Richtung Oosterbeek, wo es kurz darauf zum nächsten Gefecht kam.[19]

Am Nachmittag des Vortages waren Versprengte anderer Bataillone, die zuvor die Brücke hatten erreichen wollen, nach und nach in Oosterbeek eingetroffen. Sie boten ein trauriges Bild. Da zahlreiche Offiziere und Unteroffiziere in den letzten zwei Tagen gefallen waren, fehlte es überall an Führung. Das Desaster, das die Männer erlebt hatten, als sie nach Arnheim durchzukommen versuchten, drohte die elementare militärische Ordnung und Disziplin zu sprengen. Der Sergeant Major einer Kompanie des 11th Battalions berichtete, dass ein Staff Sergeant, der sich in der Vergangenheit von ihm einmal zurückgesetzt gefühlt hatte, auf dem Rückzug plötzlich seinen Revolver zog und drohte: »Jetzt sind wir alle gleich. Niemand wird etwas davon erfahren.« Andererseits hatte er zu seiner Beruhigung ein Gespräch zwischen zwei Soldaten mitgehört, offenbar zwei Londoner mit dem gleichen Hobby: »Werde ich froh sein, wenn ich wieder bei meinen Tauben bin!«[20]

Der kommandierende Offizier des Light Regiment, Lieutenant Colonel »Sheriff« Thompson, stellte besorgt fest, dass bei seiner Haubitzen-Batterie unterhalb der Kirche von Oosterbeek keine Sicherungskräfte mehr waren. »Teile des 11th Parachute Battalions waren sehr unzuverlässig«, schrieb er.[21] Thompson ging daran, die Reste von vier Bataillonen zu einer Verteidigungslinie zu organisieren, die seinen Geschützen nach Osten hin Deckung gab. Das 1st, das 3rd und das 11th Parachute Bataillon sowie die South Staffords, die mindestens drei Viertel ihrer Stärke verloren hatten, zählten jetzt insgesamt weniger als 450 Mann. Zeitweilig wurden sie *Thompson Force* genannt. Unter dem Befehl des gefürchteten Majors Robert Cain quartierten sich die South Staffords in einem Waschhaus in der Nähe der Kirche von Oosterbeek ein. Das alte Pfarrhaus der Familie ter Horst, das man bereits als Verbandsplatz für das Light Regiment nutzte, wurde jetzt zum improvisierten Lazarett des südöstlichen Teils des Kampfgebiets.

Private William O'Brien vom 11th Parachute Battalion schlüpfte in die Kirche und legte sich auf eine der Bänke, um ein Schläfchen zu halten. Der Bau war schwer umkämpft gewesen, und er konnte durch das beschädigte Dach den Himmel sehen. »Da musste ich an meine eigene Haut denken«, bekannte O'Brien. »Mir schien, die hatten uns hier in etwas hineingeführt, wozu sie nicht berechtigt waren.« Weiter berichtete er, eine nicht näher genannte niederländische Dame (wahrscheinlich Kate ter Horst) habe versucht, die Verwundeten mit den Worten zu trösten: »Habt Mut, Gott ist mit euch.«[22] Einige waren nicht überzeugt, dass dies zutraf, aber sie beeindruckte der Mut dieser Frau bei dem schweren Beschuss. Es soll sogar Drückeberger gegeben haben, die beschämt auf ihren Posten zurückkehrten.

Der 4th Parachute Brigade unter Hackett war es immer noch nicht gelungen, nach dem schweren Rückschlag am Vortag an der Sperrlinie der Division »Hohenstaufen« längs des Dreijensewegs einen sicheren Standort zu finden. Beim 10th und 156th Parachute Battalion hatte kaum die Hälfte der Männer überlebt. Zusammen mit dem Brigadestab gruben sie sich in Verteidigungsstellungen südlich der Bahnlinie ein. Hackett wollte bei Dunkelheit in Richtung Osten nach Oosterbeek vorstoßen und zu diesem Zweck noch vor Mitternacht aufbrechen, doch General Urquhart befahl ihm, zu bleiben, wo er war, und seine Aktion erst bei Tageslicht zu starten.

Das bereitete Hackett zu Recht Sorge. Urquhart hatte offenbar nicht gewusst, dass das Border Regiment seine Kompanie von den wichtigen Straßenkreuzungen südlich von ihm zurückgezogen hatte, auf die Hacketts Truppe dringend angewiesen war. Nun waren über Nacht die Deutschen dorthin vorgedrungen und hatten sowohl an der Straße nach Wolfheze als auch an der Einmündung der Breedelaan in den Utrechtseweg Stellung bezogen. Als daher das 156th Battalion am nächsten Morgen aufbrach, hatte es bald darauf heftige Kämpfe gegen Infanterie und Sturmgeschütze zu bestehen, um sich einen Weg zu bahnen. Dadurch schrumpfte es von 270 auf gerade noch 120 kampffähige Männer zusammen.

Als sich vonseiten der Kampfgruppe Krafft im Norden und der Kampfgruppe Lippert von der SS-Unteroffiziersschule Arnheim im Westen immer mehr Druck aufbaute, war Hacketts Truppe im Grunde eingeschlossen. Er befahl dem 10th Battalion, nach Nordosten vorzustürmen, wo er den einzigen Ausweg sah. Doch im Wald verloren die Männer den Kontakt zueinander, und nun verfügte Hackett nur noch über die Reste des 156th Battalion, seinen Stab und eine Kompanie Pioniere.

Major Geoffrey Powell, der in einem Graben Deckung gefunden hatte, sah, wie Hackett durch feindliches Feuer zu der Stelle rannte, wo ihre drei Jeeps standen. Der eine brannte lichterloh, der zweite daneben war mit Munition beladen, und der dritte hatte einen Anhänger, auf dem der schwer verletzte Lieutenant Colonel Derick Heathcoat-Amory auf einer Trage festgeschnallt lag. Hackett sprang auf den Fahrersitz, schirmte das Gesicht mit einer Hand gegen die Flammen ab, startete den Jeep und fuhr ihn aus der Gefahrenzone, wodurch er dem Verwundeten das Leben rettete. Dafür hätte Hackett wohl ein Victoria-Kreuz verdient, dachte Powell. Heathcoat-Amory, der Chef der *Phantom*-Einheit* mit direkter Funkverbindung zum Kriegsministerium, wurde Jahre später Finanzminister in der Regierung von Harold Macmillan.[23]

Als das Feuer des Gegners immer stärker wurde, zogen sich Powell und die Reste des 156th Battalion in einen geräumigen Krater im Wald zurück und gingen zur Rundumverteidigung über. Zusammen mit anderen Brigadeangehörigen zählten sie jetzt nur noch 150 Mann. Bis zum Hotel Hartenstein und damit in die Sicherheit waren es nicht einmal tausend Me-

* Phantom – Deckname für eine britische Spezial-Aufklärungseinheit in Stärke eines Regiments, die bei Militäraktionen, darunter Operation Market Garden, durch eigene Patrouillen die Verbindung zwischen dem zentralen Stab und umkämpften Truppenteilen hielt, so auch zu den eingeschlossenen Einheiten in Arnheim – Anm. d. Übers.

ter, aber die Deutschen wurden immer stärker. Staff Sergeant Dudley Pearson, der Chief Clerk von Hacketts Einheit, stand neben einem tief verstörten jungen Soldaten, der mit seinem Gewehr in die Luft feuerte.[24] Der Mörserbeschuss fügte ihnen schwere Verluste zu, besonders unter den Offizieren. Pearson sah, wie einer in seiner Nähe mit einer Kugel durch die Kehle zu Boden ging. Der Kommandeur des 156th Battalion, Lieutenant Colonel Sir Richard Des Voeux, wurde getötet, ebenso sein Stellvertreter, Major Ernest Ritson, und der Stabschef von Hacketts Brigade.

Nachdem die Truppe den größten Teil des Nachmittags alle deutschen Angriffe abgewehrt hatte, kündigte Hackett an, sie müssten versuchen, sich durch die Linie der Deutschen bis zu den britischen Stellungen in 400 Meter Entfernung durchzuschlagen. Powell stimmte zu: Das klinge zwar wie Selbstmord, sei aber in jedem Fall besser, als in dem Krater zu verharren, bis ihnen die Munition ausging und sie eingesammelt würden. »Wir nahmen also am Rand des Kraters Aufstellung und warteten auf Hacketts Befehl.«[25]

Doch zunächst verabschiedete sich Hackett von den Verwundeten, die sie zurücklassen mussten. Ein Corporal weigerte sich, an dem Ausbruchversuch teilzunehmen. Er bestand darauf, zurückzubleiben und Feuerschutz zu geben. Als der Cavalry Brigadier den Befehl zum Sturm gab, rannten die Paratrooper brüllend los und feuerten aus ihren Sten-Maschinenpistolen um sich. Pearson sah, wie Hackett, mit Gewehr und aufgepflanztem Bajonett bewaffnet, einen Moment bei einem zusammengekauerten jungen deutschen Soldaten verharrte, sich dann aber eines anderen besann und weiterlief. Die völlig überraschten Deutschen vor ihnen stoben auseinander, und bei einem Verlust von einem halben Dutzend Männern gelang es den übrigen neunzig, zu den Stellungen zu gelangen, die vom Border Battalion der Airlanding Brigade gehalten wurden. Auch das 10th Battalion erreichte samt seinem verwundeten Kommandeur, Lieutenant Colonel Smyth, die britischen Stellungen am Hotel Hartenstein. Aber auch von dieser Einheit waren kaum 70 Mann übrig, ein gutes Zehntel ihrer ursprünglichen Stärke.

Die 21st Independent Parachute Company, verstärkt durch 60 Seglerpiloten und einen Trupp Luftlandepioniere, wehrte sich gegen eine Kampfgruppe der Luftwaffe vom Flugfeld Deelen, die durch Sturmgeschütze unterstützt wurde. Die britischen Paratrooper hatten sich in einem großen Haus namens Ommershof etwa einen Kilometer nördlich des Hotels Hartenstein verschanzt. Die Deutschen waren während der Nacht über die

Bahnlinie gelangt und hofften, durch die britischen Linien zu schlüpfen und sie abzuschneiden. Doch die unerfahrenen Rekruten der Luftwaffe stießen auf hervorragende Kämpfer, darunter deutsch sprechende jüdische Aufklärer, die auf keinen Fall weichen wollten. Da rief ihnen ein deutscher Offizier »Hände hoch!« zu und verlangte, sie sollten sich ergeben. Der Kommandant der Pioniereinheit befahl seinen Männern, das Schießen einzustellen. Als die Deutschen seine Forderung wiederholten, bekamen sie eine Schimpfkanonade auf Deutsch zur Antwort. Eine LMG-Salve zwang den Deutschen schließlich in Deckung, und das Gefecht ging weiter.

Als es am späten Nachmittag nach einem weiteren Angriff etwas abflaute, waren die Verteidiger überrascht, dass hinter den Bäumen Musik erklang. Von einem Lautsprecherwagen der Deutschen wurde Glenn Millers »In the Mood« gespielt. Die Überraschung schlug in Belustigung um, als die Musik von einer Stimme auf englisch unterbrochen wurde: »Gentlemen von der 1st Airborne Division, denken Sie an Ihre Frauen und Bräute zu Hause.«[26] Dann behauptete die Stimme, die meisten hohen Offiziere, darunter General Urquhart, seien gefangen genommen worden, daher sei es durchaus ehrenhaft, sich zu ergeben. Die Antwort waren Flüche, Beschimpfungen, Pfiffe und schließlich Schüsse. »Lagen den ganzen Tag in der Stellung«, schrieb ein Paratrooper namens Mollett. »Jede Menge Mörserbeschuss und Scharfschützen, musste mir einen richtigen kleinen Graben anlegen … Knallte den Nächsten ab, als ein Haufen Jerries ganz offen auf uns losstürmte. Wahrscheinlich sogar mehrere. Dazu der Lautsprecher in der Ferne. War lustig, zu Tanzmusik Jerries abzuschießen.«[27]

Unweit von ihnen, nahe der Bahnstrecke in Richtung Arnheim, lagen die Infanteristen von den King's Own Scottish Borderers ohne zwei ihrer Kompanien, die bereits beim Rückzug vom Landegebiet abgeschnitten worden waren. Sie hatten sich in der Nähe des »Weißen Hauses«, des kleinen Hotels Dreijeroord, eingegraben. Colonel Payton-Reid, der so verwirrt gewesen war, als man ihn als Befreier begrüßt hatte, musste sich nun auf eines der tödlichsten Gefechte in der Geschichte seines Regiments einstellen. Ihnen gegenüber lag die verstärkte Kampfgruppe Krafft, die von Panzern und Sturmgeschützen unterstützt wurde. Am Mittwoch, dem 20. September, konnten die Borderers erste Probeangriffe ohne große Schwierigkeiten abwehren, aber der eigentliche Kampf stand ihnen noch bevor.

An der Westflanke gerieten die Infanteristen des Border Regiment, das bisher noch keine schweren Kämpfe erlebt hatte, in mehrere Gefechte, als die

SS-Kampfgruppe Eberwein vorrückte. Das Zurückweichen vor der Division von Tettau hatte bedeutet, dass die Briten die psychiatrische Anstalt in Wolfheze verließen. Ein SS-Hauptsturmführer vor Ort war der Überzeugung, dort werde ein britischer General heimlich behandelt. Als Dr. van de Beek das verneinte, spürte er, dass ihm die Mündung einer Waffe in den Rücken gedrückt wurde. »Wenn du lügst, kostet das dich den Kopf«, kam es von hinten.[28] Von der Waffe bedrängt, musste Dr. van de Beek dem SS-Mann alle Räume seiner Einrichtung zeigen. Da sie keinen General fanden, nahmen die Deutschen einen britischen Militärgeistlichen mit, der geholfen hatte, die Verwundeten zu betreuen.

Die Kompanien des Border Regiment waren zu weit auseinandergezogen, als sich der Rückzug am Dienstag beschleunigte. Drei Kompanien wurden dabei an einem viel schmaleren Frontabschnitt von höchstens eineinhalb Kilometer Länge südlich des Utrechtsewegs konzentriert und neu in Stellung gebracht. Aber in dem dichten Wald gab es nur wenig Kommunikation zwischen den Einheiten. Die Infanteristen mussten sich gut eingraben, denn die Mörserkommandos tauchten unvermittelt auf, um ungedeckte Gegner zu treffen. Da zwischen den drei Kompanien Lücken klafften, gelang es kleinen SS-Gruppen und sogar einem Panzer, durchzusickern. Eine der wenigen verbliebenen 17-Pfünder-Panzerabwehrkanonen, die Colonel Loder-Symonds persönlich kommandierte, vernichtete ihn schließlich. Die D Company war durch einige Radarspezialisten der RAF verstärkt worden, die noch nie mit einem Gewehr geschossen hatten. Nun »lief unser Regimental Sergeant Major* in ihrem Graben auf und ab«, schrieb der Kompaniechef, »und führte mit ihnen Schießausbildung im Gefecht durch«.[29]

Die A Company lag ganz auf sich allein gestellt zwischen Bahnlinie und Utrechtseweg. Einen Zug Seglerpiloten zu ihrer Rechten, war sie mit Lipperts SS-Unteroffiziersschule Arnheim konfrontiert, wahrscheinlich der besten Einheit der Division von Tettau. Ein Lieutenant der Seglerpiloten namens Michael Long stieß in dichtem Unterholz auf einen deutschen Soldaten. Sie schossen aus kurzer Entfernung aufeinander – der Deutsche mit der Maschinenpistole und Long mit seinem Revolver von Smith and Wesson. Long wurde ins Bein getroffen und war damit der schwerer Verletzte. Sein Schuss hatte den Deutschen nur am Ohr gestreift, der den bewegungsuntüchtigen Offizier nun gefangen nahm. Der Deutsche verband

* Regimental Sergeant Major, der ranghöchste Unteroffizier eines britischen Regiments – Anm. d. Übers.

Longs Bein und dieser den Kopf des Deutschen. Dann tauchte der deutsche Zugführer, Oberleutnant Engelstadt, auf. Er und Long kamen ins Plaudern darüber, wer in diesem Krieg wo gekämpft hatte. Engelstadt war in Italien, Russland und an der Westfront gewesen. Long fragte, welchen Ort er bevorzuge. Engelstadt blickte sich nach seinen Männern um, beugte sich dann grinsend nieder und antwortete: »Den Westen. Alles ist besser als Russland.«[30]

Während der Ring sich in der zweiten Hälfte des Mittwochs weiter schloss, versuchten viele Bewohner von Oosterbeek noch zu entkommen. Sie nahmen, was sie tragen konnten, und fertigten provisorische weiße Fahnen an. Häufig wurde nur ein Taschentuch oder eine Serviette an einen Stock gebunden.

An einen polnischen Kriegsberichterstatter im Wald südlich des Amsterdamseweg traten Frauen heran und fragten ihn weinend, in welcher Richtung sie den Kämpfen entkommen könnten. »Dann wurde der Donner der Artillerie von lautem Geschrei übertönt«, schrieb er. »Eine große Gruppe Kinder rannte durch den Wald und versuchte durch das unebene Gelände voranzukommen, sie stolperten, fielen hin, sprangen auf und liefen weiter. Es waren über zehn, das größte nicht älter als zehn Jahre alt, angeführt von einem etwa 16-jährigen Mädchen.«[31] Die Zivilisten, die sich zum Bleiben entschlossen, brachten entweder Matratzen in ihren Keller, wenn sie ihn für sicher genug hielten, oder sie suchten bei Nachbarn Unterschlupf. Viele sahen, dass »die Tommies« gern einmal zu ihnen kamen, um sich zu waschen, einen Tee zu trinken oder ein wenig auszuruhen. Aber selbst jene, die ihre Badewannen bis zum Rand gefüllt hatten, fürchteten, dass Wasser bald zum Hauptproblem werden könnte.

Mitten im Nordteil des umkämpften Gebietes gelegen, verlor das Hotel Hartenstein stündlich mehr von seiner Eleganz. Die Paratrooper rissen Fensterläden heraus, um damit ihre Gräben abzudecken. Deutsche Granaten hatten Löcher in das Dach geschlagen, und der Rauch der brennenden Jeeps schwärzte die weißen Mauern. Die hohe, kräftige Gestalt von General Urquhart strahlte für viele ein wenig Zuversicht aus, aber er konnte kaum noch etwas tun, da sie alle in der Falle saßen. Die traurigen Reste seiner Division hielten aus in der Hoffnung, dass die 2nd Army, wenn sie selber den Brückenkopf nördlich des Rheins nicht aufgaben, diesen nutzen konnte, sobald sie sich den Weg von Nimwegen durch das Polderland der Betuwe – die »Insel« – gebahnt hatte.

Der amerikanische Flugleiter bei der britischen 1st Airborne Division, Lieutenant Paul Johnson, berichtete, wie seine Gruppe in schweres Mörserfeuer geriet. Ein Sergeant von der RAF, der dem Team half, wurde dabei getötet. Er und seine Männer waren gut eingegraben, aber ihre Fahrzeuge samt Ausrüstung blieben ungeschützt. »Als der Beschuss stärker wurde, lebten wir fast ständig in den Splittergräben.«[32] Nach seinem Eindruck hielten sich die Funker bei diesem Feuer tapfer, wenn man berücksichtigte, dass sie ein solches Gefecht zum ersten Mal erlebten.

Da sie außerhalb des Hotels Hartenstein nichts mehr tun konnten, machte sich Bruce Davis, der andere amerikanische Lieutenant, in dieser Nacht zu einem Patrouillengang auf. »Zu dritt suchten wir ein Maschinengewehrnest und fanden es etwa 400 Meter vom Divisionsstab entfernt. Sechs Deutsche saßen dort tatenlos herum. Wir warfen zwei Handgranaten auf sie und zogen uns zurück. Auf dem Rückweg schoss ich einen Scharfschützen ab, der, am Kopf getroffen, aus etwa sechs Meter Höhe von einem Baum fiel. Der Anblick erfüllte mich mit einer Befriedigung wie kaum etwas anderes zuvor. Er war entweder sorglos oder zu selbstsicher gewesen, denn er hatte einen Baum gewählt, der die anderen überragte und nicht besonders dicht belaubt war. Er bot ein hervorragendes Ziel, und er hatte mich nicht einmal gesehen.«[33]

Die Einkreisung bei Oosterbeek durch SS-Truppen bildete für viele niederländische Freiwillige, die den Briten halfen, eine noch größere Gefahr. Eine herausragende Gestalt war Charles Douw van der Krap, ein Marineoffizier, der 1940 bei der Verteidigung von Rotterdam gegen die Invasion der Deutschen gekämpft hatte. Die hatten ihn in ein Lager in Polen gesteckt, von wo er erst kürzlich ausgebrochen war, um an der frühen Phase des Warschauer Aufstandes teilzunehmen. Erst kurz vor der Luftlandeoperation der Alliierten in Arnheim eingetroffen, war van der Krap sofort bereit, im Hartenstein seine Dienste anzubieten. Lieutenant Commander Arnoldus Wolters, ein niederländischer Verbindungsoffizier, der ihn vom Hörensagen kannte, bat ihn, aus 40 niederländischen Freiwilligen eine Kompanie aufzustellen. Da es ihnen an Waffen und Munition fehlte, erhielten sie die Aufgabe, hinter den deutschen Linien abgeworfene Nachschubgüter zu bergen.

Douw van der Krap hatte den brennenden Wunsch, an den Deutschen Vergeltung zu üben, aber er glaubte nicht daran, dass die Briten gewinnen könnten, was bedeutete, die tapferen jungen Männer für einen nur geringen Nutzen zu opfern. »Ihr Briten werdet gefangen genommen, die nieder-

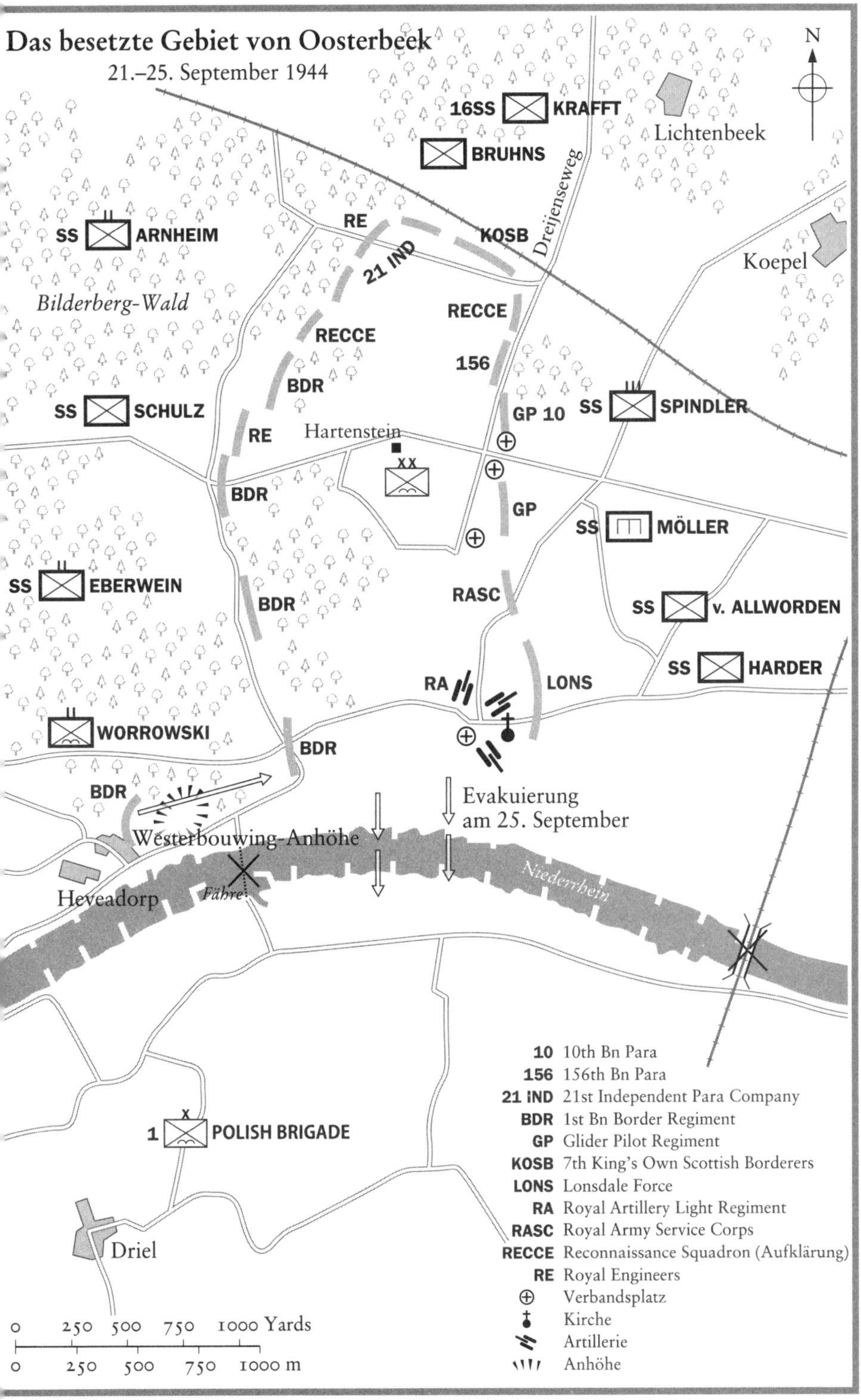
Das besetzte Gebiet von Oosterbeek
21.–25. September 1944
N
16SS KRAFFT
BRUHNS
Lichtenbeek
Dreijenseweg
RE
KOSB
SS ARNHEIM
21 IND
Koepel
Bilderberg-Wald
RECCE
RECCE
156
BDR
SS SCHULZ
GP 10
SS SPINDLER
RE
Hartenstein
BDR
GP
SS MÖLLER
SS EBERWEIN
BDR
RASC
SS v. ALLWORDEN
SS HARDER
RA
LONS
WORROWSKI
BDR
BDR
Evakuierung
am 25. September
Westerbouwing-Anhöhe
Niederrhein
Heveadorp
Fähre
1 POLISH BRIGADE
Driel
0 250 500 750 1000 Yards
0 250 500 750 1000 m
10 10th Bn Para
156 156th Bn Para
21 IND 21st Independent Para Company
BDR 1st Bn Border Regiment
GP Glider Pilot Regiment
KOSB 7th King's Own Scottish Borderers
LONS Lonsdale Force
RA Royal Artillery Light Regiment
RASC Royal Army Service Corps
RECCE Reconnaissance Squadron (Aufklärung)
RE Royal Engineers
Verbandsplatz
Kirche
Artillerie
Anhöhe

ländischen Jungs dagegen auf der Stelle erschossen«, erklärte er Urquharts Nachrichtendienstoffizier, Major Hugh Maguire.[34] Maguire hörte ihm aufmerksam zu und musste seiner pessimistischen Einschätzung zustimmen. Den jungen Freiwilligen wurde geraten, sich nach Hause durchzuschlagen. Die Mehrheit ging sehr widerwillig, eine Anzahl blieb, um bis zum Ende zu kämpfen, andere betätigten sich weiter in den Notlazaretten.

Während die Briten eingekreist waren, hatten sie zugleich eine beträchtliche Zahl deutscher Kriegsgefangener bei sich, die auf dem Tennisplatz des Hotels bewacht wurden. Der Regimental Sergeant Major, der für sie zuständig war, stellte mit Verwunderung fest, wie wenige von ihnen Verletzungen hatten, was ihn sehr verärgerte. Es bestätigte wohl die bekannte Zielgenauigkeit der deutschen Mörserbesatzungen.[35] Ein deutscher Offizier erhielt als Gefangener die gleiche Verpflegungsration wie die Briten. Das waren ein halbes Biskuit für jeden und eine Dose Sardinen für sechs Mann. Es wurde sehr sorgfältig geteilt, und jeder Deutsche stellte sich an, um seine Ration entgegenzunehmen. Sie waren alle in düsterer Stimmung.

Als das Hartenstein an diesem Tag unter heftiges Mörserfeuer geriet, wurde einer von Bruce Davis' amerikanischen Funkern getroffen. Colonel Warrack fuhr ihn in einem Jeep direkt bis zum Verbandsplatz im Hotel Schoonoord. Während er sich dort aufhielt, überrannten die Deutschen das Lazarett. Um nicht gefangen genommen zu werden, entfernte Warrack rasch »seine Rangabzeichen und gab sich als einfacher Soldat und Krankenpfleger aus«. Der hochgewachsene, stets gut gelaunte Mann war nicht leicht zu übersehen, aber die Täuschung gelang.[36]

Die südliche Straße nach Oosterbeek war nicht der einzige noch offene Rückzugsweg nach den Kämpfen rund um das St.-Elisabeth-Hospital. Etwa einen Kilometer weiter nördlich kam eine Gruppe Infanteristen des South Staffordshire Regiment atemlos an der Kreuzung nahe dem Hotel Schoonoord in Oosterbeek an. Um ihre Panik zu rechtfertigen, behaupteten viele der Versprengten, Panzer seien ihnen auf den Fersen. Als wenig später drei deutsche Panzer auftauchten, zeigte sich, dass sie nicht übertrieben hatten. Ein Trupp der 2nd (Airlanding) Anti-Tank Battery war zum Glück anwesend und schlug sie in die Flucht.

Die Angreifer gehörten zur Kampfgruppe Möller. Nach Aussage von Hans Möller tötete die britische 6-Pfund-Panzerabwehrkanone, der sie sich gegenübersahen, ihren Kompaniechef, Obersturmbannführer Engel. Der Volltreffer hatte kaum etwas von ihm übrig gelassen. Möllers Pioniere von der SS-Panzer-Division »Hohenstaufen« verfügten jetzt über mehrere 20-mm-Flaks, zwei Panzer und ein Sturmgeschütz, das sie unterstützte. Die Fahrzeuge gingen in hohem Tempo längs des Utrechtsewegs vor und walzten dabei Gartenzäune nieder. Die Kampfgruppe war durch Personal von Reichsarbeitsdient, Kriegsmarine und Luftwaffe verstärkt worden. Die Männer hatten keinerlei Ausbildung in Straßenkämpfen, »aber die Überlebenden lernten schnell«.

»Aufforderungen zur Kapitulation wurden gar nicht oder mit bissigen Bemerkungen wie ›Focken Germans‹ beantwortet«, schrieb Möller später. »Humorvoller waren die Antworten über Lautsprecher.« Die Briten spielten »Lili Marleen« oder »We'll Hang Out our Washing on the Siegfried Line« (Wir hängen unsere Wäsche an der Siegfried-Leine/Linie auf). Aber es wurde nicht weniger heftig gekämpft. »Wer sich zu unvorsichtig an ein Fenster wagte, wurde mit einem Loch im Kopf aufgefunden.«[37]

Ungeachtet der heftigen Schusswechsel um das Hotel Schoonoord herum wuschen die Freiwilligen ihre Patienten weiterhin mit Eimer und Seife. Vor ihnen kniend, warfen sie sich bei jeder Explosion flach auf den Boden. Die Verwundeten, die sich noch bewegen konnten, setzten sich ihre Paratrooper-Helme mit Tarnnetz auf, was im Bett ausgesprochen unpassend wirkte. Laut Hendrika van der Vlist erklärte einer der britischen Ärzte den Patienten, sie sollten auf die an ihren Kampfanzügen befestigte Karte achten, die alle Details ihrer bisherigen medizinischen Behandlung enthielt. »Die dürft ihr nicht verlieren«, scherzte er, »sonst nimmt man euch noch den falschen Arm oder das falsche Bein ab.«[38] Damit hatte er die Lacher auf seiner Seite.

Aus der Hotelküche kamen plötzlich Schreie. Einige der Juden, die man aus dem Gefängnis von Arnheim befreit hatte, unterhielten sich dort mit gehfähigen Verwundeten und Pflegern. Die britischen Soldaten, die von der Rassenverfolgung der Nazis noch nie gehört hatten, konnten nicht verstehen, weshalb sie als Juden eingesperrt wurden. Sie wussten erstaunlich wenig über die Rassenpolitik der Nazis. Mitten in ihre Unterhaltung platzte ein Offizier der Waffen-SS. Er hielt seine Waffe auf einen der britischen Pfleger und brüllte: »Waffen! Habt ihr Waffen?«[39] Dann trat er die Schwingtür zum ehemaligen Speiseraum auf, wo jetzt ebenfalls Kranke lagen.

Der riesige Offizier stand in voller Bewaffnung, mit schwarzen Bartstoppeln, einem ungewaschenen Gesicht und Tarnjacke der Waffen-SS in der Tür. Hendrika van der Vlist schilderte, wie er mit funkelnden Augen um sich blickte. Hinter ihm drängten sich weitere Deutsche. Alle britischen

Krankenpfleger hoben die Hände. Keiner war bewaffnet. Während all dies geschah, flohen die Juden durch den Hintereingang aus dem Haus. Da trat Schwester Suus in den Raum und nahm den drohenden Deutschen beim Arm. Ganz ruhig sagte sie: »Dieses Lazarett ist gerade beschossen worden.«

»Nein, Schwester, nein!«, brüllte er zurück. »Wir sind nicht wie die Amerikaner. Wir beschießen kein Krankenhaus.«[40] Die Schwester wies auf die Einschusslöcher in den Wänden. Jetzt forderte er, seine verwundeten Landsleute zu sehen. Ein britischer Arzt trat zu ihm, und Hendrika van der Vlist begleitete die beiden, um zu übersetzen. Der britische Arzt wies auf die deutschen Verwundeten. Der deutsche Offizier schüttelte dem ersten die Hand und gratulierte ihm, dass er wieder frei sei. Er fragte, wie man ihn behandelt habe. Die Stimme klang herausfordernd. Hendrika hatte nicht den Eindruck, dass der verwundete Deutsche über die Verkündung seiner Freiheit besonders erfreut war. Er sagte nur, man habe ihn sehr gut versorgt. Laut Colonel Warrack, der der Szene inkognito beiwohnte, gab es eine Ausnahme, an der jedoch nicht das medizinische Personal schuld war. Ein glühender junger Nazi hatte vier Stunden lang eine Morphiumgabe und jede andere Hilfe abgelehnt. Man hatte ihm das Knie zerschossen, er musste große Schmerzen haben. »Schließlich gab er auf, rief ›Kamerad!‹ und ließ sich behandeln.«[41]

Dann bestand der Offizier darauf, den Operationsplatz zu sehen, wo gerade ein kleinerer Eingriff an einem deutschen Soldaten vorgenommen wurde. Der Offizier schaute auf seinen Landsmann und ließ unvermittelt fallen: »Muss das sein?« – als wäre der Krieg lediglich ein unglückliches Missverständnis mit tragischen Folgen.[42] Deutsche Offiziere behaupteten häufig, sie hätten das nicht gewollt. Der Krieg sei Deutschland aufgezwungen worden. Der kommandierende Offizier der Feldambulanz, der unerschütterliche Lieutenant Colonel Arthur Marrable, sagte danach, seine Pfeife paffend, zu seinen Mitarbeitern: »Gut gemacht, Jungs. Nehmt einfach keine Notiz von den Jerries. Macht weiter, als wäre nichts gewesen.«[43]

Mit dem plötzlichen Vormarsch der Deutschen östlich von Oosterbeek entstand ein weiteres ernstes Problem. Nun wurde es viel gefährlicher, die Verwundeten vom Hotel Schoonoord zum Operationsraum im Hotel Tafelberg zu bringen. Solche Transporte waren zwar noch möglich, aber nur bei geringem Beschuss. So geschah es, dass einer von Marrables Ärzten den zerschmetterten Fuß eines Soldaten mit einer Feile amputieren musste, mit der Gefangene zuvor Gitterstäbe durchtrennt hatten, da es Amputationssägen nur im Tafelberg auf der anderen Seite der Frontlinie gab.

Im Hotel Vreewijk gegenüber dem Hotel Schoonoord hatte man eine Art postoperatives Zentrum eingerichtet. Bald aber war es wesentlich mehr. Eine tapfere junge Frau namens Jannie van Leuven kam mit einem Pferdewagen voller Verwundeter dort an, die sie aufgesammelt und dann unter Beschuss bis nach Oosterbeek gebracht hatte. Ihre Kleidung war so vom Blut der Verwundeten getränkt, um die sie sich gekümmert hatte, dass man ihr einen Kampfanzug gab, den sie trug, bis sie später alle miteinander gefangen genommen wurden. Zwar war das Schoonoord mit mehreren Rot-Kreuz-Symbolen gekennzeichnet, doch der Maschinengewehrbeschuss hielt an, und dann feuerte ein Sturmgeschütz vier Granaten in das Gebäude. Die großen Fenster, die zur Straße hinausgingen, waren »gähnende Löcher mit scharfen Glasscherben an den Rändern«.[44] Die Verwundeten konnten kaum mehr tun, als sich die Decken über den Kopf zu ziehen, um sich vor herumfliegenden Glassplittern zu schützen, so wie es kleine Kinder beim Spielen tun. Die Mörser hörten nicht auf zu schießen, und mehrere Männer erlitten frische Splitterverletzungen. Gipsstaub lag auf Köpfen und Gesichtern des Personals, als hätte man sie mit Mehlbomben beworfen. Die niederländischen Freiwilligen und das medizinische Personal der Royal Army staunten, wie wenig ihre Patienten sich beklagten. Sie zeigten höchstens »das freudlose Grinsen des Schmerzes«.[45]

Die Kämpfe um Arnheim und Oosterbeek schlugen auch tiefe psychische Wunden. Nervenzusammenbrüche wegen Gefechtsneurose brachten merkwürdiges Verhalten hervor. Ein Mann, der körperlich fast unverletzt war, riss sich die Kleider vom Leib, stapfte durch den Raum, schwang die Arme und machte Geräusche wie eine Lokomotive. Von Zeit zu Zeit ließ er Flüche hören und sagte: »Jagt den Heizer weg, der hat noch nie etwas getaugt.« Ein anderer weckte Menschen bei Nacht, beugte sich über sie, starrte ihnen in die Augen und fragte: »Bist du fest im Glauben?«[46] Im St.-Elisabeth-Hospital hatte Schwester Stransky eine merkwürdige Begegnung mit einem Deutschen, der an Gefechtsneurose litt. Ein Wehrmachtsoldat mit einer Pistole tauchte auf. Schwester Stransky, eine Wienerin, wollte ihn nicht ins Haus lassen. Er erklärte immer wieder: »Ich bin den ganzen Weg von Sibirien bis hierher mit einer neuen Waffe gekommen, um den Führer zu retten.« Als sie ihm nach wie vor den Zutritt verweigerte, hockte er sich auf die Treppenstufen vor der Tür nieder und fing jämmerlich an zu schluchzen.[47] Manche Verwundete starben sehr ruhig. Ein Sergeant sagte zu einem Arzt, den Tod vor Augen: »Ich weiß, dass ich nicht mehr lange lebe. Halten Sie bitte meine Hand.«[48]

Das Hauptziel des Angriffs der Deutschen an diesem Tag lag im Südosten am unteren Weg zur Kirche von Oosterbeek. Colonel Thompson hatte um Offiziere gebeten, die dort helfen könnten, die Verteidigung zu organisieren. Dafür schickte man ihm Major Richard Lonsdale, den stellvertretenden Kommandeur des 11th Parachute Battalion. Lonsdale, ein Ire, der auf Sizilien den Distinguished Service Order erhalten hatte, war jener Offizier, der vor dem Absprung von einem Flak-Splitter an der Hand verletzt worden war. Er ging nach vorn, um die Verteidigungslinie etwa einen Kilometer vor Colonel Thompsons Haubitzen aufzubauen.

Plötzlich rief ein Soldat: »Achtung, sie kommen!« Lonsdale erblickte drei deutsche Panzer, die in etwa 300 Meter Entfernung aus dem Wald auf die Straße fuhren. Dahinter folgten Infanterie und ein Sturmgeschütz.[49] Lance Sergeant John Baskeyfield von den South Staffords befehligte eine 6-Pfünder-Panzerabwehrkanone. Er und die Bedienung zerstörten zwei Panzer, weil sie jedes Mal abwarteten, bis die sich auf weniger als hundert Meter genähert hatten. Baskeyfield, selbst schwer am Bein verwundet, lud und feuerte allein weiter, nachdem die anderen Männer entweder tot oder durch Verletzungen außer Gefecht gesetzt waren. Als die Deutschen wieder angriffen, wurde seine Kanone ausgeschaltet. Er kroch zu einer anderen, deren Bedienung tot war. Auch diese benutzte er ganz allein, feuerte zwei Granaten ab und erledigte damit ein weiteres feindliches Sturmgeschütz. »Als er jedoch den dritten Schuss vorbereitete, wurde er von der Granate eines feindlichen Panzers getötet.«[50] Baskeyfield wurde posthum das Victoria-Kreuz verliehen.

Wenig später lösten Flammenwerfer eine Panik aus. Eine Gruppe der South Staffords, die davonlief, musste von einem Offizier gestoppt und zur Frontlinie zurückbefohlen werden. Die Deutschen griffen an diesem Nachmittag noch mehrmals an. Ein Sturmgeschütz der Deutschen steckte auf der Rückseite eines Hauses fest. Major Robert Cain trieb mit ihm längere Zeit ein tödliches Boule-Spiel. Er feuerte PIAT-Granaten in steilem Bogen über das Haus, als benutzte er einen Mörser.[51] Ein Artillerieoffizier, Lieutenant Ian Meikle, kletterte tollkühn den Schornstein hinauf, um seine Schüsse zu dirigieren. Es kostete Meikle das Leben, als eine deutsche Granate den Schornstein traf, während Cains Trommelfelle durch die ständige Benutzung des PIAT-Werfers durchlöchert wurden.

Als zwei Panzer auftauchten, beschoss Cain auch sie mit seinem Werfer. Cain wollte sichergehen, dass er den einen ausgeschaltet hatte, und feuerte ein zweites Mal. Doch diesmal detonierte die Granate im Rohr des Werfers. »Es gab einen Blitz, der Major schleuderte den PIAT in die Luft und stürzte rückwärts zu Boden«, berichtete ein Seglerpilot. »Alle dachten, er sei von einem Geschoss aus dem explodierenden Panzer getroffen worden. Er lag da, die Hände an die Augen gepresst. Sein Gesicht war schwarz und angeschwollen. ›Ich glaube, ich bin blind‹, sagte er.« Sein Gesicht war von winzigen Metallsplittern übersät. Man legte ihn auf eine Trage und brachte ihn fort. Auf dem Verbandsplatz konnte er bald wieder sehen. Deshalb entließ er sich nach kurzer Ruhepause selbst und ging zurück.[52] Bald hörte er den Ruf »Tiger!« Cain lief zu der 6-Pfünder-Panzerabwehrkanone. Dabei rief er einen anderen Soldaten zu Hilfe. Sie trafen mit dem ersten Schuss, der den Panzer zum Stehen brachte. »Laden!«, rief Cain. »Geht nicht, Sir«, kam die Antwort. »Rückstoß ist hin. Die muss zur Werkstatt.« Die ruhige, professionelle Reaktion des Soldaten gefiel Cain sehr.* [53]

Gegen Abend erhielt Lonsdale die Erlaubnis, sich mit den Resten der drei Bataillone zur Kirche zurückzuziehen. Während die meisten in dem arg beschossenen Bauwerk ein wenig ausruhten, bestieg Lonsdale mit verbundenem Kopf, den Arm in einer Schlinge, die Kanzel und hielt eine mitreißende Ansprache. Am nächsten Tag wurde die »Thompson Force« offiziell in »Lonsdale Force« umbenannt. Das 1st und das 3rd Battalion wurden auf dem Polderland postiert, das sich von der Kirche nach Süden bis zum Fluss hinzog, die South Staffords im Umfeld der Kirche und das 11th Battalion nördlich der Straße. Company Sergeant Major Dave Morris vom 11th Battalion rückte in den Vredehof, das Friedenshaus, ein. Die Tür war mit zwei Klavieren verbarrikadiert, sie mussten also durch ein Fenster einsteigen. Im Keller fanden sie fünfzehn Zivilisten, darunter drei Kinder und ein erst ein Monat altes Baby. Überraschend bat der Eigentümer des Friedenshauses, Frans de Soet, die Paratrooper um ein Gewehr. Mit dem schloss er sich am nächsten Tag Morris an und betätigte sich an einer Dachluke als Scharfschütze.[54]

In England litten die ungeduldigen und frustrierten Männer von Major General Sosabowskis Polish Independent Parachute Brigade Höllenqualen. Sie hatten am Sonntag den Abflug der ersten Welle der Luftlandetruppen erlebt. Das hatte einen so tiefen Eindruck auf sie gemacht, dass Lieutenant Stefan Kaczmarek »eine Freude empfand, die beinahe wehtat«, denn es schien, nun sei der Krieg bald vorüber.[55] Doch nach zweimaligem Abbruch

* Robert Cain ist der einzige Träger des Victoria-Kreuzes, der die Schlacht von Arnheim überlebte.

von Einsätzen wurden Sosabowski und seine Offiziere verständlicherweise ungehalten über den Mangel an Information. Sie waren schon einmal zum Flugfeld befohlen und dann wieder zurückgeschickt worden.

Am Mittwochmorgen um 8.45 Uhr brachte Lieutenant Colonel George Stevens, der Verbindungsoffizier des 1st Airborne Corps bei den Polen, einen neuen Befehl. Sie sollten nicht in der Nähe der Straßenbrücke von Arnheim landen, sondern weiter westlich beim Dorf Driel. Wenn die Brücke von Arnheim noch in der Hand der alliierten Luftlandetruppen war, so fragten sie sich, warum sollten sie dann so weit westlich davon abspringen? Ihnen schwante, dass die Dinge wohl sehr schlecht liefen. Colonel Stevens sagte lediglich, die Brigade werde südlich des Niederrheins abgesetzt und werde den Fluss »mit einer Fähre überqueren«.

Sosabowski informierte die Bataillons- und Kompanieführer über den neuen Plan, und der Start wurde auf 12.30 Uhr festgesetzt. Dann gab es eine weitere Verschiebung um eine Stunde. Doch »als die Motoren bereits angelassen waren, verlegte man den Start wegen schlechten Wetters erneut auf 24 Stunden später.«[56] Aus einem Bericht der 1st Allied Airborne Army geht allerdings hervor, dass der wahre Grund für diese Verschiebung darin bestand, zunächst Nachschub abzuwerfen. Diese Güter, die »für die britische 1st Airborne Division bestimmt waren, fielen größtenteils dem Feind in die Hände«.[57] »Die Soldaten, von einem ganzen Tag gespannter Erwartung erschöpft, kehren verbittert ins Lager zurück«, schrieb ein polnischer Paratrooper. »Abends versammeln sie sich um die Rundfunkempfänger, um Nachrichten aus Warschau zu hören, das jetzt stirbt und auf ihre Hilfe gewartet hat.«[58]

Am Abend gegen 22.00 Uhr kam Colonel Stevens noch einmal, um mitzuteilen, dass »die Lage verzweifelt ist«. Die 1st Airborne Division sei eingekreist und benötige dringend Verstärkung. Die Kommunikation zum Kontinent hatte sich eindeutig nicht verbessert, denn Stevens glaubte, der nördliche Teil von Nimwegen und die Brücken dort seien noch in der Hand der Deutschen. Er räumte ein, die gegenwärtige Situation sei »ganz anders als erwartet«.[59] Er brauchte gar nicht hinzuzufügen, dass die Rolle der polnischen Brigade jetzt darauf hinauslief, für die Briten die Kastanien aus dem Feuer zu holen. Das war nur allzu klar.

Sosabowski, der von dem ganzen Plan für Operation Market Garden nie etwas gehalten hatte, verlor jetzt die Geduld. Er hatte sich konsequent dagegen gewandt, dass seine Panzerabwehrkanonen per Segler zusammen mit den Briten auf der Nordseite des Flusses landen sollten. Jetzt, da die

Deutschen die Brücke von Arnheim hielten, bedeutete das, seine Brigade sollte am Südufer des Flusses ohne jeden Schutz vor Panzern landen. Sosabowski sagte Stevens, dieser möge dem Stab der 1st Allied Airborne Army mitteilen, dass er, Sosabowski, nicht starten werde, wenn man ihn nicht ordentlich darüber informiere, was in Arnheim passiert sei. Er erklärte, General Brereton sei zu bitten, »eine Entscheidung zu fällen. Er [Sosabowski] bestand darauf, dass der bisherige Auftrag für ihn nicht mehr gelte. Wenn seine Brigade ins Gefecht geschickt werde, dann müsse dem eine adäquate Information über die eigenen Truppen und die Stellungen des Feindes vorausgehen«.[60] Eine Stunde später musste Colonel Stevens erfahren, dass General Brereton sich irgendwo auf dem Kontinent befand, doch selbst sein eigener Stab wusste nicht, wo. Zu General Browning bestand seit über 24 Stunden keine Verbindung. Es kann kaum überraschen, dass Sosabowski an seinen Vorgesetzten verzweifelte.

19

Nimwegen und Hell's Highway
Donnerstag, 21. September

Auf deutscher Seite herrschte die ganze Nacht lang Verwirrung darüber, ob die deutschen Truppen in Nimwegen noch am Südende der Straßenbrücke über die Waal kämpften. Bittrich berichtete an Models Hauptquartier: »Seit 2 Stunden vom Brückenkopf keine Meldung mehr, Besatzung scheint zerschlagen.«[1]

Hauptsturmführer Karl-Heinz Euling hatte die Verteidigung des Valkhofs und des Hunner Parks zum Teil vom Belvedere, zum Teil von einem nahe gelegenen Haus aus befehligt. Nachdem Sergeant Robinsons Trupp über die Brücke gefahren war, hielten die Kämpfe noch lange an. Und doch gelang es Euling, um Mitternacht mit fast 60 seiner Männer und einer kleinen Gruppe Fallschirmjäger unter Major Ahlborn zu entkommen.[2]

Später behauptete Euling, der Zusammenbruch der Häuser in den lodernden Flammen habe den Eindruck erweckt, er und seine Männer seien darin umgekommen. Tatsächlich aber waren sie die Steilwand des Valkhofs hinuntergeklettert und hatten sich unter der Brücke versteckt, während weitere britische Panzer darüber hinwegdonnerten. Dort unten war es dunkel, weil der Valkhof den Feuerschein aus der brennenden Stadt verdeckte. Euling führte dann seine Männer in Reihe die Straße entlang, in recht lässiger Weise, als wären sie Amerikaner. Euling versichert, er und seine Männer seien am Flussufer in den Ostteil von Nimwegen gelangt, wo sie Boote gefunden hätten und zum Nordufer der Waal übergesetzt seien. Da sowohl die Amerikaner als auch die Untergrundkämpfer das Ufer zuvor bereits abgesucht und keine Boote gefunden hatten, scheint dies ein ungewöhnlicher Glücksfall gewesen zu sein.

Während Euling und dessen SS-Panzergrenadiere für ihre Tapferkeit sehr bewundert wurden, scheint sich eine Reserveeinheit unter Major Hartung am Nordufer der Waal beim Auftauchen der britischen Panzer eigenmächtig aufgelöst zu haben.[3] Die Männer liefen zurück bis nach Bemmel, einige gar bis nach Elst, wo sie von einem Teil des SS-Panzerregiments 10 aufgehalten und zur Frontlinie zurückgebracht wurden, zweifellos mit vorgehaltener Waffe. Am Morgen des 21. September meldete das II. SS-Panzerkorps, von Oosterhout über Ressen bis Bemmel sei eine Verteidigungslinie aufgebaut worden, um den Vormarsch der Alliierten knapp vier Kilometer nördlich der Straßenbrücke aufzuhalten.[4] Diese Linie wurde durch ein paar Panzer IV verstärkt, die man in Pannerden mit der Fähre übergesetzt hatte. Unterstützung kam auch von der Artillerie der Division »Frundsberg«, die ebenfalls in Pannerden stand. Harmel verlegte seinen Befehlsstab zur Anlegestelle der Fähre, weil dort nicht in ausreichender Menge Nachschub herangeschafft wurde.[5]

Obwohl Generalfeldmarschall Model für die unterbliebene Sprengung der Brücke Verantwortung übernommen hatte, notierte Generaloberst Jodl, Hitler sei immer noch voller Zorn über die Idiotie, Brücken ungesprengt in die Hände des Feindes fallen zu lassen.[6] Generalmajor Horst Freiherr von Buttlar-Brandenfels vom Oberkommando der Wehrmacht forderte hartnäckig weitere Einzelheiten, »warum die Brücke in Nimwegen nicht rechtzeitig zerstört worden ist«.[7] Models Stabschef hatte zu erklären, dass der Befehl unmittelbar nach den ersten Landungen der Alliierten erteilt worden sei. Die Lage in Arnheim hatte gezeigt, dass dieser Befehl voll und ganz gerechtfertigt war. Wäre die Brücke in Arnheim gesprengt worden, so hätte man keine Verstärkung nach Nimwegen schicken können. Und die Brücke von Nimwegen konnte jederzeit durch einen Angriff des II. deutschen Fallschirmjäger-Korps von Osten her zurückerobert werden.

Dieser Gefahr waren sich sowohl die britischen als auch die amerikanischen Kommandeure bewusst. Auf Brigadier Gwatkins Befehl folgten Panzerjäger M-10 des 21st Anti-Tank Regiment in den frühen Morgenstunden unmittelbar auf die erste Kompanie des 3rd Battalion der Irish Guards. Captain Roland Langton mit einer Kompanie ihres Panzerbataillons war ebenfalls bereits unterwegs, doch in der Dunkelheit hatten sie Schwierigkeiten, die Infanterie des 3rd Battalion ausfindig zu machen. Ungeachtet der Verluste am Tag zuvor stieß Major Julian Cooks Bataillon im Morgengrauen, unterstützt von den Panzerjägern, einen weiteren Kilometer vor. »Jeder Zoll dieses Weges war heiß umkämpft«, schrieb Cook. »Die Krauts hatten alle Vorteile auf ihrer Seite. Sie kontrollierten die Gärten, die Gräben, die Bauernhäuser usw.«[8] Cook und seine Männer beschossen Harmels

Verteidigungslinie. Sie konnten kaum mehr tun, bis die Einheit der Irish Guards aufmarschiert war.

Bei den Kämpfen über die Waal hinweg und den Gegenangriffen aus dem Reichswald waren die Verluste der US 82nd Aiborne Division in den letzten 24 Stunden auf über 600 Mann angestiegen, die stationär behandelt werden mussten. Die Medical Company des 307th Airborne Engineers Battalion hatte gerade in einem ehemaligen Kloster am Südrand von Nimwegen einen Verbandsplatz eingerichtet. Unter den Paratroopern hieß der Ort nur die »Baby-Fabrik«, weil dort SS-Angehörige mit rassisch ausgewählten jungen Frauen Kinder gezeugt haben sollen.* [9] Die Bevölkerung witzelte, der »Lebensborn Gelderland« hätte besser »Lustwaffe« heißen sollen.[10]

Die amerikanischen Ärzte und Pfleger erhielten große Unterstützung von zahlreichen weiblichen Freiwilligen. Sie mussten damit fertig werden, dass ein Helfer von dem medizinischen Alkohol trank, der für die Sterilisierung der Instrumente gebraucht wurde, und dass die amerikanischen Paratrooper ständig auf der Suche nach Souvenirs waren, die sie nach Hause schicken konnten. Ein GI bot einer niederländischen Krankenschwester mehr und mehr Geld für ihre Rot-Kreuz-Brosche. Doch viel mehr schockierten sie die rassischen Spannungen in der US-Armee. Sobald sie sich um einen schwarzen Soldaten des Versorgungsbataillons kümmerte, kam von einem weißen Soldaten prompt die spitze Bemerkung: »Ist das dein neuer Freund?«[11]

An jenem Tag bot sich dem 307th Airborne Engineers Battalion die Möglichkeit, einige Verletzte per Straßentransport zum 24th Evacuation Hospital in Leopoldsburg jenseits der belgischen Grenze zu schicken. Diese Lösung hatte keinen Bestand mehr, als die Deutschen Hell's Highway ernsthaft zu attackieren begannen. Die Kompanie des Krankenhauses, die man durch weitere Chirurgen verstärkt hatte, war harte Arbeit gewohnt. Sie führte 284 große und 523 Routineoperationen durch. Wie man sich denken kann, betrafen 78 Prozent davon »die Extremitäten – Hände und Füße, Arme und Beine«.[12]

Die Sterberate des 307th Battalion war unter diesen Umständen mit 2,5 Prozent erstaunlich niedrig. Seit dem Ersten Weltkrieg hatte die Militär-

* Auf Himmlers Befehl hatte die SS das Kloster namens Berchmanianum für sein Projekt *Lebensborn* übernommen. Ein SS-Vorkommando aus München hatte die Zellen und Aufenthaltsräume der Mönche so umgebaut, dass 60 »arische« Frauen und 100 »reinrassige« Kinder in diesem »Lebensborn Gelderland« untergebracht werden sollten. An dem Ort wurde jedoch kein einziges Kind geboren, da der Umbau bis Ende 1943 noch nicht abgeschlossen war.

medizin mit Penizillin, Glukose-Infusionen, Sauerstoff, Tetanus-Medikamenten, Sulfonamid-Puder und besseren Betäubungsmitteln riesige Fortschritte gemacht. Auch die rasche Beförderung von Verletzten per Jeep war von großer Bedeutung. Die Ärzte hatten nur einen einzigen Fall von Wundbrand zu behandeln – einen Patienten, der erst dreißig Stunden nach der Verwundung eingeliefert wurde. Das aus dem Ersten Weltkrieg überkommene Selektionssystem, wonach man Menschen mit ernsten Kopf- und Bauchverletzungen sterben ließ, war weitgehend abgeschafft. Jetzt war es »üblich, Schwerverletzte nach der Aufnahme sofort in den Schockraum zu bringen«. Der Einsatz von insgesamt fast 50 000 Liter Sauerstoff und 45 Millionen Einheiten Penizillin-Natriumsalz spielte eine enorme Rolle. Ebenso Bluttransfusionen. »Blut war ein Hauptfaktor bei der Rettung schwerer Fälle, vor allem solcher mit massivem Blutverlust«, hieß es in einem Bericht des 307th Battalion.[13] Neben der Verwendung von 1500 Einheiten Blutplasma füllte das Ärzteteam die Blutbank auch dadurch auf, dass leichtverletzte Patienten gebeten wurden, Blut zu spenden.

Sergeant Otis L. Sampson, den die Granatsplitter einer 88-mm-Kanone schwer verletzt hatten, wurde mit einem Jeep zur Baby-Fabrik gefahren. »Ich wurde auf einer niedrigen Trage in das Hospital gebracht«, berichtete er, »und im Eingangsbereich am Boden abgestellt. Hier erhielt ich zwei Quarts [ca. 1 Liter] Blut. Ich konnte spüren, wie das Leben in meinen Körper zurückkehrte. Ein Major untersuchte mich und befahl einem Pfleger, mich auszuziehen und auf den Rücken zu drehen. ›Major, ich bin am Rücken verletzt‹, teilte ich ihm mit. ›Ich weiß‹, sagte er, ›aber der Splitter steckt in Ihrem Bauch. Wären wir jetzt im Ersten Weltkrieg, dann hätten Sie mit dieser Verwundung nicht überlebt. Sie können Wasser trinken, wenn Sie möchten, das schadet Ihnen nicht.‹«

Der Pfleger hatte sich bereits Sampsons Springerstiefel gegriffen und meinte nur: »Wo du hingehst, brauchst du die nicht mehr.« Wütend versuchte Sampson, von der Trage aufzustehen und sich seine Stiefel zurückzuholen. Der Major befahl dem Pfleger, sie ihm zurückzugeben. Im Krankenzimmer sah Sampson, wie Ärzte diejenigen, die gestorben waren, bis über den Kopf mit einem Laken bedeckten. Aber nicht alle Patienten hatten schwere Verletzungen. Ein deutscher Pilot musste mit dem Fallschirm aus seiner Maschine springen und landete direkt vor den Fenstern des Lazaretts. »Sein Schirm war irgendwo hängen geblieben, und er baumelte in der Luft herum.« Zwei Paratrooper, gehfähige Verletzte, liefen sofort hinaus und nahmen dem Mann Uhr und Pistole ab.[14]

Der deutsche Pilot flog eine der Jagdmaschinen, die an diesem Nachmittag Nimwegen angegriffen und damit eine Panik ausgelöst hatten. Die Menschen, die noch in der Stadt waren, glaubten, sie werde jetzt genauso bombardiert wie Eindhoven, und drängten sich in den Luftschutzräumen. Die Jäger belegten auch die Baby-Fabrik mit Maschinengewehrfeuer. Als Captain Bestebreurtje dorthin kam, um sich verbinden zu lassen, sagte ein Arzt zu ihm: »Können Sie sich vorstellen, was diese deutschen Bastarde getan haben? Sie haben das Krankenhaus beschossen, obwohl wir ein riesiges rotes Kreuz auf dem Dach haben. Und wissen Sie, womit ich gerade beschäftigt war, als sie das taten? Ich habe einem Deutschen das Leben gerettet. Dabei bin ich Jude.«[15]

Nach der Schlacht um die Brücken von Nimwegen war großes Aufräumen angesagt. Viele konnten ein Bild nicht vergessen: Auf der Stadtseite der Straßenbrücke hockte ein toter Deutscher. Sein Arm war in Leichenstarre ausgestreckt, als weise er über den Fluss. Insgesamt wurden auf der Brücke 80 tote Deutsche gefunden. »Im Laufe des Vormittags«, schrieb Lieutenant Tony Jones von den Royal Engineers, »wurden viele weitere Gefangene gemacht. Es war ein außergewöhnliches Sortiment – Alte und Junge, SS, Polizei, Wehrmacht, Marine, manche zeitweilig (aber nur kurz) sehr arrogant, fast alle benommen und fassungslos. Noch bunter war die Ausrüstung, die sie bei sich trugen oder die noch herumlag: 88-mm-Kanonen, Geschütze der Kaliber 50 mm und 37 mm, ein französischer leichter Panzer, deutsche Spandau-MGs, Hotchkiss-MGs, neue Gewehre und alte aus dem Jahre 1916 mit langem Lauf und langem Bajonett, Minen und Bazookas, Handgranaten jeder Art, Größe und Gestalt. Damit hätte man ein ganzes Kriegsmuseum ausstatten können.«[16]

In der Stadt Nimwegen selbst sah es viel schlimmer aus. Der Nordteil war fast völlig niedergebrannt. »Die Stadt bietet einen entsetzlichen Anblick und ist schwer beschädigt«, schrieb der Leiter des Konzertsaals. »Viele verbrannte Häuserblöcke, Krater in den Straßen, Berge von Trümmern und Glas, entwurzelte Bäume – ein furchtbar trauriger Anblick.«[17] Im großen Konzertsaal De Vereeniging waren über eintausend Fensterscheiben zu Bruch gegangen.

Noch schwerer waren die Zerstörungen um den Valkhof – »ein Chaos von zerwühlten Schützengräben, Uniformteilen, getrockneten Blutlachen, zerschossenen Fahrzeugen und Waffen«. Leichen von Deutschen lagen immer noch auf den Straßen, einige mit Soldatenmänteln bedeckt. Eine Augenzeugin berichtete, wie Amerikaner ungerührt zwischen all dem umhergingen. »Ein amerikanischer Paratrooper aß seine Mittagsportion aus einer Dose direkt neben der Leiche eines deutschen Soldaten.«[18] Verletzte Zivilisten wurden zum St.-Canisius-Hospital gebracht, »wo man acht bis zehn gleichzeitig operierte«.[19] Als auf den Dörfern bekannt wurde, wie schwer Nimwegen zerstört war, spendeten die Leute, was sie konnten, vor allem Lebensmittel, um jenen zu helfen, die alles verloren hatten.

Von den etwa 540 Juden, die 1940 in Nimwegen gelebt hatten, waren vier Jahre später ungefähr 60 übrig geblieben. Simon van Praag hatte ein katholischer Priester versteckt. Er musste die meiste Zeit in völliger Dunkelheit leben, um nicht entdeckt oder denunziert zu werden. Während die Schlacht tobte und ein Haus nach dem anderen in Brand gesteckt wurde, muss es die Hölle gewesen sein, in einem Versteck auszuharren. Als der Albtraum zu Ende war, gab es wenig Grund zur Erleichterung. Mit dem Tageslicht erblickte Simon van Praag die von den Kämpfen halb verwüstete Stadt.[20]

Zwar fielen in Nimwegen nach wie vor Artilleriegranaten, doch der endgültige Abzug der Deutschen bedeutete, dass überall die niederländische rot-weiß-blaue Nationalflagge aufgezogen wurde und erneut Säuberungen einsetzten. »Der Pöbel der Stadt und notorische Nichtstuer schneiden Prostituierten, die Angehörigen der Besatzungstruppen zu Diensten waren, mit großen Scheren die Köpfe kahl und hüllen sie in die Bilder prominenter Nazis«, schrieb Cornelis Rooijens.[21] Auch Martijn Louis Deinum sah gefangen genommene NSB-Mitglieder, die durch die Straßen geführt wurden, darunter »eine Frau mit einem Hitlerbild um den Hals und kahl geschorenem Kopf«.[22] Vielen gefiel diese Form der Vergeltung nicht, andere wiederum waren dagegen, dass britische Soldaten versuchten, sich einzumischen. »Allgemein gesagt, haben sie nicht den gleichen Hass auf die Deutschen wie wir«, schrieb eine Frau. »Ich habe ihnen gesagt, sie könnten sich nicht vorstellen, was wir in diesen Jahren erlebt haben. Sie glauben, dass es eine schreckliche Sache ist, denen, die sich mit den Deutschen eingelassen haben, das Haar abzuschneiden, und wenn sie Gelegenheit dazu haben, schreiten sie dagegen ein.«[23]

An diesem Morgen gegen 11.00 Uhr ging in Models Hauptquartier folgende Meldung ein: »Bisher haben etwa 45 Feindpanzer Brücke in Nimwegen nach Norden überfahren.«[24] Dies waren offenbar Panzerjäger der Q Battery und Shermans der Irish Guards. Brigadier Gwatkin hatte den Vandeleur-Cousins mitgeteilt, diese Truppe sollte mit der normalen Geschwindigkeit eines Annäherungsmarsches, etwa 25 Kilometer in zwei Stunden, fahren. Doch bald wurde klar, dass die Deichböschung mit einer Straße auf der Deichkrone und nur sumpfigem Polderland ringsum »für das Operieren von Panzern ein lächerlicher Ort war«.[25] Die Panzer in einer Reihe hintereinander fahren zu lassen, ohne abseits der Straße manövrieren zu können, grenzte an Selbstmord. Aber den Betroffenen blieb keine Wahl, als den Befehlen zu gehorchen. Montgomerys Weigerung, auf Prinz Bernhards Rat zu hören, und das Versäumnis, wenigstens einen Offizier der niederländischen Armee zu konsultieren, stellten sich als ein Riesenfehler heraus.

Um 10.40 Uhr erhielt Captain Langton Befehl, in zwanzig Minuten aufzubrechen. Im Kriegstagebuch der Irish Guards heißt es dann allerdings, dass sie erst gegen 13.30 Uhr starteten. Langton glaubte zunächst, Lieutenant Colonel Giles Vandeleur mache einen Scherz. Sie hatten lediglich eine Straßenkarte. Der Befehl lautete: »Auf keinen Fall anhalten.«[26] Langton war wütend, als die Typhoons, um die er gebeten hatte, nicht auftauchten. Sie waren zwar gekommen, aber der Funkverkehr war zusammengebrochen.[27]

»Die Typhoons waren aufgetaucht, eine Staffel nach der anderen«, berichtete der Flugleitoffizier, Flight Lieutenant Donald Love. »[Kompaniechef] Sutherland versuchte, Kontakt mit ihnen herzustellen, aber das VHF-Funkgerät im Kontaktwagen gab keinen Ton von sich. Es war einfach fürchterlich … Die Typhoons kreisten über uns, und am Boden flogen die Granaten hin und her. Ich war frustriert und entnervt. Aber da war nichts zu machen. Die Typhoons hatten strikte Anweisung, nicht aufs Geratewohl zu attackieren.«[28] Loves Stimmung wurde nicht besser, als sein Funker einen Nervenzusammenbruch erlitt.

Die vier Shermans der Spitzengruppe wurden einer nach dem anderen abgeschossen. Die ersten drei »binnen einer Minute«.[29] Wie ein anderer Offizier der Garde es beschrieb, waren sie aufgereiht »wie Blechenten zum Abschießen in einer Jahrmarktsbude«.[30] Die Verteidigungslinie der Deutschen war mit 88-mm-Kanonen, Sturmgeschützen und mindestens zwei im Wald versteckten Königstigern bestückt. Giles Vandeleur rief seinem Cousin zu, wenn sie noch weitere Panzer die Straße entlangschickten, »dann wäre das kaltblütiger Mord«.[31]

Zu Langton, der noch ganze vier Shermans in seiner Kompanie hatte, stießen Minuten später Colonel Joe Vandeleur und dessen Cousin Giles hinzu. Langton fragte, ob sie Luftunterstützung erhalten könnten. Vandeleur schüttelte den Kopf und sagte ihm – durchaus unkorrekt –, alle Flugzeuge hätten den Auftrag, die Polish Parachute Brigade zu unterstützen. »Aber wir könnten dorthin gelangen, wenn wir die Unterstützung hätten«, beharrte Langton. Noch einmal schüttelte Vandeleur bedauernd den Kopf. Er befahl Langton, bis auf weiteren Befehl zu bleiben, wo er gerade war.[32] Laut Flight Lieutenant Love ging Colonel Joe Vandeleur dann zu Fuß in den Wald, um selbst Aufklärung zu betreiben. Mit dem gezogenen Revolver in der Hand wirkte er »wie einem Wildwest-Film entstiegen«.[33] Langton war wütend und wurde an diesem Nachmittag immer verbitterter, als er sehen musste, wie deutsche Jagdflugzeuge links von ihnen die Polen beim Absprung in der Nähe von Driel attackierten, ohne dass diesen eine einzige Maschine der Alliierten zu Hilfe kam.

»Als ich diese ›Insel‹ sah, rutschte mir das Herz in die Hose«, sagte der Kommandeur der Guards Armoured Division. »Die Insel« nannte man das flache, nasse Polderland der Betuwe zwischen Waal und Niederrhein. »Etwas Ungeeigneteres für Panzer kann man sich nicht vorstellen.« Adair brauchte dringend Infanterie, die sich für diese Gegend wesentlich besser eignete. Daher überzeugte er Horrocks, statt der Panzer die 43rd Infantry Division dort hindurchzuschicken.[34] Diese hatte ein schweres Gefecht zu bestehen. Da die Brücke von Arnheim jetzt geöffnet war, wurde Harmels Verteidigungslinie durch den ersten Teil der Kampfgruppe Brinkmann verstärkt. Das Bataillon Knaust und eine Kompanie Panzer V erreichten Elst.

Am nächsten Tag schickte das Household Cavalry Regiment im Morgengrauen zwei Trupps der D Company über die Waal, welche die Gegend in westlicher Richtung aufklären sollten. Sie gerieten unter heftigen Beschuss, bei dem drei Panzerspähwagen White Scout beschädigt wurden. Doch es gelang ihnen, im Morgennebel durch Harmels Verteidigungslinie zu schlüpfen. Sie hielten auf Driel zu, wo die Polish Parachute Brigade abspringen sollte.

Major General Sosabowski und seine Männer, für die in England ein Einsatz nach dem anderen verschoben wurde, lebten in einem Zustand unerträglicher Spannung. Sie drängten darauf, endlich in die Kämpfe in den Niederlanden eingreifen zu können, und doch waren ihre Gedanken bei der Heimatarmee, die sich in Warschau verzweifelt verteidigte. Am 21. September um 3.00 Uhr morgens erhielt Colonel Stevens einen Funkspruch von der 1st Allied Airborne Army, in dem das neue Absprunggebiet bei Driel bestätigt und erklärt wurde, die Fähre sei nach wie vor in britischer Hand. Außerdem hieß es darin, dass die Brücke von Nimwegen erobert sei und britische Artillerie bald zur Stelle sein werde, um die 1st Airborne Division bei Oosterbeek zu unterstützen. Später am Vormittag versicherte General Floyd L. Parks, der Stabschef der 1st Allied Airborne Army, Sosabowski noch einmal, dass sich die Fähre in den Händen der britischen 1st Airborne Division befinde. Zu diesem Zeitpunkt traf das zu, aber bei einem Angriff der Deutschen am Vormittag wurde die Kompanie des Border Regiment, welche die Fähre bewachte, zurückgedrängt und die Fähre von der Wehrmacht zerstört.[35]

Um 7.00 Uhr morgens trafen die Männer der Polish Parachute Brigade auf den drei vorgesehenen Flugfeldern ein. Der Nebel war so dick, dass die Umrisse von Hangars, Flugzeugen und Gebäuden kaum zu erkennen waren. Aber es war wärmer als in den vorausgegangenen Tagen, und die Polen wollten einfach glauben, dass sie diesmal starten könnten. Ein junger polnischer Offizier hat die Szene so beschrieben: »Überall, vor und hinter den Dakotas, wimmeln Paratrooper herum, ihre Ausrüstung und ihr persönliches Gepäck liegen auf der Beton-Startbahn verstreut. Einige stehen in Gruppen beisammen und diskutieren, andere nutzen die Zeit für eine Pause, dritte besuchen ihre Freunde an den Dakotas nebenan. Aber keiner wagt sich weit fort, um jeden Augenblick zum Einsteigen bereit zu sein. Sie halten nach Zeichen Ausschau, dass ihr Start diesmal nicht ausfällt. Aber er wird Stunde um Stunde verschoben.«[36]

Kurz nach 14.00 Uhr hatte sich der Nebel endlich ausreichend gelichtet, und das Signal zum Start wurde gegeben. 72 Flugzeuge erhoben sich von Saltby und Cottesmore und weitere 46 von Spanhoe. Der größeren Gruppe gelang es, ein Fenster in der Wolkendecke über der Nordsee zu finden, aber die Truppentransporter von Spanhoe erhielten den Befehl zum Umkehren, was bei den Insassen wütende Fassungslosigkeit auslöste. Nachdem sie wieder gelandet waren und hörten, dass die andere Gruppe weitergeflogen war, stürzte sie das Gefühl der Nutzlosigkeit, »wenn auch nicht durch unsere Schuld, in Verzweiflung, hilflose Wut und eine Art Neid auf unsere Kameraden am Boden«.[37]

Um 16.05 Uhr meldete ein deutscher Funker in der Enklave Dünkirchen eine große Zahl alliierter Flugzeuge. Standartenführer Harzer befahl Oberstleutnant von Swobodas Flak-Brigade, in ihrer neuen Stellung südwestlich der Straßenbrücke von Arnheim Gefechtsbereitschaft herzustellen. Auf nahe gelegenen Flugfeldern erhielten 60 Jagdmaschinen den Befehl zum Start. In deutschen Berichten aus diesen Stunden ist Begeisterung zu spüren. »Da schlug ihnen wie mit glühender Faust das konzentrierte

Feuer der Flak entgegen«, lautete nur einer der frohlockenden Sätze.[38] Später behaupteten die Deutschen, sie hätten 43 Flugzeuge der Alliierten abgeschossen. Ein deutscher Augenzeuge schätzte die Verlustrate unter den Paratroopern auf 60 Prozent. Polnische Berichte halten das jedoch für stark übertrieben.

Die deutsche Flak schoss tatsächlich wie wild. Polnische Paratrooper, zumeist gläubige Katholiken, haben die Leuchtspurgeschosse, die sie umschwirrten, als »einen Rosenkranz von Funken« beschrieben.[39] Fünf Truppentransporter C-47 wurden abgeschossen und weitere 16 beschädigt. Deutsche Truppen etwa in Kompaniestärke befanden sich im Absprunggebiet oder nahebei. »Die anfliegenden Flugzeuge und die landenden Paratrooper gerieten unter intensiven Beschuss«, hieß es im Kriegstagebuch der Brigade.[40]

Nur eine Handvoll Männer wurde beim Absprung erschossen. »Jene, die eine Kugel trifft, landen ebenfalls«, so die romantische Sicht eines Polen auf den Tod im Kampf. »Sie schweben unter dem weißen Schirm langsam und majestätisch herunter, als wollten auch sie sich in den Kampf stürzen.«[41] Aus Sosabowskis jetzt reduzierter Truppe von 957 Mann wurden nur vier getötet und 25 verwundet. »Es folgte etwas Nahkampf mit Messern und Handgranaten. Der Widerstand der Feinde war bald überwunden, und elf Gefangene wurden gemacht.«[42] Die größte Sorge bereitete das unerklärliche Ausbleiben des 1st Battalion und der Hälfte des 3rd Battalion. Die Angekommenen wussten nicht, dass diese Einheiten hatten zurückfliegen müssen, und befürchteten, sie seien abgeschossen worden.

Der polnische Geistliche, Pater Alfred Bednorz, erblickte den Kirchturm von Driel und machte sich sofort auf den Weg, um dem örtlichen Priester einen Besuch abzustatten. Mit ihm konnte er wohl auf Lateinisch konversieren. »Ich stelle mich als Kaplan der polnischen Armee vor. Der Vikar ist überrascht. ›Wie kommt ein polnischer Priester hierher?‹ Ich lächle und zeige zum Himmel. Er versteht, dass es sich bei den Paratroopern, die gerade gelandet sind, um Polen handelt. Wir umarmen uns wie Brüder. Der Vikar läuft zu seinem Tisch und überreicht mir ein wunderbares antikes Kreuz. ›Mag dieses Kreuz eine Erinnerung an unsere Befreiung von den Hitler-Leuten sein.‹«[43]

Bald nach der Landung wurde Sosabowski von Cora Baltussen, einer Angehörigen der Widerstandsorganisation, begrüßt, die auf dem Fahrrad angefahren kam. Sie informierte ihn, dass die Fähre zerstört sei und die Deutschen jetzt das Gelände am Nordufer besetzt hätten. Sosabowski richtete seinen Befehlsstand in einem Bauernhaus am Rande von Driel ein und schickte dann einen Aufklärungstrupp zum Ufer des Niederrheins, um die Lage im Zusammenhang mit der Fähre näher zu erkunden. Der Trupp kehrte bald zurück und bestätigte, was Cora Baltussen berichtet hatte. Die 1st Airborne Division jenseits des Flusses werde mit Maschinengewehren und Mörsern beschossen, und die Reste der Eisenbahnbrücke seien ebenfalls in der Hand der Deutschen. Von Booten sei weit und breit nichts zu sehen.[44]

Um 22.30 Uhr tauchte Captain Ludwik Zwolański, der polnische Verbindungsoffizier im Stab von General Urquhart, auf, schmutzig und nass, in Hemd und Unterhose. Er war durch den Fluss geschwommen. Wegen seines dunklen Teints hieß er bei den Männern nur der »schwarze Bandit«. Da er die Parole nicht kannte, fluchte er laut genug, dass ein anderer Offizier ihn an der Stimme erkannte und die Wachen von ihm abließen. Er zeigte ihm Sosabowskis Befehlsstand, wo Zwolański eintrat, stramm stand und korrekt meldete: »Captain Zwolański zur Stelle.«[45]

Der General, der gerade, über einen Tisch gebeugt, die Karte studierte, fuhr herum und starrte ihn verwundert an. »Was, zum Teufel, machen Sie hier, Zwolański?«, fragte er. Zwolański erklärte, Urquhart habe ihn geschickt, um mitzuteilen, dass seine Männer noch in dieser Nacht mit Flößen übergesetzt werden sollten. Die Tatsache, dass Zwolański selbst hatte schwimmen müssen, ließ die Lage wenig ermutigend erscheinen. Trotzdem befahl Sosabowski beide Bataillone zum Flussufer. Als bis 3.00 Uhr keine Flöße in Sicht waren, zog Sosabowski mit seinen Männern zurück nach Driel, um sich dort einzugraben. Das Flussufer wäre bei Tageslicht ein viel zu exponierter Ort gewesen.[46]

Zwolański hatte außerdem Urquharts Befehl mitzuteilen, Sosabowski selbst sollte bei der ersten Gelegenheit den Fluss überqueren und sich im Stab der 1st Airborne Division melden. Diese Absicht hatte der polnische General absolut nicht. Er hielt es für Wahnsinn, wenn ein Kommandeur in dieser Lage seine Truppen allein ließ. Als er später hörte, was den Briten geschehen war, als der Divisionskommandeur, ein Brigadier und der Kommandeur der Aufklärungskompanie längere Zeit keinen Kontakt zu ihren Truppen hatten, sah er seinen Entschluss umso mehr als gerechtfertigt an.

Während Browning die polnische Brigade über den Fluss schicken wollte, um die 1st Airborne Division zu verstärken und so ein Desaster abzuwenden, glaubte man in den Stäben von Bittrich und Model, die jüngsten Landungen in der Betuwe südlich des Niederrheins seien erfolgt, »um

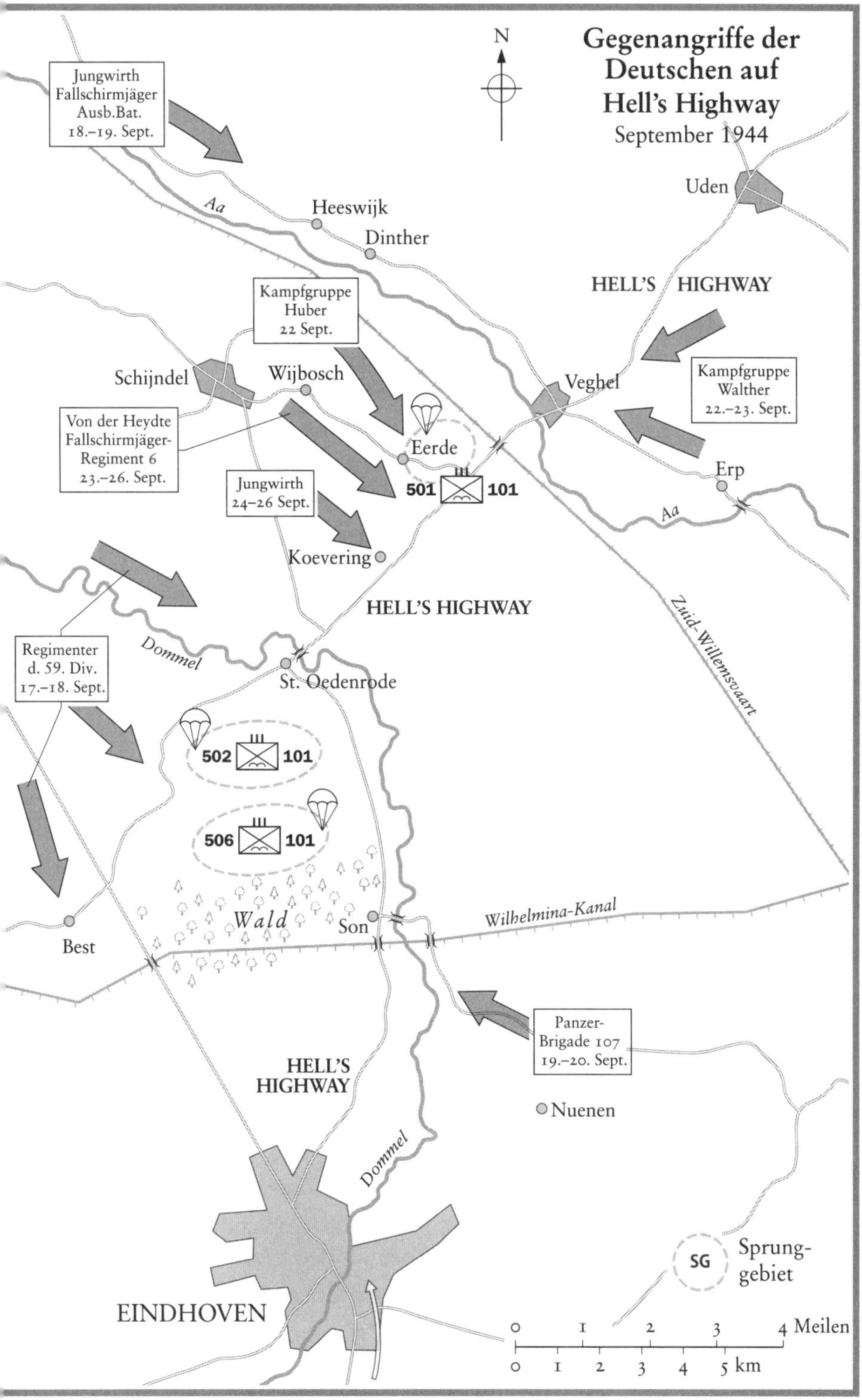

Gegenangriffe der Deutschen auf Hell's Highway
September 1944
N
Jungwirth Fallschirmjäger Ausb.Bat. 18.–19. Sept.
Aa
Heeswijk
Dinther
Uden
HELL'S HIGHWAY
Kampfgruppe Huber 22 Sept.
Schijndel
Wijbosch
Veghel
Kampfgruppe Walther 22.–23. Sept.
Von der Heydte Fallschirmjäger-Regiment 6 23.–26. Sept.
Eerde
501
101
Erp
Jungwirth 24–26 Sept.
Aa
Koevering
HELL'S HIGHWAY
Zuid-Willemsvaart
Regimenter d. 59. Div. 17.–18. Sept.
Dommel
St. Oedenrode
502
101
506
101
Wald
Son
Wilhelmina-Kanal
Best
Panzer-Brigade 107 19.–20. Sept.
HELL'S HIGHWAY
Nuenen
Dommel
SG
Sprung-gebiet
EINDHOVEN
0 1 2 3 4 Meilen
0 1 2 3 4 5 km

Verbindungen mit den von Nimwegen nach Norden vorgehenden Feindkräften herzustellen«.[47]

Bittrichs Verteidigungslinie bei Ressen gelang es, die Straße zu blockieren, die in Richtung Norden nach Elst und Arnheim führte. Weiter im Westen hatten die 4th/7th Dragoon Guards bei Oosterhout mehr Glück. Wie das 1st Battalion des 504th Regiment berichtete, sei gegen 17.30 Uhr eine britische Panzerkolonne in dem Gelände vor der Kompanie aufgetaucht. Sie habe deutsche Stützpunkte gesäubert, einen Panzer IV vertrieben, der gerade aus Oosterhout anrollte, auf der Straße nach Oosterhout zwei Panzer und einen Halbpanzer vernichtet und eine deutsche Mörserstellung hinweggefegt. Leichte Panzerwagen mit Bren-LMGs hätten etwa 50 Deutsche in einem Garten getötet, verwundet oder vertrieben.[48] Die Panzer hatten die richtige Straße gewählt und hätten damit auch in der niederländischen Stabsakademie die Prüfung bestanden. Zufällig war das der Tag, an dem die niederländischen Truppen der Prinzessin-Irene-Brigade Eindhoven und Nimwegen passierten, wo ihre Landsleute sie begeistert begrüßten. Sie hatten Glück, dass sie noch durchgekommen waren, denn von nun an sollte die für das XXX. Corps festgelegte Route ihrem Spitznamen Hell's Highway alle Ehre machen.

Am 21. September startete Colonel Johnson vom 501st Parachute Infantry Regiment auf der Grundlage von Kinnards Offensivstrategie zur Verteidigung von Veghel einen Nachtangriff seines Regiments auf Schijndel. Generaloberst Student suchte Generalleutnant Poppe in der Schule am südlichen Stadtrand auf, wo dieser seinen Befehlsstand eingerichtet hatte. Student fragte, wie die Lage sei. Poppe antwortete trocken: »Die Lage ist etwas durchwachsen!«[49] Das hieß, sie würden in Schijndel angegriffen und müssten eigentlich abziehen. Doch die Amerikaner erwarte ein böser Schock, wenn von Osten her ein Angriff der SS-Panzerbrigade 107 erfolge, die Unterstützung von Fallschirmjägern und einem SS-Bataillon unter Oberst Walther erhalte.

Kinnards 1st Battalion rollte vorwärts, als eine 20-mm-Flak von einem LKW aus das Feuer auf sie eröffnete. Kinnard sah, wie seine Männer in den Straßengräben auf beiden Seiten Deckung suchten. Die Deutschen feuerten absichtlich mit den Leuchtspurgeschossen der Flak etwas höher, während ein Maschinengewehr mit gewöhnlicher Munition in Kniehöhe schoss. Kinnard, der nicht erkannte, dass die Deutschen einen alten Trick anwandten, rannte auf die Straße und befahl seinen Männern, aufzustehen und weiter vorzugehen. »In Bewegung bleiben!«, rief er. »Die schießen doch ziemlich hoch!« »Das kann ja sein, Colonel«, antwortete ihm ein Soldat aus der Dunkelheit, »aber wir haben schon acht Männer mit zerschossenen Beinen.«[50] Andere bewegten sich kriechend in den Gräben vorwärts, bis sie die Flak-Besatzung unter Beschuss nehmen konnten und sie damit in die Flucht schlugen.

Bei der Einfahrt in Schijndel stellten sie fest, dass in einigen Häusern deutsche Soldaten fest schliefen. In den frühen Morgenstunden war die Stadt in amerikanischer Hand. Der Ortspfarrer, selbst ein Organisator des Widerstands, suchte Kinnard auf. »Halten Sie Ihre Leute von den Straßen fern«, beschwor Kinnard den Pfarrer. »Sie sollen keine Fahnen zeigen und so tun, als wären wir nicht willkommen. Teilen Sie ihnen das unverzüglich mit.«[51] Kinnard erwartete offenbar einen Gegenangriff, bei dem er die Stadt unter Umständen nicht halten konnte. Der Priester stimmte zu und versprach, Späher auf Fahrrädern auszuschicken, um herauszufinden, wo die Deutschen ihre Kräfte konzentrierten. Glücklicherweise taten die Bewohner von Schijndel, worum Kinnard gebeten hatte, und blieben in den Häusern, als es hell wurde. Ein Paratrooper auf der Straße erschrak, als sich neben ihm plötzlich ein Fensterladen öffnete und eine Hand ihm einen Becher Kaffeeersatz anbot.[52]

Die deutsche Taktik permanenter Angriffe gegen Hell's Highway betraf auch St. Oedenrode. Am 21. September um 6.30 Uhr stellte sich Lieutenant Colonel Cassidys Bataillon gerade zu einem Gegenangriff auf, als bei der eigenen Artillerievorbereitung zu kurz geschossen wurde, wodurch drei seiner Männer starben und fünf Verletzungen erlitten. Der Angriff gegen das Kloster, das die Deutschen besetzt hielten, fand trotzdem statt. Jeder Zug wurde von zwei britischen Panzern unterstützt. Sie stießen auf heftiges Feuer der Deutschen, aber die schossen sehr ungenau, als ob sie überhaupt nicht zielten. Bis Cassidys Männer die Gebäude eingenommen und durchsucht hatten, waren alle Deutschen entschlüpft. Doch gegen 10.00 Uhr setzte unerwartet deutscher Artilleriebeschuss auf den Befehlsstand des 502nd Regiment ein, wobei Colonel Michaelis und der größte Teil seines Stabs durch Splitter eines getroffenen Baums verwundet wurden. Cassidy, der gerade auf dem Weg zurück zum Befehlsstand war, wurde in einen Graben geschleudert und leicht verletzt. Er musste das Kommando über das Regiment übernehmen und entschied, den Befehlsstand zeitweilig in das Kloster zu verlegen, wo er ein wenig besser geschützt war.

Das heftige Gefecht hielt an. »Mortar Sergeant James A. Colon wurde von einem Scharfschützen getötet. Private first class Robert L. Deckard wurde von einem Deutschen erschossen, der aus einer nahe gelegenen Deckung feuerte, während Deckard einen verwundeten Deutschen bergen wollte. Lieutenant Larson kroch unter Feuerschutz an die feindliche Stellung heran und erledigte die Deutschen mit zwei Handgranaten und seinem automatischen 45er-Colt. Der Kommandeur des 2nd Platoon, Lieutenant Wall, ein Sergeant und weitere zwei Mann wurden schwer verwundet.«[53]

Die Lage wurde erst besser, als ein britischer Panzer 150 Meter links vor den Paratroopern seinen Turm drehte. »Er feuerte auf eine 88er-Kanone direkt vor der britischen Infanterie und schaltete sie aus. Dann landete er einen Volltreffer auf die Selbstfahrlafette in der Nähe der 88er.« Damit »schien der Pfropfen aus der Flasche zu sein«. Die Deutschen »sprangen auf wie Pilze nach dem Regen«, um sich zu ergeben. »Die Offiziere hatten sich gut hergerichtet, als wäre die Kapitulation geplant gewesen.« Ein deutscher Soldat beharrte, er müsse noch Seife und Waschzeug aus seiner Tasche holen. »Jemand gab ihm einen Tritt in den Hintern, und er bewegte sich.« Gegen 16.00 Uhr fuhr ein Panzer in etwa 600 Meter Entfernung vor der Kompanie vorüber. Eine 6-Pfünder-Panzerabwehrkanone gab einen Schuss ab, der hinter dem Panzer einschlug, wonach der sich drehte und der C Company das Heck zuwandte. Jetzt feuerte ein Sherman dreimal auf den Tiger, der explodierte und in Flammen aufging.«[54]

Cassidy erhielt Befehl, sich nach St. Oedenrode zurückzuziehen, doch in dieser Nacht besetzten die Deutschen erneut das Kloster. Zwei Tage später konnten es ein britisches Panzerregiment und ein Infanteriebataillon nur unter schweren Verlusten zurückerobern.

Horrocks Club-Route war viel zu schmal, um sie wirksam verteidigen zu können, dazu kam die Verspätung der beiden britischen Einheiten, die sein XXX. Corps flankieren sollten. So hatten amerikanische Paratrooper-Bataillone und britische Panzerkompanien als Feuerwehr ständig nach vor- und rückwärts zu eilen. General Taylor verglich deren Rolle mit jener von Trupps der US-Kavallerie, die Eisenbahnlinien, Vorposten und Siedlerkarawanen vor Angriffen von Indianerstämmen zu schützen hatten.

Die ständigen Unterbrechungen, welche die deutsche Artillerie durch ihren Beschuss von Versorgungskonvois verursachte, bedeuteten, dass die meisten amerikanischen Einheiten nur ein Drittel ihrer Verpflegungsrationen erhielten. Das große Verpflegungslager der Deutschen in Oss, welches das Household Cavalry Regiment entdeckt hatte, wurde als Ersatz genutzt. Da aber keine Seite genügend Truppen abstellen konnte, um die Stadt zu sichern, entstand eine merkwürdige Situation. Jede Seite schickte bewaffnete Trupps, um Lebensmittel zu holen. »Das lief so ab«, hieß es im Kriegstagebuch des Household Cavalry Regiment, »dass die Briten ihre Rationen am Vormittag abholten und die Deutschen am Nachmittag. Das Schlangestehen hat unser Volk ja gelernt.«[55] Wie ein britischer Offizier beobachtete, zwang der deutsche Proviant aus Oss die Guards zuzugeben, dass ihre eigene Verpflegung doch nicht die schlechteste der Welt war. »Die deutschen Rationen sind kein Genuss«, stellte ein amerikanischer Offizier fest.[56] Die Trockenwurst aus Pferdefleisch und das steinharte Dauerbrot fanden die amerikanischen Paratrooper noch schlimmer als die britische Verpflegung, die sie von Zeit zu Zeit erhielten. Daran gefiel ihnen nur der Pudding mit Sirup. Was die Zigaretten Marke Player's betraf, so schmeckten die »wie warmer Wind und waren schwer zu ziehen«.[57] Ein Paratrooper meinte, britische Zigaretten zu rauchen sei wie »Baumwolle durch einen Strohhalm zu saugen«.[58]

Für Gavins US 82nd Aiborne Division kamen die Angriffe nicht von beiden Seiten der Straße, sondern nach wie vor aus dem Reichswald. Meindls II. Fallschirmjäger-Korps hatte Feldts Kampfgruppen unter seinen Befehl genommen, weil die Kräfte zu ungleich gewesen seien, um einen ernsthaften Angriff abzuwehren, und noch weniger geeignet, um selbst anzugreifen.[59] Eines der intensivsten Gefechte entfaltete sich um die das Gelände beherrschende Anhöhe Den Heuvel, die, wie man erwarten konnte, *Devil's Hill* (Teufelshügel) genannt wurde. Dort griff die Kampfgruppe Becker von der deutschen 3. Fallschirmjäger-Division unaufhaltsam an. Zu einem Zeitpunkt ging der A Company des US 508th Parachute Infantery Regiment die Munition für die Maschinengewehre aus. Jeder Schütze hatte noch je fünf Salven. Ein Unteroffizier, der vom Bataillonsstab zurückkam, brachte gerade zur rechten Zeit noch vier Patronengurte mit. Es fehlte auch an Verpflegung. Die ständigen Angriffe, besonders bei Nacht, erschöpften die Kompanie. Die Männer banden leer geschossene Patronengurte zusammen und legten sie von Schützenloch zu Schützenloch aus, um sich gegenseitig zu wecken, wenn der Feind sich wieder regte. Der A Company gelang es, ihre Stellungen zu halten, bis sie am Abend des 23. September endlich abgelöst wurde.

Das 3rd Battalion in Beek wurde von einem plötzlichen Überfall am 21. September kurz vor Morgengrauen überrascht. Eine Kompanie wurde faktisch eingekesselt, doch die anderen starteten einen heftigen Gegenangriff, und kurz vor Einbruch der Dunkelheit waren die jungen deutschen Fallschirmjäger endgültig aus der Stadt vertrieben.

Als es dunkel wurde, sahen die Paratrooper des 508th Regiment zu ihrer Linken Suchscheinwerfer, die offenbar von Nimwegen aus den Nachthimmel durchforschten. Flak-Batterien feuerten auf deutsche Nachtbomber, die versuchten, die Brücke über die Waal zu zerstören, deren Sprengung Generalfeldmarschall Model bisher so hartnäckig verweigert hatte.

20

Oosterbeek
Donnerstag, 21. September

Obwohl der Widerstand an der Straßenbrücke von Arnheim bereits am Abend zuvor ein Ende gefunden hatte, wollten sich einige Gruppen nach wie vor nicht ergeben. Lieutenant Barnetts Sicherungszug war entschlossen weiterzukämpfen. In einem brennenden Haus eingeschlossen, wusste man dort, dass die einzige Chance ein Ausbruch nach rückwärts war, wo die Deutschen warteten. »Ich nahm mir etwa ein Dutzend Männer«, berichtete Barnett, »und befahl ihnen, die Bajonette aufzustecken. Wir gingen zum Angriff vor. Die Deutschen waren in einem Garten hinter dem Haus. Sie sprangen auf und rannten davon, bevor wie sie erreicht hatten. Wir brüllten ›Whoa Mahomet!‹, und ich glaube, damit haben wir wohl mehr von ihnen zu Tode erschreckt als mit Kugeln getötet.« Sie gelangten bis zum Fluss und wollten unter der Brücke durchlaufen, als plötzlich die unverkennbare Silhouette eines Tiger-Panzers vor ihnen auftauchte. Sie stoppten und brauchten ein wenig, bevor sie begriffen, dass er zerschossen und verlassen dastand.[1] Er hatte zur Panzerkompanie Hummel gehört. Den Rest der Nacht verbrachten sie in einem Versteck unter der Brücke, während deutsche Patrouillen nach Überlebenden suchten.

Als Major Goughs Befehl zum Ausbruch in Richtung Oosterbeek bekannt wurde, versuchte der amerikanische OSS-Offizier Lieutenant Todd dies mit einer kleinen Gruppe. Bei dem Durcheinander und dem dichten Rauch gelang es ihm, die Kampfzone zu verlassen. Allein geblieben, kletterte er auf einen Baum, der den Großbrand irgendwie überstanden hatte, und schnallte sich an einem Ast an. Diese sehr unbequeme Nacht brachte ihm wenig mehr als die Freiheit bis zum nächsten Morgen, da man ihn entdeckte.[2]

Deutsche Panzergrenadiere durchkämmten das Schlachtfeld. Ein schrecklicher Anblick, schrieb Horst Weber später. Die Schützengräben seien voller Leichen gewesen. Überall Tote. Weber entdeckte zwei britische Paratrooper, die sich tot stellten. Als er sich noch einmal zufällig nach ihnen umschaute, trafen sich ihre Blicke. Mit gezogener Pistole habe er sie lächelnd gegrüßt und gefragt, ob er ihnen das Frühstück servieren solle. Er eskortierte sie zur Kirche. Dort lagen bereits die Waffen der Gefangenen auf einem großen Haufen. Er behielt seine Gefangenen scharf im Auge, denn nach ihrer erbitterten Verteidigung konnte er nicht ausschließen, dass sie erneut nach einer Waffe griffen.[3]

Lance Corporal John Smith, ein Funker, war in einer anderen Gruppe gewesen, die den Ausbruch versuchte, aber auf eine Abteilung SS-Männer stieß und von ihnen abgeführt wurde. Man sperrte sie in eine Art Kirchenraum, wo auf einem Podest ein Klavier stand. Einer der Paratrooper konnte der Versuchung nicht widerstehen, ging hinauf und begann Jazz zu spielen. Die deutschen Wachen, nach ihrem Sieg in Hochstimmung, bogen sich vor Lachen.[4]

Ein Paratrooper, der die Nacht in einem Schützengraben in der Nähe des Brigadestabs verbracht hatte, berichtete von dem Mörserbeschuss und der Abwehr mehrerer Gegenangriffe. »Am späten Vormittag waren wir nur noch ein paar Grüppchen und erhielten von einem unserer Offiziere Befehl, jeder solle sich jetzt um sich selber kümmern.« Zusammen mit drei anderen entschied er, sich von Haus zu Haus bis zum St.-Elisabeth-Hospital durchzuschlagen. Sie hatten zwei Sten-Maschinenpistolen und noch eine Handvoll Patronen. Sie versteckten sich in einem Büro, wurden aber bald von einer der vielen deutschen Patrouillen entdeckt, die nach Überlebenden suchten. »Eine halbe Stunde später wurden wir zu einer beträchtlichen Anzahl unserer Landsleute gebracht. SS-Männer schüttelten uns die Hand und teilten ihre Zigaretten mit uns. Wie wir herausbekamen, hatten wir gegen viele von ihnen in Nordafrika, auf Sizilien und in Italien gekämpft. Am meisten überraschte mich, dass sie immer noch den Eindruck hatten, sie könnten den Krieg gewinnen. Wie soll man mit einem Fanatiker streiten?«[5] Mehrere SS-Leute versuchten, »das übliche Spiel nach der Devise zu spielen: ›Wir sitzen doch alle in einem Boot.‹« Damit meinten sie, die Briten sollten sich ihrem Kampf gegen die sowjetischen Horden anschließen.[6]

Ein Paratrooper von Company Lewis des 3rd Battalion bemerkte zu seiner Überraschung, dass der junge deutsche Soldat, der ihn durchsuchte, dabei zitterte. Viele andere deutsche Panzergrenadiere waren in Spenderlaune. Einige reichten die Schokolade herum, die sie aus erbeuteten britischen Fallschirmcontainern genommen hatten. »Gelegentlich blieb einer stehen, schlug einem britischen Soldaten auf die Schulter und gratulierte ihm. ›Gut gekämpft, Tommy.‹«[7] Ein deutscher Offizier fragte einen Pionier, wo er zuvor im Einsatz gewesen sei. Der hielt sich an die Weisung, solche Fragen nicht zu beantworten. Darauf erklärte der Offizier in akzentfreiem Englisch: »Macht nichts, Sie sind ein sehr tapferer Mann, aber auch sehr töricht.«[8]

Ein anderer deutscher Offizier schlug einen seiner Soldaten, der britische Gefangene verhöhnt hatte. Der Sieg in Arnheim gab der Waffen-SS Gelegenheit zu zeigen, wie ritterlich sie sein konnte. Nachdem die Briten ihre Waffen niedergelegt hatten, ließ Major Gough am Sammelpunkt durchsagen, alle Gefangenen sollten sich beim Abtransport würdig verhalten. Daher traten sie ordentlich an, richteten sich aus und marschierten mit erhobenem Kopf ab.[9] Eine Gruppe rief sogar ein letztes Mal »Whoa Mahomet!«[10]

Der Kommandeur der SS-Panzergrenadiere, Rottenführer Alfred Ringsdorf, dachte darüber nach, was sie gerade hinter sich gebracht hatten. Er meinte, keiner, der so Schreckliches mitgemacht habe, dessen Leben an einem seidenen Faden hing, könne behaupten, er habe keine Angst gehabt. Und wenn einer das Ritterkreuz mit Brillanten trage, habe auch der Furcht verspürt. Nach der Schlacht um die Brücke versammelten die Deutschen ihre Überlebenden in einem Park am Rand von Arnheim. Ringsdorf berichtete, dort habe er zum ersten Mal wieder bewusst einen Vogel singen hören. Es war, als erwachte er zu neuem Leben, als wären sie während der Schlacht wie in Trance gewesen. Erst jetzt konnte er begreifen, dass er das alles überstanden hatte.[11]

Horst Weber vom selben SS-Panzergrenadier-Regiment 21 berichtete: Als die Briten sich ergaben, seien sie mit erhobenem Kopf aus ihren Stellungen gekommen. Dabei hätten sie stolz und kein bisschen besiegt gewirkt. Aber sie taten ihm leid, denn sie sahen so ausgezehrt, abgerissen und erschöpft aus. Doch als die deutschen Soldaten begriffen, dass sie die Sieger waren, hätten sie zuerst daran gedacht, wie sie den Briten Rationen und Zigaretten abnehmen könnten. Er selber sei so wild auf Beute gewesen, dass er sich weigerte, einem englischen Soldaten zu helfen, dem man die Beine weggeschossen hatte. Er habe an einer Mauer gehockt und sei völlig hilflos gewesen. Weber beschrieb, wie er und die anderen Siebzehn-, Achtzehnjährigen, die stets hungrig waren, ihren Augen nicht trauten, als sie in den an Fallschirmen abgeworfenen Containern Erste-Hilfe-Päckchen, Instantkaffee und viele andere Luxusgüter fanden. Sogar Seife, die sie seit

Jahren nicht gesehen hatten. In der letzten Zeit wusch man sich nur noch mit Sand. Alle diese Sachen wollten sie sich schnappen und mit nach Hause nehmen. Sie seien wie Kinder gewesen, die etwas unbedingt haben müssen. Besonders beeindruckte ihn das Sulfonamid-Puder. Bei den deutschen Truppen seien viele Soldaten an Wundbrand gestorben, weil es kein Penizillin gab.[12]

Einige von Webers Kameraden fanden nichts dabei, Toten Uniformstücke abzunehmen. Selbst in der allgemein gut ausgestatteten Waffen-SS kam ein Mix von Uniformen vor. Manche trugen die Tarnkittel der Tiger-Besatzungen, andere Feldgrau, viele britische oder amerikanische Hosen, weil die viel strapazierfähiger waren als die deutschen, die sich schnell abtrugen. Hoch im Kurs standen amerikanische Springerstiefel, aber jeder Deutsche, den Soldaten der Alliierten mit solchen Schuhen erwischten, musste damit rechnen, erschossen zu werden. Am Material der Alliierten war man selbst auf den höchsten Ebenen so interessiert, dass Models Stabschef einen Befehl ausgab, der lautete: »Wo sich die Truppe dem Gegner einwandfrei überlegen fühlt, Lastensegler nicht abschießen! Sie enthalten wertvolle Beute, insbesondere schwere Waffen, Kraftfahrzeuge und Kräder.«[13]

Sobald der Widerstand von Frosts Männern verebbt war, verlegte man die Kampfgruppe Knaust und die Panzergrenadiere der 10. SS-Panzer-Division »Frundsberg« nach Süden, um die Frontlinie um Elst zu verstärken. Laut Knaust wurden mehrere von Gräbners Männern aus der Aufklärungs-Abteilung der Division »Hohenstaufen« in den Halbpanzern, die drei Tage zuvor auf der Brücke getroffen wurden, schwer verwundet, aber noch lebend aufgefunden. Einige hatten schlimme Verbrennungen erlitten.[14] Auch Ringsdorf hat beschrieben, wie er an diesem Morgen mit Halbpanzern nach Elst kam. Sie seien über die Brücke gefahren, wo ausgebrannte Fahrzeuge herumlagen. Die Fahrer, die noch darin saßen, seien völlig verkohlt gewesen.[15]

Als Knaust die Gegend der Betuwe, »die Insel« genannt, in Augenschein nahm, reagierte er so wie der britische General Adair. Die sumpfigen, teilweise von Wasser bedeckten Polder zu beiden Seiten der auf einem Damm verlaufenden Straße waren kein Land für Panzer. Die Panzerkompanie seiner Kampfgruppe wurde bald durch Königstiger und mehrere Panther – nach Knausts Schätzung insgesamt etwa 45 – beträchtlich verstärkt. Außerdem kam ein Marine-Bataillon – Seeleute von Kreuzern und U-Booten – hinzu. Das seien hervorragende Männer, meist Unteroffiziere, gewesen, die allerdings keinerlei Vorstellung hatten, wie an Land gekämpft wurde. Ein sogenanntes Luftwaffen-Feldbataillon meldete sich bei ihm in Elst in der Abenddämmerung. Er sah es nur ein einziges Mal. Am Morgen sei es schon wieder verschwunden gewesen.[16] Knaust hielt sich mit Pervitin wach, den Methamphetamin-Pillen der Wehrmacht.

An diesem Tag suchte Bittrich Knaust auf. Er erklärte, sie brauchten noch einmal 24 Stunden.[17] Er hob hervor, sie dürften die Briten nicht durchlassen, denn er habe noch die britische 1st Airborne Division in Oosterbeek zu eliminieren. Erst dann könne er die Hauptkräfte des II. Panzerkorps nach Süden schicken. Knaust, der erfahrene Panzerkommandant, brachte jeden Panzer persönlich in Stellung. Statt auf Krücken umherzuhumpeln, fuhr der einbeinige Kommandeur in einem Motorrad mit Beiwagen, war dadurch wesentlich beweglicher und bot bei Luftangriffen ein kleineres Ziel.

Bittrich hatte das frisch eingetroffene SS-Bataillon »Nederland« zwischen der Brücke und dem Bahnhof von Arnheim als Auffangnetz hinter der Kampfgruppe Knaust postiert. Das Führerhauptquartier in Ostpreußen befürchtete nach wie vor, Montgomery könnte mit der schieren Masse seiner Panzer durchbrechen. Bittrich wurde vom Oberkommando der Wehrmacht (OKW) gedrängt, die Reste der britischen 1st Airborne Division bei Oosterbeek so rasch wie möglich zu vernichten. Hitler forderte einen raschen Abschluss dieser Gefechte, um in Nimwegen einen großen Gegenangriff zu starten. Man glaubte, dass den Briten in Oosterbeek in Kürze die Munition ausgehen werde. Und da nach deutscher Auffassung die Luftwaffe den Himmel über Arnheim beherrschte, sei Nachschub nicht in Sicht. Daher konnte der Widerstand nur noch von kurzer Dauer sein.[18]

Bittrich hatte am Abend zuvor berichtet, sie hätten auf der Nordseite des Niederrheins bereits 2800 Gefangene gemacht, und General von Tettaus linke Flanke längs der Bahnlinie östlich von Wolfheze habe Kontakt zur rechten Flanke von Harzers Division »Hohenstaufen« hergestellt. Die Briten seien also komplett eingeschlossen.[19] Doch in der sogenannten Division von Tettau stand es nicht zum Besten, da der Kommandeur mit SS-Obersturmbannführer Lippert in heftigem Streit lag. Daher entschied Bittrich, den Oberbefehl über alle Truppen, die die britische 1st Airborne Division einkreisten, der SS-Panzer-Division »Hohenstaufen« zu übertragen.[20]

Eine Stunde vor dem Morgengrauen bliesen britische Offiziere in den Stellungen bei Oosterbeek mit Trillerpfeifen, um die Männer in den Gräben zu wecken, damit sie bei Tagesanbruch gefechtsbereit waren. Ein Witzbold rief: »Abseits!« – ein schwacher Scherz, der trotz allem ein wenig für lange vermisste Heiterkeit sorgte.[21] Ein paar Seglerpiloten, die trotz der Pfiffe weitergeschlafen hatten, stellten später beim Erwachen schockiert fest, dass ein Deutscher vor ihrem Graben lag. Er hatte darauf gewartet, dass sie aufwachten, um sich ihnen zu ergeben. Er war über 40 Jahre alt und wollte einfach nicht mehr kämpfen.[22] Angesichts der bedrohlichen Lage jener, denen er sich ergab, muss er entweder uninformiert oder völlig verzweifelt gewesen sein. Ein Soldat des britischen 1st Para Battalion war so erschöpft, dass er später sogar während des Gefechts einschlief. Als er wieder erwachte, setzte er seinen Kameraden in Erstaunen, der glaubte, er sei tot.[23]

Der Angriff entwickelte sich erst gegen 8.00 Uhr. Ein halbstündiger heftiger Beschuss von Artillerie und einer Gruppe Mörser ging ihm voraus. Dann folgte die Infanterie, unterstützt durch direktes Feuer von Flakbatterien. Das Getöse war überwältigend. »Wenn Taffy und ich uns etwas sagen wollten«, berichtete ein Soldat der South Staffords, »dann mussten wir es einander ins Ohr schreien.[24] Der Beschuss aus Maschinengewehren war so stark, dass Major Lonsdale seinen Frontabschnitt nördlich der Kirche von Oosterbeek in einem Bren-Panzerwagen aufsuchen musste.[25] Lonsdale, so war von Hacketts Chief Clerk zu hören, war mit einem Arm in einer blutdurchtränkten Schlinge, einem blutigen Verband um den Kopf und einem um das Bein »eine furchteinflößende Erscheinung«.[26]

»Der übliche morgendliche ›Hass‹ kurz nach dem ersten Frühlicht«, schrieb Major Blackwood vom 11th Parachute Battalion in sein Tagebuch. »John Douglas und eine Mörsergranate waren gleichzeitig am selben Ort. Bunny Speake wurde vom größeren Teil einer Granate in Bauch und Brust getroffen. Damit blieben Guy Blacklidge und ich als einzige Offiziere übrig. Ein interessanter Tag: permanenter Beschuss aus Mörsern und Geschützen, und keine Ruhe vor den Panzern. Unsere Geschützbedienungen waren hervorragend und schossen mindestens zwei Tiger in Brand. Es war mein persönliches Pech, im Graben kaum zwanzig Meter seitlich von unserem 17-Pfünder zu sitzen, was bei mir mit jedem Schuss beinahe eine Gehirnerschütterung auslöste.«[27]

Major Robert Cain von den South Staffords tat sich erneut hervor. Nachdem am Tag zuvor eine PIAT-Granate direkt vor ihm explodiert war, hatte er sich über Nacht wieder etwas erholt. »Am nächsten Morgen«, so heißt es in der Begründung für sein Victoria-Kreuz, »vertrieb dieser Offizier weitere drei Panzer durch den furchtlosen Einsatz seines PIAT-Werfers. Er verließ die Deckung und bezog, seine persönliche Sicherheit nicht achtend, Stellung in offenem Gelände.«[28] Später sollte sich Cain in die Kirche von Oosterbeek zurückziehen, während sich die meisten seiner Männer in einer nahe gelegenen Wäscherei verbargen, die ihr Besitzer nicht verlassen wollte.

Bald mussten die Verteidiger mit jedem Schuss panzerbrechender Munition sparen. Um Mittag herum traf das Schwere Panzerbataillon 503 mit 45 Königstigern in Arnheim ein, in seiner Begleitung ein weiteres Bataillon Panzergrenadiere, das Artillerieregiment 171 aus Zutphen und der SS-»Landstorm Nederland« aus niederländischen Nazi-Freiwilligen, die Bittrich hinter der Brücke von Arnheim platzierte.

Der südwestliche Teil des Gebiets, wo das Border Regiment stand, war das Hauptziel der Truppen des Generals von Tettau. Drei Züge wurden nach vorn geschickt, um den steilen Hügel bei Westerbouwing zu verteidigen, von dem man den Niederrhein und die Fähre von Driel auf der anderen Seite des Flusses überblickte. Oben gab es ein Café, wo man die Aussicht über den Fluss und die Betuwe dahinter genießen konnte. Der Hügel war von großer Bedeutung, doch das Border Battalion konnte nicht mehr Männer abstellen, um ihn zu verteidigen.

Um 8.00 Uhr morgens griff das Bataillon Worrowski von der Divisions-Unteroffiziersschule »Hermann Göring« an, unterstützt von ein paar veralteten Renault-Panzern, die man 1940 erbeutet hatte. Es entspann sich ein heftiges Gefecht. Die britischen Züge wurden zurückgeworfen. Dann ging die B Company zum Gegenangriff vor, erlitt aber so schwere Verluste, dass es sich bis zu dem Gaswerk am Flussufer zurückziehen musste. Ein Soldat mit PIAT-Werfer konnte drei der vier Panzer ausschalten.

Die B Company hatte zweifellos gegen eine weit überlegene Kraft tapfer gekämpft. »Das schienen Hunderte zu sein«, berichtete ein Lance Corporal. »Wie eine Zuschauermenge beim American Football. Wir eröffneten das Gefecht mit allem, was wir hatten.«[29] Oberstleutnant Fullriede schrieb in sein Tagebuch: »Das Bataillon Worrowski verliert bei dem Angriff auf Oosterbeek alle Offiziere bis auf einen Leutnant, ebenso die Hälfte seiner Männer.« Fullriede, der zur Division »Hermann Göring« gehörte, war entsetzt über die Höhe der Verluste, wenn man kaum ausgebildete, bunt zusammengewürfelte Einheiten ins Gefecht schickte. »Trotz Verbot des O.K.H. [Oberkommando des Heeres]«, schrieb er, »etwa 1600 Rekruten nach Deutschland abtransportiert, deren Einsatz reiner Kindermord gewesen wäre.«[30]

Die Reste der B Company zogen sich zu dem großen weißen Haus Dennenoord zurück, das Jonkheer Bonifacius de Jonge gehörte, einem früheren Generalgouverneur von Niederländisch-Ostindien. Der hatte sich nach Oosterbeek zurückgezogen, weil es als ruhiger, friedlicher Ort galt. Er versuchte es philosophisch zu nehmen, als Geschosse seinen Tennisplatz zerwühlten und das ganze Haus ins Wanken brachten. Die Wasserknappheit bedeutete, dass auch er und seine Familie das Wasser in Eimern vom Brunnen eines benachbarten Bauernhofs holen mussten, was höchst gefährlich war. In seinem Tagebuch notierte er an diesem Tag, dass zwölf Verwundete auftauchten und in der Küche etwas zu essen bekamen. »Sie wollten aufgeben, weil sie kaum noch Munition hatten. Ich sagte ihnen, das sei unmöglich, solange sie noch einen Schuss besäßen. Ein Offizier kam, um nachzuschauen, und nahm sie, Gott sei Dank, mit. Doch nach einer Stunde waren sie wieder da. Es gibt keine Führung und keinen Zusammenhalt. Die Situation ist mehr als prekär. Fallschirmspringer werden mit der Vorstellung abgesetzt, sie könnten drei Tage allein aushalten, dann werde die Armee kommen und sie entsetzen. Die Armee ist aber nicht gekommen. Das Haus steht noch, das ist alles, was man sagen kann.«[31] Auch der Rasen um das Haus war durch Gräben und Geschützstellungen ruiniert. Die Verwundeten wurden in Jonkheer de Jonges Weinkeller untergebracht.

Die D Company des Border Regiments, das auf halbem Wege zwischen dem Fluss und Utrechtseweg lag, wurde bei diesem ersten Großangriff auf das Gelände ebenfalls schwer getroffen. Es lag den ganzen Tag unter heftigem Mörserfeuer, was viele Verluste durch Holzsplitter verursachte. In dem sehr dichten Wald ringsum war es Teilen der SS-Kampfgruppe Eberwein ohne große Schwierigkeiten möglich, durch die weit auseinandergezogene Verteidigungslinie zu sickern. Es ist eine Sache, gegen Truppen zu kämpfen, die von vorn angreifen, doch ständiges Störfeuer von hinten ist auch nicht gut für die Moral. Da sich die Kompanie in der Nähe eines kleinen Weilers befand und es keine Möglichkeit gab, die Verwundeten abzutransportieren, wurden sie von Sanitätern und einigen tapferen Anwohnern in deren Häusern versorgt.

Auch das 7th Battalion der King's Own Scottish Borderers, das ebenfalls Hicks' Luftlandebrigade angehörte, bereitete sich darauf vor, sein Weißes Haus, das Hotel Dreijeroord an der Nordspitze des eingekreisten Gebietes, zu verteidigen. Der kommandierende Offizier, Lieutenant Colonel Payton-Reid, beschreibt »die gruselige Atmosphäre eines Geisterhauses. Durch die Einschusslöcher in den Mauern schien der Mond und warf bedrohliche Schatten, überall glaubte man die drohenden Schritte von Feinden zu hören und durch jedes Fenster Gesichter lugen zu sehen.« Sämtliche Bäume ringsum waren von Geschosssplittern zerfetzt. Ein großer Walnussbaum war umgefallen, und rund um das Hotel lagen heruntergeschossene Dachziegel verstreut. Zerfetzte Vorhänge flatterten im Wind »wie Gespenster«.

Die »Schlacht um das Weiße Haus« begann im Morgengrauen, als deutsche Scharfschützen, die sich hoch oben an Baumästen angeschnallt hatten, das Feuer eröffneten. Alle Stellungen gerieten unter schweren Beschuss von Nebelwerfern. Den sechsrohrigen Werfer nannten die Briten wegen des Geräusches seiner Geschosse »kreischende Minnie«. Lautsprecherwagen behaupteten, Montgomery habe sie vergessen, und da sie eingeschlossen seien, sollten sie sich ergeben.

Der Hauptangriff setzte am Nachmittag ein. Die Kampfgruppe Krafft ging hinter einer gewaltigen Feuerwalze der Mörser vor. Doch als der Augenblick des Sturms kam, »war alles wieder offen«, berichtete Oberst Payton-Reid. »Karabiner und Bren-LMGs schossen um die Wette, Mörser, die Rohre fast senkrecht aufgestellt, warfen ihre Granaten in kürzestmöglicher Entfernung über unsere Köpfe hinweg, panzerbrechende Kanonen verteidigten unsere Flanken, und Vickers-MGs spien einen Kugelhagel aus, wie es nur Vickers vermag. Das Getöse wurde durch einen Strom von Flüchen, vorwiegend mit schottischem Akzent, noch verstärkt.« Die deutschen Überlebenden gingen zu Boden und wurden erledigt, als »wir im guten alten Stil mit dem Bajonett und blutrünstigem Geschrei auf sie losgingen«.[32]

Obwohl die Borderers auf nur 270 Mann geschrumpft waren, gelang es ihnen, den Angreifern massive Verluste zuzufügen. In ihrer Regimentsgeschichte ist festgehalten, wie die Stabskompanie und die D Company sich in den Kampf stürzten. »Major Cochrane und Drum Major Tait mit Bren-LMGs, dazu Provost Sergeant* Graham mit einem Vickers-MG töteten Dutzende Deutsche.« Dabei wurde kaum Gnade gewährt oder erwartet. So wird berichtet: »Als Major Gordon-Sherriff den kommandierenden Offizier bei einer Inspektion der Stellungen des 7th Regiment der King's Own Scottish Borderers begleitete und ihnen dabei ein Deutscher begegnete, tötete er ihn mit bloßen Händen.« Eine Kompanie wurde überrannt, und der Rest des Bataillons musste sich zurückziehen, aber bei einem wil-

* Unteroffizier der Militärpolizei – Anm. d. Übers.

den Angriff mit aufgepflanztem Bajonett wurde das Gelände zurückgewonnen. Zu diesem Zeitpunkt war kein Kompanieführer mehr übrig, und nur ein einziger verletzter Sergeant Major hielt sich noch auf den Beinen.[33]

In dieser Nacht zog Major General Urquhart die Borderers bis zu einem Häuserblock wenige hundert Meter nördlich von Hotel Hartenstein zurück. Aus den neuen Stellungen wurde ein Vorstadt-Schlachtfeld, wo Sturmgeschütze die Straße beherrschten und ein brutaler Häuserkampf Mann gegen Mann tobte. Britische Soldaten behaupteten, sie könnten die Anwesenheit von Deutschen allein am Geruch kalten Tabakrauchs erkennen.

Ein Teil der Aufklärungskompanie, die den Resten des 156th Para Battalion zugeordnet war, geriet gegen Mittag unter Druck. »Wir haben zum ersten Mal Jerry-Infanterie in Bewegung erlebt«, schrieb John Stevenson in sein Tagebuch. »Sie gingen durch die Häuser auf der anderen Seite der Kreuzung in Richtung einer Bäckerei, die das größte Bauwerk an unserem Verteidigungsabschnitt war. So schnell sie kamen, schossen wir sie auch zusammen. In der Bäckerei hatten wir drei Mann und ein Maschinengewehr postiert. Dann setzten die Deutschen das Haus mit Brandmunition in Flammen, und unsere Jungs mussten es verlassen. Wir waren nicht sicher, ob die Deutschen in die Bäckerei gelangt waren. Da das Haus das ganze Umfeld beherrschte, hielten wir es für das Beste, es komplett zu zerstören. Aus fünfzig Meter Entfernung zielten wir mit dem PIAT-Werfer darauf und schlugen ein großes Loch in die Außenmauern. Dadurch wurde es offenbar für jeden drinnen sehr ungemütlich. Wir beobachteten das Haus und warfen Handgranaten in die Ruinen, bis wir ganz sicher waren, dass dort niemand mehr sein konnte. Den Rest des Tages blieben wir mehr oder weniger ungestört. Ihre Toten und Verwundeten ließen sie zurück. Wir hatten eine Menge Jerries getötet.«[34]

Die Verteidiger konnten sich vor Erschöpfung kaum noch auf den Beinen halten, außerdem ging ihnen die Munition aus, und sie litten fürchterlichen Hunger. Der Offizier der amerikanischen Luftunterstützung, Lieutenant Paul Johnson, berichtete: »Da unsere Rationen zu Ende gingen, beschlossen wir, uns einzuschränken und mit dem, was wir hatten, so lange wie möglich auszukommen.«[35] Doch seine Gruppe war immer noch besser dran als die anderen, denn sie fuhren die Jeeps, die man bis zum Rand vollgeladen hatte.

Die Versorgungscontainer gingen außerhalb des verteidigten Gebietes nieder – das war das Hauptproblem. Ohne Funkverbindung fehlten den Maschinen der RAF eindeutige Daten über dessen Lage. Wegen des von den Kämpfen aufsteigenden Rauchs konnten die Piloten die farbigen Markierungsschilder am Boden nicht erkennen. Auch Leuchtkugeln oder Rauchgranaten abzuschießen war sinnlos, denn die Deutschen, welche die Pläne mit all den Signalen erbeutet hatten, taten es den Briten rasch nach. Und wenn man einen Container fand, dann keinen mit Proviant. »Nachschub ist angekommen«, schrieb der Corporal George Cosadinos, »aber er wurde meist an der falschen Stelle abgeworfen. Was wir fanden, waren [panzerbrechende] 6-Pfünder-Granaten. Die kann man nicht essen!« Noch größere Wut lösten nur Container aus, die nicht mit Verpflegung oder Munition gefüllt waren, sondern mit braunen Baretten, Kampfanzügen, Koppeln und sogar Schuhputzmittel.[36]

Andere Einheiten warteten sehnlichst auf 6-Pfünder-Granaten und erhielten wahrscheinlich 17-Pfünder, nachdem das passende Geschütz zerstört war. Den Deutschen hingegen schien es an Munition überhaupt nicht zu mangeln. Dank Models Organisation wurde sie einer Einheit immer mit denselben Lastwagen aus Deutschland in die Niederlande und bis vor Ort gebracht. Nach Lieutenant Johnsons Beobachtung reagierten die Deutschen, sobald die Verteidiger das Feuer eröffneten, »fast augenblicklich und pflügten mit ihren Mörsern die ganze Gegend gründlich durch«.[37]

Wenn die Versorgungsmaschinen der RAF auftauchten, waren aller Augen sofort am Himmel. Viele bekannten, dass ihnen das Herz in die Hose rutschte, wenn sie sich vorstellten, wie tapfer man sein musste, um mitten im Feuer aller Flak-Batterien der Umgebung ein Flugzeug auf Kurs zu halten. »Mein Auge erhaschte eine der brennenden Dakotas«, schrieb Lance Bombardier* Jones. »Für den Bruchteil einer Sekunde erschienen zwei Gestalten in der Kabinentür. Einer hatte einen Fallschirm, der andere nicht. Sie wollten wohl beide mit einem Schirm springen. Doch als sie draußen waren, trennten sie sich. Der eine schwebte an dem Schirm herab, der andere fiel zur Erde wie ein Stein. Ich sehe ihn noch fallen, kopfüber, die Arme in die Hüften gestemmt.«[38] Ungeachtet der Verluste an Flugzeugen war der Abwurf von Nachschub am 21. September einer der erfolgreichsten. Es kam wesentlich mehr davon an als in den Tagen danach. Die Light Regiment Royal Artillery hatte keine dreißig Schuss pro Haubitze mehr. Die Lieferung dieses Tages mit fast 700 75-mm-Granaten für die Haubitzen war ihre Rettung.[39]

Ein großer Teil der abgeworfenen Verpflegungsrationen wurde für die

* Kanonier – Anm. d. Übers.

Verwundeten abgezweigt, was den Findern riesige Selbstbeherrschung abverlangte. Während deutsche Soldaten über die Beute vom Himmel jubelten und häufig ihre Gegner damit quälten, waren manche britische Soldaten so ausgehungert, dass sie zuweilen gefangene Vögel oder Kaninchen brieten, ohne sie vorher auszunehmen. Sie hatten auch keine Hemmungen mehr, die Taschen und Beutel von Toten, ob nun Deutsche oder Briten, nach Essbarem zu durchsuchen. Für die Glücklichen bestand das Frühstück aus einem halben Block Hafermehl, das, in Wasser aufgelöst, als Haferbrei verschlungen wurde. Die meiste Nahrung fanden sie noch in Gemüse- und Obstgärten. Viele Paratrooper litten an Durchfall, weil sie unreife Äpfel und Birnen aßen. Jene, die weiter entfernt vom Hotel Hartenstein lagen, konnten nur auf die Vorräte großzügiger Haushalte hoffen. Britische Soldaten waren häufig schon selbst zu verstört, um noch ermessen zu können, mit wie wenig Lebensmitteln eine durchschnittliche niederländische Familie die Besatzungszeit überleben musste. Noch schwieriger wurde es, wenn gerade nicht gekämpft wurde. In vernünftigen Mengen vorhanden waren meist nur noch Teeblätter. Die Soldaten gaben sie der Familie des Hauses, das sie verteidigten, und dann wurde für alle Tee gebrüht. Milch suchte man meist vergeblich, und bald wurde auch das Wasser knapp.

Die Gier nach Tee war so groß, dass manche Soldaten fast zu allem fähig waren, um an das Getränk zu gelangen. Private McCarthy, Lieutenant Jeffrey Nobles Bursche, rannte unter deutschem Beschuss hinaus und durchsuchte einen Container nach dem anderen. Schließlich fand er eine große Packung und kam unverletzt zurück. Noble schalt ihn heftig wegen derart riskantem Handeln, aber für seine Kameraden war er der Held des Tages.[40]

Außer Tee überließen die Briten ihren niederländischen Gastgebern Zigaretten, Süßigkeiten und Schokolade neben Beef und Sardinen aus abgeworfenen Containern. Waren sie bei Zigaretten anfangs zu großzügig gewesen, mussten sie sich nun die eine oder andere erbetteln. Zu ihrer Überraschung pflanzten in Oosterbeek viele Leute Tabak an. Doch die Briten mussten für so vieles dankbar sein, insbesondere für die Art und Weise, wie sich die Zivilbevölkerung um ihre Verwundeten und selbst die Erschöpften kümmerte. Ein Ehemann berichtete, wenn völlig übermüdete und verschmutzte Paratrooper in ihrem Keller auftauchten und kein Wasser mehr da war, »säubert meine Frau ihnen die Gesichter mit Eau de Cologne.«[41]

Manchmal kamen niederländische Jungen, die durch die deutschen Linien geschlüpft waren, um Äpfel oder Gemüse zu bringen. Gelockt von der Gefahr, gingen andere irrsinnige Risiken ein, um Nachschub aus den britischen Containern zu bergen und sogar aus deutschen Quellen zu entwenden. Lucianus Vroemen kam mit seinem Freund an einem verlassenen Halbpanzer vorbei. Dort entdeckten sie Dosen mit Sardinen, ein paar Flaschen französischen Wein und Päckchen mit blassem ungarischen Tabak. Sie überlegten, auch eine Pistole mitzunehmen, ließen es dann aber sein. Dass sie die Taschen toter deutscher Soldaten durchsuchten, schockierte sie nicht, sondern faszinierte sie sogar. Als sie ihre Beute übergaben, ermahnten die britischen Paratrooper sie, nicht noch einmal so waghalsig zu sein.[42]

Die Hunderte Verletzten zu verpflegen wurde immer schwieriger. In der Nähe des Hotels Tafelberg wurden vier herrenlos umherstreunende Schafe entdeckt. Jan Donderwinkel, ein freiwilliger Helfer aus dem Ort, beobachtete, dass sie prompt geschossen, enthäutet, zerlegt und geschmort wurden.[43] Immer schwieriger wurde es auch, an diesem umkämpften Ort Patienten zu pflegen. So konnten im Hotel Tafelberg keine Operationen mehr vorgenommen werden, weil in den beiden Büroräumen, die man als Operationssäle genutzt hatte, von dem Beschuss die Decken herabgestürzt waren.[44]

Einem Teil von Hacketts 4th Parachute Brigade gelang es, die Deutschen aus dem Hotel Schoonoord zu vertreiben. Der Wassermangel machte dem Pflegepersonal die Arbeit fast unmöglich. Sie konnten jetzt die Verwundeten nicht mehr säubern und sich selbst die Hände nicht mehr waschen. Verbandspäckchen, Binden oder Gaze waren so knapp, dass Freiwillige mit Körben von Haus zu Haus gingen und um Laken bettelten, aus denen man Binden schneiden konnte. In manchen Fällen gingen die Pfleger so weit, den Toten gebrauchte Binden abzunehmen und erneut zu benutzen, doch mit jeder Stunde trafen mehr Verletzte ein.

»Das Kampfgetöse wurde sichtlich unangenehm«, berichtete der Geistliche des Glider Pilot Regiment aus dem Behelfslazarett. Er stieß »auf einen Burschen, der körperlich unverletzt war, aber an einem schweren psychischen Schock litt«.

»Pater, mir ist kalt«, sagte der Junge. »Können Sie mir noch eine Decke bringen?« Der Pater erklärte ihm, das könne er nicht, denn sie reichten schon jetzt nicht für alle Verwundeten. Der Junge bat darum, ihn fest zuzudecken und ein Gebet zu sprechen. »Der große Lärm macht mir Angst.« Das Kampfgetöse in den umliegenden Straßen ging weiter. Der Pater glaubte, ihn beruhigt zu haben, und kümmerte sich um andere Verletzte.

Als Pastor Pare ihn am nächsten Morgen nicht fand, fragte er, wo der Junge sei. »Zwei Stunden, nachdem Sie gegangen waren, ist er gestorben«, antwortete man ihm. »Es war der schlimme Lärm von draußen.«[45]

Pastor Pare setzte seine Versuche fort, Verletzte zu trösten, Botschaften an Mütter oder Geliebte aufzunehmen. Er musste Optimismus verbreiten, wie düster die Aussichten auch waren. Colonel Warrack berichtete, dass die Verwundeten »sehnlichst auf Nachrichten vom XXX. Corps warteten«.[46]

Am Marienbergweg im östlichen Teil von Oosterbeek schossen SS-Soldaten auf eine junge Frau, die einem verwundeten englischen Paratrooper helfen wollte. Zum Glück trafen sie sie nicht tödlich. Sie wurde mit einem arg zertrümmerten Arm ins Schoonoord gebracht.[47] Doch wenn Sanitäter Verwundete auf Tragen über die Straße vom Schoonoord zum Vreewijk transportierten, wurde der Beschuss eingestellt. Während der Kämpfe sah ein Sanitäter einen alten Niederländer auf der Straße vom Bahnhof Oosterbeek daherkommen. »Als er die Kreuzung erreicht hatte, schaute er nach links und rechts, nahm seinen Schirm, überquerte in aller Ruhe die Straße und verschwand in Richtung des Hotels Tafelberg.«[48]

Während das Schoonoord, das Tafelberg, das Vreewijk und das Haus ter Horst neben der Kirche immer mehr zerstört wurden und herunterkamen, agierten die Sanitäter im Felde häufig wie in früheren Kriegen. Arie Italiaander, ein der Aufklärungskompanie zugeteilter Niederländer, fand sich unvermittelt in der Rolle eines Chirurgen wieder, nachdem eine Mörsergranate beim Hotel Hartenstein explodiert war. »Sie hatte einem Mann den Fuß fast vollständig abgerissen.« Italiaander, der ein gutes Messer hatte, wurde gebeten, ihn ganz abzuschneiden, was er auch tat. »Der Verwundete, dem man Morphium injiziert hatte, rauchte dabei eine Zigarette und lächelte tapfer.«[49] Die Deutschen, die sehen konnten, was geschah, schossen nicht mehr. Später begrub Italiaander den Fuß im Schuh in der Nähe seines Schützenlochs.

Theoretisch sollte jedem Patienten, der Morphium erhalten hatte, die verabreichte Dosis mit nicht abwaschbarer blauer Tinte auf der Stirn vermerkt werden. Wenn das Morphium ausging, wurde das den Verwundeten nicht gesagt. Stattdessen ließ der Pfleger dann fallen: »Wozu willst du Morphium? Das ist für Leute, die wirklich verwundet sind. Das bist du nicht.«[50] Gegen Ende der Schlacht erhielt die 1st Airborne Division eine neue Lieferung. Ein Mosquito-Kampfbomber warf im Tiefflug in Decken verpacktes Morphium ab.[51]

Wenn deutsche und britische Verwundete Seite an Seite in Behelfslazaretten lagen, trat an die Stelle der Feindschaft des Schlachtfeldes häufig das gemeinsame menschliche Leiden. Pionier Tim Hicks war von einem Schuss im Genick getroffen worden. Sein ganzer Körper war wie taub, und er fürchtete bereits, er könnte gelähmt sein. Doch zu seiner Erleichterung kehrte der Schmerz zurück, und er spürte, dass er irgendwann wieder gehen konnte. Seine Kameraden brachten ihn zu einem Verbandsplatz. »Da lag ein Soldat neben mir«, schrieb er. »Ich konnte ihn nicht sehen, nur hören. Er stöhnte und schrie. Als wir beschossen wurden, griff er nach meiner Hand und drückte sie. Das schien ihn etwas zu beruhigen, und auch mir war es angenehm. Als es Tag wurde, schaute ich hinüber und erkannte, dass es ein Deutscher war. Er war jung wie ich, 21 oder 22 Jahre alt. Er hatte an seiner rechten Seite eine schreckliche Wunde. Er war bei Bewusstsein, und als er sah, dass ich ihn anschaute, lächelte er und murmelte etwas. Ich teilte mit ihm das bisschen Wasser, das noch in meiner Flasche war.«[52] *

Selbst das St.-Elisabeth-Hospital, das derzeit unter deutscher Kontrolle stand, hatte kein Wasser. Um den stark blutbefleckten Fußboden zu säubern, stellte Schwester van Dijk eine Kolonne von Pflegerinnen und Freiwilligen zusammen, die mit einer Rot-Kreuz-Fahne zum Fluss gingen, um Eimer und andere Gefäße mit Wasser zu füllen. Sie wurden nicht beschossen, aber sie mussten sich ihren Weg zwischen Leichen hindurch bahnen. »Überall lagen Männer – Briten und Deutsche. Man sah auch Arme und Beine ohne Körper, außerdem mussten wir sehr darauf achten, nicht auf Granaten zu treten.«[53]

Das Behelfslazarett des Light Regiment im Pfarrhaus von ter Horst bei der Kirche von Oosterbeek war in noch viel schlimmerem Zustand. Das Haus wurde von Granaten getroffen, und für fast einhundert Verwundete gab es nur einen einzigen Arzt, Captain Martin. An diesem Tag eröffnete ein deutscher Panzer erneut das Feuer auf das Haus. »Ein Geschoss zertrümmerte eine der Wände des Raumes, in dem Verwundete auf Tragen lagen«, schrieb ein Sanitäter. »Mauersteine und Holz fielen auf die Männer. Captain Martin und ich fingen an, den Schutt von ihnen fortzuräumen. Da gab es eine weitere Explosion, und es wurde stockdunkel. Dabei

* Hier sei daran erinnert, dass der tödlich verletzte Held, Dichter und Soldat der elisabethanischen Zeit, Sir Philip Sidney, an Wunden, die ihm am 22. September 1586 auf dem Schlachtfeld von Zutphen zugefügt wurden, in Arnheim starb. Zwar selbst schwer verletzt, hatte er seinen letzten Schluck Wasser einem anderen Verwundeten mit den unsterblichen Worten überlassen: »Deine Not ist größer als meine.« Er hatte an der Seite der Niederländer gegen die gefürchtete spanische Infanterie gekämpft.

wurden fünf Verletzte getötet. Captain Martin erlitt Verletzungen an beiden Beinen.«[54] Nachdem Martin sich selbst verbunden hatte, setzte er seine Arbeit fort.

Als General Urquhart am Morgen zusammen mit Colonel Loder-Symonds einen Rundgang durch den Sektor machte, war er erschüttert zu sehen, wie viele Tote im Garten abgelegt waren. Er befahl Colonel Thompson vom Light Regiment, dafür zu sorgen, dass sie begraben würden, denn der Anblick sei »schlecht für die Moral«.[55]

Urquhart, Loder-Symonds und Thompson betraten dann die überfüllte Kommandostelle im hinteren Teil eines Waschhauses. Um 9.35 Uhr war es dem Flugleitoffizier gelungen, sich in das Funknetz einer unidentifizierten britischen Einheit mit den Worten einzuschalten: »Wir sind die Leute, nach denen ihr sucht«.[56] Man verlangte von ihm, den Kontakt abzubrechen, aber er ließ sich nicht beirren. »Wir werden von schwerer Artillerie und Mörsern beschossen. Könnt ihr uns helfen?«[57] Mit verdeckten Anspielungen ließen sich die beiden Offiziere vorsichtig auf eine Identifizierung ein, wobei sie stets auch Störversuche der Deutschen im Auge haben mussten.

Der Flugleitoffizier übergab Mikrofon und Kopfhörer an Loder-Symonds. Der identifizierte sich mit den Worten »Hier ist Sonnenstrahl«, dem Standardcode für einen Kommandeur. Um voranzukommen, fügte er hinzu, sein Vorname sei Robert. Man bat ihn, einen gemeinsamen Freund zu nennen. Das tat er und teilte dann Urquhart erfreut mit, er habe Kontakt zum 64th Medium Regiment der Royal Artillery, das der 43rd Infantry Division zugeordnet war. Jetzt hatten sie endlich Kontakt zum XXX. Corps und konnten damit auch in Nimwegen Feuerunterstützung anfordern. »Die Spannung in dem Befehlsstand entlud sich in Erleichterung«, schrieb Thompson.[58]

Das 64th Medium Regiment war die ganze Nacht von der belgischen Grenze bis nach Nimwegen unterwegs gewesen. Eine Stunde nach dem ersten Kontakt mit dem Flugleitoffizier in Oosterbeek war einer ihrer Trupps bereit, mit 4,5-Zoll-Geschützen eines der drei Ziele zu beschießen, die man ihnen genannt hatte. Derartige Aktionen hielten den ganzen Tag an. Gegen 16.00 Uhr wurde das Regiment durch eine Batterie von 155-mm-Haubitzen »Long Tom« verstärkt. Obwohl die Entfernung 15 Kilometer betrug, stellte die 1st Airborne Division fest, dass sie mit »frappierender Genauigkeit« schossen und sogar deutsche Durchbrüche in ihrer Frontlinie trafen.[59] Der Amerikaner Paul Johnson von der Luftunterstützung, der einräumte, dass es ihnen nicht gelungen war, der britischen Luftlandedivision zu helfen, hat beschrieben, wie die Feuerleitoffiziere des Light Regiment »in der Lage waren, das Feuer einiger der 155-mm-Haubitzen des XXX. Corps zu lenken. Denen gelang es, zwei Sturmgeschütze zu vernichten und ein drittes zu beschädigen, womit sie die Südostflanke vor einem gefährlichen Angriff bewahrten.«[60]

Ein weiterer Vorteil ergab sich für das Light Regiment am späten Nachmittag: Als die Polish Independent Parachute Brigade bei Driel absprang, feuerten alle deutschen Geschütze in diese Richtung. Das bot den Artilleristen bei Osterbeek die Chance, Munition heranzuschaffen, die Geschützstellungen auszubessern und alle leeren Kartuschen hinauszuwerfen.

Jede Unterbrechung des Beschusses an diesem Tag war eine Erleichterung für die Zivilbevölkerung von Oosterbeek, die nach wie vor in den Kellern saß. Wenn die Granaten fielen, drückten manche Eltern ihren Kindern eine Stielkasserolle in die Hand, damit sie diese als Helme trugen.[61] Solche Pausen brachten auch schreiende Kinder wieder zur Ruhe oder gaben Gelegenheit, nach oben zu gehen und sich die Beine zu vertreten, denn im Keller eines Hauses drängten sich bis zu 25 Menschen zusammen.[62] Einige liefen hinaus, um nachzuschauen, welche Häuser noch standen und wer noch am Leben war. Manche Familien nutzten die Chance zur Flucht, wobei sie die Alten und Schwachen mitnahmen, häufig genug auf Kissen in einer Schubkarre. Ein paar alte Menschen weigerten sich kategorisch, das Dorf zu verlassen. Als Lieutenant Michael Dauncey vom Glider Pilot Regiment an diesem Tag in ein Haus ging, um nachzuschauen, ob man dort einen Stützpunkt einrichten könnte, stieg er ins Obergeschoss hinauf und öffnete eine Tür. Dort saß eine ältere Dame mit Bettjäckchen in ihrem Bett. Sie grüßten sich und lächelten einander zu, dann zog sich Dauncey zurück und schloss die Tür hinter sich. Er wusste nicht, was mit ihr geschah, als die Kämpfe wieder heftiger wurden.[63]

Während der Gefechte ging die eigentliche Gefahr für die Zivilbevölkerung von den SS-Panzergrenadieren aus, die Häuser säuberten, indem sie Handgranaten in die Keller warfen. Eine unerwartete Gefahr bildeten Kinder, die mit nicht explodierter Munition spielten. Ein Sergeant sah, wie sich ein Soldat einem Kind näherte, das eine Handgranate mit gezogenem Splint in der Hand hielt. Er konnte sie ihm wegnehmen, büßte dabei aber selbst eine Hand ein.[64]

Verletzungen konnte niemand voraussehen, besonders während der vielen Mörsersalven dieses Tages. An einem Ort wurden achtzehn Explosionen in einer einzigen Minute gezählt. Der amerikanische Lieutenant Bruce Davis erlitt Fußverletzungen durch Splitter, als er in der Nähe des Hotels Hartenstein kopfüber in ein Schützenloch hechtete. Da er nichts zu tun hatte, nachdem die Splitter entfernt waren, humpelte er während der Feuerpausen umher und versuchte mit Gerüchten von einer baldigen Ankunft des XXX. Corps die Stimmung aufzuhellen. »Ich glaube, ich habe vier Tage nacheinander eine Panzerdivision zum Frühstück versprochen«, berichtete er später.

Davis interessierte vor allem der Gegner. Er beobachtete, dass die SS angreifen wollte, aber die regulären deutschen Infanteristen die roten Barette fürchteten »und nicht ohne Unterstützung von Panzern oder Selbstfahrlafetten vorgehen wollten«. Wie nervös die Deutschen waren, zeigte sich nach seiner Meinung darin, dass ein MG-42 dreißig Sekunden lang ununterbrochen feuerte. Dass deutsche Maschinengewehrschützen so lange Salven von fünf bis dreißig Sekunden schossen, beweise, wie viel Angst sie hätten, schrieb er in seinem Bericht. »Immer wieder zeigte sich, dass die britische Infanterie den Jerry zu Tode erschreckt hatte. Und das Erstaunliche daran ist, dass sie so unbekümmert und leichten Herzens vorging wie die Klasse einer Sonntagsschule beim ersten Picknick im Frühling.«[65]

Zwar hatten viele Tränen in den Augen, als die Versorgungsflugzeuge kamen und die Piloten so unglaublichen Mut bewiesen, doch insgesamt war der Tod so zur Gewohnheit geworden, dass fast jeder total abstumpfte. Als eine Gruppe Seglerpiloten an der Ostflanke nördlich des Utrechtsewegs Cribbage* spielte, legten sie von Zeit zu Zeit ein Päuschen ein, damit einer der Spieler einen deutschen Soldaten abknallen konnte.[66]

Vor dem nördlichen Teil des von den Briten verteidigten Geländes tauchte wieder einmal der Lautsprecherwagen auf und spielte Glenn Millers »In the Mood«. Anschließend wurden die britischen Soldaten dazu aufgerufen, die Waffen niederzulegen.[67] Darauf folgte sofort »das Geschrei der deutschen Juden der 21st [Independent Parachute Company], die auf Deutsch riefen: ›Fickt euch doch!‹« Aber ihr Hass wurde zuweilen irrational und unkontrollierbar.[68] Ein Lieutenant der Pathfinder berichtete, wie eine große Gruppe Deutscher aus dem Wald heraustrat und mit weißen Taschentüchern winkte. Ein deutscher Jude in Lieutenant Sullivans Zug rief ihnen auf Deutsch zu: »Wer seid ihr?«

* Britisches Kartenspiel mit einem 52-Karten-Pokerblatt – Anm. d. Übers.

»Funker«, kam es zurück.

»Kommt her.«

Als sie die Hälfte des Weges zu den britischen Linien zurückgelegt hatten, eröffneten die Paratrooper das Feuer und metzelten die ganze Gruppe nieder.[69] *

Ein anderer Pathfinder schrieb an diesem Abend in sein Tagebuch: »Höre unsere eigene Artillerie auf der anderen Seite des Flusses jetzt sehr deutlich. Hoffe, sie beeilen sich und sind bald hier, denn wir können nicht mehr lange durchhalten.«[70] Major Blackwood vom 11th Para Battalion schrieb: »Das XXX. Corps der 2nd Army sollte bereits gestern hier sein, aber zumindest haben wir jetzt Funkkontakt zu ihm. Ihr Medium Artillery Regiment gibt uns großzügige Unterstützung. An diesem Nachmittag hat es einen starken Gegenangriff des Feindes unterbunden, bevor es richtig losging. Gegen Abend wurde unser einziges Panzerabwehrgeschütz ausgeschaltet, und ein verdammter Tiger heulte nach wie vor jenseits der Anhöhe herum. Wir erwarteten ihn mit 82 Granaten, aber er kam nicht, und wir waren heilfroh, als eine polnische Panzerabwehrkanone samt Besatzung erschien und mitten unter uns in Stellung ging. Soweit wir das ausmachen können, halten die Reste der 1st Airborne Division gegenwärtig ein Gelände von gut zwei Quadratkilometern, das auf drei Seiten vom Jerry umschlossen ist. Die vierte Seite bildet der Rhein.«[71]

* Ein Zugführer der 21st Independent Parachute Company namens Gerald Lamarque hat unter dem Pseudonym »Zeno« einen erfolgreichen Roman über die Pathfinder bei Arnheim mit dem Titel *The Cauldron* [Der Kessel] geschrieben. Das tat er im Gefängnis, wo er eine Strafe für Mord verbüßte. Für das Buch erhielt er den Arthur-Koestler-Preis.

21

Der Schwarze Freitag
22. September

Die Paratrooper der US 101st Airborne Division und der britischen Panzerregimenter, die Hell's Highway verteidigten, erinnern sich an den 22. September als den Schwarzen Freitag. Dies war der erste von drei Tagen unablässiger deutscher Angriffe gegen diese Trasse. »Als einmal Befehl zu einer Pause gegeben wurde«, schrieb ein Captain des US 506th Parachute Infantry Regiment, »waren die Männer so erschöpft, dass sie beim Befehl für eine Pause fast alle auf der Stelle zu Boden fielen und in tiefen Schlaf sanken, ohne dass sie auch nur versucht hätten, ihr Gepäck abzuwerfen.«[1]

Das Hauptziel der Deutschen war immer noch Veghel, das Generaloberst Student als den besten Engpass auf der Fahrtroute des XXX. Corps ansah.[2] Colonel Johnson in Veghel erkannte bald, dass der Angriff seines Regiments auf Schijndel zeitlich schlecht geplant war. Zwar gab es am Vormittag des 22. September in Schijndel ein paar einzelne Scharmützel mit Deutschen, die in der Stadt gestrandet waren, und fünfzehn von ihnen wurden bei »einer energischen Ratten-Vertilgungsaktion von Haus zu Haus« durch Kinnards Bataillon getötet[3], doch die eigentliche Gefahr braute sich über Veghel zusammen.

An diesem Vormittag um 9.30 Uhr hatte Generalfeldmarschall Model befohlen: »Heutiger Angriff muss Vormarschstraße des Gegners unbedingt abschneiden.« Außerdem forderte er, die 245. und die 712. Infanterie-Division unverzüglich heranzuführen. »Macht mir den linken Flügel stark!«[4] Von Westen her rückten drei Bataillone der Kampfgruppe Huber der 59. Division mit Unterstützung von fünf Panthern und Artillerie vor, um die Kanalbrücke westlich von Veghel einzunehmen und zu sprengen.[5] Aus Richtung Osten nördlich von Helmond hatte General von Obstfelder die Kampfgruppe Heinke und die Panzerbrigade 107 in Marsch gesetzt.[6]

Als die Gefahr offenbar wurde, stellte Johnson Kontakt zu Major General Taylor her, der den Befehlsstand der 101st Airborne Division ins Kasteel Henkenshage am Rande von St. Oedenrode verlegt hatte. Anders als jener in Son, war dieser vom 502nd Parachute Infantry Regiment und vom 377th Parachute Field Artillery Regiment gut geschützt. Taylor, der Johnson bereits eine Kompanie des 44th Royal Tank Regiment geschickt hatte, versprach ihm jetzt außerdem mehrere britische Selbstfahrlafetten.

Während Kampfgruppe Walther[7] und die Panzer-Brigade 107 von Osten her vorstießen, wurde Hell's Highway durch einen deutschen Umfassungsangriff von Westen her zwischen Veghel und Uden unterbrochen. Das zwang General Adair in Nimwegen, die britische 32nd Guards Brigade zurückzuschicken, um die Straße wieder zu öffnen. Das 2nd Battalion des 506th Regiment, darunter Major Winters' Easy Company, erreichte Uden zusammen mit ein paar britischen Panzern gerade noch zur rechten Zeit. Ein heftiger Schlag gegen die erste Patrouille der Deutschen, die sich Uden näherte, erweckte den Eindruck, die Stadt sei stark verteidigt. Der darauf folgende Gegenangriff der Deutschen löste in Veghel Panik aus. Einwohner strömten zum Krankenhaus, um sich dort in Sicherheit zu bringen. »Zuweilen drängten sich Hunderte verängstigter, hysterischer Menschen vor dem Haupteingang und forderten Einlass«, berichtete Dr. Schrijvers. Er musste mit ihnen sprechen und ihnen empfehlen, ihre eigenen Keller aufzusuchen. Die Keller des Krankenhauses wurden für die Unterbringung von Verwundeten gebraucht.[8]

Die britischen Panzer, die Kinnards Bataillon in Schijndel unterstützt hatten, wurden jetzt eilig nach Veghel zurückbeordert, wo Brigadier General Anthony McAuliffe (der später die Verteidigung von Bastogne in den Ardennen befehligen sollte) das Kommando übernahm. Lieutenant Colonel Julian Ewells 3rd Battalion wurde nach Eerde zurückgeholt, um die Panzer zu unterstützen. Die 150 deutschen Gefangenen konnte er dem niederländischen Untergrund übergeben, dessen Kämpfer sie mit erbeuteten deutschen Waffen bewachten.

Kinnard ließ verwundete Gefangene in der Obhut deutscher Ärzte zurück. Er war sich bewusst, dass man sie wieder in die Wehrmacht eingliedern werde, aber unter den Umständen blieb ihm keine andere Wahl. Der Untergrundorganisation übergab er auch alle erbeuteten deutschen Fahrzeuge und andere nützliche Dinge außer einer Gulaschkanone mit beträchtlichen Vorräten. Kinnard bewaffnete die Untergrundkämpfer mit deutschen Gewehren und Maschinenpistolen und bat sie, seine 250 Gefangenen nach Veghel zu eskortieren, während er mit seinem Bataillon in den Sanddünen südwestlich von Eerde eine Verteidigungslinie aufbaute.

Als der Angriff um 10.30 Uhr begann, verfügte Johnson in Veghel nur über ein einzelnes Bataillon und das 377th Parachute Field Artillery Regiment. Zu seinem Glück befand sich ein Teil von Colonel Sinks US 506th Parachute Infantry Regiment in Schussweite, und das 321st Glider Field Artillery Battalion hatte am Kanal Stellung bezogen, um die deutschen Panther auf direkte Sicht attackieren zu können. Auch eine weitere Kompanie britischer Panzer und die von General Taylor geschickten Selbstfahrlafetten kamen gerade noch zur rechten Zeit an.

Mitten im heftigsten Gefecht lud eine niederländische Familie Private first class John Cipolla zum Abendessen ein. Der Versuchung, an einer Tafel mit Tischtuch Platz zu nehmen, konnte er nicht widerstehen. Sie hatten sich gerade gesetzt, da ging sein Sergeant draußen vorbei, warf einen Blick durch das Fenster, ging ein paar Schritte weiter, schaute ein zweites Mal hin und kehrte zurück, um ihn anzubrüllen, er solle seinen Arsch heben und sich an den ihm zugewiesenen Platz scheren. Cipolla griff nach einem Hühnerbein und dem Gewehr, dankte der Familie und stürzte zur Tür hinaus.[9]

Im Laufe des Nachmittags stellte sich heraus, dass die Deutschen nicht imstande waren, die Brücke von Veghel zu zerstören. Um 16.30 Uhr meldete Student an Models Stab, die 59. Division sei bis auf 1000 Meter herangekommen.[10] Zwar gelang es den Deutschen, die Brücke über den Zuid-Willems-Kanal zu sprengen, doch Kampfgruppe Huber wurde bei den Kämpfen eingekesselt und fast völlig aufgerieben. Als Colonel Sink McAuliffe meldete, sie hätten einen deutschen Angriff zurückgeschlagen und dabei 140 Mann getötet, gab der zurück: »Da übertreiben Sie aber.« Sink erwiderte, er solle doch kommen und die Leichen zählen.[11]

Ein Lieutenant der Paratrooper, der beim Angriff auf Veghel verwundet wurde, bekannte später: »Ich habe befürchtet, dass die Deutschen, sollten sie unseren Verbandsplatz einnehmen, mich erschießen, wie es einige meiner Männer in der Normandie mit ihnen getan haben.«[12] Ein Sergeant räumte ein, nur ihr Pfarrer, Pater Sampson, hätte ihn in Veghel von einem Mord abgehalten, als er auf einen schwer verwundeten deutschen Soldaten stieß. »Ich hatte viele Male gehofft, sollte ich einmal in diese Lage geraten, müsste ein deutscher Soldat mir eine Kugel in den Kopf verpassen und meinem Leiden ein Ende machen. Ich wollte das gerade für den armen Teufel tun, da spürte ich eine Hand auf meiner Schulter. Es war Pater Sampson. Er hat mich daran gehindert, wofür ich ihm dankbar bin.«[13]

Als die Deutschen den Rückzug antraten, rief General Taylor die 2nd Tactical Air Force herbei. Sie schickte eine große Zahl mit Raketen bestückter Typhoons der RAF, die sich die Panzer vornahmen. Die Paratrooper am Boden begannen begeistert zu jubeln, als sie sahen, wie eine Maschine nach der anderen ausscherte, zur Seite kippte, zum Tiefflug überging und die Raketen zischten. Dass die deutsche Panzerbrigade 107 sich an diesem Tag von Helmond entfernte, bot dem VIII. Corps rechts vom XXX. Corps die Chance, dort bei wenigen Verlusten einen Brückenkopf zu errichten. Verwirrung und schlechte Kommunikation hatten den Angriff der Deutschen untergraben. Das Chaos war so groß, dass mehrere Offiziere in einem Stabswagen frühmorgens in Veghel einfuhren, weil sie glaubten, die Stadt sei nach wie vor in deutscher Hand. Sie wurden erschossen oder gefangen genommen. Sogar ein Zahlmeister sei vor Beginn der Gefechte in die Stadt gekommen, berichtete ein amerikanischer Offizier. »Er wollte die deutsche Garnison in der Stadt mit Geld ausstatten, musste aber zu seinem Schrecken feststellen, dass die bereits in einem Käfig weiter unten an der Straße eingesperrt saß. Dorthin beförderten wir auch ihn. Er schäumte vor Wut.«[14] Als die Kämpfe abflauten, machte das Restaurant am Ort ein gutes Geschäft: Es bot den ausgehungerten Soldaten Rührei mit Schinken für drei Gulden an, in heutiger Währung etwa 15 US-Dollar.

Major General Taylor mag mit dem Ergebnis in Veghel zufrieden gewesen sein, doch unerfreulich blieb für ihn, dass »es sieben Tage dauerte, um alle Teile der 101st Airborne Division heranzuführen. Während dieser Zeit musste die Division das Landungsgebiet mit beträchtlichen Kräften schützen und zugleich am Boden agieren. Das verringerte das Potenzial, welches für die eigentlichen Aufgaben der Division zur Verfügung stand.« Taylor hob hervor, dass sie ihren Frontabschnitt von 24 Kilometern geradeso halten konnte. »Bei jeder kritischen Situation zeigte sie Schwäche … Immer wieder mussten Truppen heftig hin und her bewegt werden, um mit den zahlreichen Gefahren fertig zu werden, die an diesem langen Korridor auftauchten.«[15]

Der Tod war besonders schockierend, wenn er in kurzen friedlichen Momenten unerwartet zuschlug. Als der Corporal Richard Klein nach dem Ende der Kämpfe um Veghel aus dem Fenster einer Windmühle in Eerde schaute, sagte er zu Jacob Wingard, dem Paratrooper, der neben ihm stand, es sehe so aus, als hätten die Deutschen die Gegend verlassen. Ein paar Augenblicke später wurde Wingard von einem Schuss getroffen. Er wusste, dass dies sein Ende war. Dreimal sagte er noch »Ich bin tot«, bevor er starb.[16]

Während die 101st Airborne Division weit auseinandergezogen an ihrem Abschnitt von Hell's Highway stand, musste sich Gavins 82nd Airborne Division nach wie vor der Angriffe von Meindls II. Fallschirm-Korps erwehren. Auch Gavin war sehr aufgebracht darüber, wie lange das Troop Carrier Command brauchte, um seine Division vor Ort zu bringen. Sein 325th Glider Infantry Regiment war immer noch nicht eingetroffen. Auch ihm war bewusst, dass man einen an Zahl überlegenen Gegner nur durch permanente Angriffe aus dem Gleichgewicht bringen konnte. An diesem Tag nahmen die Sherwood Rangers Yeomanry das Zusammenwirken mit der 82nd Airborne Division auf, indem sie das 3rd Battalion des 508th Regiment bei einer Gefechtsaufklärung in Richtung Wercheren, nordöstlich von Beek, unterstützten.

Gavins Aufklärung mangelte es an Informationen über die Stärke des Gegners. Das lag vor allem daran, dass es keine Gefangenen gab, die man befragen konnte. Dabei hatte der Divisionsstab klare Order ausgegeben, dass deutsche Gefangene nicht zu erschießen, sondern der Befragung zuzuführen seien. Da der Divisionsstab immer mehr Druck machte, hielten die Bataillonskommandeure dringend nach Gefangenen Ausschau. Sie boten sogar jedem, der einen bringen sollte, einen kostenlosen Ausflug nach Paris an. Ein Paratrooper im Abschnitt von Beek, der wohl etwas zu viel deutschen Beuteschnaps getrunken hatte, entschloss sich, einen Versuch zu wagen. »Zur Überraschung seiner Kameraden«, berichtete Captain Ferguson, »und bevor ihn jemand aufhalten konnte, griff der Soldat nach seinem Gewehr, schwang sich den Stahlhelm auf den Kopf und stapfte los – durch die flache Flussaue der Waal in Richtung der deutschen Stellungen in zwei- bis dreihundert Meter Entfernung. Alle, auch General Gavin, schauten verdattert zu, wie der Kerl ganz offen im Blickfeld des Gegners bis zu einem Abflusskanal ging und den ›Krauts‹ zurief, sie sollten mit erhobenen Händen herauskommen. Die überraschten Deutschen, drei oder vier Mann, verließen zögernd die Deckung und bewegten sich, von unserem Soldaten ein wenig ermuntert, auf unsere Linien zu. General Gavin ließ den immer noch leicht beschwipsten Burschen rufen und steckte ihm den Silver Star an.«[17] * [18]

Häufig war die Jagd auf Gefangene zum Zweck der Befragung eine we-

* Die 82nd Airborne Division nahm in der Folge einen deutschen Panzergrenadier namens Heinrich Ullmann fest. Er kam als Kriegsgefangener in die USA und beantragte nach seiner Entlassung die amerikanische Staatsbürgerschaft. Danach trat er in die Army ein und schloss sich der 82nd Airborne Division in Fort Bragg an.

sentlich gefährlichere Angelegenheit. »Bei einem Patrouillengang auf deutsches Gebiet«, berichtete ein Paratrooper, »machte Lieutenant Megellas mehrere Gefangene. In der nächsten Nacht schickte unser übereifriger Regimentsstab eine weitere Patrouille (von einer anderen Kompanie) in dieselbe Gegend. Dort hätte man sich denken können, dass die von starken deutschen Kräften in einem Hinterhalt erwartet wurde. Es gab viele Tote und Verwundete. Der Lieutenant, der die Patrouille angeführt hatte, wurde infolge mehrerer deutscher Treffer zum Krüppel fürs Leben.«[19]

Trotz ihrer zahlreichen Angriffe aus dem Reichswald heraus und gegen Hell's Highway mussten die Deutschen bestürzt feststellen, wie rasch die britischen Truppen in der Betuwe zwischen Waal und Niederrhein anwuchsen. Um 10.30 Uhr rief Obergruppenführer Bittrich Models Stabschef Krebs an, um ihn zu warnen, dass die Briten in wesentlich größerer Stärke als erwartet längs der Eisenbahnlinie Nimwegen–Arnheim vorstießen. Er müsse südlich von Elst seine letzten Reserven ins Gefecht schicken. Fünfzehn Minuten später rief Krebs zurück und teilte Models Antwort mit, »dass mit allen Mitteln eine Vereinigung der von Nimwegen nach Arnheim vorstoßenden Kräfte mit dem Gegner westlich von Arnheim zu verhindern ist«.[20] Es war nicht ganz klar, ob er damit die britische 1st Airborne Division nördlich des Rheins oder die polnische Brigade südlich davon im Auge hatte. Krebs stand an diesem Vormittag unter großem Druck, denn Generalfeldmarschall von Rundstedt wollte wissen, wann sie gedächten, die Brücke von Nimwegen zu sprengen. Er konnte nur antworten, dass sie das in der kommenden Nacht vorhätten.

Major General Ivor Thomas' 43rd Wessex Division übernahm nun statt der Guards Armoured Division den Hauptvorstoß in Richtung Nimwegen/Arnheim und auch nach Nordwesten in Richtung Driel. Am Abend zuvor hatte Brigadier General Hubert Essames 214th Brigade auf der Eisenbahnbrücke und der Straßenbrücke die Waal überschritten. Er sollte gemeinsam mit dem 7th Battalion des Somerset Light Infantry Regiment Oosterhout angreifen und damit die linke Flanke der 129th Brigade schützen. Diese hatte die deutsche Verteidigungslinie anzugreifen, die von der Hauptstraße bis nach Ressen verlief. Dort stand Kampfgruppe Knaust mit zwei Bataillonen Infanterie, einem Bataillon Maschinengewehre, zwanzig leichten 20-mm-Fla-Kanonen und vor allem mit zwei Batterien 88-mm-Flak-Kanonen. Da in dieser Nacht aber bereits Oosterhout verloren gegangen war, wollte Knaust sie nach Elst zurückziehen.[21]

»Beim ersten Tageslicht, im Schutze des Morgennebels«, waren zwei Trupps des Household Cavalry Regiment in einem Abstand von einer halben Stunde bei Oosterhout durch die deutschen Linien geschlüpft. Sie hielten auf Valburg zu, weil sie den besten Weg nach Driel finden wollten, um den Kontakt zu Sosabowskis Polish Parachute Brigade herzustellen.[22] Ihnen folgten später das 5th Battalion der Duke of Cornwall's Light Infantry und die B Company der 4th/7th Dragoon Guards nach.

Am frühen Morgen schickte Major General Urquhart in Oosterbeek nach seinem Stabschef, Lieutenant Colonel Charles Mackenzie. Er befahl ihm, gemeinsam mit Lieutenant Colonel Eddie Myers, dem Chief Engineer Officer der Division, den Niederrhein zu überqueren. Er sollte sich nach Nimwegen begeben, um dort Browning und Horrocks persönlich zu sprechen, denn Urquhart glaubte nicht, dass ihnen der Ernst der Lage bewusst war. »Es ist absolut lebensnotwendig, ihnen zu erklären, dass die Division als solche nicht mehr existiert und wir nur noch als ein Sammelsurium von Individuen hier durchhalten.«[23] Mackenzie sollte klarstellen: Wenn der Nachschub sie nicht im Verlauf der kommenden Nacht erreichte, dann konnte es zu spät sein. Myers hatte ihn zu begleiten, um ihm bei der Überfahrt über den Fluss zu helfen. Es war derselbe Myers, der bei dem großen Coup des Geheimdienstes Special Operations Executive (SOE), der Sprengung des Eisenbahnviadukts von Gorgopotamos in Griechenland im Jahr 1942, eine zentrale Rolle gespielt hatte.

Mackenzie und Myers starteten in einem Jeep mit einem Schlauchboot an Bord. Zunächst aber mussten sie in der Kirche von Oosterbeek Schutz suchen, weil der Beschuss zu heftig war. Die Verspätung bedeutete, dass sich der Nebel über dem Niederrhein bereits auflöste, als sie das Flussufer erreichten. Auf der anderen Seite angekommen, hörten sie Gefechtslärm, doch von einer Empfangsgruppe der Polen, auf die man sie eingestellt hatte, war weit und breit nichts zu sehen.

Sosabowski konnte nichts anderes unternehmen, als seine Männer dazu zu bewegen, ihre Stellungen in den Gärten von Driel tiefer zu graben. Er holperte auf einem Damenfahrrad zwischen ihnen herum und rief ohne Unterlass: »Tiefer! Tiefer!« Darauf fragten einige zurück, ob er für sein Fahrzeug überhaupt einen Führerschein habe.[24]

Um diese Zeit wurde 2nd Lieutenant Richard Tice getötet. Tice war ein amerikanischer Freiwilliger polnischer Abstammung, der sich der Brigade angeschlossen hatte, obwohl er kaum polnisch sprach. Die Männer mochten ihn und nannten ihn den »Cowboy«, weil er so amerikanisch aussah. Tice hatte eine Todesahnung, »bevor wir überhaupt abgesprungen waren«, berichtete einer seiner Unteroffiziere. Gegen 15.00 Uhr war eine Gruppe Soldaten wenige hundert Meter vor ihnen aufgetaucht. Einige der Polen sahen, dass es Deutsche waren, aber Tice war überzeugt, dass sie in freundlicher Absicht kamen. Aus einer Entfernung von ungefähr 300 Metern rief eine Stimme auf Englisch: »Nicht schießen, nicht schießen!«

»Das sind unsere Jungs, Amerikaner!«, freute sich Tice, aber seine Männer waren nicht überzeugt. Er ließ zu, dass die Reihe der Soldaten näher kam. Plötzlich warfen die sich zu Boden und eröffneten das Feuer. Tice' Zug antwortete. Er befahl seinen Männern: »Zieht euch einer nach dem anderen in Richtung Bauernhof zurück.« Er blieb zusammen mit dem Corporal Gredecki liegen und gab ihnen mit einem LMG Feuerschutz. Doch die Waffe wurde außer Gefecht gesetzt. Nun mussten beide Männer unter großer Gefahr zurücklaufen, während sie mit ihrer persönlichen Waffe hinter sich feuerten. Tice warf sich hinter einen Apfelbaum, um mit seiner Maschinenpistole weiter auf die Deutschen zu schießen, aber er wurde mehrfach getroffen und starb.[25]

Als Sosabowski ein wenig später eine andere seiner Kompanien aufsuchte, kamen Schützenpanzerwagen in Sicht. Die Polen nahmen an, es seien Deutsche, aber dann stellte sich heraus, dass es britische Daimler-Panzerwagen und White-Spähpanzer von zwei Trupps der Household Cavalry waren, die Captain Wrottesley und Lieutenant Young befehligten. Inzwischen waren auch Mackenzie und Myers eingetroffen. Youngs Trupp diente nun als Relaisstation, über die Mackenzie mit dem Stabschef von Horrocks' XXX. Corps sprechen konnte. Er übermittelte folgende Botschaft von Urquhart an Horrocks: »Uns mangelt es an Munition, Männern, Lebensmitteln und medizinischen Gütern. Amphibienfahrzeuge werden am dringendsten gebraucht, zwei oder drei würden genügen. Wenn das Geforderte nicht in der kommenden Nacht eintrifft, könnte es zu spät sein.« Mackenzie bestand darauf, Browning in Nimwegen zu treffen. Myers teilte inzwischen Sosabowski mit, dass sie nur Schlauchboote zur Verfügung hätten, um seine Männer über den Niederrhein zu bringen.[26]

Als Aufklärungseinheit hatte die Household Cavalry Befehl, Gefechten wenn irgend möglich aus dem Weg zu gehen. Als jedoch mehrere deutsche Panzer auftauchten, hatten Wrottesley und Young »größte Schwierigkeiten, die Polen zurückzuhalten, die ganz natürlich ihre Schützenpanzerwagen und Spähpanzer als Panzer benutzen wollten«. Schließlich waren es die einzigen verfügbaren Fahrzeuge. Sosabowskis Männer hatten nur PIAT-

Werfer, denn ihre Panzerabwehrgeschütze waren sämtlich am Nordufer des Flusses geblieben. Als die Panzer vorbeigefahren waren, wollte Sosabowski nach allen Seiten Patrouillen aussenden. Inzwischen wurde General Horrocks' Antwort auf Urquharts Nachricht übermittelt: »Alles Menschenmögliche wird getan werden, um das Wichtigste durchzubekommen.«[27]

Urquharts Ungeduld ist leicht zu verstehen, jetzt, da das XXX. Corps so nah und doch so fern war. Der Fluch der schlechten Kommunikation machte es noch schlimmer. Er konnte nichts tun, als zu versuchen, die Moral so lange aufrechtzuerhalten, bis Mackenzie mit einer definitiven Nachricht zurückkehrte. Das Hotel Hartenstein war in einem jämmerlichen Zustand – das Dach zerschossen und die Mauern von allen Seiten durchlöchert. Draußen musste man sich stets in Sprungweite von Splittergräben halten. Zum Glück hatten diese einen verhältnismäßig weichen Boden, da die Soldaten sie mit Fallschirmen ausgepolstert hatten. Aber »bei den Mörsern ist das Schlimme«, bemerkte Major Blackwood, »dass die Geschosse anfliegen, ohne zu pfeifen«.[28]

Eine weitere Gefahr drohte von deutschen Scharfschützen, die angeschnallt in den hohen Buchen hockten. Sie lauerten dem Soldaten auf, der es wagte, Wasser holen zu gehen, und schossen dann auf ihn. Sobald jedoch die Position eines Scharfschützen festgestellt war, holte ein Bren-LMG ihn vom Baum. PIAT-Granaten waren dafür jetzt zu kostbar. Sie mussten für Panzer und Selbstfahrlafetten aufgespart werden. Ein sehr gut versteckter deutscher Scharfschütze muss einen makabren Sinn für Humor gehabt haben. Er saß auf einem der hohen Bäume, die einen Brunnen unweit von Hotel Hartenstein umstanden. »Er ließ uns an den Brunnen heran«, berichtete ein Seglerpilot, »was in der Regel unter einem Hagel von Mörsergranaten geschehen musste, und schoss uns in aller Ruhe Löcher in die Eimer, sobald sie gefüllt über dem Brunnenrand auftauchten. Ein wahrer Sadist!«[29]

Die deutschen Mörserbedienungen trafen beeindruckend präzise, denn es gelang ihnen stets, den Tennisplatz des Hotels auszusparen, wo ihre Landsleute gefangen gehalten wurden. Die beklagten sich ständig, dass man sie hungern lasse, obwohl sie nicht weniger zu essen bekamen als ihre Bewacher. Wie der amerikanische Flugleitoffizier Lieutenant Bruce Davis berichtete, sagte ein deutscher Major, ein Veteran des Ersten Weltkrieges, Folgendes zu ihnen: »Diese Männer haben unter dem schlimmsten Artilleriebeschuss ausgehalten, den ich je erlebt habe. Sie haben mehrere Tage lang ohne Proviant und ohne Schlaf gekämpft. Wenn sie auch unsere

Feinde sind, so sind es doch die tapfersten Männer, die ich kenne. Wenn ihr euch hier beschwert, dann schäme ich mich, ein Deutscher zu sein. Seid besser still und nehmt euch ein Beispiel an ihnen.«[30]

Ein Corporal der 1st Airborne Provost Company, der die Gefangenen bewachte, amüsierte sich darüber, wie ein leicht verletzter deutscher Feldwebel beklagte, dass die Amerikaner 0,45-Zoll-Kugeln benutzten, die so viel größer waren als die 9-mm-Munition der Deutschen. Sein Leutnant bemerkte darauf, die Engländer hätten so viele Gefangene gemacht, »dass man sich hier vorkommt wie in ihrem verdammten Wimbledon«.[31]

Nach fünf Tagen Gefecht zeigten Hunger und Erschöpfung bei den Verteidigern Wirkung. Angehörige der 21st Independent Company an der Nordflanke waren so müde, dass sie sich am Abend zuvor nicht eingegraben hatten. »Dann stellten wir fest, dass wir zwischen lauter Jerry-Gräbern geschlafen hatten. Gut, dass wir nicht gegraben haben«, bemerkte ein Pathfinder. »Ein Glück, dass der Jerry gern schläft und nachts kaum stört.«[32]

Dieser Freitag, der 22. September, begann für Major Blackwood vom 11th Para Battalion mit dem üblichen morgendlichen »Hass« auf den Mörserbeschuss. Der einzige Unterschied zu den Tagen zuvor: Es regnete ziemlich stark. »Die Kompanie wurde für eine bitter nötige Ruhepause in die befestigte Betonkirche zurückgezogen. Das bot Gelegenheit für Essen und Waffenreinigung. Der Matsch setzt den beweglichen Teilen der Sten-Maschinenpistole mächtig zu, und auch unser automatischer Colt, Kaliber 45, erweist sich als nutzlos, weil er für Schmutz und Sand viel zu anfällig ist. Konnte etwas heiße Suppe und Tee zu mir nehmen, alle Magazine reinigen usw. Gegen 11.00 Uhr zogen wir zum ›relativ ruhigen Sektor‹ an der Westflanke, wo wir uns gemeinsam mit einigen Leuten der Borderers am Rande eines großen Parks eingruben. Vom Feind besetzte Häuser lagen etwa 400 Meter gegenüber. Da links unsere Maschinengewehre ratterten, hatten wir wenig Ruhe. Unablässig schossen die feindlichen Mörser; ab und zu schickte auch eine ›Spandau‹ eine Salve herüber. So wurden wir den ganzen Tag in Spannung gehalten und schlugen mehrere Infanterieangriffe zurück. Die Verluste wurden stets rasch von deutschen Sanitätern mit Tragen fortgebracht. Sie kommandierte ein sehr aufgeregter, unangenehmer Hunne, der ständig mit einer riesigen Rot-Kreuz-Fahne wedelte und brüllte: ›Du nicht schießen! Rotes Kreuz!‹ Doch insgesamt hält sich Jerry recht gut an die Regeln des Krieges.«

Blackwood wurde zum Befehlsempfang bei Brigadier General Hicks gerufen. Er erhielt den Auftrag, einen Angriff »über 400 Meter flaches, offenes Gelände vorzubereiten, unterwegs vier Drahtverhaue von fünf Meter Höhe zu überwinden, drei vom Feind gehaltene Gebäude zu säubern, einen mehrere hundert Meter langen Obstgarten einzunehmen, einen Teil des Dorfes anzugreifen und vom Feind zu befreien und sich am Ende auf den unvermeidlichen Gegenangriff vorzubereiten. Das war ein ziemlich ausgewachsener Auftrag für meine Truppe aus zehn Paratroopern, sechs Seglerpiloten und zwei Köchen.« Zum Glück für Blackwood und seine Männer wurde der Angriff bald wieder abgeblasen. Inzwischen hielt er sich mit Benzedrin-Tabletten und einer großen Flasche niederländischen Weinbrands in Stimmung.[33]

Der große Park war fast sicher Dennenoord. Er hatte dem ehemaligen Generalgouverneur Jonkheer Bonifacius de Jonge gehört. Der notierte, dass der Morgen zunächst recht friedlich begann, bis Haus und Garten gegen 10.00 Uhr von heftigem Beschuss getroffen wurden, der das Gewächshaus zerstörte. »Wir zogen mit unseren Matratzen in den Raum des Dienstpersonals hinunter.« Die Verwundeten mitgezählt, die jetzt überall lagen, befanden sich im Haus inzwischen um die 60 Personen. Für die Beleuchtung gab es nur noch ein paar Kerzen. Auf den Wiesen lagen tote Ziegen und Kühe, aber er stellte fest, dass man sein Leben riskierte, wenn man sie zerlegen wollte, um an Fleisch zu kommen.[34]

Den Angriff der Deutschen auf die Westflanke des verteidigten Geländes hatte Kampfgruppe Lippert begonnen, die mit Unterstützung des Artillerieregiments 171 zu beiden Seiten des Utrechtsewegs vorging. Südlich davon griff Kampfgruppe Eberwein an, zur Rechten unterstützt vom Bataillon Worrowski, das am Tag zuvor bei der Einnahme der Höhen von Westerbouwing so viele Männer verloren hatte. Doch am meisten litten die Seeleute der Schiffs-Stamm-Abteilung, die man mit französischen Gewehren von 1940 bewaffnet hatte. Sie waren »stark angeschlagen«. Ihre Ausrüstung verbesserte sich erst, als man begann, britische Beutewaffen zu verteilen, dazu Munition aus an Fallschirmen abgeworfenen Containern.[35]

Standartenführer Harzer, der jetzt auch die Division von Tettau zu befehligen hatte, stellte fest, dass die zusammengewürfelten Noteinheiten keine Feldküchen hatten und dass Einheiten der Luftwaffe die Panzer im Stich ließen, die sie schützen sollten. Harzer setzte Unteroffiziere aus den Reihen der SS ein, um die Disziplin zu verbessern. Die Division »Hohenstaufen« sah es als ihre Aufgabe an, dem zusammengewürfelten Haufen aller Waffengattungen ihren Kampfgeist zu vermitteln, behauptete Harzer.[36] Der offenkundig entnervte General von Tettau stellte in einem Divisionsbefehl fest: »In den Kämpfen der letzten Tage sind nicht weniger als sechs Panzer meist durch örtlich unzweckmäßigen Einsatz unterer Führer und Nicht-Mitgehen der Infanterie ausgefallen. Derartige Verluste können wir uns nicht mehr leisten.«[37] Die Panzer-Kompanie 224 war inzwischen auf drei Panzer zusammengeschrumpft. Ihr Kommandeur hatte klare Weisung, diese sofort aus dem Gefecht zu nehmen, sobald die Unterstützung durch die Infanterie wegfallen sollte.

Eine Ermutigung für Harzer war das Eintreffen der ersten Königstiger-Panzer der Schweren Panzer-Abteilung 503 gegen Mittag. Aber bald musste er feststellen, dass diese Monster von 72 Tonnen Gewicht sich nur einzeln bewegen konnten, weil ihnen sonst die mit Backsteinen gepflasterten Straßen von Oosterbeek nicht standhielten. Bei jeder Drehung eines Königstigers, bemerkte Harzer, flogen Pflastersteine nach allen Seiten.[38]

In Models Stab tauchte plötzlich ein beunruhigender Gedanke auf: Weitere Landungen der Alliierten konnten nicht ausgeschlossen werden. »Hierzu kann der Feind noch drei bis vier weitere Luftlande-Divisionen zum Einsatz bringen«, hieß es in der Feindlagebeurteilung dieses Tages.[39]

Lieutenant Johnson, dem zweiten amerikanischen Offizier in Oosterbeek, fiel auf, dass die Deutschen jetzt Angriffe der Infanterie vermieden. »Stattdessen ließen sie einen Panzer oder eine Selbstfahrlafette anfahren und uns aus den Häusern schießen. Dann zogen sie den Panzer wieder zurück, bevor wir eine Panzerabwehrkanone oder PIAT-Werfer gegen ihn in Stellung bringen konnten. Sie besaßen auch ein paar Flammenwerfer, mit denen sie sich beträchtliche Vorteile verschafften. Wenn es ihnen gerade passte, konnten sie unseren kleinen Stützpunkten mit schwerem Mörser- und Artilleriefeuer zusetzen. Dadurch ging es für sie langsam voran, doch sie schienen zu wissen, dass sie jede Menge Zeit hatten … Unsere Männer führten viele erfolgreiche Gegenangriffe durch, um verlorene Stellungen zurückzugewinnen. Doch die Deutschen wiederholten einfach die Prozedur mit dem Einsatz von Panzern, Artillerie und automatischen Waffen, während wir nicht mehr genügend Leute hatten, um weitere Gegenangriffe zu unternehmen.«[40]

Die veränderte Taktik bemerkte auch Lieutenant Stevenson von der Aufklärungskompanie. »Den ganzen Freitag ließ sich die deutsche Infanterie kaum sehen. Jerry verlegte sich darauf, das komplette Gelände mit Mörserfeuer zu überziehen und die Häuser mit Sturmgeschützen systematisch in Schutt und Asche zu legen. Die Geschütze nahmen sich jedes Haus in unserem Abschnitt mindestens einmal auf sehr kurze Distanz vor. Wenn die Selbstfahrlafetten anrollten, hörten wir ihre Ketten rasseln – kein angenehmes Geräusch.« Da entschlossen sie sich, dem nächsten Sturmgeschütz einen Hinterhalt zu legen. Ein Unteroffizier und ein Soldat schlüpften an der Straßenkreuzung in einen Splittergraben. »Es dauerte etwa eine halbe Stunde, bis wieder eine Selbstfahrlafette anrollte. Der Soldat schoss und traf gleich beim ersten Mal über eine Entfernung von etwa 70 Metern. Leider stoppte der Treffer das Fahrzeug, aber nicht die Kanone. Die Besatzung muss sehr schnell wieder zu sich gekommen sein, denn sie belegte die Splittergräben mit Maschinengewehrfeuer, wobei sie zwei Seglerpiloten tötete und verwundete, die im Nachbargraben saßen. Zum Glück waren der Unteroffizier und der Soldat in der Lage, rasch zurückzukehren.«[41]

Die Verwundeten wurden geborgen, aber auch die Toten zu holen war viel zu gefährlich. Einige lagen tagelang herum und begannen anzuschwellen. Ihr Kampfanzug spannte sich, als wären sie aufgepumpt. Es war ein sehr unangenehmer Anblick, der jungen, unerfahrenen Soldaten schwer zu schaffen machen konnte. Außerhalb des Geländes beschlossen zwei niederländische Jungen, die ihren Freunden bei den Paratroopern ab und an etwas zu essen brachten, das Besatzungsmitglied eines abgestürzten Transportflugzeuges zu begraben. Während sie eine Grube aushoben, wurden sie von zwei Wehrmachtsoldaten gefragt, was sie da täten. Als sie es erklärten, fragte einer wütend: »Warum begrabt ihr einen Mörder? Die haben unsere Städte bombardiert, unsere Frauen und Kinder getötet. Sie verdienen nicht, begraben zu werden. Sollen sie doch hier liegen und verrotten.«[42]

Da Wasser nur noch in Toilettenspülkästen und Heizkörpern von Häusern zu finden war, sahen sich die Männer in den Gräben gezwungen, aus den Pfützen zu trinken, die von dem Regenguss am Morgen zurückgeblieben waren. Einige Soldaten, die etwas zu viel Benzedrin genommen hatten, glaubten, die ganze 2nd Army sei im Anmarsch und werde sie retten. Als ein Paratrooper Panzerketten klirren hörte, rief er seinem Kameraden zu: »Ich wusste doch, dass sie uns nicht im Stich lassen!« Da kam ein Königstiger um die Ecke.[43]

Am sechsten Tag machte sich der Stress bemerkbar, als Harzers SS-Pioniere mit Flammenwerfern und mit Unterstützung von 20-mm-Fla-Kanonen vorgingen. Paratrooper rannten in Panik zum Stab im Hotel Hartenstein zurück. Zwei Sergeants der Seglerpiloten in ihrem Schützengraben sahen mit Erstaunen einen Jeep um die Ecke des Hotels biegen, in dem General Urquhart hoch aufgerichtet stand. Mit zornrotem Gesicht brüllte er die panischen Paratrooper an: »Zurück mit euch, ihr Bastarde! So mag ich euch nicht, verdammt noch mal!« Einige der Soldaten liefen beschämt zu ihren Stellungen zurück. Sergeant Hatch bemerkte abschätzig zu seinem Kameraden im Graben: »Ein schlechter General, der den Job eines Sergeants macht!«[44] Einige, die an Gefechtsneurose litten, begingen Selbstmord, meist die Waffenmündung in den Mund gesteckt oder unter das Kinn gedrückt.

Da die gesamte Verteidigungslinie an diesem Tag so häufig angegriffen wurde, mussten die Kanoniere des 64th Medium Regiment nicht weniger als 31 verschiedene Feueraufträge erfüllen. Eine Batterie von 5,5-Zoll-Geschützen wurde zusätzlich zu ihrer Unterstützung eingesetzt. Wiederum konnte man die exakte Arbeit der Feuerleitkräfte nur bewundern. Dazu schrieb ein Offizier der Somerset Light Infantry in der Betuwe: »Ich glaube, kein erfahrener Infanterieoffizier kann bestreiten, dass während des Zweiten Weltkrieges die professionell kompetentesten Leute der ganzen britischen Armee in der Royal Artillery zu finden waren.«[45] Damit hatte er recht, nur hätte er auch die Royal Engineers erwähnen müssen.

Die Hauskeller von Oosterbeek innerhalb des schrumpfenden verteidigten Gebiets waren jetzt hoffnungslos überfüllt. Das Getöse von Schüssen und Explosionen, die fehlende Möglichkeit, sich zu bewegen, und die schlimmen hygienischen Zustände wegen des Wassermangels brachten großen Stress hervor, den die Angst noch verschlimmerte. Ein Katholik, der mit einer kleinen Gruppe von Freunden in dem Bombenhagel aushielt, beschreibt, wie sich »ihre Stimmen zur Begleitung des Geschützdonners zu einem herzzerreißenden, rhythmischen ›Ave Maria‹ erhoben. Dieses Gebet, das lauter und lauter wurde, klang wie ein Hilfeschrei, während ringsum die Wände bebten. Es war unerträglich!«[46]

Britische Soldaten mussten den Menschen in den Kellern in entschuldigendem Ton die Nachricht bringen, dass sie jetzt in der Frontlinie lagen, weil sich in ihrem Haus eine Feuerstellung befand. Doch selbst jetzt schmunzelten die Holländer über die fast übertriebene Höflichkeit der britischen Soldaten. »Gott sei Dank gibt es auch noch drollige Momente«, schrieb eine anonyme Tagebuchführerin. »Gestern Abend, als wir alle zum Schlafen in den Keller gingen und die Kinder bereits eingeschlafen waren, kam ein Tommy leise die Stufen heruntergeschlichen und sagte: ›Macht es Ihnen etwas aus, so still wie möglich zu sein und kein Licht anzuzünden?‹ Ein Boche hätte einfach ›Schnauze!‹ gebrüllt.«[47]

Wegen der so lange fehlenden Funkverbindung der britischen 1st Airborne Division bekam die 1st Allied Airborne Army erst an diesem, dem sechsten Tag von Operation Market Garden, eine Vorstellung von deren bisher erlittenen Verlusten. Colonel Warrack meldete, dass die Division mehr als 2000 Opfer zu beklagen habe. »Die Stärke des medizinischen Personals ist auf 18 Offiziere und 120 andere Dienstgrade geschrumpft.« Die ursprüngliche Stärke hatte 31 Offiziere und 371 weitere Dienstgrade betragen.[48] Einige Ärzte waren im St.-Elisabeth-Hospital in deutsche Gefangenschaft geraten. Aber besonders der Verlust an Sanitätern war verheerend. Viele deutsche Soldaten, selbst SS-Angehörige, respektierten das Zeichen des Roten Kreuzes. Andere schossen auf medizinisches Personal, weil sie die Wirkung auf die Moral kannten. Ein Corporal der 16th (Parachute) Field Ambulance weigerte sich, die Rot-Kreuz-Binde zu tragen. »In Nordafrika habe ich gelernt, dass man mit dem Zeichen des Roten Kreuzes nur ein besseres Ziel abgibt.«[49]

Alle Behelfslazarette im verteidigten Gelände wurden beschossen. Ein junger Freiwilliger, der den Verbandsplatz im Hotel Tafelberg aufsuchte, war erstaunt darüber, dass das Haus noch nicht niedergebrannt war. »Für die Patienten ist es die absolute Hölle«, schrieb er. »Stellen Sie sich vor, wie grauenhaft es sein muss, mit einem amputierten Bein im Bett zu liegen und zu erleben, dass die Wand neben dem Bett getroffen wurde und ebenso Ihr Nachbar zum zweiten Mal. Nur wird er dieses Mal nicht durchkommen. Das passiert hier. Zum Schutz vor herumfliegenden Glassplittern werden die Vorhänge geschlossen. Eine kleine flackernde Kerze ist die einzige Lichtquelle im Saal. Manche Patienten stöhnen bei jedem Donnerschlag auf, andere beißen sich schweigend auf die Lippen. Im Operationssaal arbeiten englische und niederländische Ärzte bei Kerzenlicht Seite an Seite. Ich glaube nicht, dass sie viel schlafen. Ich gehe durch die Eingangshalle, wo mindestens einhundert Engländer noch auf Tragen und Matratzen am Boden liegen. Ich denke, das müssen die Leichtverletzten sein. Zumindest hoffe ich es.«[50]

In ebenso erbarmungswürdigem Zustand war das alte Pfarrhaus von Kate ter Horst direkt neben der Kirche von Oosterbeek. Die Außenmauern waren voller Einschusslöcher von Gewehrkugeln, und im Garten lagen 57 Opfer übereinandergestapelt, von denen widerlich süßer Leichengeruch ausging. Die »hochgewachsene, schlanke Holländerin mit dem blonden Haar und den ruhigen, eisblauen Augen« ist als »der Engel von Arnheim« bekannt geworden. Sie hat geholfen, 250 Männer zu pflegen, die zu dem Regiments-Verbandsplatz in ihrem Haus gebracht wurden. Dabei

26. Willkommensgruß für die US 101st Airborne Division zwischen Son und St. Oedenrode.

27. Panzer für die Kampfgruppe Knaust treffen per »Blitztransport« ein. Die Alliierten konnten sich nicht vorstellen, wie schnell die Deutschen diese durch ganz Deutschland heranzuführen vermochten.

28. Von der 1st Airborne Division bei Arnheim gefangen genommene Angehörige der Waffen-SS.

29. Ein Konvoi auf Hell's Highway wird von deutscher Artillerie zum Halten gezwungen.

30. Luftaufnahme der RAF von den Wracks der Aufklärungs-Abteilung Gräbner auf der Brücke von Arnheim.

31. Kate ter Horst, der »Engel von Arnheim«. Sie beruhigte die Verwundeten, indem sie ihnen aus der Bibel vorlas.

32. Major General Roy Urquhart vor dem Hotel Hartenstein.

33. Eine 75-mm-Haubitze des Light Regiment am 19. September beim Hotel Bilderberg.

34. Eine Einheit von Luftwaffen-Bodenpersonal im Einsatz am 19. September nördlich von Oosterbeek.

35. Ein Sturmgeschütz III (StuG III) der Sturmgeschütz-Brigade 280 nahe des Rheinpavillons nach der Zerschlagung des 1st und des 3rd Parachute Battalion.

36. SS-Panzergrenadiere in Arnheim vor zurückgelassener britischer Ausrüstung.

37. Aus dem St.-Elisabeth-Hospital evakuierte Zivilisten.

38. Polnische Paratrooper nach einer der vielen Absagen ihres Einsatzes wegen schlechten Wetters.

39. Pioniere und Paratrooper des britischen 3rd Parachute Battalion, die sich in einer Schule nördlich der Brücke von Arnheim verschanzt hatten, müssen sich ergeben.

40. Paratrooper des 1st Battalion nutzen einen Granattrichter als Deckung.

hatte sie selbst fünf Kinder zu versorgen. Sie tröstete die Verwundeten und Sterbenden, indem sie ihnen aus der Bibel in der englischen King-James-Übersetzung vorlas. Ihre Stimme und die schöne, vertraute Prosa nahm allen, die ihr zuhörten, die Angst.[51]

Kate ter Horst war auch eine aufmerksame Beobachterin der jungen Männer in ihrer Obhut. Sie beschreibt Rod, einen Schotten mit sandfarbenem Haar, »der aussieht wie ein Mann von vierzig… Ich staune immer wieder, wie selbstbeherrscht, verantwortungsvoll und diszipliniert diese jungen Männer, die meisten nicht älter als 20 oder 25 Jahre, in Stimme und Gesten sind, was sie eher wie Familienväter als wie junge Männer wirken lässt, die gerade erst von der Schule oder der Universität kommen.« In den fünf Jahren des Krieges empfand Rod die Kämpfe in Oosterbeek als die schlimmsten, die er je erlebte. »Das ist kein Gefecht mehr«, sagte er zu ihr. »Das ist Mord.«[52]

Während Teile des Geländes aufgegeben werden mussten, wurde das Hotel Schoonoord zurückerobert. Das Gebiet der Lazarette, das jetzt neun Häuser umfasste, lag unter heftigem Mörserfeuer. »Eine Anzahl Verwundeter wurde getötet oder in ihren Betten erneut verletzt«, berichtete Colonel Warrack. »Es ist eines meiner tragischsten Erlebnisse, dass ich Männer sehen musste, die im Kampf verletzt wurden, bei uns Schutz und Hilfe suchten und erneut in die Frontlinie gerieten, wo sie weniger geschützt waren als in einem Splittergraben. Nicht einmal ein Murren war zu hören, wenn eine Mörsergranate in ein Zimmer krachte.«[53] Um das Krankenhaus herum tobten die Kämpfe weiter, aber diesmal hatte ein britischer Soldat, der aus einem Schützenloch im Garten feuerte, die Neutralität des Hospitals verletzt.

Die Verwundeten litten permanent an Durst. Da in den frühen Morgenstunden starker Regen gefallen war, hatten Mitarbeiter und Freiwillige jedes wasserdichte Cape und jedes Rohr benutzt, um von Dach und Regenrinnen Wasser in Eimer und alle anderen verfügbaren Behälter zu leiten. »Wasser! Wie dringend wir es brauchten!«, schrieb Hendrika van der Vlist. »Die Toiletten waren inzwischen zu Dunghaufen geworden.« Die frappierenden Unterschiede zwischen ihren deutschen Patienten interessierten sie sehr. Ein Offizier verlangte selbst als Gefangener lauthals eine Tetanusspritze, weil das, wie er behauptete, in deutschen Krankenhäusern Standard sei. Er forderte, gegen einen britischen Offizier in deutscher Gefangenschaft ausgetauscht zu werden. Einen Soldaten, mit dem sie gern redete, fragte sie, ob er für Hitler gestimmt habe. Er antwortete, er sei damals noch ein

Schuljunge gewesen. »Wie alt sind Sie denn?«, fragte sie nach, weil sie ihn auf weit über dreißig schätzte. »23«, antwortete er. Als er ihre Überraschung sah, fügte er hinzu: »Der Krieg hat mich alt gemacht.« Um die Atmosphäre etwas zu lockern, meinte Henrika: »Zum Glück ist der Krieg bald vorüber. Sie können wieder jung werden.« Darauf er: »Wenn der Geist alt ist, wird man nicht mehr jung.«

Sie war betroffen von dem Pessimismus der jungen Deutschen im Vergleich zu dem Optimismus der meisten britischen Soldaten, selbst der Schwerverwundeten. Doch dann überlegte sie: »Was für eine Zukunft erwartet sie? Wenn sie diesen Krieg lebend überstehen, das reine Elend.« Sie erinnerte sich, wie die Mutter eines ihrer Schüler einmal sagte: Bald werdet ihr alles andere sein wollen, »nur kein Deutscher«. Da konnte nur ein Ukrainer in der SS, ein weiterer Patient, nach dem Krieg noch schlimmer dran sein. Er war nicht freiwillig in die SS eingetreten, aber das half ihm wohl nicht, sollte er in die Sowjetunion zurückkehren.

Es gab auch Verwundete der polnischen Panzerabwehrkompanie. Man legte sie zusammen, damit sie einander halfen und die Stimmung besser war. Die deutschen Patienten hatten eindeutig Angst vor den Polen, vor den Briten hingegen nicht. Doch das gemeinsame Schicksal schien die Verletzten zuweilen einander näher zu bringen. Wenn ein weiterer auf einer Trage hereingebracht wurde, beugte sich Hendrika über den Mann und fragte auf Englisch, welche Verwundung er habe. »Verstehe nicht«, kam die Antwort auf Deutsch. Da er zugedeckt war, hatte sie seine deutsche Uniform nicht gesehen. Der britische Paratrooper, der neben ihm lag, hob interessiert den Kopf und fragte sie, ob sein Nachbar ein Deutscher sei. Sie nickte. Er bot dem Deutschen seinen eigenen Teller mit Essen an. Später hinderte der Deutsche eine Helferin daran, einem neu eingetroffenen Soldaten ein Glas Wasser zu reichen. »Der Kamerad darf nicht trinken, Schwester, er hat eine Bauchverletzung.«[54]

Die Zahl der Toten stieg auch im Schoonoord. Der Sergeant Major des Royal Army Medical Corps wies die Träger an, die Leichen im Garten zu stapeln, weil in der Hotelgarage kein Platz mehr war. Nachts war das ohne jede Beleuchtung besonders schwierig. Die Träger mussten bei einer Streichholzflamme über Körper und Glieder steigen. Ein Company Sergeant Major des 11th Parachute Battalion beobachtete, dass die Verwundeten um ihn herum sich nach etwas sehnten, das an zu Hause und Familienleben erinnerte. »Eine Frau kam herein und hatte ein kaum eine Woche altes Baby bei sich. Alle Männer wollten das Kind sehen.«[55]

Das Schoonoord wurde bald darauf erneut von den Deutschen eingenommen. Sie stellten bewaffnete Posten auf, um es angeblich zu schützen, aber da das Haus unmittelbar an der Frontlinie lag, diente es ihnen dazu, andere britische Stellungen zurückzudrängen, denn ein Krankenhaus konnten sie nicht beschießen.

In dieser Nacht befahl Sosabowski Lieutenant Albert Smacznys Kompanie, über den Fluss zu gehen, aber sie hatten keine Boote. Die Männer der 9th Field Company der Royal Engineers, die in der Nacht zuvor versucht hatten, aus Anhängern von Jeeps Flöße zu bauen, gestanden ihr Scheitern ein. So mussten die Pioniere des verteidigten Geländes die Polen in sechs winzigen Aufklärungsbooten und einem Schlauchboot der RAF übersetzen. Sie hatten gehofft, eine Seilfähre bauen und jeweils zwei Polen mit einem Boot übersetzen zu können. Aber die Strömung war zu stark, und das Seil riss immer wieder, sodass die Pioniere schließlich mit jeweils einem Polen hin und her paddeln mussten.

Die Dunkelheit schuf weiteres Chaos. »Ohne alle Übersetzmittel«, schrieb Smaczny, »mussten wir lange warten, bis die beiden von Pionieren gefahrenen Schlauchboote auftauchten. In einigen fanden nicht mehr als zwei Personen Platz. Einige Zeit später kamen zwei weitere Boote mit britischen Pionieren hinzu. Jetzt fuhren wir paarweise hinüber, manchmal auch einzeln. Hin und wieder ließ der Feind eine Rakete über uns hochzischen, und Maschinengewehrsalven aus deutschen ›Spandaus‹ suchten ihre Ziele auf dem Fluss. Mir gelang es, ans andere Ufer zu kommen.«[56]

Seglerpiloten sollten die Polen zur Kirche von Oosterbeek führen, aber der Lotse von Smacznys Gruppe verlor die Orientierung, und sie stolperten geradewegs in die Besatzung einer deutschen Panzerabwehrkanone hinein, die beim Essen saß. »Plötzlich hörte ich eine Stimme nur wenige Schritte entfernt erschrocken auf Deutsch rufen: ›Herr Feldwebel, das sind Tommies!‹ Mir wurde klar, dass wir uns im Konzentrationsraum von deutschen Truppen befanden.« Es folgte ein chaotisches kleines Scharmützel, aus dem sich die Polen retteten, indem sie alle gleichzeitig Handgranaten warfen. Als sie sich jedoch den britischen Linien näherten, gerieten sie erneut unter Feuer. Smaczny brüllte aus Leibeskräften, man solle mit dem Schießen aufhören. Insgesamt wurden in dieser Nacht nur 52 polnische Paratrooper über den Fluss gebracht.[57]

Missgeschicke trafen auch zwei Sherman Panzer der 4th/7th Dragoon Guards, die ein Bataillon der Duke of Cornwall's Light Infantry nach Driel begleiteten. Sie liefen auf polnische Minen, die quer über die Straße ausgelegt waren, und feuerten anschließend auf Panzerwagen der Household Cavalry. Dieser Vorausabteilung der 130th Infantry Brigade war es gelungen, die deutschen Stellungen bei Valburg zu umgehen. Schlimmer noch, die zwei schweren Amphibienfahrzeuge, die der britischen 1st Airborne Division die dringend benötigten medizinischen Güter liefern sollten, blieben im tiefen Morast des Flussufers stecken.

Im Laufe dieses Tages reorganisierte Generalfeldmarschall Model die Kommandostruktur der deutschen Truppen in den Niederlanden. Die 15. Armee war jetzt für den Abschnitt von der Nordseeküste bis Rhenen und Students 1. Fallschirm-Armee für den östlichen Teil von Rhenen bis Roermond zuständig.

In Versailles hatte General Eisenhower unterdessen zu einer wichtigen Besprechung in sein Hauptquartier im Trianon Palace Hotel geladen, um über die Strategie zu diskutieren. »Alle anwesend außer Monty«, notierte Admiral Ramsay in seinem Tagebuch.[58] Montgomery hatte bereits am Vortag folgenden Funkspruch geschickt: »Aus operativen Gründen meine ich Front nicht verlassen zu können, um an Ihrer Konferenz morgen Versailles teilzunehmen. Schicke meinen Stabschef mit gleichem Informationsstand in allen Angelegenheiten.«[59] Montgomery behauptete, mit der Führung der Schlacht um Arnheim voll beschäftigt zu sein. Aber da er dort kaum etwas Nützliches tun konnte, sahen viele seine Abwesenheit als bewussten Affront gegen Eisenhower.

Die amerikanischen Offiziere werteten Montgomerys Entscheidung, seinen Stabschef, Major General de Guingand, zu schicken, als hinterhältige Taktik. »Ein Stabschef hat keine Vollmacht, an seiner Stelle Verpflichtungen zu übernehmen«, notierte Bradleys Adjutant. »Monty kann sie zurückweisen, wie er will.«[60] Offenbar hatte man im SHAEF vor der Besprechung gewettet, dass der Field Marshal nicht auftauchen werde. Und General Omar Bradley äußerte danach: »Als wir später nachprüften, stellten wir fest, dass Monty an diesem Tag, verdammt noch mal, nichts anderes getan hat, als [in seinem Stab] herumzuhocken. Es gab auf der ganzen Welt keinen anderen Grund, weshalb er nicht hätte kommen und an der Besprechung teilnehmen können, außer seiner eigenen Eitelkeit und Wichtigtuerei. Er war sich zu fein, in Ikes Hauptquartier zu erscheinen.«[61]

Vielleicht war der Grund ja ein ganz anderer. Ungeachtet von Montgomerys Meldung an Eisenhower, er glaube, es gebe nach wie vor »eine reale

Chance«, die Brücke von Arnheim zu erobern, muss er zu diesem Zeitpunkt gespürt haben, dass da eine schreckliche Katastrophe ablief, die seinen Ruf stark beschädigen konnte. Nach all seinen Forderungen, im Norden den Vortritt zu erhalten, um den Rhein zu überqueren, wollte er jetzt in Versailles nicht Bradley, Patton und Eisenhower an einem Tisch gegenübersitzen. Und er konnte auch nicht erpicht darauf gewesen sein, den Generalen Bedell Smith oder Strong in die Augen zu schauen, über deren Warnungen vor der Stärke der Deutschen im Süden der Niederlande er sich lustig gemacht hatte. Schon am nächsten Tag schrieb Montgomery in sein Tagebuch: »Ich habe jetzt selbst große Zweifel, ob sie [die 1st Airborne Division] durchhalten kann. Wir werden sie wohl abziehen müssen.«[62] Und die Tatsache, dass er während der gesamten Schlacht Horrocks kein einziges Mal aufsuchte, bestätigt den Eindruck, dass er auf Distanz bleiben wollte, was bei diesem »Herrn und Meister« nur sehr selten vorkam.

Der andere Architekt dieses verhängnisvollen Plans, Lieutenant General Boy Browning, war noch viel weniger geneigt, sich der realen Situation zu stellen. General Brereton, der Kommandeur der 1st Allied Airborne Army, notierte am 23. September in seinem Tagebuch: »Eine ermutigende Nachricht kam von General Browning als Antwort auf ein Angebot von General Hakewill-Smith, Kommandeur der 52nd Lowland Division [der Luftlandeeinheit der 1st Allied Airborne Army], den Roten Teufeln eine komplette Seglereinheit zu Hilfe zu schicken. Hier der Wortlaut von General Brownings Nachricht: ›Danke für Ihre Mitteilung, aber Angebot nicht, wiederhole, nicht erforderlich, da Situation besser, als Sie glauben. Wir führen Landungen wie geplant durch, einschließlich Polen. 2nd Army braucht Ihre Einheit definitiv; beabsichtigen, Sie zum Flugfeld Deelen zu bringen, sobald Situation es gestattet.‹« Es ist kaum vorstellbar, wie Browning darauf gekommen ist, dass die Dinge »besser sind, als Sie glauben«.[63]

Browning hatte seinen Stab nach Nimwegen verlegt. Sein Wohnwagen stand jetzt in einem Garten am Sophiaweg. Sein Adjutant Eddie Newbury hielt fest, wie die Atmosphäre immer gespannter wurde und Browning überhaupt nicht mehr aufhörte, an seinem Schnurrbart zu zupfen. Der General, der Untätigkeit hasste, besaß keine nützliche Kommandofunktion außer über die 1st Airborne Division, zu der er gar keinen Kontakt hatte. Er sah keinen Grund, in Gavins beeindruckende Führung seines Frontabschnitts einzugreifen. Daher unterstand ihm effektiv allein die Prinzessin-Irene-Brigade des Königlichen Heers der Niederlande, die die Brücke von Grave verteidigte.

Operation Market Garden war verheerend für die britische 1st Airborne Division, aber sie verursachte auch eine noch weit größere humanitäre Katastrophe. Auf General Eisenhowers Bitte hatte die niederländische Exilregierung zu einem allgemeinen Streik bei der Eisenbahn aufgerufen, um die Invasion aus der Luft zu unterstützen. Die Deutschen waren außer sich und sannen auf Rache. An diesem Freitag, dem 22. September, um 18.45 Uhr rief der Stabschef des Oberbefehlshabers der Wehrmacht, Generalleutnant von Wühlisch, in Models Stab an und sprach mit Generalleutnant Krebs über deutsche Vergeltungsmaßnahmen für die Unterstützung der Alliierten durch die Niederländer. »Zerstörung von Rotterdam hat durch damit zusammenhängende Sprengung Elektrizitätswerk usw. Folgen für Störung der Bevölkerung. Ausbruch einer Panik möglich.« Krebs regte an, diese Zerstörungen, die sowohl die Wasserversorgung als auch die Kraftwerke betrafen, um 24 Stunden aufzuschieben.

Wühlisch erklärte dann weiter, »dass als Gegenmaßnahme gegen holländischen Eisenbahnerstreik beabsichtigt ist, Amsterdam und Den Haag von Versorgung usw. abzuschließen und dadurch Wiederaufnahme des Eisenbahnverkehrs zu erreichen«.[64] Dies war der erste Schritt der Vergeltung der Deutschen für den »Verrat« der Niederländer. Er sollte geradewegs in den bewusst ausgelösten Hungerwinter führen.

22

Samstag, 23. September

Die Angriffe der Deutschen gegen Hell's Highway wirkten sich auch auf das Schicksal der britischen 1st Airborne Division bei Oosterbeek aus. Sie hinderten Horrocks daran, weitere Truppen zur Verstärkung der beiden Divisionen in der Betuwe nördlich von Nimwegen heranzuführen. Er konnte nur eine einzige Infanteriebrigade der 43rd Wessex Division entbehren, die sich den Polen bei Driel anschließen, den Niederrhein überqueren und Urquharts erschöpften Männern zu Hilfe kommen sollte. Der Vormarsch des britischen XXX. Korps war praktisch gestoppt, da deutsche Artillerie die Konvois auf der geplanten Nachschubroute permanent in Gefechte verwickelte.

Wieder war Veghel das Hauptziel der Deutschen. Die Panzerbrigade 107 und die Kampfgruppe Walther griffen von Osten, die Kampfgruppe Huber von Westen an. Letztere wurde unterstützt vom Fallschirmjäger-Regiment 6 unter Führung von Oberstleutnant von der Heydte, das aus Richtung Boxtel gegen Veghel vorging. Heydte war empört darüber, dass die Verteidigungslinie in den Niederlanden von Neulingen und den letzten zusammengekratzten Reserven gehalten werden sollte. Er wusste, dass diese Soldaten überhaupt nicht dafür ausgebildet waren, zu einem richtigen Angriff vorzugehen. Besonders kränkte ihn, dass man ihm befohlen hatte, eines seiner Bataillone zur Klärung einer Krise im Frontabschnitt der 245. Infanterie-Division abzustellen. Im Austausch dafür hatte er vom Fallschirmjäger-Regiment 2 ein Bataillon noch schlechterer Qualität erhalten. Dessen Offiziere waren nicht in der Lage, sich Respekt zu verschaffen und Disziplin herzustellen. Die Männer neigten zu willkürlichen Aktionen, Plünderungen und Gewalt gegen die Zivilbevölkerung.[1]

Colonel Johnson hatte Kinnards 1st Battalion des US 501st Parachute Infantry Regiment befohlen, die Sanddünen bei Eerde zu halten, die in Heydtes Stoßrichtung lagen. Dessen Sturmgeschütze und ein Panzerjäger »Jagdpanther« schossen auf die Windmühle und den Kirchturm in dem kleinen Ort. Eine deutsche Mörsergranate traf auf der Straße einen mit Munition beladenen LKW, was zahlreiche Opfer forderte, sowohl Tote als auch Verwundete. Ein weiteres Geschoss, das vor dem Gefechtsstand explodierte, verwundete den britischen Verbindungsoffizier und riss Colonel Johnson ein Stück von einem Ohr ab. Kinnard, der bei ihnen stand, kam mit heftigen Kopfschmerzen davon.

Johnson rief das 44th Royal Tank Regiment zu Hilfe. Wenig später waren neun Panzer zur Stelle, aber mehrere wurden bald darauf von dem Jagdpanther in Brand geschossen. Amerikanische Paratrooper versuchten, die Flammen zu löschen, um die Besatzungen zu retten, aber vergeblich. Es blieben nur noch verkohlte Leichen übrig. In amerikanischen Berichten heißt es, nach diesem Desaster seien weitere britische Panzer nicht gewillt gewesen, ihnen zu helfen, sodass sie die Dünen allein vom Feind zu räumen hatten. Kinnard wollte das mit einer Zangenbewegung erreichen, aber laut einem Augenzeugenbericht wurde »aus diesem taktischen Manöver ein Gefecht Mann gegen Mann«.[2]

Heydte beklagte sich, dass der ganze Angriff eine halbe Stunde zu spät gestartet worden sei. Das Bataillon zur Rechten habe über flaches Gelände faktisch ohne jede Deckung angreifen müssen, und das Bataillon zur Linken durch dichtes Gestrüpp. Gegen Mittag habe das Bataillon zur Rechten an einem Waldrand südöstlich von Schijndel festgesessen, während das zur Linken sich verirrt habe und in den Frontabschnitt des rechten Bataillons geraten sei.[3] Heydte habe jedoch von Anfang an wenig Vertrauen in dieses Unternehmen gehabt, erklärte Generalleutnant Poppe.[4] Heydte, der amerikanische Paratrooper bereits in Aktion erlebt hatte, wusste, dass die meisten seiner unerfahrenen Männer gegen die viel besser ausgebildeten Gegner in einem echten Gefecht keine Chance hatten.

Johnson war in der Lage, von St. Oedenrode Artillerieunterstützung anzufordern, aber Kinnards Paratrooper, die von Stellung zu Stellung stürmten und häufig in Nahkämpfe verwickelt waren, machten es für die Feuerleitoffiziere unmöglich, Beschuss anzufordern, der nicht auch die eigenen Leute getroffen hätte. Die Mörser des Bataillons in ihren Stellungen bei Eerde hatten direkte Sicht und konnten daher wesentlich genauer schießen. Um 13.00 Uhr entschied Heydte, den Angriff wegen der hohen Verluste abzubrechen. Die Fallschirminfanteristen des 501st Parachute Infantry Regiment hatten mit für ihre mageren Rationen erstaunlichem Stehvermögen die Angreifer klar bezwungen, wie Heydte selbst eingestehen musste.

Ein amerikanischer Zugführer berichtete: »Ich sah, wie sie zu zweit und zu dritt in Maschinengewehrnester hineinsprangen. Ich sah manche unserer Männer allein gegen Schützenlöcher vorstürmen, in denen zwei, drei Deutsche saßen. Was wir in diesen Augenblicken getan haben, wussten wir danach gar nicht mehr genau, denn zum Nachdenken war keine Zeit. Es war ein Mut, den ich nicht für möglich gehalten hätte, ein nahezu wahnsinniger Mut, und ich zweifle, ob überhaupt jemand hätte dagegen etwas ausrichten können.«[5]

Östlich von Veghel hatten Kampfgruppe Walther und die Panzerbrigade 107 schwer unter den Luftschlägen der britischen 2nd Tactical Airforce der RAF zu leiden. Dazu kamen die Gegenangriffe der 32nd Guards Brigade, die Horrocks geschickt hatte.

Um 20.50 Uhr erließ Generalleutnant Krebs aus dem neuen Standort der Heeresgruppe B südlich von Krefeld den Befehl, die Panzerbrigade 107 habe erneut in Richtung Nordwesten anzugreifen. Darauf antwortete Students Stabschef, »dass Brigade 107 sehr hohe Verluste erlitten hat. Kommandeure Panzerbrigade, Panzerabteilung und Panzergrenadierbataillon sind gefallen.«[6] Dass der Kommandeur der Panzerbrigade 107, Major Berndt-Joachim Freiherr von Maltzahn, wegen seiner schweren Verwundungen evakuiert werden musste, bedauerten seine Männer sehr. Die Brigade bestand nur noch aus drei einsatzfähigen Panzern und zwei Sturmgeschützen. Später wurde diese Schätzung auf zwölf gefechtstüchtige Panzer erhöht. Wie dem auch sei, Kampfgruppe Walther und die Reste der Panzerbrigade mussten sich rasch zurückziehen, denn das britische VIII. Corps, das durch Helmond vorrückte, bedrohte ihr Hinterland.

Die Angriffe der Deutschen gegen Hell's Highway verhinderten in den nächsten vier Tagen, dass die Verwundeten ins 24th Evacuation Hospital im belgischen Leopoldsburg abtransportiert werden konnten. Außerdem kam es allein in der US 101st Airborne Division während ihrer Zeit in den Niederlanden zu 163 Fällen von Gefechtsneurose. Dreißig Prozent davon konnten nach Behandlung ihren Dienst im Bereich der Division wieder aufnehmen.[7] Wesentlich ernster war der Mangel an Blutplasma für Kampfverletzungen. Auch den Sanitätern der US 82nd Airborne Division in der Baby-Fabrik ging wichtiges Material aus. »Von Süden keine Transporte mehr«, schrieb Martijn Louis Deinum in sein Tagebuch.[8] Zeitweilig von den Truppen der Alliierten abgeschnitten, ging man in Nimwegen an eine Bestandsaufnahme: Durch die Kämpfe und die vorsätzliche Brandstiftung waren mehr als 16 000 Menschen obdachlos geworden.

Ein weiterer Grund für den raschen Rückzug der deutschen Panzerbrigade 107 an diesem Tag war der Anblick der Dakota C-47 mit Waco-Seglern im Schlepp, die ihren Landegebieten jenseits des Maas-Waal-Kanals zustrebten. General Gavins 325th Glider Infantry Regiment und das 80th Airborne Anti-Aircraft Battalion kamen fünf Tage später als geplant. Er schickte die Seglerinfanterie, unterstützt von Sherman-Panzern der Sherwood Rangers Yeomanry, vor, um den Brückenkopf bei Mook für die Ankunft des VIII. Corps zu erweitern. Östlich von Nimwegen gelang es dem 2nd Battalion des 504th Parachute Infantry Regiment, das ebenfalls Unterstützung von einer Kompanie Sherwood Rangers erhielt, den nördlichen Flügel von General Meindls II. Fallschirmjäger-Korps bis Erlekom zurückzudrängen. »Es folgte ein kurzes, aber erbittertes Gefecht«, berichtete das Bataillon. »Drei feindliche Panzer und ein Halbpanzer wurden ausgeschaltet. Der Gegner wurde vernichtend geschlagen und ließ viele Tote zurück. Wir hatten die Unterstützung von zwei britischen Panzern, die alle Panzer des Gegners aufwogen.«[9]

Meindl klagte, er sei immer noch knapp an Munition, zumindest aber hatte er die 190. Infanterie-Division unter dem österreichischen Generalleutnant Ernst Hammer zu seiner Unterstützung erhalten. Ihr wurde der gesamte Frontabschnitt Reichswald zwischen Kranenburg und Gennep zugewiesen. Und während ihr hier auf der anderen Seite im südlichen Frontabschnitt das 325th Glider Infantry Regiment gegenüberstand, übernahm Tuckers 504th Parachute Infantry Regiment den nördlichen Frontabschnitt von der Waal bis nach Groesbeek. Vor ihm lagen der Wald von Den Heuvel und einige der ursprünglichen Landegebiete. »Überall im Niemandsland erblickten wir wie Geisterwesen die Skelette von Seglern«, schrieb Captain Adam A. Komosa. »Die Deutschen hatten die Verkleidungsplanen abgerissen, die sie wahrscheinlich zu ihrem Schutz als Zeltbahnen verwendeten.«[10]

Gavins Stab verlangte immer noch nach Gefangenen zur Befragung, daher wurde der F Company befohlen, nach Artillerievorbereitung einen Nachtangriff im Wald zu wagen. Die Aktion war kaum geeignet, um in aller Stille einen einsamen Wachtposten zu erwischen. »Bald war eine wütende Schießerei mit Maschinengewehren und Kleinwaffen im Gange, begleitet von Rufen, Gebrüll und einer Menge lästerlicher Flüche.« Als die Männer mit einem Gefangenen zurückkamen, stritten sie noch immer. »Lass mich diesen Hurensohn aufs Bajonett pflanzen!« »Bist du ein blödes Arschloch!«, gab Sergeant Bishop zurück. »Wenn wir diesen mickrigen Bastard nicht lebendig zum Befehlsstand bringen, können wir morgen Abend das Gleiche noch einmal machen!«[11]

Trotz allem wurde später noch einmal eine Patrouille ausgeschickt, um einen Gefangenen zu erbeuten. Während sie unterwegs war, schlüpfte eine deutsche Patrouille durch die Linien des 3rd Battalion und tötete dabei den Bruder eines der Männer, die man ausgesandt hatte. Als sie mit einem Gefangenen zurückkamen und hörten, was geschehen war, wollten sie den Deutschen töten. Ihr Zugführer konnte sie gerade noch davon abhalten und ihn zum Befehlsstand des Bataillons bringen, nachdem sie ihn gnadenlos verprügelt hatten. »Der Gefangene wollte nicht reden«, berichtete Major Cook. »Ich stellte ihm Fragen. Da ich wusste, dass er Englisch verstand, teilte ich ihm mit, er habe zwei Minuten, um zu antworten, oder ich müsste ihn erschießen, weil er dann für mich nutzlos sei. Nach zwei Minuten zog ich dramatisch meinen 45er-Colt, Captain Keep und Captain Carmichael, die ihn bisher begleitet hatten, gingen hinaus. Jetzt sah ich zum ersten Mal wirkliche Furcht in den Augen des Mannes, und er begann, meine Fragen zu beantworten.«[12]

Die Sherwood Rangers Yeomanry, eines der schlagkräftigsten britischen Panzerregimenter, hatte vom Coldstream Regiment übernommen. An der Reichswald-Flanke wirkte es eng mit der US 82nd Airborne Division zusammen. Die amerikanischen Paratrooper hatten keine Ahnung, was Yeomanry bedeutete, aber das Wort »Rangers« kannten sie und glaubten, sie hätten das gepanzerte Äquivalent der amerikanischen Elitetruppe vor sich. Die Briten hingegen bewunderten die Kampfqualitäten der US 82nd Division. In einem Gefecht bei Beek sah der britische Lieutenant Stuart Hills, wie ein Paratrooper »immer noch feuerte, obwohl ihm ein Arm und ein Bein abgerissen waren«.[13] Der kommandierende Offizier der Sherwood Rangers, Lieutenant Stanley Christopherson, mochte General Jim Gavin und hielt dessen Paratrooper für die beste Infanterie, mit der sie je zusammengewirkt hatten – »hart, tapfer und frohgemut«. Doch »vielleicht waren sie bei mancher Gelegenheit zu hart«, schrieb Christopherson in sein Tagebuch, »vor allem was die Behandlung von Gefangenen betraf, die sie nur selten machten. Ich werde nie den Anblick amerikanischer Paratrooper vergessen, die mit einem Jeep angefahren kamen, an dem vorn eine Eisenstange mit dem aufgespießten Kopf eines Deutschen befestigt war. Das Bild verfolgt mich bis heute.«[14]

Auch die britischen Paratrooper in Oosterbeek konnten hart zur Sache gehen. Am 23. September lag ein verwundeter Offizier des 1st Para Battalion in einem Behelfslazarett nahe dem Hotel Tafelberg. »Neben mir lag einer unserer Jungs, dem es die Finger abgerissen hatte, und rauchte eine Zigarette, die er cool zwischen den Stümpfen hielt. Typisch Paratrooper, dachte ich bei mir.«[15] Doch dem Tabak galt damals nicht die größte Sorge. »Die Verpflegung wurde sehr knapp«, schrieb ein Pathfinder in jenen Tagen. »Heute habe ich nur ein paar Kekse mit ein bisschen Marmelade bekommen. Musste meine eiserne Ration angreifen.«[16]

Obwohl es bei Tagesanbruch stark regnete, gingen die Kämpfe unvermindert weiter. »7.00 Uhr unheimlicher Mörserbeschuss«, schrieb Lieutenant Stevenson von der Aufklärungskompanie. »Wieder rollten Selbstfahrlafetten an und begannen systematisch jedes Haus zu zerstören, das Unterschlupf gewähren konnte. Die ganze Zeit waren die Keller fast aller Häuser voller niederländischer Zivilisten, Frauen und Kinder, welche die Kämpfe überrascht hatten. Wir verloren allmählich jedes Zeitgefühl. Weitere Selbstfahrlafetten und noch mehr Granaten.«[17] Brigadier Hicks, kein Mann, der zu Übertreibungen neigte, beschrieb den Beschuss in Oosterbeek als »den schlimmsten und höllischsten, den ich je erlebt habe, die Schützengräben des Ersten Weltkrieges eingeschlossen«.[18]

Unter diesen Umständen mussten die Fälle psychischer Zusammenbrüche sich häufen, sie betrafen selbst die Tapfersten. Ein Seglerpilot berichtete, wie ein Mann sich in einem Schuppen nahe der Kirche von Oosterbeek verbarrikadierte, mit seiner Maschinenpistole gegen die Wände ballerte und schrie: »Kommt raus, ihr Bastarde!« Am Ende nahm er sich das Leben.[19] Die körperliche Erschöpfung, schrieb ein Captain später, erreichte beinahe »einen Punkt, da man am liebsten tot gewesen wäre«.[20]

»Meine Jungs größtenteils o.k.«, schrieb Major Blackwood in sein Tagebuch. »Allerdings zwei Fälle von Gefechtsneurose, darunter ein robuster Kämpfertyp, der in seinem Graben erwachte, den abgetrennten Kopf seines Kumpels im Schoß.« In der Kirche von Oosterbeek aßen sie etwas Brei, aufgewertet durch zwei Angorakaninchen, die ein Sergeant angeschleppt hatte. »Wir mussten grinsen, wenn wir uns mit den speckigen Bärten in einem kleinen Spiegel anschauten. Die Artilleristen benutzten die Kirche als Beobachtungsstelle, was der clevere Hunne mit seiner 88er-Kanone belohnte. Eine der Granaten traf unseren Karnickelbrei. Mussten die Kirche verlassen. Dach kam herunter. Schützenlöcher draußen nahe bei Stellungen britischer 75-mm-Feldgeschütze. Die ganze Gegend um unsere Gräben war voller Löcher und Krater, zwischen uns und dem Fluss lagen die unvermeidlichen toten Kühe und ein säuberlich ausgenommenes Pferd.«[21]

Wieder einmal zeigte sich die erbarmungslose Entschlossenheit der Waffen-SS. Ein niederländischer Pionier namens de Soet sah ein Dutzend deutscher Soldaten mit erhobenen Händen kommen, die von vier britischen Paratroopern bewacht wurden. Da gab es eine Explosion. Offenbar hatte ein Deutscher eine Handgranate mitten unter sie geworfen, weil sie sich ergeben hatten.[22]

Major Powell vom 156th Parachute Infantry Battalion dachte darüber nach, dass er Fliegen fangen musste, weil sein Stab in einem Hühnerstall untergekommen war. Er erwartete ohnehin, dass das von den alliierten Truppen gehaltene Gelände jeden Augenblick überrannt werden konnte. Die Deutschen hatten sich allerdings darauf verlegt, die Häuser ringsum mit ihren Panzern und Selbstfahrlafetten über den Köpfen der Menschen zusammenzuschießen. Vom 64th Medium Regiment der Royal Artillery hatte er an diesem Tag weniger Unterstützung. Das konnte nur 25 Feuereinsätze realisieren. Da die Deutschen den Nachschubweg des XXX. Corps unterbrochen hatten, wurden die Munitionsreserven nun zum Problem, und ihre eigene Division hatte ebenfalls um Unterstützung gebeten.[23] Manche Soldaten versuchten sich auf die gewohnte Art aufzumuntern, indem sie »Lili Marleen« sangen oder Platten abspielten. Ein österreichischer Soldat behauptete, wenn ihre Platte endete, hätten die Briten gerufen: »Spiel noch eine, Fritz!« Ebenso sei von den Deutschen gekommen: »Spiel noch eine, Tommy!«, wenn deren Musik zu Ende war.[24]

Jonkheer Bonifacius de Jonge in Dennenoord an der Westseite des Geländes schrieb: »Es wird mit jedem Tag schlimmer.« An diesem Samstag wurde sein Haus von drei Granaten getroffen. Nur noch die mittlere Treppe war intakt. Das Gaswerk, sein südlicher Nachbar, wurde in Brand geschossen. Im Keller des Hauses drängten sich die Menschen, Soldaten saßen Rücken an Rücken auf dem Fußboden. Nach so vielen Tagen ohne Essen und Schlaf schauten sie völlig abgestumpft drein. Die Frau des ehemaligen Generalgouverneurs bot einem Soldaten Cognac an, um ihn ein bisschen aufzumuntern. »Ich bin nicht verwundet«, sagte der. »Das sollten Sie nicht mir anbieten.«

Bonifacius de Jonge versuchte seine kleine Enkelin Neelsje ein bisschen von dem Beschuss abzulenken, indem er Kerzen aus einer Schachtel nahm und wieder hineinlegte. »Aber wenn alle Verwundeten abgelegt sind, kann man sehen, wie Neelsje zwischen den blutgetränkten Matratzen herumklettert, über blutige Verbände und zerfetzte Kampfanzüge hüpft und wie die armen Kerle mit einem sanften Lächeln die Arme nach ihr ausstrecken. Dabei könnte einem das Herz brechen.«[25]

Das Hotel Schoonoord geriet an diesem Tag wieder unter deutsche Kontrolle. Ein Unteroffizier, der mit sich selbst sehr zufrieden schien, brachte eine beträchtlichen Anzahl Soldaten heran, um das Haus zu bewachen. Nachdem er sich davon überzeugt hatte, dass die deutschen Verwundeten nach wie vor gut behandelt wurden, verkündete er: »Ich sehe, dass die Briten nicht so sind wie die Russen.«[26] Außerdem erklärte er, alle deutschen Patienten, die transportfähig seien, würden evakuiert. Aber er bestand auch darauf, an allen Fenstern Wachtposten aufzustellen. Das reizte die polnischen Paratrooper in der Nähe jedoch nur dazu, auf sie zu schießen. Sie konnten keinen bewaffneten Deutschen sehen, ohne ihn töten zu wollen. Nun postierte sich ein deutscher Maschinengewehrschütze an einem Fenster im oberen Stock, was prompt heftige Proteste der britischen Ärzte auslöste.

Das Hotel hatte unter den Kämpfen schwer gelitten. Mehrere Decken drohten herabzufallen, was auf die darunter liegenden Verwundeten kaum beruhigend wirken konnte. Eine SS-Truppe wählte diejenigen britischen Verletzten aus, die gehfähig waren, und eskortierte sie nach Arnheim. Der Geistliche des Glider Pilot Regiment wurde in ein Gespräch mit einem jungen deutschen Panzergrenadier verwickelt. »Die Juden hassen wir«, erklärte der junge SS-Soldat. »Die Juden und die Russen.«

»Warum hasst ihr die Juden?«

»Weil sie den Krieg angefangen haben.«

»Und warum hasst ihr die Russen?«

»Warum wir die Russen hassen?« Der junge Nazi zeigte dem Pater ein mitleidiges Lächeln. »Weil … Das wüssten Sie genau, wenn Sie sie gesehen hätten.«[27]

Colonel Warrack musste den Verbandsplätzen des Regiments den Befehl geben, keine weiteren Verwundeten zu bringen, da in den Behelfslazaretten und Hospitälern nichts mehr für sie getan werden konnte. Dort lagen die Verwundeten bereits auf dem Fußboden und mussten sich jeweils zu zweit eine Decke teilen. Die kämpfende Truppe überließ den größten Teil der aus Containern geborgenen Lebensmittel den Verwundeten, und doch war auch bei ihnen die Mangelernährung ein Hauptproblem. Noch kritischer war das Fehlen von Medikamenten. »Wir haben immer weniger Morphium und Binden«, schrieb Warrack in seinem Bericht.[28] »Es war schlimm genug, dass wir nicht ausreichend Essen und Wasser hatten«, schrieb ein niederländischer Freiwilliger, »doch das Schwierigste war, kein Morphium zu haben und zusehen zu müssen, wie Männer zur Decke starrten und vor Schmerzen leise vor sich hin wimmerten.«[29] Ohne frisches Wasser, abgesehen von dem bei einem gelegentlichen Guss aufgefangenen Regenwasser, konnten sie keine Wunden der Patienten säubern und auch nicht operieren. »Chirurgie war unmöglich, und selbst um Ruhe, Wärme und Trinken stand es schlecht.« Obwohl Wasser so kostbar war, bestand der kommandierende Offizier der 181st (Airlanding) Field Ambulance, Lieutenant Marrable, darauf, dass sich alle Offiziere zu rasieren hatten. Das taten sie denn auch in einer einzigen Schüssel trüben, kalten Wassers. Jedes Geschäft in Oosterbeek und auch die meisten leeren Häuser waren geplündert. Also »wurden von Captain Griffin, dem Zahnarzt der Luftlandetruppe, mit der Sten-Maschinenpistole ein paar Schafe erlegt, herbeigeschafft und gekocht.«[30]

Was dem Verbandsplatz im Haus ter Horst am meisten fehlte, war Serum gegen Wundbrand. »Anfangs waren viele Verwundungen nicht so schlimm«, berichtete ein Pfleger, »aber dann entstand Wundbrand. Dafür braucht es nur wenige Stunden ... Tag für Tag mussten wir vier, fünf Tote hinaustragen.[31] Die Unteroffiziere des Royal Army Medical Corps konnten erstaunlichen Mut und Entschlossenheit an den Tag legen, wie ein verwundeter Paratrooper bezeugte. Ein deutscher Panzer nahm das Haus ter Horst unter Beschuss. Da griff ein Corporal des Medical Corps nach einer Rot-Kreuz-Fahne und ging damit geradewegs auf den Panzer zu. Als der Kommandant den Kopf aus dem Turm streckte, fragte er diesen zornig, weshalb er ein Haus beschieße, das eindeutig mit dem Roten Kreuz gekennzeichnet sei. Der Panzerkommandant entschuldigte sich, wendete den Panzer und rollte nach Arnheim zurück.[32]

Um 13.05 Uhr ging im Stab von Models Heeresgruppe B die Nachricht ein, Hitler sei außer sich, dass man die 1st Airborne Division immer noch nicht eliminiert habe. Gerade habe er den Befehl erlassen: »Die bei II. SS-Panzerkorps verfügbaren 15 Tiger sind hierzu einzusetzen.«[33] Bald darauf hieß es, die Schwere Panzer-Abteilung 506 mit ihren Königstigern und die Panzerjäger-Abteilung 741 seien unterwegs, um Bittrichs SS-Panzer-Korps und Meindls II. Fallschirmjäger-Korps zu verstärken.

Bittrichs Truppen in der Betuwe waren von der britischen 129th Infantry Brigade aus ihren Stellungen bei Ressen nach Elst zurückgedrängt worden.

Da Bittrich wusste, dass britische Truppen zusammengezogen wurden, um die Polen bei Driel zu verstärken, wollte er nach Westen in Richtung Valburg vorstoßen, um ihnen den Weg abzuschneiden. Doch die Panzer-Kompanie von Kampfgruppe Knaust hatte bei dem Angriff der Somerset Light Infantry und der 4th/7th Dragoon Guards auf Oosterhout drei Panzer verloren. Und seine Tiger konnte Knaust auch nicht einsetzen, da diese mit ihrem Gewicht Gefahr liefen, bei Querfeldeinfahrten im weichen Untergrund zu versinken. Außerdem hatte Bittrich der Maschinengewehr-Abteilung 30 befohlen, am Niederrhein in Stellung zu gehen, um die Flussübergänge zu sichern.[34]

General der Flieger Christiansen, der Wehrmachtsbefehlshaber in den besetzten Niederlanden, erließ einen bombastischen Tagesbefehl, in dem er die Division von Tettau »unter der zielsicheren und energischen Führung des Generals von Tettau« beglückwünschte.[35] Oberstleutnant Fullriede von der Division »Hermann Göring« muss es übel aufgestoßen sein, als er ihn las. Christiansen behauptete, der Feind sei nach Osten zurückgedrängt worden, Tettau hingegen klagte, wegen des Beschusses durch das 64th Medium Regiment der Royal Artillery, die er für schwere Artillerie der Polen hielt, könne er nicht vorankommen.

Eine Kompanie der Aufklärungs-Abteilung der SS-Panzer-Division »Frundsberg« unter Obersturmführer Karl Ziebrecht erhielt Befehl, am Nordufer des Niederrheins vorzugehen und das gegenüberliegende Ufer bei Driel im Auge zu behalten. Der andere Teil der Aufklärungs-Abteilung begleitete auf der anderen Flussseite die Flak-Brigade Swoboda, die längs der Eisenbahnlinie zwischen Elden und Elst den Polen gegenüberstand. Im Laufe des Tages war der Rest der britischen 130th Infantry Brigade, zum Teil im Schutz strömenden Regens, über Valburg in Richtung Driel vorangekommen. Zur gleichen Zeit attackierte die 214th Infantry Brigade gemeinsam mit der 7th Somerset Light Infantry, dem 1st Battalion des Worcestershire Regiment und einer Kompanie Panzer der 4th/7th Dragoon Guards die Stadt Elst.

Rottenführer Alfred Ringsdorf vom Panzergrenadier-Regiment 21 saß gerade in einem Haus in Elst und spielte Klavier. Dabei überhörte er das Geräusch der sich nähernden Sherman-Panzer, bis eine Granate in das Zimmer einschlug, zu seinem Glück aber das Klavier verfehlte.[36] Doch Major Knausts starke Reserve an Tiger-Panzern feuerte zurück. Die Shermans mussten abziehen, nachdem sie einen Panzer V »Panther« zerstört hatten.

Wie Horst Weber, Sturmmann beim Bataillon 1 des SS-Panzergrenadier-Regiments 21, berichtete, hatten sie vier Panzer vom Typ »Tiger« und drei »Panther« zur Verfügung. Sie waren überzeugt, dass sie erneut siegen und die Truppen des Feindes vernichtend schlagen könnten. Doch dann schossen Typhoons mit Raketen auf ihre Panzer und zerstörten alle sieben. Die Männer weinten vor Wut über die Ungerechtigkeit, dass die Soldaten einer Seite alles hatten und die der anderen nichts. Wenn schwarze Punkte am Himmel auftauchten, dann waren das stets Raketen. Die schossen ihre Panzer in Flammen, und die Besatzungen sprangen heraus, brennend und brüllend vor Schmerz.[37]

Als die Typhoon-Jagdbomber ihre Panzer zerstörten, seien er und alle anderen Panzergrenadiere um ihr Leben gerannt. Dann aber kam Knaust auf seinem Halbpanzer angefahren, habe seine Krücke geschwenkt und sie zurückgetrieben. Da es Major Knaust war, hätten sie sich geschämt und seinen Befehl ausgeführt. Die jungen Panzergrenadiere verehrten ihn, obwohl er nicht der Waffen-SS angehörte. Knaust habe die Frontlinie bei Elst gerettet. Weber wäre bereit gewesen, alles für ihn zu tun.

Knaust gruppierte seine Kräfte um. Er stellte zwei Tiger-Panzer neben die Stellungen der Panzergrenadiere der Division »Frundsberg«. Es sei wie eine Partnerschaft gewesen, einer habe den anderen geschützt. Die Panzergrenadiere achteten darauf, dass keine Infanterie ihre Panzer seitwärts angreifen konnte, und die Tiger schützten die Infanterie vor den Shermans. Vor allem hätten die Tiger den Panzergrenadieren geholfen, ihre Angst zu überwinden.[38]

Colonel Mackenzie, der Stabschef der bei Arnheim so schwer geprüften britischen 1st Airborne Division, erreichte Brownings Hauptquartier der 1st Allied Airborne Army nach diversen Abenteuern, auf die er gern verzichtet hätte. Laut Kriegstagebuch der Household Cavalry »hatte er ein recht aufregendes Erlebnis, als der Daimler-Schützenpanzerwagen, den er benutzte, in einen Feuerwechsel mit einem feindlichen Halbpanzer geriet und er als Ladeschütze acht Salven auf diesen abgab«.[39] Der Schützenpanzerwagen stürzte dabei um. Mackenzie wäre um ein Haar gefangen genommen worden, als deutsche Infanterie »wie bei einer Rebhuhnjagd« in breiter Front vorging und mit dem Ruf »Tommy, komm raus!« nach der Besatzung des Fahrzeugs suchte.[40]

Brownings Adjutant Eddie Newbury notierte, alle Anwesenden seien von Mackenzies Erscheinung erschüttert gewesen. Er hatte »einen stoppligen

Bart, seine Kleidung war schmutzig, zerzaust, und er wirkte sehr müde«.[41] Browning sagte später, Mackenzie und Myers seien »verdreckt gewesen wie Männer, die einen Winter an der Somme hinter sich hatten«.[42]

Welche Illusionen Browning zu diesem Zeitpunkt auch noch gehabt haben mag, Mackenzies Bericht über die Zustände in dem von der 1st Airborne Division besetzten Gebiet muss sie zerstört haben. Mackenzie hielt mit Emotionen nicht zurück, und doch verließ er Browning mit dem Eindruck, dass dieser den vollen Ernst ihrer Lage immer noch nicht begriffen hatte. Danach stellte die Household Cavalry Mackenzie erneut einen Panzerwagen als Taxi zur Verfügung und brachte ihn in Begleitung von Myers nach Driel, wo beide in der Nacht darauf zusammen mit weiteren polnischen Paratroopern über den Niederrhein setzten, um ihrem Chef General Urquhart Bericht zu erstatten.

General Horrocks' größte Sorge galt jetzt nicht mehr der Schlacht um Elst. Ihn bewegte das Schicksal der 1st Airborne Division in Oosterbeek bei Arnheim. Er sandte seinen Stabschef Brigadier Pyman zu General Dempsey, dem Kommandeur der britischen 2nd Army, der bis St. Oedenrode vorangekommen war. Es wurde entschieden, eine letzte Anstrengung zu unternehmen, um den von der 1st Airborne Division geschaffenen Brückenkopf zu verstärken. Sollte das scheitern – und es gab Berichte, dass die Deutschen mit allen Mitteln versuchten, das von der Airborne Division besetzte Gelände zu stürmen –, dann sollten die überlebenden britischen Paratrooper über den Niederrhein in den Raum der Betuwe evakuiert werden. Dempsey autorisierte Horrocks und Browning, diese Entscheidung ohne Anfrage bei höheren vorgesetzten Stellen zu treffen. Sie sollte am nächsten Tag bei einer Besprechung im Stab der britischen 43rd Infantry Division in Valburg gefällt werden.

Urquhart legte seinen beiden Brigadiers Hicks und Hackett, dazu Colonel Loder-Symonds den Funkspruch vor, den er über ihre Lage an Browning senden wollte. Er endete mit den Worten: »Moral noch angemessen, aber permanenter Mörser- und Granatenbeschuss zeigt eindeutig Wirkung. Wir halten weiter aus, hoffen aber zugleich darauf, dass die nächsten 24 Stunden leichter werden.«[43]

Nach dem morgendlichen Regen klarte der Himmel auf. Lieutenant Johnson von der US-Luftunterstützung und Lieutenant Leo Heaps, ein kanadischer Offizier, hatten noch vor dem Morgengrauen den Niederrhein in einem Ruderboot überquert. Sie suchten Sosabowskis Kommandostelle in

Driel auf und informierten seinen Stab über die Situation in dem besetzten Gebiet. Zum ersten Mal seit über einer Woche konnten die beiden Lieutenants eine warme Mahlzeit und ein richtiges Getränk zu sich nehmen.[44]

Bei klarem Himmel blickten sie über den Niederrhein zum Nordufer, von wo sie gekommen waren, um die Flugzeuge der Alliierten in Aktion zu beobachten. »Wir sahen die erste reale Luftunterstützung während dieser ganzen Operation. Über eine halbe Stunde lang beschossen und bombardierten Typhoons und Thunderbolts die deutschen Flak-Stellungen. Dann folgten die Stirlings und Dakotas mit ihren Nachschubladungen. Aus Driel sah ich von unserem besetzten Gebiet jenseits des Flusses Leuchtkugeln aufsteigen, die die Abwurfgebiete markierten. Doch sogleich schossen die Deutschen, die das besetzte Areal der Division von drei Seiten umstellten, ebenfalls Leuchtkugeln. Es konnte einem fast das Herz brechen zu sehen, wie der dringend notwendige Nachschub um die 5000 Meter von der Division entfernt niederging. Die konnte höchstens zehn Prozent der Abwürfe in Empfang nehmen. Ich hätte meinen rechten Arm für ein Funkgerät gegeben, um damit die Flugzeuge zur richtigen Stelle zu leiten. Zwei Dakotas wurden von der Flak in Brand geschossen, hielten sich aber so lange, bis sie ihre Last abgeworfen hatten. Nur ein Mann verließ eine der beiden Maschinen, bevor sie abstürzten.«[45] Insgesamt brachten 123 britische Stirlings und Dakotas C-47 an diesem Tag Nachschub. Sechs gingen verloren, und 63 wurden beschädigt. Das Feuer der deutschen Flak hatte die Transportflotte der RAF in einem Maße dezimiert, dass die Versorgung mit Nachschub auf diesem Wege nicht mehr lange anhalten konnte.[46]

An diesem Nachmittag erhielt Major General Sosabowski per Funk die Nachricht, dass Sturmboote unterwegs seien. »Ich war nicht sehr erfreut«, erklärte er. »Ich konnte nicht verstehen, weshalb man speziell ausgebildete Luftlandetruppen bei einer solchen Aktion opfern wollte, da doch die 43rd Infantry Division über die Boote verfügte und für solche Angriffe ausgebildet war. Aber ich hatte meine Befehle.«[47]

Gegen Abend war der Himmel wolkenlos und versprach eine sternklare Nacht. Colonel Myers am Südufer des Niederrheins überwachte die Verteilung der Sturmboote der 130th Infantry Brigade an die polnische Brigade. Die Polen hatten all seine Sympathie. Die Boote waren von anderem Typ und anderer Größe, als man mitgeteilt hatte. Sie trafen erst gegen 2.00 Uhr nachts ein, und nur zehn davon waren einsatzbereit. Zwei waren während des Transports von deutschem Beschuss durchlöchert worden. Pioniere hatte man nicht mitgeschickt, sodass die Polen, die nicht für eine Flussüberquerung ausgebildet waren, große Schwierigkeiten mit dem Paddeln hatten. Statt eines ganzen Bataillons erreichten während der verbliebenen Nachtstunden nur 153 polnische Offiziere und Soldaten das Nordufer des Flusses. Viele andere wurden vom Sperrfeuer des deutschen Maschinengewehr-Bataillons 30 getötet oder verwundet. Die Opfer wurden zum Südufer zurückgebracht. Sosabowski, der die Aktion vom Deich her beobachtete, stellte die Operation kurz vor Tagesanbruch ein.[48] Vielleicht kannte er ja den amerikanischen Witz: »Die Briten kämpfen bis zum letzten Verbündeten.«[49] Gut möglich, dass er ihm in dieser Nacht durch den Kopf ging.

23

Sonntag, 24. September

Major General Sosabowski verbrachte den größten Teil der Nacht auf dem Deich, wo er die Überquerung des Niederrheins durch die 8th Company beobachtete. Erst als es hell geworden war, legte er sich schlafen. Um 10.00 Uhr wurde er mit der Nachricht geweckt, General Horrocks sei in Begleitung des Verbindungsoffiziers, Lieutenant Colonel Stevens, in einem Schützenpanzerwagen eingetroffen. Sosabowski war angenehm überrascht, Horrocks zu sehen, wurde doch der Weg von Nimwegen über Valburg immer noch von deutschen Truppen angegriffen. Er fragte sich nur, warum sein direkter Vorgesetzter Browning nicht auch gekommen war. Gemeinsam erklommen sie den Kirchturm in Driel, von wo aus Sosabowski dem Kommandeur des britischen XXX. Corps die wichtigsten Punkte der Umgebung, darunter die Höhen von Westerbouwing, zeigen konnte, welche die Deutschen dem Border Regiment abgenommen hatten. Urquharts 1st Airborne Division kontrollierte jetzt kaum noch einen Kilometer Flussufer, und die Deutschen waren gerade dabei, sie gänzlich vom Niederrhein abzuschneiden.

Horrocks hörte zu, gab aber selbst nur sehr wenig Information preis. Er teilte Sosabowski nicht mit, dass sein Stabschef, Brigadier General Pyman, und der Kommandeur der britischen 43rd Infantry Division, Major General Ivor Thomas, die Überquerung des Flusses bereits für die nächste Nacht geplant hatten. Er forderte Sosabowski lediglich dazu auf, um 11.30 Uhr für eine Besprechung in Thomas' Stab nach Valburg zu kommen.[1]

Sosabowski ließ durch einen Melder seinen Dolmetscher, Lieutenant Jerzy Dyrda, rufen, der auf dem Deich das Nordufer des Niederrheins beobachtete. Als Dyrda den in einem Bauernhaus untergebrachten Stab erreichte, war Horrocks bereits wieder abgefahren. Sosabowski befahl Dyrda, ein Maschinengewehr und Handgranaten zu holen. Er, Dyrda und Stevens wollten sich in einem von Sergeant Juhas gefahrenen Jeep auf den Weg machen. Dyrda war leicht verwirrt, weshalb Sosabowski von der Front fort zu einer Besprechung gerufen wurde.[2]

Für Sosabowski gab es eine gute Nachricht, die man ihm erstaunlicherweise nicht früher übermittelt hatte. Sein 1st Battalion und ein Teil des 3rd Battalion waren nicht eliminiert worden, wie er befürchtet hatte. Am Vortag hatte man sie endlich herübergeflogen, und sie waren in der relativen Sicherheit des Sektors der US 82nd Airborne Division bei Groesbeek gelandet. Wegen starker Turbulenzen hatte es auf dem Flug ein paar Beinbrüche gegeben, doch Hauptsache, der Rest seiner Brigade befand sich nun auf dem Weg nach Driel.[3]

Kurz vor dem Städtchen Valburg wurde Sosabowskis Jeep von britischen Militärpolizisten gestoppt, die ihn anwiesen, die Straße zu verlassen. Man geleitete ihn zu einem Obstgarten, wo auf einer freien Fläche ein großes Zelt aufgebaut war. Davor standen Horrocks und Browning und erwarteten die Polen bereits. »Die Begrüßung durch die beiden Generale war sichtlich kühl«, beobachtete Dyrda. »Ich konnte bei den britischen Militärs nicht das geringste Zeichen von Freundlichkeit gegenüber General Sosabowski erkennen.«[4]

Dem Kommandeur der britischen 43rd Infantry Division, Major General Thomas, war Sosabowski noch nicht begegnet. Dieser humorlose, selbstzufriedene Mann galt als der wahrscheinlich unbeliebteste General der ganzen britischen Armee. Bei seinen Offizieren hieß der bekannte Leuteschinder nur »General von Thoma«, weil er von Zucht und Ordnung so besessen war wie ein Preuße. Thomas brachte es fertig, einen Kommandeur zu degradieren, wenn die Latrinen nicht nach Vorschrift gegraben waren, sobald ein Ziel erobert war. Man nannte ihn auch den »Schlächter«, weil er für das Erreichen eines Ziels gnadenlos Verluste in Kauf nahm.[5]

Sosabowski fragte Horrocks, ob er Lieutenant Dyrda als Dolmetscher zu der Besprechung mitbringen dürfe, um Missverständnisse zu vermeiden. Horrocks lehnte das als unnötig ab. Da fragte Dyrda noch einmal bei Browning nach, der ihn aus früheren Besprechungen kannte. Browning stimmte zu. Damit war Horrocks überstimmt, was seine Laune nicht verbesserte. Im Raum ließ er nicht zu, dass Lieutenant Dyrda neben Sosabowski Platz nahm. Er hatte hinter dem General zu stehen, was überraschend kleinlich wirkte. Bei Dyrda kam der Verdacht auf, Horrocks wollte keinen zweiten polnischen Offizier als Zeugen dabeihaben. Noch merkwürdiger war die Sitzordnung – alle hohen britischen Offiziere auf der einen und allein Sosabowski und Dyrda auf der anderen Seite der Tafel. Das wirkte eher wie ein Standgericht, gar nicht wie eine Besprechung unter Verbündeten. Selbst der Verbindungsoffizier, Colonel Stevens, saß nicht an der

Seite der Polen. Horrocks, flankiert von Browning und Thomas, nahm Sosabowski gegenüber Platz.

Dyrdas Bericht, das einzige ausführliche Papier von der Unterredung in Valburg, das es gibt, ist in einem Ton starker moralischer Entrüstung über die Behandlung Sosabowskis durch die britischen Generale geschrieben. Dabei bedachte der Verfasser nicht, dass Sosabowski von Anfang an der entschiedenste Kritiker des gesamten Unternehmens Market Garden gewesen war. Jetzt, da alle seine Warnungen eingetroffen waren, müssen Browning und Horrocks eine weitere scharfe Tirade gegen die verheerende Planung der Briten erwartet haben. Deshalb waren sie eindeutig entschlossen, Sosabowski von vornherein in die Schranken zu weisen.

Die Beratung leitete Horrocks. Er erklärte, nach wie vor bestehe die Absicht, nördlich des Rheins einen starken Brückenkopf zu schaffen. In der kommenden Nacht sollten zwei Überfahrten unter dem Befehl von Major General Thomas erfolgen, dem die Polish Parachute Brigade dabei unterstellt werde. Dann erteilte er Thomas das Wort, der ankündigte, das 4th Battalion des Dorset Regiment und das 1st Battalion der polnischen Brigade sollten den Fluss gegenüber der Anlegestelle der Fähre von Heveadorp überschreiten. Sie sollten zusätzlich Munition für die 1st Airborne Division befördern. Die verbliebenen Truppen der Polish Parachute Brigade sollten zur gleichen Zeit an derselben Stelle wie in der vergangenen Nacht über den Rhein fahren. »Beide Aktionen stünden unter dem Befehl von Brigadier General B. Walton, dem Kommandeur der 130th Infantry Brigade«, notierte Dyrda. »Die Boote stelle die 43rd Infantry Division bereit. Alle Instruktionen erfolgten in scharfem Befehlston, ziemlich von oben herab.« Thomas informierte über keinerlei Einzelheiten – welche Art Boote in welcher Anzahl bereitgestellt würden, ob sie mit Pionieren bestückt seien, ob es Rauchvorhänge oder Artillerieunterstützung geben werde. Die Informationen waren so karg, dass sie Horrocks Sosabowski auch in Driel hätte mitteilen und damit dessen Fahrt nach Valburg vermeiden können.[6]

Die beiden polnischen Offiziere waren bestürzt. Für den Befehl über die Operation hatte Thomas nicht nur einen Mann von geringerem Rang als Sosabowski ausgewählt, sondern auch einen, der noch nicht einmal in der Nähe des Flusses gewesen war. Das Ganze wirkte wie eine vorsätzliche Provokation. Als Sosabowski mitgeteilt wurde, sein 1st Battalion werde Brigadier General Walton unterstellt, wies er mit beträchtlicher Selbstbeherrschung darauf hin, die Polish Independent Parachute Brigade kommandiere er, und er entscheide, welches Bataillon für welche Aufgabe eingesetzt werde.

Britische Quellen behaupten unter Berufung auf die offizielle Geschichte der 43rd Wessex Division, Sosabowski habe zu diesem Zeitpunkt die Beherrschung verloren und Horrocks erklärt: »Ich bin General Sosabowski, die Polish Parachute Brigade kommandiere ich, und ich mache, was ich für richtig halte.« Nach dieser Version soll Horrocks erwidert haben: »Sie stehen unter meinem Befehl, Sie tun, was ich Ihnen sage, verdammt noch mal.« »All right«, soll Sosabowski darauf eingeräumt haben. »Ich kommandiere die Polish Parachute Brigade, und ich tue, was Sie mir sagen, verdammt noch mal.«[7] Daran sind starke Zweifel angebracht. Es klingt wie eine Anekdote, die man sich im Offizierskasino nach dem Abendessen erzählt. Sosabowski war ein leidenschaftlicher Patriot, der Dummköpfe, gleich welchen Ranges, nicht ausstehen konnte. Doch es ist kaum zu glauben, dass er geäußert haben soll: Ich tue, was Sie mir sagen, verdammt noch mal. In Dyrdas Bericht findet sich keinerlei Hinweis darauf, dass ein solcher Wortwechsel überhaupt stattgefunden hat.

Dyrda hatte gute Gründe zu vermuten, dass Horrocks und Browning der Verantwortung für das Desaster entgehen wollten, indem sie »argumentierten, Sosabowskis Einwände, seine Sturheit und Unnachgiebigkeit hätten sie daran gehindert, der 1st Airborne Division wirksame Hilfe zu leisten«.[8] Doch Dyrda erkannte nicht, dass Sosabowski die Situation missverstand. Sosabowski argumentierte, anstelle des von Thomas präsentierten Plans sollte man den Niederrhein in Divisionsstärke weiter westlich überschreiten und die deutschen Truppen, welche die 1st Airborne Division belagerten, von rückwärts einkesseln. Doch das war nicht durchführbar. Den Briten fehlten die Boote und die Brückenbautechnik, um eine so starke Streitmacht rasch über den Fluss zu bringen. Thomas konnte dafür nicht mehr als eine Brigade entbehren. Sosabowski hatte allerdings absolut recht, als er darauf hinwies, dass Thomas' Plan, die Dorsets und sein 1st Battalion gegenüber der Heveadorp-Fähre, direkt unterhalb der von den Deutschen besetzten Höhen von Westerbouwing, übersetzen zu lassen, milde gesagt unbesonnen war. Angesichts der Tatsache, dass die dortigen Maschinengewehrstellungen den ganzen Fluss beschießen konnten, stellte die geplante Operation keine Überfahrt, sondern einen Sturmangriff gegen starken Widerstand dar.* [9]

* In Horrocks' Memoiren wird die Besprechung von Valburg überhaupt nicht erwähnt. Dort behauptet er, er sei von Driel direkt zu General Dempsey nach St. Oedenrode gefahren. Noch erstaunlicher aber ist folgende Passage: »Hinterher ist man immer klüger, aber nach meinem jetzigen Kenntnisstand wäre es besser gewesen, man hätte die 43rd Infantry Division auf einer anderen Achse eingesetzt. Statt sie in Gestalt der Dorsets am 22. [September] hinüberzuschicken, hätte ich General Thomas befehlen sollen, viel weiter westlich einen linken Haken über den Niederrhein zu schlagen und die Deutschen, die gegen

Als Dyrda fertig übersetzt hatte, stand General Thomas auf, verlor kein Wort dazu, was Sosabowski soeben dargelegt hatte, sondern verkündete, die Überfahrten fänden um 22.00 Uhr an den Orten statt, die er festgelegt habe. Bisher hatte Sosabowski große Selbstbeherrschung bewiesen, aber die bewusst grobe Weigerung eines Offiziers von gleichem Rang, etwas auf seinen Vorschlag zu entgegnen, versetzte ihn in Zorn. Er hatte wesentlich mehr Erfahrungen als alle Anwesenden und eine viel bessere Vorstellung vom Terrain. Und er spürte, dass Horrocks und Browning, die während der Besprechung nicht den Mund aufgemacht hatten, gar nicht mehr beabsichtigten, die Schlacht um Arnheim fortzusetzen. Die von Thomas beschriebene Operation war eindeutig nur eine Geste, um ihr Gesicht zu wahren.

Der fehlende Schlaf verschlimmerte noch Sosabowskis Verbitterung über die sinnlosen Leiden, welche dieses so schlecht geplante Unternehmen verursachte. Er erhob sich und warnte in seinem ziemlich gebrochenen Englisch, dass man die Dorsets und sein 1st Battalion ganz umsonst opfern werde. Noch einmal betonte er, man schicke die Dorsets gegen die Höhen von Westerbouwing in den sicheren Tod. Wenn die Briten nicht die Mittel hätten, einen Großangriff zu starten, dann müssten sie Urquharts 1st Airborne Division zurückziehen. Thomas versuchte ihn zu unterbrechen, aber Sosabowski legte nach: »Sie sollten nicht vergessen, dass in den letzten acht Tagen nicht nur polnische Paratrooper, sondern auch die besten Söhne Britanniens, freiwillige Soldaten Ihrer Airborne Division, am Rhein für nichts gestorben sind.«

»Die Besprechung ist beendet«, verkündete Horrocks ärgerlich. »General Thomas' Befehle sind auszuführen.« Und zu Sosabowski: »Wenn Sie, General Sosabowski, nicht willens sind, die Ihnen erteilten Befehle auszuführen, dann werden wir einen anderen Kommandeur für die Polish Parachute Brigade finden, der unsere Befehle ausführt.«[10]

Die Offiziere des XXX. Corps verließen den Raum, ohne Sosabowski eines weiteren Wortes zu würdigen. Doch General Browning blieb und lud ihn zum Mittagessen nach Nimwegen ein. Das hellte seine düstere Stimmung ein wenig auf, und er nahm die Einladung an, weil er hoffte, er könne Browning vielleicht überzeugen, Horrocks noch umzustimmen. Als er aber

die 1st Airborne Division im Gefecht lagen, von rückwärts anzugreifen.« Er scheint vergessen zu haben, dass Sosabowski genau dies empfohlen und er selbst es rundweg abgelehnt hatte. Hier sollte auch noch einmal darauf hingewiesen werden, dass der von Sosabowski geäußerte Plan der Einkesselung von Westen her der einzige war, den die Prüfungskommission der Stabsakademie der niederländischen Armee akzeptierte, wenn sie Offiziere durchfallen ließ, die vorhatten, die direkte Straße von Nimwegen nach Arnheim zu nehmen.

von Browning erfuhr, dass für die Überquerung des Rheins in dieser Nacht kaum Boote zur Verfügung standen, geriet er über derartige Trägheit und Inkompetenz beim XXX. Corps außer sich. Dyrda sagte anschließend zu ihm, das sei wohl nicht klug gewesen. Browning und Horrocks waren alte Freunde und hielten zusammen, wenn sie den Eindruck hatten, man kritisiere die britische Armee. Jetzt wurde Sosabowski wütend auf Lieutenant Dyrda, der nach seiner Meinung mit dieser Offenheit eine Grenze überschritten hatte. Er weigerte sich, weiter mit Dyrda zu sprechen, musste nach dem Krieg aber einsehen, dass der Lieutenant recht gehabt hatte. Mit seinem Verhalten hatte Sosabowski den Gegnern direkt in die Hände gespielt.

Wie bereits erwähnt, war Horrocks in einem schlechten physischen und mentalen Zustand und litt wegen seiner schweren Verletzungen ständig Schmerzen. Montgomery hätte ihm so anstrengende Aufgaben nie übertragen dürfen. Auch Browning litt an einer permanenten Erkältung, die er einfach nicht loswurde. Sosabowski war in der Tat ein schwieriger Charakter, aber damit konnte die Art und Weise, wie man ihn behandelte, nicht gerechtfertigt werden. Wie auch Urquhart einräumte, war es ein völlig unnötiger Affront gewesen, ihn einem jungen, unerfahrenen Brigadier zu unterstellen. Horrocks und Browning müssen zusammengewirkt haben, um Montgomery zu überzeugen, dass die Polish Parachute Brigade nicht kämpfen wollte.

Nach seiner Rückkehr von der Begegnung mit General Browning am Vortag in Nimwegen saß Colonel Charles Mackenzie am Südufer des Niederrheins. »Ich habe darüber nachgedacht, was ich General Urquhart berichten kann«, schrieb er später. »Entweder konnte ich ihm sagen, was ich dachte: Die Kenntnis der Lage auf beiden Seiten des Flusses hat mich überzeugt, dass eine Überquerung von Süden her nicht erfolgreich sein würde. Oder ich konnte ihm sagen, was man mir erklärt hatte: Man [das XXX. Corps] tue sein Bestes, es werde eine Überquerung des Niederrheins geben, und wir sollten durchhalten.« Nach einer Weile »entschied ich mich, ihm weiterzugeben, was man [Horrocks und Browning] mir gesagt hatte: dass man alles unternehme, was möglich sei, und dass es eine Überfahrt über den Rhein geben werde. Ich glaubte, wenn ich so handelte, sei es leichter für ihn, die Leute bei der Stange zu halten.«[11] Zurück im Divisionsstab, berichtete Mackenzie Urquhart, der sich Mühe gab, keinerlei Gefühle zu zeigen.

Das Umfeld des Hartenstein machte einen hoffnungslosen Eindruck, das einmal makellos gepflegte Hotelgrundstück wirkte »mit all den Gräben und Bombenkratern wie in einen Tagebau verwandelt«. Das Hotelgebäude sah aus, »als werde es einstürzen, wenn man es nur antippte«.[12] Auf dem Hauptverbandsplatz der Division lagen inzwischen über 30 Verwundete. Unter den vielen Opfern des Mörserbeschusses waren Brigadier Hackett und sein Chief Clerk, Staff Sergeant Pearson. Pearson hatte es nicht mit ansehen können, dass sein Brigadier General mit den Fingern essen musste, also ging er auf die Suche nach Messer und Gabel für ihn. Dabei wurde er von den Splittern einer Mörsergranate getroffen. Er konnte sich noch bis zum Verbandsplatz im Hartenstein schleppen. Dort fand er sich neben Hackett wieder, der sich die Arme um den Leib schlang, weil er gerade eine schwere Bauchverletzung erlitten hatte.[13] Beide wurden später als Gefangene der Deutschen gemeinsam in einem Jeep zum St.-Elisabeth-Hospital gebracht. Hackett hatte nicht weniger als vierzehn Löcher in seinem Darm. Brigadier Lathbury, der bereits in dem Hospital lag, hörte, dass Hackett nur eine Überlebenschance von fünfzig Prozent habe.[14]

Am 24. September um 9.00 Uhr fand sich Colonel Warrack bei General Urquhart ein. Er überzeugte ihn, ihm zu gestatten, mit dem höchsten deutschen Militärarzt »die Evakuierung der Verwundeten in von den Deutschen besetztes Gebiet zu vereinbaren, wo es sicherer war«. Denn eine Evakuierung über den Fluss schien ihm jetzt unmöglich zu sein. »Der Divisionskommandeur stellte klar, beim Feind dürfe auf keinen Fall der Eindruck entstehen, dies sei der Anfang des Zusammenbruchs. Ihm müsse überzeugend klargemacht werden, dass diese Maßnahme nur auf humanitäre Überlegungen zurückgehe.« Am Nachmittag sollte eine Zeit lang Feuerpause herrschen, »um es beiden Seiten zu ermöglichen, die Verwundeten zu bergen, danach könne man weiterkämpfen«.[15]

Colonel Warrack, der sich unter der Rot-Kreuz-Fahne ohne Schwierigkeiten zwischen dem Hartenstein und dem Schoonoord bewegen konnte, sprach dort einen deutschen Arzt an. Es war SS-Stabsarzt Egon Skalka, der oberste Militärarzt der SS-Panzer-Division »Hohenstaufen«. Skalka, ein Österreicher aus Kärnten, war erst 29 Jahre alt. Er trug eine maßgeschneiderte Uniform, hatte gewelltes Haar und duftete nach Eau de Cologne. Seine makellos manikürten Hände mit dem goldenen Siegelring der SS wiesen darauf hin, dass er sich nicht dazu herabließ, selbst zu operieren. Warrack bat um ein Gespräch mit dem Divisionskommandeur. Skalka willigte ein, und beide fuhren in einem Jeep mit Rot-Kreuz-Fahne zum

Stab der Division »Hohenstaufen« in der Villa Heselbergh an der Straße von Arnheim nach Apeldoorn.* [16]

Warrack musste warten, bis Skalka mit seinem Divisionskommandeur gesprochen hatte. Skalka behauptete, Harzer habe sich darüber erregt, dass er Warrack nicht die Augen verbunden und nicht vorher nachgefragt hatte. »Wie können Sie den Mann ohne Genehmigung hier anschleppen?« Dann verschwand Harzer in Bittrichs Büro nebenan und fragte bei ihm wegen der Feuerpause und der Evakuierung der britischen Verwundeten an. Bittrich stimmte sofort zu. Inzwischen hatte Skalka den höchsten deutschen Militärarzt in der Gegend angerufen und ihn um möglichst viele Krankenwagen und andere Fahrzeuge gebeten.[17]

Nun empfingen Bittrich und Harzer Warrack zum Gespräch, in dem sie das übliche Bedauern der Deutschen ausdrückten, »dass es diesen Kampf zwischen unsren beiden Ländern gibt«. Damit war gemeint, beide sollten besser gemeinsam gegen die Sowjets kämpfen.[18] Waffenruhe und Evakuierung waren rasch vereinbart. Doch Urquhart hatte mit seiner Befürchtung recht gehabt, dass dieser Schritt die Erwartung der Deutschen verstärken könnte, sie stünden kurz vor dem Sieg. Harzer bewirtete Warrack mit Sandwiches und übergab ihm eine Flasche Weinbrand für Urquhart. Er und seine Offiziere boten auch einen Vorrat Morphium an, den sie außerhalb des besetzten Gebietes abgeworfenen britischen Containern entnommen hatten.** [19]

Anschließend fuhr Skalka mit Warrack zum St.-Elisabeth-Hospital, um die britischen Verwundeten dort zu besuchen. Sie lagen in Betten mit Laken und wurden von niederländischen Ärzten und Schwestern sowie von deutschen Nonnen sehr gut betreut. Natürlich war Warrack erschlagen von dem Kontrast zur Lage der Verwundeten in Oosterbeek, wo man wegen des Wassermangels keine Operationen vornehmen konnte. Als beide zum Schoonoord zurückkehrten, war die Feuerpause bereits eingetreten. Last-

* Skalka behauptete später, die Initiative sei nicht von Warrack, sondern von ihm ausgegangen. Über die Notlage der Verwundeten habe Harzer ihn informiert, der davon aus abgefangenen Funksprüchen erfahren hatte. Nach dieser Version sei Skalka mit einem Jeep, auf dessen Kühlerhaube ein englischer Kriegsgefangener saß und eine große weiße Fahne schwenkte, in das von den Briten besetzte Gebiet gefahren.

** Aus dem Gefangenenlager schrieb Harzer nach dem Krieg an Urquhart, um von ihm eine Bestätigung des ritterlichen Verhaltens der Division »Hohenstaufen« zu erlangen. Darin erklärte er, dass im Ergebnis des Nürnberger Prozesses die gesamte Waffen-SS zu einer verbrecherischen Organisation erklärt worden sei. Er appellierte an die aktiven britischen Soldaten, sich in Anerkennung der fairen Gefechte bei Arnheim jener Zeit zu erinnern und das faire Verhalten zumindest derjenigen deutschen Soldaten anzuerkennen, die an dieser Operation beteiligt gewesen seien. Auf die erbetene Bestätigung Urquharts wartete er vergeblich.

wagen des deutschen Militärs fuhren vor, aber da die Tragen der britischen Armee zu lang waren, um sie quer zur Ladefläche abzulegen, konnten nur drei, längs gestellt, auf einmal befördert werden. Das hieß, man brauchte die dreifache Menge Fahrzeuge. Lieutenant Colonel Marrable hatte zuvor seinen Mitarbeitern ohne Aufhebens befohlen, den Abtransport der Schwerverletzten so rasch wie möglich abzuwickeln, sich bei allen anderen aber viel Zeit zu lassen und sie vor dem Gefangenenlager zu bewahren, sollte das XXX. Corps doch noch rechtzeitig eintreffen.

Wie Urquhart erwartet hatte, versuchte einer der deutschen Ärzte Colonel Warrack zu überzeugen, dass die Briten sich angesichts der großen Zahl von Verwundeten ergeben sollten. Er möge alles unternehmen, um seinen Divisionskommandeur dafür zu gewinnen. Laut Hendrika van der Vlist, die bei diesem Gespräch übersetzte, hörte Warrack schweigend zu, schüttelte dann langsam den Kopf und sagte ganz ruhig: »Nein. Wir sind nicht gekommen, um uns zu ergeben. Wir sind gekommen, um zu kämpfen.«

Das könne er auch verstehen, antwortete der SS-Arzt. Es sei nur ein Vorschlag gewesen.[20]

Bei der Evakuierung der Verwundeten behielten die Deutschen einige Jeeps mit dem Rot-Kreuz-Zeichen für sich. (Die Alliierten sahen sie im Dezember in den Ardennen wieder, als Otto Skorzenys Kommandos sie während der deutschen Offensive benutzten, um in amerikanischen Uniformen herumzufahren.) Die Deutschen besetzten auch das mit Verwundeten überfüllte Hotel Tafelberg.

Ein sehr kleiner deutscher Soldat, dem der Stahlhelm fast über die Augen rutschte, schrie eine niederländische Krankenschwester an, die britischen Soldaten half. Daraufhin baute sich ein britischer Sanitäter vor ihm auf und brüllte ihn von oben an: »Wenn du nicht sofort die Klappe hältst, hau ich dir die Rübe runter!« Die unerwartete Reaktion brachte den Mann auf der Stelle zum Schweigen.[21] Die Feuerpause bot zumindest einigen Zivilisten die Chance, aus dem besetzten Gebiet zu entkommen. Als sie die deutschen Linien passierten, ließen die Panzergrenadiere höhnische Bemerkungen fallen, das hätten sie nun von ihrer Freundschaft mit den Briten.

Gegen 16.00 Uhr rückten deutsche Truppen bis zum Schoonoord vor, um die Lazarettgebäude als Deckung für einen Angriff zu nutzen. Lieutenant Colonel Marrable wies sie entschieden aus den Häusern, aber er konnte nicht erreichen, dass sie sich gänzlich zurückzogen. Die Anwesenheit deutscher Wachposten provozierte die ankommenden Polen, sofort das Feuer auf sie zu eröffnen. »Mit beträchtlichem Risiko für beide Seiten ging

Lieutenant Colonel Marrable zu den Polen und konnte erreichen, dass zumindest für den Augenblick wieder Ruhe einzog.«[22] Captain Mawson, ein anderer Arzt, hatte eine viel schwierigere Aufgabe zu lösen, als er Major Wilson von der 21. Independent Parachute Company überzeugen musste, seine gut ausgebauten Stellungen aufzugeben, da durch das Vorrücken der Deutschen das Hotel Schoonoord direkt ins Kreuzfeuer geraten sei.

Die Waffen-SS verstärkte den Druck und drohte, das Schoonoord zu zerstören, sollten die Briten sich nicht aus bestimmten Gebäuden zurückziehen. Sie ließ zwei Selbstfahrlafetten anrollen, doch Wilsons Pathfinder konnten eine ausschalten und die Besatzung der anderen dazu bringen, sich zurückzuziehen. Es war ein ständiger Kampf, zu verhindern, dass die Panzergrenadiere in die Häuser des Hospitals vordrangen. Doch wie Colonel Warrack berichtete, »überraschte es ihn, wie schnell ein sehr hartgesotten wirkender SS-Rottenführer mit Spandau-MG und Patronengurt um den Hals nachgab, als er (auf Englisch) angebrüllt wurde, ›sich zur Hölle zu scheren, und zwar schnell‹, all das begleitet von zorniger Miene und einem Hinweis auf die Rot-Kreuz-Armbinde.«[23]

Erst als die vierstündige Waffenruhe vorüber war, wagte es Bittrich, den Stab von Heeresgruppe B darüber zu informieren. Model war wütend. Was er sich dabei gedacht habe, fragte er Bittrich. Von dieser Waffenruhe habe nur der Feind profitiert.[24] Doch Model war nach wie vor bereit, Bittrich zu decken, daher sorgte er dafür, dass das Führerhauptquartier von der Sache nichts erfuhr. Hitler wäre außer sich gewesen. Er erließ nach wie vor Befehle, die von der Lage vor Ort völlig abgehoben waren. Den jüngsten gab Generalfeldmarschall von Rundstedt an diesem Vormittag weiter: »Der Führer hat befohlen, dass der Feind im Raum Arnheim-Nimwegen-Mook und ostwärts so schnell wie möglich vernichtet und die Frontlücke nördlich Eindhoven beschleunigt durch konzentrischen Angriff geschlossen wird.«[25] Model antwortete kurz und knapp: »Bereinigung des Kessels Oosterbeek wird am 25. 9. erhofft.«[26]

Da die deutschen Generale weitere Luftlandungen erwarteten, war Bittrich erleichtert zu hören, dass das Schwere Panzer-Bataillon 506 mit weiteren Tiger-Panzern noch im Laufe dieses Tages eintreffen sollte. Nach der Flussüberquerung in der Nacht zuvor sah sich das Pionierbataillon der Division »Hohenstaufen« jetzt polnischen Paratroopern gegenüber. Möller behauptete, der Respekt für die Verwundeten und Toten sei plötzlich dahin. Die Polen seien nur darauf aus, Deutsche zu töten.[27]

Diese Verstärkung der britischen Verteidiger hob die Moral beträchtlich. »Mittags kommt der Besitzer des Hauses aus dem Keller nach oben«, schrieb einer der Pathfinder in sein Tagebuch, »und kocht uns von seinen kümmerlichen Rationen etwas zu essen. Meist sind es Kartoffeln und Spinat, aber es ist sehr in Ordnung. Als es gerade fertig ist, bemerken wir Bewegung im Nachbarhaus. Ein paar seltsam aussehende Kerle strecken die Daumen zum Siegeszeichen hoch. Erst jetzt geht uns auf, dass es die Vorhut der Polen ist, die offenbar am anderen Flussufer [abgesprungen] sind. Die allgemeine Stimmung steigt.«[28]

Die Polen selbst konnten in dem besetzten Gebiet um Ooosterbeek wenig Ermutigendes erkennen. »Wohin man auch schaute, man sah entweder einen Engländer, einen Polen, einen Deutschen, einen Niederländer oder eine tote Kuh«, schrieb Corporal Władysław Korob.[29] Der Officer Cadet Adam Niebieszczański stieß vor einem Splittergraben auf den scheinbar leblosen Körper eines britischen Majors, der dort in der Sonne lag. Da er befürchtete, die Verwesung könnte bald einsetzen, beschlossen er und ein Kamerad, ihn in einen anderen Graben zu legen und dort zu bestatten. Doch als sie ihn bei Armen und Beinen packten, schlug der Major erstaunt die Augen auf. Er hatte die Feuerpause genutzt, um im Freien ein Schläfchen zu machen.[30] Nachdem Niebieszczański und seine Kameraden sich entschuldigt hatten, ließ ein glückliches Schicksal sie einen Fallschirmcontainer voller Dosen mit Weihnachtspudding finden. Das war eine so solide Verpflegung, dass sie ihren vollen Bauch den ganzen Tag lang spürten. Lieutenant Smaczny, der als einer der ersten am Nordufer des Niederrheins landete, berichtete, dass zur Bergung eines solchen Containers eine Gruppe mit Handgranaten und Gebrüll einen Scheinangriff nach einer Seite startete, während eine andere Gruppe den Container fortschaffte.[31]

Während der Feuerpause trat ein Artillerist, der Deutsch sprach, an ein paar Polen heran und begann ein Gespräch. Doch »ungläubig und tief traurig hörte er einen der Polen sagen, wenn sie mit den Deutschen fertig seien, müssten sie sich auf den nächsten Krieg vorbereiten – gegen die Russen«.[32] Wie fast alle britischen Soldaten jener Zeit kannte er aus Zeitungen und Wochenschauen nur Berichte über die heroische Tapferkeit der Roten Armee. Von der Behandlung Polens durch die Sowjetunion hatte er noch nie etwas gehört.

Die frisch eingetroffenen polnischen Paratrooper waren über den Zustand ihrer britischen Verbündeten entsetzt. »Alle hatten rote Augen von fehlendem Schlaf und fahle Lippen vom Wassermangel«, stellte Corporal

Korob fest.[33] Die meisten Männer hatten durch Erschöpfung und Unterernährung viel Gewicht verloren. Einige Verwundete, die in Kellern betreut wurden, fantasierten im Fieber: »Tötet sie! Tötet sie!«[34] Von denen, die sich noch auf den Beinen hielten, wettete keiner mehr darauf, wer die meisten Deutschen abschoss. Manche Männer waren so müde, dass sie sich eine Verwundung wünschten, die es ihnen erlaubte, sich irgendwo niederzulegen. In der Nähe der Kirche von Oosterbeek schlichen sich ein paar Drückeberger aus den Gräben fort in einen Schuppen hinter dem Grundstück eines Bestattungsunternehmers, um in einem verstaubten alten Leichenwagen, wie sie von schwarzen Pferden mit Federbüschen gezogen werden, ein wenig zu schlafen.

Da die Nerven so angespannt waren, verloren die Männer wegen Nichtigkeiten leicht die Beherrschung. Auch bewegten sie sich und begriffen viel langsamer. Offiziere und Unteroffiziere mussten Befehle mehrfach wiederholen, damit sie erfasst wurden. Nachdem Captain Springett Demetriadi von der Phantom-Einheit* beim Divisionsstab Urquharts Funkspruch an Browning abgeschickt hatte, der ihre verzweifelte Lage schilderte, meinte er, »mir war, als hätte ich unseren eigenen Grabspruch gesendet«.[35] Auch der Humor hatte sich verändert. Er war zutiefst zynisch geworden. Demetriadis Phantom-Kollege Lieutenant Neville Hay fragte ihn einmal: »Weißt du, warum diese Operation Market heißt?« »Nein.« »Weil wir sie uns haben andrehen lassen.«[36]

Das Battalion der King's Own Scottish Borderers, das an der Nordspitze des besetzten Gebiets lag, war auf sieben Offiziere und weniger als 100 Mann dezimiert worden. Wer noch die Kraft dazu hatte, jagte deutsche Scharfschützen. Die übrigen warteten in halb zerstörten Häusern auf den nächsten Angriff. Für die Aufklärungskompanie war es eine große Ermutigung zu sehen, wie zum ersten Mal Typhoons anflogen und die deutschen Stellungen zielsicher mit Raketen belegten. »Jerry gefiel das offenbar gar nicht, sein Schießen geriet ins Stocken, und wir erhielten eine Atempause«, schrieb Lieutenant Stevenson in sein Tagebuch. Doch als diese Show vorüber war, feuerten Mörser und Scharfschützen erneut aus Häusern, die kaum fünfzig Meter entfernt lagen. »Ein Kerl von der SS wurde auf der Straße verwundet und erhob ein Riesengeschrei. Unsere Jungs kamen wegen der Scharf-

* Phantom ist eine 1939 gegründete besondere Aufklärungseinheit zur Abwehr einer deutschen Invasion in Großbritannien – Anm. d. Übers.

schützen nicht an ihn heran, so sangen sie aus dem Fenster ›Lili Marleen‹ als Schlaflied für ihn – solche verrückten Sachen machte man damals.« Sie hatten seit vier Tagen nichts zu essen bekommen und vor allem von Obst gelebt. Doch »am meisten fehlten ihnen die Zigaretten«.[37]

Auch Major Blackwood und die Überlebenden des 11th Para Battalion litten unter dem chronischen Mangel an Verpflegung und Zigaretten, denn die für sie bestimmten Container waren außerhalb ihrer Reichweite niedergegangen. »Den ganzen Tag schwer geballert und scharf geschossen«, notierte Blackwood in seinem Tagebuch. »Unsere Typhoons kamen angeflogen und beschossen beide Flanken mit ihren Raketen. Ein herrlicher Anblick. Wie gewöhnlich waren auch wieder die Dakotas zur Stelle und warfen Container ab, die jedoch fast alle auf Hunnengebiet landeten. Ich muss vor diesen Piloten den Hut ziehen. Sie kommen durch den schwersten Flak-Beschuss, um uns zu bringen, was wir brauchen. Ich habe zwei von ihnen von dem schrecklichen Sperrfeuer brennen sehen, doch die Piloten haben sie waagerecht gehalten, und die Besatzung hat weiter Ladung abgeworfen … Uns fällt es schon schwer, die wenigen Container zu bergen, die hinter unseren Linien herunterkommen. Wenn wir sofort hinlaufen, hält Jerry mit seinen Mörsern drauf. Wenn wir warten, bis es dunkel wird, dann sind ein paar schleichende Ratten von einem anderen Frontabschnitt zuerst da. Heute haben wir gar nichts bekommen.«[38]

Besonders wütend machte die Verteidiger die Vorstellung, wie sehr der Feind die für sie bestimmten Dinge genoss. Dank der britischen Versorgung hätten sie gut, ja sogar luxuriös gegessen, erinnerte sich Standartenführer Harzer. In den Containern seien Dinge gewesen, die sie jahrelang vermisst hätten – Schokolade und sogar echter Bohnenkaffee.[39]

Am 24. September attackierte die 129th Brigade von Thomas' 43rd Division bei Elst weiter die Kampfgruppe Knaust. Die Briten hatten inzwischen erkennen müssen, dass das Polderland und die kleinen Gärten der Betuwe für Angreifer ein noch schwierigeres Gelände darstellten als die *Bocage* in der Normandie.

Hell's Highway zwischen St. Oedenrode und Veghel blieb ein Hauptziel der Deutschen. Nach den Verlusten in der »Dünenschlacht« bei Eerde und der faktischen Zerschlagung der Kampfgruppe Huber attackierte Heydtes Fallschirmjäger-Regiment 6 erneut. Der unerwartete Erfolg des Bataillons Jungwirth bei dessen Überfall auf die Hauptstrecke des XXX. Corps in der Nähe des Dorfes Koevering ermutigte Heydte dazu, zusammen mit jenem eine lange britische Nachschubkolonne zu beschießen. Schon von Weitem waren riesige Rauchwolken zu sehen, und es stank nach brennendem Gummi. Die Amerikaner behaupteten später, die Briten hätten angehalten, um sich einen Tee zu brühen, und seien dabei beschossen worden. In Wirklichkeit hatten Berichte über deutsche Sturmgeschütze vor ihnen den Halt verursacht. Mit Unterstützung einiger leichter Fla-Kanonen hatten Major Hans Jungwirths Männer und Heydtes Truppe genügend Zeit, um die LKWs zu plündern, die nicht zerstört waren. Sie nahmen sogar mehrere Offiziere in Stabswagen gefangen, die von der Gefahr nichts ahnten, und erbeuteten zwei Sherman-Panzer.

Nun wurden zwei Bataillone des US 506th Parachute Infantry Regiment mit Unterstützung mehrerer Panzer von Veghel her in Marsch gesetzt. Ein Bataillon des US 502nd Parachute Infantry Regiment kam von der anderen Seite, dazu eine Einheit der British 50th Infantry Division. Am nächsten Tag waren Jungwirths Truppe und die sie unterstützenden Kräfte Heydtes nahezu eingekesselt, aber der Schaden für die britische Kolonne und die Blockierung von Hell's Highway für weitere zwei Tage stellten für so geringe, unerfahrene Kräfte einen außerordentlichen Erfolg dar. Die Freude darüber sei allerdings von kurzer Dauer gewesen, schrieb Heydte später.[40] Doch die erneute Unterbrechung des Nachschubs des XXX. Corps trug dazu bei, Dempsey und Horrocks zu überzeugen, dass ihre Hoffnung auf Verstärkung der 1st Airborne Division nördlich des Rheins zu optimistisch war. Leider hielt Major General Thomas an den für diese Nacht geplanten Überfahrten unverändert fest.

Höchste Priorität hatte die Versorgung mit dem dringend benötigten medizinischen Material, was mit den Amphibienfahrzeugen nicht gelungen war, weil sie im schlammigen Rheinufer stecken blieben. Nun fuhren Lieutenant Colonel Martin Herford, Captain Percy Louis und vier Soldaten der 163rd Field Ambulance bei Tageslicht zum Nordufer »in einem Boot mit medizinischem Nachschub und einer Rot-Kreuz-Fahne. Sie wurden nicht beschossen.« Doch als sie anlegten, wurden sie von deutschen Soldaten umringt. Man erklärte ihnen, das medizinische Material dürften sie nicht zur 1st Airborne Division bringen, doch man werde es zur Behandlung britischer Kriegsgefangener einsetzen. Louis und den vier Sanitätern wurde gestattet, auf die britische Seite zurückzukehren.[41] Am selben Abend versuchte Captain Louis nach Einbruch der Dunkelheit eine weitere Fahrt mit frischem Nachschub. Nach ihrer Landung brach ein heftiger Schusswechsel aus, und Louis wurde nicht wiedergesehen.

An diesem Nachmittag erhielt Lieutenant Colonel Gerald Tilly, der Kommandeur des 4th Battalion des Dorsetshire Regiment, eine Einweisung. Er wurde in Driel von Brigadier Ben Walton empfangen, und gemeinsam stiegen sie auf den Kirchturm, wie es Horrocks und Sosabowski an jenem Morgen getan hatten. Walton erklärte ihm, sie müssten die Basis des besetzten Gebietes von Oosterbeek verbreitern, daher werde Tillys Bataillon mit Amphibienfahrzeugen, die zu ihm unterwegs seien, den Fluss überqueren. In Anbetracht des Schicksals, das die Fahrzeuge in der Nacht zuvor erlitten hatten, war das eine wenig ermutigende Nachricht. Walton fügte hinzu, der Rest der 2nd Army werde den Dorsets rasch folgen. Doch angesichts des Mangels an Booten und Brückenbautechnik klang das nicht überzeugend.

Tilly wollte gerade seine Kompanieführer informieren, da erschien um 18.00 Uhr ein Melder und bat ihn, noch einmal zu Brigadier General Walton in ein Haus südlich von Driel zu kommen. Jetzt teilte Walton ihm mit, die groß angelegte Operation sei abgesagt. Tilly erhielt den neuen Auftrag, mit seinem Bataillon den Niederrhein zu überqueren, um dabei zu helfen, das besetzte Gebiet so lange zu halten, bis die 1st Airborne Division evakuiert werden konnte. Er sollte so wenige Männer wie möglich mitnehmen. »Es handle sich um ein Ablenkungsmanöver, bis die Airborne Division zurückgezogen sei.«[42]

Tilly kehrte zu den Obstgärten zurück, in denen sein Bataillon lagerte. Mit verständlichem Widerwillen wählte er etwa 300 Mann und 20 Offiziere aus, die mit ihm gehen sollten. Da er der Meinung war, sein Bataillon werde ohne guten Grund »in den sicheren Tod geschickt«, ließ er seinen Stellvertreter und Adjutanten zurück.[43] Nach der Einweisung nahm Tilly Major James Grafton, einen der Kompanieführer, beiseite: »Jimmy, ich muss Ihnen etwas sagen, weil einer außer mir das wirkliche Ziel dieser Überfahrt kennen muss. Unsere Aufgabe ist es nicht, den Brückenkopf zu verstärken. Wir sollen dabei helfen, die Stellungen so lange zu halten, bis die Airborne Division zurückgezogen wird. Ich fürchte, wir werden verheizt, damit die Luftlandetruppe rauskommt.« Grafton war von dieser Mitteilung so erschlagen, dass er Tilly einen Moment verständnislos anstarrte. »Darf ich fragen, Sir, ob die Männer über diese Entscheidung informiert sind?« Tilly antwortete, das seien sie nicht, und er dürfe dies auch niemandem sagen, nicht einmal einem Offizier.[44] Walton hatte Tilly zwei identische Exemplare des für General Urquhart bestimmten Evakuierungsplans übergeben. Tilly behielt eines selbst und gab das andere Grafton.

Nach Einbruch der Dunkelheit bereiteten sich die Dorsets und die Polish Parachute Brigade auf die Überfahrt vor. Je weiter die Nacht voranschritt, desto mehr wuchs Tillys Zorn. Der versprochene Proviant war nicht eingetroffen, und um 22.00 Uhr, da die Operation auf Beharren von Major General Thomas starten sollte, war auch von Booten weit und breit nichts zu sehen. Wie bei der gesamten Operation Market Garden ging fast alles schief, zumeist wegen Inkompetenz, die durch Pech verstärkt wurde. Ein Teil der Kolonne mit den Schlauchbooten, die man in Driel erwartete, verpasste eine Abzweigung nach links, fuhr auf der Straße Nimwegen-Arnheim geradeaus weiter und geriet über die Frontlinie. Die Deutschen ließen sie bis nach Elst hineinfahren, wo die LKWs zum Erstaunen der Fahrer des Royal Army Service Corps von Knausts Panzergrenadieren umringt wurden. Die waren ziemlich enttäuscht, nur Schlauchboote vorzufinden, hatten sie doch auf Proviant und vor allem auf Zigaretten gehofft. Zwei weitere Lastwagen der restlichen Kolonne waren irgendwo steckengeblieben, sodass am Ende nur neun Boote ankamen.

Die Dorsets erhielten ihre Boote erst am Montagmorgen gegen 1.00 Uhr. Was den Rest der polnischen Fallschirmbrigade betraf, so standen ihm drei Gummipaddelboote für jeweils zwei Soldaten und drei Schlauchboote für jeweils sechs Passagiere zur Verfügung. »Häufig Leuchtkugeln an der Überfahrtstelle«, lautete der Eintrag im Kriegstagebuch der Brigade.[45] Außerdem brannte am Nordufer ein Holzplatz, den die Deutschen möglicherweise absichtlich angezündet hatten, um mehr Licht für ihre Maschinengewehre zu haben, die sonst nur Sperrfeuer schossen. Die Flammen spiegelten sich im Wasser, während die Dorsets mit Gewehrkolben und Grabwerkzeugen heftig gegen die starke Strömung ankämpften. Die Polen benutzten sogar ihre Hände, da auch sie keine Paddel hatten.[46] Drei Artillerieregimenter des XXX. Corps feuerten über ihre Köpfe hinweg. Obwohl sie bei Tag sehr präzise schossen, gelang es ihnen nicht, das MG-Bataillon 30 zum Schweigen zu bringen, dessen Stellungen unmittelbar an der Frontlinie zum besetzten Gebiet lagen.

In seiner Ungeduld hatte Lieutenant Colonel Tilly darauf bestanden, im ersten Boot zu sitzen. Es landete auf einem Sandstreifen am Nordufer, und er spannte sofort weißes Band aus, um den anderen Booten Orientierung zu geben. Doch Tilly und seine Gruppe blieben allein. Die anderen folgten ihnen nicht, weil er sich verschätzt hatte und hinter den deutschen Linien gelandet war. Als Tilly und seine Männer einen Teil der Höhen von Westerbouwing zu erklimmen begannen, stießen sie auf ein paar deutsche Reservisten, die sich ihnen sicher gern ergeben hätten. Doch in dem chaotischen Nahkampf wurde Tilly von einer Stielhandgranate am Kopf getroffen, die zum Glück nicht explodierte. Als weitere deutsche Soldaten herbeiliefen, musste er den Evakuierungsplan vernichten, bevor sie sich ergaben.

Die B Company unter Major White erhielt während der Überfahrt und bei der Landung mehrere schwere Treffer. Die Dorsets waren mit 18 Offizieren und 298 Mann gestartet. Nur fünf Offiziere und weniger als 100 Mann sollten zurückkehren. Sosabowskis Warnung an General Thomas vor den Gefahren der Überfahrt bei Heveadorp-Westerbouwing hatte traurige Bestätigung gefunden. Um 2.15 Uhr, nach nur 75 Minuten, stoppte Brigadier Walton die Aktion, weil das feindliche Feuer so stark war. Laut Kriegstagebuch der Polish Parachute Brigade versuchten die Dorsets um 4.00 Uhr weitere Überfahrten. Doch Waltons Entscheidung traf bei den Polen des 1st Battalion, die auf ihre Überfahrt nach den Dorsets warteten, auf große Erleichterung. Sie waren erst kurz vor Mitternacht eingetroffen und den ganzen Abend von Valburg hermarschiert. Von den anderen beiden polnischen Bataillonen weiter im Osten gelang es nur 153 Mann, unverletzt das Nordufer zu erreichen. Browning und Horrocks versuchten das als Beweis gegen Sosabowski und dessen Brigade zu benutzen, ungeachtet der Tatsache, dass die Hälfte ihrer Boote im Maschinengewehrfeuer gesunken war. Browning deutete an, Sosabowski habe seine Männer bewusst zurückgehalten, um sie für anderes zu bewahren.

Im Unterschied zu den übrigen Dorsets landete Major Grafton mit dem größten Teil von A Company sicher und erreichte über die Polder die Kirche von Oosterbeek. Hier stieß Grafton auf Major Londsdale, der wegen seiner Verletzungen zahlreiche Verbände trug, aber sich bereits relativ gut fühlte und offenbar »so freundlich« auftrat »wie ein Gastgeber in einem Landhaus am Wochenende«.[47] Ein Geistlicher trug den Umschlag mit dem Evakuierungsplan direkt zu General Urquhart im Hotel Hartenstein.

Lieutenant Colonel Eddie Myers, dem Kommandeur der Pioniere der British 1st Airborne Division, gelang es, in einem Amphibienfahrzeug unversehrt über den Rhein zu kommen. Er brachte Urquhart einen Brief von Browning mit. Der versicherte ihm, dass »die Armee Ihnen zu Hilfe eilt«, und endete mit der Beteuerung, er, Browning, sei damit befasst, die Verteidigung des Korridors zu organisieren, eine Erklärung, welche die US-Generale Taylor und Gavin wohl sehr erstaunt hätte. Weiter schrieb Browning: »Es wird Sie erheitern zu erfahren, dass meine Front in allen Richtungen verläuft, aber direkten Kontakt mit dem Feind habe ich nur etwa sieben

Kilometer südöstlich von Ihnen, unter den derzeitigen Bedingungen immer noch ausreichend.«[48] Die Behauptung, er leite die Schlacht um Hell's Highway, wirkt noch weniger überzeugend, wenn man weiß, dass Browning später privat zugab, sein Stab habe absolut unbefriedigend gearbeitet.

Myers brachte auch einen wesentlich wichtigeren Brief von Major General Thomas mit. Die Vorbereitungen für die Evakuierung der Reste der 1st Airborne Division seien im Gange, und der Rückzug werde Operation Berlin genannt. Urquhart solle ein Zeichen geben, sobald er entscheide, dass sie nicht länger durchhalten könnten.

In dieser Nacht kamen einige Angehörige des Arnheimer Untergrunds heimlich im Keller von Penseels Stadthaus an der Velperplein zusammen. Sie wollten darüber sprechen, was sie zu tun gedachten, da die 1st Airborne Division kurz vor dem Scheitern stand.[49] Sie hatten alles getan, um zu helfen – von wichtigen Informationen über die Bewegungen der Deutschen bis zur Bewachung von Gefangenen. Direkt vor der Nase der Deutschen hatten sie sogar medizinisches Material, das außerhalb des besetzten Gebiets niedergegangen war, dorthin gebracht.[50] Aber all das hatte am Ende nicht ausgereicht.

Die Stimmung war düster, denn die Männer hatten das Gefühl, die Briten hätten sich ihrer Dienste wesentlich mehr bedienen können. Ein britischer Offizier hatte gegenüber Albert Horstman, einem der ihren, bekannt, wegen vieler ungenauer Informationen von der Résistance in Frankreich hätten sie irrtümlich angenommen, dass das in den Niederlanden ebenso der Fall sein werde.[51] Einige der Anwesenden verlangten, sie sollten an der Seite der Briten kämpfen, ob die Deutschen nun gewännen oder nicht. Andere hielten das für ein sinnloses Opfer, vor allem weil der Krieg eindeutig noch einige Zeit dauern werde.

Ihr Anführer Piet Kruijff überzeugte sie schließlich, dass sie nicht zu den Waffen greifen und ihr Leben nicht verschwenden sollten. Sie hatten nach wie vor viel zu tun, da die Okkupation nördlich des Niederrheins anhalte und die Alliierten in der Betuwe auch weiterhin Informationen benötigten. Außerdem sitze eine große Zahl britischer Soldaten in Verstecken, denen man helfen müsse, wieder auf die eigene Seite zu kommen. Kruijff selbst schlich sich später ins St.-Elisabeth-Hospital, von wo er zunächst Brigadier Lathbury und später Brigadier General Shan Hackett direkt vor der Nase der Deutschen zur Flucht verhalf. Hackett beschrieb Kruijff als »etwa vierzig Jahre alt, von schlanker Gestalt, mit einem intelligenten Vogelgesicht und wachem Blick«.[52] Beide hohe Offiziere wurden von niederländischen Familien versteckt und später hinter die britischen Linien gebracht. Doch in den Augen des Wehrmachtbefehlshabers Niederlande bestand der Untergrund lediglich aus »Terroristen«. Er behauptete, selbst die Bevölkerung in den von den Alliierten befreiten Gebieten sei »bewaffnet und in Terrorgruppen organisiert«.[53]

24

Operation Berlin
Montag, 25. September

Eine der vielen Ironien von Operation Market Garden liegt darin, dass der Rückzug der Deutschen nach Elden in den frühen Morgenstunden des 25. September mit der Entscheidung der Briten zusammenfiel, die 1st Airborne Division zurückzuholen. Die Kampfgruppe Knaust hatte in den Gefechten gegen die britische 129th Infantry Brigade und die 4th/7th Dragoon Guards so schwere Verluste erlitten, dass Bittrich ihr befahl, von Elst bis beiderseits des Dorfes Elden zurückzugehen. Das war weniger als zwei Kilometer vom südlichen Kopf der Straßenbrücke von Arnheim entfernt, welche die 1st Airborne Division nicht hatte sichern können. Der Zufall wollte es, dass die 129th Brigade gerade auf ihre Ablösung durch eine andere Einheit der 50th Northumbrian Division wartete und den Deutschen auf dem Rückzug nicht nachsetzen konnte. »Der Feind folgte nur vorsichtig«, berichtete Bittrich.[1]

Als General Urquhart kurz vor dem Morgengrauen Thomas' Brief mit Einzelheiten von Operation Berlin erhielt, stand sein Entschluss nach zwei Stunden fest. Im gegenwärtigen Zustand der Erschöpfung, des Mangels an Munition und Nachschub konnte die Division nicht überleben. Die Deutschen versuchten gerade, sie auch noch vom Flussufer abzuschneiden, und dann würde sie in der Falle sitzen. Er befahl seinem Funker, Verbindung zum Stab der 43rd Infantry Division herzustellen. Bis zur endgültigen Bestätigung hatte sein Entschluss die ganze Befehlskette zu durchlaufen. »Habe nach vereinbartem Code per Telefon mit Horrocks gesprochen«, schrieb General Dempsey in sein Tagebuch. »Zwei Alternativen gab es: die ›kleine‹ – Rückzug – und die ›große‹ – weitere Flussüberquerungen.«

»Ich denke, es muss die kleine sein«, meinte Horrocks.

»Auch ich wollte gerade sagen, es müsste auf jeden Fall die kleine sein«, antwortete Dempsey.[2] Danach informierte Dempsey Field Marshal Montgomery davon, dass der Abzug in der kommenden Nacht durchgeführt werde. Der stimmte zu. Er hatte kaum eine andere Wahl.

Montgomerys offizieller Biograf bemerkte zu diesem Augenblick, dass »Montys Vorhaben, über Arnheim bis ins Ruhrgebiet vorzustoßen, sich schlichtweg als töricht herausgestellt hatte«.[3] Noch nie hatten die Stabsoffiziere in seinem taktischen Hauptquartier ihren »Herrn und Meister« so still und in sich gekehrt erlebt. Das Opfern der 1st Airborne Division war schlimm genug. Doch Market Garden hatte auch die Schlagkraft der britischen 2nd Army verschwendet und sie in die Sackgasse der Betuwe geführt, wo sie nichts erreichen konnte. Selbst Montgomerys großer Gönner, Field Marshal Brooke, kam zu dem Schluss, dass er mit seiner Strategie falsch gelegen habe. »Statt den Vorstoß nach Arnheim zu führen, hätte er in erster Linie Antwerpen sichern müssen«, hielt Brooke in seinem Tagebuch fest.[4] Das Versäumnis, die Scheldemündung, den Zugang zu diesem unentbehrlichen Hafen, zu sichern, stellte sich jetzt als eklatantes Fehlurteil Montgomerys heraus.

Nach Models Ankündigung beim Führerhauptquartier, man werde den Kessel Oosterbeek, wie die Deutschen das belagerte Gebiet nannten, bereinigen, mussten sie an diesem Tag einen großen Vorstoß wagen. Folgerichtig begannen sie mit bisher unbekannter Heftigkeit aus allen Mörsern, Haubitzen, Sturmgeschützen und Panzerkanonen zu schießen. Die Kampfgruppe Spindler hatte inzwischen von der Schweren Panzerabteilung 506 eine Kompanie mit fünfzehn Königstigern erhalten.[5] Der Offizier der US-Jägerkontrolle, Lieutenant Bruce Davis, »zählte von 7.20 Uhr bis 8.05 Uhr 133 Granateneinschläge allein um das Hotel Hartenstein«. Am meisten strapazierte die Nerven der Verteidiger ein Nebelwerfer, der seine »kreischende Mimi« genannten Raketen auf sie niederhageln ließ. Doch zu ihrer Überraschung und Freude erschienen schon den zweiten Tag Jagdbomber der RAF, und ein Typhoon löschte den Nebelwerfer seinerseits mit Raketen aus.

Um 7.50 Uhr meldete Bittrichs Stab an Heeresgruppe B: »Gegner im Einschließungsring Oosterbeek leistet weiter verbissenen Widerstand. Jedes Haus festungsmäßig ausgebaut.«[6] Um 9.00 Uhr setzte Urquhart Colonel Warrack von seinem Entschluss in Kenntnis, den Rückzug über den Niederrhein anzutreten. Die Verwundeten konnten dabei nicht mitgenommen werden. Der Sanitätsdienst musste also zurückbleiben, um ihnen in der Gefangenschaft beizustehen. Warrack akzeptierte das ohne Murren: Dies war die Rolle, die man vom medizinischen Personal erwartete. Er ging zum Kommandostand des Light Regiment, um sicherzustellen, dass die Artillerie des XXX. Corps im Süden die genauen Positionen aller ihrer Verbandsplätze und Erste-Hilfe-Stationen kannte.[7] Nur eine einzige Granate des 64th Medium Regiment soll eine medizinische Einrichtung getroffen haben.

Auch der Stab der polnischen Brigade und die Sanitätsstation in Driel lagen unter schwerem Beschuss. »Am ersten Tag der Schlacht«, notierte Lieutenant Władysław Stasiak, »sahen die Ärzte nicht anders aus als jene in regulären Krankenhäusern. Jetzt aber trugen sie statt weißer Kappen die Stahlhelme der Paratrooper. Unter ihren weißen Kitteln hatten sie Schutzwesten angelegt.«[8] Wenigstens hatte ihr Sammelplatz für Verwundete nicht zu viele Fälle von Gefechtsneurose zu behandeln. Lediglich zwei polnische Paratrooper erlitten einen »kompletten Nervenzusammenbruch«, und ein weiterer nahm sich in einem Splittergraben das Leben.[9]

Um 10.30 Uhr griffen die Deutschen aus der Gegend um das Hotel Tafelberg, das sie am Tag zuvor eingenommen hatten, südlich von Hotel Hartenstein an. »100 Deutsche in Wald zwischen Hartenstein und Flussufer festgestellt«, meldete Bruce Davis. »Befürchtete, Deutsche hätten Wind von Plan bekommen, funkte also Artillery 43rd Division, sie im Wald zu beschießen, besonders südlich zwischen Hartenstein und Flussufer.«[10] Colonel Loder-Symonds hielt den Funkkontakt der Artillerie zum 64th Medium Regiment. »Wir feuerten nur in einem Abstand von etwa hundert Metern von unseren eigenen Truppen, was ziemlich knifflig war«, sagte er später.[11] In Wirklichkeit landeten ihre Geschosse mehr oder weniger mitten im besetzten Gebiet. Für Major Blackwood und die Reste seines 11th Parachute Battalion war das zu nahe, um sich behaglich zu fühlen. »Unsere Artilleristen forderten Sperrfeuer der Medium Artillery der 2nd Army an, um einen drohenden Gegenangriff zu vereiteln. Einige Geschütze feuerten zu kurz, und wir bekamen den Segen voll ab. Die Erde wankte von den Explosionen, und wir ebenfalls.« An diesem Vormittag regnete es Tropfen und Granaten. »Wir holten uns einen Schirm aus einem zerstörten Haus und spannten ihn auf«, notierte Blackwood. »Unmilitärisch, aber nützlich.«[12]

Gegen Mittag war Colonel Warrack im Hotel Schoonoord zurück. Die Verwundeten waren von 30 deutschen Krankenwagen, Jeeps und sogar mit Schubkarren abtransportiert worden, während der Beschuss weiterging. Doch das Schoonoord füllte sich rasch wieder mit Verwundeten von anderen Plätzen, die inzwischen überfüllt waren. Skalka hatte darauf bestanden, beim Schoonoord mit der Evakuierung zu beginnen, obwohl es auch im Hotel Tafelberg zahlreiche Schwerverwundete gab. Um den stark geschwächten Zustand der Division zu verschleiern, hatte Warrack Skalka im ersten Gespräch die Zahl von nur 600 Fällen genannt. In Wahrheit waren es über dreimal so viele.

Die Deutschen brachten die britischen Verwundeten in der Willem-III-Kazerne in Apeldoorn unter, wo man mithilfe gefangener britischer Ärzte und Pfleger inzwischen ein Behelfslazarett eingerichtet hatte. Hendrika van der Vlist entschied, ihnen auch dort beizustehen. Dabei geriet sie an einige niederländische SS-Männer. »Ich schäme mich für meine Landsleute vor den Engländern, aber ich muss versuchen, auch mit ihnen auszukommen.« Sie konnte wenig unternehmen, als die niederländischen SS-Leute entdeckten, dass die britischen Verwundeten niederländische Banknoten mit dem Bild von Königin Wilhelmina besaßen, die in dem von den Deutschen besetzten Gebiet verboten waren. Die SS-Männer durchsuchten jeden einzelnen Verwundeten und nahmen ihnen das Geld ab. Dagegen protestierten die Briten scharf. »Erklären Sie ihnen das, Schwester. Wir nehmen ihnen kein echtes Geld weg«, behauptete ein SS-Mann. »Das ist doch nur Müll.«[13]

Das Eintreffen der polnischen Paratrooper bedeutete, dass sie einige Stellungen übernehmen konnten, wo nur noch eine Handvoll unverletzter Briten übrig waren. Mevrouw Kremer-Kingma erlebte die Polen ganz anders, als diese die Verteidigung ihres Hauses übernahmen. Nachdem ihr Offizier gefallen war, wies der Pole, der das Kommando übernahm, auf den Eingang. »Wenn die Deutschen dieses Haus betreten«, erklärte er, »werden wir uns im Keller bis zum letzten Mann verteidigen.«

»Und was wird aus uns?«, fragten die niederländischen Zivilisten entsetzt.[14] Die Polen dachten nach und willigten ein, nicht im Keller zu kämpfen. Den wollten sie der Familie überlassen. In einem anderen von Polen verteidigten Haus weinten die Eltern wegen ihres kleinen Jungen, dem ein Splitter die Hälfte vom Gesäß abgerissen hatte. Der Offiziersschüler Adam Niebieszczański schenkte ihm das letzte Stückchen seiner Schokolade, und der tapfere Kleine lächelte ihm sogar dankbar zu, als er sie in den Mund steckte.[15]

Captain Zwolański, der Verbindungsoffizier im Hartenstein, der in beiden Richtungen über den Niederrhein geschwommen war, litt jetzt an Dehydrierung. »Wir haben seit zwei Tagen kein Wasser mehr getrunken«, schrieb er. »Das bisschen, das wir noch haben, ist für die Verwundeten da.« Er beschloss, zum nächsten Brunnen zu laufen, sobald der Artilleriebeschuss geringer wurde. Zwei britische Soldaten wollten mit ihm gehen. Da sie aber wussten, dass ein Scharfschütze die Tür überwachte, war ihnen klar, dass sie alle drei auf einmal hinausspringen mussten. Jeglicher zeitliche Abstand zwischen ihnen gab ihm Zeit zum Zielen. »Wir springen von Baum zu Baum, werfen uns in Gräben und erreichen schließlich ein Gebüsch in der Nähe des Brunnens. Die beiden Engländer, die hinter einem kleinen Erdhaufen in Deckung gegangen sind, kriechen näher an den Brunnen heran. Als sie den Eimer heraufgezogen und abgestellt haben, entdeckt einer von den beiden, dass er eine leichte Handverletzung hat. Wir füllen auch unsere Kochgeschirre mit Wasser. Wir laufen, so schnell wir können, zur Ruine des Stabs zurück, bevor der Artilleriebeschuss wieder einsetzt.«[16]

Einem Mann rettete das Rauchen das Leben. Unter heftigem Artilleriebeschuss kam ein britischer Lieutenant aus dem Nachbargraben zu Lieutenant Smaczny gelaufen, weil er ihn um eine Zigarette bitten wollte. Da der Beschuss immer heftiger wurde, konnte der Lieutenant nicht zurückgehen und beschloss, die Zigarette in Smacznys Gesellschaft zu rauchen. Wenige Sekunden später traf eine Mörsergranate das Zentrum des Grabens des Briten und ließ nur noch einen großen Krater zurück.[17]

Am frühen Nachmittag gingen die Deutschen an der Ostflanke bei der Kirche von Oosterbeek zu ihrem Hauptangriff vor, um die Briten vom Flussufer abzuschneiden. Die Londsdale Force und eine Gruppe Seglerpiloten gerieten mitten hinein. SS-Panzergrenadiere, unterstützt von Pionieren mit Flammenwerfern, Sturmgeschützen und mehreren Königstigern, bedrohten die Haubitzen des Light Regiment. Einige der Kanoniere feuerten auf direkte Sicht in Entfernungen von unter 50 Metern. Eine Batterie wurde überrannt. Jetzt wurden die letzten verbliebenen Panzerabwehrkanonen in Stellung gebracht. »Es gibt kaum schrecklichere Geräusche als das Motorgeheul und das Klirren der Ketten eines sich nähernden Panzers«, schrieb Major Blackwood, der sich an diesem Nachmittag bei der Londsdale Force befand. Doch sie hielten stand. »Es ist ein grimmiger Spaß«, fügte er hinzu, »zu sehen, wie ein Hunne die Beine in die Hand nimmt und vergeblich davonzukommen versucht, während die Kugeln den Dreck hinter seinen Fersen spritzen lassen.«[18]

Major Cain von den South Staffords, der sich nach der unerwarteten Gelegenheit für eine Rasur vergleichsweise gepflegt fühlte, zeigte wieder einmal außerordentliche Tapferkeit. Da ihm die Munition für den PIAT-Werfer ausgegangen war, griff er sich einen 2-Zoll-Mörser und trat damit in Aktion. »Durch geschickte Anwendung dieser Waffe und seine kühne

Führung der wenigen Männer, die er noch befehligte,«, heißt es in der Begründung für sein Victoria-Kreuz, »demoralisierte er den Feind vollständig, der sich nach einem über drei Stunden langen Gefecht ungeordnet zurückziehen musste.«[19]

Urquhart hatte seine Offiziere angewiesen, den Rückzug nicht vor dem frühen Abend bekanntzugeben, für den Fall, dass jemand gefangen genommen werden sollte. In Dennenoord, an der Westflanke des besetzten Gebiets, hatte der ehemalige Generalgouverneur Jonkheer Bonifacius de Jonge bereits in der Nacht zuvor geglaubt, die Truppe werde jetzt herausgehauen werden. Er war überzeugt, dass der starke Artilleriebeschuss der Alliierten von Süden her der Unterstützung einer massiven Überquerung des Flusses dienen sollte. Die Enttäuschung war beträchtlich. »Während des Nachmittags kamen so viele Verwundete herein, dass wir es nicht mehr bewältigen konnten. Die Männer lagen übereinander, und es war so voll, dass sogar das Kochen unmöglich war. Da erklärte der Major, dass alle, die noch gehfähig seien, sich in der kommenden Nacht über den Fluss nach Driel zurückziehen würden. Der Plan ist auf der ganzen Linie gescheitert. All diese Opfer, all diese Leiden umsonst!«[20]

Auch Major Powell war bestürzt, als er im Hartenstein hörte, dass für die kommende Nacht ihr Rückzug geplant sei. Er hatte geglaubt, die Ankunft der Dorsets bedeute, dass die 2nd Army jeden Augenblick über den Fluss setzen werde. Ihm wurde übel, wenn er an all die vergeblichen Anstrengungen und die vielen vernichteten Menschenleben dachte.[21] Major Blackwood hingegen gab sich keinen Illusionen hin, als er von der Evakuierung in der kommenden Nacht hörte. »Es war ein bitterer Augenblick, aber da Proviant und Munition erschöpft, alle Panzerabwehrkanonen außer Gefecht und die Männer von neun Tagen Artillerie- und Mörserbeschuss betäubt waren, gab es keine Alternative.«[22]

Als der Beschluss zum Rückzug gefasst war, rief Major General Urquhart Charles Mackenzie, Eddie Myers und die übrigen Männer seines Stabs zusammen. Er erklärte, da er als junger Offizier die Evakuierung der Truppen der Alliierten bei Gallipoli studiert habe, beabsichtige er nun, nach einem ähnlichen Plan vorzugehen. Im Laufe der Nacht sollte sich der größte Teil der Division in Richtung Flussufer zurückziehen. In der Dunkelheit hatten sie sich an von den Pionieren vorbereiteten weißen Bändern zu orientieren. Eine Nachhut sollte fast bis zum letzten Moment die Stellungen an den Flanken besetzt halten, damit die Deutschen nicht bemerkten, was da vorging. Während Urquhart sich auf Gallipoli bezog, murmelte Brigadier General Hicks etwas von »einem weiteren Dünkirchen«.[23] Damit war er nicht allein.

Um 17.30 Uhr wurden die Einzelheiten des Evakuierungsplans allen Offizieren mitgeteilt. Die alte Regel der britischen Armee, »Als Letzter herein, als Letzter hinaus«, bedeutete unglücklicherweise, dass vor allem die Polen die Nachhut bilden sollten. Ein britischer Major überbrachte dem Kommandeur der 8th Company, Lieutenant Smaczny, den Befehl: »Die 8th Company bleibt in ihren Stellungen und gewährleistet die Deckung der Evakuierungsaktion. Die Kompanie wird zur rechten Zeit entsetzt werden. Der Befehl zum Verlassen der Stellungen wird von einem Melder überbracht.«[24] Smaczny vermutete, dieser Befehl werde sich als das Todesurteil für ihn und seine Kompanie erweisen.

Für die polnischen Paratrooper war das ein besonders bitterer Augenblick. Sie hatten nicht in Warschau an der Seite ihrer Landsleute kämpfen dürfen. Da gegenwärtig die Rote Armee vor den Toren ihrer Hauptstadt stand, wussten sie nicht, wann sie jemals nach Hause zurückkehren konnten. Ihre Toten in Oosterbeek wurden begraben, wo sie gefallen waren – in der Regel in Granattrichtern, Gräben oder Schützenlöchern. Auf ihre Gräber hatten die Kameraden einen Helm gelegt und ein einfaches Kreuz aus Baumästen gesteckt, an dem ihre Erkennungsmarke oder etwas anderes dieser Art mit Rang, Namen, Nationalität und Todestag befestigt war. Nach dem Begräbnis hatten die Soldaten ein kurzes Gebet gesprochen. »Jetzt standen ihnen Tränen in den Augen – Tränen der Trauer um den Verlust der Gefallenen, Tränen der Trauer um eine gescheiterte Hoffnung.«[25]

Wenn auch die Aussicht, die Hölle von Oosterbeek verlassen zu können, mit Erleichterung aufgenommen wurde, so war die Vorstellung, unter Beschuss noch einmal über den Fluss setzen zu müssen, für die Polen in keiner Hinsicht verlockend. Sie meinten, sie hätten Glück gehabt, als sie das erste Mal unverletzt davongekommen waren. »Ein solches Wunder noch einmal zu erwarten hieße eindeutig, Gottes Geduld zu überfordern.« Dann erging der Befehl, alles außer der persönlichen Waffe zurückzulassen. »Die Tornister sind in Reih und Glied aufzustellen, damit die Deutschen nicht sagen können, die Polen seien in Panik geflohen.«[26]

Den drei Korrespondenten bei der 1st Airborne Division, Stanley Maxted und Guy Byam von der BBC und Allan Wood vom *Daily Express*, wurde erklärt, jeder könne einen Tornister mitnehmen. Byam schrieb in seiner

Reportage: »Viele waren so erschöpft, dass sie lächelten wie Menschen, denen es wehtut, wenn sie den Mund verziehen.«[27] Eisenbeschlagene Soldatenstiefel mussten mit Stoff umwickelt werden, um jedes Geräusch zu vermeiden. Als starker Regen einsetzte, waren alle froh, weil der sie zusätzlich vor dem Feind verbarg. »Niemals sind wir über Regen glücklicher gewesen«, schrieb Brigadier General Hicks.[28] Viele nutzten die Gelegenheit, das Regenwasser mit ihren Capes aufzufangen und zu trinken.

Die Gruppe der Phantom-Funker beim Divisionsstab zerstörte ihr Funkgerät und verbrannte alles Verschlüsselungsmaterial in einem Herd der Küche des Hotels Hartenstein.[29] Lieutenant Bruce Davis half beim Verbrennen von Dokumenten und benutzte die Asche, um sich das Gesicht zu schwärzen. Dann ging er hinaus und hockte sich in einen Splittergraben, damit sich seine Augen an die Dunkelheit gewöhnten. Ein letztes Mal sah er sich um. »Ich habe nie wieder ein Bild derartiger Verwüstung gesehen.« Die großen Buchen rund um das Hotel – vom Mörserfeuer zerfetzt und zermahlen! »Überall Pulvergeruch. Das große, viergeschossige Haus – nur noch eine Ruine. Ein Teil des Daches war eingefallen. Es gab keine einzige Fensterscheibe mehr, und das seit Tagen. Die Außenmauern hatten an vielen Stellen Löcher, und überall lagen Tote herum. Wir hatten von Anfang an nicht alle begraben können.«[30]

Als ein Artillerist mit Kameraden ihr lädiertes Haus nahe der Kirche von Oosterbeek verließ, stach ihm ins Auge, dass der gerahmte Spruch »Home Sweet Home« auf Englisch immer noch an seinem Platz an einer Mauer hing, obwohl fast alles andere zerstört war.[31] »Als der Befehl zum Rückzug kam«, erzählte ein Sergeant der Pathfinder später, »hatte ich schreckliche Angst um die Niederländer in den Kellern, vor allem die Jugendlichen. Wir hatten Waffen. Sie hatten nichts. Wir gingen. Sie blieben.«[32]

Das Personal des Stabes wurde in Zehnergruppen eingeteilt und instruiert, auf keinen Fall ohne Befehl ihres Anführers das Feuer zu eröffnen. Als sie gerade starten wollten, füllte General Urquhart noch einmal einen Becher mit Whisky, ließ ihn wie beim Abendmahl herumgehen, und dann sprachen alle zusammen mit dem Geistlichen der Seglerpiloten ein Vaterunser.[33]

Truppen der 43rd Infantry Division vollführten einen Scheinangriff aus dem Dorf Heteren, vier Kilometer westlich von Driel. Sie schossen mit Maschinengewehren und Mörsern über den Fluss, um den Eindruck zu erwecken, dort beginne eine gewaltsame Überquerung in Richtung Nordufer. Um 21.00 Uhr begann die Artillerie des XXX. Corps Sperrfeuer auf Ziele längs der gesamten Verteidigungslinie des besetzten Gebietes zu schießen. »Geschütze der 2nd Army machten ernst«, schrieb ein Pathfinder. »Nie habe ich ein solches Dröhnen gehört, und ich wette, das stellt alles in den Schatten, was Jerry je zustande gebracht hat.«[34] Die Deutschen waren überzeugt – wie es auch die Absicht war –, dass dieser gewaltige Artilleriebeschuss nur im Zusammenhang mit der Unterstützung einer geplanten Flussüberschreitung durch starke Truppenteile Sinn ergeben konnte: Die Briten verstärkten die Luftlandedivision, statt sie abzuziehen.[35]

Der in Oosterbeek zurückgebliebenen Zivilbevölkerung flößte der Beschuss Angst und Schrecken ein. In den Kellern lagen die Menschen zusammengerollt unter ihren Matratzen. »In der Rückwand unseres Hauses«, notierte ein anonymer Tagebuchschreiber, »klaffte nach der Explosion einer Granate ein großes rundes Loch. Fenster und Türen lagen in Stücken. Die Decke hatte große Löcher. Die Schranktüren waren von Splittern durchlöchert wie ein Sieb, Lampenschirme, Sesselabdeckungen, alles war zerstört. Von einem Bild über dem Kamin schauten [die spätere Königin] Juliana und [Prinz] Bernhard mit ihren Kindern auf mich, als wäre dies ein alltägliches Geschehen.«[36]

Dichter Regen und Dunkelheit verschlechterten die Sicht so sehr, dass einige Gruppen Paratrooper drei Stunden brauchten, um das Flussufer zu erreichen. Selbst die weißen Bänder, die die Pioniere ausgelegt hatten, waren kaum zu erkennen. Den Soldaten befahl man, sich an der Bajonettscheide oder einem Hemdzipfel des Vordermannes festzuhalten, um nicht die Orientierung zu verlieren. Wenn einer stehen blieb, lief der Hintermann auf. Da dank der gedämpften Stiefel ihre Schritte kaum hörbar und sie zum Schweigen verpflichtet waren, konnten sie den Regen auf die Blätter trommeln und, wenn sie nahe genug an den Rand des besetzten Gebietes gerieten, deutsche Soldaten leise miteinander reden hören. An jeder Biegung des Weges stand ein Sergeant der Seglerpiloten und sorgte dafür, dass niemand die Richtung verlor. »Immer wieder stieg an den Flanken eine Leuchtkugel auf«, schrieb Major Blackwood, »und sofort erstarrten die langen Ketten der frierenden, erschöpften Männer, bis das gleißende Licht erloschen war.«[37]

Andere Einheiten, darunter Polen, die an den Stellungen von Smacznys Kompanie vorüberkamen, waren überrascht, dass sie noch nicht abgezogen war. Deren Männer mussten erklären, dass die 8th Company Befehl hatte, die Nachhut zu bilden. Die Deutschen fingen an, mit Mörsern zu schießen, was normalerweise in der Nacht nicht geschah. Viele fürchteten nun, dass sie entdeckt hätten, was wirklich im Gange war. Da sich fast alle über freies Gelände bewegten und kaum einer im Graben saß, konnten Opfer nicht ausgeschlossen werden. Ein Soldat des Border Regiment konnte eines der Opfer nicht vergessen. »Als wir einen Weg entlangkamen, lag da ein verwundeter Soldat und schrie nach seiner Mutter. Er tat uns allen wirklich leid, aber niemand war in der Lage, ihm zu helfen.«[38]

Als Colonel Payton-Reid die Reste der King's Own Scottish Borderers zum Niederrhein führte, kamen sie am Hotel Hartenstein vorbei, »das gespenstisch, wie leblos, dalag«.[39] Durch solche Szenen des Todes abzuziehen versetzte jeden in düstere Stimmung. Auf dem Weg zum Flussufer gab es weitere Tote. Lieutenant Bruce Davis schrieb in seinem Bericht: »Wir gingen hinter Hecken einen Weg entlang, bis wir offenes Gelände erreichten, das von einem deutschen Maschinengewehr kontrolliert wurde. Als wir darüberkrochen, flammte helles Licht auf, aber die Deutschen sahen uns offenbar nicht. So kamen wir erneut in einen Wald. Dort hielten wir, um ein wenig auszuruhen. Als wir uns niederhockten, fiel der Mann hinter mir aufs Gesicht. Ich glaubte, er hätte etwas entdeckt und sich darauf gestürzt. Als ich ihn auf den Rücken drehte, sah ich, dass er tot war. Er war der vierzehnte, der nur wenige Fußbreit neben mir den Tod fand. Die anderen wurden von Mörserfeuer getroffen.«[40]

Als sie sich dem Deich am Flussufer näherten, befahlen Myers' Royal Engineers jeder Gruppe, sich flach hinzulegen und erst auf Zeichen weiterzugehen. »Wir ließen uns ins Gras fallen, um abzuwarten, bis wir an der Reihe waren, in ein Boot zu steigen«, fuhr der Pathfinder in seinem Bericht fort. »Inzwischen regnete es ziemlich stark, und die Wolken hingen tief, was offenbar der einzige Grund dafür war, dass uns niemand sah. Jerry schickte viele Leuchtkugeln zum Himmel und gelegentliche Mörsersalven auf beide Flussufer.«[41] Viele Soldaten lagen im Schlamm. BBC-Reporter Guy Byam schilderte das so: »Männer in langen Reihen pressten sich an den Boden, weil dies die beste Chance bot, nicht von Mörsergranaten des Feindes getroffen zu werden.«[42]

Operation Berlin, obwohl in aller Schnelle konzipiert, war ein Beispiel für wesentlich verbesserte Organisation und Durchführung. Lieutenant Colonel Mark Henniker, dem Kommandeur der Royal Engineers der 43rd Infantry Division, standen dafür neben seinen eigenen Männern die 20th und die 23rd Canadian Field Company zur Verfügung. Die Kanadier besaßen 21 hölzerne Sturmboote mit flachem Boden und Evinrude-Außenmotoren, die britischen Pioniere hingegen nur Sturmboote aus Segeltuch.

Als die kanadischen Offiziere an diesem Morgen zum Befehlsempfang zusammengerufen wurden, hatte Henniker noch keine Vorstellung von der Zahl der Männer, die übergesetzt werden mussten, und auch, wo sie an Bord gehen sollten, war noch nicht klar. »Der Befehl lautete, wir sollten so lange fahren, bis niemand mehr am Ufer war.«[43] Erst jetzt stellte sich heraus, dass sie Brückenbauausrüstung brauchten, um Deiche und Gräben zu überwinden.

Als alle diese Probleme bewältigt waren, startete das erste Boot um 21.20 Uhr. Aber es hatte ein von einem Riss verursachtes großes Leck. Das nächste Boot legte ab, wurde aber durch den Volltreffer eines Mörsergeschosses versenkt. Die Besatzung sah man nicht wieder. Das dritte Boot war wesentlich erfolgreicher. Seine Mannschaft führte fünfzehn Fahrten durch, bis sie abgelöst wurde. Die ersten Boote erreichten das Nordufer um 21.40 Uhr. Gruppen von Menschen rannten gebückt den Damm hinab, ins Wasser hinein und kletterten an Bord. Die unruhige Wasserfläche des Flusses wurde immer noch von den Flammen des brennenden Holzplatzes erleuchtet. Links und rechts von ihnen feuerte Bofors-Flak in regelmäßigen Abständen Leuchtspurgeschosse, um den Uferabschnitt des besetzten Gebietes am Nordufer und die Landungsstelle am Südufer zu markieren, welche die Boote anzusteuern hatten. Das war bei der starken Strömung nicht leicht, und der dichte Regen machte auch den Außenbordmotoren Schwierigkeiten. Immer wieder stotterten sie. Dann trieben die Boote den Fluss hinab und mussten sich danach wieder mühsam stromauf kämpfen.

Die deutschen Maschinengewehre versuchten den ganzen Fluss zu bestreichen, aber da sie von der Höhe herab feuerten, hatte das bei Weitem nicht die gleiche Wirkung, als wenn sie horizontal hätten schießen können. Die Stimmen der kanadischen Pioniere klangen frisch und ermutigend, sie trugen viel dazu bei, ihren Passagieren die Angst zu nehmen. Wegen des Regens konnte ein Kanadier den Außenbordmotor nicht starten. Da bat er die letzten beiden eingestiegenen Soldaten, mit ihren Gewehrkolben zu paddeln. Einer von ihnen sah einen Soldaten vor ihm, der offenbar unverletzt war, und fragte ihn, warum er nicht mithelfe. Der Mann drehte sich um und sagte leise: »Ich habe nur noch einen Arm.«[44]

Da viele Boote von Mörser- oder Maschinengewehrfeuer getroffen wurden, beschlossen Corporal Korob und ein weiterer polnischer Paratrooper zu schwimmen. Die beiden fanden einen großen Baumstamm und stießen sich ab, bereit, um ihr Leben zu kämpfen.[45] Auch viele andere versuchten den Niederrhein auf eigene Faust zu überqueren. Die meisten, die dabei ihre persönliche Waffe nicht verlieren wollten, versanken schließlich damit in den Fluten. Lewis Golden, ein Funkeroffizier, fragte, ob einer von seiner Gruppe zusammen mit ihm über den Fluss schwimmen wolle. Nur der Sergeant Major der Kompanie, Clift, und Goldens Bursche, der Chauffeur Hibbitt, meldeten sich. »Wir zogen Kittel, Uniformblusen, Hosen und Schuhe aus«, schrieb Golden. »Nur ich behielt mein Barett auf dem Kopf, weil mein silbernes Zigarettenetui darinsteckte, das ich unbedingt retten wollte. Wir warfen unsere Waffen in den Fluss und schwammen los.«[46] Hibbitt war kein guter Schwimmer. Die anderen beiden versuchten, ihm zu helfen, als er in Schwierigkeiten geriet, aber er entglitt ihrem Griff und ging verloren.

Drei Seglerpiloten, denen das Warten zu lange dauerte, entdeckten weiter stromabwärts ein kleines Boot. Darin lagen die Leichen zweier junger erschossener Zivilisten. Sie kletterten hinein, ohne die Toten herauszunehmen, und begannen mit ihren Gewehrkolben zu paddeln. Doch das Boot sank immer tiefer. Als das Wasser im Boot schon die Leichen anhob, sprangen die drei rasch heraus. Sie schwammen ans Ufer zurück, wo sie sich in die Schlange für die kanadischen Boote einreihten.[47] Eine andere Gruppe hatte mehr Glück. Sie fand ein verlassenes Sturmboot, das von Maschinengewehrfeuer arg durchlöchert war. Nachdem sie weitere Offiziere und mehrere Soldaten gewonnen hatten, starteten sie gemeinsam mit dem Boot. Eine Gruppe paddelte mit aller Kraft mit den Gewehrkolben, während der Rest mit den Stahlhelmen Wasser schöpfte. Alle paar Minuten wurden die Rollen getauscht, bis sie völlig erschöpft das gegenüberliegende Ufer erreichten.

Einige Männer agierten als Helfer. Selbst im Wasser stehend, unterstützten sie die gehfähigen Verwundeten beim Einsteigen. Wenn ein Boot startete, hielten sie sich daran fest und ließen sich mitziehen. Wenn das Boot unter Beschuss geriet, konnten sie loslassen und den Rest der Strecke schwimmend zurücklegen.[48]

Die Nacht schritt voran, und die Hunderte Männer, die noch auf ihre Evakuierung warteten, wurden zunehmend nervöser. »Als der Morgen graute«, berichtete die 23rd Canadian Field Company, »fing der Ärger an. Die Fahrten wurden immer abenteuerlicher. Kleine Fontänen stiegen auf, wo Mörsergranaten einschlugen. Wo sie trafen, sah man nur noch Bootstrümmer und strampelnde Menschen.« Die Bootsmannschaften der Pioniere ließen nicht nach und fuhren weiter. Aber »zuweilen war es unmöglich, die Zahl der Einsteigenden zu regeln. Die Männer gerieten in Panik und stürmten die Boote, die sie mitunter zum Kentern brachten. In vielen Fällen mussten sie mit Gewalt abgewehrt oder gar mit der Schusswaffe bedroht werden, um zu verhindern, dass die Boote voll Wasser liefen … Sie hatten furchtbare Angst, dass die Überfahrten bei Tagesanbruch eingestellt würden, bevor sie gerettet waren.«[49]

Sosabowski hörte von einem seiner Männer, dass ein Offizier die Menge der britischen Soldaten, die um einen Platz im Boot kämpften, angeschrien habe: »Zurück! Benehmt euch wie Engländer!«[50] Andererseits sah Lance Corporal Harris vom 1st Parachute Battalion, wie eine Gruppe Polen ein Boot stürmte. »Sie wollten sich auf keinen Fall von den Deutschen gefangen nehmen lassen, zweifellos wegen der Behandlung von Kriegsgefangenen in ihrem Land.[51] Harris selbst warf sein Gewehr in den Fluss, zog Schuhe und Kampfanzug aus. Nachdem er Soldbuch und Feuerzeug in seinem Barett verstaut und dieses fest über den Kopf gezogen hatte, schwamm er nur in Unterwäsche los. Von karger Nahrung und Erschöpfung geschwächt, fürchtete er, die Strömung könnte ihn davontragen, aber mit letzter Kraft gelang es ihm, das andere Ufer zu erreichen.

Um 5.45 Uhr befahl Colonel Henniker die Einstellung der Operation, »als klar wurde, dass jeder weitere Versuch einer Überfahrt für die Bootsbesatzungen Selbstmord bedeutete«. Doch Lieutenant Russell Kennedy von der 23rd Canadian Field Company machte auch nach dem Morgengrauen weiter. Die Artillerie versuchte Rauchgranaten zu schießen, aber bei der feuchten Luft war damit wenig zu erreichen. Auf seine vorletzte Überfahrt nahm Kennedy erbeutete deutsche Schwimmwesten mit, falls Versprengte über den Rhein zu schwimmen versuchten. »Damit machte er noch zwei Fahrten und ließ etwa einhundert Stück am Nordufer zurück für jene, die sie nutzen wollten. Bei jeder Fahrt brachte er ein weiteres Boot voller Menschen mit. Bei der ersten Fahrt gab es fünf Tote. Beim zweiten Mal kam kaum noch jemand unverletzt davon, viele waren tot. Es war eine tollkühne Aktion, aber eine weitere Fahrt konnte man ihm nicht gestatten.«[52]

Die Nachhut – Smacznys 8th Company und eine weitere Gruppe unter Leutnant Pudełko – wartete die ganze Nacht vergeblich auf den Melder, der ihnen, wie versprochen, den Befehl zum Rückzug überbringen sollte. Sie wussten nicht, ob der Melder getötet wurde, sich in der Dunkelheit verirrt oder der verantwortliche Offizier einfach vergessen hatte, ihn zu schicken. Kurz vor dem Morgengrauen, als es keinen Zweifel mehr gab, dass die Kompanie ihre Pflicht erfüllt hatte, befahl Smaczny seinen Männern den Rückzug.[53] Pudełko tat das Gleiche, aber als die beiden Gruppen das Flussufer erreichten, stellten sie fest, dass sie zu spät gekommen waren. Boote waren kaum noch in Sicht, nur viele Verwundete lagen an dem schlammigen Ufer. Pudełko wurde im Wasser getötet. Als die Deutschen vorrückten, gerieten die meisten anderen in Gefangenschaft.[54] Pater Hubert Misiuda, der Kaplan des 3rd Battalion, hatte geholfen, Verwundete in die Boote zu laden. Er weigerte sich, die Zurückbleibenden allein zu lassen. »In den letzten drei Tagen war der Kaplan unermüdlich auf dem Schlachtfeld unterwegs gewesen, hatte gesegnet, Beichten abgenommen, Wunden verbunden, Tote registriert und Erkennungsmarken eingesammelt. In jenen Tagen und Nächten, selbst stets am Rand des Nervenzusammenbruchs, gab er denen Halt, die den Mut verloren.« Misiuda wurde im Wasser von einer Kugel getroffen, als er anderen half, in eines der letzten Boote zu steigen.[55]

Um 6.00 Uhr notierte einer der Polen: »Jetzt stößt das letzte Boot ab und fährt zurück. Die deutschen Raketen scheinen so hell, dass sie nicht nur uns am Flussufer beleuchten, sondern auch jene auf der anderen Seite, die über den Deich in die einzige noch vorhandene Deckung zu kriechen versuchen.«[56] Nachdem der Sergeant Major des Light Regiment gesehen hatte, dass alle seine Männer weg waren, entschied er, dass es jetzt auch für ihn Zeit war zu gehen. Er zog sich völlig nackt aus. Gerade hatte er vor sich drei Männer ertrinken sehen. Als er Driel erreichte, begegnete er Major J. E. F. Linton »in Damenbluse und Flanellhose«.[57] Dorfbewohner und Bauern, die sahen, was da vorging, waren mit allen Kleidungsstücken, die sie entbehren konnten, zur Stelle, um die Schwimmer darin einzuhüllen, die am ganzen Leib zitterten. Den Soldaten, die nackt aus dem Wasser stiegen, war das peinlich, den Frauen hingegen, die ihnen Kleider und Holzschuhe reichten, überhaupt nicht.[58]

Als Major Geoffrey Powell das Südufer des Rheins erreicht hatte, wandte er sich um und warf einen Blick zurück auf den Ort, woher sie gekommen waren. »Ich starrte ein paar Sekunden lang, bis mir schlagartig bewusst wurde, dass ich über den Fluss gelangt war. Ein Gefühl völligen Unglaubens. Ich konnte einfach nicht fassen, dass ich all das lebend überstanden hatte.«[59] Vom Ufer aus folgten die Männer dem weißen Band über einen aufgeweichten Deich. Obwohl erschöpft und zitternd, begann ein Paratrooper mit schöner Stimme das Lied »When the Lights Go On Again« zu singen. Mehr und mehr Stimmen fielen ein, bis es schien, als sänge da ein Chor von hundert Mann.[60]

Die Deutschen, die nun endlich begriffen, dass die 1st Airborne Division vor ihnen floh, eröffneten das Feuer mit Granaten auf das Dorf Driel.

Unterwegs blieb Lieutenant Hay stehen und sprach einen Captain der 43rd Division an. »Mein Gott!«, rief der. »Bleiben Sie hier nicht stehen! Das ist gefährlich!«[61] Hay musste lachen. Dies war der sicherste Ort, an dem er sich seit über einer Woche aufhielt. In Driel angekommen, wurde Major Cain von Brigadier General Hicks in Empfang genommen, der zu ihm trat und ihn eingehend musterte. »Schau an«, sagte er, »endlich ein Offizier, der rasiert ist.« Cain lächelte. »Ich hatte eine gute Erziehung, Sir.«[62]

In Driel erhielten die Überlebenden in einer Scheune einen Becher heißen Tee mit Rum und eine Decke, in die sie sich einhüllen konnten. Etwa 40 Jeeps mit Tragen erwarteten die Verwundeten. Vor den Gehfähigen lag noch ein langer Weg bis zum Verbandsplatz, wo sie auf LKWs steigen konnten. Viele waren so ermüdet, dass sie beim Gehen einschliefen.

Laut Bericht der 1st Allied Airborne Army wurden in dieser Nacht 1741 Männer der britischen 1st Airborne Division, 160 polnische Paratrooper, 75 Dorsets und 422 Seglerpiloten evakuiert.[63] Ein paar mehr entkamen in der folgenden Nacht. »Wir sind mit vier Offizieren und 72 Männern zurückgekehrt«, schrieb Colonel Payton-Reid, der kommandierende Offizier der King's Own Scottish Borderers.[64] Das war fast exakt ein Zehntel der Bataillonsstärke beim Zählappell nach der Landung neun Tage zuvor.

In einer der am Nordufer des Rheins zurückgebliebenen Gruppen erklärte ein britischer Offizier, der einsah, wie hoffnungslos ihre Lage war, den Männern um ihn, sie hätten keine Alternative, als sich zu ergeben. Er winkte mit einem weißen Taschentuch, doch als Antwort eröffneten die Deutschen das Feuer und töteten ihn sofort.[65]

Als die Deutschen anrückten und die an dem schlammigen Flussufer hockenden Überlebenden erreichten, sah ein polnischer Soldat zu seinem Schrecken, wie vier britische Paratrooper sich eng zu einem Kreis zusammenstellten und die Arme umeinander legten. Dann zog einer von ihnen den Splint aus einer Handgranate, die er nicht fallen ließ. »Es gab eine Explosion, und die vier Männer fielen zu Boden.[66] Lieutenant Smaczny hatte noch ganze zwanzig Mann seiner Kompanie bei sich, als sie am Flussufer ankamen. Plötzlich hörten sie Schreie und Schüsse in die Luft. Zusammen mit einer großen Gruppe britischer Paratrooper wurden sie umzingelt. Er befahl seinen Männern, sofort die Waffen abzuwerfen. Zum Glück hatten alle Polen die grauen Barette in die Taschen gesteckt und nicht auf dem Kopf, konnten also nicht sofort identifiziert werden.

Die deutschen Bewacher führten die große Gruppe Gefangener gemeinsam ab. Nach einer Weile wurde Halt befohlen. Ein deutscher SS-Offizier brüllte, alle Polen sollten vortreten. Ein britischer Offizier, der wusste, wie sehr die Deutschen, insbesondere die SS, Polen hassten, schob Smaczny sein rotes Barett zu und rief in schlechtem Deutsch: »Hier sind nicht Polen.« Smaczny und seine Männer befürchteten, man werde ihnen befehlen, die Paratrooper-Kittel abzulegen, wodurch die polnischen Aufnäher mit dem weißen Adler an ihren Uniformen sichtbar geworden wären, aber in diesem Augenblick eröffnete die Artillerie des XXX. Corps vom Südufer des Flusses her das Feuer, und ihre Bewacher hatten es plötzlich sehr eilig.[67]

Einige Gefangene am Nordufer stellten sich später die Frage, ob sie es hätten riskieren sollen, allein über den Rhein zu schwimmen. Es ist schwer zu sagen, wie viele Männer in dieser Nacht ertranken. Nach einem Bericht aus Rhenen, 25 Kilometer flussabwärts, »trieben tote englische Soldaten den Niederrhein hinab. Jungen holten sie mit Bootshaken aus dem Wasser und brachten sie ans Ufer. Dort sammelte das Rote Kreuz sie ein und begrub sie auf zivilen Friedhöfen ringsum. Das wurde zur Routine.«[68]

25

Oosterbeek, Arnheim, Nimwegen Dienstag, 26. September

Die Waffen waren verstummt. Die Fenster, in denen noch Scheiben waren, klirrten nicht mehr im Rhythmus der Artillerie. »Etwas war anders«, erinnert sich der Pfarrer der Seglerpiloten im Hotel Schoonoord an diesem Morgen. »Ich begriff es nicht gleich, dann aber wurde es mir klar: Überall herrschte eine unnatürliche Stille.« Er trat zum Sergeant Major des Medical Corps, der nach draußen starrte. In diesem Augenblick hörte Pastor Pare die Nachricht. Die 2nd Army war in der Nacht nicht ans Nordufer übergesetzt, wie sie aus dem heftigen Feuer der Artillerie des XXX. Corps geschlossen hatten. Stattdessen hatte man die Reste der 1st Airborne Army über den Niederrhein abgezogen. Eine bittere Pille, bekannte er, doch »langsam begann die Stimmung zu steigen, denn die Schlacht war vorüber, und wir lebten noch! Sehr unglücklich waren die niederländischen Burschen und Mädchen. Ich glaube, ihre Bestürzung war viel größer als unsere.«[1]

Nun kam eine sehr gefährliche Zeit für alle Niederländer, die den Briten geholfen hatten. Die Deutschen legten es darauf an, jeden zu identifizieren. »Als wir am nächsten Morgen erwachten, war alles still«, schrieb C.B. Labouchere. »Eine Ruhe, wie wir sie neun Tage lang nicht erlebt hatten. Nicht ein Schuss war zu hören.« Die deutschen Behörden ordneten an, dass die Bevölkerung von Oosterbeek den Ort sofort zu verlassen habe. An der Straße hatte die SS die 150 deutschen Gefangenen aufgestellt, die auf dem Tennisplatz befreit worden waren. Sie sollten nach Zivilisten Ausschau halten, die sie im Hotel Hartenstein gesehen hatten. Da Labouchere wusste, wie leicht man ihn wegen seiner Größe und seiner Kleidung wiedererkannte, überlegte er, wie er ungesehen durchkommen könnte. »Da erblickte ich zwei alte Damen, die einen kleinen Wagen mit Gepäck und Decken zogen. Ich bot ihnen meine Hilfe an. Mit den alten Damen zu beiden Seiten, die Decken über die Schultern geworfen, beugte ich mich über den Wagen, den ich schob, und tat alles, um doppelt so alt zu wirken.« Auf diese Weise gelang es Labouchere, zu Frau und Tochter in Velp auf der anderen Seite von Arnheim zurückzukehren, obwohl es Zivilisten verboten war, sich in der Stadt zu bewegen. In ihrem Haus kampierten inzwischen 16 Personen, die vor den Kämpfen geflohen waren.[2]

Die wenigen überlebenden Besatzungen der Sturmgeschütz-Brigade ließen gerade die Motoren ihrer Selbstfahrlafetten warmlaufen, um zur Abfahrt für den morgendlichen Angriff bereit zu sein, als eine Kolonne britischer Gefangener in Sicht kam. Die Artilleristen rissen erstaunt die Augen auf und wollten kaum glauben, dass die Schlacht endlich vorüber war.[3] Wie alle anderen musste auch Kate ter Horst per Befehl ihr Haus verlassen. Sie hatte gerade genug Zeit, um ihre Kinder und etwas Gepäck auf einen Handwagen zu laden und sich mit einer Freundin auf den Weg zu machen, ohne zu wissen, wohin sie sich wenden sollte. Ein paar niederländische SS-Leute riefen einer Gruppe Frauen schadenfroh zu: »Seht ihr, da habt ihr euch zu früh gefreut!« Eine der Frauen schrieb philosophisch: »Nur für einen Moment schaute ich mich um, da sah ich aus unserem Haus Flammen schlagen und Rauch aufsteigen. Es ist uns fremd geworden. Doch wir sind noch am Leben.«[4]

Trupps von SS-Männern hatten begonnen, die zerstörten Häuser nach Versprengten abzusuchen, die sich dort versteckt haben konnten. »Hin und wieder«, schrieb Colonel Warrack, »ertönten in der Ferne kurze Schusswechsel, wenn einer nicht aufgeben wollte.«[5] Einige Paratrooper waren so erschöpft gewesen, dass sie die Evakuierung verschlafen hatten. Plötzlich erwacht, wehrten sie sich instinktiv. Die Mehrheit waren allerdings Männer, die man nicht mehr zu einem der Verbandsplätze hatte bringen können und die für die Überfahrt zu schwer verwundet waren.

Jan Eijkelhoff lag mit drei verwundeten britischen Soldaten im Keller eines Hauses, als eine Stimme auf Deutsch von oben rief: »Ist da jemand?«

»Ja!«, riefen die Soldaten zurück. Zwei deutsche Uniformierte kamen die Treppe herunter. Einer fing an zu brüllen: »Ihr seid unsere Gefangenen! Hände hoch!« Er wirkte wie im Rausch, begann die Verletzten zu beleidigen, schrie, sie seien Söldner, und vieles andere, was ihm gerade in den Sinn kam. Eijkelhoff beschreibt, wie einer der verwundeten Soldaten ihm lange völlig regungslos zuhörte, dann ein Päckchen Zigaretten hervorholte und ihm eine anbot. Der Deutsche war so verblüfft, dass er zu schreien aufhörte und den Briten mit offenem Mund anstarrte.[6]

Im Laufe des Vormittags fanden die Deutschen in Oosterbeek 300 britische Soldaten. Bis zum Nachmittag hatte sich die Zahl verdoppelt.[7] Die

Verwundeten wurden nach draußen getragen und auf dem Straßenpflaster abgelegt, um sie später abzutransportieren. Das schöne Dorf Oosterbeek war durch die Kämpfe zu einer Wüstenei geworden – mit abgebrochenen Bäumen und umgestürzten Laternenpfählen, mit Straßen voller zerbrochener Steine und Granattrichter, mit herabhängenden Stromleitungen. Pulver- und Brandgeruch lag in der Luft. Der einzige angenehme Duft war der vom Harz der Tannen, welche die Einschläge der Artillerie entwurzelt hatten. Oberstleutnant Fullriede von der Division »Hermann Göring« besuchte Oosterbeek an diesem Vormittag. »Überall liegen tote Deutsche und Engländer«, notierte er in seinem Tagebuch. »Die Bäume hängen voll von bunten Fallschirmen, mit denen die Engländer ihre abgeschnittenen Truppen versorgen wollten. Zwei Panther von uns liegen auch dort mit ihren verbrannten Besatzungen.«[8]

Die gehfähigen Gefangenen wurden unter Bewachung gestellt. Laut einem britischen Sergeant vom 10th Parachute Battalion sagten deutsche Soldaten tatsächlich zu den britischen Gefangenen: »Für euch ist der Krieg zu Ende.«[9] Ein Offizier studierte amüsiert einen kleinen zerzausten Gefangenen mit schlimm zerkratztem Gesicht in einer ungewöhnlichen, dunkelblauen Uniform. »Ich will keine Franzosen, nur Briten«, sagte er auf Englisch.

»Ich bin kein blöder Froschfresser«, gab der Gefangene zurück. »Ich bin von der Navy.«

»Gleich erzählen Sie mir noch, dass Sie mit dem U-Boot den Rhein heraufgekommen sind«, gab der Offizier zurück. Es stellte sich heraus, dass dieser Gefangene Waffeneinrichter der Fleet Air, der Marineflieger, gewesen war, der auf demselben Flugplatz wie eine Einheit der Truppentransporter gearbeitet hatte. Man hatte ihm einen Flug nach Arnheim mit einer der Transportmaschinen angeboten. Er hatte zugestimmt und dabei geholfen, den Nachschub an Fallschirmen abzuwerfen. Doch die Maschine hatte einen Treffer abbekommen, und ihm blieb keine Wahl, als zusammen mit der Besatzung mit dem Fallschirm abzuspringen. Das zerkratzte Gesicht hatte er sich bei der Landung in Strauchwerk geholt.[10]

So wie sie waren, mussten die Gefangenen unter Bewachung nach Arnheim marschieren – unrasiert, mit geröteten Augen von fehlendem Schlaf, mit schmutzigen Verbänden und verdreckten Uniformen. Während des Marsches sangen sie, grinsten oder zeigten das Victory-Zeichen, wo immer sie Kameras oder Fotografen der deutschen Propaganda erblickten. Eine niederländische Dame mittleren Alters fuhr mit einem uralten Fahrrad eine

Weile neben einer Gruppe her und sang lauthals »God Save the King«. Dafür erntete sie begeisterten Jubel. Einige Gefangene sangen auch die »Internationale« oder die »Rote Fahne«, um ihre Bewacher zu ärgern.[11] Die Deutschen konnten gar nicht verstehen, wie den Briten in einer solchen Notlage zum Scherzen zumute war. Ein gefangener Seglerpilot, auf dessen Brust ein deutscher Panzergrenadier die Mündung seiner Mauser-Pistole richtete, zog einen Taschenspiegel hervor und schaute nach, wie sein Bart aussah. Mit todernster Miene fragte er seinen Bewacher, wo man diesen Abend in der Stadt zum Tanz ausgehen könne.[12]

Eine Anzahl Gefangene wurde für Verhöre ausgewählt. Deutsche Geheimdienstoffiziere taten so, als füllten sie Formulare des Roten Kreuzes aus, um ihre Heimatadresse und Einzelheiten über ihre Verwandtschaft zu erfahren. Für leichtgläubige Gemüter schmuggelten sie ab und an eine Frage von militärischer Bedeutung dazwischen. Die Männer waren viel zu erschöpft, um sich besonders vorzusehen. Darauf bedacht, ihren Familien mitzuteilen, dass sie am Leben waren, ließen sie sich häufig mehr Informationen entlocken als nur Namen, Dienstgrad und Registriernummer.

Colonel Warrack teilte den zurückgebliebenen Ärzten mit, dass die Deutschen beabsichtigten, alle Verwundeten in den Kasernen von Apeldoorn unterzubringen. Von dem, was im Schoonord noch übrig geblieben war, »richtete Major Frazer eine Gipswerkstatt ein, um für den Transport so viele Brüche wie möglich mit Gipsverbänden zu versorgen. Er arbeitete den ganzen Tag und rettete damit zweifellos viele Knochen und Gliedmaßen.« Warrack war überrascht und erleichtert, dass auch Stabsarzt Skalka und die anderen deutschen Ärzte halfen. »Die Haltung der Deutschen war durchweg respektvoll«, schrieb er in seinem Bericht. »Sie behandelten uns in jeder Hinsicht korrekt.«[13]

Als Model am frühen Morgen Bittrichs Befehlsstand am nördlichen Stadtrand von Arnheim aufsuchte, hatte er noch keine Ahnung davon, was geschehen war. Er fragte diesen, wann es hier endlich vorbei sein werde. Auch Bittrich hatte noch nichts gehört. Später gab er an, er habe sich während der Kämpfe kaum gewaschen oder rasiert, auf einem Stuhl oder in seinem Stabswagen geschlafen. Sie hätten in den letzten Tagen gekämpft wie noch nie und alles ins Gefecht geworfen, was sie hatten, antwortete er dem Generalfeldmarschall. In diesem Augenblick erschien ein Kradmelder mit der Nachricht, die Briten hätten die Kämpfe eingestellt.[14]

Gott sei Dank!, habe Model ausgerufen. Und Bittrich konnte endlich den Funkspruch senden: »Nordufer des Niederrheins westlich Arnheim feindfrei.«[15] Jetzt war er in der Lage, seine Kräfte südlich des Rheins in der Betuwe zu konzentrieren. Doch zuvor erbat er sich Models Genehmigung, Knaust und Harzer das Ritterkreuz zu verleihen. Dann zog er eine Bilanz ihrer Verluste. Unter den 3300 Betroffenen waren 1100 Tote. Die Verluste der Briten betrugen nach deutschen Schätzungen 1500 Tote und 6458 Gefangene, davon 1700 Verwundete. Letztere Zahl wurde drei Tage später mit 1880 nach oben korrigiert.[16]

Die Deutschen waren mit diesem Sieg hochzufrieden. »Die SS hat sich wieder mal hervorragend bewährt und praktisch den Hauptanteil an der Vernichtung der 1. englischen Fallschirm-Division«, schrieb ein Luftwaffenoffizier in einem Brief.[17] Sturmmann Bangard aus Kraffts Truppe erklärte: »Der Sieg bei Arnheim hat unseren Gegnern wieder einmal gezeigt, dass auch Deutschland noch in der Lage ist, entscheidende Schläge zu führen.«[18] Ein Vertreter der SS-Division »Hohenstaufen« prahlte vor niederländischen Zuhörern in Velp: »Weihnachten sind wir wieder in Paris!«[19] Und der Offizier, der das Tagebuch des Oberkommandos der Wehrmacht führte, behauptete, die Alliierten hätten versucht, so wie Deutschland im Mai 1940 die Niederlande entscheidend zu schlagen, aber »der höhere Kampfgeist war und ist auf deutscher Seite geblieben«.[20]

Model und Bittrich gestatteten sich nicht den Luxus von Feiern oder Selbstgefälligkeit. Heeresgruppe B befahl der 363. Volksgrenadier-Division, am Nordufer des Niederrheins Stellung zu beziehen. Weitere »Alarmeinheiten für den Einsatz gegen erneute Luftlandungen« wurden gebildet.[21] Außerdem befahl Model der 9. SS-Panzer-Division und Teilen der 116. Panzer-Division, sich unverzüglich auf den Abmarsch vorzubereiten. Sie sollten den vom Führerhauptquartier geforderten Gegenangriff führen, um die Alliierten aus der Betuwe zu vertreiben.

Die Tatsache, dass General Boy Browning während der Operation Berlin nicht in Driel erschien, machte ihn bei den Offizieren der britischen 1st Airborne Army nicht beliebter. Als einzige Geste schickte er seinen Jeep, der Major General Urquhart zu seinem Stab in Nimwegen brachte. Urquhart traf in den frühen Morgenstunden ein – klatschnass, unrasiert und verdreckt – und musste auch noch auf Browning warten. »Als er erschien«, schrieb Urquhart, »war sein Äußeres makellos wie immer. Er wirkte, als käme er von einer Parade statt von einem Feldbett an der Front. Ich versuchte, ein wenig forsch zu wirken, als ich meldete: ›Die Division ist dort jetzt fast heraus. Es tut mir leid, dass wir nicht erreicht haben, was wir vorhatten.« Browning bot ihm einen Drink an. »Sie haben getan, was Sie konnten«, sagte er. »Jetzt sollten Sie sich erst einmal ausruhen.« Urquhart beschrieb dies als eine »total unangemessene Begegnung«.[22]

Später an diesem Tag trottete Charles Mackenzie mit einem Offizierskollegen erschöpft den Weg von Driel entlang zu den Jeeps und Lastwagen, die sie nach Nimwegen bringen sollten. »Wir haben kaum gesprochen«, berichtete er. »Es gab nicht viel zu sagen.«[23]

Für die polnischen Paratrooper waren keine Transportmittel bereitgestellt. Sie hatten die ganze Strecke bis Nimwegen zu marschieren. Da es sich um 1283 Offiziere und Soldaten handelte, die von insgesamt 1625 übrig geblieben waren, hatte Sosabowski bei Browning angefragt, ob sie nicht auch LKWs bekommen könnten. Doch Browning hatte das ärgerlich abgelehnt. Später warf er Sosabowski vor, er habe ihn in einem wichtigen Augenblick mit trivialen Details belästigt.[24] Browning scheint auch die Geschichte verbreitet zu haben, Sosabowski habe in der Nacht vom 24. zum 25. September seine Bataillone zurückgehalten und erwirkt, dass die Dorsets den Rhein überschreiten mussten. In Wahrheit hatte Major General Thomas Sosabowski um 21.45 Uhr befohlen, seine Boote an die Dorsets zu übergeben.

Captain Robert Franco, der bei der US 82nd Airborne Division als Chirurg tätig war, sah die Überlebenden der britischen 1st Airborne Division, als sie Nimwegen erreichten. »Ein Blick auf die Männer sagte alles«, berichtete er.[25] Auch der amerikanische Lieutenant Paul Johnson war zur Stelle, als die ersten Überlebenden am frühen Morgen ankamen. »Zuerst erhielten sie ein Glas Rum, dann etwas Warmes zu essen und Tee. Später mussten sie eine lange Reihe von Angestellten passieren, Namen, Dienstgrad und Einheit angeben, erhielten ein Bett für die Nacht und die Erlaubnis, in den nächsten Tagen zu schlafen, so lange wie jeder wollte. Was für eine Truppe sie waren! Schmutzig, nass, unrasiert und ausgehungert, aber nicht verängstigt oder niedergeschlagen. Die Moral war hervorragend, ebenfalls ihre Disziplin. Selbst jene, die alle ihre Kleider im Fluss verloren hatten, drängten sich nicht vor, um rasch in ein warmes Bett zu kommen.«

Johnson, dessen Team von zehn US-Soldaten der 1st Airborne Army beigeordnet worden war, um die Kommunikation mit den Jägern und Jagdbombern in der Luft zu gewährleisten, traf am nächsten Tag in Nimwegen mit dem für die Luftunterstützung verantwortlichen Stabsoffizier der 2nd US Army zusammen. »Er war sehr überrascht, als wir ihm von unseren Schwierigkeiten mit dem Funkverkehr berichteten ... Es hatte den Anschein, dass die Flugzeuge unsere VHF-Frequenzen gar nicht benutzten.«[26]

Am Abend bestand General Browning darauf, eine Party zu geben, um die Rückkehr der 1st Airborne Army und Brigadier Hicks' 49. Geburtstag am Tag zuvor zu feiern. Unter den gegebenen Umständen hatten weder Urquhart noch Hicks »große Lust« auf Champagner.[27] »Es war eine Tortur, auch nur dieses Essen zu sehen, geschweige denn, es zu sich zu nehmen«, schrieb Urquhart. Browning hatte auch Horrocks eingeladen. Urquhart wollte ihn unbedingt fragen, was das XXX. Corps so lange aufgehalten hatte, aber er musste feststellen, dass Horrocks seine eigene Hypnosemethode benutzte. »Er hatte die Angewohnheit, einen mit seinen Händen, seinen Augen und seiner Stimme zu bearbeiten, wobei er seinem Opfer immer näher auf den Leib rückte.« An diesem Abend empfand Urquhart diese Hypnose »alles andere als wohltuend«. Er kam einfach nicht dazu, die Frage zu stellen, wieso der Vormarsch auf der »Club-Route« so langsam vonstattengegangen war.[28]

In Nimwegen wurden die Überlebenden der Division in drei Schulgebäuden aus rotem Backstein untergebracht. Viele versuchten das Essen, den heißen Tee und das angebotene Bett ausgiebig zu nutzen. Manche schliefen 48 Stunden am Stück durch. Andere standen noch unter Schock von all den Verlusten. »Manch einer ging umher und fragte: ›Wo ist das 1st Battalion?‹ Ein Corporal antwortete mit Tränen in den Augen: ›Das hier ist es.‹ Dabei wies er auf das Häuflein abgehärmter Männer im Raum.«[29] Vom »Light Regiment waren so wenige Männer übrig geblieben, dass Gunner Christie am liebsten geheult hätte«[30]. Hacketts 4th Parachute Brigade war von einst 2000 Mann auf neun Offiziere und 260 Soldaten dezimiert worden.[31]

Ein Corporal of Horse der Household Cavalry sah die Paratrooper, als sie gebracht wurden. »Sie sahen aus, als kämen sie geradewegs aus der Hölle. Schmutzig und zerschrammt, brauchten sie alle ein Bad, eine Rasur und viel Schlaf.« Einige schrien wütend auf, als sie auf Angehörige der Guards Armoured Division stießen. »Was, ihr seid auch schon da?« »Hattet ihr eine schöne Fahrt?«[32] Oder: »Wo, zum Teufel, hast du gesteckt, Kumpel?«[33]

Ein Paratrooper ging einen Mann von den Irish Guards an: »Gut geruht, Kumpel?« »Bei Gott!«, antwortete der Ire, »schließlich kämpfen wir schon seit D-Day, nicht erst dieser Tage!«[34] Dass den Spezialkräften und den Luftlandetruppen häufig der Vorzug gegeben wurde, war in regulären Regimentern sehr unbeliebt. Ein Offizier der Guards berichtete, ihre Panzerbesatzungen verhöhnten die Paratrooper gern mit dem Ruf: »Manche Leute haben alles verdammte Glück: ein Gefecht, und zurück nach England.«[35]

Diese Feindseligkeit scheint auch über die Jahre nicht geringer geworden zu sein. Als 1984 des 40. Jahrestages der Schlacht von Arnheim gedacht wurde, schüttelte Colonel (damals bereits Major General) John Frost seine Faust in Richtung Nimwegen, von woher die Guards Armoured Division hatte kommen sollen, und brüllte: »Nennt ihr das Kämpfen?«[36]

Operation Market hatte schlecht geendet, und nun schleppte Operation Garden sich hin. Die Angriffe der Deutschen auf Hell's Highway bei Veghel und Koevering lagen in den letzten Zügen, denn das britische VIII. und XII. Corps waren zu beiden Seiten der Straße im Anmarsch. Am nächsten Tag hatten die Männer des 327th Glider Infantry Regiment Gelegenheit, in Veghel ihr erstes Bad zu nehmen. »Gib einem Soldaten einen Brief, einen Teller warmes Essen, ein Paar frische Socken und eine trockene Decke, und er glaubt, er sei im Himmel«, schrieb der Dichter Louis Simpson, der beim 327th Regiment diente. »Heute habe ich geduscht, meine nette, warme Schmutzkruste abgespült und mit ihr den Stallgeruch, den Elisabeth [sic!] Arden niemals in einem Flacon einfangen wird.«[37]

In der letzten Septemberwoche waren die wichtigsten noch aktiven Schlachtfelder die Betuwe im Norden von Nimwegen sowie die Höhen von Groesbeek und Mook im Osten und Südosten. Mook war inzwischen »eine Stadt zerbrochener Scheiben, geborstener Backsteine und rauchender Trümmer«. Der Verbandsplatz des 1st Battalion des 325th Glider Infantry Regiments befand sich in den Ruinen eines Hauses. Die deutschen Angriffe im Morgengrauen kamen durch »tief hängenden, dichten Nebel«, der sich rasch heben konnte, doch Gavin wusste, dass auch er dem Gegner Schläge versetzen musste. Seine Division war jetzt wieder voll aufgefüllt, außerdem hatte er die Unterstützung britischer Panzer und Artillerie. Bei Mook konnte er auch die guten Informationen der örtlichen Untergrundorganisation Den Bark nutzen. »Die Bärte waren dicht und die Gesichter verschmutzt«, berichtete ein Sergeant des 325th Regiment, als sie vor dem Angriff eine letzte Zigarette rauchten. »Mehrere britische Panzer standen mit abgeschaltetem Motor am Straßenrand. Eine Reihe Männer kam schweigend eine Hecke entlang und saß auf den Panzern auf.« Jemand entdeckte die hochgewachsene Gestalt Gavins mit seinem Gewehr, und ein Raunen ging um: »General Jim ist da.«[38]

Weiter nördlich sah sich die US 82nd Airborne Division einer Konzentration deutscher Truppen im Reichswald gegenüber, aber nachdem sie die Gegend zwischen Beek und Groesbeek endgültig vom Feind geräumt und Den Heuvel oder Teufelsberg gesichert hatte, war sie in einer wesentlich stärkeren Position. Das war ein erbitterter Kampf gewesen, bei dem es keine Gelegenheit gab, Verwundete zu bergen. Ein Sergeant berichtete: »Bei der Eroberung des Teufelsbergs hatte ich fünf Männer, die mit Bauchverletzungen gegen Bäume gelehnt dasaßen. Es dauerte zwischen zwölf und fünfzehn Stunden, bis sie gestorben waren. Doch von keinem hörte ich auch nur ein einziges Stöhnen.«[39]

Da Gavin auf offensiven Nachtpatrouillen bestand, zog ein Sergeant des 504th Regiment mit einem Trupp aus, um ein Bauernhaus im Wald am Den Heuvel zu durchsuchen. »Ein deutscher Offizier trat aus der Tür und überschüttete uns mit einer Schimpfkanonade auf Deutsch. Wir nahmen ihn gefangen. Beim Verhör im Stab stellte sich heraus, dass es ein Kompanieführer war, der uns für die Ablösung seiner Kompanie gehalten hatte, die zu laut lärmte.«[40] Ein Paratrooper des 505th Regiment erlebte eine ganz andere Überraschung. In seinem Schützenloch fest eingeschlafen, erwachte er und sah zu seinem Schrecken einen riesigen Deutschen vor sich stehen. Er überlegte einen Augenblick, ob er noch nach seiner Waffe greifen könne, bevor der Mann ihn tötete, doch der versuchte ihm ein Stück Papier zuzustecken. Auf beiden Seiten war auf Deutsch und Englisch gedruckt, jeder Deutsche, der sich ergeben wolle, erhalte sicheres Geleit.[41]

Nur wenige der zur Verstärkung herangeführten Deutschen besaßen Karten der Gegend oder hatten auch nur eine Vorstellung, wo sie sich befanden. Ein Paratrooper des 505th Regiment schilderte, wie er drei Deutsche entlang der Straße direkt auf die Stellungen seines Zuges zumarschieren sah. »Als wir sie anriefen, begingen sie den Fehler, nach ihren Waffen zu greifen. Sie wurden niedergeschossen – zwei waren verwundet und einer tot. Die Verwundeten wurden von unseren Sanitätern betreut.«[42] Kurz darauf erschienen ein Niederländer und seine Frau aus einem nahe gelegenen Bauernhof, luden den toten Deutschen auf eine Schubkarre und begruben ihn hinter ihrer Scheune auf dem Feld.

Auf deutscher Seite war auch Meindls II. Fallschirmjäger-Korps durch Artillerie verstärkt worden. Als britische Lancaster einen der seltenen Angriffe bei Tageslicht auf Kleve flogen, feuerten deutsche Artilleristen farbige Rauchgranaten auf die amerikanischen Stellungen ab, weil sie hofften, die Staffel der Alliierten könnte ihre Bomben dort abwerfen. In diesem bewaldeten Gelände Artillerie- und Mörserbatterien auszumachen war ein Problem. An einem Frontabschnitt berichtete ein Lieutenant, die Deutschen benutzten »seit Tagen einen hohen Schornstein als Beobachtungsstelle. Es war dumm von uns, dass wir bisher nicht begriffen hatten, woher all die kreischenden Minnies und die vielen Volltreffer kamen. Schließlich erhielten wir einen Panzer, der den Schornstein zusammenschoss. Was für ein Anblick, wie die Krauts mehrere Dutzend Meter nach unten fielen, ohne einen Fallschirm bei sich zu haben!«[43] Wie wertvoll die Sherwood Rangers waren, bewiesen sie zwei Tage später erneut, als die Deutschen einen starken Gegenangriff mit Panzern in Richtung Berg en Dal starteten. Die C Squadron zerstörte vier Panzer. Einer war ein Panther, der zu entkommen versuchte, indem er rückwärts in ein Haus fuhr. Aber der Schütze des Sherman »schickte seine Granaten dort hinein, und das Haus stürzte brennend über dem Panzer zusammen«.[44]

Gavins Männer mussten mehrfach schweren Beschuss ertragen, wobei es erneut zu Fällen von Gefechtsneurose kam. Während einer besonders heftigen Kanonade sagte ein junger Paratrooper wieder und wieder: »Was wollen die mit uns machen? Uns töten?«[45] Da er es nicht mehr ertragen konnte, schoss er sich in den Fuß, um als Invalide ausgesondert zu werden. In starkem Kontrast dazu stand der Fall eines anderen jungen Mannes im 505th Regiment, der von seiner Frau oder Freundin einen Brief mit der Nachricht erhielt, sie wolle sich von ihm trennen. »Er beschloss, seinem Leben ein Ende zu setzen. Er meldete sich für die riskantesten Einsätze, bis er von einem Scharfschützen getroffen wurde.«[46]

Verwundete amerikanische Paratrooper wurden nach wie vor zur Babyfabrik in Nimwegen gebracht, um dort behandelt zu werden. Ihr Interesse an Souvenirs war ungebrochen. Eines Tages wurde ein in der Betuwe gefangen genommener SS-Mann auf einer Trage gebracht. »Er war ganz ruhig«, berichtete ein Patient aus dem 508th Regiment, »bis ein schlaksiger, unrasierter Paratrooper kam und um die Trage herumstrich.« Der SS-Mann wurde zunächst nur unruhig, aber als der Paratrooper sich zu einem seiner Stiefel niederbeugte und sein Messer zog, begann der Deutsche buchstäblich vor Angst zu zittern. »Der Paratrooper setzte das Messer an und schnitt sorgfältig ein Lederbändchen mit dem Symbol von Jerrys Waffen-SS als Souvenir ab.«[47] Paratrooper und Glider Infantry waren ständig hinter typisch deutschen und niederländischen Dingen her, die sie nach Hause schicken konnten. Besonders beliebt waren die holländischen Holzschuhe. Wie allerdings die Post der US Army damit zurechtkam, ist nicht überliefert.

Für die verbliebenen Bürger von Nimwegen schien sich wenig verändert zu haben. »Wir werden immer noch jeden Tag von den Deutschen beschossen«, schrieb Martijn Louis Deinum. »Viele Aktivitäten der Engländer am Himmel, doch sobald die fort sind, kommen deutsche Flugzeuge und beschießen die Stadt. Wir haben weniger Angst und sind den Lärm beinahe gewöhnt, aber wir sehen sehr heruntergekommen aus und haben stark abgenommen.« Deinums Worte kamen zu früh. »Am Abend hat es sehr schweren deutschen Beschuss gegeben. Es war schrecklich … Man fühlt sich so verletzbar. Dann das Dröhnen der Tiefflieger. Die Spannung steigt, niemand sagt ein Wort, dann eine Detonation und der Einschlag. Wir hören Glas splittern und Trümmer fallen.«[48] Auf Befehl des Führerhauptquartiers flog die Luftwaffe die Brücke von Nimwegen mit allen verfügbaren Bombern an. Hitler war so fixiert auf die Sache, dass Generalfeldmarschall Rundstedts Stab nach jedem Angriff sofort per Telefon mitteilen musste, ob er erfolgreich gewesen sei.[49] Am nächsten Abend fragte Rundstedts Stabschef per Telefon in Models Stab an, »ob die Brücke von Nimwegen nicht durch Heerespioniere gesprengt werden kann«. Der Einsatzoffizier antwortete, dafür sei eine riesige Menge Sprengstoff nötig, die nicht mit kleinen Booten herangeschafft werden könne.[50] Auch die Luftwaffe versuchte einen Angriff per huckepack, bei dem ein Flugzeug ein anderes, mit Sprengstoff beladenes trug und im letzten Augenblick auf das Ziel fallen ließ, aber sie trafen die Brücke nie.[51]

Bald nach Einbruch der Dunkelheit wurden die letzten britischen Verwundeten aus Oosterbeek in die Kasernen von Apeldoorn gebracht, eine Stadt, welche das XXX. Corps nach dem Zeitplan von Operation Market Garden bereits zwei Tage zuvor hätte einnehmen müssen. Die Verwundeten wurden von dem zurückgebliebenen medizinischen Personal der Briten und sechs niederländischen Krankenschwestern, darunter Hendrika van der Vlist, begleitet. Eine Anzahl Verwundeter blieb im St.-Elisabeth-Hospital, darunter die Brigadiers Lathbury und Hackett, dazu Major Digby Tatham-Warter. Sie alle wurden später von Piet Kruijff und dessen Mitkämpfern aus dem Untergrund von dort herausgeschmuggelt, bevor die Deutschen herausfanden, wer sie waren.

Zuvor hatte Colonel Warrack bereits den höchsten Offizier des deutschen medizinischen Dienstes in Apeldoorn, Oberstleutnant Zingerlin, aufgesucht, den er für »einen sehr vernünftigen, tüchtigen Mann« hielt.[52] Zingerlin war für etwa 2000 deutsche Verwundete verantwortlich, von denen viele in Königin Wilhelminas Palast in Het Loo lagen, wo die Wehrmacht ein Militärlazarett eingerichtet hatte. Gemeinsam hatten sie die Kasernen für die britischen Verwundeten ausgewählt. Angehörige des Royal Army

Medical Corps säuberten die Gebäude und legten für die ersten Ankömmlinge Stroh am Boden aus. Als sich die Kasernen mit Verwundeten aus Oosterbeek füllten, tauchte die SS auf und durchsuchte alles gründlich, weil sie ein britisches Lazarett mitten auf ihrem Gebiet mit großem Misstrauen sah.

Warrack, der immer noch hoffte, dass die 2nd Army bald über den Rhein gehen werde, suchte die Verwundeten mit allen Mitteln in Holland zu halten. Er beharrte darauf, sie könnten nur mit einem Lazarettzug nach Deutschland evakuiert werden, selbst wenn die Deutschen ihre eigenen Verwundeten in Güterwagen transportierten. Er bat auch darum, Generalfeldmarschall Model möge Abwürfe von medizinischem Material durch die Alliierten genehmigen, denn sein Personal stand faktisch mit nackten Händen da, und die Deutschen konnten nur Papierbinden liefern. Drei Chirurgenteams aus Amsterdam versprachen, mit Decken und Vorhängen auszuhelfen. Dann wurde sogar die Verlegung einiger komplizierter Fälle in niederländische Krankenhäuser arrangiert, darunter die St.-Joseph-Klinik in Apeldoorn.

Manche der Männer mit tödlichen Verletzungen siechten noch lange dahin. Im St.-Joseph-Krankenhaus schrie ein junger Mann aus Carlisle in Cumberland so laut, als Pfleger ihn zum Röntgen bringen wollten, dass sie es sein ließen. Sein Gesundheitszustand verschlechterte sich sehr rasch. Eine deutsche Schwester teilte Private Andrew Milbourne mit, dass der Junge im Sterben liege. Während der Nacht, als einige Pfleger sich in der Wache miteinander unterhielten, hörten sie, wie er »mit heiserer, krächzender Stimme versuchte, die ersten Zeilen von ›God Save the King‹ zu singen. In der Wache wurde es totenstill.« Als Milbourne den Jungen singen hörte, liefen ihm kalte Schauer über den Rücken, und instinktiv versuchte er, in seinem Bett liegend, Haltung anzunehmen. Alle schwiegen. Krankenschwestern schoben den Sterbenden in einen Seitenraum. Milbourne stand auf und folgte ihm. Er versuchte immer noch die Nationalhymne zu singen. Eine halbe Stunde später war er tot.[53]

26

Die Evakuierung und Plünderung von Arnheim 23. September bis November 1944

Generalfeldmarschall Model wartete nicht ab, bis die Gefechte um Oosterbeek zu Ende gingen, um mit der Bevölkerung von Arnheim kaum drei Kilometer weiter östlich abzurechnen. Am Samstag, dem 23. September, schrieb Anna van Leeuwen in ihr Tagebuch: »Panikgerüchte – ganz Arnheim wird evakuiert.«[1]

Geschichten über Massenhinrichtungen von Einwohnern, die während der Kämpfe britische Verwundete aufgenommen oder gepflegt hatten, machten die Runde. Ein anonymer Tagebuchschreiber notierte: »Drei Familien samt Kindern sind erschossen worden.«[2] Ein anderer schrieb: »Unsere Häuser waren voll von englischen Soldaten. Als die deutschen Soldaten sie fanden, wurden zehn Personen, darunter Dr. van Zwol und Herr Engelsman vom Möbelgeschäft, an die Wand gestellt und erschossen.«[3] Es war auch zu hören, dass deutsche Soldaten die Teile der Stadt säuberten, in denen die Kämpfe getobt hatten. »In die Keller wurden Handgranaten geworfen, ohne von den Schreien der Bewohner darin Notiz zu nehmen. Dadurch gab es viele zivile Opfer.«[4] Jüngere Forschungen haben ergeben, dass während der Kämpfe in Arnheim insgesamt 188 Zivilisten ums Leben kamen. Von etwa vierzig nimmt man an, dass sie von den Deutschen gruppenweise hingerichtet wurden. Die Entbehrungen der Evakuierung, Angriffe und Beschuss durch die Alliierten sowie weitere Faktoren ließen die Zahl der Toten unter der Zivilbevölkerung um weitere 2000 ansteigen.[5]

Die Deutschen gaben vor, die Evakuierung der Stadt sei von der Stadtverwaltung, die unter der Führung von Mitgliedern des NSB stand, angeordnet worden. In Wirklichkeit hatte Obersturmführer Helmut Peter, der Kommandeur der Feldgendarmerie-Kompanie der SS-Division »Hohenstaufen«, dem *Burgemeester* den Befehl dazu erteilt.[6] Dabei drohte er ziemlich unverhüllt, sollte die Evakuierung nicht erfolgen, müsse »mit Bombenteppichen gerechnet werden«.[7]

Der Kommandeur der Division, Standartenführer Harzer, beharrte später darauf, er habe die Anordnung von Generalfeldmarschall Model persönlich erhalten. Man wollte Arnheim und Umgebung evakuieren, »um weitere große Verluste unter der Zivilbevölkerung durch Bombenteppiche, Artilleriefeuer und Straßenkämpfe zu vermeiden«. Das bedeutete, etwa 150 000 Menschen aus ihren Häusern zu vertreiben. Harzer berichtete, der »Oberbürgermeister« sei bald darauf bei seinem Befehlsstand erschienen. »Wir vereinbarten miteinander, wie in möglichst humaner Weise die Evakuierung der Arnheimer Bevölkerung ablaufen könne und müsse.«[8] Solche humanitären Überlegungen sind kaum glaubhaft. Die Entscheidung wurde zwei Tage nach Beendigung der Kämpfe in der Stadt gefällt, und der wahre Grund dafür zeigte sich sehr rasch. In einem Brief vom 23. September 1944 an Seyß-Inquarts Kommissariat in den Niederlanden erklärte Harzer, er habe die binnen drei Tagen zu realisierende Evakuierung »aus militärischen Gründen« befohlen.[9] Um der Verantwortung für das zu entgehen, was danach folgte, behauptete Harzer nach dem Krieg, er sei nach dem 28. September nicht mehr für Arnheim zuständig gewesen.

Die Anordnung der Evakuierung war eine furchterregende Nachricht, und das nicht nur für die Alten und Kranken. Eine Anzahl deutscher Deserteure, die sich in der Stadt versteckt hielten, wussten, dass die Waffen-SS es vorzog, sie totzuschlagen, statt zu erschießen, da sie in deren Augen keine Kugel verdienten. Auch Juden, die mithilfe befreundeter Bürger der Stadt untergetaucht waren, bangten, dazu viele britische Soldaten, die von den Kämpfen abgeschnitten und von Zivilisten in ihren Häusern untergebracht wurden. Man konnte sie nicht ohne Nahrung und Kenntnis der Sprache zurücklassen, daher nahmen die Familien sie in Zivilkleidung mit. Allerdings wurden sie oft an ihren Soldatenschuhen erkannt, denn niemand hatte Schuhe übrig, um sie ihnen zu überlassen. Als britische Soldaten verkleidete SS-Männer hatten bei Zivilisten betrügerisch um Hilfe gebeten, um sie später bei Verhören zu Aussagen zwingen zu können, wo weitere Paratrooper der Alliierten sich versteckt hielten.[10] Als Gruppen britischer Gefangener aus Oosterbeek durch die Stadt zum Bahnhof marschierten, um nach Deutschland in Lager gebracht zu werden, jubelten niederländische Zivilisten ihnen zu oder zeigten Gesten der Solidarität, obwohl man ihnen gedroht hatte, sie würden erschossen, wenn sie sie nur anschauten.[11]

Bald wurde klar, dass die Evakuierung ein Teil der »Vergeltungsmaßnahmen gegen die Zivilbevölkerung« war.[12] Der Stellvertreter des Burgemeester kündigte an: »Jeder muss, auf sich selbst gestellt, die Stadt verlassen. Transportmittel gibt es nicht. Krankenhauspatienten werden auf flachen Pferdewagen nach Otterloo gebracht.«[13] Die Behauptung, es seien keine Transportmittel vorhanden, wurde von den zahlreichen Deutschen prompt widerlegt, die in beschlagnahmten Jeeps mit über das Pegasus-Symbol gemalten schwarzen Kreuzen wie wild durch die Stadt rasten. Einige scheinen betrunken gewesen zu sein. Albert Horstman von der LKP-Untergrundorganisation erblickte eines dieser Fahrzeuge mit zwei deutschen Soldaten darin, die Schaufenster geplündert und sich als Braut und Bräutigam verkleidet hatten.[14]

Die Evakuierung begann im Stadtzentrum von Arnheim.[15] Wer zu bleiben versuchte, riskierte Erschießung. Ironie des Schicksals: An dem Morgen, da die Evakuierung begann, gab es in Arnheim endlich wieder fließendes Wasser. Große Teile des Zentrums brannten oder rauchten noch. Die SS führte die Feuer auf »Vandalismus der Briten« zurück.[16] Sie erlaubte den Niederländern aber nicht, sie zu löschen. (Die freiwilligen Feuerwehrleute, die unter großem persönlichem Risiko versuchten, den Schaden einzudämmen, wurden bei Kriegsende höchst ungerecht und unzutreffend der Kollaboration bezichtigt.[17]) Diejenigen Bewohner des Zentrums, die während der Kämpfe jede Nacht hatten komplett angekleidet schlafen müssen, um fliehen zu können, falls ihr Haus in Brand geriet, empfanden es als besonders bitter, jetzt fortzugehen, da die schlimmste Gefahr vorüber war.

Eine Frau vom östlichen Stadtrand schrieb an diesem Tag: »Die Bewohner des Zentrums suchen in den Vororten Unterschlupf. Am Nachmittag macht das Gerücht die Runde, dass die ganze Stadt noch vor Einbruch der Dunkelheit evakuiert werden muss und die Bewohner zu Fuß nach Zutphen oder Apeldoorn gehen müssen. Um 17.00 Uhr tauchen Anschläge auf, auf denen es heißt, das Stadtzentrum sei bis acht Uhr zu räumen. Nun setzte sich ein Strom von Tausenden Menschen mit allen möglichen Transportmitteln in Bewegung. Es war ein trauriger Anblick. Sie alle kamen nach Velp. Wie sie dort Unterschlupf gefunden haben, ist ein Rätsel. In Molenbeke kann niemand mehr untergebracht werden. Zwanzig Personen in einem Haus sind normal. Eine Frau, die erst in der Nacht zuvor ein Baby zur Welt gebracht hatte, zog es in einem Handwagen hinter sich her.«[18] Die Straße nach Velp war nach den Kämpfen von ausgebrannten Militärfahrzeugen übersät.

Am nächsten Tag, Sonntag, dem 24. September, schrieb dieselbe Frau: »Um vier Uhr morgens wurden weitere Menschen unter Eskorte aus der Stadt getrieben … Um elf Uhr erging Befehl, dass die ganze Stadt evakuiert werden müsse. Die Straße nach Apeldoorn sei noch offen.«[19] Die Befehle wurden an Bäumen und Häusern angeschlagen. Manch einer verglich das Ganze mit dem biblischen Exodus. Dicker schwarzer Rauch hing über der Stadt, sacht fielen verkohlte Papierfetzen und Ruß herab »wie schwarzer Schnee«. Die Deutschen hatten weitere Häuser »als Vergeltung für sogenannte Kollaboration« in Brand gesteckt.[20]

Ein Fernmeldeingenieur namens Nicholas de Bode schilderte folgende Szene: »Eine alte Dame ging durch die Stadt mit einem Vogelkäfig samt Vogel in der Hand, einem in roten Samt gebundenen Familienalbum und einem Kissen unter dem Arm.« Er fragte sie, warum sie gerade diese Dinge mitgenommen habe und nicht etwas zu essen oder Kleidung für den Winter. Sie antwortete, der Vogel sei das einzige lebende Wesen, das sie besitze. Ohne ihr Album verliere sie ihre Familie, und ohne ihr geliebtes Kissen könne sie nicht schlafen. Eine andere alte Frau wurde in einem Stuhl mit Rädern an den Füßen durch die Straßen geschoben. »Es waren nicht Dutzende oder Hunderte, sondern Tausende und Abertausende, die nicht wussten, wohin sie sich wenden sollten.« Er glaubte, sie weinten zwar nicht, waren aber »fassungslos und krank vor Sorgen«.[21]

Anna van Leeuwen entdeckte in den langen Kolonnen der Flüchtlinge auch Patienten der psychiatrischen Anstalt von Wolfheze. »Viele müssen zu Fuß gehen, was sehr traurig ist, die Kranken werden auf flachen Wagen befördert. Die schwer Verwirrten wurden mit Stricken zusammengebunden, damit sie nicht wegliefen.«[22] Albert Horstman sah »eine Frau in elegantem Pelzmantel und hochhackigen Schuhen, die auf der Straße nach Ede ging und herzerweichend weinte«. Dann erblickte er »einen alten Mann mit grauem Bart, der plötzlich am Straßenrand tot zu Boden fiel, dazu die Panik und Trauer, die das unter seinen Kindern und Enkeln auslöste, die bei ihm waren«.[23]

Um kenntlich zu machen, dass sie nicht zum Militär gehörten, trugen Erwachsene eine weiße Armbinde oder eine weiße Fahne, die häufig nur aus einem Kissenbezug an einem Besenstiel bestand. Kinder trotteten im Regen neben ihren Eltern her. Um es ihnen gleichzutun, banden sie ein Taschentuch an einen Stock. Familie Voskuil war gezwungen, Oosterbeek am 26. September zu verlassen. Mevrouw Voskuil wurde auf einem Handwagen gezogen, denn sie war von einer Handgranate schwer verletzt worden. Als die britischen Verwundeten aus ihrem Haus geholt wurden, wies der SS-Mann auf die Zerstörungen ringsum, die herabhängenden Straßenbahnleitungen, die am Boden liegenden Bäume und Äste. »Das habt ihr nun davon, Freunde der Briten zu sein.« Eine Mutter sah, wie ihr kleiner Sohn auf einen Leichnam starrte, den es in zwei Teile gerissen hatte. Sie fürchtete, der Anblick könnte ihn traumatisieren, aber er drehte sich zu ihr um, wies nach unten und sagte: »Schau mal, Mama, ein halber Mann.« Dann stieg er darüber weg und ging weiter, den Stock samt Taschentuch über der Schulter.[24]

Viele schleppten ihre Habe, in ein weißes Laken geschlagen, auf dem Rücken mit. Babys mussten getragen werden, weil die Kinderwagen für Vorräte, wie einen Sack Kartoffeln, gebraucht wurden. Hunde wurden häufig in einem Karton auf dem Gepäckträger eines Fahrrads transportiert, das man in der Regel schob. Die Glücklicheren, die einen Handwagen besaßen, transportierten darin Kaninchen und Hühner in Weidenkörben. Manche hatten sogar eine Ziege daran gebunden. Im Norden von Arnheim kamen die Menschen an einem Friedhof vorbei, der in einem schrecklichen Zustand war. Grabsteine waren umgestürzt und Knochen bei Granateinschlägen aus den Gräbern geschleudert worden.

»Ein großes Problem für die fliehenden Menschen von Arnheim waren ihre Haustiere«, erklärte der Zoowärter Anton van Hooff. »Sie waren meist angeleint, aber außerhalb der Stadt wurden sie freigelassen. Wenn die Tiere ihnen aus eigener Kraft folgen konnten, wurde das gestattet. Alle übrigen mussten sie zurücklassen. Gegen elf Uhr am Vormittag brachten mir Leute einen kleinen Hund, der völlig erschöpft war. Direkt vor dem Zoo fragten sie einen deutschen Soldaten, ob der das kleine Tier erschießen könne. Der Soldat band ihn an einen Baum und feuerte auf ihn. Doch er verletzte ihn nur am Bein.« Schließlich bestand Anton van Hooffs Vater darauf, ihn anzunehmen, und verband ihm das verwundete Bein.[25]

Nicht jeder verhielt sich so, wie man es von ihm erwartete. Eine Mutter schleppte ihren kleinen Sohn so lange, bis sie erschöpft am Straßenrand niedersank. »Plötzlich«, erzählte ihr Sohn Jahre später, »hielt ein Luxuswagen, ein deutscher Offizier salutierte und fragte, ob wir mitfahren wollten. Ich piepste: ›Ja, bitte.‹« Er brachte sie bis zur nächsten Stadt.[26] Doch die meisten Deutschen zeigten wenig Mitgefühl. »Zwei Soldaten der Division ›Hermann Göring‹ brachen in Lachen aus, als sie unseren armseligen Zug erblickten, und riefen: ›Haha! Und ihr wart so glücklich, als die Engländer kamen!‹«[27]

Niemand wusste, wie sich diese Massen von Menschen auf ihrem endlos erscheinenden Marsch zu einer neuen Unterkunft ernähren sollten. Lebensmittelmarken waren wertlos, da in allen Dörfern ringsum die Vorräte längst aufgebraucht waren. Wegen der Kämpfe in Oosterbeek und in der

Betuwe konnte niemand nach Westen oder Süden ausweichen, so strömten über 35 000 Menschen nach Velp im Osten. »Einige Wenige sind an anderen Orten untergekommen. Die Deutschen greifen alle Männer zwischen 20 und 60 Jahren auf, damit sie die Toten begraben … Ein paar Mutige wollen nach Arnheim zurückgehen, um nachzuschauen, ob in ihren Häusern alles in Ordnung ist, aber sie werden von den Deutschen ergriffen und zum Begraben der Leichen gezwungen.«[28] Die Flüchtlingszüge wurden auch von deutschen Wachposten angehalten, die geeignete Männer zur Zwangsarbeit an Verteidigungsanlagen längs des Flusses IJssel festnahmen. Unter Aufsicht der Organisation Todt hatten sie zu arbeiten, bis sie wegen Erschöpfung oder Krankheiten zusammenbrachen. Dann entledigte man sich ihrer und ließ sie ohne Lebensmittel oder Transportmöglichkeiten zurück.

Am Donnerstag drängten über 50 000 Menschen nach Velp hinein. Jetzt wurde Befehl erlassen, das gesamte Nordufer des Niederrheins sei zu evakuieren. Das ließ die geschätzte Zahl der Flüchtlinge auf 200 000 ansteigen. Doch die Dörfer und Städte weiter im Binnenland waren bereits überfüllt, da die Deutschen auch die Bewohner der Nordseeküste zur Flucht gezwungen hatten.

Einige wenige ignorierten den Evakuierungsbefehl und blieben in Arnheim. Der Antiquar Gerhardus Gysbers blieb, obwohl sein Geschäft ruiniert, die Fenster eingeschlagen waren und seine Bücher auf der Straße herumlagen. Doch das Haus seines Vaters neben der Schule gegenüber der Willemskazerne war nahezu unversehrt. »Alles war so, wie sie es am 17. September nachmittags verlassen hatten«, schrieb er. »Es lag noch Fleisch auf den Tellern, Messer und Gabel gekreuzt darüber. Nur eines hatte sich verändert: Eine große, sehr tote schwarze Katze lag ausgestreckt quer über der Tafel.« Ob es nun am Tod oder dem Verschwinden der Katzen lag, eine altbekannte Kraft füllte das Vakuum sofort. »Wo man hinschaute, liefen Ratten herum«, fügt er hinzu.[29] Ein anderer Bürger, der heimlich nach Arnheim zurückkehrte, stieß auf einen makabren »Scherz« der Deutschen. Sie hatten elf Schaufensterpuppen an Bäumen aufgehängt.[30] Bald zeigte sich: Die Niederländer wurden aus ihren Häusern nördlich des Niederrheins vertrieben, um sie dafür zu bestrafen, dass sie den Alliierten geholfen hatten, vor allem aber, um die ganze Gegend ohne Zeugen ausrauben zu können.

In der ersten Woche nach der Luftlandeaktion hatte die niederländische Bevölkerung auch unter Plünderungen von Amerikanern und Briten zu leiden. »Manche von ihnen sind großartige Menschen«, schrieb Martijn Louis

Deinum über die amerikanischen Paratrooper in Nimwegen, »aber es ist eine große Schande, dass sich so viel Gesindel darunter befindet, das alles mitgehen lässt.«[31] Dazu gehörten selbst Offiziere, die glaubten, sie könnten sich das erlauben, weil sie ihr Leben für die Niederländer riskiert hatten. Eine Gruppe des US 508th Parachute Infantry Regiment entschied in Nimwegen, dass sie einen Drink brauchte. Doch sie bekam den Zapfen nicht aus dem Fass. »Da befahl Lieutenant Lamb allen, zurückzutreten, und gab zwei Schüsse aus seinem 45er-Colt ab. Die Männer drängten sich um das Fass und fingen das aus den Löchern schießende Bier mit ihren Essgeschirren auf.«[32]

Andere waren an dauerhafteren, wertvolleren Sachen interessiert. »Einige Soldaten hatten gehört, Holland sei das Land der Diamanten«, schrieb ein Offizier aus Brigadier General McAuliffes Stab. »Sie glaubten, sie könnten mit den Taschen voll von diesen Glitzerdingern in die Staaten zurückkehren. Viele große Stahlschränke in Holland wurden aus diesem Grund mit der Bazooka behandelt.«[33] Ein Corporal der US 101st Airborne Division schilderte, wie »einige unserer Kameraden mit einer Bazooka einen Banksafe öffneten und eine beträchtliche Menge niederländischer Währung ›befreiten‹. General Taylor besuchte unser Bataillon und informierte uns, dass dies nicht das passende Verhalten gegenüber unseren Alliierten sei.«[34] Bei Kriegsende mussten die Alliierten gemeinsam eine Summe von 220 000 Pfund (neun Millionen britische Pfund in heutiger Währung) für Plünderungen allein in der Region Nimwegen an die niederländischen Behörden überweisen.[35]

Die britischen Militärbehörden hängten Anschläge auf Englisch aus, die es den Truppen verboten, leere Häuser zu plündern, da die Bevölkerung genug gelitten habe.[36] Jedoch allzu viele Soldaten konnten solch leichter Kriegsbeute nicht widerstehen. Ein Soldat des britischen 3rd Parachute Battalion an der Straßenbrücke von Arnheim äußerte sich dazu ganz offen. »Es war gegen alle Bestimmungen, aber alle taten es«, sagte er später. »Die Jungs hatten ein paar nette Schätze gesammelt. Ich hatte vier Schubkästen voll besten Bestecks, das bestimmt 100 Pfund oder mehr wert war. Meine Schwester wollte heiraten, und ich dachte, das könnte ein wunderbares Hochzeitsgeschenk sein.«[37] Selbst wenn er nicht einkalkulierte, gefangen genommen zu werden, hatte er keine Vorstellung, wie er das nach Hause bringen sollte. Allzu häufig raubten Soldaten erst einmal und warfen die Beute später wieder fort.

Während der Kämpfe plünderten sogar niederländische Zivilisten. Sie argumentierten, wenn sie die Sachen nicht nähmen, fielen sie den Deutschen in die Hände. In Arnheim schleppten niederländische Hausfrauen die gesamte Leinenwäsche aus dem Hotel De Zon fort. Doch diese relativ isolierten Taten verloren jede Bedeutung, als die Deutschen anfingen, ihre Wut über die Unterstützung der Briten durch die Bevölkerung auszulassen.[38]

Auf der Grundlage eines Dekrets, das Reichsmarschall Göring bereits am 14. August 1943 erlassen hatte, erklärte Reichskommissar Seyß-Inquart, als Folge der Terrorangriffe des Feindes auf die Zivilbevölkerung im Reichsgebiet habe der Führer entschieden, dass öffentliches und privates Eigentum des Feindes in den besetzten Gebieten künftig rücksichtslos zu beschlagnahmen und als Ersatz für bei Terrorangriffen des Feindes vernichtetes Eigentum – Einrichtungsgegenstände, Möbel, Hausrat, Wäsche, Kleidung usw. – zu verwenden sei. In einem weiteren Schreiben, das Göring an die Besatzungsbehörden in den Niederlanden richtete, versuchte er, die Härte des Vorgehens der Deutschen damit zu rechtfertigen, dass die Haltung der niederländischen Bevölkerung zu den Bombenangriffen der Alliierten auf Deutschland nichts anderes als boshafte, unverhüllte Freude über die Folgen der Terrorangriffe auf Reichsgebiet sei, wie man es in anderen besetzten Gebieten noch nie erlebt habe.[39]

Selbst Krankenhäuser und Pflegeheime wurden geplündert. Im Diaconessenhuis stieß Arjen Schermer, der stellvertretende Burgemeester von der NSB, auf vier Offiziere unter Führung eines Oberstleutnants, der das Wirtschaftskommando für wirtschaftliche Kriegführung vertrat. »Sie hatten den Auftrag, einen Teil dessen, was an nutzbaren Gütern in Arnheim zurückgelassen war, nach Deutschland zu schicken und den anderen Teil dem Reichskommissar Seyß-Inquart zur Verfügung zu stellen.«[40] Schermer versuchte den Befehl etwas abzuschwächen und die Erlaubnis zu erhalten, für Flüchtlinge wichtige Dinge wie Decken und Lebensmittel an das Rote Kreuz zu übergeben. An einem der letzten Tage, bevor das St.-Elisabeth-Hospital evakuiert wurde, kamen deutsche Soldaten und nahmen alles Verbandsmaterial mit, berichtete Schwester Christina van Dijk. »Wir mussten lachen, weil sie sogar die Kartons mit Damenbinden hatten mitgehen lassen.«[41]

Bei diesen Plünderungen wurde sehr methodisch vorgegangen. Die Deutschen stocherten mit langen Eisenstangen in den Gärten herum, um dort vergrabenes Silber oder andere Wertsachen zu entdecken. Frisches

Mauerwerk oder Wandanstriche wurden abgerissen oder abgeschlagen, um versteckte Bilder oder Ähnliches zu finden. Bankschließfächer boten keinen Schutz mehr, und Arnheim war eine sehr reiche Gegend. Sogenannte Räumungskommandos aus örtlichen Funktionären der Nazi-Partei oder Mitgliedern der Organisation Todt rückten an, und die deutsche Bürokratie erfasste alles in Listen, was aus Fabriken, Geschäften oder Häusern geräumt wurde, bevor man diese in Brand steckte, um die Spuren zu verwischen.[42]

Doch die Nazi-Methoden funktionierten selten wie geplant. Staatlicher Raub schuf auch Gelegenheit für persönliche Bereicherung, wie aus dem Brief des Angehörigen eines Räumungskommandos aus Westfalen hervorgeht, der angeblich Hausrat für ausgebombte Familien in Essen und Düsseldorf zu requirieren hatte: »Meine liebe Emmy, die besten Grüße aus Arnheim sende ich Dir. Den Pelzmantel wirst Du ja wohl auf dem schnellsten Wege geholt haben. Jetzt habe ich ja Deinen Lieblingswunsch erfüllen können. Aber da kommen noch viel mehr Sachen hinzu. Du wirst aus dem Staunen ja nicht mehr herauskommen. Ich habe ein großes Radiogerät gefunden, Sechs-Röhren-Apparat (Telefunken). Habe für dich und Ingrid Unterwäsche. Für Dich eine Friseurjacke und einen Morgenrock. Die wunderbarste Bett- und Damasttischwäsche, elektrisches Bügeleisen, einen elektrischen Wasserkessel. Also kurz gesagt, hier ist alles zu kriegen, was man sich nur denken kann. Fleischkonserven und Butter. Also, liebe Emmy, da kannst Du daran sehen, dass wir wie im Paradies leben. Wunderbare Betten haben wir hier. Sowas gibt es in Deutschland nicht.«[43] Da Weihnachten nicht mehr fern war, fanden Offiziere und Unteroffiziere der Wehrmacht, dazu die Angehörigen der Organisation Todt, allesamt Geschenke, die sie ihren Familien schickten.

Manche Freibeuter aus der Nazi-Partei hatten eindeutig größere Ambitionen, wie ein Brief von Reichsführer-SS Heinrich Himmler an Reichsleiter Martin Bormann zeigt. Die Gauleiter der Nazi-Partei waren angewiesen worden, darauf zu achten, dass ihre Räumungskommandos keine wertvollen Gemälde entwendeten. Doch »der Leiter des Gaukommandos Düsseldorf, Temmler, ist schon seit Wochen dahinter her, die Tresore der Großbankfilialen in Arnheim aufmachen zu dürfen. Dies wurde ihm vom Reichskommissar [Seyß-Inquart] untersagt. Er trat dann an den Kommandeur der Fallschirmjäger-Division 2, Generalleutnant [Walter] Lackner, heran und bat ihn, Schweißer zur Verfügung zu stellen. Dieser lehnte dies aber mit der Begründung ab, dass seine Fallschirmjäger keine Kassenknacker seien. Das Gaukommando bestand aus sechs Führern und 300 Männern …

Das Devisenkommando der Sicherheitspolizei stellte fest, dass die Tresore der Amsterdamsche Bank, der Twentsche Bank, der Nederlandsche Bank und auch der Rotterdamsche Bankvereinigung gewaltsam geöffnet wurden. Und dass auch bei einer fünften Bank ... der Versuch unternommen wurde, den Tresor gewaltsam zu öffnen ... In den Tresoren befanden sich wertvolle Bilder, ferner große Geldbeträge, Edelmetalle, Luxusgegenstände und dergleichen. Eine einzige Teilliste von entwendeten Kunstwerken weist die Zahl 34 auf ... Der marktmäßige Preis des gestohlenen Gutes ist bereits jetzt mit einer Anzahl Millionen Reichsmark zu veranschlagen.«*[44]

Temmler hatte sich in einem Haus mit ein paar niederländischen Mädchen eingerichtet. In Himmlers Brief heißt es weiter: »Die Wände der Schlafräume, in denen Herr Temmler wohnte, waren mit zahlreichen geschmacklosen Nacktfotografien zusammen mit Hakenkreuzemblemen geschmückt. Den niederländischen Mädchen, die im Hause arbeiteten, wurden Silber ... Textilien und Lebensmittel geschenkt ...« Er habe ein Luxusleben geführt, Bankette veranstaltet und »drei große, wertvolle Klavierflügel mitgenommen ... Wird hier nicht unverzüglich eingegriffen, dann leidet das Prestige der Partei in unerhörtem Maße. Während die Truppen vorn auf das tapferste und zäheste kämpfen, rauben in Arnheim verhältnismäßig junge Männer die Tresore aus.«[45]

Versuche, das eigene Hab und Gut zu schützen, waren vergebens. Drei Tage nach dem Ende der Kämpfe suchte Jonkheer Bonifacius de Jonge den Stadtkommandanten auf, um einen von ihm unterzeichneten Schutzbrief für sein Haus, vor allem für seinen Weinkeller, zu erhalten. Das gelang ihm nicht. Daher packten er und seine Familie alles, was in einen Wagen passte, und reisten ab. Dennenoord wurde am nächsten Tag geplündert.[46] Der Zoo im Norden von Arnheim litt auf andere Weise. Deutsche Soldaten drangen ein und stahlen ganz unverhüllt das Futter für die Tiere, das sie dann zu Schwarzmarktpreisen verkauften. Der Zoodirektor Johannes van Hooff protestierte leidenschaftlich bei SS-Hauptsturmführer Dornstein. Er wurde mit der gleichgültigen Bemerkung abgefertigt: »Es ist Krieg.«[47]

Die Niederländer schockierte weniger der unverhüllte Raub als vielmehr die sinnlose Zerstörung und der Vandalismus. Das wies auf ein unterschiedsloses Wüten gegen die ganze Welt hin: *Germania contra mundum*. »Um uns

* Im November 2017 wurde eines der in Arnheim gestohlenen Gemälde mit dem Titel »Oestermaal« [»Das Austern-Mahl«] von dem niederländischen Alten Meister Jacob Ochtervelt von der City of London Corporation endlich an die Tochter des früheren Besitzers zurückgegeben, nachdem seine Provenienz bestätigt war.

herum«, schrieb ein Augenzeuge, »sind endlose Gruppen von Moffen, die in verlassene Häuser eindringen und alles mitnehmen, was ihnen gefällt. Was sie nicht selbst haben wollen – Stühle, Tische, Schränke –, zertrümmern sie mit der Axt.« Als deutsche Soldaten in das Hotel De Zon eindrangen, tranken sie im Weinkeller, so viel sie konnten. Dann zerschlugen sie die restlichen Flaschen, damit sie niemand mehr genießen konnte. »Butter wurde fässerweise auf die Straßen geschmiert. In den Läden wurden Behälter mit Mehl und Sirup ausgekippt. Die ›Herren‹ trampelten auf der zähen Masse herum und beschmutzten damit die ganze Einrichtung der Geschäfte. Schaufenster wurden systematisch eingeschlagen und das Ausgestellte mitgenommen. Ein Panzer fuhr in ein Geschäft von V & D und verwüstete es.«[48] Die Nazis betonten immerzu, sie seien viel zivilisierter als die Sowjets, doch ihre Raubzüge in Arnheim waren in ihrer Zerstörungswut durchaus damit vergleichbar, wie die Rote Armee 1945 in Deutschland plünderte.

27

Die Insel der Männer
September bis November 1944

Die Landschaft der Betuwe zwischen Waal und Niederrhein wurde bald nur noch »Insel der Männer« genannt, weil die meisten Frauen inzwischen von dort evakuiert worden waren. Das künstlich gewonnene Polderland mit seinen Obstgärten und feuchten Weiden stand nur wegen der Deiche ringsum nicht unter Wasser. Nach den Worten eines amerikanischen Paratroopers war »das Land flach wie ein Billardtisch«.[1] Und wie sehr die Paratrooper die Ortsbevölkerung auch mochten, als das Wetter schlechter wurde, hielten sie gar nichts davon, in dieser Gegend zu kämpfen. Denn wenn sie ein Schützenloch gruben, drang von unten her Wasser ein und stieg ständig weiter an.

Nachdem sie den Auftrag erledigt hatten, für den sie gekommen waren, meinten die amerikanischen Luftlandesoldaten, man dürfe sie hier nicht länger festhalten und als gewöhnliche Infanterie einsetzen. So dachten auch ihre Kommandeure, die wütend darüber waren, wie Montgomery sich an sie klammerte. Ihn, der stets neben britischen und kanadischen Einheiten unbedingt auch einmal solche der US Army befehligen wollte, verdächtigten die amerikanischen Generale, dass er die Situation ausnutze. »Es ist eines der merkwürdigen Dinge an Market Garden«, schrieb Brigadier General Jim Gavin, »dass amerikanische Divisionen zum ersten Mal in der Geschichte dem Befehl einer ausländischen Armee unterstellt wurden.«[2] General Brereton teilte Eisenhowers Stab wütend mit, dass die beiden Divisionen Verluste von 35 Prozent ihres Bestandes zu beklagen hatten. »Das bedeutet insgesamt 7382 hervorragend ausgebildete Luftlandesoldaten, die unersetzlich sind … Ihre anhaltende Verwendung als Bodentruppen wird bis zum späten Frühjahr ausschließen, dass sie bei Luftlandeoperationen eingesetzt werden können.«[3]

Am zornigsten von allen war sicher der Kommandeur des US XVIII. Airborne Corps, Major General Ridgway. Für ihn war »Montgomerys Versprechen, diese Einheiten bis zum 1. November herauszugeben, kaum annehmbar«.[4] Damit sollte er recht behalten. Die 82nd Airborne Division wurde erst gegen Mitte November freigegeben und die 101st fast am Ende des Monats. Die Spötteleien über Monty nahmen zu. Als König George VI. die Hauptquartiere der Amerikaner in Belgien und Luxemburg besuchte, trug er die Uniform eines Field Marshal. »Prompt stellten Witzbolde die Frage, ob er jetzt etwa höher stehe als Monty.«[5] Der Verdacht der Amerikaner traf im Wesentlichen zu, doch auch die britische 2nd Army und die kanadische 1st Army litten an akutem Personalmangel.

General Maxwell Taylor hatte einen eigenen Grund dafür, dass er sich gegen den ausgedehnten Dienst seiner 101st Airborne Division in der Betuwe stellte. Bei einem Besuch des 3rd Battalion des 501st Regiment in der vorderen Linie bei Heteren am Niederrhein befahl er dem Mörserzug, auf einen Baumstumpf in einiger Entfernung zu schießen, um ihm Treffsicherheit und die Wirkung zu demonstrieren. Die Paratrooper warnten ihn, die Deutschen könnten reagieren. Taylor beharrte, die Deutschen antworteten, und alles musste in Deckung gehen. Als die Schießerei etwas abflaute, beschloss Taylor, sich auf den Rückweg zu machen, erneut gegen den Rat der Männer vor Ort. »Dabei hat er sich sein Purple Heart*, einen Splitter in den Allerwertesten, geholt«, berichtete ein Offizier, der dabei war.[6] »Wir gerieten in einen Mörserangriff«, berichtete Taylors Leibwächter. »Ich fuhr herum, sah Taylor am Boden liegen, lief zurück und hob ihn auf. Als ich mit ihm über der Schulter vorwärtsstolperte und rings um uns die Granaten explodierten, hörte ich ihn murmeln: ›Verdammt, ein Treffer direkt in den Arsch!‹«[7] Der General hörte sicher bereits die Witze, die man über ihn machen würde. Taylor war bei seinen Männern nicht besonders beliebt und ganz sicher nicht so bewundert wie Ridgway und Gavin.

Als das 501st Regiment nach Heteren vorrückte, übernahm eine Kompanie eine Ziegelei, in der sich zuvor ein Feldlazarett der Deutschen befunden hatte. Dort lagen noch Körperteile von Amputationen herum, die man nicht fortgeräumt hatte. Da trottete ein hungriges Schwein herein. Ein Paratrooper, der auf einem Schlachthof gearbeitet hatte, bot sich an, es abzustechen, denn schießen wollte man nicht, da die Deutschen so nahe waren. Der Mann versetzte dem Schwein einen Schlag, von dem es zu Boden ging. Doch während er sich bückte, rappelte sich das Schwein wieder

* Purple Heart (Purpurherz) war eine Auszeichnung der US-Streitkräfte für Verwundete – Anm. d. Übers.

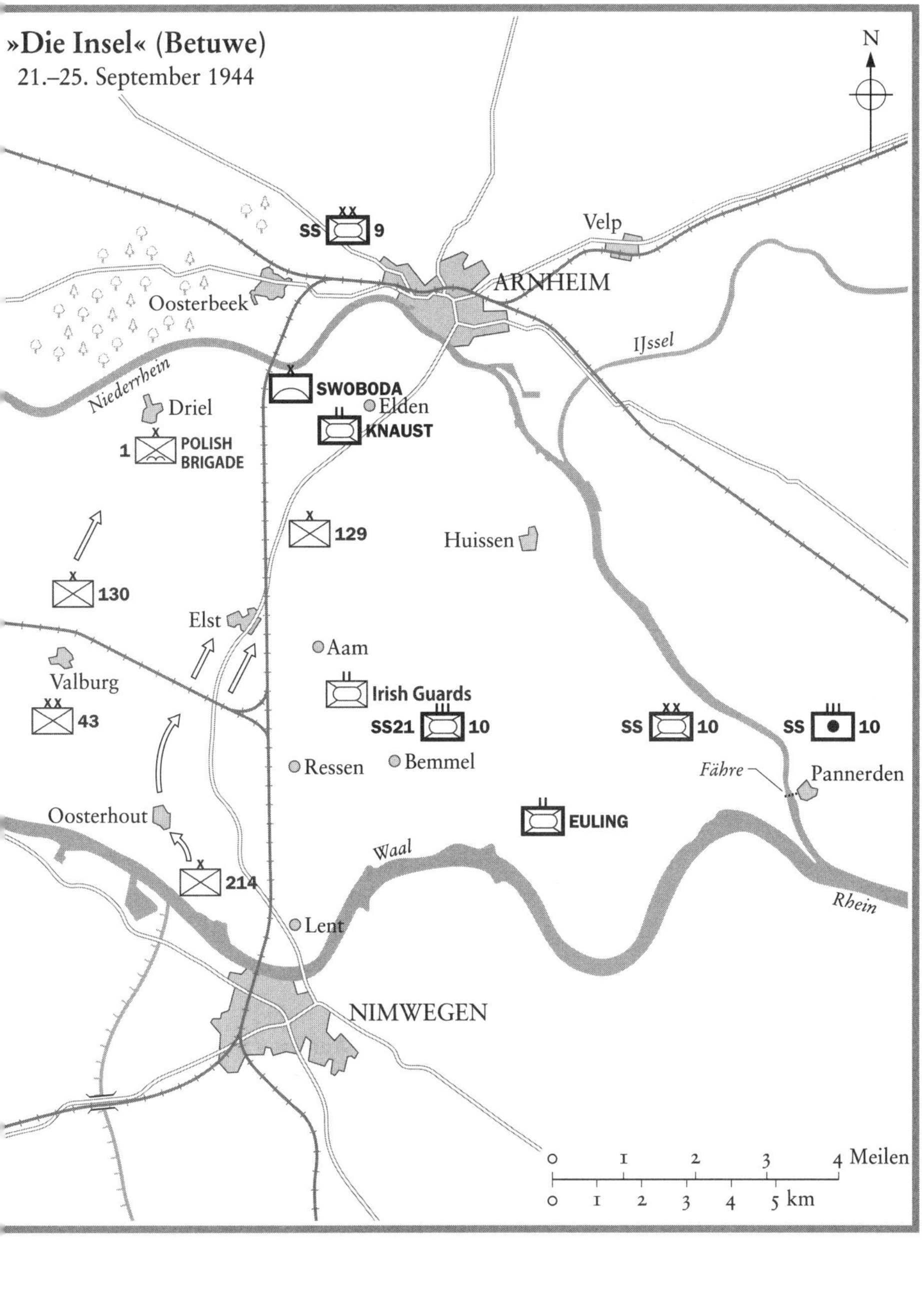
»Die Insel« (Betuwe)
21.–25. September 1944
N
SS 9
Velp
ARNHEIM
Oosterbeek
IJssel
Niederrhein
SWOBODA
Elden
Driel
KNAUST
1 POLISH BRIGADE
129
Huissen
130
Elst
Aam
Valburg
Irish Guards
43
SS21 10
SS 10
SS 10
Ressen
Bemmel
Fähre
Pannerden
Oosterhout
EULING
Waal
214
Rhein
Lent
NIMWEGEN
0 1 2 3 4 Meilen
0 1 2 3 4 5 km

auf und rannte zum Tor hinaus, der Paratrooper hinter ihm her. Die Deutschen starrten verblüfft auf die Szene, feuerten aber nicht. Das Schwein sauste wieder in die Fabrik hinein, wo es jemand mit dem 45er-Colt erlegte. Jetzt eröffnete auch die deutsche Artillerie das Feuer. Mehrere Paratrooper wollten später das Schweinefleisch nicht essen, weil sie daran denken mussten, was das Tier gefressen haben mochte.[8]

Das 508th Parachute Infantry Regiment der US 82nd Airborne Division lag zusammen mit der britischen 50th Infantry Division in der Betuwe. Ihre Stellungen befanden sich in einem Obstgarten, wo die Früchte endlich reiften, was das Risiko von Durchfall verringerte. »Hier im Graben habe ich meinen 20. Geburtstag gefeiert«, schrieb Dwayne Burns. »Mein Schützenloch war ein einziger Schlammpfuhl.« Von zu Hause erhielt er als Geschenk ein hübsches Schreibset aus Füllfederhalter und Stift.

»Burns, wenn's dich erwischt, krieg ich es dann?«, fragte ihn First Sergeant Scanlon. »Klar«, antwortete Burns, »wenn du's nicht bist, der den Abzughahn bedient.«

Die einzige Abwechslung, die es gab, waren Luftkämpfe, denn Flugzeuge erschienen in großer Zahl über dem Niederrhein. Am 28. September war Jagdflieger Leutnant Hans-Dietrich Student, Sohn von Generaloberst Student, über Arnheim abgeschossen und dabei getötet worden. Burns beobachtete zwei Mustangs P-51. »Junge, ist das ein Leben«, bemerkte er dabei. »Zu einem kleinen Flug starten, ein paar Deutsche abschießen, dann nach Hause kommen, mit der Freundin zu Abend essen und die Nacht in einem schönen, warmen Bett verbringen. So lob ich mir den Krieg, Kumpel! Ich wette, der da oben hat keine Ahnung davon, dass wir hier im Dreck in denselben Klamotten sitzen, in denen wir vor über einem Monat abgesprungen sind.« Da wurde eines der Flugzeuge von der Flak getroffen, stürzte ab und explodierte am Boden. Plötzlich ging den Paratroopern auf, dass es wohl besser war, »irgendwo am Boden zu sein, wo es sicher ist«.[9]

Sowohl die 82nd als auch die 101st Airborne Division ließen bei Nacht am Rheinufer Patrouillen laufen, da die Deutschen oft Kommandos in Schlauchbooten über den Fluss schickten. Eines Nachts stieß eine Patrouille der Light Company des 506th Regiment auf eine Gruppe Deutscher. Beide Seiten bewarfen sich mit Handgranaten, was wenig Wirkung zeigte. Da rief der Lieutenant, der die Amerikaner befehligte: »Seitengewehr pflanzt auf!« Doch er war der Einzige, der seines bei sich hatte. »Keiner, der noch seine fünf Sinne beisammen hatte, schleppte so ein klapperndes Ding auf einem Patrouillengang bei Nacht mit sich herum«, bemerkte Earl McClung, einer seiner Paratrooper. Er und seine Kameraden benutzten die Bajonette nur zum Graben der Schützenlöcher. Der Lieutenant befestigte seines am Karabiner, sprang auf und rannte ein paar Schritte nach vorn, bis feindliches Feuer ihn wieder zu Boden zwang. Er war wütend, dass ihm niemand folgte. McClung erklärte es ihm anonym aus der Dunkelheit: »Lieutenant, Sie sind der Einzige, der hier ein Bajonett hat, stürmen Sie vor, und wir geben Ihnen allen Feuerschutz, den wir haben.« Unterdrücktes Kichern war die Folge.[10]

Bei Opheusden weiter westlich rückte eine deutsche Kompanie in Stellungen ein, die zuvor das 506th Parachute Infantry Regiment gehalten hatte. »Eine unserer amerikanischen Mörsergranaten explodierte dort, wo ein Häuflein Feinde lag«, schrieb Captain Sweeney von der Stabskompanie. »Ein deutscher Soldat sprang auf und rannte verzweifelt auf unsere Linien zu. Ihm hatte es die Hand am Gelenk abgerissen. Blut strömte heraus wie aus einem Gartenschlauch. Er war eindeutig dabei zu verbluten. Unser Bataillonschirurg, Captain Madden, sprang aus dem Graben und lief dem unglücklichen feindlichen Krieger entgegen. Das Feuer verstummte, denn alle sahen zu, wie der amerikanische Militärarzt augenblicklich einen Druckverband um den verletzten Arm schlang und dann den dankbaren feindlichen Soldat behutsam zu den amerikanischen Linien führte, wo er Aufnahme und Behandlung fand.« Nach Ansicht des amerikanischen Kompanieführers »hatte dies zweifellos Einfluss auf die Entscheidung des Feindes, sich zu ergeben«.[11]

Mörser schlugen ganz sicher auf beiden Seiten mehr tödliche Wunden als Kugeln. Colonel »Jump« Johnson vom 501st Regiment demonstrierte bei einer Inspektion der Stellungen längs des Deiches die von ihm gewohnte Missachtung jeglicher Gefahr. Als Mörsergranaten flogen, gingen alle Offiziere und Soldaten seiner Begleitung zu Boden, während Johnson nur lachte. Doch »auf der nächsten muss wohl sein Name gestanden haben«, berichtete der Regimentsgeistliche, Pater Sampson. Johnsons letzte Worte an seinen Stellvertreter, Lieutenant Colonel Julian Ewell, waren: »Julian, kümmere dich um meine Jungs.«[12]

Die amerikanischen Paratrooper waren nicht beeindruckt von der Taktik der britischen Infanterie auf der »Insel«. Private Donald Burgett beschrieb einen Angriff der 5th Duke of Cornwall's Light Infantry. Sie gingen »Schulter an Schulter über das offene Gelände vor«, feuerten ihre Gewehre aus der Hüfte ab, »luden durch und feuerten erneut.« Betrübt und bewundernd zugleich musste er denken: »Diese Art des Angriffs hat sich doch schon mit den blutigen Angriffen unseres Bürgerkriegs erledigt.« Wie die Amerikaner stießen auch die Briten das Gewehr eines Gefallenen mit aufgepflanztem Bajonett in den Boden, um den Leichnam für die spätere Bergung zu markieren.[13]

Einer der Nachteile des Aufenthalts in der Betuwe für amerikanische Paratrooper bestand darin, dass die britischen Militärbehörden für die Versorgung zuständig waren. Sie lieferten größtenteils zähes Hammelfleisch aus Australien. Die Amerikaner hingegen waren frisches Rindfleisch gewöhnt. »Wir haben die bedauernswerten Niederländer arm gegessen«, bekannte ein Soldat des 508th Regiment später. »Die meisten Häuser hatten Kaninchenställe, also haben wir viele Kaninchen verspeist.«[14] Das Einzige, was den Amerikanern an der britischen Verpflegung gefiel, war die Rumration. Zwar erinnerte das Zeug in Farbe und Konsistenz eher an dickflüssiges Maschinenöl, aber jene, die harte Getränke mochten, suchten sich möglichst viel davon zu beschaffen. »Einer unserer Kameraden betrank sich damit«, schrieb ein Staff Sergeant des 505th Regiment, »und ging dann mit einer Thompson-MP auf die Jagd. Singend kam er mit zwei Stallhasen zurück. Er musste in seinem Schützenloch hocken, bis er wieder nüchtern war.«[15]

Die amerikanischen Soldaten träumten vor allem von Steaks, daher wurden zahlreiche Kühe mit dem Maschinengewehr getötet und auf der Stelle geschlachtet. »Zu viele Kühe endeten als Steaks, weil sie die Parole nicht kannten«, schrieb Pater Sampson.[16] Als der Umfang der Klagen niederländischer Bauern immer weiter anwuchs, befahl General Taylor, hart gegen diese Praxis vorzugehen. Nun wurde beim Abschuss eines Rindes eine Strafe von 500 Dollar fällig.[17] Als Colonel Ewell nach Johnsons Tod das Kommando über das 501st Regiment übernommen hatte, suchte er bald darauf seine drei Bataillone auf, um General Taylors Befehl Nachdruck zu verleihen. Lieutenant Colonel Ballard versuchte den Überfluss an Frischfleisch in seinem Bataillon zu erklären. »Die Rinder sind von Granaten der 88er-Kanonen getroffen worden, die Schweine waren auf eine Mine getreten, und die Hühner litten wahrscheinlich an Gefechtsneurose.« In dem Augenblick rannte ein Schwein quiekend vorbei, gefolgt von vier schießenden Paratroopern. »Jetzt werden Sie mir bestimmt erklären«, sagte Ewell zu Ballard, »dass dieses verdammte Schwein gerade dabei ist, Ihre Männer zu attackieren.«[18]

Wesentlich größere Sorge bereiteten den amerikanischen Militärbehörden in Europa wirkliche Verbrechen, wie die 1st Allied Airborne Army in einem Tagesbulletin enthüllte: »Beim Stab sind Berichte eingegangen, dass Militärpersonal sich aus illegalen Quellen wie erbeuteter Feindwährung, Handel mit Kriegsgefangenen, Schwarzmarktaktionen und Ähnlichem bereichert.« Amerikanische Soldaten hatten große Mengen alter belgischer 100-Franc-Noten erworben, und »zahlreiche gefälschte französische Francs der Alliierten Militärbehörden« waren im Umlauf. Einige Paratrooper spielten in ihrer Freizeit Währungsmarkt und betrieben sogar »einen Handel mit Goldbarren«.[19] Kein Pardon kannten Paratrooper jedoch bei jedem, der sich auf Kosten der eigenen Kameraden bereicherte. Ermittlungen brachten an den Tag, dass ein Mann Morphium gestohlen hatte, berichtete Lieutenant La Riviere. Das verkaufte er ziemlich sicher auf dem Schwarzmarkt. La Riviere berichtete, der Mann sei von seinem eigenen Zug ordentlich durchgeprügelt worden, bevor man ihn der Militärpolizei übergab. »Es stellte sich heraus, dass er ein Berufsverbrecher war.«[20]

Kaum zu glauben, doch mancher Ortsbewohner schien die britischen Soldaten im Vergleich zu anderen geradezu für Engel zu halten. »In allen Häusern sind englische Soldaten untergebracht«, schrieb einer später. »Sie haben dort das Heft übernommen, und die [niederländischen] Männer, die noch da sind, fühlen sich wie Gäste. Das stört sie nicht, denn obwohl sie einander nicht verstehen, ist viel guter Wille zu spüren. Wir fürchten uns nicht vor ihnen wie vor den Deutschen. Sie sind sehr höflich und machen uns das Leben nicht unnötig schwer. Sie geben uns Zigaretten und Lebensmittel, darunter Reis, den wir seit Jahren nicht mehr gegessen haben. Wir geben ihnen dafür Milch und Eier, die sie höflich entgegennehmen und auch noch bezahlen wollen.« Dann fügte er hinzu: »Wir dachten, das sei nur für ein paar Tage, aber es dauerte sieben Monate.«[21] Der härteste Schlag für dieses Zusammenleben kam am 2. Dezember 1944, als die Deutschen östlich der zerstörten Eisenbahnbrücke von Oosterbeek den Deich sprengten. Weite Teile der Betuwe wurden überflutet.

Für die britischen Truppen bedeutete das Scheitern von Market Garden eine beträchtliche Eintrübung der allgemeinen Stimmung, was durch den endlosen Regen im Frühherbst noch verstärkt wurde. Als die britische 11th Armoured Division an der Ostflanke des XXX. Corps einen Frontabschnitt übernahm, kursierte ein wahrscheinlich von einem britischen Offizier geschriebener Limerick als anonymes Flugblatt:

Ich hocke am Ufer der MAAS
Und denk' mir, s'ist wirklich 'ne FAARCE,
In dieser Phase des Lebens
Fern von der Frau und vergebens
Hier zu sitzen im Dreck auf dem AARSCH.[22] *

Die Deutschen waren von dem, was sie für »Dienst nach Vorschrift« der Briten hielten, wenig beeindruckt. Die wollten offenbar in dieser Gegend überwintern. »Bei Nacht will der Tommy schlafen«, hieß es bei den Deutschen.[23] Montgomery hatte mit den endlosen durchnässten Poldern und den Rheinarmen, die sie in mannigfaltiger Form umschlossen, das schlimmste nur denkbare Terrain gewählt. Nur ein einziger Weg führte hier heraus: Wenn der Frühling kam, galt es, nach Osten über die Maas in den Reichswald vorzustoßen, der allerdings für Panzer auch nur wenig Raum zum Manövrieren bot.

Wer sich noch in Nimwegen aufhielt, hatte den Eindruck, dass er fast an der Frontlinie lebte. »Wir fühlen uns, als säßen wir mitten im Krieg«, schrieb Martijn Louis Deinum in sein Tagebuch. »Unablässig gehen deutsche Granaten nieder, und wir können uns noch nicht sicher fühlen.« Was er als »optimistischen Gleichmut der Engländer« bezeichnete, konnte er immer noch nicht begreifen.[24]

Schwerpunkt der deutschen Angriffe blieben die beiden Brücken über die Waal. Die Briten hatten die Straßenbrücke mit Scheinwerfern und Flak umstellt, um Nachtbomber und Huckepack-Flugzeuge abzuwehren. Der dramatischste Anschlag auf die Brücke erfolgte jedoch durch Kampfschwimmer. Die Briten erkannten diese Bedrohung nach einem plumpen Aufklärungsversuch der Deutschen und brachten sofort 17-Pfünder-Abwehrkanonen in Stellung, um die Auffahrten abzusichern. Die zwölf Kampfschwimmer vom Marine-Einsatzkommando 65, die in Venedig trainiert hatten, wurden auf Brigadeführer Harmels Befehlsposten in Pannerden eingewiesen. Harmel machte sie darauf aufmerksam, dass der Feind die Brücke außerordentlich scharf bewache.[25] In der Nacht zum 28. September schossen drei Trupps von vier Kampfschwimmern zehn Kilometer flussaufwärts jeweils eine Torpedomine mit einer halben Tonne Sprengstoff ab.

* Für Liebhaber des Englischen hier das Original: As I sit on the banks of the MAAS / I reflect that it's really a FAAS / At my time of life / And miles from my wife / To be stuck in the mud on my AAS. – Anm. d. Übers.

Die starke Strömung erschwerte ihre Aufgabe sehr, und nur eine der Minen war exakt positioniert. Sie zerstörte einen Teil der Eisenbahnbrücke. Die Straßenbrücke blieb unbeschädigt. Von den zwölf Kampfschwimmern entkamen nur zwei stromabwärts. Von den zehn, die gefangen genommen wurden, starben drei an ihren Verletzungen.[26]

Die US 82nd Airborne Division hatte ihre eigene inoffizielle Geheimwaffe in Gestalt von Private Theodore H. Bachenheimer vom 504th Parachute Infantry Regiment. Bachenheimer, ein in Deutschland geborener 21-jähriger Jude, war ein selbst ernannter Spion. Beide Eltern hatten Theater gespielt, und als sie in die Vereinigten Staaten emigrierten, ließen sie sich in Hollywood nieder. Bachenheimer sprach englisch immer noch mit deutschem Akzent und erhielt die amerikanische Staatsbürgerschaft erst während seiner Ausbildung in Fort Bragg. Als das 504th Regiment im italienischen Anzio eingesetzt war, schlüpfte Bachenheimer durch die feindlichen Linien und stellte sich mit deutschen Soldaten an Feldküchen an, um so an Informationen zu kommen. Für diese Leistung wurde ihm der Silver Star verliehen.

Am 18. September – die Alliierten hatten noch keine Truppen in Nimwegen – schlich sich Bachenheimer in den Bahnhof, wo viele deutsche Soldaten im Restaurant beim Essen saßen. Mithilfe eines niederländischen Eisenbahningenieurs kaperte er die öffentliche Lautsprecheranlage. Über sie forderte er alle Deutschen im Bahnhof auf, sich zu ergeben, und feuerte vor dem Mikrofon seine Maschinenpistole ab. Die etwa vierzig Deutschen im Bahnhof rannten in Panik davon. Nach der Eroberung von Nimwegen durch die Alliierten spezialisierte er sich darauf, deutsche Soldaten für Verhöre gefangen zu nehmen. Bachenheimer arbeitete eng mit Jan Postulart, einem Anführer der lokalen Untergrundorganisation, Deckname »Zwarte Jan – der schwarze Jan«, zusammen.[27]

Colonel Tuckers Regimentsadjutant erinnert sich daran, dass Gavin einmal äußerte, er wisse nicht, ob Bachenheimer wegen seiner irregulären Aktionen vor ein Kriegsgericht gestellt oder im Feld zum Offizier befördert werden sollte.[28] Während eines Besuchs bei ihrem Geliebten Jim Gavin beschrieb die Schriftstellerin und Kriegsberichterstatterin Martha Gellhorn Bachenheimers Stützpunkt in einem Artikel für *Collier's* als »ein vollgestopftes Zimmerchen in einer alten Schule von Nimwegen«. Hier fragte er Kameraden seines Agentennetzes ab, hörte deutschen Informanten zu, vernahm Gefangene, arbeitete mit dem niederländischen Untergrund und empfing britische und amerikanische Offiziere, die Informationen brauchten. Bei einem Verhör war Gellhorn anwesend. »Keine Einzelheit war zu groß oder zu klein für Bachenheimer, einen sehr fähigen und ernsthaften Mann. Auch seine Bescheidenheit war nicht zu erschüttern«, schrieb sie. »Bachenheimer hatte eine außerordentliche Begabung für den Krieg, aber eigentlich war er ein Mann des Friedens.«[29]

Der selbst ernannte Spion wechselte über die deutsche Grenze hin und her, kam nach Kleve und in die Betuwe. Die Zentrale der lokalen Untergrundorganisation bei Tiel befand sich auf der Obstplantage der Familie Ebbens, die von der SS vollzählig gefangen genommen und hingerichtet wurde. Auch Bachenheimer ergriffen die Deutschen und erschossen ihn. Das soll bei einem Fluchtversuch am Abend des 22. Oktober geschehen sein. Nur Wenige glaubten das. Er wurde mit Schusswunden am Hinterkopf und im Nacken gefunden. Am wenigsten erklärlich ist die Tatsache, dass Bachenheimers Leichnam die Uniform eines US Lieutenant Pilot trug.

Im Verlauf ihres Besuchs verfasste Martha Gellhorn einige denkwürdige Schilderungen von Nimwegen während des Artilleriebeschusses. »Die Niederländer mit ihrem unerschütterlichen Ordnungssinn fegen jeden Morgen die Glasscherben zusammen. Da es keine Möglichkeit gibt, sie abzutransportieren, liegen unter den tropfenden Herbstbäumen und längs der von Granattrichtern gesäumten Straßen säuberliche Häuflein von Schutt und Glas.« Auch die Art und Weise, wie eine Gesellschaft mit Verrätern unterschiedlichen Grades umging, faszinierte sie. »Polizei und Untergrund ermitteln eifrig Kollaborateure und deutsche Agenten in der Stadt. Die Kollaborateure schließen sie im großen Schulhaus ein, das von Einschusslöchern der Artillerie übersät ist, und verpflegen sie dort so wie sich selbst. Sie warten auf die Rückkehr der niederländischen Regierung, die diese Leute vor ein ordentliches Gericht stellen soll. Das Schulhaus durchzieht der bekannte abstoßende Geruch ungewaschener Körper … Die Niederländer behandeln diese Menschen nicht brutal, sie werden nur leicht bewacht. Überraschend zu sehen, welche Art Menschen da verhaftet wurden. Vor allem solche, die offenbar arm sind. In der Schule gibt es auch Zimmer, in denen traurig dreinschauende, kranke junge Frauen mit sehr kleinen Babys im Bett liegen. Sie haben mit Deutschen zusammengelebt und deutsche Kinder geboren. In anderen Räumen befinden sich alte Leute, die entweder mit den Deutschen Handel getrieben, für die niederländische Nazi-Regierung gearbeitet oder aufrechte Bürger und das Land denunziert bzw. ihnen auf andere Weise geschadet haben. In einem Raum stieß ich auf eine Nonne, die sehr kalt und unversöhnlich wirkte. Neben ihr zwei naive, hausbackene Mädchen, die bei den Deutschen in der Küche arbeiteten und nebenbei ab und zu Soldaten zu Gefallen waren.«[30]

Nachdem die letzten Paratrooper in Oosterbeek sich ergeben hatten, rückte die 9. SS-Panzer-Division »Hohenstaufen« nach Siegen in Deutschland ab. Am 28. September informierte Model die Kommandeure der 9. und der 116. Panzer-Division der Wehrmacht über seine geplante Operation, mit dem II. SS-Panzer-Korps die Betuwe zurückzuerobern. Bittrich war über diesen Plan gar nicht erfreut, und seine Skepsis über einen Angriff auf solchem Terrain sollte bald Bestätigung finden. Beide Divisionen hatten Schwierigkeiten, Arnheim zu erreichen. Die 116. Panzer-Division geriet in die Kämpfe um Aachen, und ihr weiterer Vormarsch wurde durch Angriffe von Jagdbombern der Alliierten gebremst. Model weigerte sich, den Angriff weiter aufzuschieben, obwohl nicht alle Einheiten wie geplant zur Stelle waren.

Am 1. Oktober um 6.00 Uhr morgens rückten die beiden Divisionen im Schutz des Nebels in Richtung Elst vor, doch angesichts heftigen Widerstands des Feindes habe man nur unbedeutende Geländegewinne gemacht, berichtete Harmel.[31] Die Königstiger der Schweren Panzer-Abteilung 506 scheinen sich an der ganzen Operation nur widerwillig beteiligt zu haben. Die Irish Guards stoppten den Angriff der 9. SS-Panzer-Division gegen Aam. Britische Artillerie brachte den Deutschen bei ihren Attacken über offenes Gelände schwere Verluste bei, wie Bittrich befürchtet hatte. Bis zum 4. Oktober war die 10. SS-Panzer-Division »Frundsberg« so weit dezimiert, dass man sie in Kampfgruppe Harmel umbenannte. Am nächsten Tag bat Bittrich um ein Ende der Offensive. Model bestand darauf, sie fortzusetzen, doch am 8. Oktober zwang der Vormarsch der Amerikaner auf Aachen Rundstedt, die 116. Panzer-Division abzuziehen. Um den Nachschub für die deutschen Truppen in der Betuwe zu behindern, zerstörten Bomber der Alliierten die Straßenbrücke von Arnheim, für deren Erhalt Frosts Männer so schwer gekämpft hatten. Manche sahen darin den Beweis für das endgültige Scheitern von Operation Market Garden.

Nach dem Ende von Models Offensive bereiteten die Deutschen Verteidigungsstellungen längs des Flusses IJssel östlich von Arnheim vor. Halb verhungerte sowjetische Kriegsgefangene wurden in großer Zahl für Schachtarbeiten eingesetzt. Sie erregten großes Mitleid bei der Lokalbevölkerung, wie ein junger Niederländer schrieb: »Als meine Großmutter den

Russen ein paar Flaschen Bier aus ihrem Restaurant zusteckte, wussten sie nicht, wie sie mit den Kronkorken umgehen sollten. Um an das Bier heranzukommen, schlugen sie die Flaschenhälse ab und tranken aus den defekten Flaschen. Sie schienen ständig Hunger zu haben. Abgesehen von den Eiern, die wir ihnen gaben, waren sie ganz verrückt auf Seifenstücke, die sie ohne Weiteres verschlangen. Sie zerschnitten und zerrissen auch ein totes Pferd, das noch warm war, und aßen das Fleisch auf der Stelle.«[32]

Nach der Schlacht nördlich des Niederrheins hielten sich noch nahezu 500 Angehörige der britischen 1st Airborne Division in der Gegend versteckt. Major Digby Tatham-Warter wollte Waffen für sie abwerfen, sodass die versprengten Briten zusammen mit dem Untergrund als Guerillatruppe weitere Versuche unterstützen konnten, den Fluss zu überschreiten. Doch nach dem Scheitern von Market Garden gaben die Alliierten jeglichen Gedanken an eine Überquerung des Rheins in den Niederlanden auf.

Die erzwungene Evakuierung Arnheims durch die Deutschen bedeutete, dass die in der Gegend versteckten britischen Soldaten nach Westen geholt werden mussten, um der Gefangenschaft zu entgehen und Vergeltung der Deutschen an den Familien zu verhüten, die ihnen geholfen hatten. Die Untergrundorganisation von Arnheim unter Führung von Piet Kruijff schleuste eine große Zahl dieser Männer aus Arnheim und Oosterbeek heraus, darunter die Brigadiers Lathbury und Hackett. Kruijff war bereits in Kontakt mit einem Team des belgischen SAS unter Captain Gilbert Sadi-Kirschen, der seit dem 15. September westlich von ihnen agierte. Zusammen mit der Untergrundorganisation aus der Gegend um Ede, die von Bill Wildeboer angeführt wurde, versteckten sie britische Soldaten in den umliegenden Dörfern. Schließlich hatten sich so viele Briten in dieser Gegend versammelt, dass ihr weiterer Verbleib zu gefährlich wurde. Das SAS-Team bat den Stab der Special Forces in Moor Park um Rat, während der Untergrund über das Telefonnetz der Elektrizitätsgesellschaft PGEM Kontakt mit dem britischen Geheimdienst in Nimwegen aufnahm. So entstand der Plan für Operation Pegasus, bei der so viele Briten wie möglich in der Nacht zum 22. Oktober über den Niederrhein gebracht werden sollten. Amerikanische Paratrooper von der 101st Airborne Division sicherten die Übergangsstelle, und amerikanische Pioniere bedienten die Boote. Auf diese Weise konnten 138 Fallschirmsoldaten und abgeschossene Flugzeugbesatzungen der Alliierten in Sicherheit gebracht werden.

Airy Neave vom MI9, der Organisation, die für die Flucht von Militärangehörigen zuständig war, entschied, einen Monat später Pegasus II für eine ähnliche Personenzahl durchzuführen.* Unglücklicherweise stießen sie in den Wäldern nördlich des Flusses auf eine deutsche Stellung, wodurch die ganze Aktion in einem Desaster endete. Von nun an vermied man Massenüberfahrten dieser Art. Kleine Gruppen gingen in dem sehr kalten Winter nach der Schlacht von Arnheim weiterhin über den Fluss, darunter eine im Februar, in der sich auch Brigadier Hackett befand, inzwischen von seiner Verwundung so weit wiederhergestellt, dass er den Versuch wagen konnte.[33]

Hackett und Colonel Graeme Warrack wurden getrennt voneinander und in Etappen von Gruppen des Untergrunds näher an der Küste über den Niederrhein in den westlichsten Zipfel der Betuwe gebracht, der noch von den Deutschen besetzt war. Hackett war froh, nur das tun zu müssen, was seine sehr fähigen Begleiter anordneten. »Es war, als wäre ich wieder ein Kind«, schrieb er später, »das man an der Hand durch eine Menschenmenge führt. Ich war weder in der Lage, die Dinge zu beeinflussen, noch neugierig genug, ihr Wesen zu ergründen.«[34]

Örtliche Bootsführer, die sich in den Marschen und Kanälen der Waal-Mündung auskannten, unterhielten mit elektrisch angetriebenen Kanus einen von der kanadischen Armee eingerichteten Kurierdienst zwischen den befreiten und den noch besetzten Teilen Hollands. In einer windigen Nacht wurde Hackett mit einem dieser Boote über die Flussarme befördert. Kurz vor dem Morgengrauen erreichten sie nach langer Fahrt durch die von Schilf gesäumten Wasserwege das Südufer. Zufällig wurde dieser Frontabschnitt von den 11th Hussars gehalten, und Freunde aus der Western Desert Campaign, dem Krieg in Libyen und Ägypten, erwarteten ihn bereits. »Es war ein wunderbar beruhigendes Gefühl, unter ihnen zu sein. Wahrscheinlich gab es kein anderes Regiment in der Armee, das meine Einheit besser kannte und mehr mochte.« In dem Haus an dem kleinen Kai wartete »der Riese Graeme Warrack, dieser große Mann voller Wärme und Lebensfreude«. Warrack, der fast doppelt so groß war wie Hackett, strahlte: »Hier ist er endlich, der kleine Mann!«[35]

* Airy Neave, der erste Offizier, der aus dem Lager für gefangene alliierte Offiziere auf Schloss Colditz entkam, wurde zum Spiritus Rector des MI9 und arbeitete nach dem Krieg mit dem Internationalen Gerichtshof in Nürnberg zusammen. Er wurde Mitglied des Parlaments und war als Margaret Thatchers engster Berater tätig, bis er 1979 bei einem Autobombenanschlag der Irish National Liberation Army, einer Abspaltung der IRA, nahe dem Londoner Unterhaus ums Leben kam.

28

Der Hungerwinter November 1944 bis Mai 1945

Am 28. September ging Harold Nicolson ins Unterhaus, um sich Winston Churchills Erklärung zum Ende der Schlacht anzuhören. »Auf dem Weg dorthin«, schrieb er in sein Tagebuch, »überlegte ich, wie ich an seiner Stelle die Kapitulation von Arnheim behandelt hätte. Einerseits war es notwendig, sie im Verhältnis zum Kriegsverlauf insgesamt als eine relativ unwichtige Episode darzustellen. Andererseits durfte man bei den besorgten Eltern nicht den Eindruck erwecken, es habe sich lediglich um ein banales Vorkommnis gehandelt. Winston bewältigte dieses Problem meisterhaft. Von den Männern der 1st Airborne Division sprach er mit viel Mitgefühl. ›Nicht vergebens – das ist unser Lob für jene, die zurückkehrten. Nicht vergebens – lautet das Epitaph für jene, die gefallen sind.‹«[1]

Bei allem Verständnis für den menschlichen Drang, nach einem solchen Debakel gute Miene zum bösen Spiel zu machen, war es doch erstaunlich zu sehen, wie sich die hohen Befehlshaber der Alliierten selbst gratulierten und sich zugleich gegenseitig den Schwarzen Peter zuschoben. Im Oktober behauptete US-General Brereton: »Obwohl es der 2nd Army nicht gelang, Arnheim zu erreichen und einen permanenten Brückenkopf jenseits des Niederrheins zu schaffen, war Operation Market ein brillanter Erfolg.«[2] Das bedeutete, die ganze Schuld musste bei Horrocks und dem britischen XXX. Corps liegen, nicht bei der 1st Allied Airborne Army.

Horrocks seinerseits beschuldigte Urquhart und dessen Männer. »Die 1st Airborne Division hatte einen von Grund auf unseriösen Plan und hat schlecht gekämpft«, sagte er nach dem Krieg. »Die wussten nicht, wie man im Gefecht als Division handelt.«[3] Auch Dempsey tadelte Urquharts Plan, doch wusste er damals noch nicht, dass Brereton und Major General Williams diesem kaum eine Alternative gelassen hatten. Die 1st Airborne Division »hatte nur eine geringe Chance auf Erfolg, weil ihr eigener Plan so schlecht war«, sagte er. »Als Division war sie nicht gut. Die Männer waren tapfer genug, aber sie waren taktisch nicht gut ausgebildet und wussten nach der Landung nicht, wie man am Boden ein reguläres Gefecht führt.«[4] Wie zu erwarten war, machte Urquhart keinen Ärger und gab nicht anderen die Schuld. Sein Bericht endete mit den Worten: »Operation Market war kein hundertprozentiger Erfolg und endete nicht so wie beabsichtigt. Die Verluste waren hoch, aber alle Dienstgrade stimmen darin überein, dass die Risiken vertretbar waren. Es kann keinerlei Zweifel bestehen, dass alle willens sind, auch künftig so eine Operation unter ähnlichen Bedingungen durchzuführen. Wir bedauern nichts.«[5]

Es hat den Anschein, dass niemand wusste oder zu hinterfragen wagte, wie die gesamte Operation abgelaufen war. Eisenhower schrieb an Brereton: »Die Perfektion Ihrer Stabsarbeit wurde demonstriert durch die vollkommene Koordination zwischen Luft-, Boden- und Luftlandetruppen, was ein Maximum an taktischer Wirkung zur Folge hatte.«[6] Selten war ein Kompliment so fern jeder Realität.

Montgomery war entschlossen, sich die Luftkräfte der Alliierten gefügig zu machen, indem er ihnen seinen Plan aufzwang. Dabei begriff er offenbar nicht, dass die Alliierten und nicht er das letzte Wort hatten. Browning erhielt endlich den Kampfauftrag, auf den er so erpicht war, unternahm aber nichts, als Major General Williams sich weigerte, seinen Flugzeugen zu gestatten, sich den Brücken von Arnheim und Nimwegen zu nähern. Das machte jede Hoffnung auf den Überraschungseffekt zunichte, den einzigen Vorteil, über den leichtbewaffnete Luftlandetruppen verfügen. Selbst Breretons Stab musste später einräumen: »Die Zeit zwischen Landung und Einnahme der Gefechtsposition war relativ lang – zwischen zwei und drei Stunden. [Tatsächlich waren es eher sechs Stunden.] Dadurch ging in Arnheim der Vorteil des Überraschungseffekts verloren.«[7] Und Williams wies mit gewisser Berechtigung das Ansinnen von zwei Flügen pro Tag zurück, was aber die einzige Chance gewesen wäre, rechtzeitig genügend Kräfte zu den Zielen zu transportieren. So muss Browning einen großen Teil der Verantwortung auf sich nehmen, weil er es versäumte, sich direkt an Montgomery zu wenden und darauf zu bestehen, dass angesichts dieser Einschränkungen die ganze Operation neu zu überdenken war.

Vor allem aber verstieß das Grundkonzept von Operation Market Garden gegen die militärische Logik, denn darin wurde weder berücksichtigt, dass etwas fehlschlagen könnte, noch erwogen, welche Reaktion vom Feind zu erwarten war. Von den Deutschen wäre als Erstes zu erwarten gewesen, dass sie die Brücken von Nimwegen sprengten. Nur weil Model wider alle militärische Logik handelte, hatte Operation Market Garden überhaupt eine Chance auf Erfolg. Alle übrigen Mängel, die während der Gefechte auftraten, wie die schlechte Kommunikation und der völlige Ausfall des Kontakts zwischen Boden- und Luftkräften, verschärften das Grundproblem nur zusätzlich. Kurz gesagt, bei der ganzen Operation wurde die alte Regel ignoriert, dass in der Praxis kein Plan die Berührung mit dem Feind überlebt. Anmaßung wird immer bestraft. Shan Hackett formulierte es viel später so: »Alles, was schiefgehen konnte, ging schief.«[8]

Montgomery gab dem Wetter die Schuld, nicht dem Plan. Einmal behauptete er sogar, die Operation sei zu 90 Prozent ein Erfolg gewesen, weil es gelang, neun Zehntel der Wegstrecke nach Arnheim zurückzulegen. Das veranlasste Eisenhowers Stellvertreter, Air Chief Marshall Arthur Tedder, zu der höhnischen Bemerkung: »Dann ist die Erfolgsquote noch höher, wenn man sich von einem Felsen in die Tiefe stürzt und dabei die letzten paar Zoll außer Acht lässt.«[9] Prinz Bernhard soll zu Montgomerys optimistischer Bewertung der Operation gesagt haben: »Noch so einen Montgomery-Sieg kann sich mein Land nicht leisten.«[10] Doch wenigstens sprach Montgomery der 1st Airborne Division die hochverdiente Anerkennung aus. Ein offener Brief, den er Urquhart kurz vor seinem Abflug nach England übergab, endet mit den Worten: »In kommenden Zeiten wird es für einen Mann eine große Sache sein, wenn er sagen kann: ›Ich habe bei Arnheim gekämpft.‹«[11]

Die Deutschen analysierten das Versagen der Briten mit großem professionellen Interesse[12], besonders die Art und Weise, wie sie den »Überraschungseffekt« verspielten.[13] Wie Oberstleutnant von der Heydte später erklärte, bestand nach seiner Auffassung der große Mangel des Plans bei Arnheim darin, dass die Brigade britischer Paratrooper, die am ersten Tag landete, nicht stark genug war und die Truppen nicht zu beiden Seiten des Flusses landeten. »Das haben die selten blödsinnig gemacht bei Arnheim«, schloss er.[14] Sowohl die deutschen als auch die niederländischen Offiziere widersprachen Williams' Behauptung, das Südufer des Niederrheins in der Nähe der Brücke sei für die Landung von Seglern und Paratroopern ungeeignet gewesen. Auch die Stärke der Flak-Batterien wurde erheblich übertrieben, wie Generaloberst Student erklärte. Dadurch verpassten die Briten die Chance der »Überraschung, die stärkste Waffe der Luftlandetruppen. Der Gegner spielte bei Arnheim diese Trumpfkarte nicht aus und vergab damit den Sieg«, fügte er hinzu.[15] Bittrich, der bislang großen Respekt für Montgomery als Heerführer gehabt hatte, änderte nach Arnheim seine Meinung.[16]

Wenn man wie Horrocks einplante, das XXX. Corps 103 Kilometer weit vom Maas-Schelde-Kanal in Belgien bis Arnheim auf einer einzigen Straße vorrücken zu lassen, dann beschwor man Probleme geradezu herauf. Selbst unter der Voraussetzung eigener Luftüberlegenheit war dies eine Aktion, die der deutsche Generalstab als Husarenstück verworfen hätte. Bei dem geplanten Tempo des Vormarschs durften keinerlei Hindernisse auftreten. Und obwohl sich Anzeichen für das Gegenteil häuften, blieb Montgomery bei seinem Glauben, die Deutschen seien nicht in der Lage, rasch eine wirksame Verteidigung aufzubauen. General David Fraser, der als einfacher Grenadier an der Schlacht um Nimwegen teilnahm, schrieb später: »Operation Market Garden war, genau gesagt, ein sinnloses Unterfangen. Es war eine durch und durch schlechte Idee, schlecht geplant und konnte nur – auf tragische Weise – durch außerordentliche Tapferkeit der beteiligten Truppen realisiert werden.«[17]

Für Sosabowskis Truppen stellte Operation Market Garden in doppelter Hinsicht eine Tragödie dar. In der ersten Oktoberwoche »erhielten sie die schmerzliche Nachricht, dass Warschau gefallen war. Sie verbreitete sich blitzartig unter den Männern. Zu ihrer großen Erschöpfung gesellte sich tiefe Niedergeschlagenheit.«[18] Das Schicksal Polens schien außer ihnen keinem nahezugehen.

Zwei polnische Paratrooper, Stanley Nosecki und Gasior, sein Kamerad in der Batterie der Panzerabwehrkanonen, kehrten gemeinsam zu ihrer Basis in England zurück. Dort stellten sie fest, dass sie die beiden einzigen aus ihrer Unterkunft waren, die überlebt hatten. Plötzlich brachen aus Gasior (fast sicher ein Kampfname), der im Spanischen Bürgerkrieg und in der französischen Fremdenlegion gekämpft hatte, Trauer und Wut hervor. »Wir werden getötet, und keiner hilft uns. Unsere Brüder in Warschau werden getötet, und keiner hilft ihnen. Wir sollten nicht länger in dieser leeren Kaserne hocken, die so voll von schlechten Erinnerungen und Verbitterung ist. Wir müssen hier raus.«

Außerhalb des Militärlagers hielt ein LKW der US Army, den ein schwarzer Soldat steuerte, neben ihnen. Er hatte die polnischen Paratrooper erkannt und bot ihnen an, sie bis Northampton mitzunehmen. »Ihr habt euch eine gute Zeit verdient«, sagte er. In Northampton gingen die beiden Polen in ein Hotel. »Dort begegneten sie einem Sergeant der RAF, seiner schönen Frau und seiner Schwiegermutter, einer vornehmen Dame.« Sie redeten über Arnheim und Oosterbeek, wovon der Sergeant in der RAF viel gehört haben musste. Sie aßen zusammen zu Abend und gingen danach in die Bar. Aber für Nosecki und Gasior war es zu spät, in ihre Kaserne zurückzukehren. Sie beschlossen, im Hotel zu übernachten. Einer von ihnen, ziemlich sicher Gasior, schlief schließlich mit der »vornehmen Dame«. Die kurze Ablenkung von der tragischen Atmosphäre des polnischen Lagers und die Freundlichkeit derer, denen sie begegnet waren, reichten aus, dass sie ihr seelisches Gleichgewicht wiederfanden.[19]

Noch mehr Grund als die polnischen Soldaten, sich verlassen und missbraucht zu fühlen, hatte Major General Sosabowski. Weder Horrocks noch Browning konnten ihm die Kritik an der britischen Planung und Truppenführung verzeihen. Als Sosabowski Browning per Brief davon informierte, dass die polnische Regierung beabsichtige, ihm den Stern zum Orden Polonia Restituta zu verleihen, antwortete dieser: »Ich will absolut aufrichtig sein, wenn ich Ihnen sage, dass mir die Verleihung eines polnischen Ordens zur gegenwärtigen Zeit sehr unglücklich erscheint. Wie Sie genau wissen, war mein Verhältnis zu Ihnen und Ihrer Brigade in den letzten Wochen nicht das glücklichste, ganz im Gegenteil.«[20] Sosabowski antwortete unverzüglich mit einer Entschuldigung für den Fall, »dass ich irgendwann meine Meinung in einer Weise oder mit Worten ausgedrückt habe, die Ihnen nicht zusagten«.[21]

Browning ließ sich davon nicht milder stimmen. Für ihn war Sosabowskis offene Kritik ein Fall von Insubordination. Er redete sich weiter ein, dass Sosabowski bei der Überfahrt über den Niederrhein am 24. September seine Männer zurückgehalten hätte, um sie für anderes aufzusparen, während den Polen in Wirklichkeit befohlen wurde, ihre Boote den Dorsets zu übergeben. Brownings Auffassung wurde natürlich auch Montgomery bekannt, welcher der polnischen Exilregierung übelgenommen hatte, dass sie sich weigerte, die polnische Parachute Brigade vor dem Einmarsch in die Normandie an ihn zu übergeben. Er schrieb am 17. Oktober an Field Marshal Brooke: »Die polnische Para Brigade hat sehr schlecht gekämpft, die Männer zeigten keinerlei Bereitschaft zu kämpfen, wenn ein Risiko für ihr Leben bestand. Ich möchte diese Brigade nicht hierhaben, vielleicht könnten Sie sie zu den anderen Polen nach Italien schicken.«[22] Das war eine unfassbare Verleumdung. Doch wie Brownings Biograf schrieb, holte dieser »in einem Brief an Lieutenant General Sir Ronald Weeks, den stellvertretenden Chef des Generalstabs, der für die Einheiten der Alliierten verantwortlich war, zum entscheidenden Schlag aus«.[23]

»Seit die polnische Parachute Brigade Group im Juli mobilisiert wurde«,

41. Die C Company des 1st Battalion des Border Regiment bereitet sich am 21. September darauf vor, einen Angriff an der Westflanke des eingekesselten Oosterbeek abzuwehren.

42. Luftwaffe-Schützen der Flak-Brigade von Swoboda feuern am Amsterdamseweg auf anfliegende Versorgungsmaschinen der RAF.

43. Paratrooper versuchen verzweifelt, RAF-Piloten zu signalisieren, die Nachschubgüter innerhalb des besetzten Gebietes abzuwerfen.

44. Ein Halbpanzer der SS-Panzer-Division »Hohenstaufen« auf dem Dreijenseweg. Im Hintergrund Fallschirme von Nachschubcontainern der Alliierten.

45. Amerikanische Paratrooper nahe Hell's Highway unter Artilleriebeschuss.

46. Gehfähige Verwundete vom Hotel Schoonoord werden am 20. September gefangen genommen.

47. Nach der Niederlage von Frosts Bataillon an der Brücke von Arnheim bereitet sich Kampfgruppe Brinkmann darauf vor, in südlicher Richtung vorzustoßen und sich in der Betuwe den von Nimwegen anrückenden britischen Truppen entgegenzustellen.

48. Angehörige unterschiedlicher Einheiten von (v.l.n.r.) Waffen-SS, Wehrmacht und Luftwaffe in der Betuwe, »der Insel« zwischen Arnheim und Nimwegen.

49. Am 24. September beginnen die Deutschen mit der Zwangsevakuierung der Bevölkerung aus Arnheim und Umgebung. Dieser Akt der Vergeltung für die Unterstützung der Alliierten durch die Niederländer diente auch dazu, ungehindert zu plündern.

50. Kanadische Truppen befreien am 14. April 1945 endlich das verlassene und verwüstete Arnheim.

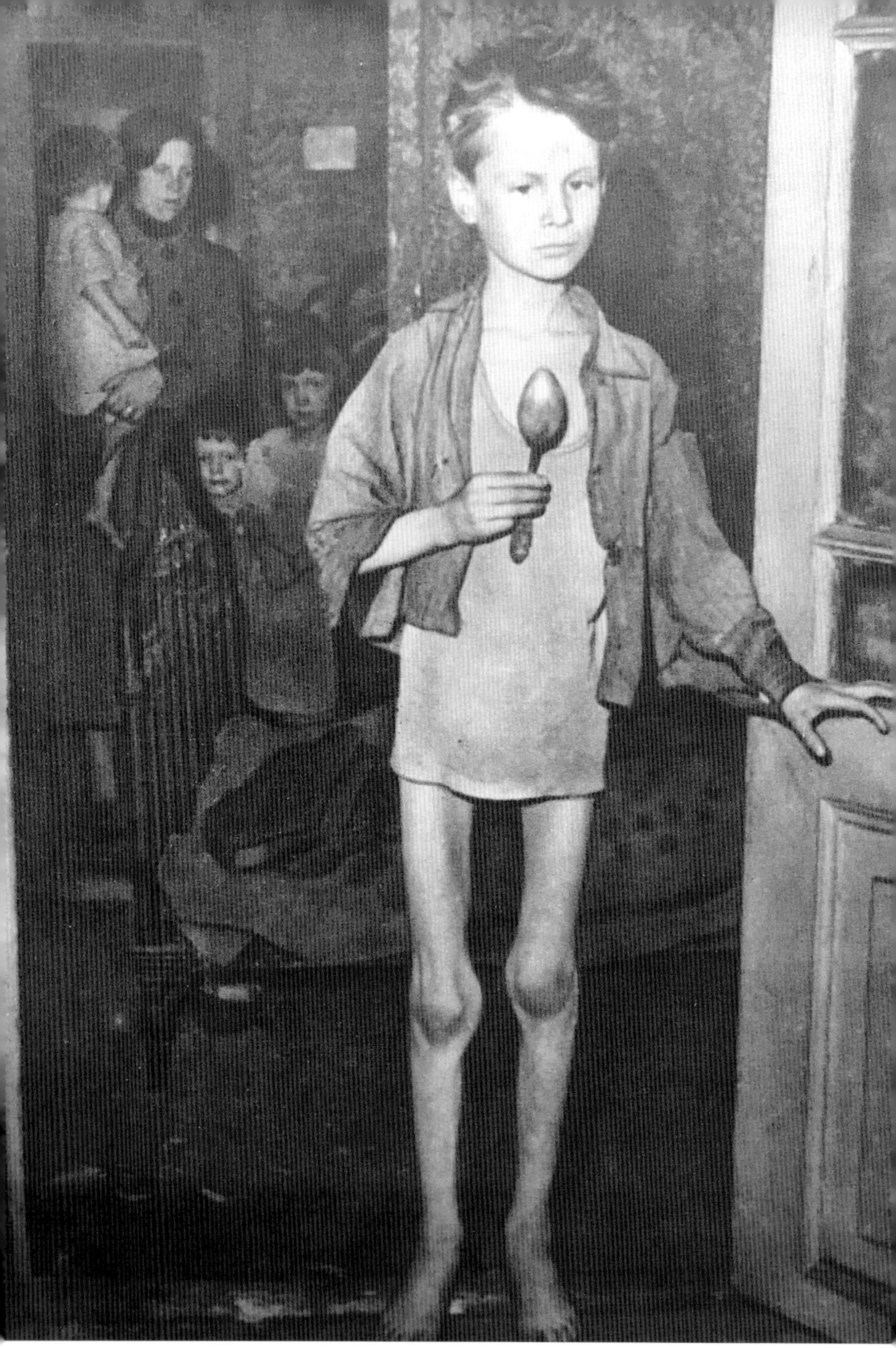

51. Ein junges Opfer des Hungerwinters 1944/45.

schrieb Browning am 24. November, »hat sich Major General Sosabowski in der Zusammenarbeit als extrem schwierig erwiesen. Diese ›Schwierigkeit‹ betraf offenbar nicht nur die Kommandeure, unter deren Befehl er Planungsarbeit leistete, sondern auch Stabsoffiziere anderer betroffener Luftlandeeinheiten. In dieser Zeit habe ich zweifelsfrei den Eindruck gewonnen, dass er Einwände und Schwierigkeiten machte, weil er glaubte, dass seine Brigade auf einen Kampfeinsatz nicht wirklich vorbereitet war.«[24] Das traf nicht zu. Sosabowski war sich absolut sicher, dass seine Brigade vorbereitet war, obwohl man ihr nur wenig Trainingsmöglichkeiten für das Fallschirmspringen zugestanden hatte.

»Dieser Offizier«, fuhr Browning fort, »erwies sich als völlig unfähig, die Dringlichkeit der Operation zu begreifen. Er trat durchgehend streitbar auf und zeigte sich unwillig, seinen Part bei der Operation angemessen zu spielen, solange nicht alles für ihn und seine Brigade getan wurde.« Kein Wort darüber, wie beleidigend Horrocks und Thomas Sosabowski bei seinem Eintreffen in Valburg behandelt hatten. Ebenso wenig wurde erwähnt, dass Sosabowski auch mit seinem Hinweis auf die Gefahren der Überfahrt der Dorsets vor den Höhen von Westerbouwing recht behalten hatte. Stattdessen beklagte sich Browning darüber, dass Sosabowski um ein paar Lastwagen für den Transport seiner Paratrooper gebeten hatte. »Dieser Offizier belästigte mich und meinen Stab (die wir zu der Zeit in einer sehr schwierigen Schlacht standen, um den Korridor vom eingeschlossenen Nimwegen nach Eindhoven offen zu halten) mit solchen Dingen wie zwei oder drei LKWs, um seine Transportmittel zu verstärken. Ich war schließlich gezwungen, gegenüber diesem Offizier sehr kurz angebunden zu sein und anzuordnen, dass er von nun an seine Befehle ohne Nachfrage oder Obstruktion zu erfüllen habe. Die Kommandeure des XXX. Corps und der 43rd Division werden meine Kritik an der Haltung dieses Offiziers während der gesamten Operation bestätigen.«[25]

Sosabowski, der von Brownings Kampagne für seine Absetzung wusste, verlangte zu erfahren, was konkret gegen ihn vorliege. Aber selbst der polnische Oberkommandierende, General Kazimierz Sosnkowski, konnte wenig tun, um ihn zu schützen. In der zweiten Novemberwoche wurde Sosabowski auf die weitgehend fiktive Stelle eines Inspekteurs der Austauscheinheiten versetzt. Das löste bei der polnischen Parachute Brigade eine Empörung aus, die in Revolte umzuschlagen drohte. Sosabowski selbst musste seine Männer beruhigen. Nach einem ergebnislosen Briefwechsel und mehreren Gesprächen schrieb der Stabschef, General Stanisław Kopański, am

7. Dezember aus dem Hauptquartier der polnischen Truppen im Hotel Rubens an der Buckingham Palace Road: »Ob Sie schuld sind oder nicht, Ihre Zusammenarbeit mit den Briten stößt auf Schwierigkeiten, die praktisch nicht auszuräumen sind. Wenn Sie weiterhin das Kommando über die Parachute Brigade behalten, wäre das zum Nachteil für die Brigade, weil man sie dann aus der Schlachtordnung der 21st Army Group entfernen könnte. Wie Sie wissen, liegen Ausrüstung, Nachschub, Ausbildungsbedingungen und in gewissem Grade auch die Auffüllung der Einheit in den Händen der Briten.«[26] Das war das traurige Ende einer beschämenden Episode.

Zu behaupten, Browning und Horrocks hätten versucht, den ungeschliffenen Sosabowski zum Sündenbock für das Scheitern von Operation Market Garden zu machen, wäre zu weit gegangen. Aber ihr Verhalten ihm gegenüber war erbärmlich. Nach dem Debakel von Arnheim konnte Browning nicht länger Kommandeur des Airborne Corps bleiben, daher ging er als Stabschef zu Admiral Lord Louis Mountbatten zum South East Asia Command. Die Reste der 1st Airborne Division nahmen an keinen Gefechten mehr teil, bis sie zur Zeit der Kapitulation Deutschlands im Mai 1945 nach Norwegen geflogen wurden, um die dort verbliebenen 350 000 Mann deutscher Truppen zu entwaffnen. Im August 1945 wurde die Division offiziell aufgelöst.

Field Marshal Montgomerys Nachdenken über Arnheim hielt nicht lange an. Seine Behauptung, Market Garden sei gescheitert, weil man ihn nicht ausreichend unterstützt habe, kam in Eisenhowers Stab gar nicht gut an. Sein Versuch, die beiden amerikanischen Airborne Divisions unter seinem Befehl zu behalten, verschlimmerte die Situation noch. Montgomery war sich selbst sein ärgster Feind. Nach wie vor hatte für ihn die Besetzung der Nordseite der Scheldemündung keine absolute Priorität. Damit konnte der Hafen Antwerpen weiterhin nicht genutzt werden. Auch die Tatsache, dass über 60 000 Mann deutscher Truppen der 15. Armee über die Schelde hatten entkommen können und sich an den Angriffen auf Hell's Highway im September beteiligten, stärkte nicht sein Ansehen unter den amerikanischen Offizieren.

»Monty versuchte, Antwerpen zu ignorieren«, berichtete Air Chief Marshal Tedder später. »Das tat er so lange, bis Ike ihm gegenüber sehr deutlich werden musste.«[27] Am 5. Oktober hielt Eisenhower in Versailles eine weitere Besprechung ab. Um die kam Montgomery diesmal nicht herum, da Field Marshal Brooke ebenfalls anwesend war. Mit stillschweigender

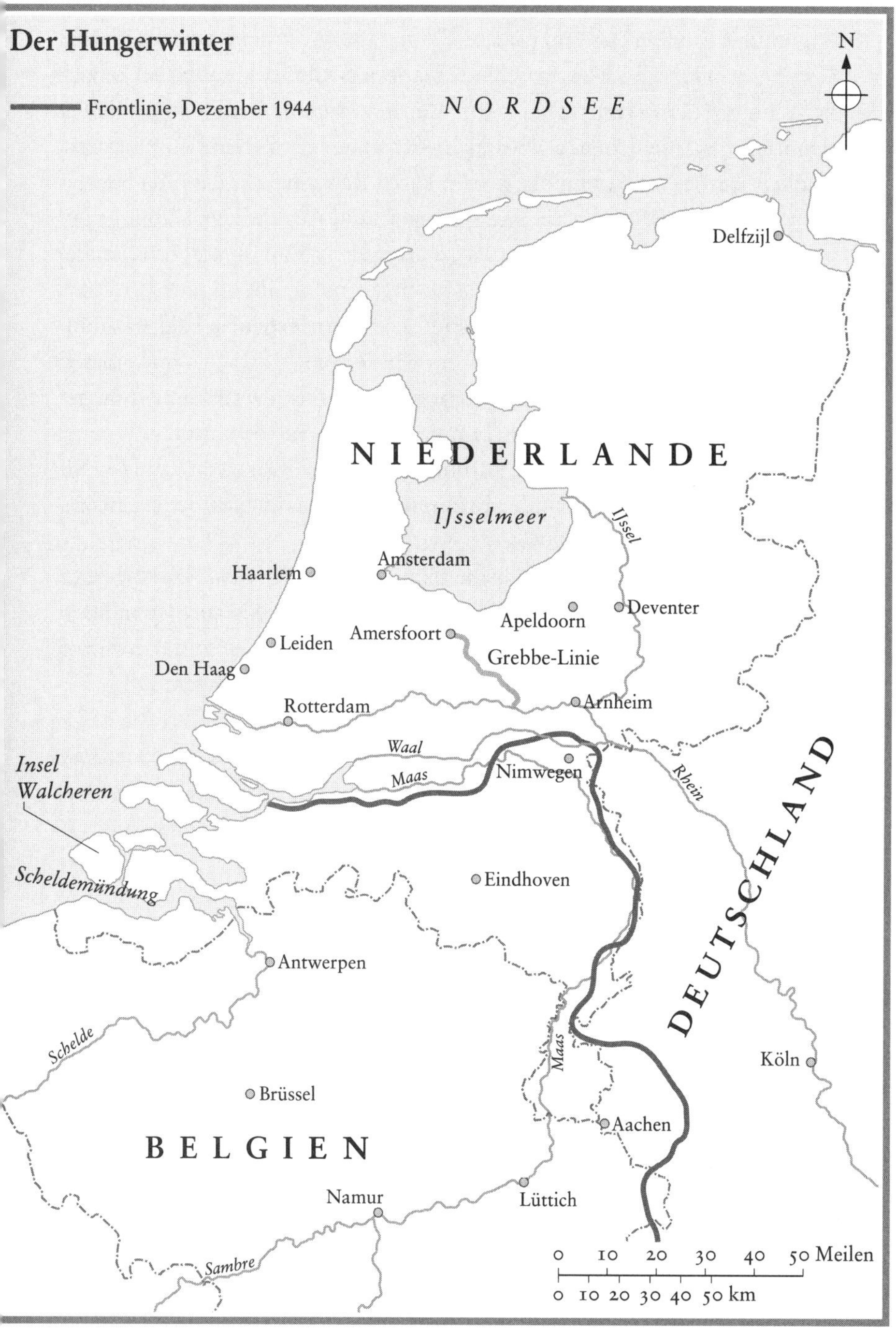
Der Hungerwinter
Frontlinie, Dezember 1944
N
NORDSEE
Delfzijl
NIEDERLANDE
IJsselmeer
IJssel
Haarlem
Amsterdam
Apeldoorn
Deventer
Amersfoort
Leiden
Grebbe-Linie
Den Haag
Rotterdam
Arnheim
Waal
Maas
Nimwegen
Insel
Walcheren
Rhein
DEUTSCHLAND
Scheldemündung
Eindhoven
Antwerpen
Schelde
Maas
Köln
Brüssel
Aachen
BELGIEN
Namur
Lüttich
Sambre
0 10 20 30 40 50 Meilen
0 10 20 30 40 50 km

Unterstützung von Eisenhower und Brooke beklagte sich Admiral Ramsay erneut über Antwerpen und tadelte Montgomery vor allen amerikanischen Generalen. Der war rasend vor Wut. Danach sandte er Eisenhower folgenden Funkspruch: »Verlange, dass Sie Ramsay von mir fragen, mit welchem Recht er vor Ihnen solche wüsten Erklärungen über meine Operationen abgibt, über die er gar nichts wissen kann. Tatsache ist, dass der Angriff der Canadian Army vor zwei Tagen begann und jetzt, wie gemeldet, schon wesentlich besser vorankommt als zu Anfang... Die Operationen haben meine persönliche Aufmerksamkeit... Sie können sich darauf verlassen, dass ich alles nur Mögliche unternehme, um Antwerpen so bald wie möglich für die Schifffahrt zu öffnen.«[28] In Wirklichkeit wurde noch ein ganzer Monat – bis zum 8. November – gebraucht, um die Nordseite der Scheldemündung von den deutschen Truppen zu säubern. Weitere drei Wochen vergingen, bis die Minen in der Mündung geräumt waren. Erst am 28. November, zwölf Wochen nach der Eroberung von Antwerpen, liefen die ersten Schiffe in den Hafen ein.

Montgomery, der glaubte, er habe seine Kritiker nun zum Schweigen gebracht, kam auf seine alte Forderung zurück, er müsse den alleinigen Befehl über den Feldzug zur Eroberung des Ruhrgebiets erhalten und damit auch alle amerikanischen Truppen nördlich der Ardennen befehligen. Diese Herausforderung von Eisenhowers Autorität wurde am 16. Oktober zurückgewiesen, als Montgomery einen Brief des Oberbefehlshabers erhielt, in dem dieser ihm erklärte, wenn er seinen Befehlen nicht zustimme, dann müsse die Sache höheren Orts geklärt werden. Montgomery blieb keine Wahl, als sofort zurückzuziehen. Die Vereinigten Stabschefs hätten nicht gezögert, Eisenhower gegen ihn zu unterstützen. Zum Schaden für das anglo-amerikanische Verhältnis hatte der Field Marshal immer noch nichts hinzugelernt.

Die deutschen Generale waren der Meinung, Montgomery irre, wenn er die Konzentration des größten Teils der Truppen unter seinem Befehl im Norden fordere. Wie Patton hielten auch sie die Region mit den vielen Kanälen und großen Flüssen – Maas, Waal und Niederrhein – für die am leichtesten zu verteidigende. Dazu schrieb General von Zangen, dieses Terrain mit Hindernissen in Form von Wasserläufen in Ost-West-Richtung biete hervorragende Möglichkeiten, Stellungen zu halten.[29] Der General der Panzertruppe Eberbach, den die Briten in Amiens gefangen nahmen, soll anderen Generalen in der Gefangenschaft erklärt haben, dass die Grundidee eines Angriffs der Alliierten im Norden falsch gewesen sei. Das traditionelle Einfallstor war nach seiner Meinung das Saargebiet.[30] Montgomery indessen hatte verlangt, dass Pattons 3rd Army an der Saar gestoppt werden sollte.

Das Scheitern von Operation Market Garden schadete der Moral der Briten. Doch was die Niederländer betraf, so bekam die gesamte Bevölkerung die Folgen zu spüren, nicht nur die 180 000 Menschen, die man aus ihren Häusern am Nordufer des Niederrheins vertrieb. Allein die Schlachtszenen waren schlimm genug. Arnheim war »eine tote Stadt«.[31] [*32] »Ich war in der Stadt!«, schrieb Andries Pompe-Postuma, dem es gelang, heimlich zurückzukehren. »Niedergebrannte Stadtviertel, zerschossene Häuser, nackte Bäume, Zerstörung überall. Die Straßen nicht wiederzuerkennen, und alles menschenleer. Nur Militärfahrzeuge donnern vorüber. Öde. Nachdem die verdammten Moffen geplündert haben, hat auch die Organisation Todt noch mitgenommen, was übrig war.«[33] In Nimwegen, das unter Beschuss und Brandstiftung der Deutschen so schwer zu leiden hatte, beliefen sich die Schätzungen auf 2200 zivile Tote, 5500 Kriegsinvaliden und 10 000 Verwundete. 22 000 Häuser waren entweder völlig oder zu drei Vierteln zerstört. Nur 4000 blieben intakt.[34]

Die Nazis sannen auf Rache an der gesamten Bevölkerung der Niederlande, weil sie den Alliierten geholfen hatte. Das sollte auf zweierlei Weise geschehen: durch Unterdrückung und durch Hunger. In einem Geheimbericht vom 25. September gab die niederländische Exilregierung die Nachricht wieder, dass »Frauen und Kinder als Geiseln zur Vergeltung eines Eisenbahnerstreiks genommen oder Häuser und Besitz der Streikenden zerstört werden«.[35] Reichskommissar Seyß-Inquarts Befehl, in den Gebieten der Niederlande unter deutscher Kontrolle keine Lebensmittel mehr zu verteilen, war keine zeitweilige Maßnahme, um den Eisenbahnerstreik zu brechen, sondern blieb auf Dauer in Kraft.

Allein aus Rotterdam wurden weitere 40 000 Männer im Alter zwischen 17 und 40 Jahren zur Zwangsarbeit nach Deutschland geschickt. Damit stieg die Gesamtzahl auf 400 000 niederländische Zwangsarbeiter während des ganzen Krieges.[36] Viele Angehörige des Untergrunds, die den Alliierten geholfen und so tapfer an ihrer Seite gekämpft hatten, wurden von den Deutschen hingerichtet. Während der Besatzungszeit wurden insgesamt

* In der offiziellen Geschichte der Niederlande wird die Gesamtzahl der zivilen Opfer von Operation Market Garden mit 3600 Toten angegeben, darunter 200 in Arnheim, 100 in Wolfheze und 200 in Oosterbeek.

3000 Menschen erschossen, der größte Teil im Zusammenhang mit Operation Market Garden.[37] Am 2. Oktober sah Hendrika van der Vlist auf den Straßen von Apeldoorn Leichen mit Folterspuren und Schildern mit der Aufschrift »Terrorist« an den Kleidern.[38] Nirgendwo im Land waren noch Männer zu sehen. Sie hielten sich entweder versteckt wie eine Viertelmillion weiterer Personen im ganzen Land oder waren bei Razzien festgenommen worden, um für die Organisation Todt Zwangsarbeit zu leisten. Es entstand der Eindruck, dass die Deutschen sicherstellen wollten, alle Männer im kampffähigen Alter unter Kontrolle zu haben.

Am 28. September schrieb der Premierminister der Exilregierung, Pieter Gerbrandy, auf Drängen von Königin Wilhelmina in London einen Brief an Winston Churchill. Nach Würdigung des kühnen Versuchs, nach Arnheim durchzubrechen, schilderte er die Folgen der Operation für die Bevölkerung der Niederlande. »Viele streikende Eisenbahner und Angehörige der Widerstandsbewegung sind oder werden exekutiert, gegen ihre Familien werden härteste Vergeltungsmaßnahmen angewandt. In den Großstädten herrscht Hunger – das Wort ist nicht übertrieben. Die Deutschen zerstören weitgehend alle Hafenanlagen, Werften, Fabriken, Kraftwerke, Brücken etc.«[39]

Das Foreign Office lehnte die Bitte der niederländischen Exilregierung ab, die Deutschen öffentlich vor Brutalitäten in den Niederlanden zu warnen. »Wir waren immer gegen begrenzte Warnungen dieser Art, weil sie zum einen wahrscheinlich keinerlei Wirkung auf die Deutschen haben und weil sie, zu häufig ausgesprochen, internationale Deklarationen dieser Art insgesamt abwerten.«[40] Man konnte ja nicht zugeben, dass nach dem Misserfolg von Arnheim in der alliierten Militärstrategie wenig Interesse an der Befreiung weiteren niederländischen Territoriums bestand. Alle Aufmerksamkeit war jetzt auf den Osten konzentriert. Die Generale hätten argumentieren müssen, dass dem Leiden überall nur ein Ende gesetzt werden konnte, wenn Deutschland so rasch wie möglich besiegt wurde und man sich von diesem Ziel nicht ablenken ließ. Selbst wenn die Armeen der Kanadier und Briten während des zu erwartenden harten Winters beim Nachschub Priorität genossen hätten, ist schwer zu erkennen, wie sie den angeschwollenen Niederrhein hätten überschreiten und die deutschen Verteidigungslinien durchbrechen können, ohne selbst massive Verluste zu erleiden.

Die Städte Den Haag, Amsterdam und Rotterdam waren am meisten von einer Hungersnot bedroht, weil dort so viele Menschen lebten und man größere Entfernungen bewältigen musste, um Essbares zu finden. Folgerichtig entfielen achtzig Prozent der Hungertoten im Winter 1944/45 auf sie. Am meisten litt Rotterdam. Nachdem die Deutschen Getreide, Eier, Milchprodukte und Vieh fast vollständig abtransportiert hatten, blieben nur noch Zuckerrüben, die man zusammen mit Kartoffeln als abstoßenden Brei verzehren konnte. Aber auch die Kartoffeln wurden bald knapp. Selbst Tulpenzwiebeln gab es nur noch auf dem Schwarzmarkt. Stadtbewohner zogen mit dem Fahrrad oder dem Kinderwagen aufs Land und hatten Wertsachen bei sich, um bei den Bauern Lebensmittel einzutauschen. Als im Winter alle Wege tief verschneit waren, mussten sie um ein Nachtlager bitten, bevor sie in die Stadt zurückkehren konnten.[41]

Zunächst war dieser Tauschhandel oft die einzige Möglichkeit zum Überleben. »Er fand in Zigarettengeschäften und Hunderten anderen Läden statt. Als es nichts mehr zu tauschen gab, hungerten alle. Die ausgezehrten Menschen brachen zusammen, wo sie gerade gingen und standen.«[42] London erhielt die Nachrichte von einer Typhusepidemie in Amsterdam und von Diphtherie in Rotterdam. Die Zahl der Tuberkulosetoten verdoppelte sich. Hunger und Vitaminmangel, dazu die Kälte, brachen alle Widerstandskraft. »Wir haben Löcher in Händen und Füßen wegen des Mangels an Vitamin A, das ist schrecklich und schwer zu ertragen.«[43]

Die Londoner Exilregierung versuchte auszuhandeln, dass schwedische Schiffe die Genehmigung erhielten, Lebensmittel in die Städte zu bringen. Doch Churchill antwortete, die Deutschen würden sie einfach für sich selbst beschlagnahmen.[44] Die Stabschefs andererseits hatten keine Einwände. Mit Eisenhower wurde ein Plan abgestimmt, doch die ersten beiden Schiffe legten erst Ende Januar 1945 an. Allerdings war auch das Alliierte Oberkommando SHAEF besorgt, dass die Deutschen die neutralen Schiffe für eigene Operationen nutzen könnten.

Als der Winter voranschritt, senkte man die Tagesration von 800 Kalorien auf 400 und schließlich auf 230. Zeitweilig wurde die Verzweiflung so schlimm, dass laut Berichten die Reichen die Rationierungsbücher der Armen aufkauften, »mit den zu erwartenden Ergebnissen«.[45] Nur Bürger, die, von einem Arzt bestätigt, mehr als ein Drittel ihres ursprünglichen Körpergewichts verloren hatten, durften zusätzliche Nahrungsmittel beantragen, welche die Kirche gesammelt hatte.[46] Der Verzehr von Zuckerrüben führte häufig zu Übelkeit und Durchfall, was die Menschen weiter schwächte. Nach einem Bericht »litten fünfmal mehr Männer als Frauen an den Folgen des Hungers«.[47] Andere behaupteten gar, 75 Prozent der Hungeropfer seien männlich gewesen.[48] Das ähnelt sehr den Zuständen während der Blockade von Leningrad, wo Studien bestätigten, dass Männer über wesentlich geringere Fettreserven verfügten.

Die Kälte zwang Menschen, Möbel, Fußbodendielen, Türen und Türrahmen zu zerkleinern, um Feuerholz zu machen. Verlassene Häuser wurden ausgeräumt. Wer beim Plündern ertappt wurde, musste »Ich bin ein Plünderer« auf ein Holzschild schreiben. Die Person wurde häufig erschossen und das Schild als Warnung an ihrem Körper befestigt.[49] Holzsärge wurden durch Särge aus Karton ersetzt.

»Die Not war so groß«, schrieb jemand in Den Haag, »dass die Toten vierzehn bis achtzehn Tage lang unbestattet herumlagen. Es gab keine Transportmittel und keine Särge mehr. Für die Überlebenden war es wegen des Leichengeruchs häufig unmöglich, weiter in ihrem Haus zu bleiben. Sie zogen aus. Wenn kleine Kinder starben, sagte man den Eltern: ›Bringen Sie das tote Kind selbst zum Friedhof.‹«[50]

In Amsterdam war die Lage nicht ganz so schlimm. »Die Leichen werden auf Fahrräder und Handwagen geladen und wie Gepäckstücke zum Friedhof transportiert«, schrieb der Jurastudent Jan Peters. »Dort werden sie aufgestapelt. Die Familie darf nicht zugegen sein. Es ist wie in einer Markthalle. Effizienz! Alle kommen gemeinsam in eine große Grube. Manche liegen wochenlang auf der Erde herum. Die Bestatter kommen nicht nach. Man muss sie im Voraus bezahlen. Wenn man ein bisschen Butter oder Zucker für sie übrig hat, dann gibt es die Chance, dass man sogar einen Sarg aus Holz ergattern kann.«[51]

»Es ist kein Wunder«, fuhr Peters fort, »dass die Menschen unter diesen Umständen und bei den Schwarzmarktpreisen reihenweise verhungern, besonders Alte und sehr kleine Kinder. Die Deutschen haben die meisten Transportmittel gestohlen, um alle beweglichen Sachen abzutransportieren. Das ist einer der Gründe dafür, dass Lebensmittel so knapp sind. Das Leben ist sehr hart geworden! Wie oft sehe ich Menschen, die nur noch ganz langsam vorankommen oder auf der Straße zu Boden sinken, selbst wenn sie bereits vor der Zentralküche in der Schlange standen. Überall auf der Straße begegnet man Bettlern, meist Sängern mit schrecklichen Stimmen. Menschen gehen von Haus zu Haus und betteln um eine Scheibe Brot oder eine Kartoffel. Die Kehrseite dessen ist der florierende Schwarzmarkt in Jordaan [Bezirk von Amsterdam]. Einige Straßen sind verstopft von Menschen, die mit Schachteln hin und her schlurfen, um für Preise, die zum Himmel schreien, etwas zu ergattern. In den Cafés läuft das große Geschäft. Man kann buchstäblich alles kaufen. An Straßenecken muss man auf der Hut sein. Die Polizei unternimmt nichts. Sie legt es eher darauf an, Leuten, die mit ihren Booten von einer langen Tour zum Wieringermeer zurückkehren, eine Tasche mit Kartoffeln abzunehmen.«[52] Manche deutsche Beamte und Offiziere machten am Schwarzmarkt ein Vermögen. Laut Oberstleutnant von der Heydte organisierte die SS ihren Schwarzmarkt für Kaffee in den Niederlanden.[53]

Als der Hunger zuschlug, kam jegliche Form physischen und moralischen Widerstands zum Erliegen. Wehrmachtsangehörige in Rotterdam sollen geprahlt haben, sie bräuchten nicht mehr in ein Bordell zu gehen und dort zu bezahlen. Laut einem Fähnrich zur See namens Hoffmann brüsteten sie sich damit, dass sie »für ein halbes Brot von niederländischen Mädchen alles bekommen können, was sie wollen«.[54]

Als in London immer mehr Einzelheiten über die sich verschärfende humanitäre Krise bekannt wurden, stieg der politische Druck, etwas zu unternehmen, und sei es nur, um späteren sozialen Unruhen vorzubeugen. Montgomery kam zu Ohren, die niederländische Exilregierung beklage sich, er tue nicht genug, damit sich die Situation entspannt. Nun schrieb er an Eisenhower: »Die Lage ist recht klar. Ich habe keine Truppen, um die Deutschen in Westholland anzugreifen. Wenn sie aus Westholland abziehen, muss ich ihnen in Richtung Osten nachsetzen und gegen sie kämpfen. Bei meinen derzeitigen Ressourcen kann ich nicht nach Osten gehen, um gegen die Deutschen zu kämpfen, und zugleich in Westholland sein. Ich kann nur das eine oder das andere tun, nicht beides … Daher ist mir nicht klar, weshalb ich zum Sündenbock gemacht werde. Es sei denn, es ist inzwischen Normalität geworden, dass immer wieder ich mit Schmutz beworfen werde!!«[55]

Auch in den befreiten Teilen der Niederlande und in Belgien kam es zu akuten Mangelerscheinungen. Was man Montgomery zugutehalten muss – er schlug im Februar solchen Lärm, dass SHAEF sich gezwungen sah, Lebensmittelreserven zu verteilen, da die Zivilbevölkerung nur noch ein Drittel der Kalorienmenge der alliierten Soldaten erhielt. Hungernde Kinder drängten sich vor den Militärbasen, um in den Mülltonnen ein paar von Soldaten weggeworfene Essensreste zu finden. Manche boten sich selbst im Austausch für Essen an. Junge Frauen, die sich mit den Deutschen eingelassen hatten und jetzt kahl geschoren waren, zogen, von allen zurückgewiesen, umher. Viele sahen sich zur Prostitution gezwungen.

»Die Deutschen verhielten sich immer abstoßender, je unsicherer ihre militärische Lage wurde«, schrieb ein Angehöriger des Untergrunds, während die Vergeltungsmaßnahmen zunahmen.[56] In der Nacht zum 7. März 1945 legten sich niederländische Untergrundkämpfer in deutschen Uniformen auf die Lauer, um auf der Straße von Apeldoorn nach Arnheim ein Fahrzeug zu entführen. Es war wenig Verkehr, daher stoppten sie einen BMW, in dem SS-Obergruppenführer Hanns Albin Rauter saß. Bei dem folgenden Schusswechsel wurde Rauter verwundet und stellte sich tot, während alle seine Begleiter getötet wurden. Eine deutsche Patrouille fand ihn und brachte ihn ins Krankenhaus. Die Angreifer entkamen. Himmler ignorierte den zufälligen Charakter des Hinterhalts und stellte das Geschehnis auf eine Stufe mit der Ermordung von Reinhard Heydrich in Prag. Er befahl, zur Vergeltung in den Niederlanden 500 Geiseln zu erschießen. Am Ende wurde »nur« die Hälfte hingerichtet, darunter 117, die in Bussen an den Ort des Überfalls gebracht wurden. Sie mussten sich in einer langen Reihe aufstellen und wurden von Angehörigen der Ordnungspolizei in grünen Uniformen erschossen, die während der jüngsten militärischen Auseinandersetzungen in der Kampfgruppe Rauter gedient hatten.*

Die Furcht vor wachsendem Einfluss der Kommunisten sorgte dafür, dass sich London im März bewegte. Doch bevor man nicht wirklich Druck auf Seyß-Inquart ausübte, konnte keine Übereinkunft zur Verteilung von Hilfsgütern erreicht werden. Nachdem Montgomery am 24. März 1945 bei Wesel den Rhein überschritten hatte, schwenkte die 1st Canadian Army endlich am 5. April nach links und schloss dadurch die Deutschen samt Seyß-Inquart in Westholland hinter der Grebbe-Linie ein. Was von Arnheim übrig war, wurde zehn Tage später befreit. Doch in den Großstädten hungerten nach wie vor 3,6 Millionen Menschen. Als die Rote Armee sich zur Offensive auf Berlin anschickte, ließ Seyß-Inquart durch die niederländische Untergrundorganisation Signale des Einlenkens übermitteln. Um seinen Kopf zu retten, glaubte er einen Separatvertrag aushandeln zu können, wodurch die Niederlande die Neutralität zurückerhalten hätten. Er bot an, die Exekutionen zu beenden und Lebensmittellieferungen in die besetzten Gebiete zu erlauben, ja sogar die Kampfhandlungen einzustellen, wenn die Alliierten es ihm gleichtaten. Doch sollten sie angreifen, würden die Deutschen die Deiche sprengen und das Land überfluten. Da diese Demarche die einzige Chance bot, Lebensmittel in die hungernden Städte zu bringen, waren die Alliierten zu Gesprächen bereit.

* Rauter blieb im Krankenhaus, bis er im Mai 1945 nach der Kapitulation Deutschlands von britischer Militärpolizei verhaftet wurde. Die Briten übergaben ihn den niederländischen Behörden. Er wurde in Den Haag verurteilt und schließlich am 24. März 1949 im Gefängnis von Scheveningen hingerichtet.

Am 28. April trafen sich Montgomerys Stabschef Major General Freddie de Guingand und hohe kanadische Offiziere in Amersfoort mit deutschen Vertretern. Eisenhowers Stab hatte General Alexej Antonow, den Chef der Stawka, des Stabes des Oberkommandos der Roten Armee, davon in Kenntnis gesetzt. Stalin war besorgt, dass die deutschen Truppen in Holland nach Osten verlegt werden könnten. Die Westalliierten versicherten ihm, sie seien bereit, das Verbot einer solchen Verlegung in ihre Bedingungen aufzunehmen, obwohl »den Deutschen gegenwärtig gar keine Routen für den Transfer von Truppen aus dieser Region zur Verfügung stehen«.[57] Da Stalin argwöhnte, Amerikaner und Briten könnten auf einen Separatfrieden zusteuern, sollte der Vertreter der Roten Armee bei Eisenhowers Stab, General Iwan Susloparow, bei jedem Gespräch mit den Deutschen anwesend sein.

Montgomerys Aufklärungschef Brigadier General Bill Williams begleitete de Guingand. Er beschrieb, wie die führenden Deutschen mit dem Hitlergruß den Raum betraten. »Freddie reagierte nicht darauf und vermied auch jegliches Händeschütteln … Um die Russen zufriedenzustellen, hatten wir um einen Repräsentanten gebeten. Sie schickten dafür den perfekten Mann – er war 1,90 Meter groß, sehr beeindruckend und ließ sich kein Wort entlocken. Ich kann den Gesichtsausdruck des Deutschen nicht vergessen, als er plötzlich feststellte, dass er dem Hünen nicht einmal bis zum Kinn reichte.«[58] Die Deutschen zogen sich zurück, um Einzelheiten mit Seyß-Inquart zu besprechen und ihm mitzuteilen, dass er zwei Tage später teilnehmen sollte. Man kam überein, dass die Deutschen keine Flugzeuge beschossen, die Versorgungsgüter abwarfen, während die Alliierten ihre gegenwärtigen Positionen in den Niederlanden nicht verlassen und alle Bombenflüge einstellen sollten. Am nächsten Tag erschienen Staffeln von amerikanischen B-17 und britischen Lancaster-Bombern über den vereinbarten Abwurfzonen in der Nähe der am schwersten betroffenen Städte und warfen 500 Tonnen Lebensmittel für die verschiedenen Empfangskomitees ab. Nachdem die alliierten Luftstreitkräfte die Bomberstaffeln dafür bereitgestellt hatten, konnten insgesamt 10,4 Millionen Rationen auf dem See- und Luftweg zu den Hungernden gebracht werden.[59]

Am 30. April kurz vor 13.00 Uhr traf Eisenhowers Stabschef General Walter Bedell Smith in Achterveld, acht Kilometer östlich von Amersfoort, ein. Er und Seyß-Inquart sollten sich in einer Dorfschule treffen, die zwei Eingänge hatte – einen für jede Delegation. Das 1st Canadian Corps hatte alles organisiert und Wachposten bereitgestellt. Die Hauptstraße war von

Stabsfahrzeugen überfüllt, überall drängten sich Zuschauer, die von dem Schauspiel fasziniert waren. Freddie de Guingand, Bill Williams und General Susloparow trafen als Erste ein. »Die Russen in ihren Uniformen mit den blitzenden Schulterstücken«, berichtete der Kanadier, »die wirkten, als kämen sie direkt vom Schneider, erweckten großes Interesse. Als dann noch eine schlanke, gut aussehende Dolmetscherin erschien, ebenso in eine schneidige Leutnantsuniform gekleidet, wurde sie von den Leuten förmlich angestarrt.«[60]

Die Deutschen, die von Amersfoort kamen, fuhren vor und stiegen aus ihren Fahrzeugen. »Die ganze Gruppe, angeführt von Seyß-Inquart, bewegte sich zu der Dorfschule. Die Blicke aller Offiziere, anderer Dienstgrade und Dorfbewohner waren auf die zentralen Figuren des Dramas gerichtet. Die Prozession führte der Reichskommissar der Niederlande, der verhasste Seyß-Inquart, an, der den anderen etwas voranhumpelte. Er wurde von zwei SS-Offizieren in ihren schwarzen Uniformen mit silbernen Rangabzeichen eskortiert. In kalten, nüchternen Worten wurden die Punkte besprochen, die mit der Verteilung von Lebensmitteln zusammenhingen. Zugleich wurde das Wesen des ganzen Vorgangs immer deutlicher. Die Alliierten, gezwungen durch Umstände, die nicht ihrer Kontrolle unterlagen, verhandelten mit einem der schlimmsten Kriegsverbrecher.«[61]

»Bedell trat anfangs sehr bestimmt auf«, berichtete Williams später. »Doch dann versuchte er es zu unserer Entrüstung mit Schmeichelei. Sprach von seinem deutschen Blut. Als Seyß-Inquart sich davon nicht beeindrucken ließ, zeigte er wieder Härte … Der Zufall wollte es, dass [Prinz Bernhard] in einem Wagen vorgefahren war, den die Widerstandsbewegung zuvor Seyß-Inquart entwendet hatte. Der benutzte einen, der genauso aussah. Eine Frau in seiner Begleitung kreischte auf, als sie Bernhards Wagen erblickte, und fragte umgehend, wo die drei Pakete seien, die darin lagen, als er gestohlen wurde.«[62]

»Arrangements über Nahrungsmittellieferungen nach Westholland wurden vereinbart«, hieß es im offiziellen Bericht. »Weitere Vereinbarungen über Waffenruhe an bestimmten Tagen, um Lebensmittelkonvois passieren zu lassen, werden morgen zwischen den lokalen Kommandeuren getroffen, und dies mag auch einen allgemeinen Waffenstillstand an dieser Front einschließen, um das Problem zu vereinfachen. Seyß-Inquart stimmte keiner Kapitulation zu, doch es entstand der Eindruck, dass er an dem Käse knabbern könnte, wenn der verlockend genug wirkte.«[63]

Obwohl deutsche Offiziere bereits mit Rot-Kreuz-Zügen nach Deutschland flüchteten, war Generaloberst Johannes Blaskowitz, der militärische Befehlshaber in den Niederlanden, der Student abgelöst hatte, der Meinung, sie könnten sich nicht ergeben, solange der Widerstand andernorts fortgesetzt werde. In einem Vieraugengespräch mit Seyß-Inquart wollte Bedell Smith diesen unbedingt überzeugen, lieber früher als später zu kapitulieren. Dabei sagte er an einem Punkt der Unterredung zu Seyß-Inquart: »Ich frage mich, ob Ihnen klar ist, dass ich Ihnen Ihre letzte Chance biete.«

»Das ist mir durchaus klar«, antwortete der Reichskommissar.

»Sie haben ernste Folgen zu erwarten. Sie wissen, was Sie hier getan haben. Und Sie wissen auch, wie die Niederländer über Sie denken. Sie wissen, dass Sie vielleicht erschossen werden.«

»Das lässt mich kalt«, sagte Seyß-Inquart.

»Das soll so sein, wenn man tot ist«, gab Bedell Smith zurück.[64] *

Am 5. Mai 1945, fünf Tage nach Hitlers Selbstmord, unterzeichnete General Blaskowitz in einem Hotel in Wageningen westlich von Oosterbeek die Kapitulation der Truppen der Wehrmacht in den Niederlanden.**

In der Woche zuvor waren von Schiffen, Flugzeugen und Lastwagen Lebensmittel ins Land gebracht worden. Die Zivilbevölkerung lief zusammen, um die kanadischen Truppen willkommen zu heißen. In einem Bericht heißt es, dass »die Lebensmittellage nicht so ernst ist wie erwartet. Eine Hungersnot ist nicht, wiederhole: nicht wahrnehmbar. In den Großstädten liegt Unterernährung vor, doch in den ländlichen Gebieten wurden dafür keine Anzeichen festgestellt. Mangelernährung ist vor allem in Rotterdam spürbar.«[65] Manche Offiziere tendierten zu der Annahme, die Exilregierung habe die Hungersnot übertrieben. Dabei gingen sie vor allem vom Erscheinungsbild der Menschen aus, die sie auf den Straßen begrüßt hatten. Doch der Chef der SHAEF-Vertretung in den Niederlanden erklärte: »Die alliierten Truppen wurden bei ihrem Eintreffen mit Jubel und Fahnen begrüßt und fuhren durch ein Land voller lächelnder Menschen. Das war ein trügerischer Eindruck, denn die Männer und Frauen, die langsam in ihren Betten verhungern, können nicht freudig auf den Straßen umherlaufen und Fahnen schwenken.«[66]

* Seyß-Inquart wurde am 16. Oktober 1946 nicht erschossen, sondern gehängt, nachdem ihn der Internationale Militärgerichtshof in Nürnberg als Kriegsverbrecher verurteilt hatte.

** Blaskowitz, dem Hitler misstraute, weil er die Verbrechen der SS in Polen streng verurteilt hatte, soll im Nürnberger Gefängnis Selbstmord begangen haben, obwohl er wusste, dass man ihn freisprechen werde. Sein Tod ist rätselhaft geblieben. Es wird vermutet, dass SS-Mitglieder ihn aus einem Fenster gestürzt haben.

Die Schätzungen der Zahl der Hungeropfer belaufen sich in der Regel auf 16 000 bis 20 000.[67] Doch es war nicht zu ermitteln, wie viele Menschen an Krankheiten starben, die durch die schwere Mangelernährung ausgelöst oder verstärkt wurden. Kein Zweifel besteht daran, dass die Todesrate sich stark erhöht hätte, wären die vom SHAEF organisierten Lebensmittellieferungen nicht zu dem genannten Zeitpunkt eingetroffen. Die ausgezehrten Gestalten, die die Truppen bei ihrer Ankunft in Rotterdam und Amsterdam, vor allem in den ärmeren Stadteilen, begrüßten, wurden mit den Opfern der Konzentrationslager verglichen.* [68]

Die Befreiung mündete jedoch nicht automatisch in ungetrübte Freude und Erleichterung. Viele Niederländer konnten nicht verstehen, weshalb die Alliierten so lange gebraucht hatten, um ihnen zu Hilfe zu kommen. Es gab auch Misstrauen wegen des verheerenden Umgangs der SOE mit ihren holländischen Agenten im Jahr 1942, wodurch es der deutschen Abwehr in Operation Nordpol gelungen war, so viele festzunehmen, zu foltern und zu töten. Die Bewohner der Betuwe und des nördlichen Rheinufers konnten die sinnlosen Artillerieduelle im Herbst und Winter 1944 nicht vergessen, durch die Städte und Dörfer zerstört wurden, ohne dass die Truppen der Alliierten versuchten, sie zu besetzen.

Als die zwangsweise evakuierten Bürger von Arnheim und Oosterbeek im Sommer 1945 zu ihren zerstörten Häusern zurückkehrten, waren viele erschüttert von der Tatsache, dass die Kämpfe gerade für den Film *Theirs is the Glory* nachgespielt wurden. Dabei wirkten auch echte Teilnehmer mit, darunter Kate ter Horst, die den Psalm 91 noch einmal las, wie sie es für die Verwundeten in ihrem Haus getan hatte. Andere, besonders junge Niederländer, die vor der Kamera in deutschen Uniformen agierten, scheinen diese Arbeit und die damit verbundenen Sonderzuteilungen an Lebensmitteln genossen zu haben.

Zwar gaben sich die Gemeinden alle Mühe, den Schutt fortzuräumen und die wichtigsten kommunalen Dienstleistungen wieder in Gang zu setzen, aber das reichte nicht aus, um den verwüsteten Städten neues Leben einzuhauchen. Im Sommer 1945 erging ein Appell an das ganze Land,

* Über die Langzeitfolgen des Hungers ist nichts bekannt. Doch neuere Forschungen weisen darauf hin, dass »Mädchen, deren Mütter während der Hungersnot am Ende des Zweiten Weltkrieges schwanger waren, ein überdurchschnittliches Risiko für Schizophrenie aufwiesen«. In einer anderen, früheren Studie heißt es, dass man den Hunger besser überstand, wenn man Tulpenzwiebel aß, als wenn man sich vor allem von Weizen ernährte. Wer jedoch das amerikanische Brot aß, das bei der Befreiung an Fallschirmen abgeworfen wurde, habe häufiger an Zöliakie, einer Erkrankung des Dünndarms, gelitten.

Arnheim zu helfen. Amsterdam übernahm die Patenschaft für die Stadt, und Handwerker kamen, die beim Wiederaufbau der Stadt halfen. Dank geschickter Öffentlichkeitsarbeit von Burgemeester Matser wurde die Geschichte im ganzen Land bekannt, worauf von allen Seiten Unterstützung eintraf. Der Wiederaufbau von Arnheim war 1969 vollendet.[69]

Nach Operation Market Garden hatten die Niederländer den Alliierten viel zu verzeihen, doch ihre instinktive Großmut gegenüber deren Truppen und den Veteranen damals und jederzeit danach gehört zum berührendsten Erbe des Zweiten Weltkrieges. Eine Geschichte ist besonders ergreifend, vor allem wenn man den großen Mut bedenkt, den Zivilisten und Soldaten dabei bewiesen haben.

Bei einem Lieutenant des Parachute Regiment, der nur fünf Tage vor Beginn von Operation Market Garden geheiratet hatte, löste der schwere Beschuss eine Gefechtsneurose aus. Zusammen mit zwei Sanitätern mit ähnlichen Symptomen wurde er im kleineren Kellerraum eines großen Hauses auf dem Land am westlichen Rand von Oosterbeek versteckt. Das Haus gehörte der Familie Heijbroek, die in dem größeren Kellerraum lebte. Die drei Männer, offenbar starr vor Furcht, blieben dort während der ganzen Schlacht und machten keinen Versuch, sich wieder ihrer Einheit anzuschließen.

Auch am 26. September, nachdem Urquharts Truppen über den Niederrhein evakuiert wurden, waren sie noch dort. Familie Heijbroek ging ein großes Risiko ein. Wenn man in ihrem Haus britische Soldaten gefunden hätte, wären sie exekutiert worden. Als jedoch die Deutschen die Evakuierung von Oosterbeek anordneten, mussten sie die Engländer bitten, ihr Haus zu verlassen und zu fliehen. Der Sohn der Familie konnte die drei schließlich überzeugen, sich von ihm nachts zum Rheinufer führen zu lassen, von wo sie schwimmend zu den Alliierten am Südufer gelangen konnten. Die beiden Sanitäter erreichten das andere Ufer, doch der frisch verheiratete Lieutenant wurde von der starken Strömung fortgerissen und ertrank.

Zwei Jahre nach dem Krieg besuchte seine junge Witwe Oosterbeek. Wahrscheinlich hatte sie von einem der Sanitäter Einzelheiten erfahren, denn sie suchte Familie Heijbroek auf. Eins gab das andere, und es dauerte nicht lange, da heiratete sie den Sohn, der ihren Ehemann zum Flussufer begleitet hatte.[70]

ANHANG

Dank

Es hätte wenig Sinn gehabt, ein weiteres Buch über Operation Market Garden zu schreiben, ohne der Geschichte ein beträchtliches Maß an neuem Material und an Einzelheiten über die beteiligten Menschen hinzuzufügen. Wie sich herausstellte, gab es davon viel mehr, als ich je erwartet hatte. Daher bin ich allen, die mir in den verschiedenen Phasen dieser Arbeit geholfen haben, zu großem Dank verpflichtet.

Tief in der Schuld stehe ich bei Rick Atkinson, der mir seine Aufzeichnungen aus amerikanischen und britischen Archiven so großzügig zur Verfügung gestellt hat. Er hat mich auch auf das Mahn Center for Archives and Special Collections an der Alden Library der Ohio University aufmerksam gemacht, wo Cornelius Ryans Nachlass liegt. Ryan verfügte über ein großartiges Team von Forschern und Interviewern, die ihm gewaltige Mengen Material geliefert haben, von dem er das wenigste nutzte. Außerordentlich dankbar bin ich auch Douglas McCabe, dem damaligen Kurator für Handschriften, dessen Rat und bereitwillige Hilfe meine Arbeit dort entscheidend vorangebracht haben.

Das Wissen und die Unterstützung anderer Archivare in den USA waren ebenfalls von unschätzbarem Wert. Erneut verdanke ich sehr viel Dr. Tim Nenninger von den National Archives in College Park, Maryland, Dr. Conrad Crane und dessen Kollegen am United States Army Military History Institute in Carlisle, Pennsylvania, sowie Lindsey Barnes und Taylor Benson vom Eisenhower Center, World War II Archives and Oral History Collection an der University of New Orleans, wo ich mit freundlicher Genehmigung des National WW II Museum von New Orleans arbeiten durfte.

In den Niederlanden danke ich vor allem Robert Voskuil, der uns mit seinem unvergleichlichen Wissen über die Schlachtfelder geführt und dabei viele Missverständnisse beseitigt hat, da er überall genau erklären konnte, was sich seit 1944 verändert hat und was gleich geblieben ist. Unter den Archivaren, die bei der Recherche sehr geholfen haben, möchte ich besonders hervorheben: Hubert Berkhout vom Nederlands Instituut vor Oorlogs Dokumentatie in Amsterdam, Geert Maassen, Leiter der Sammlungen des Gelders Archief in Arnheim, Derek Prins und Freek Huitink vom Regionaal Archief Nijmegen, Jan Suikerbuijk, den Servicekoordinator des Regionaal Historisch Centrum Eindhoven, Konservator Rense Havinga vom Nationaal Bevrydings Museum Groesbeek sowie Marieke Martens und Tim Streefkerk vom Airborne Museum Hartenstein in Oosterbeek. H.C. Mollenburgh bot uns freundlicherweise seine Untersuchungen zur King-Kong-Saga an. Familie de Bourgraaf in Oosterbeek lieh uns das handgeschriebene Tagebuch von Piet van Hooydonk.

Im Hinblick auf die polnischen Quellen möchte ich Dr. Andrzej Suchcitz vom Polnischen Institut und Sikorski Museum, Jadwiga Kowalska vom Polish Underground Movement Study Trust in London (Studium Polski Podziemnej w Londynie), Slawomir Kowalski vom Polnischen Armeemuseum und den Mitarbeitern der Polish Cultural Association in London für all ihre Hilfe danken.

In Deutschland haben mir Elfriede Frischmuth am Bundesarchiv-Militärarchiv Freiburg im Breisgau, Gunnar Goehle am Feldpostarchiv in Berlin und erneut Irina Renz, die Archivarin der Sammlung Sterz an der Württembergischen Landesbibliothek in Stuttgart, große Unterstützung gewährt. Dr. Jens Westemeier von der Rheinisch-Westfälischen Technischen Hochschule Aachen hat die Ergebnisse seiner Studien zur Waffen-SS großzügig mit mir geteilt. Professor Dr. Clemens Schwender, der große Experte für Feldpostquellen, stellte ebenfalls freundlicherweise Material zur Verfügung.

Mit viel Freude und großem Gewinn habe ich mit Angelique Hook an niederländischen Quellen, Angelica von Hase an deutschen Dokumenten und mit Anastazja Pindor an polnischem Archivmaterial gearbeitet. Ihre Gewissenhaftigkeit und ihr professionelles Vorgehen bei Recherche und Übersetzung sind buchstäblich von entscheidender Bedeutung gewesen. Sie und Robert Voskuil haben auch die Endfassung des Textes geprüft und auf viele notwendige Korrekturen hingewiesen. Für alle noch verbliebenen Fehler trage natürlich ich die volle Verantwortung.

Wieder einmal verdanke ich Sebastian Cox, dem Leiter des Ministry of Defence's air historical branch, sehr viel, vor allem aber seinem Kollegen Dr. Sebastian Ritchie, dem Autor von *Arnhem: Myth and Reality* und *Arnhem: The Air Reconnaissance Story*. Von ihnen habe ich viele wertvolle Ratschläge und Details über die Rolle der Luftstreitkräfte bei Operation

Market Garden erhalten. Sie haben sehr zur Klärung meiner Gedanken beigetragen, wenn wir uns auch bei dem dornigen Thema der Verantwortlichkeiten für die Planung der Operation nicht völlig einigen konnten.

Meine große Dankbarkeit für ihre Beobachtungen, Anregungen und Ratschläge gilt vielen Menschen, darunter Professor Sir Michael Howard, dem bereits verstorbenen Professor M. R. D. Foot, der mir in all den Jahren viel über Luftlande- und Spezialoperationen vermittelt hat, Professor Allan Millett, Field Marshal Lord Bramall, John Howes, Michael Bottenheim, Harry de Quetteville, Maurice Kanareck, Lieutenant General Mark Carleton-Smith, Lieutenant General Sir John Lorimer, Menzies Campbell (Baron Campbell of Pittenweem) und Judith Urquhart, Tochter von Major General Roy Urquhart. Louise Baring hat mir großzügig Bücher geliehen, ebenso mein alter Freund Sir Max Hastings, der erneut faszinierende Ratschläge und Zitate beigesteuert hat.

Beim Penguin-Verlag hat Venetia Butterfield mich wunderbar ermutigt und Daniel Crewe sich als meisterhafter Lektor erwiesen. John Hamilton, der bereits vor zwanzig Jahren das Cover für *Stalingrad* entwarf, ist erneut als einzigartiger Art Director hervorgetreten. Die Zusammenarbeit mit dem Korrektor Peter James hat mir auch in diesem Fall viel Sicherheit gegeben. Bei Penguin in den USA haben Kathryn Court und Victoria Savanh als ideale Lektoren gewirkt. Auch für Alex Hippisley-Cox' hervorragende Planung und Organisation der Werbung für das Buch bin ich überaus dankbar. Andrew Nurnberg, meinem Literaturagenten und engen Freund seit fünfunddreißig Jahren, verdanke ich vortreffliche Beratung. Sein exzellentes Team unterhält weiterhin ausgezeichnete Beziehungen zu all meinen Verlegern im Ausland. Robin Straus hat alle Angelegenheiten in den USA perfekt geregelt.

Zum Schluss gilt meine ewige Dankbarkeit und Liebe meiner ersten Lektorin Artemis Cooper, vor allem dafür, dass sie einst eingewilligt hat, mich zu heiraten, und es schon so lange mit mir aushält. Dieses Buch ist ihr gewidmet.

Kartenverzeichnis und -legende

Militärische Symbole auf den Karten

	ALLIIERTE TRUPPEN		DEUTSCHE TRUPPEN	
1		Stab einer Army Group		Stab einer Armeegruppe
2		Army		Panzer-Korps
3		Armoured/Infantry Corps		Infanterie-Division
4		Armoured Division		Fallschirmjäger-Division
5		Infantry Division		Fallschirmjäger-Regiment
6		Infantry Brigade		Panzer-Division
7		Infantry Regiment		Panzer-Abteilung
8		Airborne Division		Pionier-Bataillon
9		Parachute Regiment		Flak-Abteilung
10		Parachute Batallion		Artillerie-Regiment

Tabelle militärischer Dienstgrade

US Army	British Army	Wehrmacht	Waffen-SS
Private	Private/Trooper	Schütze/Kanonier/ Jäger	Schütze
Private First Class		Oberschütze	Oberschütze
	Lance Corporal	Gefreiter	Sturmmann
Corporal	Corporal	Unteroffizier	Rottenführer
Sergeant	Sergeant	Feldwebel/Wacht-meister	Oberscharführer
Staff Sergeant	Staff/Colour Sergeant	Oberfeldwebel	Hauptscharführer
Technical Sergeant	Regtl Quartermaster Sgt		
Master Sergeant	Coy/Sqn Sergeant Major Regimental Sergeant Major	Stabsfeldwebel	Sturmscharführer
2nd Lieutenant	2nd Lieutenant	Leutnant	Untersturmführer
Lieutenant	Lieutenant	Oberleutnant	Obersturmführer
Captain	Captain	Hauptmann/Ritt-meister	Hauptsturmführer
Major	Major	Major	Sturmbannführer
Lieutenant Colonel	Lieutenant Colonel	Oberstleutnant	Obersturmbann-führer
Colonel	Colonel	Oberst	Standartenführer
Brigadier General	Brigadier	* Generalmajor	Oberführer
			Brigadeführer

US Army	British Army		Wehrmacht	Waffen-SS
Major General	Major General	**	Generalleutnant	Gruppenführer
Lieutenant General	Lieutenant General	***	General der Infanterie/	Obergruppenführer/
			Artillerie/Panzertruppen	General der Waffen-SS
General	General	****	Generaloberst	Oberstgruppenführer
General of the Army	Field Marshal	*****	Generalfeldmarschall	

Dies kann nur eine ungefähre Übersicht der äquivalenten Dienstgrade sein, da jede Armee eigene Varianten aufweist. Der Einfachheit halber sind einige Ränge weggelassen worden. In der britischen, amerikanischen und kanadischen Armee kommandieren die nachfolgenden Dienstgrade folgende Teileinheiten (unterhalb des Bataillons), Einheiten (Bataillon oder Regiment) und Verbände (Brigade, Division oder Korps):

Dienstgrad	British und Canadian Army	US Army	Ungefähre Soll-Truppenstärke
Corporal	Section	Squad	8
2nd/Lieutenant	Platoon	Platoon	30
Captain/Major	Company	Company	120
Lieutenant Colonel	Battalion oder Armoured Regiment	Battalion	700
Colonel		Regiment	2400
Brigadier	Brigade	Combat command	2400
Major General	Division	Division	10 000
Lieutenant General	Corps	Corps	30 000–40 000
General	Army	Army	70 000–150 000
Field Marshal/ General of the Army	Army Group	Army Group	200 000–3 50 000

Die komplette Schlachtordnung ist zu finden unter www.antonybeevor.com

Abkürzungen

AAMH	Archief Airborne Museum Hartenstein, Oosterbeek
AHB	Air Historical Branch, RAF, Ministry of Defence, Northwood
BArch-MA	Bundesarchiv-Militärarchiv, Freiburg im Breisgau
CBHC	Chester B. Hansen Collection, USAMHI
CBW	Centralna Biblioteka Wojskowa, Warschau
CRCP	Cornelius Ryan Collection of World War II Papers, Mahn Center for Archives and Special Collections, Ohio University, Athens, OH
CSDIC	Combined Services Detailed Interrogation Centre, Dokumente in den National Archives, Kew
DDEP	Dwight David Eisenhower Papers, DDE Presidential Library, Abilene, KS
EC-UNO	Eisenhower Center, World War II Archives and Oral History Collection, University of New Orleans, mit freundlicher Genehmigung des National WW II Museum, New Orleans, LA
FCPP	Forrest C. Pogue Papers, OCMH, USAMHI
FLPP	Floyd Lavinius Parks Papers (Tagebücher des Stabschefs der 1st Allied Airborne Army), USAMHI
FMS	Foreign Military Studies, USAMHI
GAA	Gelders Archief Arnhem
GA-CB	Gelders Archief-Collectie Boeree, Collection of Papers of Colonel Theodor A. Boeree
HKNTW	L. de Jong, *Het Koninkrijk der Nederlanden in de tweede Wereldoorlog*, Bd. 10a: *Het laatste jaar*, Amsterdam, 1980 (Offizielle Geschichte der Niederlande)
HvdV	Hendrika van der Vlist, *Die dag in september*, Bussum, 1975
IWM	Imperial War Museum, London
JMGP	James M. Gavin Papers, USAMHI
KTB	Kriegstagebuch
LHCMA	Liddell Hart Centre of Military Archives, King's College London
MPRAF	Museum of the Parachute Regiment and Airborne Forces, Duxford, Cambridgeshire
NARA	National Archives II, College Park, MD
NBMG	Nationaal Bevrijdingsmuseum Groesbeek
NIOD	Nederlands Instituut voor Oorlogsdocumentatie, Amsterdam
OCMH	Office of the Chief of Military History

PISM	Polish Institute and Sikorski Museum, London
PP	*The Patton Papers*, Hrsg. Martin Blumenson, New York, 1974
PUMST	Polish Underground Movement Study Trust, London (Studium Polski Podziemnej Londyn)
RAN	Regionaal Archief Nijmegen
RHCE	Regionaal Historisch Centrum Eindhoven
RvOD	Rijksinstituut voor Oorlogsdocumentatie, *Het proces Rauter*, Ministerie van Onderwijs, Kunsten en Wetenschappen, 's Gravenhage, 1952
TNA	The National Archives (vormals Public Record Office), Kew
USAMHI	US Army Military History Institute, Carlisle, PA
WLB-SS	Württembergische Landesbibliothek, Sammlung Sterz, Stuttgart

Abkürzungen zu Abbildung »Die Brücke von Arnheim« (Seite 161)

1	Bde Defence Platoon – Brigade Defence Platoon
2	HQ 1 Para Bde – Stab 1st Parachute Brigade
3	HQ 2 Para Bn – Stab 2nd Parachute Battalion
4	Mor Pl 2 Para Bn – Mortar Platoon 2nd Parachute Battalion
5 u. 6	HQ/Sp Coy 2 Para Bn – Stab Sapper Company [Pionierkompanie] 2nd Parachute Battalion
7	HQ 1 Atk Bty RA – Stab 1st Anti-Tank Battery Royal Artillery
8	RASC Pl – Royal Army Service Corps Platoon
9 u. 10	B Coy 2 Para Bn – B Company 2nd Parachute Battalion
11	Pl A Coy 2 Para Bn – Platoon A Company 2nd Parachute Battalion
12	A Coy HQ/Pl 2 Para Bn – Stab A Company/Platoon 2nd Parachute Battalion
13	Pl A Coy 2 Para Bn – Platoon A Company 2nd Parachute Battalion
14	9 Fd Coy RE (18th only) – 9th Forward Company Royal Engineers (nur am 18. 9.)
15	Pl A Coy/MMG 2 Para Bn – Platoon A Company/MMG (medium machine gun) 2nd Parachute Battalion
16	C Coy HQ/9 Pl 3 Para Bn – Stab C Company/9th Platoon 3rd Parachute Battalion
	A Tp 1 Para Sqn RE – A Troop 1st Parachute Squadron Royal Engineers
17	Pl A Coy 2 Para Bn – Platoon A Company 2nd Parachute Battalion
18	A/B Coy 2 Para Bn – A/B Company 2nd Parachute Battalion
19, 20, 21	8 pl C Coy 3 Para Bn – 8th Platoon C Company 3rd Parachute Battalion
22	Bde HQ Def Pl – Stab Brigade Defence Platoon
23	Sigs/RASC/Ord – Signallers [Funker]/Royal Army Service Corps/Ordnance Corps

24 u. 25	Sigs/RE – Signallers/Royal Engineers
26	6 pdr Atk gun/Jeep park – 6-Pfünder Panzerabwehrkanonen/ Jeep-Park
A1-A4	6 pdr Atk guns – 6-Pfünder Panzerabwehrkanonen

Anmerkungen

I DIE JAGD IST ERÖFFNET!

1 Stuart Hills, *By Tank into Normandy*, London 2003, S. 148.
2 CBHC, Box 4, Folder 13.
3 Brian Horrocks, *A Full Life*, London 1960, S. 195.
4 Siehe Anmerkung 1.
5 Ebenda.
6 TNA WO 171/837.
7 Ebenda.
8 Horrocks, *A Full Life*, S. 198.
9 Siehe Anmerkung 2.
10 Siehe Nigel Hamilton, *Monty: The Field Marshal 1944–1976*, London 1986, S. 8–14.
11 PP, S. 535.
12 Robert W. Love und John Major (Hrsg.), *The Year of D-Day: The 1944 Diary of Admiral Sir Bertram Ramsay*, Hull 1994, S. 129.
13 Siehe Anmerkung 2.
14 PP, S. 539.
15 Siehe OKW KTB, FMS B-034.
16 Forrest C. Pogue, Gespräch mit Bedell Smith, 13.5.47, OCMH WWII Interviews, USAMHI.
17 TNA WO 171/837.
18 TNA WO 171/1256.
19 Siehe Anmerkung 17.
20 Major Edward Eliot, 2nd Bn Glasgow Highlanders, IWM 99/61/1.
21 Tagebuch von Uffz. Heinrich Voigtel, 3.9.44, Stab/Beob.Abt. 71, 59 160 A, WLB-SS.
22 Fullriede-Tagebuch, 2.9.44, BArch-MA MSG2 1948; siehe auch RAN 80/328.
23 Oskar Siegl, 6.9.44, Feldpostprüfstellen 1944, BArch-MA RH13/49, 62.
24 A. Schindler, Reichenberg, 10.9.44, Feldpostprüfstellen 1944, BArch-MA RH13/49, 65.
25 1.9.44, Raymond G. Moses Collection, USAMHI.
26 CBHC, Box 41.
27 CBHC, Box 4, Folder 13.

28 CBHC, Box 42, S-2.
29 M148 Montgomery Papers, zit. nach Hamilton, *Monty: The Field Marshal,* S. 18.
30 Ebenda, S. 22.

2 DER »VERRÜCKTE DIENSTAG«

1 C. A. Dekkers und L. P. J. Vroemen, *De zwarte Herfst. Arnhem 1944*, Arnhem, 1984, S. 18. Zu Prinz Bernhard siehe auch TNA HS 7/275.
2 Zum »verrückten Dienstag« siehe u. a. Karel Margry, *De Bevrijding van Eindhoven,* Eindhoven 1982; H. Lensink, NIOD 244/313; HKNTW, S. 265 ff.; Jack Didden und Maarten Swarts, *Einddoel Maas. De strijd in zuidelijk Nederland tussen September en December 1944,* Weesp 1984; Tagebuch von Albertus Uijen, RAN 579/23–33; Antonius Schouten, CRCP 123/35; Schwester M. Dosithée Symons, St Canisius Hospital, CRCP 123/39.
3 Tagebuch von mej. Crielaers, RHCE, D-0001/1383/2042.
4 H. Lensink, NIOD 244/313.
5 Louis van Erp, CRCP 120/18.
6 P. Nuis, CRCP 93/5.
7 Didden und Swarts, *Einddoel Maas*, S. 22.
8 28.12.43, BArch-MA, RW37/v21, zitiert nach Gerhard Hirschfeld, *Fremdherrschaft und Kollaboration: die Niederlande unter deutscher Besatzung 1940–1945,* Stuttgart 1984, S. 288, Anm. 313.
9 Brief an den Gefreiten Laubscher, 7.9.44, Feldpostprüfstellen 1944, BArch-MA RH13/49, 24.
10 Frau Chr. Jansen, Niederbieber-Neuwied, 17.9.44, Feldpostprüfstellen 1944, BArch-MA RH13/49, 42.
11 Kanonier Felix Schäfer, OKH-Funkstelle, 10.9.1944, WLB-SS.
12 HKNTW, S. 266.
13 RHCE D-0001 Nr. 2042.
14 Oberleutnant Helmut Hänsel, 15.9.1944, Heeres-Bezugs-Abnahmestelle für die Niederlande, 36 610, WLB-SS.
15 TNA FO 371/39330.
16 Paul van Wely, CRCP 122/5.
17 Gerhard Hirschfeld, *Fremdherrschaft und Kollaboration: die Niederlande unter deutscher Besatzung 1940–1945,* Stuttgart 1984, S.194.
18 TNA FO 371/39330.
19 Oberleutnant Helmut Hänsel, 4.9.44, Heeres-Bezugs-Abnahmestelle für die Niederlande, 36.610, WLB-SS.
20 »Some Details about the Battle of Arnhem«, GA-CB 2171/1.
21 Dagbocken Burgers, AAMH.
22 4.9.44, Robert W. Love und John Major (Hrsg.), *The Year of D-Day: The 1944 Diary of Admiral Sir Bertram Ramsay*, Hull 1994, S. 131.
23 NARA RG 407, 270/65/7/2.
24 Stuart Hills, *By Tank into Normandy*, London 2003, S. 153 f.

25 TNA WO 171/837.
26 Alistair Horne und David Montgomery, *The Lonely Leader: Montgomery 1944–1945*, London 1994, S. 328.
27 CBHC, Box 4, Folder 13.
28 War Diary, 2nd (Armoured) Bn, Irish Guards, TNA WO 171/1256.
29 TNA WO 171/837.
30 Siehe Anmerkung 3.
31 Generaloberst a. D. Kurt Student, »Arnheim – letzter deutscher Erfolg«, in: *Der Frontsoldat erzählt,* 1952, Nr. 5, S. 116.
32 Heydte, TNA WO 208/4140 SRM 1180.
33 CSDIC, TNA WO 208/4140 SRM 1156.
34 BArch-MA RL33/115.
35 FMS B-717.
36 Ebenda.
37 Zu Chills 85. Division in jener Zeit siehe Jack Didden, »A Week Too Late?« in: John Buckley und Peter Preston-Hough (Hrsg.), *Operation Market Garden: The Campaign for the Low Countries, Autumn 1944*, Solihull 2016, S. 74–98.
38 Siehe Major Zapp, Sich. Rgt 16, TNA WO 208/4140 SRM 1126.
39 Obersturmbannführer Lönholdt, 17 SS Pz Gr Division, TNA WO 208/4140 SRM 1254.
40 SS-Standartenführer Lingner, TNA WO 208/4140 SRM 1206.
41 Oberst Wilck, Stadtkommandant von Aachen, TNA WO 208/4364 GRGG 216.
42 TNA WO 171/4184.
43 Siehe GA-CB 2171/1.
44 Zum Schicksal der Arnheimer Juden siehe Margo Klijn, *De stille slag. Joodse Arnhemmers 1933–1945*, Westervoort 2014.
45 Zu den Juden von Eindhoven siehe Margry, *De Bevrijding van Eindhoven.*
46 Siehe RvOD, S. 615.
47 Zum KZ Vught siehe Didden und Swarts, *Einddoel Maas*, S. 26.
48 HKNTW, vol. VIII, S. 61. Zur Überlebensrate der Niederländer siehe J. Presser, *Ashes in the Wind: The Destruction of Dutch Jewry*, London 1968, S. 495.
49 CSDIC, TNA WO 208/4178 GRGG 341.
50 Den ausführlichsten Bericht zum *Englandspiel* siehe bei M. R. D. Foot, SOE *in the Low Countries*, London 2001.
51 HKNTW, vol. VIII, S. 96.

3 DIE 1ST ALLIED AIRBORNE ARMY

1 Major J. E. Blackwood, 11 Para, 4th Parachute Brigade, NIOD 244/1237.
2 Montgomery zu F. de Guingand, TNA WO 205/5D.
3 Brereton an Eisenhower, 20.8.44, FAAA, NARA RG 331/Entry 254/ Box 19.
4 Siehe HQ FAAA, 12.9.44, NARA RG498 290/56/2/3, Box 1466.
5 Siehe FAAA, NARA RG 331/Entry 254/Box 18.
6 Miller MBE, CRCP 107/26.

7 CBHC, Box 4, Folder 13.
8 HQ FAAA, NARA RG 331/Entry 254/ Box 19.
9 Nigel Hamilton, *Monty: The Field Marshal 1944–1976*, London 1986, S. 22.
10 FAAA, NARA RG 331/Entry 253/Box 5.
11 Professor Gary Sheffield, Vortrag am Royal Services Institute (RUSI), 20.11.2013.
12 CBHC, Box 4, Folder 13.
13 Dempseys Tagebuch, 4.9.44, TNA WO 285/9.
14 Lt Stefan Kaczmarek, Polnische Fallschirmbrigade, CRCP 132/38.
15 Gen R. E. Urquhart (mit Wilfred Greatorex), *Arnhem*, Barnsley 2008, S. 17.
16 Maj Gen Sosabowski, CRCP 132/45.
17 Lt Robin Vlasto, A Company, 2nd Para Bn, CRCP 111/7.
18 FAAA, NARA RG498 290/56/2/3, Box 1466.
19 FLPP, Box 2.
20 Siehe Anmerkung 18.
21 Brereton an Montgomery, 9.9.44, TNA WO 205/197.
22 FCPP, Box 24.
23 Brief von Leigh-Mallory an Brereton, 6.9.44, NARA RG331/Entry 253/ Box 5.
24 CRCP 132/45 und PISM A. v. 20 31/19.
25 Dempseys Tagebuch, 8.9.44, TNA WO 285/9.
26 M524 Montgomery Papers, zitiert nach Hamilton, *Monty: The Field Marshal*, S. 44.
27 LHCMA 15/15/48 und LHCMA Gale 11/22.
28 Tedder an Portal, 10.9.44, Tedder Papers, Duplicates 1944, July–September, S. 347, AHB.
29 LHCMA Gale 11/22.
30 Siehe Anmerkung 28.
31 Dempseys Tagebuch, 10.9.44, TNA WO 285/9.
32 TNA WO 205/692.
33 Eisenhower an Brereton, FAAA, NARA RG 331/Entry 254/ Box 19.
34 M196 Montgomery Papers, zitiert nach Hamilton, *Monty: The Field Marshal*, S. 58.
35 Zur Teilnehmerliste am 10.9.44 siehe FAAA, Tagebuch von Brig Gen Floyd L. Parks, FLPP.
36 Zu Browning und der Kontrolle über den Planungsprozess siehe Sebastian Ritchie, *Arnhem: Myth and Reality. Airborne Warfare, Air Power and the Failure of Market Garden*, London 2011, S. 180 f.
37 FAAA, Nara RG 331/Entry 254/Box 20.
38 Ebenda.
39 Lt Col John Norton, G-2, 82nd Airborne, CRCP 100/3.
40 Floyd L. Parks Tagebuch, FLPP.
41 Urquhart, *Arnhem*, S. 1.
42 Gespräch Forrest C. Pogues mit Bedell Smith, 13.5.47, OCMH WWII Interviews, USAMHI.
43 TNA CAB 106/1133.

44 Hollinghursts Aktenvermerk vom 11.9.44 wurde dem Autor freundlicherweise von John Howes zur Verfügung gestellt.
45 Zu den Bedenken von Taylor und Gavin hinsichtlich der Absprunggebiete siehe FCPP, Box 24.
46 Siehe Ritchie, *Arnhem: Myth and Reality*, S. 119.
47 Norton, CRCP 100/3.
48 Urquhart, *Arnhem*, S. 7.
49 FCPP, Box 24.
50 Siehe HKNTW, S. 385.
51 Brig E. T. Williams, FCPP, Box 24.
52 Robert W. Love und John Major (Hrsg.), *The Year of D-Day: The 1944 Diary of Admiral Sir Bertram Ramsay*, Hull 1994, S. 137.
53 DDEP, Box 83, und TNA WO 205/693.
54 M196 Montgomery Papers, zitiert nach Hamilton, *Monty: The Field Marshal*, S. 57 f.
55 DDEP, Box 83.
56 Omar N. Bradley, *A Soldier's Story*, New York 1964, S. 410.
57 PP, S. 548.

4 ZWEIFEL IN DEN WIND GESCHLAGEN

1 Lt Robin Vlasto, A Company, 2nd Para Bn, CRCP 111/7.
2 Lt Col Charles Mackenzie, GSO1, 1st Airborne, CRCP 108/3.
3 Joseph F. Brumbaugh, I/508/82, EC-UNO.
4 Edward C. Boccafogli, B/I/508/82, EC-UNO.
5 Siehe Anmerkung 3.
6 Capt Patrick J. Sweeney, H, 506/101, CRCP 98/40.
7 Capt A. Ebner Blatt, Medical Detachment, 502/101, CRCP 97/31.
8 Gordon Carson, 506/101, ES-UNO.
9 Maj Richard Winters, E/506/101, EC-UNO.
10 Louis Simpson, *Selected Prose*, New York 1989, S. 92.
11 PISM A. v. 20 31/16 35.
12 Cpl Bołesław Wojewódka, CRCP/47.
13 Memoiren von Stanley Nosecki, PISM A. v. 20 31/38 26.
14 2nd Lt Jerzy Lesniak, 1st Bn, 1st PPB, CRCP 132/41.
15 PUMST A 048–055.
16 PISM A. v. 20 31/60 28.
17 Ebenda.
18 »Support for the Rising. Air Support Documentation«, PUMST (2.3.2.1.3.1/4) file A.053.
19 Gen Sosnkowski, 16.8.44, PISM A. v. 20 31/16 16.
20 Lt Stefan Kaczmarek, Polish Parachute Brigade, CRCP 132/38.
21 Kriegstagebuch, 1st Polish Parachute Brigade Group, PISM A. v. 20 31/27.
22 Aktennotiz Sosabowskis, 14.9.45, PISM A. v. 20 31/19.
23 Kriegstagebuch, 1PIPB, PISM A. v. 20 31/27 3.

24 Brig P. H. W. Hicks, 1st Airlanding Brigade, CRCP 112/3.
25 Siehe dazu John Peaty, »Operation MARKET GARDEN: The Manpower Factor«, in: John Buckley und Peter Preston-Hough (Hrsg.), *Operation Market Garden: The Campaign for the Low Countries, Autumn 1944*, Solihull 2016, S. 58–73.
26 Breretons Schreiben an General H. H. Arnold, JMGP, Box 15.
27 Siehe Generaloberst Kurt Student, FMS B-717.
28 Zur Schlacht von Geel siehe Jack Didden, »A Week Too Late?«, in: Buckley and Preston-Hough (Hrsg.), *Operation Market Garden*, S. 85 ff.; Stuart Hills, *By Tank into Normandy*, London 2003, S. 157–172, und Heydte, BArch-MA RL33 115.
29 Hills, *By Tank into Normandy*, S. 157.

5 DER TAG DES KRIEGSBEILS

1 O'Zahlm. d. R. Heinrich Klüglein, Heeres-Kraftfahrzeugpark 550, Utrecht, 8.9.44, WLB-SS.
2 GA-CB 2171/24d.
3 Ebenda.
4 Ebenda.
5 Ebenda.
6 Ebenda. Zu Rauter, Model und Krebs siehe auch RvOD.
7 Hauptmann Ritter von Schramm, BArch-MA MSG2 2403.
8 10.9.44, 3. Jagd-Division KTB, BArch-MA RL8 171,3.
9 Trevor-Ropers Bericht siehe TNA CAB 154/105. Für dieses Detail bin ich Max Hastings überaus dankbar.
10 CBHC, Box 4, Folder 13.
11 GA-CB 2171/29b.
12 FMS P-155.
13 Zu den Panzern V siehe BArch-MA RS3–9, S. 3 f.
14 Zu Kampfgruppe Walther siehe FMS P-188.
15 Von Ultra entschlüsselte Funksprüche des II. Panzerkorps, 5. und 6.9.44, TNA DEFE 3/221.
16 Gespräch Forrest C. Pogues mit Bedell Smith, 13.5.47, OCMH WWII Interviews, USAMHI.
17 NARA RG498 290/56/2/3, Box 1466.
18 FCPP, Box 24.
19 Charles B. MacDonald, *The Siegfried Line Campaign*, OCMH, Washington, DC, 1963, S. 122; siehe auch Kenneth Strong, *Intelligence at the Top*, London 1968, S. 49.
20 Brig E. T. Williams, FCPP, Box 24.
21 Harmel, GA-CB 2171/24.
22 Sebastian Ritchie, *Arnhem: The Air Reconnaissance Story*, AHB 2015.
23 TNA WO 171/837.
24 3rd Battalion der Irish Guards, siehe TNA WO 171/1257.

25 TNA WO 171/1256.
26 Siehe HCR, TNA WO 171/837 und CRCP 114/46.
27 Zur Reaktion in Eindhoven siehe Tagebuch von mej. Crielaers, RHCE D-0001/1383/2042.
28 Ebenda.
29 Tagebuch von Fritz Fullriede, 13.9.44, BArch-MA MSG2 1948.
30 TNA WO 171/837.
31 FAAA, NARA RG331/Entry 253/ Box 6.
32 FAAA, NARA RG331/Entry 254/Box 20.
33 CRCP 96/1.
34 Maj Gen R. E. Urquhart (mit Wilfred Greatorex), *Arnhem*, Barnsley 2008, S. 10.
35 Ebenda, S. 15.
36 Ebenda.
37 Richard Mead, *General »Boy«: The Life of Lieutenant General Sir Frederick Browning*, Barnsley 2010, S. 120.
38 Urquhart, *Arnhem*, S. 10.
39 Zu den Problemen der britischen 1st Airborne Division mit der Funkverbindung siehe Lewis Golden, *Echoes from Arnhem,* London 1984, S. 139–169.

6 DER FEINSCHLIFF

1 Tagebuch von Johanna Marie Fokkinga, 11.9.44, RAN 579/662.
2 P. C. Boeren, Stadtarchivar von Nimwegen, CRCP 124/1.
3 Tagebuch von Albertus Uijen, RAN 579/23–33.
4 Ebenda.
5 07.45 Uhr, 16.9.44, BArch-Ma RH19 IX/22, 187.
6 21.50 Uhr, 15.9.44, H.Gr.B., Feindlagebeurteilungen, BArch-MA RH19 IX/19, 3.
7 NIOD 244/1040.
8 Lucianus Vroemen, CRCP 121/26.
9 NIOD 244/5.
10 »Slag bij Arnhem«, GA-CB 2171/1.
11 CRCP 93/3.
12 Albert Horstman, LKP, CRCP 120/28.
13 NIOD 244/1040.
14 CRCP 120/11.
15 GA-CB 2171/17.
16 HKNTW, S. 384.
17 CRCP 120/2.
18 *Niet tevergeefs. Oosterbeek September 1944*, Arnhem, 1946, S. 17.
19 CRCP, 125/8.
20 Wilhelm Bittrich, Befragung durch Boeree, GA-CB 2171/33 a.
21 Ebenda.
22 Walter Harzer, Boeree correspondence, GA-CB 2171/25.
23 Harmel, GA-CB 2171/25.

24 Walter Harzer, Befragung durch Boeree, GA-CB 2171/25.
25 Tagebuch von Leutnant Gustav Jedelhauser, CRCP 130/3.
26 Tagebuch Fritz Fullriedes, 15.9.44, BArch-MA MSG2 1948.
27 15.9.44, H.Gr.B., KTB, BArch-MA RH19 IX/5, 238.
28 BArch-MA RL33 109/5.
29 TNA WO 208/4140 SRM 1195.
30 Heinz Volz, »Fallschirmjäger-Regiment von Hoffmann«, in: *Der Deutsche Fallschirmjäger*, 1955, Nr. 2, S. 11.
31 Siehe Anmerkung 28.
32 Siehe Anmerkung 26.
33 L. Brümmer, BArch-MA RH13 v. 54.
34 Adolf Kutsch, Stab/Sich.Btl.772, 9.9.44, 10 731A, WLB-SS.
35 Flugplan der Operation Market, siehe FAAA, NARA RG 331/Entry 254/Box 20.
36 TNA CAB 106/1133.
37 Zum 505th Parachute Infantry Regiment auf Sizilien siehe JMGP, Box 1.
38 CRCP 108/5.

7 DER VORABEND DER SCHLACHT – SAMSTAG, 16. SEPTEMBER

1 TNA WO 171/837.
2 HKNTW, S. 366.
3 *Corps Commander*, London 1977, S. 96–100.
4 Lt Col C. D. Renfro, CRCP 96/1.
5 Lt Col Charles Pahud de Mortanges, CRCP 122/32.
6 Major Jhr. Jan Beelaerts van Blokland, Princess Irene Brigade, CRCP 127/39.
7 Brian Horrocks, *A Full Life*, London 1960, S. 191 f.
8 Gespräch mit Horrocks, 15.5.46, LHCMA 15/15/130.
9 Eine Analyse der Guards Armoured Division und ihrer Personalstärke siehe bei John Peaty, »Operation MARKET GARDEN: The Manpower Factor«, in: John Buckley und Peter Preston-Hough (Hrsg.), *Operation Market Garden: The Campaign for the Low Countries, Autumn 1944,* Solihull 2016, S. 58–73.
10 Sir Michael Howard, Gespräch mit dem Autor, 16.12.15.
11 Lt Col J.O E. Vandeleur, CRCP 102/17.
12 Kriegstagebuch, 3rd Bn Irish Guards, TNA WO 171/1257.
13 Maj Edward Tyler, 2nd (Armoured) Bn, Irish Guards, CRCP 115/33.
14 Capt Roland Langton, 2nd (Armoured) Bn, Irish Guards, CRCP 115/4.
15 Lt Neal W. Beaver, H/3/508/82, CRCP 105/27.
16 Dwayne T. Burns, F/II/508/82, EC-UNO.
17 Capt Carl W. Kappel, H/504/82, CRCP 103/1.
18 PISM A. v. 20 31/32 43.
19 PISM A. v. 20 31/38 26.
20 E. J. Vere-Davies, D Company 1 Para, AAMH, DOOS NO: 038.
21 Capt R. Temple, 4th Parachute Brigade HQ, CRCP 117/36.
22 Tagebuch von Martjin Louis Deinum, 16.9.44, NBMG 5.3.20548.

23 HvdV, S. 22.
24 16.9.44, H.Gr. B., KTB, BArch-MA RH19 IX/5, 232.
25 Siehe Tagebuch des Generals der Flieger Kreipe, FMS P-096.
26 16.9.44, H.Gr. B., KTB, BArch-MA RH19 IX/5, 241.
27 11.20h, 16.9.44, H.Gr. B., KTB, BArch-MA RH19 IX/90.
28 SS-Brigadeführer Harmel, FMS P-163 und CRCP 130/13.
29 GA-CB 2171/24a.
30 GA-CB 2171/24c.
31 Krafft Diary, TNA WO 205/1124.
32 SS-Sturmmann K. H. Bangard, SS-Panzergrenadier-Ausbildungs- und Ersatz-Bataillon 16, GA-CB 2171/24a.
33 Dwayne T. Burns, F/II/508/82, EC-UNO.
34 S/Sgt Neal Boyle, E/II/506/101, EC-UNO.
35 Lt Edmund L. Wierzbowski, H/III/502/101, CRCP 98/5.

8 DIE INVASION AUS DER LUFT – SONNTAGMORGEN, 17. SEPTEMBER

1 Allied Air Operations Holland, TNA Air 37/1214.
2 Sgt Robert Jones, 2nd Para Bn, CRCP 110/50.
3 John Frost, *A Drop Too Many*, Barnsley 2008, S. 124.
4 Pvt James Sims, 2 Para, CRCP 111/1.
5 Richard Mead, *General »Boy«: The Life of Lieutenant General Sir Frederick Browning,* Barnsley 2010, S. 125.
6 Col Charles Mackenzie, GSO1, 1st Airborne Division, CRCP 108/3.
7 Harry Butcher, *Three Years with Eisenhower*, London 1946, S. 573.
8 Capt B. W. Briggs, HQ 1st Para Brigade, CRCP 109/30.
9 Urquhart, CRCP 93/3.
10 S/Sgt Leslie Gibbons, D Squadron, zitiert nach George Chatterton, *The Wings of Pegasus*, London 1982, S. 187.
11 Lt Sam H. Bailey, 505/82, CRCP 104/4.
12 Laurence Critchell, *Four Stars of Hell*, New York 1947, S. 113.
13 Brig Gen Anthony C. McAuliffe, CRCP 96/9, und Richard L. Klein, III/501/101, CRCP 97/11.
14 JMGP, Box 15.
15 2nd Lt William »Buck« Dawson, JMGP, Box 15.
16 Lt Col C. D. Renfro, NARA RG407, Entry 427B, ML 2124.
17 TNA WO 171/1256.
18 Siehe C. A. Dekkers und L. P. J. Vroemen, *De zwarte herfst. Arnhem 1944*, Arnheim 1984, S. 22.
19 Gerhardus Gysbers, Antiquar, CRCP 120/20.
20 Willem Tiemens, CRCP 121/22.
21 Schwester Christine van Dijk, CRCP 120/15.
22 Jan Voskuil, ebenda.
23 NIOD 244/1040.
24 H.Gr. B., KTB, 17.9.44, BArch-MA, RH19 IX/5,249.

25 Ton Gieling, GAA 1557/1511.
26 Neurologe Dr. Marius van de Beek, NIOD 244/5.
27 Heimrich Bisterbosch, CRCP 120/10.
28 Generaloberst a. D. Kurt Student, »Arnheim – letzter deutscher Erfolg«, in: *Der Frontsoldat erzählt,* 1952, Nr. 6, S. 147.
29 GA-CB 2171/4.
30 L. Col J. O. E. Vandeleur, CRCP 102/17.
31 Lt James J. Coyle, E/II/505/82, CRCP 92/9.
32 Dawson, JMGP, Box 15.
33 Lt Col Harold W. Hannah, CRCP 96/7.
34 Sergeant William Oakes, Glider Pilot Regiment, CRCP 116/41.
35 Philip H. Nadler, F/II/504/82, CRCP 103/12.
36 Siehe Anmerkung 32.
37 L/Bdr Percy Parkes, Light Regiment RA, CRCP 113/55.
38 FAAA, NARA RG 331/Entry 254/Box 20.
39 JMGP, Box 15.
40 Pvt James Sims, 2nd Para Bn, CRCP 111/1.
41 CRCP 97/3.
42 Sgt Paddy Campbell, 2nd Para Bn, CRCP 110/34.
43 Lt Col Patrick Cassidy, I/502/101, FAAA, NARA RG331/Entry 254/Box 20.
44 Pfc Patrick J. O'Hagan. E/II/505/82, CRCP 104/73.
45 S/Sgt Paul D. Nunan, D/I/505/82, CRCP 104/72.
46 Zit. nach T. Moffatt Burriss, *Strike and Hold*, Washington, DC, 2000, S. 105.
47 CRCP 104/74.
48 CRCP 92/9.
49 Ebenda.
50 BBC, *War Report: A Record of Dispatches Broadcast by the* BBC*'s War Correspondents with the Allied Expeditionary Force, 6 June 1944–5 May 1945,* London 1946, S. 233.
51 Col Frank J. McNees, 435 TCG, CRCP 107/16.
52 Dwayne T. Burns, F/II/508/82, EC-UNO.
53 Melton E. Stevens, 326th Airborne Engineer Bn, Veterans Survey, 101st Airborne Division, USAMHI, Box 2.
54 Capt Eric Mackay, 1st Para Sqn RE, CRCP 110/55.
55 FAAA, NARA RG 331/Entry 254/ Box 20.
56 CRCP 96/1.
57 CRCP 97/1.
58 Stevan Dedijer in: *Princeton Alumni Weekly*, 21.12.94, EC-UNO.
59 Tagebuch von Lt Col Harold W. Hannah, CRCP 96/7.
60 Lt Col Warren R. Williams, HQ/504/82, CRCP 103/26.
61 Edward R. Murrow, CBS, in British Broadcasting Corporation, *War Report*, S. 233 f.
62 William True, EC-UNO.
63 Capt Arthur W. Ferguson, III/504/82, CRCP 102/23.
64 JMGP, Box 15.
65 Capt Patrick J. Sweeney, H, 506/101, CRCP 98/40.

66 Gordon Carson, E/II/506/101, EC-UNO.
67 Capt Adam A. Komosa, 504/82, CRCP 103/5.
68 Lt Col John Frost, CO 2 Para, CRCP 110/42.
69 Cpt Eric Mackay, 1st Para Sqn RE, CRCP 110/55.
70 Warrant Officer Allan Schofield, 38 Group RAF, CRCP 117/32.
71 Chatterton, *The Wings of Pegasus*, S. 183.
72 Sgt Roy Hatch, Glider Pilot Regiment, CRCP 116/2.
73 Brian Horrocks, *A Full Life*, London 1960, S. 212.
74 J. O. E. Vandeleur, CRCP 102/17.
75 Lt John Quinan, 2nd (Armoured) Bn, Irish Guards, CRCP 115/21.
76 Flt Lt Donald Love, CRCP 115/17.
77 Siehe Anmerkung 75.
78 Maj Edward Tyler, 2nd (Armoured) Bn, Irish Guards, CRCP 115/33; und TNA WO 171/1256.
79 Siehe Anmerkung 75.
80 Siehe Anmerkung 74.

9 DIE REAKTION DER DEUTSCHEN – SONNTAG, 17. SEPTEMBER

1 SS-Sturmmann K. H. Bangard, CRCP 131/9.
2 SS-Sturmbannführer Sepp Krafft, GA-CB 2171/24a.
3 Generaloberst a. D. Kurt Student, »Arnheim – letzter deutscher Erfolg«, in: *Der Frontsoldat erzählt,* 1952, Nr. 6, S. 147.
4 Tagebuch von Leutnant Gustav Jedelhauser, CRCP 130/3.
5 GA-CB 2171/24c.
6 CRCP 125/3.
7 Dr. Erwin Gerhardt, CRCP 131/21.
8 BArch-MA RL8 171,4.
9 Bericht des Bataillons Krafft siehe Kriegstagebuch des SS-Panzergrenadier-Ausbildungs- und Ersatz-Bataillons 16, TNA WO 205/1124, und GA-CB 2171/24a.
10 Bangard, CRCP 131/9.
11 SS-Sturmmann K. H. Bangard, CRCP 128/2.
12 GA-CB 2171/24c.
13 Zur Mannschaftsstärke von Kraffts Bataillon siehe Kriegstagebuch des SS-Panzergrenadier-Ausbildungs- und Ersatz-Bataillons 16, TNA WO 205/1124.
14 Kriegstagebuch, TNA WO 205/1124.
15 Ebenda.
16 GA-CB 2171/25.
17 Pionier-Bataillon 9, SS Kampfgruppe Brinkmann, BArch-MA N756 158A.
18 Tagebuch Gefr. Schulte-Fabricius, 19.9.44, WLB-SS.
19 Stelzenmüller, CRCP 132/18.
20 SS-Brigadeführer Harmel, FMS P-16.
21 GA-CB 2171/1.
22 Fullriedes Tagebuch, BArch-MA MSG2 1948.
23 GA-CB 2171/24d; siehe auch RvOD, S. 614.

10 DIE LANDUNGEN DER BRITEN – SONNTAG, 17. SEPTEMBER

1 Zum Tod von Corporal Jones siehe Pvt Alfred Jones, CRCP 114/12.
2 Lt Col Robert Payton-Reid, KOSB, CRCP 111/36, MPRAF.
3 Tagebuch von Colonel Graeme Warrack, stellvertretender Chef des medizinischen Dienstes der britischen 1st Airborne Division, GAA 1557/322; siehe auch FAAA, NARA RG331/Entry 256/Box 35.
4 Tagebuch von Leutnant Martin, Mohren-Bataillon, Rautenfeld-Regiment, in: *Veghelse Courant*, 19.3.49.
5 Jan Donderwinkel, CRCP 125/1.
6 Lt John Stevenson, »Arnhem Diary«, in: *Reconnaissance Journal*, vol. 4, no. 1, Autumn 1947.
7 Zu Goughs Beharren auf dem Fallschirmspringen siehe Maj C. F. H. Gough, 1st Airborne Reconnaissance Squadron, CRCP 114/17.
8 Siehe Lt Patrick Barnett, Defence Platoon, 1st Parachute Brigade, CRCP 109/26.
9 AAMH 50EO 0782.
10 Cpl Terry Brace, 16th (Para) Field Ambulance, CRCP 109/29.
11 CRCP 109/29.
12 Lieutenant Paul B. Johnson, FAAA, NARA RG 331/Entry 253/Box 1.
13 Maj E. M. Mackay RE, »The Battle of Arnhem Bridge«, in: *Royal Engineers Journal*, Dez. 1954, S. 306.
14 L/Bdr James Jones, 1st Light Regiment RA, CRCP 113/52.
15 Siehe Anmerkung 3.
16 Zu Oberleutnant Bucknells Truppe siehe Gough, CRCP 114/17.
17 Brig P. H. W. Hicks, 1st Airlanding Brigade, CRCP 112/3.
18 Hibbert, zit. nach John Waddy, *A Tour of the Arnhem Battlefields*, Barnsley 2011, S. 59.
19 Jan Voskuil, CRCP 125/22.
20 Jan Eijkelhoff, CRCP 125/3.
21 Stuart Mawson, *Arnhem Doctor*, Staplehurst 2000, S. 40.
22 Oosterbeek, *Niet tevergeefs. Oosterbeek September 1944*, Arnheim 1946, S. 17.
23 Gough, CRCP 114/17.
24 Pvt James Sims, 2nd Para Bn, CRCP 111/1.
25 Lt Peter Barry, 2 Para, CRCP 100/32.
26 Lt H. A. Todd, CRCP 102/5.
27 Lt Robin Vlasto, A Company, 2nd Para Bn, CRCP 111/7.
28 Cpl Terry Brace, 16th (Para) Field Ambulance, CRCP 109/29.
29 Pvt William Lankstead, 2 Para, CRCP 110/52.
30 Siehe Anmerkung 3.
31 Schwester Christine van Dijk, CRCP 120/15.
32 Ton Gieling, GAA 1557/1511.
33 Siehe Anmerkung 31.
34 Louis van Erp Taalman Kip, Neurologe, CRCP 120/18.
35 Bittrich, GA-CB 2171/24c.
36 Ebenda.

37 Meindl, FMS B-093.
38 Cassidy, CRCP 128/4.
39 Generaloberst Dessloch, CRCP 129/12.
40 17.9.44, Tagebuch Kreipes, FMS P-069.
41 19.05h, H.Gr. B., KTB, BArch-MA RH19 IX/90,32.
42 Siehe Anmerkung 40.
43 Siehe Anmerkung 38.

11 DIE LANDUNGEN DER AMERIKANER – SONNTAG, 17. SEPTEMBER

1 General der Infanterie Reinhard, LXXXVIII. Korps, FMS B-156 und B-343.
2 P. Nuis, CRCP 93/5.
3 Municipality of Nimwegen, 13.3.1949, CRCP 99/25.
4 Cpl Ray Lappegaard, CRCP 97/12.
5 Sgt Richard R. Clarke, G3/101, CRCP 96/5.
6 Cpl Richard L. Klein, III/501/101, CRCP 97/11.
7 After Action Report, 506th Parachute Infantry Regiment, CRCP 96/1.
8 Siehe FAAA, NARA RG 331/Entry 254/Box 20.
9 Ebenda.
10 Dr Leo Schrijvers, CRCP 126/22.
11 Generaloberst a. D. Kurt Student, »Arnheim – letzter deutscher Erfolg«, in: *Der Frontsoldat erzählt,* 1952, Nr. 6, S. 148.
12 Lt William C. Dwyer, E/I/502/101, NARA RG407, Entry 427B, Box 19182, ML2235.
13 Siehe Anmerkung 8.
14 Ebenda.
15 Lt Bates R. Stinson, NARA RG407, Entry 427B, Box 19182, ML2235.
16 Stevan Dedijer in *Princeton Alumni Weekly*, 21.12.94. Siehe auch Stevan Dedijer, Headquarters/101, EC-UNO.
17 Zu der Aktion in Son siehe Anmerkung 8.
18 Maj Richard Winters, 506/101, EC-UNO.
19 Zur Brücke von Son siehe Lt Col Hannah, G-3/101, NARA RG407, Entry 427B, Box 19182, ML2235.
20 Melton E. Stevens, 326th Airborne Engineer Bn, Veterans Survey, 101st Airborne Division, USAMHI, Box 2.
21 Tagebuch von Lt Col Harold W. Hannah, G3 CRCP 96/7.
22 Dr Leo Schrijvers, CRCP 126/22.
23 Siehe Anmerkung 8.
24 Lt Edmund L. Wierzbowski, H, III/502/101, CRCP 98/5.
25 Siehe Anmerkung 8.
26 Wierzbowski, CRCP 98/5.
27 George Hurtack, C/I/506/101, CRCP 98/21.
28 Maria de Visser, CRCP 126/24.
29 Cornelis de Visser, ebenda.
30 Francis L. Sampson, *Look Out Below!*, Washington, D.C. 1958, S. 85.

31 Guy R. Anderson, HQ/I/505/82, NARA RG407, Entry 427B, Box 19182, ML2235.
32 2nd Lt Raymond L. Blowers, 436TCG, NARA RG407, Entry 427B, Box 19182, ML2235.
33 JMGP, Box 15.
34 Capt Arie Bestebreurtje, CRCP 101/7; Vortrag Gavins am US Army War College, JMGP, Box 1.
35 JMGP, Box 1.
36 Joseph F. Brumbaugh, I/508/82, EC-UNO.
37 Col George Chatterton, Glider Pilot Regiment, CRCP 108/2.
38 Capt Eddie Newbury, Brownings Adjutant, CRCP 108/5.
39 Dwayne T. Burns, F/II/508/82, EC-UNO.
40 Siehe Anmerkung 8.
41 Hauptfeldwebel Jakob Moll, Ersatz-Bataillon 39, CRCP 132/12.
42 Fr H. Hoek, Groesbeek, CRCP 122/44.
43 Tagebuch von Petronella Dozy, NBMG 9.7.8082379105.
44 Brumbaugh, EC-UNO.
45 Siehe Anmerkung 43.
46 J. H. M. Verspyck, NIOD 244/204.
47 Pfc Leonard J. Webster, CRCP 105/16.
48 T. Moffatt Burriss, *Strike and Hold*, Washington, DC, 2000, S. 105.
49 Colonel Reuben H. Tucker, 504/82, CRCP 100/7.
50 Capt Louis A. Hauptfleisch, Rgtl Adjutant, 504/82, CRCP 102/29.
51 Lt James H. Nelson, E/II/504/82, NARA RG407, Entry 427B, Box 19182, ML2235.
52 Ebenda.
53 Tagebuch von Martijn Louis Deinum, NBMG 5.3.20548.
54 Tagebuch von Albertus Uijen, RAN 579/23–33.
55 Ebenda.
56 Bestebreurtje, CRCP 101/7.
57 Gespräch mit Gavin, 20.1.1967, CRCP 101/10.
58 Siehe Anmerkung 54.
59 Siehe Anmerkung 53.
60 Georg Jensen, CRCP 132/4.
61 Lt Winston O. Carter, HQ/III/505/82, CRCP 104/16.
62 Siehe Arthur Schultz, C/I/505/82, EC-UNO.
63 Siehe Anmerkung 8.
64 Lt Col C. D. Renfro, CRCP 96/1.
65 Lt Col J. O. E. Vandeleur, DSCN 6212, CRCP 102/17.
66 Brian Horrocks, *Corps Commander,* London 1977, S. 103.

12 NACHT UND TAG IN ARNHEIM – 17.–18. SEPTEMBER

1 Anonymes Tagebuch, GAA 1557/163.
2 Rev Fr Bernard Egan, CRCP 110/40.
3 Lt John Grayburn VC, 2nd Para Bn, Citation, CRCP 110/45.
4 Pvt Ronald Holt, A Company, 1st Para Bn, CRCP 110/49.
5 C Company, 2 Para, TNA CAB 106/1133.
6 Emil Petersen, RAD, CRCP 132/18.
7 1st Parachute Squadron RE, Maj E. M. Mackay, »The Battle of Arnhem Bridge«, *Royal Engineers Journal*, Dec. 1954, S. 305 ff.
8 Oosterbeek, *Niet Tevergeefs. Oosterbeek September 1944*, Arnheim 1946, S. 39.
9 SS-Hauptsturmführer Möller, BArch-MA, N756–158/A.
10 Jan Voskuil, CRCP 125/22.
11 HvdV, S. 37.
12 20.00h, 17.9.44, BArch-MA RH19 IX/22, 175.
13 Befragung Bittrichs, GAA 2171 33a.
14 WBNdl, 18.9.44, BArch-MA RH19 IX/12, 219.
15 11.00h, H.Gr. B., KTB, BArch-MA RH19 IX/5, 258.
16 H. Gr. B., KTB, BArch-MA RH19 IX/90, 26, 27.
17 Zu dem Polizeibataillon aus Apeldoorn siehe GA-CB 2171/24c.
18 Zur SS-Werferabteilung 102 siehe II. SS-Pz. Korps, H. Gr. B., KTB, BArch-MA RH 19 IX/5, 250.
19 Hans-Peter Knaust, CRCP 130/13.
20 22.15h, 17.9.44, H. Gr. B., KTB, BArch-MA RH19 IX/5, 253.
21 Collection P. A. Berends, GAA 1557/1438.
22 GA-CB 2171/1.
23 H.Gr. B., KTB, BArch-MA RH19 IX/90, 32.
24 Pionier-Bataillon 9, SS-Kampfgruppe Brinkmann, BArch-MA N756/158A.
25 Horst Weber, I/21 SS Pzgr-Rgt, CRCP 131/1.
26 Alfred Ringsdorf, I/21 SS Pzgr-Rgt/10 SS Pz-Div, CRCP 130/14.
27 Pvt James Sims, 2nd Para Bn, CRCP 111/1.
28 Bericht von Lt H. A. Todd, JMGP, Box 15, and CRCP 102/5.
29 Sims, CRCP 111/1.
30 Lt Col John Frost, CO 2 Para, CRCP 110/42.
31 Siehe Anmerkung 28.
32 Mackay, »The Battle of Arnhem Bridge«, S. 307.
33 Maj Richard Lewis, C Company, 3rd Para Bn, CRCP 111/20.
34 Siehe Anmerkung 32.
35 Siehe Anmerkung 27.
36 Frost, CRCP 110/42.
37 Bob Gerritsen and Scott Revell, *Retake Arnhem Bridge: Kampfgruppe Knaust, September-October 1944*, Renkum 2014, S. 53.
38 Zu den vermuteten Kämpfen in der Betuwe siehe Gerhardus Gysbers, CRCP 120/20.
39 Anonymes Tagebuch, NIOD 244/1040.
40 Horst Weber, CRCP 131/1.

41 Coenraad Hulleman, LO, CRCP 120/30.
42 E. J. Vere-Davies, AAMH DOOS NO: 038.
43 AAMH 50EO 0782.
44 Pvt Walter Boldock, HQ 1 Para, CRCP 109/28.
45 Albert Horstman, CRCP 120/28.
46 RSM John C. Lord, 3rd Para Bn, CRCP 111/21.
47 Ton Gieling, GAA 1557/1511.
48 Schwester Christine van Dijk, CRCP 120/15.
49 18.9.44, 3.15h, BArch-MA RH19 IX/22, 165.

13 ARNHEIM, DAS ZWEITE KONTINGENT – MONTAG, 18. SEPTEMBER

1 Col Charles Mackenzie, GSO1, 1st Airborne Division, CRCP 108/3.
2 Brig P. H. W. Hicks, 1st Airlanding Brigade, CRCP 112/3.
3 Pvt Robert Eswards, D Company, 2nd South Staffords, CRCP 111/47.
4 Lt Bruce E. Davis, 306th Fighter Control Squadron, FAAA, NARA RG 331/ Entry 253/Box 1.
5 BArch-MA N756 390/B.
6 Adriaan Beekmeijer, No. 10 Commando, attached 1st KOSB intelligence section, CRCP 127/30.
7 BArch-MA RL8 171.
8 Kreipes Tagebuch, 18.9.44, FMS P-069.
9 Brereton an Eisenhower, 1.9.44, TNA WO 219/2121.
10 Hicks, CRCP 112/3.
11 Tagebuch des medizinischen Dienstes, 1st Airborne Division, CRCP 109/3.
12 HvdV, S. 37.
13 Major Guy Rigby-Jones, CRCP 109/20.
14 Jan Eijkelhoff, CRCP 125/3.
15 Cpl Geoffrey Stanners, 16th (Para) Field Ambulance, CRCP 110/24.
16 SS-Brigadeführer Heinz Harmel, 9th SS Panzer-Division, GA-CB 2171/1.
17 Befragung von Walter Harzer, 9th SS Panzer-Division, GA-CB 2171/25.
18 Harmel, BArch-MA N756 162.
19 SS-Brigadeführer Harmel, FMS P-163.
20 Horst Weber, 1st Bn, 21st SS Panzergrenadier-Regiment, CRCP 131/1.
21 Rev. G. A. Pare, Glider Pilot Regiment, CRCP 117/1.
22 Zu dieser Aktion am 18.9.44 siehe FAAA, NARA RG 331/Entry 254/Box 20.
23 Davis, FAAA, NARA RG 331/Entry 253/Box 1.
24 Capt Frank King, CRCP 113/4.
25 Maj J. E. Blackwood, 11 Para, 4th Parachute Brigade, NIOD 244/1237.
26 Pare, CRCP 117/1.
27 S/Sgt Les Frater, Glider Pilot Regiment, CRCP 116/21.
28 CRCP 114/30.
29 Pvt Reginald Bryant, B Company, 156th Para Bn, CRCP 112/34.
30 Maj John Waddy, 156th Para Bn, CRCP 113/33.
31 PISM A. v. 20 31/38 26.

32 Pvt Alan Dawson, 21st Independent Parachute Company, CRCP 114/7.
33 Sgt Stanley Sullivan, 21st Independent Parachute Company, CRCP 114/12.
34 Garrot Memelink, CRCP 121/6.
35 Maj B.A. Wilson, MPRAF.
36 Waddy, CRCP 113/33.
37 Mackenzie, CRCP 108/3.
38 Hicks, CRCP 112/3, Mackenzie, CRCP 108/3.
39 Stuart Mawson, *Arnhem Doctor*, Staplehurst 2000, S. 34.
40 Blackwood, NIOD 244/1237.
41 Mawson, *Arnhem Doctor*, S. 35.
42 Anonymer Bericht, Arnheim, NIOD/244/1400.
43 Weber, CRCP 131/1.
44 Sgt Ralph Sunley, 10 Para, CRCP 113/29.
45 Siehe Anmerkung 43.
46 Harmel, FMS, P-163.
47 Lt Col John Frost, CO 2 Para, CRCP 110/42.

14 DIE AMERIKANISCHEN DIVISIONEN UND DAS BRITISCHE XXX. CORPS – MONTAG, 18. SEPTEMBER

1 Lt Col J. O. E. Vandeleur, CRCP 102/17.
2 Siehe dazu Generaloberst Kurt Student, »Arnheim – letzter deutscher Erfolg«, in: *Der Frontsoldat erzählt*, 1952, Nr. 6, S. 148.
3 Generalleutnant Walter Poppe, FMS B-149.
4 Lt Edmund L. Wierzbowski, H, III/502/101, CRCP 98/5.
5 CRCP 97/35.
6 Capt LeGrand K. Johnson, F/II/502/101, NARA RG 407, Entry 427B, Box 19182, ML 2235.
7 FAAA, NARA RG 331/Entry 254/Box 20.
8 Capt Ernest D. Shacklett (Sanitätstrupp), siehe Anmerkung 6.
9 Siehe Anmerkung 7.
10 Pfc Albert F. Jones, B/II/502/101, CRCP 97/53.
11 Siehe Anmerkung 8.
12 Siehe Anmerkung 7.
13 Ebenda.
14 RHCE D-0001/1383.
15 TNA WO 171/837.
16 Siehe Anmerkung 14.
17 Siehe Anmerkung 7.
18 J. F. Fast, Eindhoven, NIOD 244/191.
19 Tagebuch von Frans Kortie, CRCP 122/24.
20 Siehe Anmerkung 7.
21 Siehe Anmerkung 14.
22 Dr J. P. Boyans, CRCP 122/17.
23 Richard Winters, E/II/506/101, EC-UNO.

24 RCHE SISO 935.4.
25 J.F. Fast, Eindhoven, NIOD 244/191.
26 Louis Simpson, *Selected Prose*, New York 1989, S. 128f.
27 Capt Robert B. Shepard, HQ/II/327/101, CRCP 98/55.
28 Siehe Anmerkung 7.
29 Brief von Walter Cronkite, 13.9.67, CRCP 96/6.
30 Funker Kenneth Pearce, CRCP 96/1.
31 GA-CB 2171/1.
32 BArch-MA N756 162.
33 BArch-MA RS2–2 32, S. 4.
34 GA-CB 2171/24c.
35 SS-Brigadeführer Harmel, FMS P-163.
36 P.C. Boeren, Stadtarchivar von Nimwegen, CRCP 124/1.
37 General der Kavallerie Kurt Feldt, FMS C-085.
38 Gavins Vortrag vor dem US Army War College, JMGP, Box 1.
39 Tagebuch von Martijn Louis Deinum, NBMG 5.3.20548.
40 Tagebuch von Mevrouw C.W. Wisman, RAN 579/665.
41 Gespräch mit Gavin, 20.1.67, CRCP 101/10.
42 Fr H. Hoek, Groesbeek, CRCP 122/44.
43 Lt Wayne H. Smith, F/II/508/82, NARA RG407, Entry 427B, Box19182, ML 2235.
44 Dwayne T. Burns, F/II/508/82, EC-UNO.
45 Pfc Joe Tallett, C/I/505/82, EC-UNO.
46 Ebenda.
47 Lt Jack Tallerday, C/505/82, CRCP 105/9.
48 Siehe auch die Berichte von Arthur Schultz, C/I/505/82, EC-UNO, und CRCP 105/2 sowie von Gerald Johnson, C/I/505/82, EC-UNO.
49 B. Warriner, 434th Troop Carrier Group, USAAF, EC-UNO.
50 Vermerk für Charles B. MacDonald, Office of the Chief of Military History, von Major Thomas P. Furey, 8.3.54, JMGP, Box 15.
51 Capt Eddie Newbury, Browning's ADC, CRCP 108/5.
52 TNA WO 171/1257,.
53 TNA WO 171/1256.
54 Aalst, War Diary, 2nd (Armoured) Bn, Irish Guards, TNA WO 171/1256.
55 J.O.E. Vandeleur, CRCP 101/17.
56 Flt Lt Donald Love, CRCP 115/17.
57 Siehe Anmerkung 54.
58 Tagebuch von Jeanette Roosenschoon Gartion, RHCE 13154:1/10794.
59 RHCE D-0001/1383.
60 Lt John Quinan, 2nd (Armoured) Bn, Irish Guards, CRCP 115/21.
61 J.O.E. Vandeleur, CRCP 102/17.
62 RHCE D-0001/1383; siehe auch *Eindhovens Dagblad*, 31.1.66.
63 Tallett, C/I/505/82, EC-UNO.
64 Lt Jack P. Carroll, 505/82, NARA RG 407, Entry 427B, Box 19182, ML 2235.
65 Siehe Anmerkung 63.
66 P. Nuis, CRCP 93/5.

67 Elias H. Broekkamp, Nimwegen, CRCP 123/14.
68 Fr Wilhelmus Peterse, CRCP 123/30.
69 Siehe Anmerkung 66.
70 Tagebuch von Albertus Uijen, RAN 579/23–33.

15 ARNHEIM – DIENSTAG, 19. SEPTEMBER

1 AAMH 50EO 078.
2 Hans Möller, SS Pionier-Bataillon 9, BArch-MA N756 158A, 59.
3 Maj Robert Cain VC, 2nd South Staffords, CRCP 113/44.
4 Maj J. E. Blackwood, 11 Para, 4th Parachute Brigade, NIOD 244/1237.
5 Pvt Maurice Faulkner, CRCP 111/49.
6 Warracks Bericht siehe FAAA, NARA RG 331/Entry 256/Box 35.
7 Signalman Stanley Heyes, 3rd Para Bn, CRCP III/19.
8 Siehe Anmerkung 4.
9 Siehe Anmerkung 3.
10 Stuart Mawson, *Arnhem Doctor,* Staplehurst 2000, S. 57.
11 Rev. G. A. Pare, Glider Pilot Regiment, CRCP 117/1.
12 GSO1, 1st Airborne Division, CRCP 108/3.
13 Zur Widerstandsgruppe LKP siehe Albert Horstman, CRCP 120/28.
14 FAAA, NARA RG 331/Entry 253/Box 1.
15 Maj John Waddy, 156th Para Bn, CRCP 113/33.
16 Maj G. Powell, 156th Para Bn, CRCP 113/18.
17 Sgt Francis Fitzpatrick, 10th Para Bn, CRCP 112/48.
18 Aus der Begründung für das Victoria-Kreuz, *London Gazette*, 1.2.45.
19 Lt Bruce E. Davis, 306th Fighter Control Squadron, USAMHI und FAAA, NARA RG 331/Entry 253/ Box 1.
20 Tagebuch von H. E. L. Mollet, GAA 1557/27.
21 Pare, CRCP 117/1.
22 Stasiak in Jerzy Kisielewski (Hrsg.), *Polscy spadochroniarze. Pamietnik zolnierzy*, Newtown 1949, S. 291, CBW.
23 PISM A. v. 20 31/38.
24 Maj Francis Lindley, 10 Para, CRCP 113/5.
25 Pvt James Jones, 10 Para, CRCP 113/2.
26 FAAA NARA RG331/Entry 253/Box 1..
27 Flying Officer Henry King, CRCP 117/30.
28 Hans Möller, SS-Pionier-Bataillon 9, BArch-MA N756 158A, 5.
29 Befragung von Walter Harzer, 9. SS-Panzer-Division, GA-CB 2171/25.
30 Bob Gerritsen und Scott Revell, *Retake Arnhem Bridge: Kampfgruppe Knaust, September-October 1944*, Renkum 2014, S. 60.
31 Siehe Anmerkung 29.
32 Coenraad Hulleman, CRCP 120/30.
33 Lt D. R. Hindley, 1st Para Squadron RE, CRCP 117/36.
34 Sgt Norman Swift, A Troop. 1st Para Squadron RE, CRCP 111/5.
35 Sapper Gordon Christie, B Troop, 1st Para Squadron RE, CRCP 110/36.

36 Alfred Ringsdorf, I/21 Pzgr-Rg/10 SS-Pz-Div, CRCP 130/14.
37 Maj E. M. Mackay RE, »The Battle of Arnhem Bridge«, *Royal Engineers Journal*, Dez. 1954, S. 305 ff.
38 Tagebuch eines unbekannten Paratroopers, 2 Para CRCP 94/3.
39 Bericht von Lt H. A. Todd, JMGP, Box 15.
40 Siehe Anmerkung 37.
41 Siehe Anmerkung 39.
42 Rev Fr. Bernard Egan, CRCP 110/40.
43 Cpl Eric Gibbins, 2nd Para Bn, CRCP 110/43.
44 Siehe Anmerkung 39.
45 Siehe Anmerkung 37.
46 Maj C. F. H. Gough, 1st Airborne Reconnaissance Squadron, CRCP 114/17.
47 Lt Patrick Barnett, Defence Platoon, 1st Parachute Brigade, CRCP 109/26.
48 Pvt Arthur Watson, C Company, 3rd Para Bn, CRCP 111/32.
49 Gough, CRCP 114/17.
50 Horst Weber, 1st Battalion, 21st SS-Panzergrenadier-Regiment, CRCP 131/1.
51 Signalman James Haysom, 1st Para Brigade, CRCP 110/47.
52 Blackwood, NIOD 244/1237.
53 Pvt Robert Edwards, D Company, 2nd South Staffords, CRCP 111/47.
54 S/Sgt Dudley Pearson, Chief Clerk, 4th Para Brigade, CRCP 113/17.
55 Sgt Stanley Sullivan, 21st Independent Parachute Company, CRCP 114/12.
56 Col R. Payton-Reid, CRCP 112/15.
57 Tagebuch des medizinischen Dienstes, 1st Airborne Division, FAAA, NARA RG 331/Entry 256/Box 35.
58 HvdV, p. 44, 46.
59 Wilhelm Rohrbach, CRCP 132/18.
60 Lt Col John Frost, CO 2 Para, CRCP 110/42.
61 Maj Richard Lewis, C Company, 3rd Para Bn, CRCP 111/20.
62 H.-G. Köhler, Schwere Panzerabteilung 506, B.Arch-MA MsG2 5173/3.
63 Chef Gen. St. H.Gr. 15.20h, 19.9.44, H.Gr. B., KTB, Barch-MA RH19 IX/90,45.
64 Pvt James Sims, 2nd Para Bn, CRCP 111/1.
65 Lt Patrick Barnett, Defence Platoon, 1st Parachute Brigade, CRCP 109/26.
66 GA-CB 2171/1.
67 Weber, CRCP 131/1.
68 Alfred Ringsdorf, I/21 Pzgr-Rg/10 SS-Pz-Div, CRCP 130/14.
69 Ebenda.
70 NIOD 244/1040.

16 NIMWEGEN UND EINDHOVEN – DIENSTAG, 19. SEPTEMBER

1 War Diary, 2nd (Armoured) Bn, Irish Guards, TNA WO 171/1256.
2 Lt Edmund L. Wierzbowski, H, III/502/101, CRCP 98/5.
3 Ebenda.
4 Frank Gillard, in: British Broadcasting Corporation, *War Report: A Record of Dispatches Broadcast by the* BBC's *War Correspondents with the Allied Expeditionary Force, 6 June 1944–5 May 1945*, London 1946, S. 236 f.
5 Col George Chatterton, Glider Pilot Regiment, CRCP 108/2.
6 Daphne du Maurier, Brief vom 29.3.67, CRCP 108/1.
7 Capt A. G. Heywood, 2 Grenadier Guards, CRCP 115/7.
8 Gespräch mit Gavin, 20.1.67, CRCP 101/10.
9 Maj Gen Sir Allan Adair, Guards Armoured Division, CRCP 114/38.
10 Siehe Anmerkung 7.
11 Maj H. F. Stanley, 1st Motorized Battalion, Grenadier Guards, CRCP 102/17.
12 Zu Jan van Hoof siehe Fr. Anton Timmers SJ, Offizieller Bericht zur Waal-Brücke für die Gemeinde Nimwegen, 13.3.49, CRCP 102/17, und RAN; siehe auch Capt Arie Bestebreurtje, CRCP 93/1 und 101/7.
13 Brief Gavins an General Smith, OCMH, 17.6.54, JMGP, Box 15.
14 Capt Robert Franco, 2/505/82, CRCP 104/33.
15 Maj R. Winters, E/II/506/101, Veterans Survey 101st Airborne Division, USAMHI, Box 2.
16 Stanley, CRCP 102/17.
17 Gerardus Nicolaas Groothuijsse, CRCP 101/7.
18 TNA WO 205/1125.
19 2nd Lt Jack P. Carroll, 505/82, NARA RG 407, Entry 427B, Box 19182, ML 2235.
20 Vortrag von Gavin am US Army War College, JMGP, Box 1.
21 Tagebuch von Albertus Uijen, RAN 579/23–33.
22 Cornelis Rooijens, CRCP 123/34.
23 P. Nuis, CRCP 93/5.
24 Tagebuch von Johanna Marie Fokkinga, RAN 579/662.
25 R. W. Van den Broek, Nimwegen, NIOD 244/850.
26 Lt William J. Meddaugh, E/II/505/82, CRCP 104/3.
27 Tagebuch von Martijn Louis Deinum, NBMG 5.3.20548.
28 Siehe Anmerkung 23.
29 Siehe Anmerkung 22.
30 SS-Brigadeführer Harmel, FMS P-163.
31 21.30h, 19.9.44, H.Gr. B., KTB, BArch-MA RH19 IX/90.
32 Capt Louis A. Hauptfleisch, Regimental Adjutant 504/82, CRCP 102/29.
33 Siehe Anmerkung 5.
34 T. Moffatt Burriss, *Strike and Hold*, Washington, D.C. 2000, S. 108 f.
35 FAAA, NARA RG 331/Entry 254/Box 20.
36 H.Gr. B., KTB, BArch-MA RH19 IX/90, 45.
37 D/I/502/101, NARA RG 407, Entry 427B, Box 19182, ML 2235.
38 Siehe Anmerkung 35.

39 Capt LeGrand K. Johnson, F/II/502/101, NARA RG 407, Entry 427B, Box 19182, ML 2235.
40 CRCP 93/5.
41 RHCE, D-0001/1383/2042.
42 Lt Col Hannah, G-3 101, NARA Rg 407, Entry 427B, Box 19182, ML 2235.
43 Tagebuch von Jeanette Roosenschoon Gartion, RHCE 13154:1/10794.
44 RHCE 10166.94.
45 Door J. Slagboom, RHCE 14475.
46 Dr J. P. Boyans, CRCP 122/17.
47 TNA WO 219/4998.
48 CBHC, Box 4, Folder 13.
49 Tagebuch von Mej. Grielaers, RHCE D-0001/1383/2042.
50 RHCE D-0001/1383.
51 J. F. Fast, Eindhoven , NIOD 244/191.
52 Siehe Anmerkung 49.
53 HKNTW, S. 511.

17 NIMWEGEN – DER ÜBERGANG ÜBER DIE WAAL – MITTWOCH, 20. SEPTEMBER

1 Maj H. P. Stanley, 1st Motorized Battalion, Grenadier Guards, CRCP 102/17.
2 Sister M. Dosithée Symons, St Canisius Hospital, CRCP 123/39.
3 TNA WO 205/1125.
4 Siehe Anmerkung 1.
5 Ebenda.
6 Ebenda.
7 Maj Gen Sir Allan Adair, Guards Armoured Division, CRCP 114/38.
8 Sgt Peter Robinson, No. 1 Squadron, 2nd (Armoured) Bn, Grenadier Guards, CRCP 115/22.
9 Lt Henry B. Keep, Brief an die Mutter, 20.11.44, JMGP, Box 15.
10 Capt Carl W. Kappel, H/504/82, CRCP 103/1.
11 Siehe Anmerkung 9.
12 Gavins Korrespondenz, Brief an General Smith, OCMH, 17.6.54, JMGP.
13 Maj Edward Tyler, 2nd (Armoured) Bn, Irish Guards, CRCP 115/33.
14 Lt Virgil F. Carmichael, III/504/82, CRCP 102/16.
15 Sgt T4 Albert A. Tarbell, HQ/II/504/82, CRCP 103/21.
16 Zu den Vorbereitungen für die Überfahrt siehe Capt W. A. Burkholder, HQ/III/504/82; 2nd Lt H. H. Price, I/III/504/82, NARA RG 407, Entry 427B, Box 19182, ML 2235.
17 Lt Col Giles Vandeleur, CRCP 115/36.
18 Siehe Anmerkung 14.
19 Maj Julian Cook, III/504/82, CRCP 102/17.
20 Siehe Anmerkung 9.
21 Lt John Gorman, 2 Irish Guards, CRCP 115/2.
22 Siehe Anmerkung 17.

23 Siehe Anmerkung 9.
24 Lt Hyman D. Shapiro, III/504/82, CRCP 106/52.
25 Siehe Anmerkung 9.
26 Siehe Anmerkung 21.
27 Lt Col Giles Vandeleur, CRCP 102/17.
28 Tyler, CRCP 115/33.
29 Siehe Anmerkung 9.
30 S/Sgt Clark Fuller, H/504/82, CRCP 102/25.
31 TNA WO 205/1125.
32 Zit. nach Bob Gerritsen und Scott Revell, *Retake Arnhem Bridge: Kampfgruppe Knaust. September-October 1944*, Renkum 2014, S. 87.
33 Siehe Anmerkung 14.
34 British Broadcasting Corporation, *War Report: A Record of Dispatches Broadcast by the* BBC*'s War Correspondents with the Allied Expeditionary Force, 6 June 1944 – 5 May 1945*, London 1946, S. 243.
35 Lt Richard G. La Riviere, H/III/504/82, CRCP 103/7.
36 Shapiro, CRCP 106/52.
37 Lt Edward J. Sims, H/III/504/82, Veteran Survey 82nd Airborne, Box 1, USAMHI; Kappel, CRCP 103/1; La Riviere, CRCP 103/7.
38 Burkholder, NARA RG 407, Entry 427B, Box 19182, ML 2235.
39 Cpl Jack Louis Bommer, HQ Company/504/82, CRCP 102/11.
40 Siehe Anmerkung 10.
41 Siehe Anmerkung 38.
42 Siehe Anmerkung 35.
43 Fullriedes Tagebuch, 27.9.44, BArch-MA MSG2 1948.
44 Siehe War Diary, 2nd (Armoured) Bn, Irish Guards, TNA WO 171/1256.
45 Siehe Anmerkung 1.
46 Capt Arie Bestebreurtje, CRCP 101/7.
47 Robinson, CRCP 115/22.
48 Lt A. G. C. Jones, troop commander, 14 Field Squadron RE, CRCP 102/17.
49 Lt Col B. H. Vandervoort, CRCP 105/14.
50 Harmel, GA-CB 2171/17.
51 T. Moffatt Burriss, *Strike and Hold*, Washington, DC 2000, S. 124.
52 Pogues Interview mit Bedell Smith, 13.5.47, OCMH WWII Interviews, USAMHI.
53 Siehe Anmerkung 50.
54 Siehe Anmerkung 9.
55 Brian Horrocks, *A Full Life*, London 1960, S. 221.
56 Ebenda, S. 197.
57 18.35h, 20.9.44, H.Gr. B., KTB, BArch-MA RH19 IX/90, 62.
58 Ebenda, 52.
59 Ebenda, 90, 62 f.
60 Zu Harmels Behauptung hinsichtlich der Brücke von Nimwegen siehe *Der Freiwillige*, Nr. 7/8 1981, S. 49, BArch-MA N756 163/A.
61 H. Gr. B., KTB, BArch-MA RH19 IX/90.
62 Brief Rauters, Scheveningen, 10.10.48, GA-CB 2171/24d; RvOD, S. 617.

63 II. SS Panzerarmeekorps, BArch-MA RS2–2 32, S. 6.
64 20.9.44, BArch-MA RH24–203/4, S. 55 f.
65 Gavins Vortrag vor dem US Army War College, JMGP, Box 1.
66 Horrocks, *A Full Life*, S. 229.
67 Fr H. Hoek, Groesbeek, CRCP 122/44.
68 Jhr van Grotenhuis van Onstein, Groesbeek, CRCP 123/1.
69 Lt Col Hannah, G-3/101, NARA RG 407, Entry 427B, Box 19182, ML 2235.
70 T/Sgt D. Keimer, 101st Airborne Military Police Platoon, EC-UNO.
71 Siehe Anmerkung 69.
72 Zu den Verpflegungsproblemen im XVIII. Airborne Corps siehe NARA RG 498 290/56/2/3, Box 1466.
73 2HCR War Diary, TNA WO 171/837.
74 FAAA, NARA RG 331/Entry 254/Box 20.
75 Ebenda.
76 Ebenda.
77 Ebenda.
78 Generaloberst a. D. Kurt Student, »Arnheim – letzter deutscher Erfolg«, in: *Der Frontsoldat erzählt,* 1952, Nr. 6, S. 148.
79 Laurence Critchell, *Four Stars of Hell*, New York 1974, S. 120 f.
80 Ebenda.
81 Generaloberst a. D. Kurt Student, »Arnheim – letzter deutscher Erfolg«, in: *Der Frontsoldat erzählt,* 1952, Nr. 7, S. 179.
82 Fr Wilhelmus Peterse, CRCP 123/30.
83 Tagebuch von Albertus Uijen, RAN 579/23–33.
84 Siehe Anmerkung 82.
85 Joseph F. Brumbaugh, I/508/82, EC-UNO.
86 DDEP, Box 83.

18 DIE BRÜCKE VON ARNHEIM UND OOSTERBEEK – MITTWOCH, 20. SEPTEMBER

1 Piet Hoefsloot, CRCP 120/25.
2 SS-Brigadeführer Harmel, FMS P-163.
3 II. SS-Panzerarmeekorps, BArch-MA RS2–2 32, S. 5.
4 Lt Col John Frost, CO 2 Para, CRCP 110/42.
5 Funker Stanley Copley, 1st Para Brigade, CRCP 110/1.
6 Generaloberst a. D. Kurt Student, »Arnheim – letzter deutscher Erfolg«, in: *Der Frontsoldat erzählt,* 1952, Nr. 9, S. 245.
7 Harmel, FMS P-163.
8 Capt Eric Mackay, 1st Para Squadron RE, »The Battle of Arnhem Bridge«, in: *Royal Engineers Journal*, Dez. 1954, S. 305 ff.
9 Ebenda.
10 Alfred Ringsdorf, I/21 Pzgr-Rg/10 SS Pz-Div, CRCP 130/14.
11 Siehe Anmerkung 4.
12 Pvt James Sims, 2nd Para Bn, CRCP 111/1.

13 Ebenda.
14 Siehe Anmerkung 4.
15 L/Bdr John Crook, Light Regiment RA, CRCP 113/48.
16 Gordon Christie, B Troop, 1st Para Squadron RE, CRCP 110/36.
17 Siehe Anmerkung 12.
18 Dr Pieter de Graaf, CRCP 120/19.
19 Ton Gieling, GAA 1557/1511.
20 CSM Dave Morris, 11 Para, CRCP 113/8.
21 Lt Col William Thompson, 1st Light Regiment RA, CRCP 114/1.
22 Pvt William O'Brien, 11 Para, CRCP 113/13.
23 Siehe David Bennett, »Airborne Communications in Operation Market Garden«, in: *Canadian Military History*, vol. 16, issue 1, Winter 2007, S. 40.
24 S/SGT Dudley Pearson, 4th Para Brigade, CRCP 113/17.
25 Maj G. Powell, 156th Para Bn, CRCP 113/18.
26 Capt Harry Faulkner-Brown, 4th Para Squadron RE, zitiert nach John Waddy, *A Tour of the Arnhem Battlefields*, Barnsley 2011, S. 146 f.
27 Tagebuch von H. E. L. Mollett, GAA 1557/27.
28 Dr Marius van de Beek, CRCP 126/24.
29 Maj Charles Breese, D Company, 1 Border, CRCP 111/42.
30 Lt Michael Long, Glider Pilot Regiment, CRCP 116/32.
31 HKNTW, S. 380.
32 Lt Paul B. Johnson, FAAA, NARA RG 331/Entry 253/Box 1.
33 Lt Bruce Davis, FAAA, NARA RG 331/Entry 253/Box 1.
34 Charles Douw van der Krap, CRCP 125/2, und Jan Eijkelhoff, CRCP 125/3.
35 RSM William Kibble, CRCP 109/13.
36 Tagebuch des medizinischen Dienstes, 1st Airborne Division, FAAA, NARA RG 331/Enry 256/Box 35.
37 Hans Möller, SS-Pionier-Bataillon 9, BArch-MA N756 158A, 61.
38 HvdV, S. 56 f.
39 Ebenda, S. 57.
40 Ebenda, S. 58.
41 Tagebuch des medizinischen Dienstes, 1st Airborne Division, FAAA, NARA RG 331/Entry 256/Box 35.
42 Ebenda, S. 59 f.
43 Stuart Mawson, *Arnhem Doctor*, Staplehurst 2000, S. 89.
44 Ebenda, S. 83.
45 Ebenda, S. 81.
46 Cpl T. Brace, CRCP 109/29.
47 Schwester Stransky, St.-Elisabeth-Hospital, CRCP 121/20.
48 Siehe Anmerkung 46.
49 Maj Richard T. H. Lonsdale, 2IC 11 Para, CRCP 113/6.
50 Lance Sgt John Baskeyfield VC, South Staffordshire Regiment, *London Gazette*, 23.11.44.
51 Major Robert Cain VC, *London Gazette*, 2.11.44.
52 S/Sgt Richard Long, Glider Pilot Regiment, CRCP 116/33.
53 Maj Robert Cain VC, 2nd South Staffords, CRCP 113/44.

54 CSM Dave Morris, 11 Para, CRCP 113/8.
55 Lt Stefan Kaczmarek, Polish Parachute Brigade, CRCP 132/18.
56 War Diary, 1st Polish Parachute Brigade Group, PISM A. v. 20 31/27.
57 FAAA, NARA RG 331/Entry 254/Box 20.
58 Jerzy Kisielewski (Hrsg), *Polscy spadochroniarze. Pamiętnik żolnierzy*, Newtown 1949, S. 292, CBW.
59 PISM A. v.20 31/273.
60 Ebenda.

19 NIMWEGEN UND HELL'S HIGHWAY – DONNERSTAG, 21. SEPTEMBER

1 H.Gr. B., KTB, BArch-MA RH19 IX/90, 64.
2 SS-Brigadeführer Harmel, FMS P-163.
3 Harmel, FMS P-163.
4 Siehe BArch-MA RS2–2 32, S. 7.
5 SS-Brigadeführer Heinz Harmel, 9th SS-Panzer-Division, GA-CB 2171/1.
6 Siehe CRCP 128/4.
7 H.Gr. B., KTB, BArch-MA RH19 IX/90, 72.
8 Maj Julian Cook, III/504/82, CRCP 102/17.
9 Zum »Lebensborn Gelderland« siehe *Trouw*, 25.5.96.
10 Johanna Bremen, Nimwegen, CRCP 123/13.
11 Ebenda.
12 FAAA, NARA RG 331/Entry 256/Box 35.
13 Ebenda.
14 Otis Sampson, JMGP, Box 15.
15 Capt Arie Bestebreurtje, CRCP 101/7.
16 Lt A. G. C. Jones, Troop Commander 14 Field Squadron RE, CRCP 102/17.
17 Tagebuch von Martijn Louis Deinum, NBMG 5.3.20548.
18 Tagebuch von Johanna Marie Fokkinga, RAN 579/662.
19 Cornelis Rooijens , CRCP 123/34.
20 Simon van Praag, CRCP 123/33.
21 Rooijens, CRCP 123/34.
22 Siehe Anmerkung 17.
23 Tagebuch von Mevrouw C. W. Wisman, RAN 579/665.
24 11.00h, 21.9.44, BArch-MA RH19 IX/22, 119.
25 Lt Col Giles Vandeleur, CRCP 102/17.
26 Capt Roland Langton, 2nd (Armoured) Bn, Irish Guards, CRCP 115/14.
27 Zum Timing des Angriffs siehe das Kriegstagebuch des 2nd (Armoured) Bn Irish Guards, TNA WO 171/1256.
28 Flt Lt Donald Love, CRCP 115/17.
29 War Diary, 2nd (Armoured) Bn Irish Guards, TNA WO 171/1256.
30 Capt Michael Willoughby, Coldstream Guards, CRCP 115/44.
31 Lt Col J. O. E. Vandeleur, CRCP 102/17.
32 Langton, CRCP 115/4.
33 Love, CRCP 115/17.

34 Maj Gen Sir Allan Adair, Guards Armoured Division, CRCP 114/38.
35 Maj Jerzy Dyrda, »Przemilczana odprawa w historiografii bitwy o Arnhem«, *Wojskowy Przegląd Historyczny,* issue 1 (127), 1989, S. 125–137; und FAAA, NARA RG 331/Entry 254/Box 20.
36 Lt Sz. Relidziński, in: Jerzy Kisielewski (Hrsg.), *Polscy spadochroniarze. Pamiętnik żolnierzy,* Newtown 1949, S. 299, CBW.
37 PISM A. v. 20 31/32 41.
38 Erich Kern, *Buch der Tapferkeit*, Leoni am Starnberger See, S. 166.
39 Kisielewski (Hrsg.), *Polscy spadochroniarze*, S. 301, CBW.
40 War Diary, 1st Polish Parachute Brigade Group, PISM A. v. 20 31/27.
41 Siehe Kisielewski (Hrsg.), S. 303.
42 Siehe Anmerkung 41.
43 Fr. Alfred Bednorz, in Kisielewski (Hrsg.), S. 305, CBW.
44 S/Sgt Woll Juhas, CRCP 132/37.
45 Maj Gen Sosabowski, CRCP 132/45.
46 Siehe PISM A. v. 20 31/60.
47 21.35h, 21.9.44, H.Gr. B., KTB, BArch-MA RH19 IX/90, 76.
48 C/I/504/82, CRCP 101/1.
49 Generaloberst a. D. Kurt Student, »Arnheim – letzter deutscher Erfolg«, in: *Der Frontsoldat erzählt,* 1952, Nr. 7, S. 179.
50 FAAA, NARA RG 331/Entry 254/Box 20.
51 Ebenda.
52 Laurence Critchell, *Four Stars of Hell*, New York 1974, S. 128 ff.
53 Siehe Anmerkung 50.
54 Ebenda.
55 TNA WO 171/837.
56 Siehe Anmerkung 50.
57 Critchell, *Four Stars of Hell*, S. 145.
58 Carl Cartledge, 501/101, EC-UNO.
59 General der Fallschirmtruppen Eugen Meindl, FMS B-093.

20 OOSTERBEEK – DONNERSTAG, 21. SEPTEMBER

1 Lt Patrick Barnett, Defence Platoon, 1st Parachute Brigade, CRCP 109/26.
2 Report by Ltn H. A. Todd, JMGP, Box 15.
3 Horst Weber, Bataillon 1, SS-Panzergrenadier-Regiment 21, CRCP 131/1.
4 L/Cpl John Smith, Royal Signals, 1st Parachute Brigade, CRCP 109/22.
5 Tagebuch eines unbekannten britischen Paratroopers, 2 Para, CRCP 94/3.
6 Funker James Haysom, 1st Para Brigade, CRCP 110/47.
7 Pvt Arthur Watson, C Company, 3rd Para Bn, CRCP 111/32.
8 Pionier Gordon Christie, B Troop, 1st Para Squadron RE, CRCP 110/36.
9 Capt B. W. Briggs, HQ 1st Para Brigade, CRCP 109/30.
10 Tagebuch eines unbekannten britischen Paratroopers, 2 Para, CRCP 94/3 und CRCP 92/9.
11 Alfred Ringsdorf, I/21 Pzgr-Rg/10 SS Pz-Div, CRCP 130/14.

12 Siehe Anmerkung 3.
13 Generalleutnant Krebs, 1.10.44, H.Gr. B., Feindlagebeurteilungen, BArch-MA RH19 IX/19, 52.
14 Hans-Peter Knaust, CRCP 130/13.
15 Siehe Anmerkung 11.
16 Siehe Anmerkung 14.
17 Ebenda.
18 Walter Harzer, 9th SS Panzer-Division, GA-CB 2171/25.
19 Bittrichs Report des II. SS-Panzerarmeekorps, 20.9.44, BArch-MA RS2–2 32, S. 7.
20 Gespräch Wilhelm Bittrichs mit Boeree, GA-CB 2171/24c.
21 Sgt Edward Basnett, Glider Pilot Regiment, CRCP 116/12.
22 S/Sgt Holt, Glider Pilot Regiment, CRCP 116/28.
23 Pvt Walter Boldock, HQ Company, 1st Para Bn, CRCP 109/28.
24 Pvt Robert Edwards, D Company, 2nd South Staffords, CRCP 111/47.
25 Gespräch von Cpl Mills mit dem MPRAF.
26 S/Sgt Dudley Pearson, Chief Clerk, 4th Para Brigade, CRCP 113/17.
27 Maj J. E. Blackwood, 11 Para, 4th Parachute Brigade, NIOD 244/1237.
28 Maj Robert Cain VC, 2nd South Staffords, *London Gazette*, 2.11.44.
29 L/Cpl Wilson, 12th Platoon, zit. nach John Waddy, *A Tour of the Arnhem Battlefields*, Barnsley 2011, S. 131.
30 Fullriede-Tagebuch, 21.9.44, BArch-MA MSG2 1948.
31 Jhr B. C. de Jonge, AAMH 50N00635.
32 Col R. Payton-Reid, CRCP 112/15.
33 Hugh Gunning, *Borderers in Battle*, Berwick-on-Tweed 1948, S. 198.
34 Lt John Stevenson, »Arnhem Diary«, *Reconnaissance Journal*, vol. 4, no. 1, Herbst 1947.
35 Lt Paul Johnson, FAAA, NARA RG 331/Entry 253/Box 1.
36 Tagebuch von Private George Cosadinos, 1st Para Squadron RE, CRCP 109/5.
37 Siehe Anmerkung 35.
38 Kanonier James Jones, 1st Light Regiment RA, CRCP 113/52.
39 Lt Col R. G. Loder-Symonds, CRA, MPRAF.
40 Lt Jeffrey Noble, 156th Para Bn, CRCP 113/13.
41 *Niet Tevergeefs. Oosterbeek September 1944*, Arnhem 1946, S. 44.
42 Lucianus Vroemen, CRCP 121/26.
43 Jan Donderwinkel, CRCP 125/1.
44 Tagebuch des medizinischen Dienstes, 1st Airborne Division, FAAA, NARA RG 331/Entry 253/Box 1.
45 Rev. G. A. Pare, Glider Pilot Regiment, CRCP 117/1.
46 Siehe Anmerkung 44.
47 Jan Lammerts, *Oosterbeek, September 1944*, Vereiniging Vrieden van het Airborne Museum, Oosterbeek 1988, S. 76.
48 Cpl Geoffrey Stanners, 16th (Para) Field Ambulance, CRCP 110/24.
49 Arie Italiaander, No. 2 (Netherlands) Troop, 10 Commando, attached Reconnaissance Squadron 1st Airborne, CRCP 127/3.
50 Cpl Terry Brace, 16th (Para) Field Ambulance, CRCP 109/29.

51 Maj Guy Rigby-Jones, 181st (Airlanding) Field Ambulance, CRCP 109/20.
52 Pionier Tim Hicks, C Troop, 1st Para Squadron RE, CRCP 110/8.
53 Schwester Christine van Dijk, CRCP 120/15.
54 Cpl Roberts, RAMC, MPRAF.
55 Lt Col William Thompson, 1st Light Regiment RA, CRCP 114/1.
56 Kriegstagebuch, 64th Medium Regt RA, TNA WO 171/1059.
57 Lt Col I. P. Tooley, RA, »Artillery Support at Arnhem«, *Field Artillery Journal*, April 1945.
58 »Some details about the Battle of Arnhem«, GA-CB 2171/1.
59 FAAA, NARA RG 331/Entry 254/Box 20.
60 Siehe Anmerkung 35.
61 Jan Voskuil, CRCP 125/22.
62 Anonymes Tagebuch, NIOD 244/1040.
63 Lt Michael Dauncey, Glider Pilot Regiment, CRCP 116/18.
64 L/Sgt Harold York, CRCP 115/49.
65 Lt Bruce E. Davis, 306th Fighter Control Squadron, USAMHI and FAAA, NARA RG 331/Entry 253/Box 1.
66 S/Sgt George Baylis, CRCP 116/13.
67 S/Sgt. Holt, Glider Pilot Regiment, CRCP 116/28.
68 Funker Kenneth Pearce, CRCP 114/30.
69 Sgt Stanley Sullivan, 21st Independent Parachute Company, CRCP 114/12.
70 Tagebuch von H. E. L. Mollett, GAA 1557/27.
71 Siehe Anmerkung 27.

21 DER SCHWARZE FREITAG – 22. SEPTEMBER

1 Capt Patrick J. Sweeney, H, 506/101, CRCP 98/40.
2 Zum deutschen Angriff auf Veghel siehe Kreipes Tagebuch, FMS P-069.
3 FAAA, NARA RG 331/Entry 254/Box 20.
4 09.30h, 22.9.44, H.Gr. B., KTB, Barch-MA RH19 IX/90,81.
5 Generalleutnant Walter Poppe, 59. Infanterie-Division, FMS B-149.
6 10.15h, 22.9.44, H.Gr. B., KTB, BArch-MA RH19 IX/90,82.
7 Zu Kampfgruppe Walther siehe Anmerkung 5.
8 Dr Leo Schrijvers, CRCP 126/23.
9 Siehe CRCP 97/4.
10 22.9.44, H.Gr. B., KTB, Barch-MA RH19 IX/90, 83.
11 Gespräch mit Brig Gen Anthony C. McAuliffe, CRCP 96/9.
12 Lt Eugene D. Brierre, CRCP 96/19.
13 Sgt Desmond D. Jones, III/501/101, CRCP 97/7.
14 Lt Bates R. Stinson, NARA RG 407, Entry 427B, Box 19182, ML 2235.
15 Siehe Anmerkung 3.
16 Cpl Richard L. Klein, CRCP 97/11.
17 Capt Arthur W. Ferguson, 3/504/82, CRCP 102/23.
18 Ebenda.
19 Edward J. Sims, WWII Veterans Survey, 82nd Airborne, Box 1, USAMHI.

20 10.45h, 22.9.44, H.Gr.B., KTB, BArch-MA RH 19 IX/90,82.
21 War Diary, 2nd (Armoured) Bn, Irish Guards, TNA WO 171/1256.
22 War Diary, 2nd Bn Household Cavalry Regiment, TNA WO 171/837.
23 Col Charles Mackenzie, GSO1, 1st Airborne Division, CRCP 108/3.
24 Albert Smaczny, OC 8 Company, 3rd Bn, 1st Polish Parachute Brigade, CRCP 132/44.
25 Cpl K. Gredecki, zit. nach Jerzy Kisielewski (Hrsg.), *Polscy spadochroniarze. Pamiętnik żolnierzy*, Newtown 1949, S. 313, CBW.
26 Maj Gen Sosabowski, CRCP 132/45.
27 Siehe Anmerkung 22.
28 Maj J. E. Blackwood, 11 Para, 4th Parachute Brigade, NIOD 244/1237.
29 S/Sgt Dennis Ware, Glider Pilot Regiment, CRCP 117/14.
30 Lt Bruce E. Davis, 306th Fighter Control Squadron, USAMHI und FAAA, NARA RG 331/Entry 253, Box 1.
31 Cpl Leonard Formoy, 1st Airborne Provost Company, CRCP 110/4.
32 Tagebuch von H. E. L. Mollett, GAA 1557/27.
33 Siehe Anmerkung 28.
34 Jhr B. C. de Jonge, AAMH 50 N00635.
35 »H.G«, Schiffs-Stamm-Abt., 18.45h, 22.9.44, H.Gr.B., KTB, BArch-MA RH19 IX/90,87.
36 Befragung Walter Harzer, 9th SS Panzer-Division, GA-CB 2171/25.
37 Tettau, BArch-MA RH26–604 1,8; Divisions-Befehl Nr. 15, BArch-MA MSG2 13622.
38 Siehe Anmerkung 36.
39 22.9.44, H.Gr.B., Feindlagebeurteilungen, BArch-MA RH19 IX/19.
40 Lt Paul Johnson, FAAA, NARA RG 331/Entry 253/ Box 1.
41 Lt John Stevenson, »Arnhem Diary«, *Reconnaissance Journal*, vol. 4, no. 1, Herbst 1947.
42 Hendrik Valk, CRCP 121/24.
43 Sgt William Fenge, CRCP 116/20.
44 Sgt Roy Hatch, Glider Pilot Regiment, CRCP 116/26.
45 Sydney Jary, *18 Platoon*, Bristol 1998, S. 60.
46 HKNTW, S. 379.
47 Anonymus, NIOD 244/1349.
48 ADMS, 1st Airborne, FAAA, NARA RG 331/Entry 256/Box 35.
49 Cpl Geoffrey Stanners, 16th (Para) Field Ambulance, CRCP 110/24.
50 HKNTW, S. 391.
51 Maj Gen R. E. Urquhart (mit Wilfred Greatorex), *Arnhem*, Barnsley 2008, S. 126.
52 Kate A. ter Horst, CRCP 93/7.
53 Tagebuch des medizinischen Dienstes, DDMS, 1st Airborne Division, FAAA, NARA RG 331/Entry 256/Box 35.
54 HvdV, S. 75–79.
55 CSM George Gatland, 11th Para Bn, CRCP 112/50.
56 Kisielewski (Hrsg.), *Polscy spadochroniarze*, S. 316, CBW.
57 War Diary, 1st Polish Parachute Brigade Group, PISM A. v. 20 31/27.

58 Robert W. Love und John Major (Hrsg.), *The Year of D-Day: The 1944 Diary of Admiral Sir Bertram Ramsay*, Hull 1994, S. 129.
59 Montgomery an Eisenhower, 09.30, 21.9.44, DDEP, Box 83.
60 CBHC, Box 4, Folder 13.
61 CBHC, Box 42, S-19.
62 Tagebuch Montgomerys, zit. nach Richard Mead, *General »Boy«: The Life of Lieutenant General Sir Frederick Browning*, Barnsley 2010, S. 140.
63 Tagebücher Breretons, S. 354.
64 H.Gr. B., KTB, BArch-MA RH19 IX/90, 86.

22 SAMSTAG, 23. SEPTEMBER

1 Heydte, Fallschirmjäger-Regiment 6, FMS C-001.
2 Laurence Critchell, *Four Stars of Hell*, New York 1947, S. 141.
3 Heydte, FMS C-001; siehe auch BArch-MA RL33 109.
4 Poppe, FMS B-149.
5 Lt James Murphy, A/I/501/101; siehe auch Critchell, *Four Stars of Hell*, S. 141.
6 23.9.44, H. Gr. B., KTB, BArch-MA RH 19 IX/90, 97.
7 FAAA, NARA RG 331/Entry 256/Box 35.
8 Tagebuch von Martijn Louis Deinum, NBMG 5.3.20548.
9 FAAA, NARA RG 331/Entry 254/Box 20.
10 Capt Adam A. Komosa, 504/82, CRCP 103/5.
11 Ebenda.
12 Maj Julian Cook, 3/504/82, CRCP 102/17.
13 Stuart Hills, *By Tank into Normandy*, London 2003, S. 187.
14 Stanley Christopherson, *An Englishman at War*, London 2014, S. 451.
15 E. J. Vere-Davies, 1 Para, AAMH DOOS NO: 038.
16 Tagebuch von H. E. L. Mollett, GAA 1557/27.
17 Lt John Stevenson, »Arnhem Diary«, *Reconnaissance Journal*, vol. 4, no. 1, Herbst 1947.
18 Brig P. H. W. Hicks, 1st Airlanding Brigade, CRCP 112/3.
19 Sgt Edward Mitchell, Glider Pilot Regiment, CRCP 116/37.
20 Capt Benjamin Clegg, CRCP 112/36.
21 Maj J. E. Blackwood, 11 Para, 4th Parachute Brigade, NIOD 244/1237.
22 *Niet tevergeefs. Oosterbeek September 1944*, Arnhem 1946, S. 54 f.
23 Maj G. Powell, 156th Para Bn, CRCP 113/18.
24 Joseph Sick, CRCP 132/18.
25 Jhr B. C. de Jonge, AAMH 50N00635.
26 HvdV, S. 90.
27 Rev G. A. Pare, Glider Pilot Regiment, CRCP 117/1.
28 Tagebuch des Medical Service, 1st Airborne Division, FAAA, NARA RG 331/Entry 256/Box 35.
29 Jan Eijkelhoff, CRCP 125/3.
30 Siehe Anmerkung 28.
31 Cpl Roberts, RAMC, MPRAF.

32 Cpl Daniel Morgans, 1st Para Bn, CRCP 110/14.
33 13.05h, 23.9.44, H.Gr. B., KTB, BArch-MA RH19 IX/90, 97.
34 Zu den Truppenbewegungen in der Betuwe und am Niederrhein siehe BArch-MA RH26–604 1.
35 BArch-MA RH 26–604 1, 17.
36 Alfred Ringsdorf, I/21 Pzgr-Rg/10 SS Pz-Div, CRCP 130/14.
37 Horst Weber, 1st Battalion, 21st SS Panzergrenadier-Regiment, CRCP 131/1.
38 Ebenda.
39 2HCR War Diary, TNA WO 171/837.
40 Col Charles Mackenzie, GSO1, 1st Airborne Division, CRCP 108/3.
41 Capt Eddie Newbury, CRCP 108/5.
42 Maj Gen R. E. Urquhart (with Wilfred Greatorex), *Arnhem*, Barnsley 2008, S. 145.
43 Ebenda, S. 150.
44 Ltn Paul Johnson, FAAA, NARA RG 331/Entry 253/Box 1.
45 Ebenda.
46 Zu den Verlusten an Stirlings und Dakotas C-47 siehe FAAA, NARA RG 331/Entry 254/Box 20.
47 Maj Gen Sosabowski, CRCP 132/45.
48 Lt Wiesław Szczygieł, CRCP 132/44; siehe auch War Diary, 1st Independent Polish Parachute Brigade Group, PISM A. v. 20 31/27.
49 Komosa, CRCP 103/5.

23 SONNTAG, 24. SEPTEMBER

1 War Diary, 1st Polish Parachute Brigade Group, PISM A. v. 20 31/27.
2 Maj Jerzy Dyrda, »Przemilczana odprawa w historiografii bitwy o Arnhem«, in: *Wojskowy Przegląd Historyczny*, issue 1 (127), 1989, S. 125–137.
3 1st Battalion, 1st Polish Independent Parachute Brigade, PISM A. v. 20 31/32.
4 Siehe Anmerkung 2.
5 Richard Mead, *General »Boy«: The Life of Lieutenant General Sir Frederick Browning*, Barnsley 2010, S. 140, Anm. 9.
6 Ebenda.
7 Hubert Essame, *The 43rd Wessex Division at War 1944–1945*, London 1952, S. 132 f.
8 Siehe Anmerkung 2.
9 Brian Horrocks, *A Full Life*, London 1960, S. 231.
10 Siehe Anmerkung 2.
11 Col Charles Mackenzie, GSO1, 1st Airborne Division, CRCP 108/3.
12 Sgt Dwyer, zitiert nach Stuart Mawson, *Arnhem Doctor*, Staplehurst 2000, S. 122.
13 S/Sgt Dudley Pearson, chief clerk, 4th Para Brigade, CRCP 113/17.
14 Brig G. Lathbury, CRCP 110/12.
15 Tagebuch des medizinischen Dienstes, 1st Airborne Division, FAAA, NARA RG 331/Entry 256/Box 35.
16 SS-Stabsarzt Dr. Egon Skalka, CRCP 131/6. Zu Harzer und den abgefangenen

britischen Funksprüchen siehe Karl Schneider, »Ein Sieg der Menschlichkeit«, in: *Der Landser*, Nr. 847, März 1993, S. 67 f.

17 Siehe Anmerkung 15.

18 Ebenda.

19 Harzers Brief vom 15.11.46, GA-CB 2171/25.

20 HvdV, S. 106.

21 Maj John Waddy, 156th Para Bn, CRCP 113/33.

22 Tagebuch des medizinischen Dienstes, 1st Airborne Division, FAAA, NARA RG 331/Entry 253/Box 1.

23 Ebenda.

24 GA-CB 2171/24c.

25 H.Gr. B., KTB, BArch-MA RH19 IX/5, 436.

26 20.30h, 24.9.44, H.Gr. B., KTB, Barch-MA RH19 IX/90, 111.

27 Hans Möller, SS-Pionier-Bataillon 9, BArch-MA N756 158A, 61.

28 Tagebuch von H. E. L. Mollett, GAA 1557/27.

29 Cpl Władysław Korob, CRCP 132/40.

30 Kadett Adam Niebieszczański, CRCP 132/42.

31 Albert Smaczny, OC 8 Company, 3rd Battalion , 1st Polish Parachute Brigade, CRCP 132/44.

32 Gunner Robert Christie, 1st (Airlanding) Light Regiment RA, CRCP 113/45.

33 Siehe Anmerkung 29.

34 Jan Voskuil, CRCP 125/22.

35 Capt Springett Demetriadi, Phantom, CRCP 116/7.

36 Ebenda.

37 Lt John Stevenson, »Arnhem Diary«, *Reconnaissance Journal*, vol. 4, no. 1, Herbst 1947.

38 Maj J. E. Blackwood, 11 Para, 4th Parachute Brigade, NIOD 244/1237.

39 Harzer, GA-CB 2171/25.

40 Fallschirmjäger-Regiment 6, FMS C-001.

41 Capt Percy Louis, FAAA, NARA RG 331/Entry 256/Box 35.

42 Lt Col Gerald Tilly, 4th Dorsets, CRCP 116/4.

43 Ebenda.

44 Maj James Grafton, 4th Dorsets, CRCP 116/5.

45 War Diary, 1st Polish Parachute Brigade Group, PISM A. v. 20 31/27.

46 Ebenda.

47 Siehe Anmerkung 44.

48 Brief von Browning an Urquhart, 23.9.44, CRCP 108/7; siehe auch Urquhart, *Arnhem*, S. 163 ff.

49 Albert Deuss, CRCP 120/14.

50 FAAA, NARA RG 331/Entry 256/Box 35.

51 Albert Horstman, LKP, CRCP 120/28.

52 Gen Sir John Hackett, *I was a Stranger*, London 1977, S. 34.

53 19.25h, 25.9.44, H.Gr. B., Eingegangene Einzelmeldungen, BArch-MA RH19 IX/22, 63.

1 II SS-Panzerarmee-Korps, BArch-MA RS2–2 32, S. 8.
2 LHCMA, Dempsey papers, 15/15/30.
3 Nigel Hamilton, *Monty: The Field Marshal 1944–1976*, London 1986, S. 89.
4 Field Marshal Lord Alanbrooke, *War Diaries 1939–1945*, London 2001, S. 600.
5 Hans Möller, Pionier-Bataillon 9, BArch-MA N756 158A, 61.
6 07,50h, 25.9.44, H.Gr. B., Eingegangene Einzelmeldungen, BArch-MA RH19 IX/22, 68.
7 Tagebuch des medizinischen Dienstes, DDMS, 1st Airborne Division, FAAA, NARA RG 331/Entry 256/Box 35.
8 Władysław Klemens Stasiak, *W locie szumią spadochrony. Wspomnienia żołnierza spod Arnhem*, Warschau 1991, S. 172.
9 Col Jan Gołba, Polish Army Medical Corps, PISM A. v. 20 31/43 17.
10 Lt Bruce E. Davis, 306th Fighter Control Squadron, USAMHI; siehe auch FAAA, NARA RG 331/Entry 253/Box 1.
11 Lt Col R. G. Loder-Symonds, CRA, MPRAF.
12 Maj J. E. Blackwood, 11 Para, 4th Parachute Brigade, NIOD 244/1237.
13 HvdV, S. 116.
14 A. L. A. Kremer-Kingma, Oosterbeek, *Niet tevergeefs. Oosterbeek September 1944*, Arnhem 1946, S. 117.
15 Cadet Adam Niebieszczanski, CRCP 132/42.
16 Zwolański in Jerzy Kisielewski (Hrsg.), *Polscy spadochroniarze. Pamiętnik żołnierzy*, Newtown 1949, S. 334 f., CBW.
17 Smaczny, ebenda, S. 326, CBW.
18 Siehe Anmerkung 12.
19 *London Gazette*, 2.11.44.
20 Jhr B. C. de Jonge, AAMH 50N00635.
21 Maj G. Powell, 156th Para Bn, CRCP 113/18.
22 Siehe Anmerkung 12.
23 Brig P. H. W. Hicks, 1st Airlanding Brigade, CRCP 112/3.
24 Siehe Anmerkung 8.
25 Ebenda.
26 Wieczorek in Kisielewski (Hrsg.), *Polscy spadochroniarze,* S. 338, CBW.
27 Guy Byam, British Broadcasting Corporation, *War Report: A Record of Dispatches Broadcast by the* BBC*'s War Correspondents with the Allied Expeditionary Force, 6 June 1944–5 May 1945*, London 1946, S. 252.
28 Hicks, CRCP 112/3.
29 Lt Neville Hay, Phantom with 1st Airborne, CRCP 116/8.
30 Siehe Anmerkung 10.
31 Gunner Ralph Cook, Light Regiment RA, CRCP 113/47.
32 Sgt Stanley Sullivan, 21st Independent Parachute Company, CRCP 114/12.
33 S/Sgt Les Frater, Glider Pilot Regiment, CRCP 116/21.
34 Tagebuch von H. E. L. Mollett, GAA 1557/27.
35 Hauptmann Ritter von Schramm, BArch-MA MSG2 2403, S. 4.
36 Anonymus, NIOD/244/1400.

37 Siehe Anmerkung 12.
38 Pvt Henry Blyton, Border Regiment, CRCP 109/27.
39 Col R. Payton-Reid, CRCP 112/15.
40 Siehe Anmerkung 10.
41 Siehe Anmerkung 34.
42 Guy Byam, British Broadcasting Corporation, *War Report*, S. 252.
43 Maj M. L. Tucker, 23 Canadian Field Company RCE, CRCP 117/39.
44 Pvt Arthur Shearwood, 11 Para, CRCP 113/24.
45 Cpl Władysław Korob, CRCP 132/40.
46 Lewis Golden, *Echoes from Arnhem*, London 1984.
47 Sgt Roy Hatch, Glider Pilot Regiment, CRCP 116/26.
48 Cpl George Potter, 1st Para Battalion, CRCP 110/18.
49 Bericht der kanadischen 23. FieldCompany über die Evakuierung, RCE, CRCP 117/39.
50 Maj Gen Stanisław Sosabowski, *Freely I Served,* Barnsley 2013, S. 188; siehe auch HKNTW, S. 394.
51 L/Cpl Thomas Harris, 1st Para Bn, CRCP 110/7.
52 Maj Gen R. P. Pakenham-Walsh, *History of the Corps of Royal Engineers,* vol. IX, Chatham 1958, S. 320.
53 Smaczny in Kisielewski (Hrsg.), *Polscy spadochroniarze*, S. 326, CBW.
54 Siehe Mieczysław Chwastek, 3rd Bn, Polish Parachute Brigade, CRCP 132/36.
55 Kisielewski (Hrsg.), *Polscy spadochroniarze*, S. 342, CBW.
56 PISM A. v. 20 31/36 14.
57 RSM Siely, 1st Light Regiment RA, MPRAF.
58 Payton-Reid, CRCP 112/15.
59 Maj G. Powell, 156th Para Bn, CRCP 113/18.
60 Frater, CRCP 116/21.
61 Lt Neville Hay, Phantom with 1st Airborne, CRCP 116/8.
62 Maj Robert Cain VC, 2nd South Staffords, CRCP 113/44.
63 Zu den Zahlen der in der Nacht vom 25. zum 26. September Evakuierten siehe FAAA, NARA RG 331/Entry 254/Box 20.
64 Lt Col Robert Payton-Reid, KOSB, MPRAF.
65 Siehe Anmerkung 55.
66 Chwastek, CRCP 132/36.
67 Lt Albert Smaczny, OC 8 Company, 3rd Bn, 1st Polish Parachute Brigade, CRCP 132/44.
68 Jan Blokker, *Achter de laatste brug*, Amsterdam 2012, S. 99.

25 OOSTERBEEK, ARNHEIM, NIMWEGEN – DIENSTAG, 26. SEPTEMBER

1 Rev. G. A. Pare, Glider Pilot Regiment, CRCP 117/1.
2 C. B. Labouchere, »Herinneringen aan de slag om Arnhem«, GAA 2869/15.
3 Wilhelm Rohrbach, CRCP 132/18.
4 Oosterbeek, *Niet tevergeefs. Oosterbeek September 1944*, Arnhem 1946, S. 60.
5 Tagebuch des medizinischen Dienstes, DDMS, 1st Airborne Division, FAAA, NARA RG 331/Entry 256/Box 35.
6 Jan Eijkelhoff, CRCP 125/3.
7 11.45h, 26.9.44, H.Gr. B., KTB, BArch-MA RH19 IX/90, 129.
8 Fullriedes Tagebuch, 26.9.44, BArch-MA MSG2 1948.
9 Sgt Ralph Sunley, 10 Para, CRCP 113/29.
10 Signalman Victor Reed, 1st Para Brigade, CRCP 110/20.
11 L/Bdr James Jones, 1st Light Regiment RA, CRCP 113/52.
12 S/Sgt George Baylis, CRCP 116/13.
13 Siehe Anmerkung 5.
14 Befragung Bittrichs, GA-CB 2171/24c.
15 BArch-MA RH19 IX/12, 271.
16 Die deutsche Schätzung der Verluste siehe H.Gr. B., KTB, BArch-MA RH19 IX/90, 125. Die 1880 Verwundeten siehe H.Gr. B., KTB, BArch-MA RH19 IX/90, 167.
17 Erwin, 28.9.1944, WLB-SS.
18 SS-Sturmmann K. H. Bangard, 16 SS Training and Replacement Battalion, CRCP 131/9.
19 Lucianus Vroemen, CRCP 121/26.
20 Hauptmann Wilhelm Ritter von Schramm, OKW, Barch-MA MSG2 2403, S. 4.
21 26.9.44, 9. SS-Panzer-Division »Hohenstaufen«, BArch-Ma RS3–9, S. 3 f.
22 Maj Gen R. E. Urquhart (with Wilfred Greatorex), *Arnhem*, Barnsley 2008, S. 179 f.
23 Col Charles Mackenzie, GSO1, 1st Airborne Division, CRCP 108/3.
24 Zur Ablehnung von LKWs für die Polen siehe PISM A. v. 20 31/60.
25 Capt Robert Franco, 2/505/82, CRCP 104/33.
26 FAAA, NARA RG 331/Entry 253/Box 1.
27 Brig P. H. W. Hicks, 1st Airlanding Brigade, CRCP 112/3.
28 Urquhart, *Arnhem*, S. 184 f.
29 Sgt Stanley Sullivan, 21st Independent Parachute Company, CRCP 114/12.
30 Gunner Robert Christie, 1st (Airlanding) Light Regiment RA, CRCP 113/45.
31 Capt R. Temple, 4th Pct Bde Hq, CRCP 117/36.
32 Corporal of Horse William Chennell, 2HCR, CRCP 114/47.
33 Capt Roland Langton, 2nd (Armoured) Bn, Irish Guards, CRCP 115/4.
34 Maj Edward Tyler, 2nd (Armoured) Bn, Irish Guards, CRCP 115/33.
35 Charles Farrell, *Reflections 1939–1945*, Edinburgh 2000, S. 106.
36 Stuart Hills, *By Tank into Normandy*, London 2003, S. 175.
37 Louis Simpson, *Selected Prose*, New York 1989, S. 95 f.
38 S/Sgt J. C. Reynolds, 325th Glider Infantry, JMGP, Box 15.
39 Sgt Frank C. Taylor, A/1/508/82, CRCP 105/37.

40 Sgt Theodore Finkbeiner, H/504/82, CRCP 102/24.
41 Ebenda.
42 Pfc Joe Tallett, C/I/505/82, EC-UNO.
43 Lt Sam H. Bailey, 505/82, CRCP 104/4.
44 Hills, *By Tank into Normandy*, S. 187.
45 Pfc Robert S. Cartwright, HQ/1/505/82, CRCP 104/17.
46 Sgt James T. Steed, F/505/82, CRCP 105/5.
47 Pfc James R. Allardyce, 1/508/82, CRCP 105/25.
48 Tagebuch von Martijn Louis Deinum, NBMG 5.3.20548.
49 01.05h, 27.9.44, H.Gr. B., KTB, BArch-MA RH19 IX/90, 140.
50 23.30h, 27.9.44, H.Gr. B., KTB, BArch-MA RH19 IX/90, 146.
51 26.9.44, JMGP, Box 1.
52 FAAA, NARA RG 331/Entry 256/Box 35.
53 Pvt Andrew Milbourne, 1st Para Bn, CRCP 110/13.

26 DIE EVAKUIERUNG UND PLÜNDERUNG VON ARNHEIM – 23. SEPTEMBER BIS NOVEMBER 1944

1 Anna van Leeuwen, GAA 1557/1053.
2 Anonymes Tagebuch, NIOD 244/1040.
3 Anonymes Tagebuch, GAA 1557/163. Andere Versionen sprechen von »einem Arzt vom Ort und vier weiteren«, H. Lensink, NIOD 244/313.
4 Lensink, NIOD 244/313.
5 Reinier Salverda, »Beyond a Bridge Too Far: The Aftermath of the Battle of Arnhem (1944) and its Impact on Civilian Life«, in: Jane Fenoulhet, Gerdi Quist und Ulrich Tiedau (Hrsg.), *Discord and Consensus in the Low Countries 1700–2000*, London 2016, S. 110.
6 BArch-MA RS3–9/28.
7 P. R. A. van Iddekinge, *Arnhem 44/45. Evacuatie, verwoesting, plundering, bevrijding, terugkeer*, Arnhem 1981, S. 52.
8 Brief von Harzer, 13.10.75, 9. SS Panzer-Division »Hohenstaufen«, BArch-MA RS3–9/5, S. 3.
9 BArch-MA RS3–9/29, S. 1.
10 Pieter van Aken, Wolfheze, CRCP 126/24.
11 Siehe Anmerkung 4.
12 WBfh. Nd., 24.9.44, BArch-MA RS 3–9 5.
13 Arjen Schermer, NSB Deputy Mayor, CRCP 121/17.
14 Albert Horstman, LKP, CRCP 120/28.
15 Siehe Anmerkung 4.
16 Sturmmann K. H. Bangard, 16 SS Training and Replacement Battalion, CRCP 131/9.
17 Anonymes Tagebuch, NIOD 244/1040.
18 Ebenda.
19 Ebenda.

20 Johannes van Hooff, CRCP 120/25.
21 Nicholas de Bode, CRCP 120/11.
22 Anna van Leeuwen, GAA 1557/1053.
23 Siehe Anmerkung 14.
24 Jan Voskuil, CRCP 125/22.
25 Anton van Hooff, CRCP 120/26.
26 Anonymes Tagebuch, GAA 1557/163.
27 Anonymus, NIOD 244/1400.
28 Siehe Anmerkung 17.
29 Gerhardus Gysbers, Antiquar, CRCP 120/20.
30 NIOD 244/1400.
31 Tagebuch von Martijn Louis Deinum, NBMG 5.3.20548.
32 Woodrow W. Millsaps, H, III/508/82, EC-UNO.
33 Capt Harrell, CRCP 96/7.
34 Cpl Ray Lappegaard, CRCP 97/12.
35 Sean Longden, *To the Victors the Spoils: D-Day and* VE *Day: The Reality Behind the Heroism*, London 2007, S. 238.
36 Siehe Collection Herman Jeansen, RAN 764/7.
37 Pvt Arthur Watson, C Company, 3rd Para Bn, CRCP 111/32.
38 Siehe Anmerkung 17.
39 RvOD, S. 622 f.
40 Siehe Anmerkung 13.
41 C. A. Dekkers und L. P. J. Vroemen, *de zwarte herfst. Arnhem 1944*, Arnheim 1984, S. 107.
42 Tj. De Boorder und W. Kruiderink, *Rovers plunderen Arnhem. Een verhaal van Oorlog, Ballingschap, Vernieling en Massale Roof*, Arnheim 1945.
43 Räumungskommando, GAA 1557/244.
44 »Lord Mayor of London returns Nazi-looted Old Master«, *Art Newspaper*, 6.11.2017.
45 Fernschreiben von Himmler an Bormann über die Plünderungen in Arnheim, 23.2.45, BArch-MA N756 390/B.
46 Jhr B. C. de Jonge, AAMH 50 N00635.
47 Siehe Anmerkung 20.
48 Siehe Anmerkung 4.

27 DIE INSEL DER MÄNNER – SEPTEMBER BIS NOVEMBER 1944

1 Joseph F. Brumbaugh, I/508/82, EC-UNO.
2 JMGP, Box 15.
3 FAAA, NARA RG 331/Entry 254/Box 19.
4 CBHC, Box 4, Folder 14.
5 Ebenda, 14.10.44.
6 Cpl Richard L. Klein, CRCP 97/11.
7 Stevan Dedijer in *Princeton Alumni Weekly*, 21.12.94, EC-UNO.
8 Carl Cartledge, 501/101, EC-UNO.

9 Dwayne T. Burns, F/II/508/82, EC-UNO.
10 Pfc Earl McClung, 3/E/II/506/101, EC-UNO.
11 Capt Patrick J. Sweeney, H, 506/101, CRCP 98/40.
12 Francis L. Sampson, *Look Out Below!*, Washington, DC 1958, S. 93.
13 Burgett, zitiert nach David Bennett, *A Magnificent Disaster: The Failure of Market Garden: The Arnhem Operation, September 1944,* Philadelphia, PA, 2008, S. VIII.
14 Brumbaugh, EC-UNO.
15 S/Sgt William L. Blank, 505/82, CRCP 104/8.
16 Sampson, *Look Out Below!*, S. 94.
17 S/Sgt William L. Blank, Veterans Survey, 82nd Airborne, Box 2, USAMHI.
18 Siehe Anmerkung 16.
19 FAAA, NARA RG 331/Entry 254/Box 18.
20 Lt Richard G. La Riviere, H/3/504/82, CRCP 103/7.
21 J. W. Lammert, NIOD/244/629.
22 11th Armoured Division, TNA WO 171/4184.
23 TNA WO 171/4184.
24 Tagebuch von Martijn Louis Deinum, NBMG 5.3.20548.
25 GA-CB 2171/1.
26 Für die britische Version dieser Geschehnisse siehe TNA WO 171/4184.
27 Einzelheiten zum Soldaten Theodore H. Bachenheimer siehe 504/82, CRCP 101/6.
28 Cpt Louis A. Hauptfleisch, 504/82, CRCP 102/29.
29 *Collier's*, 23.12.44.
30 Ebenda.
31 SS-Brigadeführer Harmel, FMS P-163.
32 Johannes van Hooff, CRCP 120/25.
33 Zu Operation Pegasus siehe FAAA, NARA RG 331/Entry 253/Box 2.
34 Gen Sir John Hackett, *I was a Stranger*, London 1977, S. 188.
35 Ebenda, S. 197.

28 DER HUNGERWINTER – NOVEMBER 1944 BIS MAI 1945

1 Nigel Nicolson (Hrsg.), *Harold Nicolson Diaries 1907–1963*, London 2004, S. 301 f.
2 FAAA, NARA RG 331/Entry 256/Box 34; siehe auch Narrative of Operation Market, Headquarters FAAA, 9.10.44, NARA RG 498 290/56/2/3, Box 1466.
3 Gespräch mit Horrocks, 15.5.46, LHCMA 15/15/130.
4 Gespräch mit Dempsey, 4.6.46, LHCMA 15/15/30.
5 Bericht der 1st Airborne Division über Operation Market, FLPP.
6 FAAA, NARA RG 331/Entry 253/Box 3.
7 FAAA, NARA RG 331/Entry 256/Box 34.
8 Hackett gegenüber Michael Howard, Gespräch mit dem Autor, 16.12.2015.
9 Vincent Orange, *Tedder: Quietly in Command,* London 2004, S. 289, zitiert nach Rick Atkinson, *The Guns at Last Light*, New York 2013, S. 286.

10 Prinz Bernhard, CRCP 92/9.

11 Zitiert nach Maj Gen R. E. Urquhart (mit Wilfred Greatorex), *Arnhem*, Barnsley 2008, S. 189.

12 Zur Analyse der Deutschen siehe 9. SS Panzerdivision »Hohenstaufen«, BArch-MA RS3–9/5, S. 80; siehe auch FMSP-163; FMS C-001.

13 9. SS-Panzer-Division »Hohenstaufen«, BArch-MA RS3–9/5, S. 82.

14 TNA WO 208/4140 SRM 1195.

15 Generaloberst a. D. Kurt Student, »Arnheim – letzter deutscher Erfolg«, in: *Der Frontsoldat erzählt,* 1952, Nr. 8, S. 208.

16 Befragung Bittrichs, GA-CB 2171/24 c.

17 David Fraser, *Wars and Shadows: Memoirs of General Sir David Fraser*, London 2002, S. 241 f.

18 PISM A. v. 20 31/34.

19 Stanley Nosecki, PISM A. v. 20 31/38 26.

20 Lt Gen F. A. M. Browning an Sosabowski, 2.10.44, PISM A. v. 20 31/60.

21 Ebenda.

22 Brief vom 17.10.44, zitiert nach Richard Mead, *General »Boy«: The Life of Lieutenant General Sir Frederick Browning,* Barnsley 2010, S. 164.

23 Ebenda, S. 165.

24 PISM A. v. 20 31/60.

25 Ebenda.

26 PISM A. v. 20 31/60.

27 FCPP, Box 24.

28 Montgomery an Eisenhower, 9.10.44, DDEP, Box 83.

29 General der Infanterie Gustav von Zangen, FMS B-475.

30 CSDIC, TNA WO 208/4177.

31 Cornelis Doelman, *Arnhem. Stad der bezitloozen*, Arnhem 1945, S. 21.

32 Zu den Opferzahlen siehe HKNTW, S. 511.

33 Andries Pompe-Postuma, GAA 1557/1022.

34 Zu den Verlusten in Nimwegen siehe RAN B248.

35 TNA FO 371/39330.

36 TNA WO 208/4156.

37 Dazu kamen 250 000 Untergetauchte. Siehe HKNTW, S. 134.

38 HvdV, S. 513.

39 TNA WO 208/4156.

40 Ebenda.

41 J. S. H. Weinberg collection, Folder 10, RHCE 10166:94.

42 Ebenda.

43 Ebenda.

44 Zu den Verhandlungen um die schwedischen Schiffe mit Lebensmittellieferungen siehe William I. Hitchcock, *Liberation: The Bitter Road to Freedom 1944–1945*, London 2009, S. 103–107.

45 TNA WO 202/838.

46 Elsa Caspers, *To Save a Life*, London 1995, S. 12; siehe auch Anmerkung 41.

47 SHAEF Mission to Netherlands, 15.5.45, TNA WO 202/838.

48 Collection S. H. A. M. Zoetmulder, RHCE 10086:6.

49 Ian Gardner, *Deliver Us from Darkness*, New York 2013, S. 61.
50 Brief aus Den Haag, 9.5.45, siehe Anmerkung 41.
51 Jan Peters, Brief vom 1.3.45, Collection S. H. A. M. Zoetmulder, RHCE 10086:3.
52 Ebenda.
53 CSDIC, TNA WO 208/4140 SRM 1189.
54 Fähnrich zur See Hoffmann, TNA WO 208/4156.
55 Montgomery an Eisenhower, 20.2.45, TNA WO 32/16168.
56 Caspers, *To Save a Life*, S. 121.
57 TNA WO 106/4420.
58 Brig E. T. Williams, FCPP, Box 24.
59 TNA WO 208/4420.
60 TNA WO 106/4420.
61 Ebenda.
62 FCPP, Box 24.
63 TNA WO 106/4420. Zu der Vereinbarung siehe auch 1 Cdn Corps, 6.5.45, TNA WO 205/1073.
64 Walter Bedell Smith, *Eisenhower's Six Great Decisions*, New York 1956, S. 199.
65 TNA WO 208/4420.
66 Maj Gen J. G. W. Clark, SHAEF Fortnightly Report No. 16, 15.5.45, TNA WO 202/838.
67 16 000, Hitchcock, *Liberation*, S. 122; 18 000, Ian Buruma, *Year Zero: A History of 1945*, London 2013.
68 Helen Thomson, »Holocaust trauma led to gene changes in offspring«, *Guardian*, 22.8.2015.
69 Zum Wiederaufleben und Wiederaufbau von Arnheim siehe Doelman, *Arnhem*, S. 2; and Reinier Salverda, »Beyond a Bridge Too Far: The Aftermath of the Battle of Arnhem (1944) and its Impact on Civilian Life«, in: Jane Fenoulhet, Gerdi Quist und Ulrich Tiedau (Hrsg.), *Discord and Consensus in the Low Countries 1700–2000*, London 2016.
70 Die Heijbroek-Story siehe Lt Col Th. A. Boeree papers, GA-CB 2171/47.

Bibliografie

Alanbrooke, Field Marshal Lord: *War Diaries 1939–1945*, London 2001.

Allport, Alan: *Browned Off and Bloody-Minded: The British Soldier Goes to War 1939–1945*, New Haven 2015.

Ambrose, Stephen: *Band of Brothers*, New York 2001.

Ders.: *Citizen Soldiers*, New York 1998.

Amsterdam: *Amsterdam tijdens den Hongerwinter 1944–1945*, Amsterdam 1946.

Atkinson, Rick: *The Guns at Last Light*, New York 2013.

Barr, Niall: *Yanks and Limeys: Alliance Warfare in the Second World War*, London 2015.

Bauer, Cornelis: *The Battle of Arnhem*, New York 1968.

Bekker, Cajus: *Einzelkämpfer auf See: Die deutschen Torpedoreiter, Froschmänner und Sprengbootpiloten im Zweiten Weltkrieg*, Oldenburg 1968.

Belchem, David: *All in the Day's March*, London 1978.

Bennett, David: »Airborne Communications in Operation Market Garden«, in: *Canadian Military History*, Bd. 16, Ausgabe 1, Winter 2007.

Ders.: *A Magnificent Disaster: The Failure of Market Garden: The Arnhem Operation, September 1944*, Philadelphia, PA, 2008.

Bennett, Ralph: *Ultra in the West*, New York 1980.

Bentley, jr., Stewart W.: *Orange Blood, Silver Wings: The Untold Story of the Dutch Resistance during Market Garden*, Milton Keynes 2007.

Bestebreurtje, A. D.: »The Airborne Operations in the Netherlands in Autumn 1944«, in: *Allgemeine Schweizerische Militärzeitschrift*, 1946, Nr. 6.

Blair, Clay: *Ridgway's Paratroopers: The American Airborne in World War II*, New York 1985.

Blokker, Jan: *Achter de laatste brug*, Amsterdam 2012.

Blumenson, Martin (Hg.): *The Patton Papers*, Boston 1974.

Blunt, Roscoe C.: *Foot Soldier: A Combat Infantryman's War in Europe*, Cambridge, MA, 2002.

Boeree, Th. A.: *De Slag bij Arnhem en ›het verraad van Lindemans‹*, Oosterbeek, o. J.

Bollen, Door Hen / Jansen, Herman: *Het manneneiland. Kroniek van de gebeurtenissen in de Over-Betuwe van september 1944 tot juni 1945*, Zutphen 1982.

Boorder, Tj. De / Kruiderink, W.: *Rovers plunderen Arnhem. Een verhaal van Oorlog, Ballingschap, Vernieling en Massale Roof*, Arnheim 1945.

Booth, T. Michael / Spencer, Duncan: *Paratrooper: The Life of James M. Gavin*, New York 1994.

Boscawen, Robert: *Armoured Guardsman: A War Diary, 6 June–April 1945*, Barnsley 2001.
Bradley, Omar N.: *A Soldier's Story*, New York 1964.
Brereton, Lewis H.: *The Brereton Diaries*, New York 1946.
British Broadcasting Corporation: *War Report: A Record of Dispatches Broadcast by the* BBC*'s War Correspondents with the Allied Expeditionary Force, 6 June 1944–5 May 1945*, London 1946.
Buckley, John: *Monty's Men: The British Army and the Liberation of Europe*, London 2013.
Burgett, Donald R.: *The Road to Arnhem*, New York 2001.
Burriss, T. Moffatt: *Strike and Hold*, Washington DC 2000.
Buruma, Ian: *Die Welt am Wendepunkt*, München 2014.
Butcher, Harry: *Drei Jahre mit Eisenhower*, Bern 1946.

Caspers, Elsa: *To Save a Life*, London 1995.
Chatterton, George: *The Wings of Pegasus*, London 1982.
Christopherson, Stanley: *An Englishman at War*, London 2014.
Clark, Lloyd: *Arnhem*, London 2009.
Critchell, Laurence: *Four Stars of Hell*, New York 1947.
Crosswell, D. K. R.: *Beetle – The Life of General Walter Bedell Smith*, Lexington, KY 2010.

Dagboeken: *Niet tevergeefs, Oosterbeek September 1944*, Arnheim 1946.
Deenen, Tienus / Kamp, Aloys / Stalpers, Frank: *De Beerzen in Oorlogstijd 1940–1945*, Middelbeers 1994.
Dekkers, C. A. / Vroemen, L. P. J.: *De zwarte Herfst. Arnhem 1944*, Arnheim 1984.
D'Este, Carlo: *Eisenhower: Allied Supreme Commander*, London 2002.
Devlin, Gerard M.: *Paratrooper*, New York 1979.
Didden, Jack: »A Week Too Late?«, in: Buckley, John / Preston-Hough, Peter (Hrsg.), *Operation Market Garden: The Campaign for the Low Countries, Autumn 1944*, Solihull 2016, S. 74–98.
Didden, Jack / Swarts, Maarten: *Einddoel Maas. De Strijd in zuidelijk Nederland tussen September en December 1944*, Weesp 1984.
Doelman, Cornelis: *Arnhem. Stad der bezitloozen*, Arnheim 1945.
Dover, Victor: *The Sky Generals*, London 1981.
Dyrda, Major Jerzy: »Przemilczana odprawa w historiografii bitwy o Arnhem«, in: *Wojskowy Przegląd Historyczny*, Bd. 1 (127), 1989, S. 25–37.

Eisenhower, Dwight D.: *Kreuzzug in Europa*, Amsterdam 1948.
Essame, Hubert: *The 43rd Wessex Division at War 1944–1945*, London 1952.

Farrell, Charles: *Reflections 1939–1945: A Scots Guards Officer in Training and War*, Edinburgh 2000.
Fenoulhet, Jane / Quist, Gerdi / Tiedau, Ulrich (Hrsg.): *Discord and Consensus in the Low Countries 1700–2000*, London 2016.

Foot, M. R. D. (Hrsg.): *Holland at War against Hitler: Anglo-Dutch Relations 1940–1945*, London 1990.
Ders.: SOE *in the Low Countries*, London 2001.
Fraser, David: *Wars and Shadows: Memoirs of General Sir David Fraser*, London 2002.
Frost, John: *A Drop Too Many*, Barnsley 2008.

Gardner, Ian: *Deliver Us from Darkness*, New York 2013.
Gavin, James M.: *On to Berlin*, New York 1985.
Gerritsen, Bob / Revell, Scott: *Retake Arnhem Bridge: Kampfgruppe Knaust, September–October 1944*, Renkum 2014.
Giskes, H. J.: *London ruft Nordpol: Das erfolgreiche Funkspiel der deutschen militärischen Abwehr*, Bergisch Gladbach 1982.
Golden, Lewis: *Echoes from Arnhem*, London 1984.
Ders.: *There is War*, privately printed, 2012.
Govers, Frans: *Corridor naar het verleden, Veghel. Een snijpunt in Oost-Brabant, 1940–1945*, Hapert 1983.
Greelen, Lothar van: *Verkauft und verraten. Das Buch der Westfront 1944*, München 1963.
Gregg, Victor: *Rifleman*, London 2011.
Guingand, Sir Francis de: *From Brass Hat to Bowler Hat*, London 1979.
Gunning, Hugh: *Borderers in Battle*, Berwick on Tweed 1948.

Hackett, Sir John: *I was a Stranger*, London 1977.
Hagen, Louis: *Arnhem Lift*, London 1993.
Hamilton, Nigel: *Monty: The Field Marshal 1944–1976*, London 1986.
Hastings, Max: *Armageddon*, London 2004.
Heaps, Leo: *The Grey Goose of Arnhem*, London 1976.
Heide-Kort, Ans van der: *Zij komen ... Dolle Dinsdag 5 september–Bevrijding mei 1945*, Driebergen-Rijsenburg 1989.
Heintges, Jos (Hrsg.): *Son en Breugel 1944–1994*, Eindhoven 1994.
Hills, Stuart: *By Tank into Normandy*, London 2003.
Hinsley, F. H.: *British Intelligence in the Second World War*, Bd. 3, Teil 2, London 1988.
Hirschfeld, Gerhard: *Fremdherrschaft und Kollaboration: Die Niederlande unter deutscher Besatzung 1940–1945*, Stuttgart 1984.
Hitchcock, William I.: *Liberation: The Bitter Road to Freedom 1944–1945*, London 2009.
Horne, Alistair / Montgomery, David: *The Lonely Leader: Montgomery 1944–1945*, London 2014.
Horrocks, Brian: *A Full Life*, London 1960.
Ders.: *Corps Commander*, London 1977.

Iddekinge, P. R. A. van: *Arnhem 44/45. Evacuatie, plundering, bevriding, terugkeer*, Arnheim 1981.
Ders.: *Door de lens van De Booys. Een Arnhemse reportage 1944–1954*, Utrecht 1999.
Ingersoll, Ralph: *Top Secret*, London 1946.

Jary, Sydney: *18 Platoon*, Bristol 1998.
Jong, Dr. L. de: *Het Koninkrijk der Nederlanden in de tweede Wereldoorlog*, Bd. 10a: *Het laatste jaar*, Amsterdam 1980.

Keizer, Madelon de / Plomp, Marijke (Hrsg.): *Een Open Zenuw*, Amsterdam 2010.
Kerkhoffs, Bert: *Arnhem 1944. Slag van de Tegenslag*, Den Haag 1994.
Kern, Erich: *Buch der Tapferkeit*, Leoni am Starnberger See 1953.
Kerry, A.J. / McDill, W.A.: *The History of the Corps of Royal Canadian Engineers*, Bd. 2, Ottawa 1964.
Kershaw, Robert: *Arnheim, '44: Im September fällt kein Schnee. Die gescheiterte Luftlandung bei Arnheim 1944,* Stuttgart 2000.
Ders.: *A Street in Arnhem*, London 2014.
Kisielewski, Jerzy (Hrsg.), *Polscy spadochroniarze. Pamiętnik żołnierzy*, Newtown 1949.
Klaauw, Bart van der / Rijnhout, Bart: *Luchtbrug Market Garden*, Amsterdam 1984.
Klijn, Margo: *De stille slag. Joodse Arnhemmers 1933–1945*, Westervoort 2014.
Koskimaki, George E.: *Hell's Highway: A Chronicle of the 101st Airborne in the Holland Campaign,* Philadelphia, PA, 2003.

Lamb, Richard: *Montgomery in Europe 1943–45*, London 1983.
Lammerts, Jan: *Oosterbeek, September 1944*, Vereinigeng Vrieden van het Airborne Museum, Oosterbeek 1988.
Longden, Sean: *To the Victors the Spoils: D-Day and* VE *Day: The Reality behind the Heroism*, London 2007.
Love, Robert W. / Major, John (Hrsg.), *The Year of D-Day: The 1944 Diary of Admiral Sir Bertram Ramsay*, Hull 1994.
Lunteren, Frank van: *The Battle of the Bridges*, Oxford 2014.

MacDonald, Charles B.: *The Siegfried Line Campaign*, OCMH, Washington DC, 1963.
Mackay, Major E.M.: »The Battle of Arnhem Bridge«, in: *Royal Engineers Journal*, Dezember 1954, IWM Docs 22796.
MacPherson, Stewart: *War Report: A Record of Dispatches Broadcast by the* BBC*'s War Correspondents with the Allied Expeditionary Force, 6 June 1944–May 1945*, London 1946.
Margry, Karel: *De Bevrijding van Eindhoven*, Eindhoven 1982.
Martens, Allard / Dunlop, Daphne: *The Silent War: Glimpses of the Dutch Underground and Views on the Battle for Arnhem*, London 1961.
Mawson, Stuart: *Arnhem Doctor*, Staplehurst 2000.
McManus, John C.: *September Hope*, New York 2012.
Mead, Richard: *General »Boy«: The Life of Lieutenant General Sir Frederick Browning,* Barnsley 2010.
Middlebrook, Martin: *Arnhem 1944: The Airborne Battle*, Barnsley 1994.
Ministerie van Onderwijs, Risksinstituut voor Oorlogsdocumentatie: *Het Proces Rauter*, Gravenhage 1952.

Neillands, Robin: *The Battle for the Rhine 1944*, London 2005.
Nichol, John / Rennell, Tony: *Arnhem: The Battle for Survival*, London 2011.
Nicolson, Nigel: *The Grenadier Guards 1939–1945*, Bd. I, Aldershot 1945.
Ders.: (Hg.): *Harold Nicolsons Tagebücher und Briefe 1930–1962*, 2 Bde., Frankfurt/Main 1969–1971.
North, John: *North-West Europe 1944–5*, London 1953.

Oosterbeek: *Niet Tevergeefs: Oosterbeek September 1944*, Arnheim 1946.
Orde, Roden: *The Household Cavalry at War*, Aldershot 1953.
Overmans, Rüdiger, *Deutsche militärische Verluste im Zweiten Weltkrieg*, München 2000.

Packenham-Walsh, R. P.: *History of the Corps of Royal Engineers*, Bd. IX, Chatham 1958.
Paul, Daniel / St. John, John: *Surgeon at Arms*, London 1958.
Peatling, Robert: *No Surrender at Arnhem*, Wimborne Minster 2004.
Peaty, John: »Operation Market Garden: The Manpower Factor«, in: Buckley, John / Preston-Hough, Peter (Hrsg.), *Operation Market Garden: The Campaign for the Low Countries, Autumn 1944*, Solihull 2016, S. 58–73.
Pereira, J.: *A Distant Drum*, Aldershot 1948.
Pogue, Forrest C.: *Pogue's War: Diaries of a* WWII *Combat Historian*, Lexington, KY, 2001.
Powell, Geoffrey: *The Devil's Birthday*, London 1984.
Ders.: *Men at Arnhem*, Barnsley 1998.
Presser, J.: *Ashes in the Wind: The Destruction of Dutch Jewry*, London 1968.

Reddish, Arthur: *A Tank Soldier's Story*, privately published, o. J.
Revell, Scott / Cherry, Niall / Gerritsen, Bob: *Arnhem: A Few Vital Hours*, Renkum 2013.
Ritchie, Sebastian: »Airborne Operations from Normandy to Varsity«, in: *Journal of the Royal Air Force Historical Society*, Bd. 59, 2015, S. 76–106.
Ders.: *Arnhem: Myth and Reality: Airborne Warfare, Air Power and the Failure of Market Garden*, London 2011.
Ders.: *Arnhem: The Air Reconnaissance Story*, Air Historical Branch RAF, 2015.
Ders.: »Learning the Hard Way: A Comparative Perspective on Airborne Operations in the Second World War«, in: *Royal Air Force Air Power Review*, Bd. 14, Nr. 3, Herbst/Winter 2011, S. 11–33.
Ders.: »Learning to Lose? Airborne Lessons and the Failure of Operation Market Garden«, in: Buckley, John / Preston-Hough, Peter (Hrsg.), *Operation Market Garden: The Campaign for the Low Countries, Autumn 1944*, Solihull 2016, S. 19–36.
Rosse, Earl of / Hill, E. B.: *The Story of the Guards Armoured Division*, Barnsley 2017.
Rossiter, Mike: *We Fought at Arnhem*, London 2012.
Ryan, Cornelius: *A Bridge Too Far*, New York 1974.

Salverda, Reinier: »Beyond a Bridge Too Far: The Aftermath of the Battle of Arnhem (1944) and its Impact on Civilian Life«, in: Fenoulhet, Jane / Quist, Gerdi / Tiedau, Ulrich (Hrsg.): *Discord and Consensus in the Low Countries 1700–2000*, London 2016.

Sampson, Francis L.: *Look out Below!*, Washington DC 1958.
Schneider, Karl: »Ein Sieg der Menschlichkeit«, in: *Der Landser*, Nr. 847, März 1993, S. 67 f.
Schretlen, Trees: *Nijmegen '44–'45. Oorlogsdagboek van Trees Schretlen*, Groesbeek 2014.
Schrijvers, Peter: *The Crash of Ruin: American Combat Soldiers in Europe in World War II*, New York 1998.
Seth, Ronald: *Lion with Blue Wings: The Story of the Glider Pilot Regiment 1942–1945*, London 1955.
Shulman, Milton: *Defeat in the West*, London 1988.
Simpson, Louis: *Selected Prose*, New York 1989.
Sims, James: *Arnhem Spearhead*, London 1978.
Smith, Walter Bedell: *General Eisenhowers sechs große Entscheidungen*, Bern 1956.
Sosabowski, Stanisław: *Freely I Served*, Barnsley 2013.
Stainforth, Peter: *Wings of the Wind*, London 1988.
Stasiak, Władysław Klemens: *Go! Album wspomnień spadochroniarza*, Wap., Westdeutschland 1947.
Ders.: *W locie szumią spadochrony. Wspomnienia żołnierza spod Arnhem*, Warschau 1991.
Stevenson, John, »Arnhem Diary«, in: *Reconnaissance Journal*, Bd. 4, Nr. 1, Herbst 1947.
Strong, Kenneth: *Geheimdienstchef in Krieg und Frieden*, Wien, Hamburg 1969.

Tedder, Lord: *With Prejudice: The War Memoirs of Marshal of the* RAF *Lord Tedder* GCB, London 1966.
ter Horst, Kate A.: *Cloud over Arnhem, September 17th–26th 1944*, London 1959.
Tieke, Wilhelm: *Im Feuersturm letzter Kriegjahre. II. SS-Panzerkorps mit 9. u. 10. SS-Division »Hohenstaufen« und »Frundsberg«*, Osnabrück 1976.
Tooley, RA: »Artillery Support at Arnhem«, in: *Field Artillery Journal*, April 1945.

Urquhart, R. E. (mit Wilfred Greatorex): *Arnhem*, Barnsley 2008.

Vandeleur, J. O. E.: *A Soldier's Story*, London 1967.
Vlist, Hendrika van der: *Die Dag in September*, Bussum 1975.

Waddy, John: *A Tour of the Arnhem Battlefields*, Barnsley 2011.
Warrack, Graeme: *Travel by Dark*, London 1963.
Weigley, Russell F.: *Eisenhower's Lieutenants: The Campaign of France and Germany 1944–1945*, Bloomington 1990.
Woollacott, Robert: *Winged Gunners*, Harare (Simbabwe) 1994.

Zee, Henri A. van der: *The Hunger Winter: Occupied Holland 1944–45*, Lincoln, NB, 1982.

Personenregister

Kursive Zahlenangaben verweisen auf Bildnummern im Abbildungsteil

Orts- und Sachregister

Kursive Zahlenangaben verweisen auf Bildnummern im Abbildungsteil

Bildnachweis

Air Historical Branch, Ministry of Defence: 15
Beeldbank WO2 – NIOD: 3, 26
Cornelius Ryan Collection of World War II Papers, Mahn Center for Archives and Special Collections, Ohio University Libraries: 22, 36
Getty Images: 11, 23, 25, 45, 51
Imperial War Museum: 1 (B 10113), 10 (BU 766), 13 (CL 1154), 14 (CL 1146), 16 (BU 1163), 19 (BU 1150), 20 (BU 926), 21 (B 10124A), 28 (BU 1159), 30 (MH 2061), 32 (BU 1136), 33 (BU 1094), 40 (BU 1167), 41 (BU 1103), 43 (BU 1119), 50 (BU 3510)
Kaebel, Karl-Heinz: 27
Karel Margry Collection: 18, 24
Luftfahrtmuseum Aviodrome in Lelystad: 2
S. L. A. Marshall Collection (über USAMHI): 17
Schmidt, Ehrhard: 7
Sem Presser (über Maria Austria Instituut): 49
SS-PK Raske: 47
The Polish Institute and Sikorski Museum in London: 38

Soweit oben nicht aufgeführt, entstammen die übrigen Fotos Privatsammlungen (vermittelt von Robert Voskuil und Bob Gerritsen).

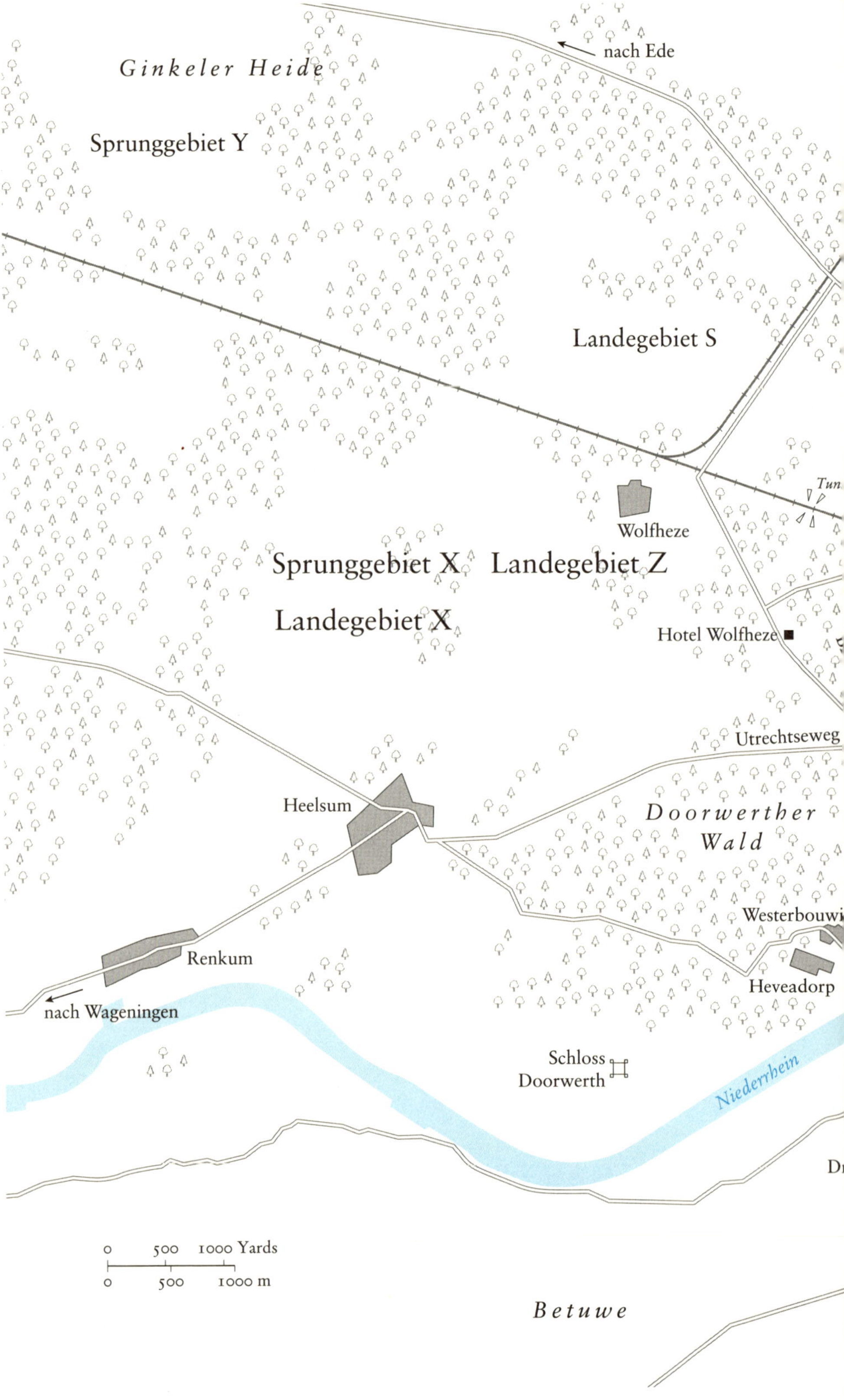

Ginkeler Heide
nach Ede
Sprunggebiet Y
Landegebiet S
Tun
Wolfheze
Sprunggebiet X
Landegebiet Z
Landegebiet X
Hotel Wolfheze
Utrechtseweg
Heelsum
Doorwerther Wald
Westerbouwi
Renkum
Heveadorp
nach Wageningen
Schloss Doorwerth
Niederrhein
Dr
0 500 1000 Yards
0 500 1000 m
Betuwe